护理学专业器官系统教学系列教材

病理学与药理学基础

主　编　金　英　康艳平
副主编　杨春雨
编　委　(以姓氏笔画为序)

王寒明(辽宁医学院)　　　杨　静(辽宁医学院)
卢晓梅(中国医科大学)　　邹金发(辽宁医学院)
叶丽平(辽宁医学院)　　　张　力(哈尔滨医科大学)
代春美(辽宁医学院)　　　张伟华(哈尔滨医科大学)
任　婕(中国医科大学)　　陈学军(辽宁医学院)
刘　义(辽宁医学院)　　　金　英(辽宁医学院)
刘　卓(辽宁医学院)　　　崔　丹(辽宁医学院)
闫恩志(辽宁医学院)　　　康艳平(辽宁医学院)
杜红禹(辽宁医学院)　　　薛占瑞(辽宁医学院)
杨　立(辽宁医学院)　　　魏国华(辽宁医学院)
杨春雨(辽宁医学院)

学术秘书　王寒明(辽宁医学院)

科学出版社
北　京

内 容 简 介

本教材是辽宁医学院在护理学专业实施"以器官系统为中心"教学模式系列改革教材之一,全书分为两篇,共28章,其中病理学基础13章,内容包括不宜纳入器官系统的病理学(包括病理生理学)总论内容,药理学基础15章,包括药理学总论和化学治疗药物两大部分。内容上涵盖执业医师、药师及研究生考试的知识点。本教材的编写总结和吸取了前一轮教材编写经验和成果,尤其是对不足之处进行了大量的修改和完善。

本教材适用于以"器官系统"教学模式的护理学专业本科生学习使用,也可供专科学生、临床医师和基层医务工作者学习参考。

图书在版编目(CIP)数据

病理学与药理学基础/金英,康艳平主编. —北京:科学出版社,2015.3
ISBN 978-7-03-043472-2

Ⅰ. ①病… Ⅱ. ①金… ②康… Ⅲ. ①病理学-高等学校-教材 ②药理学-高等学校-教材 Ⅳ. ①R36 ②R96

中国版本图书馆 CIP 数据核字(2015)第 034309 号

责任编辑:朱 华 杨鹏远/责任校对:李 影
责任印制:赵 博/封面设计:范璧合

科学出版社 出版
北京东黄城根北街16号
邮政编码:100717
http://www.sciencep.com

北京建宏印刷有限公司印刷
科学出版社发行 各地新华书店经销

*

2015年3月第 一 版 开本:787×1092 1/16
2024年7月第五次印刷 印张:21
字数:496 000

定价:118.00元
(如有印装质量问题,我社负责调换)

前　言

我校护理专业自1999年起实施"以器官系统为中心"的医学基础课程模式改革，并编写了《现代医学基础》，共6册教材，并正式出版发行。该套教材打破了原有的学科界限，开创了具有中国特色的医学教育课程新模式。该项改革项目曾获得国家级教学成果二等奖。

经过15年的教学实践，在充分论证的基础上，我们总结了《现代医学基础》教材在编写和应用过程中的经验与不足，在原有机能与形态、微观与宏观、生理与病理融合的基础上，实现基础与临床的对接。按照护理专业培养目标的要求，结合现代医学新进展，增加学生必须掌握的知识点，重新组合成新的基础医学教材共8个分册，即《人体基本形态与结构》《细胞与分子生物学》《免疫与病原生物学》《病理学与药理学基础》《血液、循环和呼吸系统》《消化和内分泌系统》《泌尿和生殖系统》《皮肤、感觉器官和神经系统》。同时对护理专业课程的基础护理学、内科护理学、外科护理学、妇产科护理学、儿科护理学、急救护理学、五官科护理学、精神护理学8门课程按人体器官系统进行整合，将不宜纳入器官系统的内容独立成册，重新组合成新的护理学教材共7个分册，即《护理基本技术》《急危重症护理》《血液、循环和呼吸系统疾病护理》《消化、代谢和内分泌系统及风湿免疫性疾病护理》《泌尿和生殖系统疾病护理》《皮肤、感觉器官、神经精神和运动系统疾病护理》和《传染病护理》。本套教材是供护理专业"以器官系统为中心"课程模式使用的全新教材。

教材编写中各位专家教授不辞辛苦，夜以继日，查阅了大量文献资料，并结合多年教学和临床实践，梳理教材内容，完善编写思路，反复讨论修改，高质量地完成了编写任务。

在本套教材出版之际，我们特别感谢国家教育部、卫生和计划生育委员会、科学出版社等单位领导的关心和支持。感谢学校各级领导和老师的大力支持与帮助。感谢各位编委的辛勤工作。

限于编者水平，教材中难免有不足之处，恳请同行和专家批评指正。

刘学政
2015年1月12日

目　　录

第一篇　病理学基础

第一章　疾病概论 ………………………………………………………………………………（1）
　　第一节　健康与疾病的概念 …………………………………………………………………（1）
　　第二节　病因学 ………………………………………………………………………………（2）
　　第三节　发病学 ………………………………………………………………………………（3）
　　第四节　疾病的转归 …………………………………………………………………………（7）

第二章　水、电解质代谢紊乱 …………………………………………………………………（9）
　　第一节　水和电解质的正常代谢 ……………………………………………………………（9）
　　第二节　水、钠代谢紊乱 ……………………………………………………………………（12）
　　第三节　钾代谢紊乱 …………………………………………………………………………（24）
　　第四节　镁代谢紊乱 …………………………………………………………………………（30）
　　第五节　钙、磷代谢紊乱 ……………………………………………………………………（34）

第三章　酸碱平衡和酸碱平衡紊乱 …………………………………………………………（41）
　　第一节　酸碱的概念及酸碱物质的来源和调节 ……………………………………………（41）
　　第二节　酸碱平衡紊乱的类型及常用指标 …………………………………………………（46）
　　第三节　单纯性酸碱平衡紊乱 ………………………………………………………………（49）
　　第四节　混合性酸碱平衡紊乱 ………………………………………………………………（59）
　　第五节　分析判断酸碱平衡紊乱的方法及其病理生理基础 ………………………………（61）

第四章　缺氧 ……………………………………………………………………………………（63）
　　第一节　概述 …………………………………………………………………………………（63）
　　第二节　缺氧的类型、原因和发生机制 ……………………………………………………（65）
　　第三节　缺氧时机体的功能和代谢变化 ……………………………………………………（69）
　　第四节　影响机体对缺氧耐受性的因素 ……………………………………………………（75）
　　第五节　缺氧临床护理的病理学基础 ………………………………………………………（75）
　　第六节　氧中毒 ………………………………………………………………………………（76）

第五章　发热 ……………………………………………………………………………………（77）
　　第一节　病因与发病机制 ……………………………………………………………………（78）
　　第二节　发热的时相及其热代谢特点 ………………………………………………………（84）
　　第三节　代谢与功能的改变 …………………………………………………………………（86）
　　第四节　发热临床护理的病理学基础 ………………………………………………………（88）

第六章　应激 ……………………………………………………………………………………（90）
　　第一节　概述 …………………………………………………………………………………（90）
　　第二节　应激的发生机制 ……………………………………………………………………（91）
　　第三节　应激时机体的代谢和功能变化 ……………………………………………………（95）
　　第四节　应激与疾病 …………………………………………………………………………（97）

第五节　病理性应激临床护理的病理学基础 …………………………………………（99）
第七章　缺血-再灌注心肌损伤 …………………………………………………………（100）
　　第一节　缺血-再灌注损伤的原因及条件 ……………………………………………（100）
　　第二节　缺血-再灌注损伤的发生机制 ………………………………………………（101）
　　第三节　缺血-再灌注损伤时机体的功能和代谢变化 ………………………………（106）
　　第四节　缺血-再灌注损伤临床护理的病理学基础 …………………………………（108）
第八章　休克 ………………………………………………………………………………（109）
　　第一节　概述 ……………………………………………………………………………（109）
　　第二节　休克的病因与分类 ……………………………………………………………（109）
　　第三节　休克的发展过程及其发病机制 ………………………………………………（111）
　　第四节　神经体液因子在休克发生发展中的作用 ……………………………………（116）
　　第五节　休克时的细胞变化 ……………………………………………………………（118）
　　第六节　休克时各器官系统功能的变化 ………………………………………………（119）
　　第七节　多器官功能障碍综合征 ………………………………………………………（122）
　　第八节　休克和MODS临床护理的病理学基础 ……………………………………（123）
第九章　细胞和组织的适应与损伤 ………………………………………………………（125）
　　第一节　细胞和组织的适应 ……………………………………………………………（125）
　　第二节　细胞和组织的损伤 ……………………………………………………………（129）
　　第三节　细胞凋亡 ………………………………………………………………………（142）
第十章　损伤的修复 ………………………………………………………………………（144）
　　第一节　再生性修复 ……………………………………………………………………（144）
　　第二节　瘢痕性修复 ……………………………………………………………………（147）
　　第三节　创伤愈合 ………………………………………………………………………（149）
　　第四节　影响再生修复的因素 …………………………………………………………（152）
第十一章　局部血液及体液循环障碍 ……………………………………………………（154）
　　第一节　充血 ……………………………………………………………………………（154）
　　第二节　血栓形成 ………………………………………………………………………（156）
　　第三节　栓塞 ……………………………………………………………………………（161）
　　第四节　梗死 ……………………………………………………………………………（163）
　　第五节　出血 ……………………………………………………………………………（166）
第十二章　炎症 ……………………………………………………………………………（168）
　　第一节　概述 ……………………………………………………………………………（168）
　　第二节　炎症的基本病理变化 …………………………………………………………（169）
　　第三节　炎症的类型 ……………………………………………………………………（179）
　　第四节　炎症的局部表现和全身反应 …………………………………………………（186）
　　第五节　炎症的结局 ……………………………………………………………………（187）
第十三章　肿瘤 ……………………………………………………………………………（190）
　　第一节　肿瘤的概念 ……………………………………………………………………（190）
　　第二节　肿瘤的形态 ……………………………………………………………………（190）
　　第三节　肿瘤的分化与异型性 …………………………………………………………（191）

第四节	肿瘤的命名和分类	(192)
第五节	肿瘤的生长和扩散	(194)
第六节	肿瘤的分级与分期	(198)
第七节	肿瘤对机体的影响	(198)
第八节	良性肿瘤与恶性肿瘤的区别	(199)
第九节	常见肿瘤举例	(200)
第十节	肿瘤的病因学与发病学	(204)

第二篇　药理学基础

第十四章	药理学总论——绪言	(211)
第十五章	药物效应动力学	(213)
第一节	药物作用的基本规律	(213)
第二节	药物的作用机制	(217)
第三节	药物与受体	(218)
第十六章	药物代谢动力学	(224)
第一节	药物分子的跨膜转运	(224)
第二节	药物的体内过程	(227)
第三节	药物消除动力学	(233)
第四节	药物体内的时量关系	(235)
第五节	药物代谢动力学的重要参数	(236)
第六节	药物剂量的设计和优化	(239)
第十七章	影响药物效应的因素	(241)
第一节	药物因素	(241)
第二节	机体因素	(242)
第三节	合理用药原则	(245)
第十八章	抗菌药物概论	(246)
第一节	抗菌药物的常用用语	(246)
第二节	抗菌药物的作用机制	(247)
第三节	细菌耐药性的产生机制	(249)
第四节	抗菌药物的合理应用	(252)
第十九章	β-内酰胺类抗生素	(256)
第一节	青霉素类药物	(256)
第二节	头孢菌素类药物	(260)
第三节	其他 β-内酰胺类抗生素	(262)
第二十章	大环内酯类、林可霉素类及多肽激素	(265)
第一节	大环内酯类抗生素	(265)
第二节	林可霉素类抗生素	(267)
第三节	万古霉素类	(267)
第二十一章	氨基糖苷类抗生素	(269)
第一节	氨基糖苷类抗生素的共性	(269)

第二节 常用氨基糖苷类抗生素 …………………………………… (272)
第二十二章 四环素类及氯霉素类抗生素 …………………………… (276)
第一节 四环素类药物 …………………………………………… (276)
第二节 氯霉素类药物 …………………………………………… (280)
第二十三章 人工合成抗菌药 ………………………………………… (282)
第一节 喹诺酮类抗菌药 ………………………………………… (282)
第二节 磺胺类抗菌药 …………………………………………… (287)
第三节 其他合成的抗菌药 ……………………………………… (289)
第二十四章 抗真菌药及抗病毒药 …………………………………… (292)
第一节 抗真菌药 ………………………………………………… (292)
第二节 抗病毒药 ………………………………………………… (295)
第二十五章 抗结核病药及抗麻风病药 ……………………………… (301)
第一节 抗结核病药 ……………………………………………… (301)
第二节 抗麻风病药 ……………………………………………… (305)
第二十六章 抗寄生虫药 ……………………………………………… (307)
第一节 抗阿米巴病药 …………………………………………… (307)
第二节 抗滴虫药 ………………………………………………… (310)
第三节 抗肠蠕虫药 ……………………………………………… (310)
第二十七章 抗恶性肿瘤药 …………………………………………… (313)
第一节 抗恶性肿瘤药的药理与基础 …………………………… (313)
第二节 常用抗肿瘤药 …………………………………………… (315)
第三节 抗肿瘤药物的应用原则 ………………………………… (321)
第二十八章 组胺和抗组胺药 ………………………………………… (324)
第一节 组胺 ……………………………………………………… (324)
第二节 抗组胺药 ………………………………………………… (325)

参考文献 ……………………………………………………………… (327)

第一篇 病理学基础

第一章 疾病概论

第一节 健康与疾病的概念

一、健 康

世界卫生组织(World Health Organization,WHO)指出:健康不仅是没有疾病或病痛,而是一种在躯体上、精神上和社会适应上的完好状态。

躯体上的完好状态是指机体形态结构、功能和代谢正常,当今的科技手段未能发现任何异常现象。精神上的完好状态是指人的认知活动、情感和意志行为处于正常状态,表现为精神饱满、乐观向上、愉快地从事工作和学习,能应对紧急的事件,处理复杂的问题。社会适应上的完好状态是指人的行为与社会道德规范相吻合,能保持良好的人际关系,能在社会中承担合适的角色。

二、疾 病

随着现代医学科学的发展,人们认识到:①疾病的发生都是有原因的,没有原因的疾病是不存在的。②在一定条件下,当某些病因作用于机体后,可对机体产生损害作用,同时机体对这一损害作用则产生抗损伤反应;损害与抗损伤相互作用的结果,使体内正常情况下建立的自稳态(homeostasis)调节机制发生紊乱。③疾病的发生可引起机体功能、代谢甚至形态结构的改变,临床上表现为相应的症状(symptom)、体征(sign)和社会行为异常。④疾病的过程具有发生、发展和转归的一般规律。

因此,目前一般认为,疾病是机体在致病因素作用下,因机体自稳态调节紊乱而发生的异常生命活动过程。

三、亚 健 康

亚健康(sub-health)是指机体介于健康与疾病之间的生理功能低下的状态,此时机体处于非疾病、非健康并有可能趋向疾病的状态,故又称为"第三状态"。亚健康状态的群体很大,白领族、中年人是高发人群。亚健康有多种表现形式:①躯体性亚健康状态,主要表现为疲乏无力,精神委靡、食欲不振;②心理性亚健康状态,主要表现为焦虑、烦躁、易怒、失眠、健忘等;③人际交往性亚健康状态,主要表现为与社会成员的关系不稳定,心理距离变大,产生被社会抛弃和遗忘的孤独感。

亚健康与健康和疾病之间的界限比较模糊,目前缺乏明确的判断标准。亚健康者在一般情况下能正常学习、工作和生活,但精神活力和适应能力下降,生活质量不高,工作效率较低,容易疲劳。

亚健康状态处于动态变化之中,既可向健康状态转化,也可向疾病方向发展。

第二节 病 因 学

病因学(etiology)是研究疾病发生原因与条件的科学。

一、疾病发生的原因

疾病发生的原因又称为致病因素(简称病因),是指引起疾病发生必不可少的且决定疾病特异性的因素。病因种类很多,一般可分成以下几类。

1. **生物性因素** 主要包括病原微生物(如细菌、病毒、真菌、衣原体、支原体)和寄生虫。这是引起疾病最常见的病因,这类致病因素常引起传染性或感染性疾病,其致病力强弱不仅取决于侵入机体的数量、侵袭力和毒力,还与机体的防御功能特别是免疫力密切相关。

2. **理化性因素** 物理性因素有异常的温度、大气压、机械力、电离辐射和噪声等;化学性因素有无机化合物(强酸、强碱等)、有机毒物(四氯化碳、有机磷农药等)、生物性毒素(蛇毒、蜂毒、蕈毒等)。

理化性因素能否引起疾病以及疾病的严重程度,主要取决于这些因素的强度或浓度、作用部位和持续时间及作用范围等,受机体的防御功能影响较小。

3. **机体必需物质的缺乏与过多** 机体的正常生命活动是依赖于机体内外环境中的各种生理性刺激和必需物质来维持的。此类病因中包括维持生命活动的一些基本物质(如氧、水等),各种营养素(如糖、脂肪、蛋白质、维生素、无机盐等),某些微量元素(如碘、锌、硒等)以及纤维素等。如果机体这些正常的刺激和必需物质缺乏或过剩,就会引起功能和代谢的变化而致病,严重时甚至致死。例如,营养物质(尤其糖、脂肪、蛋白质)长期摄入不足可引起营养不良;长期过量摄入可引起肥胖症,还可诱发或并发代谢综合征。维生素摄入不足可发生相应的维生素缺乏症(如夜盲症、脚气病、坏血症等);维生素摄入过多(维生素A、维生素D)也可引起中毒。

4. **遗传性因素** 是指基因的突变或染色体的畸变等遗传物质的缺陷。遗传物质的缺陷可影响后代,即疾病具有遗传性。遗传性因素引起疾病主要表现有两个方面:①遗传性疾病,即通过基因突变或染色体畸变直接引起子代发生的疾病,如血友病、21-三体综合征等。②遗传易感性,即某些家庭成员由于遗传上的缺陷,具有易患某种疾病的倾向,如高血压、精神分裂症、糖尿病等。

5. **先天性因素** 是指那些能够损害胎儿生长发育的有害因素。由先天性因素引起的疾病称为先天性疾病。某些化学物质、药物、病毒等可作用于胎儿,引起胎儿机体出现某种缺陷或畸形。例如,在妊娠早期感染风疹病毒可能引起胎儿先天性心脏病;母亲过度紧张、吸烟、酗酒等也可影响胎儿的生长发育。

6. **免疫性因素** 免疫性因素致病主要包括以下两种情况。

(1)免疫反应过强:是指机体免疫系统对一些抗原刺激产生异常强烈的反应,致使组织细胞损伤和器官功能障碍。包括:①对外来抗原发生的免疫反应,如青霉素、破伤风抗毒素等在某些个体引起的过敏性休克;某些花粉或食物(虾、牛乳等)可在某些个体引起过敏性鼻炎、支气管哮喘、荨麻疹等变态反应性疾病。②对自身抗原发生的免疫反应。有些个体能对自身抗原发生免疫反应并引起自身组织的损害,称为自身免疫性疾病,如系统性红斑狼疮、类风湿关节炎等。

(2)免疫缺陷:是指免疫系统中任何一个成分的缺失或功能不全而导致免疫功能障碍,主要涉及免疫细胞、免疫分子或信号转导的缺陷。免疫缺陷病按病因分为原发性免疫缺陷和继发性免疫缺陷。先天性丙种球蛋白缺乏症属于原发性免疫缺陷病,艾滋病(获得性免疫缺陷综合征)则属于继发性免疫缺陷。免疫缺陷病的共同特点是容易反复发生微生物的感染。

7. 精神、心理和社会性因素 随着人们对医学模式认识的转变,精神、心理、社会因素在疾病发生发展中的作用越来越受到重视。精神、心理、社会因素,如长期的紧张工作、快速的生活节奏、不良的人际关系和焦虑、恐惧、悲伤等不良情绪,以及自然灾害、生活事件的突然打击等。这些因素不但可引起精神障碍性疾病,如抑郁等;还可通过精神、心理作用导致机体功能、代谢紊乱及形态结构变化,如高血压、溃疡病等的发生发展都与精神心理因素密切相关。

总之,没有病因就不可能产生疾病。然而,目前还有很多疾病的确切病因不甚明了,相信随着医学的发展,这些疾病的病因终将得到阐明。

二、疾病发生的条件

疾病发生的条件(condition)是指通过作用于机体或病因,能促进或阻抑疾病发生发展的某些机体状态或自然、社会环境因素。因此,在许多情况下,仅有病因存在,并不一定会发生疾病,还取决于条件的作用。条件本身虽然不能直接致病(属非特异性因素),但是条件通过增强或削弱病因的致病力或影响机体的抵抗力,起到促进或阻抑疾病发生发展的作用。例如,结核病的病因是结核杆菌,但并非每个接触结核杆菌的人全都会发生结核病,条件也起一定作用,如营养不良、过度疲劳或患其他疾病等条件下,造成机体免疫防御功能低下,结核杆菌便乘虚而入,就容易发生结核病。相反,充足的营养、良好的生活条件、适量的体育活动等条件,都能增强机体对病原微生物的抵抗力,此时如有结核杆菌侵入,也可不发生结核病。

需要强调的是,同一个因素可以是某个疾病发生的病因,也可以是另一个疾病发生的条件。例如,寒冷是冻伤的病因,也常常是感冒、肺炎、关节炎等疾病发生的条件。因此,病因和条件是相对于某一特定疾病而界定的,实际工作中,应当根据疾病的具体情况加以分析和区别对待。

诱发因素(precipitating factor)是指疾病的条件中,能够通过作用于病因或机体促进疾病发生发展的因素,简称诱因。例如,高热、妊娠、情绪激动等易诱发心脏病患者发生心力衰竭;高蛋白饮食、消化道出血易诱发肝硬化患者出现肝性脑病。

有些因素与特定疾病的发生发展明显相关,但又不宜归类于上述病因,被称为危险因素(risk factor),如高脂血症、高血压、吸烟等是动脉粥样硬化的危险因素。

第三节 发 病 学

发病学(pathogenesis)主要研究疾病发生、发展的普遍规律和共同机制。病因学是探讨疾病因何发生,而发病学主要探讨疾病如何发生、发展。

一、疾病发生发展的一般规律

疾病的发生发展过程是遵循一定规律变化的。在各种疾病过程中普遍存在的共同的基本规律,主要体现在以下三方面。

(一) 损伤与抗损伤

损伤与抗损伤反应自始至终贯穿于疾病的全过程,两者构成矛盾的两个方面,相互依赖,又相互斗争,这是构成疾病各种临床表现、推动疾病发展的基本动力。在疾病中损伤与抗损伤作用常常同时出现,不断变化。

以烧伤为例:高温引起的皮肤、组织坏死,以及大量血浆渗出引起的循环血量减少、血压下降等变化均属损伤性变化,同时体内也出现,如白细胞增加、微动脉收缩、心率加快、心排血量增加等抗损伤反应。如果损伤较轻,通过各种抗损伤反应和恰当的治疗,则疾病好转或痊愈;反之,如损伤重于抗损伤反应,又无恰当而及时的治疗,则病情恶化。由此可见,损伤与抗损伤反应的斗争及它们之间的力量对比常常决定着疾病的发展方向和结局。

应当强调的是,有的损伤与抗损伤反应两者之间并无绝对的界线。在一定的条件下,两者之间可以互相转化。如前所述的烧伤早期,小动脉、微动脉的痉挛有助于动脉血压的维持,具有抗损伤作用;但同时它又可以引起组织缺血缺氧,持续缺血缺氧将导致微循环淤血,回心血量减少和动脉血压下降,这就说明原本属于抗损伤的血管收缩此时已转化为损伤反应。因此,正确区分疾病过程中损伤和抗损伤的变化,对疾病的有效防治十分重要。在医护工作中,要尽力排除或减轻损伤性改变,支持和保护抗损伤反应,促使病情好转、痊愈。

(二) 因果交替

因果交替是指在疾病发生发展过程中,原始致病原因(因)作用于机体后产生一定的损伤性变化(果);在一定条件影响下这种损伤性变化又可作为发病原因引起另一些新的变化;而后者再转化为原因,再引起新的变化。如此病因与结果相互转化,形成一个螺旋式的发展过程。在这个过程中,每一环节既是前一种变化的结果,同时又是后一个变化的原因,如此循环往复,交替不已。而每次循环都使疾病向更深一步发展,如不及时有效地加以阻断,就可形成恶性循环(vicious cycle),使病情进行性恶化。例如,外伤引起大失血而导致失血性休克,使组织血液灌流量进行性减少的过程即是典型的恶性循环的例子图 1-1。当然,这只是一个简单的概述轮廓,实际上,外伤大出血的机体内因果转化的情况要复杂得多。因此,临床实践中,必须仔细观察病情变化,认真分析,找出因果关系,采取有效措施及早预防或阻断这种恶性循环,使疾病朝着有利于机体的良性循环方向发展。

(三) 局部与整体

生物机体是一个相互联系的整体。任何疾病都是整体性反应,但表现既可以局部为主,也可以全身为主。一方面局部病变可以通过神经体液途径引起机体的整体反应;另一方面整体反应也可以影响局部病变的发展。例如,结核杆菌引起的肺结核,其病变部位主要在肺脏,可表现为局部炎症,患者出现咳嗽、咯血、咳痰等临床表现,但同时还会引起发热、盗汗、乏力、消瘦等全身反应。此外,全身状态又进一步影响着肺部病变的发展方向。

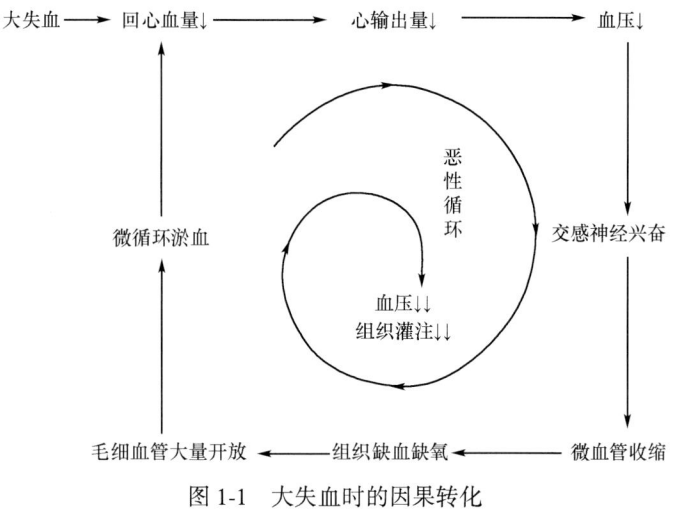

图 1-1 大失血时的因果转化

当机体的抵抗力增强时,肺部病变可以局限化甚至痊愈;当抵抗力下降时,肺部病变可以发展,肺结核可扩散至全身。

应当强调的是,某些局部变化是在全身性疾病的基础上发生发展而来。例如,糖尿病患者因对细菌的抵抗力降低,容易发生疖肿,如果单纯进行局部治疗不会有明显效果,必须首先进行糖尿病治疗。因此,正确认识局部与整体的关系,对疾病的诊断和治疗都有重要意义。

二、疾病发生的基本机制

疾病发生的基本机制是指参与很多疾病发生发展的共同机制,不同于个别疾病的特殊机制。近年来由于医学基础理论的发展,各种新方法新技术的应用,不同学科间的横向联系,使疾病基本机制的研究逐渐地从系统水平、器官水平、细胞水平深入到分子水平。下面从神经机制、体液机制、细胞机制和分子机制四方面进行论述。

(一) 神经机制

机体与外界环境统一协调、机体各系统功能代谢平衡稳定,是机体正常生命活动得以进行的基本前提。神经系统在维持和调控人体生命活动中起主导作用,因此,许多致病因素可以通过直接或间接影响神经系统而引起疾病的发生和发展。例如,乙型脑炎病毒,此种病毒具有高度嗜神经特性,它可直接破坏神经组织。另一些致病因素可通过神经反射引起相应器官组织的功能代谢变化,或者抑制神经递质的合成、释放和分解,或者与神经递质受体结合,减弱或阻断了正常递质的作用,由此干扰神经系统的功能而导致疾病的发生。例如,有机磷农药可致乙酰胆碱酯酶失活,使大量乙酰胆碱在神经肌肉接头处堆积,引起肌肉痉挛、流涎、多汗等胆碱能神经过度兴奋的表现。此外,各种社会、心理因素,如长期人际关系紧张、工作压力大、精神抑郁、焦虑、烦恼等也可引起大脑皮质功能紊乱,皮质与皮质下功能失调,导致内脏器官功能障碍,甚至引起身心疾病(psychosomatic disease)。

(二) 体液机制

体液是维持机体内环境稳定的重要因素。许多的致病因素可直接或间接引起体液的质和量的改变,造成内环境紊乱而导致疾病发生。例如,体液量的严重减少(脱水、出血)可引起血液循环障碍,导致休克。体液调节紊乱常由各种体液性因子的数量或活性变化引起,它包括各种全身性作用的体液性因子(如儿茶酚胺)和局部作用的体液性因子(如内皮素)以及细胞因子(如白细胞介素、肿瘤坏死因子)等,通过内分泌(endocrine)、旁分泌(paracrine)和自分泌(autocrine)等的方式作用于局部或全身,而影响细胞的代谢与功能。

疾病发生发展中体液机制与神经机制密切相关,常常同时发生、共同参与疾病过程,故常称其为神经体液机制。例如,在当今社会里,部分人群受精神或心理的刺激可引起大脑皮质和皮质下中枢(主要是下丘脑)的功能紊乱,使调节血压的血管运动中枢的反应性增强,此时交感神经兴奋、去甲肾上腺素释放增加,导致小动脉紧张性收缩;同时刺激肾上腺髓质释放肾上腺素,使心率加快、心排血量增加,进一步激活肾素-血管紧张素-醛固酮系统,共同作用致血压升高,这是高血压发病中的一种神经体液机制。

(三) 细胞机制

细胞是生物机体最基本的结构、功能单位。致病因素作用于机体后可以直接或间接作用于组织细胞,造成某些细胞的功能、代谢及形态变化,从而引发病理过程。有些病因(如机械力、高温、低温等)对细胞的损伤无选择性;有些病因则有选择性地损伤细胞,如肝炎病毒侵入肝细胞、疟原虫侵犯红细胞等。

目前,对不同致病因素如何引起细胞损伤的机制尚未完全阐明,但常常与细胞膜和细胞器功能障碍有关。例如,细胞膜功能障碍时,膜上的各种担负离子主动转运的离子泵(尤其 Na^+-K^+-ATP 酶、Ca^{2+}-Mg^{2+}-ATP 酶)功能失调时,造成细胞内外离子失衡,可导致细胞内 Na^+、Ca^{2+} 大量积聚,细胞水肿,甚至死亡;细胞器功能障碍中,线粒体尤其重要,线粒体的功能障碍阻碍三羧酸循环,引起能量生成减少,导致细胞功能异常;此外,ATP 生成减少,影响环磷酸腺苷(cAMP)生成,使依赖 cAMP 作为第二信使的激素不能发挥其调节作用,最终导致细胞死亡。

(四) 分子机制

分子机制即从分子水平来诠释疾病的发生机制。细胞的全部生命活动都是由分子来完成的。

各种致病因素无论通过何种途径引起疾病,都会以某种形式在分子水平上表现出异常,如核酸和蛋白质的变化,而分子水平的异常变化必然会引起细胞代谢、功能和结构的改变,影响细胞正常生命活动,从而导致疾病的发生。近年来,从分子水平(如基因、蛋白质)探讨疾病发生发展的机制,使我们对疾病本质的认识进入了一个新阶段。

所谓分子病(molecular disease)是指由遗传物质或基因的变异引起的一类以蛋白质异常为特征的疾病。已经发现的分子病有很多种。例如,由于低密度脂蛋白受体减少所引起的家族性高胆固醇血症。由于肾小管上皮细胞转运氨基酸的特异性载体蛋白缺陷,使靠其转运的胱氨酸不能被肾小管重吸收,随尿排出,形成胱氨酸尿症(cystinuria)。

基因病(gene disease)是指基因本身的突变、缺失或表达调控障碍所引起的疾病。有学者甚至认为,人类所有疾病都直接或间接与基因的改变有关。基因病可分为单基因病、多基因病、获得性基因病。由一个致病基因引起的疾病称为单基因病,如地中海贫血、白化病等;而由多个基因共同控制其表型性状的疾病称为多基因病,如高血压、糖尿病等;获得性基因病主要见于某些病原微生物感染引起的传染病,如肝炎、艾滋病等。

总之,从分子医学的角度看,疾病时机体形态和功能的异常实质上是某些特定蛋白质结构或功能的变异所致,而蛋白质的结构和功能除受基因序列的控制外,还受细胞所处环境的影响。因此,基因及其表达调控环境是决定身体健康或患病的基础。

第四节　疾病的转归

疾病的发生发展是一个连续的过程,一般可分为四期,疾病经过潜伏期、前驱期、临床症状明显期之后,大多数疾病终将结束,即为疾病的转归(prognosis)期。疾病的转归是疾病发展的最后阶段,亦即疾病过程的发展趋向和结局。

疾病的转归有康复和死亡两个方向。疾病的转归如何,主要取决于机体受到致病因素作用后发生的损伤与抗损伤反应的力量对比,正确的诊断和及时的治疗可影响疾病的转归。

(一) 康复

康复(recovery)分为完全康复(complete recovery)和不完全康复(incomplete recovery)。

1. 完全康复　亦称痊愈,是指病因已去除,疾病时所发生的损伤性变化完全消失,各种症状和体征消失,机体的自稳调节能力、对外界的适应能力、社会行为完全恢复正常。如感冒、肺炎、急性肾小球肾炎等急性病的大部分患者,经及时合理的处理能完全恢复健康。

2. 不完全康复　是指疾病所致的损伤性变化得到控制,主要的症状、体征或社会行为异常消失,机体通过代偿机制来维持相对正常的生命活动,但基本病理变化尚未完全消失,有些可留有后遗症。如心内膜炎治愈后留下的心瓣膜粘连;烧伤愈后留下的瘢痕。

(二) 死亡

死亡(death)是机体生命活动的终止,也是生命的必然规律。死亡作为疾病的转归是疾病发生发展的最不幸的结局。

医学上一般将死亡分为生理性死亡和病理性死亡两种。生理性死亡是指生命的自然终止,是由于机体各器官的自然老化所致,又称衰老死亡(老死)或自然死亡。但实际上人的生理性死亡很少见,绝大多数人都是因疾病而造成的病理性死亡。

1. 死亡分期及标志　精确判断死亡一直以来是一个难题,传统观点认为,死亡是一个渐进的发展过程,包括濒死期、临床死亡期和生物学死亡期三个阶段。①濒死期(临终状态):是脑干以上神经中枢功能丧失或深度抑制状态,主要表现为反应迟钝、意识模糊或消失,各种反射迟钝或减弱,呼吸和循环功能进行性减弱。②临床死亡期:主要标志为心脏停搏、呼吸停止、各种反射消失和瞳孔散大或固定。此期是延髓处于深度抑制和功能丧失的状态,但由于重要器官仍在进行着微弱的代谢活动,如能采取紧急抢救措施,有可能使机体复苏(resuscitation)。③生物学死亡期:是死亡过程的最后阶段。此时,机体各重要器官的新陈代谢相继停止,并发生不可逆性的功能和形态改变;整个机体不可能复活,但某些对缺氧耐受性较强的组织如皮肤、结缔组织等,在一定时间内仍有极微弱的代谢活动;随着生物学死亡期的进展,代谢完全停止,相继出现尸斑、尸僵、尸冷,最终腐烂,分解。

显然,依据传统死亡观点不利于准确认定死亡时间。在临床上,医务工作者一直把心跳和呼吸的永久性停止作为死亡的标志(即心肺死亡模式)。然而,随着起搏器、呼吸机等复苏技术的不断进步和普及,使上述"心肺死亡"时间的确定面临挑战。基于上述问题及器官移植的广泛开展,亟需一个从医学、法律和伦理方面均可被接受的死亡判断标准。1968年,美国哈佛大学死亡定义审查特别委员会正式提出脑死亡(brain death)的概念和判断标准。

2. 脑死亡的概念和判断标准

(1) 脑死亡:指全脑功能(包括大脑、间脑和脑干)不可逆的永久性丧失,以及机体作为一个整体功能的永久性停止。

(2) 脑死亡的判定标准:①自主呼吸停止,进行人工呼吸15分钟后仍无自主呼吸;②不可逆性深昏迷,对外界刺激毫无反应;③脑干神经反射消失(如瞳孔散大或固定,瞳孔对光反射、角膜反射、咳嗽反射、吞咽反射等消失);④脑电波消失,呈平直线;⑤脑血液循环完全停止(经脑血管造影或经颅脑多普勒超声诊断证实)。

确定脑死亡的主要意义:①可协助医务人员判定患者死亡的时间和确定终止复苏抢救的界线。适时终止无效的抢救,不但可减少医疗资源的浪费,还可减轻社会和家庭的经济和情感负担。②为器官移植创造了良好的时机和合法的依据。因为对脑死亡者借助呼吸、循环辅助装置,能在一定时间内维持器官组织低水平的血液循环,有利于局部器官移植后的功能复苏,为更多人提供生存和健康生活的机会。因此,用脑死亡作为死亡的判断标准是社会发展的需要,由于涉及诸多社会认同和法律问题,宣告脑死亡一定要十分慎重。

(康艳平)

第二章 水、电解质代谢紊乱

第一节 水和电解质的正常代谢

水是机体内含量最多的组成成分和生命活动的必需物质,但体内并无纯水,水和溶解于其中的物质共称为体液,分布于组织细胞内外。体液中的溶质包括电解质与非电解质两大类。后者为在溶液中不解离,因而不带电荷,包括尿素、葡萄糖、氧和二氧化碳等。各种盐在水中解离为带一个或多个电荷的颗粒(离子),称之为电解质。体内主要的电解质有 Na^+、K^+、Ca^{2+}、Mg^{2+}、Cl^-、HCO_3^-、HPO_4^{2-} 和 SO_4^{2-} 等。

分布于细胞内的液体称细胞内液(intracellular fluid, ICF),它的容量和成分与细胞的代谢、生理功能密切相关。浸润在细胞周围的是组织间液(interstitial fluid),其与血浆(血管内液)共同构成细胞外液(extracellular fluid, ECF)。细胞外液构成了人体的内环境,是沟通组织细胞之间和机体与外界环境之间的媒介。机体内环境相对稳定是指细胞内外液具有相对稳定的理化特性,包括体液的容量、分布、电解质浓度和渗透压等,是维持正常生命活动所必需的基本条件。

水和电解质的动态平衡是通过机体的多系统协调运作的复杂调节机制调控维持的。任何导致这一调节功能障碍的因素,或水、电解质代谢变化超过了机体的调节能力,都会引起水和电解质代谢紊乱。如果得不到及时纠正,水、电解质紊乱本身又可使全身各器官系统功能和代谢发生相应的紊乱,严重时常导致死亡。

一、体液的容量和分布

体液总量占体重的百分比因年龄、性别和胖瘦程度而不同。体液随年龄的增长而逐渐减少。新生儿体液约占体重的80%,婴儿约占70%,学龄前儿童约占65%。青春期以前无性别差异,而在年轻人及成年人中性别差异明显。一般成年男性体液约占体重的60%,女性皮下脂肪比较丰富,而脂肪组织含水量为10%~30%,肌肉组织含水量可达75%~80%,故成年女性体液约占体重的50%。同样,肥胖者体液占体重的百分比随脂肪的增加而减少。老年人体液占体重的百分比约为45%,故重度肥胖和老年患者对失水性疾病耐受性较差。

成年男性体液总量约占体重的60%,其中细胞内液占40%,细胞外液占20%。在细胞外液中,血浆约占5%,组织间液约占15%。组织间液中有极少的一部分分布于密闭的腔隙中,如脑脊液、胸膜腔液、腹膜腔液、消化液、关节囊液等,称第三间隙液,占1%~2%。由于这一部分液体是由上皮细胞分泌产生的,故又称为跨细胞液。

小儿体液占体重百分比明显高于成人,增加的主要为细胞外液。由于小儿需热量相对较大,故水的摄入量和排出量相对较多,出入水量婴儿约占细胞外液的2倍,而成人仅为1/7,其水的交换率比成人快3~4倍。此外小儿不显性失水比成人多,特别是新生儿及婴幼儿其肾脏对水、电解质的调节功能尚未发育成熟,因此,小儿对水的耐受性比成人差。在病理情况下,进水不足,而水分继续丧失,小儿将比成人更易于出现脱水。

二、电解质在体液中的分布及含量

体液中的电解质分为无机电解质和有机电解质(如蛋白质)两部分。主要的无机电解质有 Na^+、K^+、Ca^{2+}、Mg^{2+}、Cl^-、HCO_3^-、HPO_4^{2-} 和 SO_4^{2-} 等。其中溶解于体液中的晶体物质(特别是电解质)形成晶体渗透压;体液中的胶体物质(主要是白蛋白)形成胶体渗透压。

细胞内、外液的电解质成分的分布:细胞外液的主要阳离子是 Na^+,主要阴离子是 Cl^-、HCO_3^-。细胞内液主要的阳离子是 K^+,主要阴离子是 HPO_4^{2-} 和蛋白质。虽然细胞内、外液中电解质成分差别很大,但各部分体液中阳离子所带的正电荷与阴离子所带的负电荷的总量是相等的,并保持体液呈电中性,如果以总渗透压计算,细胞内、外液也是基本相等的。绝大多数电解质在体液中是游离状态。

血浆和组织间液的电解质成分的分布:细胞外液中的血浆和组织间液在电解质的性质、数量和功能上均很相似,两者的主要区别在于血浆含有较高的蛋白质,这与蛋白质不易透过毛细血管壁进入组织间隙有关,因此,血浆的胶体渗透压明显高于组织间液的胶体渗透压,这对于维持血管内、外的液体交换平衡具有重要意义。

三、体液的交换

血浆、组织间液和细胞内液之间,水、电解质不断进行交换,保持动态平衡。

1. 血浆与组织间液的交换 毛细血管壁的通透性较大,允许水、无机盐等小分子晶体物质自由通过,但大分子的血浆蛋白不能自由通过毛细血管壁进入组织间隙。正常情况时,血浆和组织间液交换迅速,并保持动态平衡。

2. 组织间液与细胞内液的交换 细胞膜为半透膜,允许水自由通透,而不允许蛋白质、Na^+、K^+、Ca^{2+} 等电解质自由通透。正常情况下细胞内、外液的渗透压相等。当出现压差时,主要靠水的移动来维持细胞内外液的渗透压平衡。水总是由渗透压低处移向渗透压高处,直至细胞内外液渗透压重新达到平衡。

通常把体液的容量、电解质浓度、渗透压经常维持在一定的范围内,称为水、电解质平衡(water and electrolyte balance)。它是细胞正常代谢所必需的条件,也是内环境稳定的主要组成部分。机体主要通过神经-内分泌系统的调节来实现水、电解质的平衡。

四、水、钠的平衡及调节

(一) 水、钠的平衡

正常人每天水的摄入和排出处于动态平衡中。正常成人每天进出水量为2000~2500ml(表2-1)。水的来源有饮水、食物水和代谢水,代谢水为糖、脂肪、蛋白质等物质在体内氧化生成的水(每100g糖氧化时产生60ml水,每100g脂肪可产生107ml水,每100g蛋白质可产生41ml水)。

机体排出水分的途径为:肾(尿)、皮肤(显性汗和蒸发)、肺(呼吸蒸发)和消化道(粪)。需要指出的是,正常成人每天至少必须排出500ml尿液才能清除体内的代谢废物。因为成人每天尿液中的固体物质(主要是蛋白质代谢终产物及电解质)一般不少于35g,尿液最大浓度为6g%~8g%,所以每天排出35g固体溶质的最低尿量为500ml,再加上皮肤蒸发和呼吸蒸发及粪便排水量,则每天最低排出的水量为1500ml。要维持水分出入量的平衡,每天需水1500~2000ml,称日需量。在正常情况下每天水的出入量保持平衡(表2-1)。尿量则视水分的摄入情况和其他途径排水的多少而增减。

表2-1　正常人体每日水的出入量

摄入途径	摄入量(ml/d)	排出途径	排出量(ml/d)
饮水	1000~1300	尿液	1000~1500
食物水	700~900	皮肤蒸发	500
代谢水	300	呼吸蒸发	350
		粪便	150
合计	2000~2500		2000~2500

由呼吸和皮肤蒸发的水称为非显性蒸发水,前者几乎不含电解质,后者仅含少量电解质,故可以当作纯水来看待。在显性出汗时汗液是一种低渗溶液,含有约0.3%氯化钠和少量的钾,因此,在高温环境从事体力劳动导致大量出汗时,会伴有电解质的丢失。

正常成人体内含钠总量为40~50mmol/kg体重。约60%是可交换的(50%存在于细胞外,10%存在于细胞内);40%不可交换,主要结合于骨骼的基质。正常血清钠浓度为130~150mmol/L;细胞内液中钠浓度约为10mmol/L。

成人每天饮食摄入钠100~200mmol。天然食物中含钠甚少,因此人们摄入的钠主要来自食盐。摄入的钠几乎全部由小肠吸收,肾是主要的排钠器官,肾脏的排钠规律是:多吃多排,少吃少排。正常情况下排出和摄入钠量几乎相等。如果完全无钠饮食数天至数十天,则尿钠排出几乎为零。

(二) 水、钠的生理功能

水参与水解、水化和加水脱氢等重要反应,并为一切生化反应的进行提供场所;水是良好的溶剂,能使许多物质溶解,而且黏度小,易流动,有利于营养物质和代谢产物的运输;水的比热大、蒸发热大,故对体温调节起重要作用;水具有润滑作用,如泪液有助于眼球的转动等;此外结合水(与蛋白质结合的水)能够保证各种肌肉具有独特的机械功能。

钠是细胞外液中的主要阳离子,是维持细胞外液的渗透压和血容量稳定的基础;钠维持神经、肌肉和心肌细胞的静息电位并参与其动作电位的形成,具有维持这些可兴奋细胞的兴奋性和生理功能活动等作用。钠也能通过细胞膜进入细胞内,参与细胞内液的调节。

(三) 水、钠平衡的调节

水、钠代谢是通过神经-内分泌系统来调节的。水平衡主要由渴感和抗利尿激素(antidiuretic hormone,ADH)调节,钠平衡主要受醛固酮(aldosterone)和心房钠尿肽(atrial natriuretic peptide,ANP)调节。

1. 渴感　渴觉中枢位于下丘脑视上核的侧面,与渗透压感受器邻近,并有部分重叠。血浆晶体渗透压的升高是渴觉中枢兴奋的主要刺激因素。渴则思饮寻水,饮水后血浆渗透压回降,渴感消失。此外血容量减少和血管紧张素Ⅱ增多也可以引起渴感。

2. ADH　由下丘脑视上核和视旁核的神经元合成,并沿着这些神经元的轴突下行到神经垂体储存。ADH 的主要作用是通过水通道蛋白(aquaporin)提高肾远曲小管和集合管对水分的重吸收而浓缩尿液。

刺激 ADH 合成和释放的因素有渗透性和非渗透性两类。成人细胞外液渗透压升高 1%~2% 时,可通过刺激位于下丘脑的视上核和室旁核渗透压感受器,使 ADH 释放入血增加,进而保持细胞外液的等渗性。非渗透性刺激主要是血容量减少和血压降低时,可通过容量感受器(位于左心房和胸腔大静脉处)和压力感受器(位于颈动脉窦和主动脉弓),反射性地刺激 ADH 分泌,增加对水的重吸收,以补充血容量。此外,疼痛、情绪紧张和血管紧张素Ⅱ增多也可刺激 ADH 释放。

3. 醛固酮的调节作用 醛固酮是肾上腺皮质球状带分泌的盐皮质激素。醛固酮的主要作用是促进肾远曲小管对 Na^+ 的主动重吸收,同时通过 Na^+-K^+ 和 Na^+-H^+ 交换而促进 K^+ 和 H^+ 的排出。随着 Na^+ 的主动重吸收,Cl^- 和水的重吸收也增多。醛固酮在细胞外液容量的调节中发挥关键作用。

醛固酮的分泌主要受肾素-血管紧张素系统和血 Na^+、K^+ 浓度的调节。当各种原因使血容量减少时,动脉血压降低,肾血流量不足,肾入球小动脉管壁牵张感受器受刺激而使近球细胞分泌肾素增多,此时也因流经致密斑的 Na^+ 减少,致近球细胞分泌肾素增多,继而使血管紧张素Ⅰ、Ⅱ、Ⅲ(angiotensin Ⅰ、Ⅱ、Ⅲ)增多,血管紧张素Ⅱ和Ⅲ都能刺激肾上腺皮质球状带分泌醛固酮。

4. 心房钠尿肽的调节作用 心房钠尿肽(ANP)是合成并储存于心房肌细胞中的小分子肽类激素,故又称为心房肽(atriopeptin)。其主要的生物学特性是具有强烈而短暂的利钠、利尿及扩血管的作用。

ANP 利钠效应的主要机制是:①血中的 ANP 与肾小管上皮细胞的特异受体结合,激活鸟苷酸环化酶,生成环磷鸟苷(cGMP)增多,封闭钠通道。研究证实,ANP 主要抑制 Na^+ 在近曲小管的重吸收,也对髓质集合管的 Na^+ 吸收有阻断作用;②ANP 抑制肾素和醛固酮的分泌,对抗醛固酮的保钠作用;③ANP 选择性地扩张入球小动脉和收缩出球小动脉,使滤过分数增高,进而增加 Na^+ 的滤过负荷,导致尿钠排泄。

当血容量增加、兴奋心房的牵张感受器、提高心房压的血管收缩剂或血钠浓度增高时,可刺激心房肌细胞合成和释放 ANP;反之,限制钠、水摄入或减少静脉回心血量则能减少 ANP 的释放。ANP 及其与肾素-血管紧张素-醛固酮系统及 ADH 之间的相互作用,对于精密地调节体液容量和渗透浓度相对稳定起着重要作用。

第二节 水、钠代谢紊乱

一、水、钠代谢紊乱的分类

水、钠代谢紊乱是临床上常见的病理过程,严重影响疾病的发生发展和治疗效果。水、钠代谢紊乱常同时或先后发生,关系密切,相互影响,所以水、钠代谢紊乱常常一并考虑,但是,两者的变化不一定平行。因此,水钠代谢紊乱有多种分类方法,一般根据体液容量、渗透压来分类(表2-2)。

表 2-2 水钠代谢紊乱的分类

体液容量	渗透压
体液容量减少(脱水)	伴渗透压降低(低渗性脱水)
	伴渗透压增高(高渗性脱水)
	伴渗透压正常(等渗性脱水)
体液容量增加(水过多)	伴渗透压降低(低渗性水过多)(水中毒)
	伴渗透压增高(高渗性水过多)(盐中毒)
	伴渗透压正常(等渗性水过多)(水肿)

二、体液容量减少——脱水

各种原因引起的体液容量尤其是细胞外液量减少(体液丢失量超过体重的 2% 以上),并出现一系列功能、代谢变化的病理过程称为脱水(dehydration)。脱水时水和钠的丢失比例不同,根据细胞外液渗透压的变化,可将脱水分为三种类型,即低渗性脱水、高渗性脱水和等渗性脱水。

(一) 低渗性脱水

低渗性脱水(hypotonic dehydration)是指体液容量减少、失钠多于失水、血清钠浓度 <130mmol/L、血浆渗透压<280mmol/L 为主要特征的病理过程,又称为低容量性低钠血症(hypovolemic hyponatremia)。

1. 原因和机制 常见的原因是丢失大量体液或体液积聚在第三间隙后处理措施不当所致,如只给水而未给电解质平衡液。

(1) 经消化道失液:这是最常见的原因。各种消化液中 Na^+ 浓度,除唾液、胃液略低外,其他各种消化液均与血浆钠含量甚为接近。当严重腹泻、呕吐、胃肠道引流,都可丧失大量含 Na^+ 消化液。此时若只补充水分或输注葡萄糖溶液,则可导致失钠大于失水,出现低渗性脱水。

(2) 经皮肤失液:汗虽为低渗液,但大量出汗也可伴有明显的 Na^+ 丢失(每小时可丢失 30~40mmol 钠);高热或其他原因出汗过多时,钠、水均丢失,若只补充水分则可造成细胞外液渗透压降低;大面积烧伤、严重创伤,可使大量血浆从创面渗出,若只补充水分,可引起低渗性脱水。

(3) 液体在第三间隙积聚:如胸膜炎形成大量胸腔积液,腹膜炎、胰腺炎形成大量腹水等。因为胸腔积液、腹水的钠含量与血浆近似,特别是反复穿刺抽放胸腔积液、腹水时,若只补充水分,可出现低渗性脱水。

(4) 经肾性失钠:一般经肾脏随尿液丢失 Na^+ 远不如从胃肠道随消化液丢失 Na^+ 那样明显,但当肾小管功能受损或受到抑制时,如长期连续使用呋塞米或噻嗪类等排钠性利尿剂、醛固酮分泌减少、慢性间质性肾疾病等,Na^+ 可从尿中大量丢失。

由此可见,低渗性脱水的发生,往往与治疗措施不当有关,这一点应引起足够的重视。但也必须指出,大量体液丢失导致细胞外液容量显著减少时,可通过刺激容量感受器引起 ADH 分泌增多,结果肾重吸收水增加,成为引起细胞外液低渗(低渗性脱水)的重要因素之一。

2. 对机体的影响　低渗性脱水患者由于失钠多于失水,表现出低钠血症。细胞外液渗透压降低导致水分向相对高渗的细胞内转移,使本来减少了的细胞外液进一步减少,所以细胞外液容量显著减少和渗透压降低是低渗性脱水的两个主要特点(图 2-1),引起一系列功能和代谢变化。

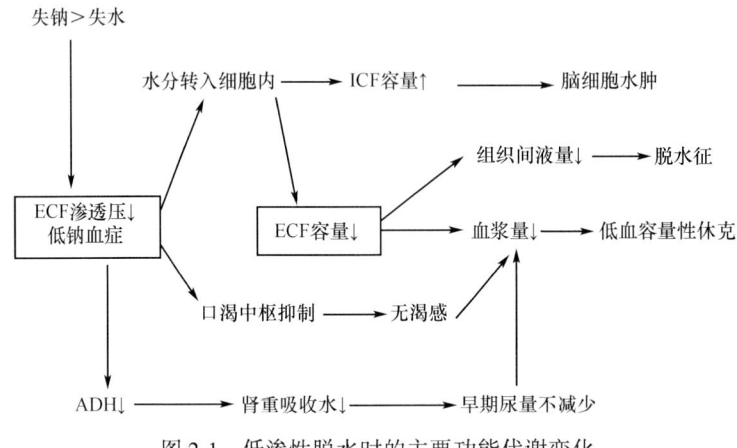

图 2-1　低渗性脱水时的主要功能代谢变化

(1) 易发生休克:低渗性脱水时减少的主要是细胞外液,同时低渗液向细胞内转移,导致细胞外液容量进一步缩小,血容量显著减少,故容易发生低血容量性休克。外周循环衰竭的临床表现出现较早,患者往往有直立性眩晕、动脉血压降低、脉搏细速、静脉萎陷、四肢厥冷等临床表现。

(2) 脱水征明显:在细胞外液的血浆和组织间液这两部分体液中,组织间液减少更为突出。这是因为血浆蛋白质含量高,同时脱水造成血液浓缩,使血浆胶体渗透压反而升高,促使一部分组织间液进入血管内补充血容量,所以组织间液量的减少比血浆更明显。患者表现为皮肤弹性明显减退、眼窝及婴儿囟门凹陷等脱水征。

(3) 无渴感:由于血浆渗透压降低,故机体虽缺水,但却不思饮,难以自觉经口服补充液体。重症患者由于血管紧张素Ⅱ增加,可出现渴感。

(4) 尿的变化:在低渗性脱水早期,细胞外液量虽有一定减少,但细胞外液渗透压降低,抑制渗透压感受器,ADH 分泌减少,使肾远曲小管和集合管对水的重吸收减少,导致低比重尿和尿量没有明显减少。但重症患者,血容量严重不足可刺激 ADH 分泌增多,肾小管对水的重吸收增加,可出现少尿。

(5) 尿钠变化:经肾失钠患者,尿钠含量增多(>20mmol/L)。如果低渗性脱水是由肾外原因引起,在轻症或早期时,因 ADH 分泌减少引起多尿,再加上低血钠、低血容量导致醛固酮分泌增加,使肾小管对钠的重吸收增加,故尿钠含量减少(<10mmol/L);但严重的低血容量导致 ADH 分泌,结果使尿量减少,尿钠含量有所回升。

(二) 高渗性脱水

高渗性脱水(hypertonic dehydration)是指体液容量减少,以失水多于失钠、血清钠浓度>150mmol/L、血浆渗透压>310mmol/L 为主要特征的病理过程,又称为低容量性高钠血症(hypovolemic hypernatremia)。

1. 原因和机制

（1）水摄入不足：多见于水源断绝，如沙漠迷路及海上航行途中淡水用尽没法及时补充；不能饮水，如口腔、食管疾病所致吞咽困难，频繁呕吐及昏迷的患者；渴感障碍，如下丘脑病变损害渴觉中枢或精神病患者，另外在有些脑血管意外的老年患者也可发生渴感障碍，而造成饮水不足。

成人终止进水，每日丧失的水分约1200ml（约为体重的2%）；婴儿终止进水，每日丧失的水分约为体重的10%，婴儿对水丧失更为敏感，故临床上更应特别注意。

（2）水丢失过多

1）经呼吸道失水：任何原因引起的过度通气（发热、代谢性酸中毒或癔症等）都会使呼吸道黏膜非显性蒸发增加，丢失几乎不含电解质的液体。

2）经皮肤失水：高热、大量出汗和甲状腺功能亢进时，均可通过皮肤丢失大量水。发热时体温每升高1.5℃，皮肤的不感蒸发每天约增加500ml。汗为低渗液；大汗时每小时可丢失水分800ml左右。

3）经肾丢失：中枢性尿崩症时因ADH产生和释放不足，肾性尿崩症时因肾远端小管和集合管对ADH的反应缺乏，故肾脏可排出大量水分。由于失水发生在肾单位的最远侧部分，亦即在这个部分以前，大部分Na^+已经被重吸收，因此患者可排出10~15L的稀释尿，而其中只含几个毫摩尔的钠。

因治疗需要反复静脉输注甘露醇、高渗葡萄糖溶液或昏迷患者鼻饲高蛋白饮食时，可因肾小管液渗透压增高而引起渗透性利尿，排水多于排钠。

4）经胃肠道丢失：部分婴幼儿腹泻时，排泄大量钠浓度很低的水样便。

在临床实践中，高渗性脱水的原因常是综合性的，如婴幼儿腹泻时，除丢失肠液、入水不足外，还有发热出汗、呼吸增快等因素引起的失水过多。

2. 对机体的影响 由于丢失的是细胞外液而且失水多于失钠，所以细胞外液容量减少、渗透压升高，引起体内发生一系列功能和代谢变化（图2-2）。

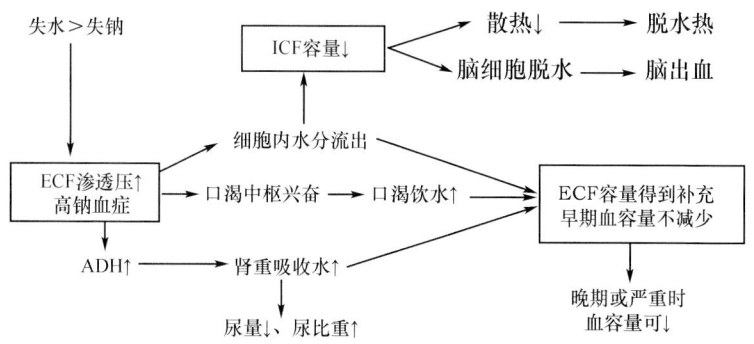

图2-2 高渗性脱水时的主要功能代谢变化

（1）口渴感：由于细胞外液高渗，通过渗透压感受器刺激渴觉中枢（渴感障碍者除外），引起口渴感；循环血量减少和血管紧张素Ⅱ增多可刺激渴觉中枢。唾液腺分泌减少出现的口干舌燥，也是引起渴感的原因。口渴是高渗性脱水患者早期的表现，促使患者找水喝。

（2）尿量的减少：除尿崩症患者外，由于细胞外液渗透压升高，可刺激下丘脑渗透压感受器引起ADH分泌增加，使肾小管对水的重吸收增强，因而尿量减少而尿比重增高。

尿钠变化可因病期的早晚或病情的严重程度而有所差别。早期或轻症患者,由于肾血流量变化不大,兼有高钠血症,醛固酮分泌不增多,故尿中仍有钠排出,其浓度还可因水重吸收增多而增高;晚期和重症病例,可因血容量和肾血流量都明显减少,使醛固酮分泌增多,而致尿钠排出减少。

(3)细胞外液变化:由于丢失的是细胞外液,所以细胞外液容量减少,但由于细胞外液高渗,可通过饮水增多、排尿减少及细胞内液外移,使细胞外液容量得到补充。故除非严重病例或晚期患者,血容量的减少不甚明显,发生休克者也较少。

(4)细胞内液减少:由于细胞外液高渗,水分从渗透压相对较低的细胞内向细胞外转移,使细胞外液渗透压有所回降,而细胞内外液容量均减少。严重病例细胞内液的减少,甚至比细胞外液减少更为突出。引起细胞内脱水致使细胞皱缩。

严重的病例,尤其是婴幼儿,因细胞内液容量不足使汗腺分泌减少和皮肤蒸发的水分减少,造成散热减少,以及体温调节紊乱,从而导致体温升高,称之为脱水热(dehydration fever)。

某些严重病例,由于细胞外液高渗使脑细胞严重脱水,导致细胞代谢障碍,可引起一系列中枢神经系统功能障碍的临床表现,包括烦躁不安、嗜睡、肌肉抽搐、昏迷、甚至死亡。脑体积因脱水而显著缩小时,颅骨与脑皮质之间的血管张力增大,因而可导致微小静脉破裂而出现局部脑出血和蛛网膜下隙出血。

(三)等渗性脱水

等渗性脱水(isotonic dehydration)是指水、钠按其在正常血浆中的浓度成比例的丢失,此时血清钠浓度为130~150mmol/L,血浆渗透压为280~310mmol/L。其又称低容量性正钠血症。

1. 原因和机制 任何等渗性体液大量丢失所造成的血容量减少,在短时间内均属等渗性脱水。其见于:①麻痹性肠梗阻时,大量体液潴留于肠腔内或呕吐、腹泻、胃肠引流等肠液丢失后;②大量抽放胸腔积液、腹水;③血浆从大面积烧伤的皮肤创面渗出时,均可引起等渗性脱水。

2. 对机体的影响 等渗性液体丢失使细胞外液容量减少,血浆容量及组织间液均减少,但由于渗透压正常,对细胞内液量影响不大(图2-3)。

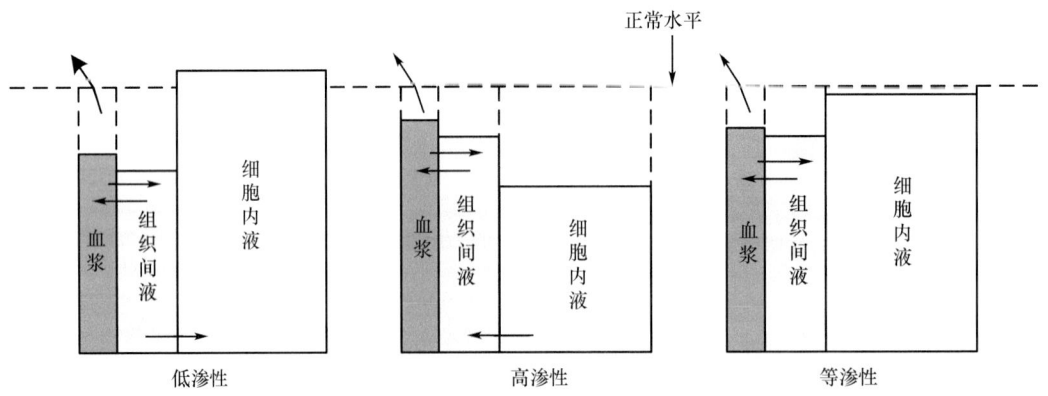

图2-3 脱水体液容量变动示意图

细胞外液容量减少,血液浓缩,可刺激醛固酮和ADH分泌增加,促进肾小管对钠和水的重吸收增加,对细胞外液容量不足进行代偿。患者尿量减少,尿钠含量降低,尿比重增高。若血容量明显减少,则可发生血压下降、休克和肾衰竭。

由于组织间液量减少,患者可表现为皮肤弹性减退、眼窝凹陷及婴幼儿囟门凹陷等脱水征。轻症或早期患者渴感不明显,重症或晚期患者因血容量减少可产生渴感。

等渗性脱水不进行处理,可通过不显性蒸发途径不断丢失水分而转为高渗性脱水;若补给过多的水分则可转变为低渗性脱水。因此,单纯性的等渗性脱水临床上较少见。

三型脱水的比较见表2-3。

表2-3 三型脱水的比较

	高渗性脱水	低渗性脱水	等渗性脱水
发病原因	水摄入不足或丢失过多	体液丢失而单纯补水	水和钠等比例丢失而未予补充
发病机制	细胞外液高渗,细胞内液丢失为主	细胞外液低渗,细胞外液丢失为主	细胞内、外液等渗,细胞外液丢失
主要表现和影响	烦渴、尿少、脑细胞脱水	易休克、脱水体征明显	口渴、尿少、脱水体征、休克
血清钠	150mmol/L以上	130mmol/L以下	130~150mmol/L
尿钠	有	减少或无	减少,但有
治疗	补充水分为主,适量补钠	补充生理盐水或3%氯化钠溶液	补充偏低渗的氯化钠溶液

(四) 脱水临床护理的病理学基础

1. 病情观察 严密观察并记录生命体征,动态检测体重、出入液量、电解质、尿量及尿比重,观测体液容量缺失情况和脱水并发症的征象,作为判断脱水类型和确定体液补充的依据。补充体液时应监测体循环是否负荷过重,注意避免钠水潴留。

2. 对症护理 尽早祛除病因,按照"定量、定性、定速"、"先盐后糖、先快后慢、先浓后淡、见尿补钾"的原则进行补液。对轻度低渗性脱水伴血容量减少患者首先口服或静脉滴注等渗盐水补充血容量,严重者可给予高渗盐水;高渗性脱水常伴有体内总钠减少,应在补充水分基础上,适当补钠;等渗性脱水输入偏低渗盐水。

三、体液容量过多

体液容量过多(水过多)又可根据血钠或血浆渗透压变化的特点分为三种类型,即水中毒、盐中毒和水肿。

(一) 水中毒

水中毒(water intoxication)是指患者体内有水潴留,使细胞内、外液容量均增加,血清钠浓度<130mmol/L,血浆渗透压<280mmol/L,又称高容量性低钠血症(hypervolemic hyponatremia)。

1. 原因和机制 肾功能良好的状态下,一般不易发生水中毒。在急、慢性肾衰竭少尿期、ADH分泌过多(急性应激、休克、肺癌等)时,肾脏排水明显减少,若再静脉输入含钠少或不含钠的液体过多过快时,水分在体内潴留易引起水中毒。

2. 对机体的影响 细胞外液因水分过多而被稀释,使血清钠浓度降低,渗透压降低,加之肾脏不能将过多的水分及时排出,故水分向渗透压相对较高的细胞内转移,以达到新的平衡状态,其结果造成细胞内、外液容量均增多而渗透压都降低。由于细胞内液的容量大于细胞外液的容量,过多的水分大部分积聚在细胞内,因此,早期或轻症患者,组织间液中水潴留的程度尚不足以引起凹陷性水肿。

急性水中毒时,常引起脑神经细胞肿胀和颅内压升高,可引起中枢神经系统功能障碍,脑症状出现最早而且突出,如头痛、呕吐、凝视、定向失常、精神错乱,继而出现兴奋不安、惊厥、肌肉痉挛等,并可有视神经乳头水肿,严重者可发生脑疝而导致呼吸、心搏骤停。

3. 水中毒临床护理的病理学基础 水中毒,最重要的是预防。因此,护理时对于有水潴留倾向的患者,应嘱其控制摄水。在输液时严格限制水的输入量和控制输液速度,避免输液过多、过快,防止加重水中毒。轻症水中毒患者通过停止或限制水分输入可自行恢复;重症或急症患者除严格限水外,立即静脉内输注甘露醇或山梨醇等渗透性利尿剂等,以减轻脑细胞肿胀和促进体内水分的排出。

(二) 水肿

过多的液体在组织间隙或体腔内积聚的病理过程,称为水肿(edema)。由于水肿液来自血浆,与血浆的成分相近,因此水肿是等渗液的积聚,一般不伴有细胞内液体增多。正常体腔内只有少量液体,当体腔内液体过多积聚时,称为积水(hydrops),如心包积水、胸腔积水(胸腔积液)、腹腔积水(腹水)、脑室积水、阴囊积水等。

根据水肿波及的范围可把水肿分为全身性水肿(anasarca)和局部性水肿(local edema)。根据水肿的发生部位可将水肿分为肺水肿、脑水肿、视神经乳头水肿、声门水肿和皮下水肿等。根据水肿的发生原因可将水肿分为肾性水肿、肝性水肿、心性水肿、营养不良性水肿、淋巴性水肿、炎性水肿等。

1. 水肿发生的基本机制 正常人体组织液容量是相对恒定的,这种恒定依赖于血管内外液体交换的平衡和体内外液体交换平衡的完善调节,当这种平衡失调时,就为水肿的发生奠定了基础。

(1)血管内外液体交换失衡——组织液生成大于回流:血管内外液体交换受多种因素调控(图2-4)。在维持组织液生成与回流的平衡方面,有效滤过压和淋巴回流的正常等起着重要作用。

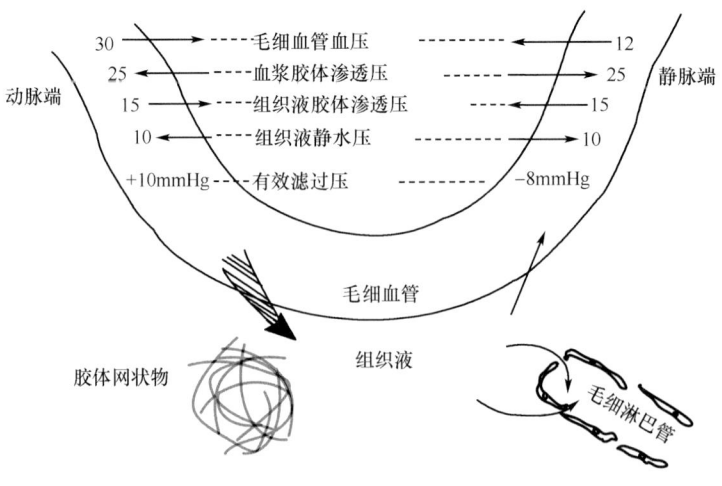

图2-4 组织液生成与回流示意图

影响血管内外液体交换平衡的因素主要有：①驱使血管内液体向外滤出的力量是有效流体静压。在毛细血管动脉端血压约为30mmHg，静脉端血压约为12mmHg，组织间隙的流体静压为10mmHg，因此在毛细血管动脉端有效流体静压为20mmHg，而在静脉端约为2mmHg。②促使液体回流至毛细血管内的力量是有效胶体渗透压。正常人血浆胶体渗透压为25mmHg，组织间液的胶体渗透压为15mmHg，两者之差为有效胶体渗透压，约10mmHg。有效流体静压减去有效胶体渗透压之差是有效滤过压。在毛细血管动脉端约10mmHg，组织液生成；静脉端约-8mmHg，组织液回流即重吸收。可见，正常时组织液的生成略大于回流。③淋巴回流。组织液回流剩余部分形成淋巴液，正常成人在安静状态下每小时大约有120ml液体经淋巴系统送回血液循环。组织间隙流体静压升高时，淋巴液的生成速度加快。另外，淋巴管壁的通透性较高，蛋白质易通过。因此，淋巴回流不仅可把略多生成的组织液送回血液循环，而且可把毛细血管漏出的蛋白质、细胞代谢产生的大分子物质回吸收入血液循环。如果上述一个或一个以上的因素同时或相继失调，都可能成为水肿发生的重要原因。

1）毛细血管流体静压增高：可致有效流体静压增高，有效滤过压增大，组织液生成增多，当后者超过淋巴回流的代偿能力时，便可引起水肿。毛细血管流体静压增高的常见原因是静脉回流受阻，静脉压升高。静脉压升高可逆向传递到微静脉和毛细血管静脉端，使毛细血管流体静压增高。例如，血栓阻塞静脉腔或肿瘤压迫静脉壁可使局部静脉压升高，引起局部水肿；充血性心力衰竭时静脉压增高可成为全身水肿的重要原因。

2）血浆胶体渗透压降低：血浆胶体渗透压主要取决于血浆蛋白尤其是白蛋白的含量。当血浆白蛋白含量减少时，血浆胶体渗透压下降，有效胶体渗透压也随之下降，而有效滤过压增大，组织液的生成增加，超过淋巴代偿回流时，可发生水肿。引起血浆白蛋白含量减少的原因叙述如下。①蛋白质合成障碍，见于肝硬化或严重的营养不良；②蛋白质丢失过多，见于肾病综合征时大量蛋白质从尿中丢失；③蛋白质消耗增加，见于慢性消耗性疾病，如慢性感染、恶性肿瘤等；④大量钠水潴留或输入大量非胶体溶液时使蛋白稀释。

3）微血管壁通透性增加：正常时，毛细血管壁只允许微量小分子蛋白质滤过，因而在毛细血管内外形成了很大的胶体渗透压梯度。当微血管壁通透性增高时，大量血浆蛋白质从毛细血管和微静脉壁滤过。于是，毛细血管静脉端和微静脉内的胶体渗透压下降，组织间液的胶体渗透压上升，使有效胶体渗透压下降，促使溶质及水分的滤过。这主要见于感染、烧伤、冻伤、化学伤及昆虫咬伤等。这些因素可直接损伤微血管壁或通过组胺、激肽等炎性介质的作用而使微血管壁的通透性增高。这类水肿液的特点是所含蛋白较高，可达30~60g/L。

4）淋巴回流受阻：正常情况下，淋巴回流不仅能把组织液及其所含蛋白回收到血液循环，而且在组织液生成增多时还能代偿回流，具有重要的抗水肿作用。在某些病理条件下，当淋巴干道被堵塞，淋巴回流受阻或不能代偿性加强回流时，含蛋白（可达30~50g/L）的水肿液在组织间隙中积聚，形成淋巴性水肿。常见的原因叙述如下。①恶性肿瘤细胞侵入并堵塞淋巴管；②乳腺癌根治术摘除主要的淋巴组织，可致相应部位水肿；③丝虫病时，主要的淋巴管道被成虫阻塞，可引起下肢和阴囊的慢性水肿。

（2）体内外液体交换失衡——钠、水潴留：正常人钠、水的摄入量和排出量处于动态平衡，从而保持体液量的相对恒定。这种平衡的维持依赖于肾脏正常的结构与功能，以及体内精细的容量与渗透压调节。肾在调节钠、水平衡中起重要作用，正常经肾小球滤过的钠、水总量,只有 0.5%~1% 排出体外,99%~99.5% 被肾小管重吸收。其中,60%~70% 由近曲小管主动重吸收,远曲小管和集合管对钠、水的重吸收则主要受激素调节,这些调节因素保证了球-管的平衡。当某些因素导致球-管平衡失调时,便可导致钠、水潴留,成为水肿特别是全身性水肿发生的重要机制(图 2-5)。

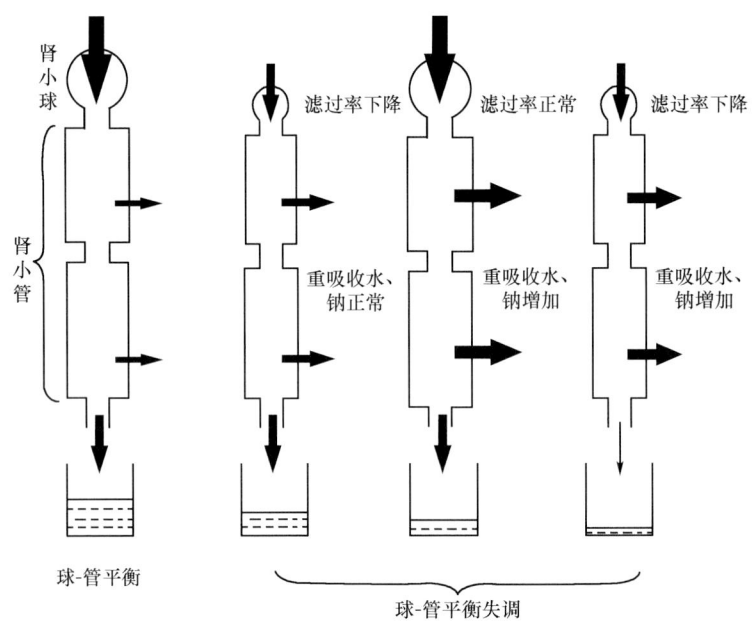

图 2-5 球-管平衡与球-管平衡失调示意图

1) 肾小球滤过率(GFR)降低:GFR 是指单位时间内两肾生成滤液的量,主要取决于肾小球的有效滤过压、滤过膜的面积和滤过膜的通透性。当肾小球滤过钠、水减少,在不伴有肾小管重吸收相应减少时,就会导致钠、水的潴留。若再伴有肾小管重吸收增强时,钠、水的潴留更明显。

引起 GFR 降低的常见原因有:①广泛的肾小球病变,如急性肾小球肾炎时,炎性渗出物和内皮细胞肿胀引起滤过膜的通透性降低;当慢性肾小球肾炎时,肾单位大量被破坏,使肾小球滤过面积明显减小。②肾血流量减少,如充血性心力衰竭、肾病综合征、肝硬化伴腹水,导致有效循环血量减少,肾血流量下降,GFR 降低。同时,继发性交感-肾上腺髓质系统和肾素-血管紧张素系统兴奋,使入球动脉收缩,肾血流量和肾小球滤过率进一步降低,而引起钠水潴留。

2) 肾小管重吸收功能增强:对于钠、水潴留来说,肾小管的重吸收功能增强比肾小球滤过功能降低更为重要。

心房钠尿肽(ANP)分泌减少:当充血性心力衰竭、肾病综合征、肝硬化伴腹水等使有效循环血量明显减少时,心房的牵张感受器所受的刺激减弱,ANP 分泌减少,近曲小管对钠水重吸收增多。

滤过分数(filtration fraction,FF)增加:这是肾内物理因素。FF = GFR/肾血浆流量。充血性心力衰竭或肾病综合征时,肾血流量随有效循环血量的减少而下降,由于出球小动脉收缩比入球小动脉收缩明显,GFR 比肾血浆流量相对增多,FF 增高使血浆中非胶体成分滤过量相对增多。因此,通过肾小球后,流入肾小管周围毛细血管血流的血浆胶体渗透压增高,同时流体静压下降。导致近曲小管重吸收钠、水增加和钠、水潴留。

肾血流重分布:正常时,肾血流约90%通过靠近肾表面外2/3的皮质肾单位,皮质肾单位约占肾单位总数的85%,这些肾单位的髓袢短,不进入髓质高渗区,其重吸收钠、水能力较弱,主要起滤过功能。近髓肾单位约占15%,其髓袢长,深入髓质高渗区,对钠、水重吸收能力强。在某些病理情况下,如有效循环血量减少时,皮质肾单位的血流明显减少,流向近髓肾单位的血量增多,此现象称为肾血流重分布。引起肾血流重分布的机制可能是,肾皮质交感神经丰富和肾素含量较高,形成的血管紧张素Ⅱ也较多,以上因素易引起肾皮质小血管的收缩,血流量显著减少。导致近髓肾单位血量增多,肾小管髓袢对钠、水重吸收增加而致钠水潴留。

醛固酮分泌增多:醛固酮的作用是促进肾远曲小管重吸收钠,进而引起钠、水潴留。引起醛固酮增多的原因叙述如下。①分泌增加。当有效循环血量下降或其他原因使肾血流减少时,肾血管灌注压下降,可刺激入球小动脉壁的牵张感受器及GFR降低使流经致密斑的钠量减少,均可使近球细胞分泌肾素增加,肾素-血管紧张素-醛固酮系统被激活。临床上,其见于充血性心力衰竭、肾病综合征及肝硬化腹水时。②灭活减少。肝硬化患者肝细胞灭活醛固酮的功能减退,也是血中醛固酮含量增高的原因。

抗利尿激素(ADH)分泌增加:ADH的作用是促进远端肾小管和集合管对水的重吸收,是引起钠水潴留的原因之一。引起ADH分泌增加的原因叙述如下。①有效循环血量减少使心房壁和胸腔大血管的容量感受器所受的刺激减弱,反射性地引起ADH分泌增加;②肾素-血管紧张素-醛固酮系统激活后,血管紧张素Ⅱ生成增多,可致下丘脑-神经垂体分泌和释放ADH增加。此外,醛固酮分泌增加可使肾小管对钠的重吸收增多,血浆渗透压增高,刺激下丘脑渗透压感受器,使ADH的分泌与释放增加。

以上是水肿发病机制中的基本因素,在各种不同类型的水肿发生发展过程中,通常是多种因素先后或同时发挥作用。同一因素在不同类型水肿发病机制中所起的作用和地位不同。因此,在治疗实践中,必须对不同患者进行具体分析,这对选择适宜的治疗方案具有重要意义。

2. 常见的水肿类型与特点

(1) 心性水肿:是指右心衰竭引起的全身性水肿。水肿首先表现为下垂部位的皮下水肿,能走动的患者以足踝及胫前部为重,卧床者则以腰骶部为明显,严重时可波及全身,并伴有胸腔积液、腹水。

心性水肿发生的原因叙述如下。①毛细血管的流体静压增高:因心肌收缩力减弱,心排出量减少,使有效循环血量减少和体循环静脉回流受阻,导致静脉淤血,毛细血管的流体静压升高。②钠水潴留:因心排出量减少,使肾血流量减少,导致肾小球滤过率下降,同时使抗利尿激素、醛固酮分泌增加,肾小管重吸收钠、水增强,导致钠水潴留。右心衰竭导致肝淤血时,肝功能障碍使醛固酮和抗利尿激素灭活减少,进一步促进钠水潴留。③血浆胶体渗透压降低:右心衰竭导致胃肠道淤血,对蛋白质的消化和吸收功能降低;肝淤血时,肝合成白蛋白减少;钠水潴留造成血液稀释。这些因素可使血浆胶体渗透压下降。④淋巴回流障碍:右心衰竭时,体静脉压升高,可导致淋巴液回流受阻。

(2) 肾性水肿:原发于肾脏疾病引起的全身性水肿,称为肾性水肿(renal edema),常见于肾病综合征和肾小球肾炎,是肾脏疾病的重要体征。由于无静脉压和毛细血管流体静压增高的因素存在,水肿液常分布在皮下组织疏松、皮肤伸展度大的部位。因此,轻症患者晨起时发现眼睑和面部水肿,病情严重者可逐渐扩展至全身,并伴胸腔积液、腹水。

肾病综合征时,大量蛋白尿,血浆白蛋白丢失过多,引起血浆胶体渗透压降低,导致组织间液生成大于回流,引起水肿。急性肾小球肾炎时,由于肾小球增生性病变,使肾小球滤过面积明显减少,肾小球滤过率下降;同时,继发性肾素-血管紧张素-醛固酮系统兴奋,使肾小管重吸收钠、水增强,导致钠水潴留。

(3) 肝性水肿:原发于肝疾病导致的体液异常积聚,称为肝性水肿(hepatic edema)。肝性水肿以腹水为主要表现。腹水最常见的原因是肝硬化,多见于失代偿期。

肝性水肿的发生机制是多种因素综合作用的结果。门脉性肝硬化时,由于肝内广泛的结缔组织增生和再生肝细胞结节的形成,肝内血管特别是肝静脉的分支被挤压,发生扭曲、闭塞或消失。肝内血管阻塞导致肝血窦内压和肝外门静脉区毛细血管流体静压升高,成为腹水的原发因素。继发性钠水潴留和低蛋白血症则是促进腹水发生发展的重要因素。

(4) 肺水肿(pulmonary edema):是指过多液体积聚在肺间质、肺泡腔。急性肺水肿常见于急性左心衰竭,慢性肺水肿见于二尖瓣狭窄、高血压性心脏病等,临床表现为呼吸困难、端坐呼吸、咳嗽、咳粉红色泡沫样痰和发绀等。

发生机制:①左心衰竭时,肺静脉回流受阻引起肺毛细血管流体静压增高,使血浆成分漏出;②休克、毒气吸入等多种原因引起的急性呼吸窘迫综合征,由于广泛的肺泡-毛细血管膜损伤,导致肺毛细血管壁通透性增高,血浆渗入肺间质和肺泡;③各种炎症介质引起的肺水肿,其特点是只有肺微血管内皮通透性增高,而不伴有肺泡上皮的损伤,以肺间质水肿为主;④人体快速输入晶体溶液,使肺血量和毛细血管压增加,以及血浆胶体渗透压降低,可诱发或引起肺水肿。

肺水肿的发展过程一般是先出现间质性肺水肿(interstitial edema)。当肺间质内液体积聚到一定量时,突然溢入肺泡内,发展为肺泡水肿(alveolar edema)。

(5) 脑水肿:脑组织的液体含量增多引起的脑容积和重量增加,称为脑水肿(brain edema)。脑水肿轻者可无明显的症状与体征。重症可出现头痛、头晕、呕吐、视神经乳头水肿等一系列颅内压升高的症状;严重者可发生脑疝,甚至死亡。

根据原因和发病机制不同可将脑水肿分为:①血管性脑水肿(vasogenic brain edema),是最常见的一类,多见于脑外伤、脑出血、脑梗死、脑脓肿等。主要发生机制是脑微血管壁通透性增高,白质的组织间隙中有蛋白质含量较高的液体积聚。②细胞毒性脑水肿(cytotoxic brain edema),多见于急性脑缺血缺氧、水中毒等。主要发生机制是细胞膜钠泵功能障碍。特点是水肿液主要分布在脑细胞内,细胞间隙缩小。③间质性脑水肿(interstitial brain edema),其特点是阻塞性脑室积水和相应脑室周围白质的间质水肿,多见于脑肿瘤压迫、炎症性疾病等。由于脑脊液回流通路受阻,过多的脑脊液在脑室中积聚,脑室内压上升,使脑脊液溢入周围白质中。

3. 水肿特点及对机体的影响

(1) 水肿的特点:水肿的组织或器官体积增大、重量增加、颜色苍白、弹性降低、切面有液体流出。皮下水肿是全身或躯体局部水肿的重要体征,由于过多的液体在皮下组织间隙积聚,用手指按压时出现凹陷(压痕),称为凹陷性水肿(pitting edema),因其易被察觉又称为显性水肿(frank edema)。实际上,此法不敏感,全身性水肿患者在出现凹陷之前已有组织液的增多,并可达到原体重的10%,这种情况称为隐性水肿(recessive edema)。未出现凹陷是因为分布在组织间隙中的胶体网状物(化学成分是透明质酸、胶原及黏多糖等)对液体有强大的吸附能力和膨胀性的缘故。液体被吸附呈凝胶态就不能自由移动,受到压力时也不易移动;只有当液体的积聚超过胶体网状物的吸附能力时,才形成游离的液体。当液体的积聚达到一定量时,用手指按压时游离的液体向按压点周围扩散,形成凹陷(压痕)。解压后约经数秒到1分钟左右,才流回原处而平复。

体重变化:全身水肿时,体重能敏感地反映细胞外液容量的变化。因而动态监测体重的增减,是观察水肿消长的最有价值的指标,它比观察皮肤凹陷体征更敏感。

(2)水肿对机体的影响:水肿对机体都有不同程度的不利影响。其影响大小取决于水肿的部位、程度、发生速度及持续时间。①细胞营养障碍。过量的液体在组织间隙中积聚,使细胞与毛细血管间的距离加大,增加了营养物质向细胞弥散的距离。受骨壳或坚实的包膜限制的器官或组织,急速发生重度水肿时,压迫微血管使营养血流减少,可致细胞发生严重的营养障碍。②水肿对器官组织功能活动的影响。水肿对器官组织功能活动的影响,取决于水肿发生的速度及程度。急速发展的重度水肿因来不及适应与代偿,可引起比慢性水肿严重得多的功能障碍。若为生命活动的重要器官,则可造成更为严重的后果,如脑水肿引起颅内压升高,甚至出现脑疝致死;喉头水肿可引起气管阻塞,甚至窒息死亡。

当然,有时水肿对机体也可产生有利的影响。炎症性水肿液可稀释毒素,可输送抗体或药物至炎症灶,促进炎症的痊愈。水肿又是循环系统的重要"安全阀",在血容量迅速增长时,大量液体及时转移到组织间隙中,可防止循环系统压力急剧上升,从而减免引起血管破裂和急性心力衰竭的危险。

4. 水肿临床护理的病理学基础

(1)病情观察:注意观察水肿的部位、程度、消长情况,动态测量患者体重,准确记录患者出、入水量和电解质的情况。同时观察心、肺、肝、肾等重要器官的功能状况。

(2)对症护理:适当限制钠盐的摄入;根据引起水肿的原因不同相应治疗,如脑水肿给予细胞膜稳定剂和脱水剂;心性水肿给予强心药和利尿剂;肝性水肿给予保肝药物和利尿剂。同时,协助卧床不起的患者经常更换体位,避免压疮。

(三) 盐中毒

盐中毒也称高容量性高钠血症(hypervolemic hypernatremia),其特点是血容量和血钠均增高。

1. 原因和机制

(1)医源性盐摄入过多:在治疗低渗性脱水或等渗性脱水患者时未严格控制高渗溶液的输入,如果始动原因是肾本身疾病,将难以及时排出多余钠盐,有可能导致高容量性高钠血症。在抢救心跳、呼吸骤停的患者时,为纠正酸中毒,常常给予高浓度的碳酸氢钠,如果掌握不当,可能造成高容量性高钠血症。

(2)原发性钠潴留:在原发性醛固酮增多症的患者,由于醛固酮的持续超长分泌,导致远曲小管对钠、水的重吸收增加,常引起体钠总量和血钠含量的增加,同时伴有细胞外液量的扩张。

2. 对机体的影响 高钠血症时细胞外液高渗,液体自细胞内向细胞外转移,导致细胞脱水,严重者引起中枢神经系统功能障碍。

3. 盐中毒临床护理的病理学基础

(1)病情观察:准确记录患者出、入水量和电解质的情况,同时观察心脑血管等重要器官的功能状况,避免医源性盐摄入过多。

(2)对症护理:适当限制钠盐的摄入;肾功能正常者可用利尿剂以去除过量的钠;若肾功能损伤则需透析。应注意血钠浓度不能降得过快,否则细胞外液处于低渗状态,水从细胞外移向细胞内引起脑水肿。

第三节 钾代谢紊乱

一、正常钾代谢

(一)体内钾总量及分布

钾为细胞内最重要的阳离子,具有重要的生理功能,它与维持细胞新陈代谢、保持静息膜电位、调节细胞内外的渗透压和酸碱平衡均密切相关。

正常人体内含钾总量为 50~55mmol/kg,其中约 98%(3000~4000mmol)在细胞内,其余 2%(60~80mmol)在细胞外液中。细胞内液钾浓度约为 160mmol/L,血清钾浓度为 3.5~5.5mmol/L,两者浓度相差 30 多倍,主要依赖于细胞膜上 Na^+-K^+ 泵(Na^+-K^+-ATP 酶)的主动转运来维持。

(二)钾平衡及其调节

天然食物含钾都比较丰富,钾盐以离子的形式极易被小肠吸收,能正常饮食的人一般不会缺钾。钾还可随消化液分泌到胃肠道,但通常这些 K^+ 又重新被吸收。健康成人每天钾的摄入量约为 100mmol,吸收入血的钾首先转移至细胞内,其后在数小时内主要经由尿液排出体外(约 90mmol),其余小部分(约 10mmol)随粪便及汗液排出(图 2-6)。

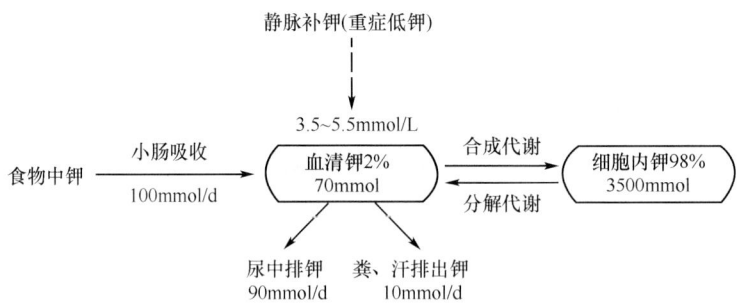

图 2-6 钾的摄入与排出及其在体内的分布

正常人每天钾的摄入量常大于其细胞外液的总钾量,但血钾浓度却始终维持在 3.5~5.5mmol/L 的正常范围内。维持这一动态平衡的调节机制有以下两方面。

1. 钾的跨细胞转移 机体对快速变动的钾负荷主要依赖细胞内、外液之间 K^+ 分布的改变来进行调节,由于细胞内液具有迅速储备大量 K^+ 的能力,通过 K^+ 在细胞内外的转移,可迅速、准确地维持细胞外液的钾浓度。

2. 肾脏调节 肾是排钾的主要器官。由肾小球滤出的 K^+ 大部分在近曲小管重吸收,而尿中排出的钾主要是远曲小管和集合管分泌的。肾脏排钾量受摄入量影响:多吃多排,少吃少排,维持摄入与排出的平衡;但肾保留钾的能力不如保留钠完善,在摄入量极少甚至完全无钾摄入的情况下,肾脏每天仍能排出 20~40mmol 的 K^+,如此持续排钾,将出现钾的负平衡。

二、钾代谢紊乱

钾代谢紊乱主要是指细胞外液中 K^+ 浓度的异常变化,尤其是血钾浓度的变化,包括低钾血症(hypokalemia)和高钾血症(hyperkalemia)。在临床上钾代谢紊乱比水钠代谢紊乱显得更重要,这是因为重症钾代谢紊乱会直接危及生命。通常情况下,血钾浓度基本上能反映体内的总钾水平。但在异常情况下,两者之间并不一定呈平行关系,而临床表现主要取决于血钾浓度异常变化的速度和程度。

(一) 低钾血症

血清钾浓度低于 3.5mmol/L 称为低钾血症。缺钾(potassium depletion)是指细胞内钾的缺乏、体内钾的总量减少。多数情况下,低钾血症常伴缺钾,但两者并不一定同时发生。

1. 原因和机制

(1) 钾摄入不足:在正常饮食条件下,一般不会发生低钾血症。只有在下述情况下才会发生。①不能进食,如胃肠道梗阻、昏迷;②长时间禁食或厌食,如胃肠手术后或神经性厌食时等;③长期输液未注意补钾者。

(2) 钾丢失过多

1) 经消化道失钾:是低钾血症最常见的原因。①频繁呕吐或大量胃肠减压。除丢失富含钾的胃肠液外,并伴有钾摄入不足,大量胃液丢失所引起的代谢性碱中毒和血容量减少,使醛固酮继发性增多,促进肾排钾增加。②严重腹泻。腹泻常是幼儿失钾过多的主要原因,腹泻时随粪便丢失的钾可比正常时多 10~20 倍。一方面是由于腹泻使小肠吸收钾减少;另一方面腹泻所致的血容量减少,又使醛固酮分泌增多,结果不仅尿钾排出增多,也使结肠分泌钾的功能增强。

2) 经肾脏失钾:这是成人失钾的最重要的原因,主要见于以下几方面。①长期大量应用利尿剂。髓袢类及噻嗪类利尿剂,主要通过抑制髓袢升支粗段及远曲小管起始部 Na^+、Cl^- 的重吸收而产生利尿作用,由此也导致远曲小管内钠水增多且流速增快,促进 K^+-Na^+ 交换增加,钾排出增加;同时原发病(肝硬化、心力衰竭)或血容量减少引起的继发性醛固酮增多症,使肾保钠排钾作用加强而失钾。②渗透性利尿。如急性肾小管坏死多尿期时由于原尿中溶质(尿素、钠)增多产生渗透性利尿作用,如高血糖、甘露醇之类渗透性利尿剂所致的利尿增强,均伴有尿排钾增多。③盐皮质激素过多。见于原发性醛固酮增多症(如肾上腺皮质腺瘤)和继发性醛固酮增多症(如肝硬化),均因远端小管 K^+-Na^+ 交换增加,尿排钾增多引起。④肾小管性酸中毒。Ⅰ型(远端)肾小管性酸中毒,由于远端小管泌 H^+ 障碍,导致 K^+-Na^+ 交换增加,尿钾排出增多;Ⅱ型(近端)肾小管性酸中毒,是一种多原因引起的以近端小管重吸收多种物质障碍为特征的综合征,表现为由尿中丧失 HCO_3^-、K^+ 和磷而出现的代谢性酸中毒、低钾血症和低磷血症。

3) 经皮肤丢钾:汗液虽含钾不多,但如在高温下从事体力劳动时,大量出汗也可造成明显的失钾。

(3) 体内钾的分布异常:是因细胞外钾向细胞内转移而引起低钾血症,但体内总钾量并不减少,主要见于以下几方面。

1) 急性碱中毒:细胞外液 pH 增高,H^+ 从细胞内向细胞外转移,以缓冲细胞外液碱中毒,而细胞外液 K^+ 则转入细胞内以维持细胞内外的阴、阳离子平衡,使血钾降低。

2) 过量使用胰岛素:一方面可直接激活细胞膜上 Na^+-K^+-ATP 酶的活性,使细胞外 K^+ 转入细胞内;另一方面可促进细胞糖原合成,使细胞外 K^+ 随同葡萄糖转入细胞内。

3) β-肾上腺素能受体活性增强:如 β-受体激动剂(肾上腺素、沙丁胺醇等)可通过 cAMP 机制激活 Na^+-K^+ 泵,促进细胞外钾内移。

4) 某些毒物中毒:如钡中毒、粗制棉籽油中毒(主要毒素为棉酚),可特异性阻断钾通道,使 K^+ 外流减少。

5) 低钾血症型周期性瘫痪:是一种少见的常染色体显性遗传病,发作时出现血钾降低和一时性骨骼肌麻痹、肢体瘫痪。剧烈运动、应激等是常见的诱发因素。

2. 对机体的影响

(1) 对神经、肌肉的影响

1) 肌肉无力或弛缓性麻痹:一般从下肢肌肉开始,可累及躯干、上肢肌肉,严重时因呼吸肌麻痹而致死。除骨骼肌外,胃肠道平滑肌也可受累,出现腹胀、便秘和麻痹性肠梗阻。

肌细胞的兴奋性取决于静息电位(E_m)与阈电位(E_t)间的距离。距离增大,难以引起兴奋;而距离变小,则易于引起兴奋。至于 E_m 的大小,主要取决于细胞内外 K^+ 浓度的比值。

急性低钾血症时,由于细胞外液钾浓度($[K^+]e$)急剧降低,而细胞内 K^+ 浓度($[K^+]i$)变化不明显,使 $[K^+]i/[K^+]e$ 值增大,K^+ 外流增加,E_m 负值增大,E_m-E_t 距离加大,细胞乃处于超极化阻滞状态,于是去极化发生障碍,兴奋性降低,故引起肌肉软弱无力,重症发生弛缓性麻痹(图 2-7)。

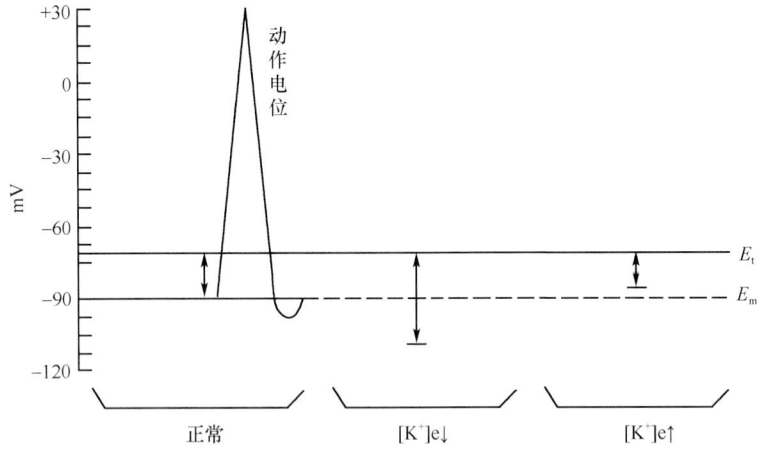

图 2-7 细胞外液 K^+ 浓度对神经肌肉兴奋性的影响

慢性低钾血症时,由于病程缓慢,钾从细胞内逐渐逸出至细胞外,使细胞内外 K^+ 浓度均降低,$[K^+]i/[K^+]e$ 值变化不大,结果 E_m 可基本正常,细胞兴奋性无明显降低,临床表现不明显。

2) 横纹肌损害:钾对骨骼肌的供血有调节作用。局部钾浓度增加引起血管扩张,致使血流量增加。严重缺钾(血钾低于 2.5mmol/L)的患者,肌肉运动时不能从细胞释放出足够的K^+,可使骨骼肌血管收缩,导致供血不足,以致发生缺血缺氧性肌痉挛和横纹肌溶解。当然,低钾血症引起的肌肉代谢障碍也是骨骼肌损害的原因之一。

（2）对心脏的影响：主要表现为心肌生理特性的改变以及引发的心电图变化,从而影响心功能。

1）心肌生理特性的改变

A. 兴奋性增高：急性低钾血症时,$[K^+]e$ 急剧降低而 $[K^+]i$ 变化不明显,使 $[K^+]i/[K^+]e$ 值增大,引起心肌细胞 E_m 负值增大,其兴奋性降低。但在 Purkinje 细胞,由于 $[K^+]e$ 显著降低,使细胞膜上的钾通道对 K^+ 的通透性降低,细胞内的 K^+ 外流减少,造成 E_m 负值减小,E_m-E_t 的距离变小,因而引起兴奋所需的阈刺激也减小,即快反应自律细胞——Purkinje 细胞的兴奋性增高,亦即整个心脏兴奋性增高。

B. 传导性降低：心肌传导性快慢主要与动作电位 0 期去极化的速度和幅度有关。低钾血症时,因 E_m 负值减小,使 Na^+ 内流的电位差减小,因而动作电位 0 期去极化的速度减慢、幅度变小,兴奋的扩布因而减慢,心肌传导性降低,甚至传导阻滞（图 2-8）。

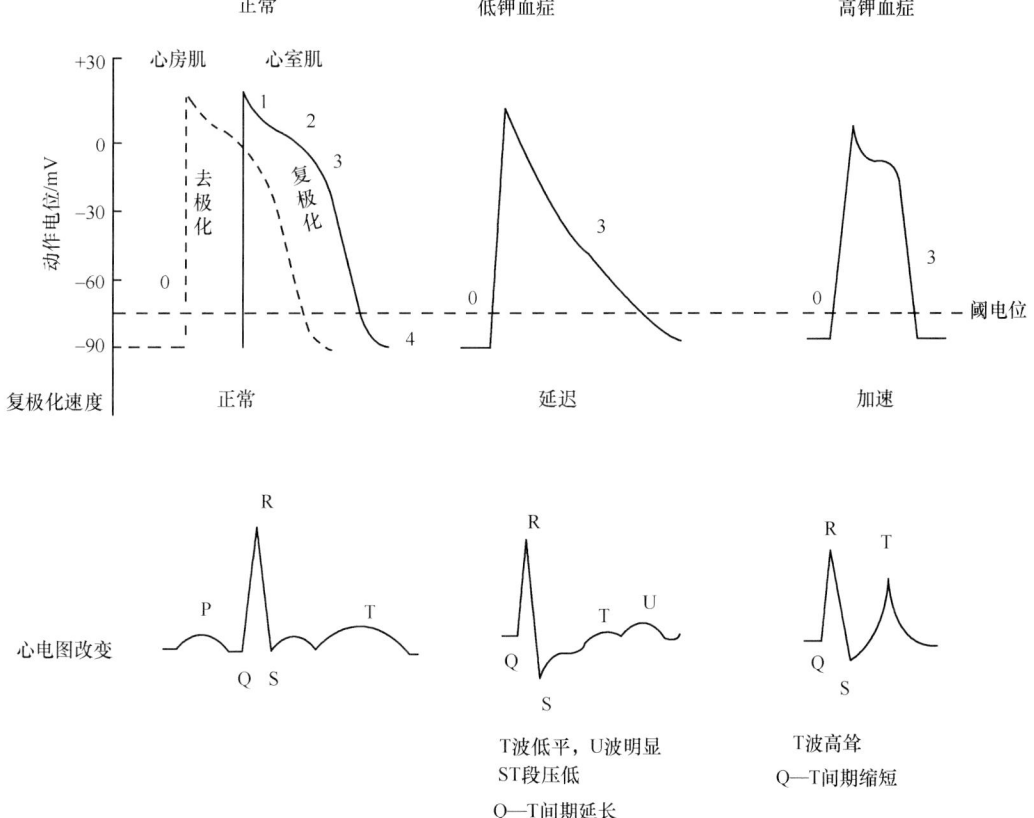

图 2-8 细胞外液 K^+ 浓度对心肌细胞膜电位及心电图的影响

C. 自律性增高：心肌自律性的产生依赖于动作电位复极化 4 期的自动去极化。急性低钾血症时,细胞膜对 K^+ 的通透性降低,复极化 4 期 K^+ 外流减慢,而持续性的 Na^+ 内流相对加速,使快反应自律细胞——Purkinje 细胞的自动去极化加速,故心肌自律性提高。

D. 收缩性增强：急性低钾血症时,由于 $[K^+]e$ 降低对 Ca^{2+} 内流的抑制作用减弱,复极化

2期Ca^{2+}内流增多,启动兴奋-收缩偶联反应,心肌收缩性增强(图2-8)。但在严重的慢性低钾血症时,由于细胞内钾缺乏,引起细胞代谢障碍甚至心肌细胞变性坏死,使心肌收缩性可减弱。

2)心电图变化:心电图改变除心律失常外,主要由心室肌复极化延迟所致。①T波低平、增宽,$[K^+]e$降低时膜对K^+的通透性下降,K^+外流减少,使复极化3期延长,导致T波压低、增宽。②出现U波,$[K^+]e$降低时Purkinje细胞的3期复极化过程延长大于心室肌的3期复极化过程,故T波后出现增高的U波。③ST段压低,$[K^+]e$降低时Ca^{2+}内流加速,复极化2期(平台期)缩短,使ST段不能回到基线而呈下移状。④代表心室动作电位时间的Q—T间期明显延长(图2-8)。

(3)对肾脏的影响:主要表现为尿浓缩功能的障碍,出现多尿和低比重尿。其机制是:①远端小管和集合管上皮细胞受损,cAMP生成不足,对ADH的反应性降低。②髓袢升支粗段对NaCl的重吸收障碍,妨碍了肾髓质渗透压的形成,从而影响了对水的重吸收。

(4)对酸碱平衡的影响:血钾浓度降低可导致代谢性碱中毒,其机制叙述如下。①$[K^+]e$降低,使细胞内K^+外流而细胞外H^+内移,引起血液呈碱性。②肾小管上皮细胞内K^+浓度降低,H^+浓度增高,造成肾小管K^+-Na^+交换减弱而H^+-Na^+交换加强,尿排K^+减少,尿排H^+增多,加重代谢性碱中毒,而此时尿液呈酸性,故称为反常性酸性尿。

3. 低钾血症临床护理的病理学基础

(1)病情观察:重度低钾血症可导致呼吸肌麻痹和心律失常,应注意观察患者心率、心律、神经肌肉表现,定时检测心电图、血钾浓度,动态监测病情的变化,并在治疗时注意防止高钾血症的发生。

(2)对症护理:消除病因(如尽快恢复饮食);补钾治疗应尽量口服,因恶心、呕吐等原因不能口服者或病情严重时,才考虑静脉内滴注补钾,绝对禁止静脉注射补钾。静脉滴注补钾应遵循"四不宜"的原则。①不宜早,需尿量>500ml/d时才补钾;②不宜快,速度<10~20mmol/h;③不宜浓,<40mmol/L;④不宜多,总量<120mmol/d。细胞内缺钾恢复较慢,往往需补钾4~6天,严重者需补钾10~15天。静脉内补钾时应防止渗漏,保护静脉。

(二)高钾血症

血清钾浓度高于5.5mmol/L称为高钾血症。

1. 原因和机制

(1)肾排钾减少:这是引起高钾血症的主要原因,可见于以下几方面。

1)肾衰竭:急性肾衰竭少尿期、慢性肾衰竭晚期、休克、严重腹水等均可因肾小球滤过率下降和(或)肾小管排钾功能障碍而导致血钾升高。

2)醛固酮分泌不足或对醛固酮的反应低下:前者见于肾上腺皮质功能减退(Addison病)和双侧肾上腺切除;后者见于某些肾小管疾病如间质性肾炎、狼疮肾、移植肾等。两者均表现为肾远曲小管和集合管排钾障碍,导致血钾升高。

3)长期应用潴钾类利尿剂:螺内酯和氨苯蝶啶等抗醛固酮利尿剂,具有抑制肾小管对醛固酮反应的作用,长期大量应用可引起高钾血症。

(2)细胞内钾转移到细胞外

1)急性酸中毒:细胞外液pH降低,H^+进入细胞内被缓冲,而细胞内K^+转运到细胞外以维持电荷平衡;同时肾小管上皮细胞内H^+增多,致使H^+-Na^+交换增强,而K^+-Na^+交换减弱,尿钾排出减少,因此酸中毒时易伴发高钾血症。

2) 缺氧:缺氧时ATP生成减少,细胞膜Na^+-K^+泵运转发生障碍,故Na^+潴留于细胞内,细胞外液中K^+不易进入细胞内;另外,缺氧可引起酸中毒和细胞坏死,细胞内K^+释放入血,加重高钾血症。

3) 组织分解:细胞内钾含量比细胞外液高30多倍,因此,血管内溶血、挤压综合征时,细胞内钾大量释放可引起高钾血症。若同时伴有肾功能不全,则更易发生严重高钾血症。

4) 高血糖合并胰岛素不足:见于糖尿病。其发生机制是胰岛素缺乏妨碍了K^+进入细胞内;高血糖形成的血浆高渗透压,引起细胞内脱水和细胞内K^+浓度相对增高,为钾通过细胞膜钾通道的被动外移提供了浓度梯度,促使血钾升高。

5) 高钾血症型周期性瘫痪:是一种常染色体显性遗传性疾病,肌麻痹发作时细胞内K^+向细胞外转移。

(3) 钾摄入过多:主要见于处理不当,如经静脉过多、过快输入钾盐或输入大量库存血可引起高钾血症,尤其是在肾功能低下时更易发生。

2. 对机体的影响

(1) 对神经肌肉的影响:高钾血症对神经肌肉的影响与起病的快慢和血清钾升高的程度密切相关。

1) 急性高钾血症:急性轻度高钾血症(血清钾5.5~7.0mmol/L)时,主要表现为肢体感觉异常、刺痛、肌肉轻度震颤等症状,但常被原发病症状掩盖而被忽视。急性重度高钾血症(血清钾7.0~9.0mmol/L)可出现肌肉软弱无力,甚至迟缓性麻痹。其发生机制为$[K^+]e$增高后,$[K^+]i/[K^+]e$值变小,静息状态下钾外流减少,E_m负值变小,与E_t距离缩短,使肌肉兴奋性增高,因而临床上可出现肌肉轻度震颤等症状。重度高钾血症时,E_m负值显著减小以致接近E_t水平,肌肉细胞膜上的快钠通道失活,细胞处于去极化阻滞状态而不能兴奋(见图2-7)。

2) 慢性高钾血症时:很少出现神经肌肉方面的症状,主要是细胞外增多的K^+逐渐移入细胞内,$[K^+]i/[K^+]e$值变化不明显之故。

(2) 对心脏的影响:高钾血症的主要危害是可发生致命性心室颤动和心搏骤停,主要与心肌生理特性改变有关。

1) 对心肌生理特性的影响

A. 兴奋性改变:急性高钾血症对心肌细胞膜电位的影响与对神经肌肉兴奋性的影响基本相同。随$[K^+]e$升高,$[K^+]i/[K^+]e$值变小,心肌兴奋性可出现先升高后降低的双向性变化。

急性轻症高钾血症时,心肌细胞E_m负值轻度减小,E_m-E_t的距离缩短,引起兴奋所需的阈刺激也变小,即心肌兴奋性增高。急性重度高钾血症时,由于E_m过小,电压依赖性钠通道处于备用状态的数量明显减少,甚至全部失活,使心肌兴奋性显著降低甚至消失。

B. 传导性降低:高钾血症时,由于E_m负值减小,故动作电位0期去极化的幅度变小、速度减慢,因此兴奋的扩布减慢,即心肌传导性降低。

C. 自律性降低:高钾血症时,细胞膜对K^+的通透性增高,复极化4期细胞内K^+的外流比正常时加快,而Na^+内流相对减慢,Purkinje细胞的自动去极化减慢,因而心肌自律性降低。

D. 收缩性降低:$[K^+]e$升高抑制复极化2期Ca^{2+}的内流,使细胞内Ca^{2+}浓度降低,兴奋-收缩偶联反应减弱,使心肌收缩性降低(见图2-8)。

2)心电图表现:①T波高尖,Q—T间期缩短。高钾血症时,心肌细胞膜对钾通透性明显增高,故钾外流加速,3期复极时间和有效不应期缩短,使T波高耸,同时相当于心室动作电位的Q—T间期缩短。②心房去极化的P波压低、增宽;代表房室传导的P—R间期延长;相当于心室内传导的QRS综合波增宽。这些变化均是由于传导性明显下降所致。③多种类型的心律失常。由于传导性降低,出现各种类型的传导阻滞;由于自律性和兴奋性降低,可出现窦性心动过缓、窦性停搏;由于传导性降低,同时有效不应期又缩短,故易形成兴奋折返,可引起心室颤动(见图2-8)。

(3)对酸碱平衡的影响:高钾血症可导致代谢性酸中毒,但此时尿液呈碱性,故称为反常性碱性尿。其机制叙述如下。①$[K^+]e$升高,使细胞外K^+移入细胞内,细胞内H^+移向细胞外,使细胞外液呈酸性。②肾小管上皮细胞内K^+浓度增高,造成肾小管K^+-Na^+交换增强而H^+-Na^+交换减弱,尿排H^+减少,加重代谢性酸中毒,而尿液呈碱性。

3. 高钾血症临床护理的病理学基础

(1)病情观察:重度高钾血症可发生致命性心搏骤停,应密切观察生命体征、神经肌肉表现,动态检测心电图、血钾浓度。做好急救复苏的准备工作,钙剂和钠盐可拮抗高钾血症的心肌毒性作用。

(2)对症护理:消除病因。降低血钾的方法叙述如下。①降低体内总钾量。禁食含钾量高的食物,停止给予含钾的药物或溶液,减少钾的摄入;透析疗法和口服或灌肠阳离子交换树脂(如聚苯乙烯磺酸钠),增加肾脏和肠道排钾量。②使细胞外钾转入细胞内。应用葡萄糖和胰岛素促进糖原合成,或输入碳酸氢钠提高血液pH,促使K^+向细胞内转移,而降低血钾浓度。

第四节 镁代谢紊乱

一、镁正常代谢

镁是体内具有重要生理、生化作用的占第四位的阳离子,在含量上仅次于钠、钙、钾。在细胞内,镁的含量仅次于钾而居第二位。

(一)镁平衡及调节

正常人体镁的摄入和排出处于动态平衡,且保持血浆镁浓度为0.75~1.25mmol/L。成人体内镁总量21~28g,其中约60%在骨骼中,其余大部分在骨骼肌和其他组织器官的细胞内,只有1%~2%在细胞外液中。

血中的镁65%~70%与血浆蛋白(主要是白蛋白)结合,30%~35%为游离镁,包括离子镁(<1%)及由磷酸盐、枸橼酸盐和碳酸盐组成的复合镁。蛋白结合镁随蛋白质和离子镁浓度及pH而变化。

成人每天从饮食中摄入镁10~20mmol,主要从绿色蔬菜、谷类、蛋、鱼等中获得,其中约1/3在小肠内吸收,其余随粪便排出。膳食中磷酸盐等、肠腔内镁的浓度及肠道功能状态均影响镁的吸收,维生素D、生长激素等对肠道镁的吸收有促进作用。钙与镁在肠道吸收有竞争作用。血浆中可扩散镁透过肾小球滤出,超滤液中的镁大约25%在近端肾小管被重吸收,50%~60%在髓袢升支粗段被重吸收,只有2%~10%随尿排出。高血钙、甲状腺素、降钙素及醛固酮可降低肾小管对镁的重吸收,增加肾排镁;甲状旁腺激素(parathyroid hormone,PTH)可增加肾小管对镁的重吸收,减少肾排镁。

正常情况下体内镁的平衡,特别是细胞外液镁的浓度,主要靠肾脏调节。血浆镁水平正常时,肾小球滤过的镁约90%被肾小管重吸收;血浆镁浓度降低时,肾小管对镁重吸收增强(甚至达100%),使尿镁排泄减少,这称为肾脏的保镁功能;而血镁增高时,肾脏排镁增加。高浓度血浆镁可抑制PTH的分泌,低浓度血浆镁则刺激其分泌。骨骼中储存的镁对血浆镁浓度的调节也起重要作用,当体内游离镁含量下降时,结合镁即解离,以维持血浆中的正常浓度。

(二) 镁的主要生理功能

1. 维持酶的活性 镁是许多酶系的辅助因子或激动剂,可激活体内多种酶,如己糖激酶、Na^+-K^+-ATP酶、羧化酶、丙酮酸脱氢酶、肽酶及胆碱酯酶等,参与体内许多重要代谢过程。

2. 抑制可兴奋细胞的兴奋性 镁对中枢神经系统、神经肌肉和心肌等均起抑制作用。

3. 维持细胞的遗传稳定性 镁是DNA相关酶系中的主要辅助因子和决定细胞周期及凋亡的细胞内调节者。在细胞质中,其功能为维持膜完整性,增强对氧应激的耐受力,调节细胞增殖、分化和凋亡;在细胞核中则为维持DNA的结构,激活DNA的修复过程。

二、镁代谢紊乱

(一) 低镁血症

血浆镁浓度低于0.75mmol/L时称为低镁血症(hypomagnesemia),多继发于其他疾病,常伴有或继发钾、钙等其他水、电解质代谢紊乱,而此时低镁血症往往被忽略。临床上,遇不能解释的低钾血症和低钙血症,则应考虑低镁血症的可能。

1. 原因和机制

(1)镁摄入不足:一般饮食含镁比较丰富,故只要能正常进食,机体就不致缺镁。但营养不良、长期禁食、厌食或长期经静脉营养又未注意镁的补充均可导致镁摄入不足。

(2)镁排出过多

1)经胃肠道排出过多:最常见是小肠病变。如小肠的手术切除、严重腹泻、持续胃肠吸引及脂肪痢等。此时,不仅肠道对镁的吸收不良,消化液中的镁也大量丢失。

2)经肾排出过多:①大量使用利尿药。呋塞米、依他尼酸等髓袢利尿药可抑制升支粗段对镁的重吸收;渗透性利尿剂甘露醇、尿素或高渗葡萄糖也可使镁随尿排出过多。②高钙血症。钙与镁在肾小管被重吸收时有相互竞争作用,故高钙血症时肾小管重吸收镁减少。甲状旁腺功能亢进时,过多的PTH本应使更多的镁在肾小管内被重吸收,但这种作用被高钙血症所抵消。③糖尿病酮症酸中毒。酸中毒能明显地阻碍肾小管对镁的重吸收,同时,高血糖又可引起渗透性利尿,使镁随尿排出增多。④严重的甲状旁腺功能减退。由于PTH减少,肾小管对镁重吸收减少。⑤甲状腺功能亢进。甲状腺素可抑制肾小管重吸收镁。⑥肾病。急性肾小管坏死多尿期、慢性肾盂肾炎、肾小管酸中毒、庆大霉素等肾损害性药物等,可分别因渗透性利尿和肾小管功能受损而导致镁随尿排出增多。⑦酒精中毒。血中酒精浓度升高可抑制肾小管对镁的重吸收,使肾排镁增多。⑧醛固酮增多、强心苷类药物,分别可因抑制肾小管重吸收镁和促进肾排镁增多而引起低镁血症。⑨其他,如肝硬化晚期、肾病综合征时因血浆蛋白降低,机体镁的总量减少。

(3) 细胞外液镁转入细胞内:用胰岛素治疗糖尿病酮症酸中毒时,因促进糖原合成,使镁过多转入细胞内,细胞外液镁减少。

2. 对机体的影响

(1) 对神经肌肉和中枢神经系统的影响:低镁血症时,神经肌肉和中枢神经系统的应激性增高,临床表现为肌肉震颤、手足搐搦、眼球震颤、Chvostek 征(扣打面部肌肉或颜面神经时引起面部肌肉痉挛)阳性、反射亢进等,有时对声或光过敏、幻觉、焦虑、精神错乱、定向力障碍,严重时可引起癫痫发作、惊厥、昏迷等。

正常时,运动神经末梢在动作电位去极化影响下,轴突膜上钙通道开放,Ca^{2+}内流促使轴突内囊泡向轴突膜移动并出泡,将乙酰胆碱释放至神经与肌肉接头间隙。低镁血症导致神经肌肉应激性增高的机制:①Mg^{2+}与Ca^{2+}竞争进入轴突,低镁血症时则Ca^{2+}进入轴突内增多,导致轴突释放乙酰胆碱增多,使神经肌肉接头处兴奋传递加强。②Mg^{2+}能抑制终板膜上乙酰胆碱受体的敏感性,低镁血症时这种抑制作用减弱。③低镁血症使Mg^{2+}抑制神经纤维和骨骼肌应激性的作用减弱。镁对平滑肌也有抑制作用,故低镁血症时胃肠道平滑肌兴奋,可导致呕吐或腹泻。

低镁血症对中枢神经系统的抑制作用减弱的机制不详,可能与下列因素有关:①Mg^{2+}阻滞中枢神经系统兴奋性,N-甲基-D-天冬氨酸受体的作用减弱;②能量代谢障碍;③Na^+-K^+-ATP 酶活性及 cAMP 水平的异常改变可能也参与作用。

(2) 对心血管系统的影响

1) 心律失常:低镁血症时易发生心律失常,以室性心律失常为主,严重者可引起心室颤动导致猝死。其可能机制叙述如下。①细胞外液镁浓度降低时,Na^+-K^+泵失灵,心肌细胞静息电位绝对值变小,心肌兴奋性增高。②Purkinje 细胞等快反应自律细胞的缓慢而恒定的钠内流(背景电流)是细胞自动除极的基础,Mg^{2+}对此有阻断作用。当低镁血症时,这种阻断作用减弱,Na^+内流相对加速,因而快反应自律细胞的自动除极加速,自律性增高,故易发生心律失常。③低镁血症时,Na^+-K^+-ATP 酶活性降低,引起心肌细胞内缺钾而导致心律失常。

2) 高血压:低镁血症患者,半数伴发高血压,手足搐搦发作时尤明显。其主要机制叙述如下。①离子泵失灵,血管平滑肌细胞内钠、钙增加,钾减少,使血管收缩,外周血管阻力增大;②血管内皮细胞产生前列环素等舒血管物质减少;③低镁可增强儿茶酚胺等缩血管物质的缩血管作用。

(3) 对代谢的影响

1) 低钙血症:镁缺乏使腺苷酸环化酶活性下降,导致甲状旁腺腺体细胞分泌 PTH 减少,同时靶器官对 PTH 反应性减弱,肠道吸收钙、肾小管重吸收钙和骨钙的动员均发生障碍,导致血钙浓度降低。因此,临床可出现低血钙与低血镁并存的情况,而且不再受 Ca^{2+} 的调节。

2) 低钾血症:髓袢升支粗段对钾的重吸收依赖于肾小管上皮细胞的 Na^+-K^+-ATP 酶,此酶需 Mg^{2+} 的激活。镁的缺乏使 Na^+-K^+-ATP 酶活性降低,导致肾保钾功能减退,引起细胞缺钾,特别是心肌细胞,故易于导致心律失常。实验和临床皆发现低镁血症使低钾血症难以纠正,故对低钾或低钙病例,若经补钾、补钙后仍无效,应考虑有缺镁的存在。

3. 防治的病理生理基础

(1) 积极治疗原发病,尽快排除发病因素。

(2) 补镁:多采用硫酸镁,轻症肌内注射,重症特别是出现心律失常时应及时静脉补镁,但应缓慢、谨慎,且经常测定血清镁浓度,特别是有肾功能受损者,更应小心。小儿静脉内补镁应防止低血压的发生。

(二) 高镁血症

血浆镁浓度高于 1.25mmol/L 时称为高镁血症(hypermagnesemia)。

1. 原因和机制

(1) 镁摄入过多:主要见于静脉内补镁过多、过快时,尤其是尿少或肾衰竭的患者更易发生。如采取硫酸镁治疗高血压脑病、心绞痛等过程中使用过量。

(2) 镁排出过少:正常人肾脏有强大的排镁能力,即使摄入大量镁也不致引起高镁血症。镁排出过少是高镁血症最常见的原因,见于以下几方面。①急性或慢性肾衰竭伴有少尿或无尿时,由于肾小球滤过率降低,肾排镁减少;②严重脱水伴有少尿时,严重脱水使有效循环血量减少,肾小球滤过率降低,随尿排镁减少;③甲状腺功能减退,甲状腺素合成和分泌减少,抑制肾小管重吸收镁作用减弱,肾排镁减少;④肾上腺皮质功能减退(如 Addison 病),醛固酮减少,抑制肾小管重吸收镁作用减弱;随尿排镁也减少。

(3) 细胞内镁移到细胞外:由于镁主要存在于细胞内,因此,①各种原因导致细胞严重损伤或分解代谢亢进时,细胞内镁向细胞外释放,出现高镁血症,这与钾离子的变化类似。②酸中毒,如糖尿病酮症酸中毒昏迷患者治疗前,细胞内镁移到细胞外。

2. 对机体的影响 在血清镁浓度不超过 2mmol/L 时,临床上很难觉察,当血清镁浓度升高到 3mmol/L 时,才会出现镁过多或镁中毒症状。

(1) 对神经肌肉和中枢神经系统的影响:高镁血症者表现为肌无力,四肢、吞咽和呼吸肌都可以被波及,因而可导致弛缓性瘫痪、吞咽和说话困难,腱反射减弱或消失,严重者可致呼吸肌麻痹和昏睡、木僵、昏迷。其主要机制为高浓度镁有箭毒样作用,能使神经-肌肉接头间隙及中枢神经的乙酰胆碱释放减少,抑制神经-肌肉间和中枢神经系统的突触间兴奋的传递。

(2) 对心血管系统的影响:高镁血症时易发生心律失常,表现为心动过缓和传导阻滞。这主要是因为高浓度的镁能抑制房室和心室内传导,并降低心肌兴奋性,故可引起传导阻滞和心动过缓。当血清镁达 7.5~10mmol/L 时,可发生心搏骤停。心电图上可见 P—R 间期延长和 QRS 综合波增宽及 Q—T 间期延长。高血镁可抑制交感神经节前纤维乙酰胆碱的释放,相应去甲肾上腺素释放减少;故表现为血管平滑肌舒张,皮肤潮红,动脉血压下降。

(3) 平滑肌抑制:高镁血症时,内脏平滑肌受抑制可引起嗳气、呕吐、便秘及尿潴留等。

3. 防治的病理生理基础

(1) 防治原发病,尽可能改善肾功能。

(2) 静脉内注射葡萄糖酸钙,因为钙与镁有拮抗作用。

(3) 促进镁排出体外,可用透析法去除体内过多的镁;如肾功能尚好,也可以适当使用利尿药使肾排镁增多。

(4) 其他:应注意纠正可能伴随的高钾血症和抢救呼吸肌麻痹。

第五节 钙、磷代谢紊乱

一、钙、磷正常代谢

钙和磷是人体内含量最丰富的无机元素。在维持人体正常结构与功能中起着重要作用。

(一) 钙、磷的含量和分布

1. 钙、磷的分布 正常成人，钙总量为 700~1400g。体内约 99% 的钙存在于骨和牙齿，其余呈溶解状态分布于体液和软组织中。血钙指血清中所含的总钙量，正常成人为 2.25~2.75mmol/L，儿童稍高。血钙分为非扩散钙(non diffusible calcium)和可扩散钙(diffusible calcium)。非扩散钙是指与血浆蛋白(主要为白蛋白)结合的钙(约占血浆总钙的 40%)，不易透过毛细血管壁。可扩散钙主要为游离 Ca^{2+}(占 45%)及少量与枸橼酸、重碳酸根等形成的可扩散结合钙(占 15%)。发挥生理作用的主要为游离 Ca^{2+}。

非扩散钙与游离 Ca^{2+} 可互相转化。血液偏酸时，游离 Ca^{2+} 升高；血液偏碱时，游离 Ca^{2+} 下降。碱中毒时常伴有抽搐现象，与低血钙有关。

血浆中钙、磷浓度关系密切。正常时，两者的乘积([Ca]×[P])为 30~40。如>40，则钙、磷以骨盐形式沉积于骨组织中；若<35，则骨骼钙化障碍，甚至骨盐溶解。

磷总量为 400~800g。体内约 86% 以上的磷存在于骨和牙齿中，血液中的磷以有机磷和无机磷两种形式存在。有机磷酸酯和磷脂存在于血细胞和血浆中，含量大。血磷通常是指血浆中的无机磷，正常人为 1.1~1.3mmol/L，婴儿为 1.3~2.3mmol/L，血浆无机磷酸盐的 80%~85% 以 HPO_4^{2-} 的形式存在。血浆磷的浓度不如血浆钙稳定。

2. 钙、磷的吸收 体内钙磷均由食物供给。正常成人每日摄取钙约 1g、磷约 0.8g。儿童、孕妇需要量增加。钙主要含于牛奶、乳制品及果菜中。食物钙必须转变为游离 Ca^{2+} 才能被肠道吸收。肠管 pH 偏碱时，减少钙吸收；偏酸时，促进钙吸收。钙在十二指肠的吸收率最高，通常为 30%；磷在空肠吸收最快，吸收率达 70%。食物缺乏或生理需要增加时，两者的吸收率增高。Ca^{2+} 由肠腔进入黏膜细胞内是顺浓度梯度的被动扩散或异化转运，因微绒毛对 Ca^{2+} 的通透性极低，故需钙结合蛋白(calcium binding protein, CaBP)，作为特殊转运载体。

磷伴随 Na^+ 的吸收进入黏膜细胞内，又随 Na^+ 的泵出而至细胞外液(血管侧)，有人将磷的吸收称为"继发的主动转运"(secondary active transport)。食物中的有机磷酸酯，在肠管内被磷酸酶分解为无机磷酸盐后被肠道吸收。

3. 钙、磷的排泄 人体钙约 20% 经肾排出，80% 随粪便排出。肾小球滤过的钙，95% 以上被肾小管重吸收。血钙升高，则尿钙排出增多。

机体总磷排出量的 70% 由肾排出，30% 由粪便排出。肾小球滤过的磷，85%~95% 被肾小管(主要为近曲小管)重吸收。

(二) 钙、磷的生理功能

1. 钙磷共同参与的生理功能

(1) 成骨作用：成骨过程主要靠成骨细胞合成、分泌骨胶原和骨蛋白纤维，然后钙化。

一方面钙与磷在骨骼中主要形成羟磷灰石结晶,起支持和保护作用;另一方面破骨细胞分泌酸性离子和蛋白溶解酶,降解骨基质,溶解、释放骨盐。因此,骨骼是调节细胞外液游离钙、磷恒定的钙库和磷库。

(2) 凝血:血浆 Ca^{2+} 作为血浆凝血因子Ⅳ,在激活因子Ⅸ、Ⅹ、Ⅷ和凝血酶原等过程中不可缺少;磷脂是血小板因子3和凝血因子Ⅲ的主要成分,它们为凝血过程的重要链式反应提供了"平台"。

(3) 调控生物大分子的活性:Ca^{2+} 是许多酶(脂肪酶、ATP 酶)的激活剂,Ca^{2+} 还能抑制 1α-羟化酶的活性,从而影响代谢。磷酸化与脱磷酸化是机体调控酶蛋白及多种功能性蛋白质最普遍而重要的调节方式,与细胞分化、增殖的调控有密切的关系。

2. 钙的其他生理功能

(1) 调节细胞功能:细胞外 Ca^{2+} 是重要的第一信使,通过细胞膜上的钙通道(电压依赖性或受体门控性)或钙敏感受体(calcium sensing receptor,CaSR),促使细胞外 Ca^{2+} 内流,细胞内钙库释放 Ca^{2+},增加细胞内 Ca^{2+}。CaSR 是 G 蛋白偶联受体超家族 C 家族的成员,它存在于各种细胞膜上,细胞外 Ca^{2+} 是其主要配体和激动剂。两者结合后,通过 G 蛋白激活磷脂酶 C(PLC)-IP_3 通路及酪氨酸激酶-丝裂原蛋白激酶(mitogen activated protein kinase,MAPK)通路,引起肌质网(SR)或内质网(ER)释放 Ca^{2+},以及细胞外 Ca^{2+} 经钙库操纵性钙通道(store operated calcium channel,SOCC)内流,使细胞内 Ca^{2+} 增加。细胞内 Ca^{2+} 作为第二信使,在肌肉收缩、激素和神经递质的分泌、体温中枢调定点的调控等方面发挥重要的调节作用。

(2) 维持神经肌肉的兴奋性:与 Mg^{2+}、Na^+、K^+ 等共同维持神经肌肉的正常兴奋性。血浆 Ca^{2+} 的浓度降低时,神经、肌肉的兴奋性增高,可引起抽搐。

(3) 其他:Ca^{2+} 可降低毛细血管和细胞膜的通透性,防止渗出,控制炎症和水肿。

3. 磷的其他生理功能

(1) 机体重要物质的组分:磷是构成核酸、磷脂、磷蛋白等遗传物质,生物膜结构,重要蛋白质(各种酶类等)等基本组分的必需元素。

(2) 参与机体能量代谢的核心反应:ATP $\rightleftharpoons$ ADP+Pi $\rightleftharpoons$ AMP+Pi

(3) 其他:磷酸盐(HPO_4^{2-}/$H_2PO_4^-$)是血液缓冲体系的重要组成成分;细胞内的磷酸盐参与许多酶促反应如磷酸基转移反应、加磷酸分解反应等;2,3-DPG 在调节血红蛋白与氧的亲和力方面起重要作用。

(三) 钙、磷代谢的调节

1. 体内、外钙稳态调节 体内钙、磷代谢,主要由 PTH、1,25-$(OH)_2D_3$ 和降钙素三个激素作用于肾、骨骼和小肠三个靶器官来调节。

(1) 甲状旁腺素(parathormone,PTH):是由甲状旁腺主细胞合成并分泌的一种单链多肽激素,具有升高血钙、降低血磷和酸化血液等作用。PTH 在血液中半衰期仅为数分钟,甲状旁腺细胞内储存亦有限。血钙是调节 PTH 的主要因素。低血钙的即刻效应是刺激储存的 PTH 释放,持续作用主要是抑制 PTH 的降解速度。此外,1,25-$(OH)_2D_3$ 增多时,PTH 分泌减少;降钙素则可促进 PTH 分泌。

PTH 作用于靶细胞膜,活化腺苷酸环化酶系统,增加胞质内 cAMP 及焦磷酸盐浓度。cAMP 能促进线粒体 Ca^{2+} 转入胞质;焦磷酸盐则作用于细胞膜外侧,使膜外侧 Ca^{2+} 进入细胞,结果可引起胞质内 Ca^{2+} 浓度增加,并激活细胞膜上的"钙泵",将 Ca^{2+} 主动转运至细胞外液,导致血钙升高。PTH 的生理作用包括:①对骨的作用。PTH 有促进成骨和溶骨的双重作用。小剂量 PTH 刺激骨细胞分泌胰岛素样生长因子(insulin-like growth factor,IGF),促进胶原和基质合成,有助于成骨;大剂量 PTH 能将前破骨细胞和间质细胞转化为破骨细胞,后者数量和活性增加,分泌各种水解酶和胶原酶,并产生大量乳酸和枸橼酸等酸性物质,促进骨基质及骨盐溶解。②对肾的作用。PTH 增加肾近曲小管、远曲小管和髓袢上升段对 Ca^{2+} 的重吸收,抑制近曲小管及远曲小管对磷的重吸收,结果使尿钙减少,尿磷增多。③对小肠的作用。PTH 通过激活肾 1α-羟化酶,促进 1,25-$(OH)_2D_3$ 的合成,间接促进小肠吸收钙、磷,此效应出现较缓慢。

(2) 1,25-$(OH)_2D_3$:是一种具有生理活性的激素。皮肤中的胆固醇代谢中间产物,在紫外线照射下先转变为前维生素 D_3(previtamin D_3)后,自动异构化为维生素 D_3。维生素 D_3 入血后,首先在肝细胞微粒体中 25-羟化酶催化下,转变为 25-$(OH)D_3$,再在肾近曲小管上皮细胞线粒体内 1α-羟化酶作用下,转变成 1,25-$(OH)_2D_3$,其活性比维生素 D_3 高 10~15 倍。PTH 能促进 1α-羟化酶合成。

1,25-$(OH)_2D_3$ 的生理作用:①促进小肠对钙、磷的吸收和转运。1,25-$(OH)_2D_3$ 与肠黏膜上皮细胞特异受体结合后,直接作用于刷状缘,改变膜磷脂的结构与组成(增加磷脂酰胆碱和不饱和脂肪酸含量),从而增加钙的通透性;与受体结合,进入细胞核,加快 DNA 转录 mRNA,促进与 Ca^{2+} 转运有关的蛋白质(钙结合蛋白、Ca^{2+}-ATP 酶)的生物合成;刺激基膜腺苷酸环化酶的活化。这样,进入细胞的 Ca^{2+} 和 cAMP 都作为第二信使,发挥其调节作用。②具有溶骨和成骨双重作用。1,25-$(OH)_2D_3$ 既能刺激破骨细胞活性和加速破骨细胞的生成,又能刺激成骨细胞分泌胶原等,促进骨的生成。钙、磷供应充足时,主要促进成骨。当血钙降低、肠道钙吸收不足时,主要促进溶骨,使血钙升高。③促进肾小管上皮细胞对钙、磷重吸收。其机制是增加细胞内钙结合蛋白的生物合成。此作用较弱,只是在骨骼生长、修复或钙磷供应不足时,作用才增强。

(3) 降钙素(calcitonin,CT):是由甲状腺滤泡旁细胞(又称 C 细胞)所分泌的一种单链多肽类激素。血钙升高可刺激 CT 的分泌;血钙降低则抑制 CT 的分泌。CT 的生理功能:①直接抑制破骨细胞的生成和活性,抑制骨基质分解和骨盐溶解;加速破骨细胞、间质细胞转化为成骨细胞,增强成骨作用,降低血钙、血磷浓度;②直接抑制肾小管对钙、磷的重吸收,从而使尿磷、尿钙排出增多;③抑制肾 1α-羟化酶,间接抑制小肠钙磷的吸收。

在正常人体内,通过 PTH、CT 和 1,25-$(OH)_2D_3$ 三者的相互制约、相互协调,以适应环境变化,保持血钙浓度的相对恒定(表 2-4)。

表 2-4 三种激素对钙、磷代谢的影响

激素	肠钙吸收	溶骨作用	成骨作用	肾排钙	肾排磷	血钙	血磷
PTH	↑	↑↑	↓	↓	↑	↑	↓
CT	↓(生理剂量)	↓	↑	↑	↑	↓	↓
1,25-$(OH)_2D_3$	↑↑	↑		↓	↓	↑	↑

注:↑升高;↑↑显著升高;↓降低。

2. 细胞内、外钙稳态调节 在正常情况下,细胞内钙浓度为 10^{-8}~10^{-7}mol/L,细胞外钙浓度为 10^{-3}~10^{-2}mol/L。上述电化学梯度的维持,取决于生物膜对钙的不自由通透性和转运系统的调节。

(1) 钙在细胞内的存在形式:有储存钙、结合钙和游离钙三种。①储存钙:细胞内的钙大部分存在内质网、肌质网、线粒体、胞核等细胞器内;②结合钙:细胞内 10%~20% 的钙分布在胞质中,主要与可溶性胞质蛋白和细胞膜结合;③胞质游离 Ca^{2+}($[Ca^{2+}]i$)仅占 0.1% 或更低,但作为细胞内一种主要的第二信使参与调节细胞的增殖、分化、运动、神经兴奋、肌肉收缩、激素分泌等生命活动过程。就浓度而言,细胞器内储存钙的浓度大大超过了 $[Ca^{2+}]i$,$[Ca^{2+}]i$ 维持于低水平(10~100nmol/L)为细胞正常活动所必需,当 $[Ca^{2+}]i$ 因细胞内储存钙释放和细胞外 Ca^{2+} 内流而短暂升高(可达到 500~1000mmol/L)时,细胞即被激活,细胞内游离 Ca^{2+} 充当第二信使触发或调控多种细胞内事件。内质网、肌质网、线粒体等细胞内 Ca^{2+} 储存器通过对 Ca^{2+} 的摄取、储存和释放,能快速调控 $[Ca^{2+}]i$ 使之既能对刺激做出快速反应,又可防止 $[Ca^{2+}]i$ 过高而对细胞造成损害。

(2) Ca^{2+} 进入胞液的途径:Ca^{2+} 进入胞液是顺浓度梯度的被动过程。一般认为,细胞外钙跨膜内流是细胞内钙释放的触发因素,细胞内 Ca^{2+} 增加主要取决于内钙释放。胞外钙通过质膜钙通道进入胞内,质膜钙通道有两种类型,即电压依赖性钙通道和配体门控性钙通道。胞内钙库释放通道是属于受体操纵性钙通道,包括肌质网的 ryanodine 敏感钙通道和线粒体的三磷酸肌醇操纵钙通道(IP_3 受体通道)。

(3) Ca^{2+} 离开胞液的途径:Ca^{2+} 离开胞液是逆浓度梯度、耗能的主动过程。①钙泵的作用。钙泵即 Ca^{2+}-Mg^{2+}-ATP 酶,它存在于质膜、内质网膜和线粒体膜上。当 $[Ca^{2+}]i$ 升高到一定程度,该酶被激活,水解 ATP 供能,将 Ca^{2+} 泵出细胞或泵入内质网及线粒体,使细胞内 Ca^{2+} 浓度下降。②Na^+-Ca^{2+} 交换。Na^+-Ca^{2+} 交换蛋白是一种双向转运方式的跨膜蛋白,通过一种产电性电流(以 3 个 Na^+ 交换 1 个 Ca^{2+})。Na^+-Ca^{2+} 交换主要受跨膜 Na^+ 梯度调节。生理条件下,Na^+ 顺着电化学梯度进入细胞,而 Ca^{2+} 则逆着电化学梯度移出细胞。③Ca^{2+}-H^+ 交换。$[Ca^{2+}]i$ 升高时,被线粒体摄取,H^+ 则排至胞液中。

二、钙、磷代谢紊乱

(一) 低钙血症

当血清蛋白浓度正常时,血钙低于 2.2mmol/L,或血清游离 Ca^{2+} 低于 1mmol/L,称为低钙血症(hypocalcemia)。

1. 病因和机制

(1) 维生素 D 代谢障碍:①维生素 D 缺乏。食物中维生素 D 缺少或紫外线照射不足。②肠吸收障碍。梗阻性黄疸、慢性腹泻、脂肪泻等。③维生素 D 羟化障碍。肝硬化、肾衰竭、遗传性 1α-羟化酶缺乏症等。活性维生素 D 减少,引起肠钙吸收减少和尿钙增多,导致血钙降低。

(2) 甲状旁腺功能减退(hypoparathyroidism):①PTH 缺乏。甲状旁腺切除或甲状腺手术误切除甲状旁腺,遗传因素或自身免疫导致甲状旁腺发育障碍或损伤。②PTH 抵抗。假性甲状旁腺功能低下患者,PTH 的靶器官受体异常。此时,破骨减少,成骨增加,造成一时性低钙血症。

(3) 慢性肾衰竭:①肾排磷减少,血磷升高,因血液钙磷乘积为一常数,故血钙降低;②肾实质破坏,1,25-$(OH)_2D_3$ 生成不足,肠钙吸收减少;③血磷升高,肠道分泌磷酸根增多,与食物钙结合形成难溶的磷酸钙随粪便排出;④肾毒物损伤肠道,影响肠道钙磷吸收;⑤慢性肾衰竭时,骨骼对PTH敏感性降低,骨动员减少。

(4) 低镁血症:使PTH分泌减少,PTH靶器官对PTH反应性降低,骨盐Mg^{2+}-Ca^{2+}交换障碍。

(5) 急性胰腺炎:机体对PTH的反应性降低,胰高血糖素和CT分泌亢进,胰腺炎症和坏死释放出的脂肪酸与钙结合成钙皂而影响肠吸收。

(6) 其他:低白蛋白血症(肾病综合征)、妊娠、大量输血等。

2. 对机体的影响

(1) 对神经肌肉的影响:低血钙时神经、肌肉兴奋性增加,可出现肌肉痉挛、手足搐搦、喉鸣与惊厥,严重者可致癫痫大发作及精神症状。

(2) 对骨骼的影响:可引起骨质钙化障碍,小儿多表现为囟门迟闭、骨骼畸形等;成人则表现为骨质软化、骨质疏松和纤维性骨炎等。

(3) 对心肌的影响:Ca^{2+}对心肌细胞Na^+内流具有竞争抑制作用,称为膜屏障作用。低血钙对Na^+内流的膜屏障作用减小,心肌兴奋性和传导性升高。但因膜内外Ca^{2+}的浓度差减小,Ca^{2+}内流减慢,致动作电位平台期延长,不应期亦延长。心电图表现为Q—T间期和ST段延长,T波低平或倒置。

(4) 其他:婴幼儿缺钙时,免疫力低下,易发生感染。慢性缺钙,可致皮肤干燥、脱屑、指甲易脆和毛发稀疏等。

3. 防治原则

(1) 找出病因,尽可能根治原发病,是防治低钙血症最重要的措施。

(2) 在补充钙剂的基础上,给予维生素D。

(二) 高钙血症

当血清蛋白浓度正常时,血清钙大于2.75mmol/L,或血清游离Ca^{2+}大于1.25mmol/L,称为高钙血症(hypercalcemia)。

1. 原因和机制

(1) 甲状旁腺功能亢进:原发性常见于甲状旁腺腺瘤、增生或腺癌,这是高血钙的主要原因。PTH分泌过多,促进溶骨、肾重吸收钙和维生素D活化,引起高钙血症。

(2) 恶性肿瘤:恶性肿瘤(白血病、多发性骨髓瘤等)和恶性肿瘤骨转移是引起血钙升高的最常见原因。这些肿瘤细胞可分泌破骨细胞激活因子,这种多肽因子能激活破骨细胞。肾癌、胰腺癌、肺癌等即使未发生骨转移亦可引起高钙血症,这与前列腺素(尤其是PGE_2)的增多导致溶骨作用有关。

(3) 维生素D中毒:治疗甲状旁腺功能低下或预防佝偻病而长期服用大量维生素D可造成维生素D中毒,所致高钙、高磷血症可引起头痛、恶心等一系列症状及软组织和肾的钙化。

(4) 甲状腺功能亢进(简称甲亢):甲状腺素具有溶骨作用,中度甲亢患者约20%伴高钙血症。

(5) 其他:肾上腺功能不全(如Addison病)、维生素A摄入过量、类肉瘤病、应用使肾对钙重吸收增多的噻嗪类药物等。

2. 对机体的影响

(1) 对神经、肌肉的影响:高钙血症可使神经、肌肉兴奋性降低,表现为乏力、表情淡漠、腱反射减弱,严重患者可出现精神障碍、木僵和昏迷。

(2) 对心肌的影响:高血钙时对 Na^+ 内流的膜屏障作用增强,心肌兴奋性和传导性降低。Ca^{2+} 内流加速,致动作电位平台期缩短,复极加速。心电图表现为 Q—T 间期缩短,房室传导阻滞。

(3) 肾损害:肾对高钙血症敏感,主要损伤肾小管,表现为肾小管水肿、坏死、基膜钙化,晚期可见肾小管纤维化、肾钙化、肾结石。早期表现为浓缩功能障碍,晚期发展为肾衰竭。

(4) 其他:多处异位钙化灶的形成,如血管壁、关节、肾、软骨、胰腺、鼓膜等,引起相应组织器官功能损害。

当血清钙大于 4.5mmol/L,可发生高钙血症危象,如严重脱水、高热、心律不齐、意识不清等,患者易死于心搏骤停、坏死性胰腺炎和肾衰竭等。

3. 防治原则

(1) 针对不同病因积极控制原发病。

(2) 降钙治疗:轻症患者控制钙剂和维生素 D 的摄入,症状明显者应及时治疗,包括输液以纠正脱水,促进钙的排泄;用利尿剂、糖皮质激素、降钙素及透析疗法等,以降低血钙。

(三) 低磷血症

血清无机磷浓度小于 0.8mmol/L 称为低磷血症(hypophosphatemia)。

1. 原因和机制

(1) 磷吸收不足:长期饥饿或剧烈呕吐、腹泻,$1,25-(OH)_2D_3$ 不足,吸收不良综合征,过量应用结合磷酸的抗酸剂(氢氧化铝、碳酸铝等)均可影响磷的吸收。

(2) 尿磷排泄增加:急性酒精中毒、甲状旁腺功能亢进症(原发性、继发性)、肾小管性酸中毒、维生素 D 抵抗性佝偻病、代谢性酸中毒、糖尿病、糖皮质类固醇和利尿剂等都可以增加尿磷的排出。

(3) 磷向细胞内转移:应用促进合成代谢的胰岛素、雄性激素和糖类(葡萄糖、果糖、甘油),营养恢复综合征,呼吸性碱中毒等病理过程时,常发生磷向细胞内转移而导致低磷血症。其机制与 6-磷酸葡萄糖、1,3-二磷酸甘油酸以及 ATP 等高能磷酸化合物的形成有关。

2. 对机体的影响 由于细胞内含磷丰富,因此仅在长期严重缺磷时才会出现症状。ATP 和红细胞内 2,3-二磷酸甘油酸(2,3-DPG)的生成皆需要足够的无机磷,故严重低磷血症时,可引起红细胞、白细胞和血小板功能异常。

慢性低磷血症可引起骨痛、佝偻病、病理性骨折和骨质软化病。

3. 防治原则 通常无特异症状,易被原发病的临床症状所掩盖,应及时诊断,适当补磷。

(四) 高磷血症

血清磷成人大于 1.6mmol/L,儿童大于 1.9mmol/L,称高磷血症(hyperphosphoremia)。

1. 原因和机制

(1) 肾功能不全:急、慢性肾功能不全是高磷血症最常见的原因,肾小球滤过率低于 20~30ml/分时,肾排磷减少,血磷上升。继发性 PTH 分泌增多,骨盐释放增加,加重高磷血症。

（2）甲状旁腺功能低下（分为原发性、继发性和假性）：尿排磷减少，导致血磷增高。

（3）维生素 D 中毒：促进小肠及肾对磷的重吸收。

（4）磷向细胞外移出：急性酸中毒、骨骼肌破坏、高热、恶性肿瘤及化疗、淋巴性白血病等，可有大量磷从细胞内溢出，导致血磷升高。

（5）其他：甲状腺功能亢进促进溶骨；肢端肥大症活动期生长激素增多，促进肠钙吸收和减少尿磷排泄；使用含磷缓泻剂及磷酸盐静脉注射。

2. 对机体的影响　急性严重高磷血症可抑制肾 1α-羟化酶等导致低钙血症，因此其临床表现与高磷血症诱导的低钙血症和异位钙化有关。

3. 防治原则　治疗原发病，降低肠吸收磷，必要时使用透析疗法。

（康艳平）

第三章 酸碱平衡和酸碱平衡紊乱

人体细胞必须在适宜酸碱度的体液环境中才能维持正常的代谢和生理功能,正常人体血浆的酸碱度变动范围很小,用动脉血 pH 表示是 7.35~7.45,平均值为 7.40。正常人血液酸碱度的相对恒定是机体进行正常生理活动的基本条件之一。在生命活动过程中,虽然机体每天不断生成酸性或碱性的代谢产物,并经常摄取酸性和碱性食物,都可能影响到血液的酸碱度,但是正常生物体内的 pH 总是相对恒定的,这是依靠体内各种缓冲系统,以及肺和肾的调节功能来实现的。机体这种处理酸碱物质的含量和比例,以维持 pH 在恒定范围内的过程称为酸碱平衡(acid-base balance),这对保证生命活动的正常进行至关重要。在疾病过程中,人体仍是尽可能使血液 pH 恒定在这狭小的范围内。

尽管机体对酸碱负荷有很大的缓冲能力和有效的调节功能,但许多病理情况下引起酸碱负荷过度或调节机制障碍,可以导致体液酸碱度稳定性破坏,这种稳定性破坏称为酸碱平衡紊乱(acid-base disturbance)。酸碱平衡紊乱是临床常见的一种病理过程,多种疾病均有可能出现。在多数情况下,酸碱平衡紊乱是某些疾病或病理过程的继发性变化,但是一旦发生酸碱平衡紊乱,就会使病情更加严重和复杂,对患者的生命造成严重威胁。因此及时发现和正确处理常常是决定治疗成败的关键因素。近几十年来,由于对酸碱平衡的理论认识不断深入,血气分析等诊疗技术不断提高,酸碱平衡的判断已成为临床日常诊疗的基本手段。

本章以细胞外液的酸碱平衡为基础,在阐述正常机体酸碱调节机制之后,叙述各种类型酸碱失衡的常见原因和机制、机体的代偿功能及对机体的影响,为临床防治提供理论基础。

第一节 酸碱的概念及酸碱物质的来源和调节

一、酸碱的概念

在化学反应中,凡是能释放出 H^+ 的化学物质称为酸,如 HCl、H_2SO_4、NH_4^+ 和 H_2CO_3 等;反之,凡是能接受 H^+ 的化学物质称为碱,如 OH^-、NH_3、HCO_3^- 等。

一个化学物质作为酸(弱酸)释放出 H^+ 时,必然有一个碱性物质(共轭碱)形成;同样,当一个化学物质作为碱而接受 H^+ 时,也必然有一个酸性物质(共轭酸)形成。因此,一个酸与相对应的碱形成一个共轭体系。

例如:
$$H_2CO_3 \rightleftharpoons H^+ + HCO_3^-$$

$$NH_4^+ \rightleftharpoons H^+ + NH_3$$

$$H_2PO_4^- \rightleftharpoons H^+ + HPO_4^{2-}$$

$$HPr \rightleftharpoons H^+ + Pr^-$$
$$\text{酸} \qquad \text{碱}$$

蛋白质(Pr^-)在体液中可与H^+结合成为蛋白酸(HPr),而且结合较牢固,所以Pr^-也是一种碱。

二、体液中酸碱物质的来源

体液中的酸性或碱性物质主要来自体内的细胞分解代谢,也可以从体外摄入。一般来说,酸性物质主要通过体内代谢产生,碱性物质主要来自食物。在普通膳食条件下,酸性物质产生量远远超过碱性物质。

(一) 酸的来源

1. 挥发酸(volatile acid) 机体在代谢过程中产生最多的酸性物质是碳酸。糖、脂肪和蛋白质在其分解代谢过程中,氧化的最终产物是CO_2,CO_2与水结合生成H_2CO_3,H_2CO_3可释出H^+,也可形成气体CO_2,从肺排出体外,所以称之为挥发酸。

$$CO_2 + H_2O \rightleftharpoons H_2CO_3 \rightleftharpoons H^+ + HCO_3^-$$

CO_2和水结合为碳酸的可逆反应虽可自发地进行,但主要是在碳酸酐酶(carbonic anhydrase,CA)的作用下进行的,CA 主要存在于红细胞、肾小管上皮细胞、肺泡上皮细胞及胃黏膜上皮细胞等。

正常成人在安静状态下每天可产生 300~400L CO_2,如果全部与水合成H_2CO_3,并释放H^+,可释放 15mol 左右,成为体内酸性物质的主要来源。运动时和代谢率增加时,CO_2生成量显著增加。挥发酸可以通过肺进行调节,通常称为酸碱的呼吸性调节。

2. 固定酸(fixed acid) 是指不能变成气体由肺呼出,而只能通过肾脏随尿排出的酸性物质,所以又称为非挥发酸(uonvolatile acid)。成人每天由固定酸释放出的H^+仅有 50~100mmol,与每天产生的挥发酸相比要少得多。固定酸可以通过肾进行调节,称为酸碱的肾性调节。

固定酸主要包括:蛋白质分解代谢产生的硫酸、磷酸和尿酸;糖酵解生成的甘油酸、丙酮酸和乳酸,糖氧化过程生成的三羧酸;脂肪代谢产生的β-羟丁酸和乙酰乙酸等。机体有时还会摄入一些酸性食物,或服用酸性药物如氯化铵、水杨酸等,成为酸性物质的另一来源。一般情况下,固定酸的主要来源是蛋白质的分解代谢,因此,体内固定酸的生成量与食物中蛋白质的摄入量成正比。

(二) 碱的来源

体内碱性物质主要来自于食物,特别是蔬菜、瓜果中所含的有机酸盐,如枸橼酸盐、苹果酸盐和草酸盐,均可与H^+起反应,分别转化为枸橼酸、苹果酸和草酸,Na^+或K^+则可与HCO_3^-结合生成碱性盐。在体内代谢过程中也可产生碱性物质,如氨基酸脱氨基所产生的氨,这种氨经肝代谢后生成尿素,对体液的酸碱度影响不大。肾小管细胞也可通过泌氨以中和原尿中的H^+。人体碱的生成量与酸相比则少得多。

三、酸碱平衡的调节

尽管机体在正常情况下不断生成和摄取酸性或碱性物质,但血液 pH 却并不发生显著变化,这是由于机体对酸碱负荷有强大的缓冲能力和有效的调节功能,保持了酸碱的稳态。机体对体液酸碱度的调节主要是通过体液中的缓冲系统,以及肺和肾等一系列的调节机制来维持的。

(一) 血液的缓冲作用

血液缓冲系统由弱酸(缓冲酸)及其相对应的缓冲碱组成,血液的缓冲系统主要有碳酸氢盐缓冲系统、磷酸盐缓冲系统、血浆蛋白缓冲系统、血红蛋白和氧合血红蛋白缓冲系统五种(表 3-1)。此外,在某些特殊情况下,其他组织也可发挥一定的缓冲作用,如骨骼对慢性代谢性酸中毒具有缓冲作用。

当 H^+ 过多时,反应向左移动,使 H^+ 的浓度不至于发生大幅度的增高,同时缓冲碱的浓度降低;当 H^+ 减少时,反应则向右移动(表 3-1),使 H^+ 的浓度得到部分的恢复,同时缓冲碱的浓度增加。

表 3-1 全血的五种缓冲系统

缓冲酸		缓冲碱
H_2CO_3	$\rightleftharpoons$	$HCO_3^- + H^+$
H_2PO_4	$\rightleftharpoons$	$HPO_4^{2-} + H^+$
HPr	$\rightleftharpoons$	$Pr^- + H^+$
HHb	$\rightleftharpoons$	$Hb^- + H^+$
$HHbO_2$	$\rightleftharpoons$	$HbO_2^- + H^+$

血液缓冲系统可以缓冲所有的固定酸,其中以碳酸氢盐缓冲系统最为重要。碳酸氢盐缓冲系统的特点是:①可以缓冲所有的固定酸,不能缓冲挥发酸;②缓冲能力强,是细胞外液含量最高的缓冲系统,含量占血液缓冲总量的 1/2 以上(表 3-2);该系统可进行开放性调节,碳酸能和体液中溶解的 CO_2 取得平衡而受呼吸的调节,HCO_3^- 能通过肾调节;③缓冲潜力大,能通过肺和肾对 H_2CO_3 和 HCO_3^- 的调节使缓冲物质易于补充和排出。

表 3-2 全血各缓冲体系的含量与分布

缓冲体系	占全血缓冲系统(%)
血浆 HCO_3^-	35
细胞内 HCO_3^-	18
HbO_2 及 Hb	35
磷酸盐	5
血浆蛋白	7

磷酸盐缓冲系统存在于细胞内外液中,主要是在细胞内液中发挥缓冲作用;蛋白质缓冲系统存在于血浆及细胞内,只有当其他缓冲系统都被调动后,其作用才显示出来;而血红蛋白和氧合血红蛋白缓冲系统主要是在缓冲挥发酸中发挥作用。

总之,由于碳酸氢盐缓冲系统不能缓冲挥发酸,所以挥发酸的缓冲主要依靠非碳酸氢盐缓冲系统,特别是 Hb 及 HbO_2 缓冲系统;而固定酸和碱能够被所有的缓冲系统所缓冲,其中碳酸氢盐缓冲系统最为重要。

(二) 肺在酸碱平衡调节中的作用

肺在酸碱平衡中的作用是通过改变肺泡通气量来调节血浆碳酸(挥发酸)释出 CO_2 的量,使血浆中 HCO_3^- 与 H_2CO_3 比值接近正常,以保持 pH 相对恒定。肺的这种调节作用发生迅速,很快即可达高峰。

呼吸运动的调节是通过中枢和外周两方面来进行的。①呼吸运动的中枢调节：肺泡通气量是受延髓呼吸中枢控制的，呼吸中枢接受来自中枢化学感受器和外周化学感受器的刺激。由于呼吸中枢化学感受器对 $PaCO_2$ 变动非常敏感，所以呼吸能够调节 $PaCO_2$，$PaCO_2$ 升高虽不能直接刺激中枢的化学感受器，但可以通过改变脑脊液和脑间质液的 pH 使 H^+ 增加，刺激位于延髓腹外侧浅表部位对 H^+ 敏感的中枢化学感受器，从而兴奋呼吸中枢，明显增加肺的通气量。由于脑脊液中碳酸酐酶较少，所以 CO_2 的反应有一定的延迟。$PaCO_2$ 的正常值为 40mmHg(5.32kPa)，若增加到 60mmHg(8kPa) 时，肺通气量可增加 10 倍，结果导致 CO_2 呼出量显著增加，从而降低血中 H_2CO_3 浓度或 $PaCO_2$ 水平，实现反馈调节。但如果 $PaCO_2$ 进一步增加至 80mmHg(10.7kPa) 以上时，呼吸中枢反而受到抑制，称为 CO_2 麻醉 (carbon dioxide narcosis)。②呼吸运动的外周调节：呼吸中枢也能通过外周化学感受器的刺激而兴奋，主动脉体特别是颈动脉体感受器，能感受缺氧、pH 和 CO_2 的刺激，当 PaO_2 降低、pH 降低或 $PaCO_2$ 升高时，刺激外周化学感受器，反射性引起呼吸中枢兴奋，使呼吸加深、加快，增加肺泡通气量和 CO_2 排出量。但 PaO_2 过低对呼吸中枢的直接效应是抑制效应。

（三）肾在酸碱平衡调节中的作用

机体在代谢过程中产生的大量酸性物质，需要不断消耗 $NaHCO_3$ 和其他碱性物质来中和，因此，如果不能及时补充碱性物质和排出多余的 H^+，血液 pH 就会发生变动。肾主要调节固定酸，通过排酸或保碱的作用来维持 HCO_3^- 浓度，调节 pH 使之相对恒定。$NaHCO_3$ 可自由通过肾小球，肾小球滤液中的 $NaHCO_3$ 含量与血浆相等，其中 85% 的 HCO_3^- 在近曲小管被重吸收，其余部分在远曲小管和集合管被重吸收（图 3-1）。正常情况下，随尿液排出体外的 $NaHCO_3$ 仅为滤出总量的 0.1%，即几乎无 $NaHCO_3$ 的丢失。其主要作用机制叙述如下。

1. 近曲小管泌 H^+ 和对 HCO_3^- 的重吸收 近曲小管细胞在主动泌 H^+ 的同时，从管腔中回收 Na^+，两者转运方向相反，称为 H^+-Na^+ 交换或 H^+-Na^+ 逆向转运，在这种 H^+-Na^+ 交换时常伴有 HCO_3^- 的重吸收。肾小管细胞内含有 CA，能催化 H_2O 和 CO_2 结合生成 H_2CO_3，H_2CO_3 可解离出 H^+ 和 HCO_3^-。细胞内 H^+ 经管腔膜 Na^+-H^+ 载体与滤液中 Na^+ 交换，Na^+ 再经基侧膜钠泵主动转运入血，使细胞内 Na^+ 浓度维持在 10~30mmol/L 的低水平，有利于管腔内 Na^+ 弥散入肾小管上皮细胞，并促进 H^+ 的分泌。细胞内形成的 HCO_3^-，由基侧膜得 Na^+-HCO_3^- 载体被动重吸收到血循环。因为近曲小管的刷状缘富含 CA，肾小管分泌的 H^+ 和肾小球滤过的 HCO_3^- 结合成 H_2CO_3，H_2CO_3 在 CA 的作用下生成 CO_2 和 H_2O，CO_2 弥散进入细胞内，和细胞内 H_2O 结合，在 CA 作用下生成 H_2CO_3，小管液中的 H_2O 则随尿排出，CO_2 又弥散回肾小管上皮细胞（图 3-1A）。

2. 远曲小管和集合管泌 H^+ 及对 HCO_3^- 的重吸收 远曲小管和集合管的闰细胞可分泌 H^+，此细胞又称泌氢细胞，它并不能转运 Na^+，是一种非 Na^+ 依赖性的泌氢，这种借助于 H^+-ATP 酶的作用向管腔泌氢，同时在基侧膜以 Cl^--HCO_3^- 交换的方式重吸收 HCO_3^- 的机制，称为远端酸化作用 (distal acidification)（图 3-1B）。远曲肾小管泌 H^+ 到集合管管腔后，可与管腔滤液中的碱性 HPO_4^{2-} 结合形成可滴定酸 $H_2PO_4^-$，使尿液酸化，但这种缓冲是有限的，当尿液 pH 降至 4.8 左右时，两者比值由原来的 4:1 变为 1:99，几乎尿液中所有的磷酸盐都已转变为 $H_2PO_4^-$，就不能进一步发挥缓冲作用了。

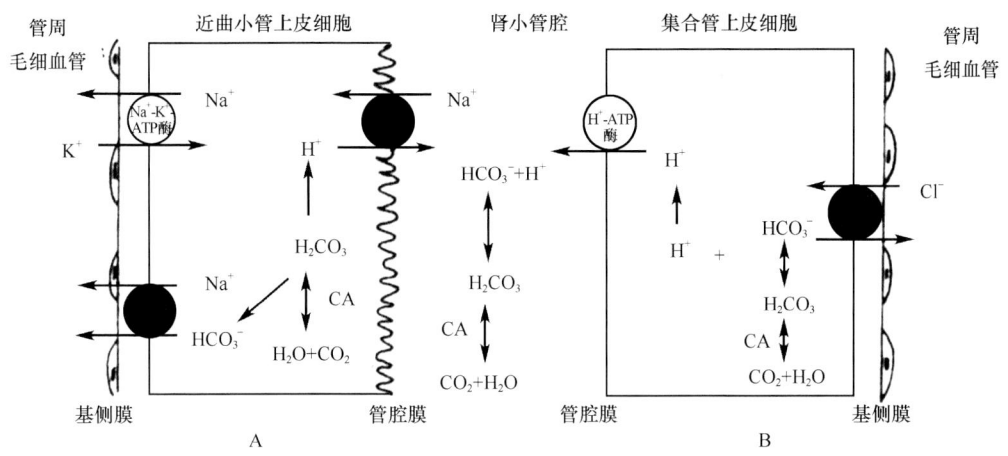

图 3-1　近曲小管和集合管泌 H^+、重吸收 HCO_3^- 过程示意图

○. 表示主动转运；●. 表示继发性主动转运；CA. 碳酸酐酶

3. NH_4^+ 的排出　NH_4^+ 的生成和排出是 pH 依赖性的，即酸中毒越严重，尿排 NH_4^+ 量越多。近曲小管上皮细胞是产 NH_4^+ 的主要场所，主要由谷氨酰胺酶水解谷氨酰胺产生，谷氨酰胺→NH_3+谷氨酸、谷氨酸→NH_3+α-酮戊二酸。酸中毒越严重，谷氨酰胺酶的活性越高，产生的氨和 α-酮戊二酸也越多。α-酮戊二酸进而代谢用去 2 个 H^+，生成 2 个 HCO_3^-，由基侧膜经 Na^+-HCO_3^- 同向转运进入循环；而 NH_3 与细胞内碳酸离解的 H^+ 结合成 NH_4^+，通过 NH_4^+-Na^+ 交换进入管腔，由尿液排出。酸中毒严重时，当远曲小管和集合管分泌的 H^+ 与磷酸盐缓冲后，使尿液的 pH 下降到 4.8 左右，此时磷酸盐缓冲系统不能发挥缓冲作用时，不仅近曲小管泌 NH_4^+ 增加，也可由远曲小管和集合管泌 NH_3，可中和尿液中的 H^+，并结合成 NH_4^+ 从尿中排泄（图 3-2）。

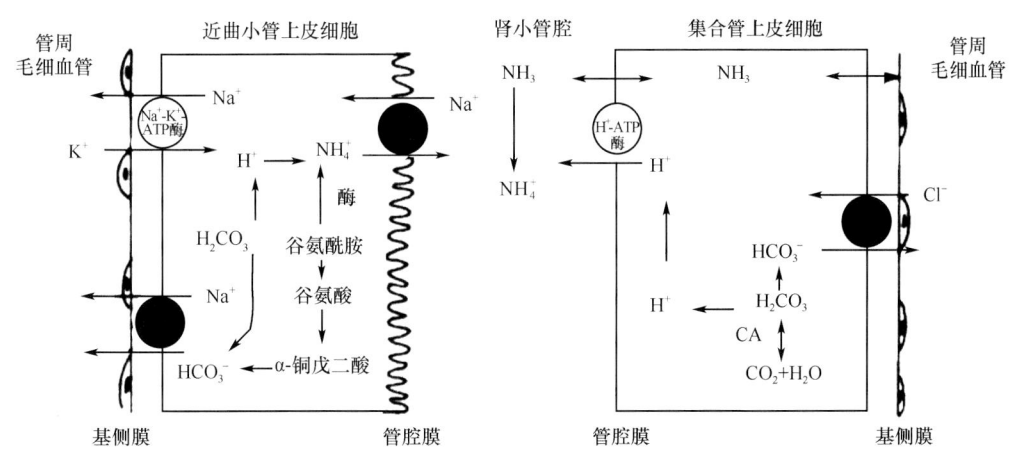

图 3-2　尿胺形成示意图

综上所述，肾对酸碱的调节主要是通过肾小管细胞的活动来实现的。肾小管上皮细胞在不断分泌 H^+ 的同时，将肾小球滤过的 HCO_3^- 重吸收入血，防止细胞外液 HCO_3^- 的丢失。如果仍然不足以维持细胞外液的 HCO_3^- 浓度，还可以通过磷酸盐的酸化和泌 NH_4^+ 生成新的

HCO_3^- 来补充机体的消耗,从而维持血液 HCO_3^- 的相对恒定。如果体内 HCO_3^- 含量过高,肾脏则可减少 HCO_3^- 的生成和重吸收,使血浆 HCO_3^- 浓度降低。但血液 pH 降低、血 K^+ 降低、血 Cl^- 降低、有效循环血量降低、醛固酮升高及碳酸酐酶活性增强时,肾小管泌 H^+ 和重吸收 HCO_3^- 能力增强。

(四) 组织细胞对酸碱平衡的调节作用

机体大量的组织细胞内液也是酸碱平衡的缓冲池,细胞的缓冲作用主要是通过离子交换进行的,如 H^+-K^+、H^+-Na^+、Na^+-K^+ 交换以维持电中性,研究发现红细胞、肌细胞和骨组织均能发挥这种作用。当细胞外液 H^+ 增加时,H^+ 弥散进入细胞内,而 K^+ 则从细胞内移出;反之,当细胞外液 H^+ 过少时,H^+ 由细胞内移出,而 K^+ 则移至细胞内,所以酸中毒时,往往伴有高血钾,而碱中毒时则伴有低血钾。Cl^--HCO_3^- 的交换也很重要,因为 Cl^- 是可以自由交换的阴离子,当 HCO_3^- 升高时,它的排泄只能由 Cl^--HCO_3^- 交换来完成。

此外,肝可以通过尿素的合成清除 NH_3 调节酸碱平衡,骨骼的钙盐分解有利于对 H^+ 的缓冲,如 $Ca_3(PO_4)_2 + 4H^+ \longrightarrow 3Ca^{2+} + 2H_2PO_4^-$

上述四方面的调节因素共同维持体内的酸碱平衡,但是在作用时间和强度上是有差别的。血液缓冲系统反应最为迅速,一旦有酸性或碱性物质入血,缓冲物质就立即与其发生反应,将强酸或强碱中和转变为弱酸或弱碱,同时缓冲系统自身被消耗,所以缓冲作用不能持久;肺的调节作用效能很大,也很迅速,在几分钟内开始,30 分钟时达最高峰,通过改变肺泡通气量来控制血浆 H_2CO_3 浓度的高低;细胞缓冲作用虽然比较强,但 3~4 小时后才发挥调节作用,通过细胞内外离子的转移来维持酸碱平衡,但可引起血钾浓度的改变;肾脏的调节作用发挥较慢,常在酸碱平衡紊乱发生后 12~24 小时才发挥作用,但效率高、作用持久,通常在 3~5 天才达高峰,对排出非挥发酸及保留 $NaHCO_3$ 有重要作用。

第二节 酸碱平衡紊乱的类型及常用指标

一、酸碱平衡紊乱的分类

尽管机体对酸碱负荷有很强大的缓冲能力和有效的调节功能,但多种因素仍可以引起酸碱负荷过度或调节机制障碍导致体液酸碱度稳定性破坏,酸碱失衡即酸碱平衡紊乱。酸碱平衡紊乱可根据 pH 的变化分为酸中毒和碱中毒。而根据原发病变是代谢成分还是呼吸成分,则分为代谢性酸碱平衡紊乱或呼吸性酸碱平衡紊乱。例如,HCO_3^- 浓度主要受代谢性因素的影响,由其浓度原发性降低或升高引起的酸碱平衡紊乱,称为代谢性酸中毒或代谢性碱中毒;而 H_2CO_3 含量主要受呼吸性因素的影响,由其浓度原发性增高或降低引起的酸碱平衡紊乱,称为呼吸性酸中毒或呼吸性碱中毒。另外,在单纯性酸中毒或碱中毒时,由于机体的调节,虽然体内酸性或碱性物质的含量已经发生改变,但是血液 pH 仍可能在正常范围内,称为代偿性酸中毒或碱中毒。如果血液 pH 低于或高于正常范围,则称为失代偿性酸中毒或碱中毒,据此可以判断机体酸碱平衡紊乱的代偿情况和严重程度。

在实际临床工作中,患者情况是错综复杂的,同一患者不但可以发生一种酸碱平衡紊乱,还可以发生两种或两种以上的酸碱平衡紊乱,如是单一的失衡,称为单纯性酸碱平衡紊乱(simple acid-base disturbance),如是两种或两种以上的酸碱平衡紊乱同时存在则称为混合性酸碱平衡紊乱(mixed acid–base disturbance)。

二、常用检测指标及其意义

(一) pH 和 H⁺ 浓度

pH 和 H⁺ 浓度是酸碱度的指标,由于血液中 H⁺ 很少,因此广泛使用 H⁺ 浓度的负对数即 pH 来表示,pH 是表示溶液中酸碱度的简明指标。

动脉血 pH 受血液缓冲对的影响,特别是 H_2CO_3 及 HCO_3^- 的影响。

$$pH = pK' + \lg\frac{[A^-]}{[HA]}$$

血液缓冲对以 H_2CO_3 缓冲对为主,根据 Henderson-Hasselbalch 方程式:

$$pH = pK_a + \lg\frac{[HCO_3^-]}{[H_2CO_3]}$$

H_2CO_3 由 CO_2 溶解量(d_{CO_2})决定,而 d_{CO_2} = 溶解度(α)×$PaCO_2$(Henry 定律)。所以上述公式可改写为:

$$pH = pK_a + \lg\frac{[HCO_3^-]}{[\alpha \times PaCO_2]} \quad (\alpha = 0.03)$$

$$= 6.1 + \lg\frac{24}{0.03 \times 40} = 6.1 + \lg\frac{24}{1.2} = 7.40$$

以上公式反映了 pH、HCO_3^- 和 $PaCO_2$ 三者参数的相互关系。

血气分析仪可直接用 pH 和 CO_2 电极测出 pH 或[H⁺]及 $PaCO_2$,并根据 Henderson-Hasselbalch 方程式计算出 HCO_3^- 的量。

Kassier 等将此方程式简化为以下公式:

$$[H^+] = 24\frac{PaCO_2}{HCO_3^-}$$

式中[H⁺]的单位是 nmol/L,$PaCO_2$ 的单位是 mmHg,HCO_3^- 的单位是 mmol/L。

以上公式可得出 pH 或 H⁺ 主要取决于 HCO_3^- 与 H_2CO_3 的比值。正常人动脉血 pH 为 7.35~7.45,平均值是 7.40,凡 pH 低于 7.35 为失代偿性酸中毒;凡 pH 高于 7.45 为失代偿性碱中毒,但动脉血 pH 本身不能区分酸碱平衡紊乱的类型,不能判定是代谢性的还是呼吸性的。pH 在正常范围内,可以表示酸碱平衡正常,也可表示处于代偿性酸、碱中毒阶段,或同时存在程度相近的混合性酸、碱中毒,使 pH 变动相互抵消。所以,进一步测定 $PaCO_2$(计算出 H_2CO_3)和 HCO_3^- 是非常重要的。

(二) 动脉血 CO_2 分压

动脉血 CO_2 分压($PaCO_2$)是血浆中呈物理溶解状态的 CO_2 分子产生的张力。由于 CO_2 通过呼吸膜弥散快,动脉血 CO_2 分压相当于肺泡气 CO_2 分压(P_ACO_2),因此测定 $PaCO_2$ 可了解肺泡通气量的情况,即 $PaCO_2$ 与肺泡通气量成反比,通气不足,$PaCO_2$ 升高;通气过度,$PaCO_2$ 降低,所以 $PaCO_2$ 是反映呼吸性酸碱平衡紊乱的重要指标。正常值为 33~46mmHg

(4.39~6.25kPa),平均值为40mmHg(5.32kPa)。如$PaCO_2$<33mmHg(4.39kPa),表示肺通气过度,CO_2呼出过多,见于呼吸性碱中毒或代偿后的代谢性酸中毒;$PaCO_2$>46mmHg(6.25kPa),表示肺通气不足,有CO_2潴留,见于呼吸性酸中毒或代偿后的代谢性碱中毒。

(三) 标准碳酸氢盐和实际碳酸氢盐

标准碳酸氢盐(standard bicarbonate,SB)是指全血在标准条件下,即$PaCO_2$为40mmHg(5.32kPa),温度在38℃,血红蛋白氧饱和度为100%时所测得的血浆中HCO_3^-的含量。由于标准化后HCO_3^-不受呼吸因素的影响,所以SB是判断代谢因素的指标,正常值为22~27mmol/L,平均为24mmol/L。SB在代谢性酸中毒时降低,在代谢性碱中毒时升高。但在呼吸性酸中毒和呼吸性碱中毒时,由于肾脏的代偿作用,也可以发生继发性增高或降低。

实际碳酸氢盐(actual bicarbonate,AB)是指血液标本在隔绝空气的条件下,在实际$PaCO_2$、实际体温和血氧饱和度条件下测得的血浆HCO_3^-浓度。因而受呼吸和代谢两方面因素的影响,正常情况下$PaCO_2$为40mmHg(5.32kPa)时,AB与SB相等。两者数值均低于正常表明有代谢性酸中毒;两者数值均高于正常表明有代谢性碱中毒;AB与SB的差值反映了呼吸因素对酸碱平衡的影响。若SB正常,而当AB>SB时,表明有CO_2滞留,可见于呼吸性酸中毒;反之,AB<SB,则表明CO_2呼出过多,可见于呼吸性碱中毒。

(四) 缓冲碱

缓冲碱(buffer base,BB)是指血液中一切具有缓冲作用的负离子碱的总和。其包括血浆和红细胞中的HCO_3^-、Hb^-、HbO_2^-、Pr^-和HPO_4^{2-},通常以氧饱和的全血在标准状态下测定,正常值为45~52mmol/L(平均值为48mmol/L)。缓冲碱也是反映代谢因素的指标,代谢性酸中毒时BB减少,而代谢性碱中毒时BB升高。

(五) 碱剩余

碱剩余(base excess,BE)也是指标准条件下,即$PaCO_2$为40mmHg(5.32kPa)、温度在38℃、血红蛋白氧饱和度为100%时用酸或碱滴定全血标本至pH7.40时所需的酸或碱的量(mmol/L)。若用酸滴定,使血液pH达7.40,则表示被测血液的碱过多,BE用正值表示;如需用碱滴定,说明被测血液的碱缺失,BE用负值来表示。

全血BE正常值范围为-3.0~+3.0mmol/L,BE不受呼吸因素的影响,是反映代谢因素的指标,代谢性酸中毒时BE负值增加;代谢性碱中毒时BE正值增加。

BE也可由全血BB和BB正常值(NBB)算出:

BE=BB-NBB=BB-48

以上指标均可通过血气分析仪测得。

(六) 阴离子间隙

阴离子间隙(anion gap,AG)是一项近年来受到广泛重视的酸碱指标。AG是一个计算值,指血浆中未测定的阴离子(undetermined anion,UA)与未测定的阳离子(undetermined cation,UC)的差值,即AG=UA-UC。正常机体血浆中的阳离子与阴离子总量相等,均为151mmol/L,从而维持电荷平衡。Na^+占血浆阳离子总量的90%,称为可测定阳离子。HCO_3^-和Cl^-占血浆阴离子总量的85%,称为可测定阴离子。血浆中未测定的阳离子包括K^+、Ca^{2+}

和 Mg^{2+}。血浆中未测定的阴离子包括 Pr^-、HPO_4^{2-}、SO_4^{2-} 和有机酸阴离子。临床实际测定时,一般仅测定血浆中常规可测定阳离子(Na^+)与常规可测定阴离子(Cl^- 和 HCO_3^-)。因血浆中的阴、阳离子总当量数(或总电荷数)完全相等,故 AG 可用血浆中常规可测定的阳离子与常规测定的阴离子的差算出,即:

$Na^+ + UC = HCO_3^- + Cl^- + UA$

$AG = UA - UC$
$= Na^+ - (HCO_3^- + Cl^-)$
$= 140 - (24 + 104) = 12 mmol/L$

波动范围是 $12 \pm 2 mmol/L$(图 3-3)。

AG 可增高也可降低,但增高的意义较大,可帮助区分代谢性酸中毒的类型和诊断混合性酸碱平衡紊乱。目前多以 AG>16mmol/L 作为判断是否有 AG 增高代谢性酸中毒的界限,常见于以下各种固定酸增多的情况:如磷酸盐和硫酸盐潴留、乳酸堆积、酮体过多及水杨酸中毒、甲醇中毒等。AG 增高还可见于与代谢性酸中毒无关的情况下,如脱水、使用大量含钠盐的药物和骨髓瘤患者释出本周蛋白过多的情况下。

AG 降低在诊断酸碱失衡方面意义不大,仅见于未测定阴离子减少或未测定阳离子增多,如低蛋白血症等。

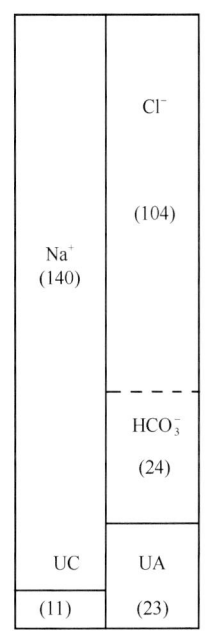

图 3-3 血浆阴离子间隙图解(单位 mmol/L)

第三节 单纯性酸碱平衡紊乱

一、代谢性酸中毒

代谢性酸中毒(metabolic acidosis)是指细胞外液 H^+ 增加和(或)HCO_3^- 丢失而引起的以血浆 HCO_3^- 原发性减少为主要特征的酸碱平衡紊乱。

(一) 原因和机制

1. 肾脏排酸保碱功能障碍 ①肾衰竭:在严重肾衰竭患者体内固定酸不能由尿中排泄,特别是硫酸和磷酸在体内积蓄,H^+ 浓度增加导致 HCO_3^- 缓冲丢失,浓度降低,硫酸根和磷酸根浓度在血中增加。②肾小管功能障碍:Ⅰ型肾小管性酸中毒(renal tubular acidosis-Ⅰ,RTA Ⅰ型)的发病环节是由于远曲小管的泌 H^+ 功能障碍,尿液不能被酸化,H^+ 在体内蓄积导致血浆 HCO_3^- 浓度进行性下降;Ⅱ型肾小管性酸中毒(renal tubular acidosis-Ⅱ,RTA Ⅱ型)是由于 Na^+-H^+ 转运体功能障碍,碳酸酐酶活性降低,HCO_3^- 在近曲小管重吸收减少,尿中排出增多导致血浆 HCO_3^- 浓度降低。肾小管酸中毒可引起"反常性碱性尿"。③应用碳酸酐酶抑制剂:大量使用碳酸酐酶抑制剂如乙酰唑胺可抑制肾小管上皮细胞内的碳酸酐酶活性,使 H_2CO_3 生成减少,泌 H^+ 和重吸收 HCO_3^- 减少。

2. HCO_3^- 直接丢失过多 常见于严重腹泻、肠道瘘管或肠道引流等含 HCO_3^- 的碱性肠液大量丢失时;此外大面积烧伤时大量血浆渗出,也伴有 HCO_3^- 丢失。

3. 代谢功能障碍,固定酸产生过多 ①乳酸酸中毒(lactic acidosis):任何原因引起的缺氧,都可以使细胞内糖的无氧酵解增强而引起乳酸增加,产生乳酸性酸中毒。其常见于休克、心搏骤停、低氧血症、严重贫血、肺水肿、一氧化碳中毒和心力衰竭等。此外严重的肝病使乳酸利用障碍均可引起血浆乳酸过高。②酮症酸中毒(keto-acidosis):见于体内脂肪被大量动员的情况下,常见于糖尿病、严重饥饿和酒精中毒等。糖尿病时由于胰岛素不足,使葡萄糖利用减少,脂肪分解加速,大量脂肪酸进入肝,形成过多的酮体(其中 β-羟丁酸和乙酰乙酸为酸性物质),超过了外周组织的氧化能力及肾排出能力时可发生酮症酸中毒。在饥饿或禁食情况下,当体内糖原消耗后,大量动用脂肪供能,也可出现酮症酸中毒。

4. 其他原因 ①外源性固定酸摄入过多,HCO_3^- 缓冲丢失:见于水杨酸中毒,是大量摄入阿司匹林(乙酰水杨酸)引起的酸中毒,经缓冲 HCO_3^- 浓度下降,水杨酸根潴留;长期或大量服用含氯的盐类药物如氯化铵、盐酸精氨酸或盐酸赖氨酸等,在体内易解离出 HCl。如氯化铵,经肝合成尿素,并释放出 HCl。$2NH_4Cl + CO_2 \xrightarrow{\text{肝}} (NH_2)_2CO + 2HCl + H_2O$。②高血钾:各种原因引起细胞外液 K^+ 增多时,K^+ 与细胞内 H^+ 交换,引起细胞外 H^+ 增加,导致代谢性酸中毒。这种酸中毒时体内 H^+ 总量并未增加,H^+ 从细胞内逸出,造成细胞内 H^+ 下降,故细胞内呈碱中毒,在远曲小管由于小管上皮泌 H^+ 减少,尿液呈碱性,引起"反常性碱性尿"。③血液稀释,使 HCO_3^- 浓度下降:见于快速输入大量无 HCO_3^- 的液体,如葡萄糖或生理盐水,使血液中 HCO_3^- 稀释,造成稀释性代谢性酸中毒。

(二) 分类

根据 AG 的变化,将代谢性酸中毒分为两类:AG 增高型代谢性酸中毒和 AG 正常型代谢性酸中毒。

1. AG 增高型代谢性酸中毒 其特点是 AG 增高,血氯正常。这类酸中毒是指除了含氯以外的任何固定酸的血浆浓度增大时的代谢性酸中毒。如乳酸酸中毒、酮症酸中毒、水杨酸中毒、磷酸和硫酸排泄障碍等。其固定酸的 H^+ 被 HCO_3^- 缓冲,其酸根(乳酸根、β-羟丁酸根、乙酰乙酸根、$H_2PO_4^-$、SO_4^{2-}、水杨酸根)增高。这部分酸根均属未测定阴离子,所以 AG 增大,而 Cl^- 正常,故又称正常血氯性代谢性酸中毒(图 3-4)。

2. AG 正常型代谢性酸中毒 其特点是 AG 正常,血氯升高。这类酸中毒是指 HCO_3^- 浓度降低,而同时伴有 Cl^- 浓度代偿性升高时,则呈 AG 正常型或高血氯性代谢性酸中毒(图 3-4),常见于消化道直接丢失 HCO_3^-,轻度或中度肾衰竭泌 H^+ 减少;肾小管性酸中毒重吸收 HCO_3^- 减少或泌 H^+ 障碍,使用碳酸酐酶抑制剂;含氯的酸性盐摄入过多等情况。

(三) 机体的代偿调节

血液缓冲系统、肺、肾和细胞内的缓冲调节是维持酸碱平衡的重要机制,也是发生酸碱平衡紊乱后机体进行代偿的重要环节。代谢性酸中毒时,机体的代偿调节主要表现为以下三方面。

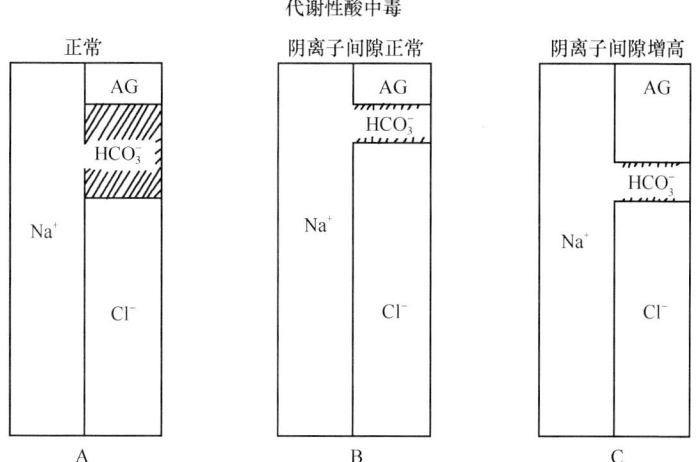

图 3-4 正常和代谢性酸中毒时阴离子间隙
A. 正常情况下 AG；B. AG 正常型（高血氯性）代谢性酸中毒；C. AG 增高型（正常血氯性）代谢性酸中毒

1. 血液的缓冲及细胞内外离子交换的缓冲代偿调节作用 代谢性酸中毒时,细胞外液中增多的 H^+ 立即被血浆缓冲系统进行缓冲,HCO_3^- 及其他缓冲碱不断被消耗,所以反映酸碱平衡的代谢指标包括 AB、SB、BB 均降低,BE 负值加大。细胞内的缓冲多在酸中毒 2～4 小时后,约 1/2 H^+ 通过离子交换方式进入细胞内被细胞内缓冲系统所缓冲,而 K^+ 从细胞内逸出以维持细胞内外电荷平衡,故酸中毒容易引起高钾血症。

除了细胞内外缓冲代偿外,代谢性酸中毒功能代偿主要靠肺和肾的调节,特别是肺的调节十分迅速、强大。

2. 肺的代偿调节作用 血液 H^+ 浓度增加、pH 降低,可刺激颈动脉体和主动脉体化学感受器,反射性引起呼吸中枢兴奋,增加呼吸的深度和频率,明显地改变肺的通气量。代谢性酸中毒当 pH 由 7.4 降到 7.0 时,肺泡通气量由正常 4L/分增加到 30L/分以上,呼吸加深加快,也称为酸中毒 Kussmaul 深大呼吸,是代谢性酸中毒的主要临床表现。其代偿意义是使血液中 H_2CO_3 浓度（或 $PaCO_2$）继发性降低,维持 HCO_3^-/H_2CO_3 的值接近正常,使血液 pH 趋向正常。呼吸的代偿反应是非常迅速的,一般在酸中毒 10 分钟后就出现呼吸增强,30 分钟后即达代偿,12～24 小时达代偿高峰,代偿最大极限是 $PaCO_2$ 降到 10mmHg（1.33kPa）。

3. 肾的代偿调节作用 除肾功能异常引起的代谢性酸中毒外,其他原因引起的代谢性酸中毒是通过加强肾的排酸保碱能力来发挥代偿调节作用的。在代谢性酸中毒时,肾通过加强泌 H^+、泌 NH_4^+ 及回收 HCO_3^-,使 HCO_3^- 在细胞外液的浓度有所恢复。在代谢性酸中毒时,肾小管上皮细胞中的碳酸酐酶和谷氨酰胺酶活性增强,使尿中可滴定酸和 NH_4^+ 排出增加,并重新生成 HCO_3^-。但肾的代偿作用较慢,一般要 3～5 天才能达高峰,并且代偿的容量不大,在肾功能障碍引起的代谢性酸中毒时,肾的纠酸作用几乎不能发挥。

代谢性酸中毒的血气分析参数变化：由于 HCO_3^- 原发性降低,所以 AB、SB、BB 均降低,AB<SB,BE 负值加大,pH 下降,通过呼吸代偿,$PaCO_2$ 继发性下降。

（四）对机体的影响

代谢性酸中毒主要引起心血管系统和中枢神经系统的功能障碍。

1. 心血管系统改变 严重的代谢性酸中毒能产生致死性室性心律失常,心肌收缩力降低及血管对儿茶酚胺的反应性降低。

(1) 室性心律失常:代谢性酸中毒时出现的室性心律失常与血钾升高密切相关,高血钾的发生除与细胞外 H^+ 进入细胞内与 K^+ 交换、K^+ 逸出有关外,还与酸中毒时肾小管上皮细胞泌 H^+ 增加,而排 K^+ 减少有关。重度高血钾由于严重的传导阻滞和心室颤动,心肌兴奋性消失,可造成致死性心律失常和心跳停止。

(2) 心肌收缩力降低:酸中毒引起心肌收缩力减弱的机制可能是由于以下几方面。①H^+ 增多可竞争性抑制 Ca^{2+} 与心肌肌钙蛋白钙结合亚单位的结合,从而影响心肌的兴奋-收缩偶联,降低心肌收缩力;②H^+ 影响 Ca^{2+} 内流;③H^+ 影响心肌细胞肌质网释放 Ca^{2+}。

酸中毒还可引起肾上腺髓质释放肾上腺素,从而发挥其对心脏的正性肌力作用,但酸中毒严重时又可阻断肾上腺素对心脏作用,而引起心肌收缩力减弱,心肌弛缓,心排血量减少。一般而言,pH 降至 7.2 时,上述两种相反的作用几乎相等,心肌收缩力变化不大;pH 小于 7.2 时,则因肾上腺素的作用被阻断而使心肌收缩力减弱。但是心肌的上述变化可因同时出现的其他电解质变化而变化。

(3) 血管系统对儿茶酚胺的反应性降低:H^+ 增多时,也可降低外周血管对儿茶酚胺的反应性,使血管扩张、血压下降,尤其是毛细血管前括约肌最为明显。血管扩张会使血管容量不断扩大,回心血量减少,血压下降,休克加重。所以休克时,首先要纠正酸中毒,才能减轻血流动力学的障碍。

2. 中枢神经系统改变 代谢性酸中毒时引起中枢神经系统的代谢障碍,主要表现为意识障碍、知觉迟钝、嗜睡甚至昏迷,最后可因呼吸中枢和血管运动中枢麻痹而死亡,其发生机制叙述如下。

(1) 酸中毒时生物氧化酶类的活性受到抑制,氧化磷酸化过程减弱,导致 ATP 生成减少,脑组织能量供应不足。

(2) pH 降低时,脑组织内谷氨酸脱羧酶活性增强,使抑制性神经递质 γ-氨基丁酸生成增多,对中枢神经系统具有抑制作用。

3. 骨骼系统改变 慢性肾衰竭伴有酸中毒时,由于不断从骨骼释放钙盐以进行缓冲,故不仅影响骨骼发育,延迟小儿的生长,而且还可以引起纤维性骨炎和肾性佝偻病。在成人则可导致骨软化症。

(五) 临床护理的病理学基础

1. 病情观察 注意观察患者血压、心率、呼吸、体温、神志等生命体征变化,保持呼吸道通畅。

2. 对症护理 首先应该去除引起代谢性酸中毒的发病原因,但在纠正酸中毒的同时,应注意同时纠正水、电解质紊乱,如纠正低血钾和低血钙。治疗时还应注意恢复有效循环血量及改善肾功能。代谢性酸中毒治疗的主要措施是补充碱性药物。对轻症代谢性酸中毒患者可口服碳酸氢钠片,对严重的代谢性酸中毒患者需给予碱性药物的治疗。补碱的剂量和方法,应根据酸中毒的严重度区别对待,一般主张在血气监护下分次补碱,补碱量宜小不宜大,一般轻度代谢性酸中毒 $HCO_3^->16mmol/L$ 时,可以少补,甚至不补。其他碱性药物如乳酸钠等也是常用来治疗代谢性酸中毒的药物,通过肝可转化为 HCO_3^-,但肝功能不良或乳酸酸中毒时不宜使用。三羟甲基氨基甲烷(tromethamine,THAM)是不含钠的有机胺碱性药,在体内的作用是 THAM+H_2CO_3→THAM·H^++HCO_3^-,由上式可见 THAM 不仅可缓冲挥发酸,而且在中和 H_2CO_3 后可产生 HCO_3^-。因此,此药既可以治疗呼吸性酸中毒,又可以治疗代谢性酸中毒。缺点是对呼吸中枢有抑制作用,故治疗时要注意输入的速度。

二、呼吸性酸中毒

呼吸性酸中毒(respiratory acidosis)是指 CO_2 排出障碍或吸入过多引起的以血浆 H_2CO_3 浓度(或 $PaCO_2$)升高为特征的酸碱平衡紊乱类型。

(一) 原因和机制

引起 $PaCO_2$ 原发性升高导致呼吸性酸中毒的原因不外乎外环境 CO_2 浓度过高,吸入 CO_2 过多(通风不良)导致 $PaCO_2$ 升高,但更为多见的是外呼吸通气障碍而致的 CO_2 排出受阻,临床上常见的通气障碍的原因如下所述。

1. 呼吸中枢抑制 颅脑损伤、脑炎、脑血管意外、呼吸中枢抑制剂(吗啡、巴比妥类)及麻醉剂用量过大或酒精中毒等。

2. 呼吸肌麻痹 急性脊髓灰质炎、脊神经根炎、有机磷中毒、重症肌无力、家族性周期性麻痹及重度低血钾时,呼吸运动失去动力,可造成 CO_2 排出障碍。

3. 呼吸道阻塞 喉头痉挛和水肿、溺水、异物堵塞气管,常造成急性呼吸性酸中毒。而慢性阻塞性肺病(chronic obstructive pulmonary disease,COPD)、支气管哮喘等则是慢性呼吸性酸中毒的常见原因。

4. 胸廓病变 胸部创伤、严重气胸或胸膜腔积液、严重胸廓畸形等均可严重影响通气功能,引起呼吸性酸中毒。

5. 肺部疾病 如心源性急性肺水肿、重度肺气肿、肺部广泛性炎症、肺组织广泛纤维化、急性呼吸窘迫综合征等,均可因通气障碍而发生呼吸性酸中毒。

6. CO_2 吸入过多 较为少见,如在通风不良的环境下,因为空气中 CO_2 含量升高,导致 CO_2 吸入过多,或人工呼吸器使用不当,通气量过小而使 CO_2 排出困难。

(二) 分类

呼吸性酸中毒按病程可分为以下两类。

1. 急性呼吸性酸中毒 常见于急性气道阻塞、急性心源性肺水肿、中枢或呼吸肌麻痹引起的呼吸骤停等。

2. 慢性呼吸性酸中毒 见于气道及肺部慢性炎症引起的 COPD 及肺广泛性纤维化或肺不张时,一般指 $PaCO_2$ 高浓度潴留持续达 24 小时以上者。

(三) 机体的代偿调节

呼吸性酸中毒发生的主要环节是肺通气功能障碍,所以呼吸系统往往不能发挥代偿作用,而且当体内产生大量 H_2CO_3 时,也不能依靠碳酸氢盐缓冲系统来缓冲,况且血浆中其他缓冲碱含量较低,缓冲 H_2CO_3 的能力极为有限,因此代谢性酸中毒主要依靠血液非碳酸氢盐缓冲系统和肾代偿。

(1) 急性呼吸性酸中毒时,由于肾的代偿作用十分缓慢,因此主要靠细胞内外离子交换及细胞内缓冲,这种调节与代偿十分有限,所以常常表现为代偿不足或失代偿状态。

急性呼吸性酸中毒时由于 CO_2 在体内潴留,使血浆 H_2CO_3 浓度不断升高,而 HCO_3^- 对 H_2CO_3 并无缓冲能力,因而 H_2CO_3 解离为 H^+ 和 HCO_3^- 后,H^+ 与细胞内 K^+ 进行交换,进入细胞内的 H^+ 可被蛋白质缓冲,血浆 HCO_3^- 浓度可有所增加,有利于维持 $[HCO_3^-]$ 与 $[H_2CO_3]$ 的比值;此外,血浆中的 CO_2 迅速弥散入红细胞,并在碳酸酐酶的催化作用下,与水反应生成 H_2CO_3,而 H_2CO_3 再解离为 H^+ 和 HCO_3^-。H^+ 主要被血红蛋白和氧合血红蛋白缓冲,HCO_3^- 则进入血浆与 Cl^- 交换,结果又使血浆中 HCO_3^- 有所增加,而 Cl^- 则降低。但这种离子交换和缓冲作用十分有限,往往 $PaCO_2$ 每升高 10mmHg(1.3kPa),血浆 HCO_3^- 仅增高 0.7~1mmol/L,不足以维持 HCO_3^-/H_2CO_3 的正常值,所以急性呼吸性酸中毒时 pH 往往低于正常值,呈失代偿状态。

(2)慢性呼吸性酸中毒时,由于肾的代偿作用,可以呈代偿性的。由于 $PaCO_2$ 和 H^+ 浓度升高,可增强肾小管上皮细胞内碳酸酐酶和线粒体中谷氨酰胺酶的活性,促使肾小管上皮排泌 H^+ 和 NH_4^+,同时增加对 HCO_3^- 的重吸收。这种作用的充分发挥常需 3~5 天才能完成,因此急性呼吸性酸中毒来不及代偿,而在慢性呼吸性酸中毒时,由于肾的保碱作用较强大,而且随 $PaCO_2$ 升高,HCO_3^- 也成比例增高,大致 $PaCO_2$ 每升高 10mmHg(1.3kPa),血浆 HCO_3^- 浓度增高 3.5~4.0mmol/L,能使 HCO_3^-/H_2CO_3 值接近 20:1,因而在轻度和中度慢性呼吸性酸中毒时有可能代偿。

长期呼吸性酸中毒时,由于糖酵解的限速酶——磷酸果糖激酶受到抑制,可减少细胞内乳酸的产生,因此这也是一种代偿机制。

呼吸性酸中毒血气分析的参数变化:$PaCO_2$ 增高,pH 降低。通过肾等代偿后,代谢性指标继发性升高,AB、SB、BB 均升高,AB>SB,BE 正值加大。

(四)对机体的影响

呼吸性酸中毒时,对机体的影响基本上与代谢性酸中毒相似,也可引起心律失常、心肌收缩力减弱,外周血管扩张、血钾升高等,除此之外由于 $PaCO_2$ 升高还可引起一系列血管运动和神经精神方面的障碍。

1. CO_2 直接舒张血管的作用 CO_2 具有直接扩血管作用,如 CO_2 能直接引起脑血管扩张,使脑血流增加、颅内压增高,不过高浓度 CO_2 又能刺激血管运动中枢,间接引起血管收缩,且其强度大于直接的扩血管作用;但是由于脑血管壁上无 α 受体,故 CO_2 潴留可引起脑血管舒张,脑血流量增加,因此常引起持续性头痛,尤以夜间和晨起时更为严重。

2. 对中枢神经系统功能的影响 高碳酸血症对中枢神经系统的影响可以出现多种精神神经系统功能异常,早期症状包括头痛、不安、焦虑等,如果酸中毒持续较久,或严重失代偿性急性呼吸性酸中毒时可发生"CO_2 麻醉",患者可出现精神错乱、震颤、嗜睡,甚至昏迷,临床称为肺性脑病(pulmonary encephalopathy)。肺性脑病的发生机制详见呼吸衰竭章。因为 CO_2 为脂溶性分子,能迅速通过血-脑屏障,而 HCO_3^- 则为水溶性,通过屏障极为缓慢,所以在呼吸性酸中毒发生时脑脊液中 pH 的降低较一般细胞外液更为显著,导致中枢神经系统的功能紊乱在呼吸性酸中毒时较代谢性酸中毒时更为显著。

(五)临床护理的病理学基础

1. 病情观察 注意观察患者血压、心率、呼吸、体温、神志、尿量、血气分析、血钾、血钠、血氯等变化。

2. 对症护理 去除呼吸道梗阻使之通畅或解痉,使用呼吸中枢兴奋药或人工呼吸器,对慢性阻塞性肺病采用控制感染、强心、解痉和祛痰。但对肾代偿后代谢因素也增高的患者,切忌过急地使用人工呼吸器使 $PaCO_2$ 迅速下降到正常,因肾对 HCO_3^- 升高的代偿功能还来不及做出反应,结果又会出现代谢性碱中毒,使病情复杂化。更应避免过度人工通气,使 $PaCO_2$ 降低到更危险的严重呼吸性碱中毒情况。慢性呼吸性酸中毒时,在通气改善后也可谨慎地应用三羟甲基氨基甲烷(tromethamine,THAM)。

三、代谢性碱中毒

代谢性碱中毒(metabolic alkalosis)是指细胞外液碱增多或 H^+ 丢失而引起的以血浆 HCO_3^- 增多为特征的酸碱平衡紊乱类型。

(一) 原因和机制

凡是使 H^+ 丢失或 HCO_3^- 进入细胞外液增多的因素,都可以引起血浆 HCO_3^- 浓度升高。正常情况下,当血浆 HCO_3^- 浓度超过 26mmol/L 时,肾可减少对 HCO_3^- 的重吸收,使血浆 HCO_3^- 浓度恢复正常。但在某些病理情况下,如有效循环血量不足、缺氧等,可造成肾对 HCO_3^- 的调节功能障碍,使血浆 HCO_3^- 保持在高水平,维持代谢性碱中毒的存在。

1. H^+ 丢失过多

(1) 经胃丢失:常见于剧烈呕吐及胃液引流,使富含 HCl 的胃液大量丢失。正常情况下胃黏膜壁细胞富含碳酸酐酶,能将 CO_2 和 H_2O 催化生成 H_2CO_3,H_2CO_3 解离为 H^+ 和 HCO_3^-,然后 H^+ 与来自血浆中的 Cl^- 形成 HCl,进食时分泌到胃腔中,而 HCO_3^- 则返回血液,造成血浆中 HCO_3^- 一过性增高,称为"餐后碱潮",直到酸性食糜进入十二指肠后,在 H^+ 刺激下,十二指肠上皮细胞与胰腺分泌的大量 HCO_3^- 与 H^+ 中和。病理情况下,剧烈呕吐使胃液丢失所引起的代谢性碱中毒的机制叙述如下。①胃液中 H^+ 丢失,使来自肠液和胰腺的 HCO_3^- 得不到 H^+ 中和而被吸收入血,造成血浆 HCO_3^- 浓度升高;② 胃液中 Cl^- 丢失,可引起低氯性碱中毒;③胃液中 K^+ 丢失,可引起低钾性碱中毒;④胃液大量丢失引起有效循环血量减少,也可通过继发性醛固酮增多引起代谢性碱中毒。

(2) 经肾丢失

1) 应用利尿剂:肾小管上皮细胞富含碳酸酐酶,使用髓袢利尿剂(呋塞米)或噻嗪类利尿剂时,抑制了肾髓袢升支对 Cl^- 的主动重吸收,使 Na^+ 的被动重吸收减少,到达远曲小管的尿液流量增加,NaCl 含量增高,促进远曲小管和集合管细胞泌 H^+、泌 K^+ 增加,以加强对 Na^+ 的重吸收,Cl^- 则以氯化铵形式随尿排出体外。另外,由于肾小管远端流速增加,也有冲洗作用,使小管内 H^+ 浓度急剧降低,促进了 H^+ 的排泌。H^+ 经肾大量丢失使 HCO_3^- 大量被重吸收,以及因丧失大量含 Cl^- 的细胞外液形成低氯性碱中毒。

2) 肾上腺皮质激素过多:肾上腺皮质增生或肿瘤(原发性醛固酮增多症)可引起原发性肾上腺皮质激素分泌增多,有效循环血量不足、创伤等刺激可引起继发性醛固酮分泌增多,这些激素尤其是醛固酮可通过刺激集合管泌氢细胞的 H^+-ATP 酶(氢泵)促进 H^+ 排泌,也可通过保 Na^+ 排 K^+ 促进 H^+ 排泌,而造成低钾性碱中毒。此外糖皮质激素过多如 Cushing 综合征也可发生代谢性碱中毒,因为皮质醇也有盐皮质激素活性。

2. HCO_3^- 过量负荷　多为医源性,常见于消化道溃疡病患者服用过多的 $NaHCO_3$;或矫正代谢性酸中毒时滴注过多的 $NaHCO_3$;或大量输入含枸橼酸盐抗凝的库存血,1L 库存血所含的枸橼酸盐可产生 30mmol HCO_3^-;脱水时只丢失 H_2O 和 NaCl 造成浓缩性碱中毒(contraction alkalosis),以上均可使血浆 $NaHCO_3$ 浓度升高。但应指出,肾具有较强的排泄 $NaHCO_3$ 的能力,正常人每天摄入 1000mmol 的 $NaHCO_3$,2 周后血浆内 HCO_3^- 浓度只是较轻微上升,只有当肾功能受损后服用大量碱性药物时才会发生代谢性碱中毒。

3. H^+ 向细胞内移动　低钾血症时因细胞外液 K^+ 浓度降低,引起细胞内 K^+ 向细胞外转移,同时细胞外的 H^+ 向细胞内移动,可发生代谢性碱中毒,此时,肾小管上皮细胞内 K^+-Na^+ 交换减少,H^+-Na^+ 交换增多,H^+ 排出增多,HCO_3^- 重吸收增多,造成低钾性碱中毒,此时由于肾泌 H^+ 增多,尿液反而呈酸性,所以又称为反常性酸性尿。

此外,肝衰竭时,血氨过高,尿素合成障碍也常导致代谢性碱中毒。

(二) 分类

目前通常按给予生理盐水后代谢性碱中毒能否得到纠正而将其分为两类,即盐水反应性碱中毒(saline-responsive alkalosis)和盐水抵抗性碱中毒(saline-resistant alkalosis)。

1. 盐水反应性碱中毒　主要见于呕吐、胃液吸引及应用利尿剂时,由于伴随细胞外液减少、有效循环血量不足,也常有低钾和低氯存在,而影响肾排出 HCO_3^- 的能力,使碱中毒得以维持,给予等张或半张的盐水来扩充细胞外液,补充 Cl^- 能促进过多的 HCO_3^- 经肾排出使碱中毒得到纠正。

2. 盐水抵抗性碱中毒　常见于全身性水肿、原发性醛固酮增多症、严重低血钾及 Cushing 综合征等,维持因素是盐皮质激素的直接作用和低 K^+,这种碱中毒患者给予盐水没有治疗效果。

(三) 机体的代偿调节

1. 血液的缓冲和细胞内外离子交换的缓冲代偿调节作用　代谢性碱中毒时,H^+ 浓度降低,OH^- 浓度升高,OH^- 可被缓冲系统中的弱酸(H_2CO_3、$HHbO_2$、HHb、Hpr、$H_2PO_4^-$)所缓冲,使 HCO_3^- 及非 HCO_3^-(Buf^-)浓度升高,同时细胞内外离子交换,细胞内 H^+ 逸出,而细胞外液 K^+ 进入细胞内,从而产生低钾血症。

2. 肺的代偿调节　由于 H^+ 浓度降低,呼吸中枢受抑制,呼吸变浅变慢,使肺泡通气量减少,$PaCO_2$ 或血浆 H_2CO_3 继发性升高,以维持 HCO_3^-/H_2CO_3 的值接近正常,使 pH 有所降低。呼吸的代偿反应是较快的,往往数分钟即可出现,在 12~24 小时即可达代偿高峰。但是这种代偿是有限度的,很少能达到完全代偿。即使严重的代谢性碱中毒时,$PaCO_2$ 也极少能超过 55mmHg,所以,$PaCO_2$ 继发性上升的代偿极限是 55mmHg。

3. 肾的代偿调节　肾的代偿作用发挥较晚,血浆 H^+ 减少和 pH 升高使肾小管上皮的碳酸酐酶和谷氨酰胺酶活性受到抑制,故泌 H^+ 和泌 NH_4^+ 减少,HCO_3^- 重吸收减少,使血浆 HCO_3^- 浓度有所下降,由于泌 H^+ 和泌 NH_4^+ 减少,HCO_3^- 排出增多,所以,一般代谢性碱中毒尿液呈碱性,但在低钾性碱中毒时出现反常性酸性尿,如前所述。肾在代谢性碱中毒时对 HCO_3^- 排出增多的最大代偿时限往往要 3~5 天,所以急性代谢性碱中毒时肾代偿不起主要作用。

通过以上体液缓冲,以及肺和肾的代偿调节作用,代谢性碱中毒的血气分析参数变化规律如下:pH 升高,AB、SB 及 BB 均升高,AB>SB,BE 正值加大。由于呼吸抑制,通气量下降,使 $PaCO_2$ 继发性升高。

(四) 对机体的影响

轻度代谢性碱中毒患者通常无症状,或出现与碱中毒无直接关系的表现,如因细胞外液量减少而引起的无力、肌痉挛、直立性眩晕;因低钾血症引起的多尿、口渴等。但是,严重的代谢性碱中毒则可出现许多功能代谢变化。

1. 中枢神经系统功能改变 严重代谢性碱中毒时,患者常有烦躁不安、精神错乱、谵妄、意识障碍等中枢神经系统等症状。因血浆 pH 增高时,脑组织内 γ-氨基丁酸转氨酶活性增强,而谷氨酸脱羧酶活性降低,故 γ-氨基丁酸分解增强而生成减少。由于 γ-氨基丁酸是抑制性神经递质,其生成减少导致对中枢神经系统的抑制作用减弱,因而出现中枢神经系统兴奋症状。

代谢性碱中毒时,pH 升高,脑脊液[H^+]降低,呼吸中枢抑制。患者呼吸变浅变慢。

2. 血红蛋白氧离曲线左移 血液 pH 升高可使血红蛋白与 O_2 的亲和力增强,以致相同氧分压下血氧饱和度可以增加,血红蛋白氧离曲线左移,血红蛋白不易将结合的 O_2 释出,从而造成组织供氧不足。因为脑组织对缺氧特别敏感,如此可导致严重缺氧,甚至出现精神症状。

3. 对神经、肌肉的影响 代谢性碱中毒时,因血 pH 升高,使血浆游离钙减少,神经、肌肉的应激性增高,表现为腱反射亢进,面部和肢体肌肉抽动、手足搐搦和惊厥等症状。有人认为,碱中毒时发生惊厥,也可能与脑组织中 γ-氨基丁酸减少有关。此外,若患者伴有明显的低钾血症引起肌肉麻痹无力时,则暂不出现抽搐,但一旦低钾症状纠正后,抽搐症状即可发生。

4. 低钾血症 代谢性碱中毒往往伴有低钾血症。这是由于碱中毒时,细胞外 H^+ 浓度降低,细胞内 H^+ 逸出与细胞外 K^+ 交换,使细胞外 K^+ 向细胞内移动;同时,由于肾小管上皮细胞在 H^+ 减少时,H^+-Na^+ 交换减弱而 K^+-Na^+ 交换增强,使排 K^+ 增多,导致低钾血症。低钾血症除可引起神经、肌肉症状外,严重时还可以引起心律失常。

(五) 代谢性碱中毒临床护理的病理学基础

1. 病情观察 对于危重患者需要注意监测其血气分析、血液生化检查。同时注意观察尿量、呼吸及精神神经方面的变化,如嗜睡、精神错乱或谵妄等。

2. 对症护理 对于盐水反应性代谢性碱中毒患者,只要口服或静脉注射等张(0.9%)或半张(0.45%)的盐水即可恢复血浆 HCO_3^- 浓度。机制是:①由于扩充了细胞外液容量,则消除了"浓缩性碱中毒"成分的作用;②生理盐水含 Cl^- 高于血浆,通过补充血容量和补充 Cl^- 使过多的 HCO_3^- 从尿中排出;③由于远曲小管液中 Cl^- 含量增加,则使皮质集合管分泌 HCO_3^- 增强。检测尿 pH 和尿 Cl^- 浓度可以用来判断治疗效果。伴有高度缺钾患者,应补充 K^+,补钾只有补充 KCl 才有效。严重代谢性碱中毒可直接给予酸进行治疗,如用 0.1mol/L HCl 静脉缓慢注射。此外临床上也使用 NaCl、KCl、盐酸精氨酸和盐酸赖氨酸治疗代谢性碱中毒。对游离钙减少的患者也可补充 $CaCl_2$。对全身性水肿患者,应尽量少用髓袢或噻嗪类利尿剂,以预防发生碱中毒。碳酸酐酶抑制剂乙酰唑胺可抑制肾小管上皮细胞内的碳酸酐酶活性,因而排泌 H^+ 和重吸收 HCO_3^- 减少,增加 Na^+ 和 HCO_3^- 的排出,结果既达到治疗碱中毒的目的,又减轻了水肿。盐水抵抗性碱中毒同盐水反应性碱中毒一样,也可以用尿 pH 变化判断治疗效果。肾上腺皮质激素过多引起的碱中毒,需用抗醛固酮药物和补 K^+ 去除代谢性碱中毒的维持因素。

四、呼吸性碱中毒

呼吸性碱中毒(respiratory alkalosis)是指肺通气过度引起的血浆 H_2CO_3 浓度或 $PaCO_2$ 原发性减少为特征的酸碱平衡紊乱类型。

(一) 原因和机制

肺通气过度是各种原因引起呼吸性碱中毒的基本发生机制。原因如下所述。

1. 低氧血症和肺疾病 吸入气氧分压过低或某些患有心肺疾患、胸廓病变的患者因为外呼吸障碍导致的缺氧可引起呼吸运动增强,CO_2 呼出增多。但外呼吸功能障碍如肺炎、肺梗死、间质性肺疾病等给 O_2 并不能完全纠正过度通气,说明还有其他因素参与。实验资料表明,牵张感受器和肺毛细血管旁感受器在肺疾病时过度通气的发生机制中具有重要意义。

2. 呼吸中枢受到直接刺激或精神性障碍 中枢神经系统疾病如脑血管障碍、脑炎、脑外伤及脑肿瘤等均可刺激呼吸中枢引起过度通气;精神性通气过度通常见于癔症发作时的过度通气;某些药物如水杨酸、胺盐类药物可直接兴奋呼吸中枢导致通气增强。革兰阴性杆菌败血症也是引起过度通气的常见原因。

3. 机体代谢旺盛 见于高热、甲状腺功能亢进时,由于血温过高和机体分解代谢亢进可引起呼吸中枢兴奋,肺通气功能增强,从而导致 $PaCO_2$ 降低。

4. 人工呼吸机使用不当 常因通气量过大而引起严重呼吸性碱中毒。

(二) 分类

呼吸性碱中毒也可按发病时间分为急性呼吸性碱中毒和慢性呼吸性碱中毒两类。

1. 急性呼吸性碱中毒 常见于人工呼吸机使用不当引起的过度通气、高热和低氧血症时,一般指 $PaCO_2$ 在 24 小时内急剧下降而导致 pH 升高。

2. 慢性呼吸性碱中毒 常见于慢性颅脑疾病、肺部疾病、肝脏疾病、缺氧和氨兴奋呼吸中枢引起持久的 $PaCO_2$ 下降而导致 pH 升高。

(三) 机体的代偿调节

当有效肺泡通气量超过每日产生的 CO_2 排出的需要时,可使血浆 H_2CO_3 浓度降低,pH 升高。由低碳酸血症而致的 H^+ 减少,可由血浆 HCO_3^- 浓度的降低而得到代偿。这种代偿作用包括迅速发生的细胞内缓冲和缓慢进行的肾排酸减少。

1. 细胞内外离子交换和细胞内缓冲作用 急性呼吸性碱中毒时,由于血浆 H_2CO_3 浓度迅速降低,故血浆 HCO_3^- 相对增高,约在 10 分钟内,H^+ 从细胞内移出至细胞外并与 HCO_3^- 结合,因而血浆 HCO_3^- 浓度下降,H_2CO_3 浓度有所回升。这些进入血浆的 H^+ 主要来自细胞内的血红蛋白、磷酸和蛋白质等非碳酸氢盐缓冲物,也可来自细胞代谢产生的乳酸,因为碱中毒能促进糖酵解使乳酸生成增多,其机制可能与碱中毒影响血红蛋白释放氧,从而导致氧离曲线左移,造成细胞缺氧和糖酵解增强有关。除此之外,部分血浆 HCO_3^- 进入红细胞,与红细胞内 Cl^- 交换,进入红细胞的 HCO_3^- 可与 H^+ 结合,并生成 CO_2 逸出红细胞,促使血浆 H_2CO_3 回升。

一般 $PaCO_2$ 每下降 10mmHg(1.3kPa),血浆 HCO_3^- 浓度降低 2mmol/L。

2. 肾脏代偿调节 由于肾的代偿调节是个缓慢的过程,需几天时间才能达到代偿,所以急速发生的通气过度,往往因为时间短促从而导致肾脏的代偿调节作用来不及发挥,血液中受代谢性因素影响的酸碱指标基本无变化。慢性呼吸性碱中毒时,在低碳酸血症持续存在的情况下,$PaCO_2$ 的降低使肾小管上皮细胞代偿性泌 H^+、泌 NH_3 减少,血浆中 HCO_3^- 代偿性降低。

慢性呼吸性碱中毒时,由于肾的代偿调节作用和细胞内缓冲,$PaCO_2$ 每降低 10mmHg(1.3kPa),血浆 HCO_3^- 浓度下降 5mmol/L,从而有效地避免了细胞外液 pH 发生大幅度的变动。

呼吸性碱中毒的血气分析参数变化:$PaCO_2$ 降低,pH 升高,AB<SB,代偿后代谢性指标继发性降低,AB、SB、及 BB 均降低,BE 负值加大。

(四) 对机体的影响

呼吸性碱中毒比代谢性碱中毒更易出现眩晕、四肢及口周围感觉异常、意识障碍及抽搐等。抽搐与低 Ca^{2+} 有关。神经系统功能障碍除与碱中毒对脑功能的损伤有关外,还与脑血流量减少有关,因为低碳酸血症可引起脑血管收缩。据报道 $PaCO_2$ 下降 20mmHg(2.6kPa)脑血流量可减少 35%~40%。当然,精神性过度换气患者的某些症状,如头痛、气急、胸闷等属精神性的,与碱中毒无关。

多数严重的呼吸性碱中毒患者血浆磷酸盐浓度明显降低。这是因为细胞内碱中毒使糖原分解增强,葡萄糖-6-磷酸盐和 1,6-二磷酸果糖等磷酸化合物生成增加,结果消耗了大量的磷,致使细胞外液磷进入细胞内。

此外,呼吸性碱中毒时也可因细胞内外离子交换和肾排钾增加而发生低钾血症;也可因血红蛋白氧离曲线左移使组织供氧不足。

(五) 呼吸性碱中毒临床护理的病理学基础

1. 病情观察 注意观察患者血压、心率、呼吸、体温、神志等变化,如因呼吸机过度通气引起,需及时调整呼吸参数。

2. 对症护理 首先应防治原发病和去除引起通气过度的原因。对急性呼吸性碱中毒可吸入含 5% CO_2 的混合气体,或用塑料袋套于患者的口鼻上使其反复吸回呼出的 CO_2 以维持血浆 H_2CO_3 浓度,症状即可迅速得到控制,对精神性通气过度患者可酌情使用镇静剂。有手足搐搦者可静脉注射葡萄糖酸钙进行治疗。

第四节 混合性酸碱平衡紊乱

由于血气分析在临床的广泛应用,并有明确的代谢因素指标和呼吸因素指标,因此,可以发现有些患者不是单一的原发酸碱失衡,而是存在两种以上混合性的酸碱失衡。

一、双重性酸碱平衡紊乱

双重性酸碱失衡(double acid-base disorders)可以有不同的组合形式,通常将两种酸中毒或两种碱中毒合并存在,使 pH 向同一方向移动的情况称为酸碱一致型或相加性酸碱平衡紊乱。如果是一种酸中毒与一种碱中毒合并存在,使 pH 向相反方向移动时,称为酸碱混合性或相消性酸碱平衡紊乱。

(一) 酸碱一致型

1. 呼吸性酸中毒合并代谢性酸中毒 常见于严重的肺通气功能障碍引起呼吸性酸中毒,同时因持续缺氧而发生代谢性酸中毒,为临床上常见的一种混合性酸碱平衡紊乱类型。例如,心搏和呼吸骤停、急性肺水肿、慢性阻塞性肺部疾病合并心力衰竭或休克等。其血气分析参数变化如下:HCO_3^- 降低,$PaCO_2$ 升高,pH 明显降低,SB、AB 及 BB 均降低、AB>SB、血浆 K^+ 浓度升高,AG 增大。

2. 代谢性碱中毒合并呼吸性碱中毒 常见于各种危重患者,如高热伴呕吐患者,高热可引起呼吸性碱中毒,而呕吐时可出现代谢性碱中毒。其血气分析参数变化如下:$PaCO_2$ 降低,血浆 HCO_3^- 浓度升高。SB、AB、BB 均升高,AB<SB,pH 明显升高,血浆 K^+ 浓度降低。

(二) 酸碱混合性

1. 呼吸性酸中毒合并代谢性碱中毒 常见于慢性阻塞性肺疾病的患者引起慢性呼吸性酸中毒,如因呕吐或因发生心力衰竭而应用大量排钾利尿剂,都可引起 Cl^- 和 K^+ 的丧失而发生代谢性碱中毒。其血气分析参数变化如下:$PaCO_2$ 和血浆 HCO_3^- 浓度均升高,AB、SB、BB 均升高,BE 正值加大,pH 变动不大,略偏高或偏低,也可以在正常范围内。

2. 代谢性酸中毒合并呼吸性碱中毒 可见于糖尿病、肾衰竭或感染性休克及心肺疾病等危重患者伴有发热或机械通气过度时。其血气分析参数变化如下:HCO_3^- 和 $PaCO_2$ 均降低,pH 变动不大,甚至在正常范围。

3. 代谢性酸中毒合并代谢性碱中毒 常见于严重胃肠炎时呕吐加严重腹泻并伴有低钾和脱水的患者。其血气分析参数变化如下:血浆 HCO_3^- 及血液 pH 在正常范围内,$PaCO_2$ 也常在正常范围内或略高、略低变动。

二、三重性混合性酸碱平衡紊乱

由于同一患者不可能同时存在呼吸性酸中毒和呼吸性碱中毒,因此三重酸碱平衡紊乱只存在两种类型。

1. 呼吸性酸中毒合并 AG 增高性代谢性酸中毒和代谢性碱中毒 该型的特点是 $PaCO_2$ 明显增高,AG>16mmol/L,HCO_3^- 一般也升高,Cl^- 明显降低。

2. 呼吸性碱中毒合并 AG 增高性代谢性酸中毒和代谢性碱中毒 该型的特点是 $PaCO_2$ 降低,AG>16mmol/L,HCO_3^- 可高可低,Cl^- 一般低于正常。

三重性混合性酸碱失衡比较复杂,必须在充分了解原发病情的基础上,结合实验室检查进行综合分析后才能得出正确结论。

第五节 分析判断酸碱平衡紊乱的方法及其病理生理基础

判断酸碱平衡紊乱类型,首先需要详细了解患者的病史和临床表现,综合分析血气检测结果和血清电解质检查数据,必要时通过计算 AG 有助于区别单纯性代谢性酸中毒的类型,以及诊断混合性酸碱平衡紊乱。

一、单纯性酸碱平衡紊乱的判断

单纯性酸碱失衡主要依靠血气分析来诊断,通过血气分析测得 Henderson-Hasselbalch 方程式中三个变量的关系,分析后可发现如下规律。

1. 根据 pH 或 H^+ 的变化,可判断是酸中毒还是碱中毒 凡 pH<7.35 则为酸中毒;凡 pH>7.45,则为碱中毒。

2. 根据病史和原发性失衡可判断为呼吸性还是代谢性酸碱平衡紊乱
(1) 如原发 $PaCO_2$↑引起 pH↓,称为呼吸性酸中毒。
(2) 如原发 $PaCO_2$↓,引起 pH↑,称为呼吸性碱中毒。
(3) 如原发 HCO_3^-↓,引起 pH↓,称为代谢性酸中毒。
(4) 如原发 HCO_3^-↑引起 pH↑,称为代谢性碱中毒。

各种单纯性的酸碱平衡紊乱的发病环节及检测指标的变化见表 3-3。

表 3-3 各型酸碱平衡紊乱发病环节及检测指标变化的比较

	代谢性酸中毒	呼吸性酸中毒	代谢性碱中毒	呼吸性碱中毒
原因	酸潴留或碱丧失	通气不足	碱潴留或酸丧失	通气过度
原发环节	H^+↑/$NaHCO_3$↓	H_2CO_3↑	H^+↓/$NaHCO_3$↑	H_2CO_3↓
	$\frac{[NaHCO_3]}{[H_2CO_3]}↓\left(\leqslant\frac{20}{1}\right)$		$\frac{[NaHCO_3]}{[H_2CO_3]}\left(\geqslant\frac{20}{1}\right)$	
血浆 pH	正常或↓	正常或↓	正常或↑	正常或↑
$PaCO_2$	↓	↑↑	↑	↓↓
HCO_3^-	↓↓	↑(慢性)	↑↑	↓(慢性)
尿液 pH	↓或↑		↑或↓	

3. 根据代偿情况可判断为单一性酸碱平衡紊乱或混合性酸碱平衡紊乱 代偿的规律是代谢性酸碱平衡紊乱主要靠肺代偿,而呼吸性酸碱平衡紊乱主要靠肾代偿,单一性酸碱平衡紊乱继发性代偿变化与原发性酸碱平衡紊乱同向,但继发性代偿变化一定小于原发性平衡紊乱,其代偿公式见表 3-4。

表 3-4 常用单纯性酸碱失衡的预计代偿公式

原发失衡	原发性变化	继发性代偿	预计代偿公式	代偿时限	代偿极限
代谢性酸中毒	$[HCO_3^-]$↓	$PaCO_2$↓	$\Delta PaCO_2↓ = 1.2\Delta[HCO_3^-]\pm 2$	12~24 小时	10mmHg
代谢性碱中毒	$[HCO_3^-]$↑	$PaCO_2$↑	$\Delta PaCO_2↑ = 0.7\Delta[HCO_3^-]\pm 5$	12~24 小时	55mmHg
呼吸性酸中毒	$PaCO_2$↑	$[HCO_3^-]$↑			

续表

原发失衡	原发性变化	继发性代偿	预计代偿公式	代偿时限	代偿极限
急性：			$\Delta[HCO_3^-]\uparrow = 0.1\Delta PaCO_2 \pm 1.5$	几分钟	30mmol/L
慢性：			$\Delta[HCO_3^-]\uparrow = 0.35\times\Delta PaCO_2 \pm 3$	3~5天	42~45mmol/L
呼吸性碱中毒	$PaCO_2\downarrow$	$[HCO_3^-]\downarrow$			
急性：			$\Delta[HCO_3^-] = 0.2\times\Delta PaCO_2 \pm 2.5$	几分钟	18mmol/L
慢性：			$\Delta[HCO_3^-] = 0.5\times\Delta PaCO_2 \pm 2.5$	3~5天	12~15mmol/L

注：有"Δ"者为变化值，无"Δ"表示绝对值；代偿极限指单纯性酸碱失衡代偿所能达到的最小值或最大值；代偿时限指体内达到最大代偿反应所需的时间。

二、混合性酸碱平衡紊乱的判断

在酸碱平衡紊乱时，机体的代偿调节有一定的规律性，符合规律者为单纯性酸碱平衡紊乱，不符合规律者为混合性酸碱平衡紊乱。

(一) 代偿调节的方向性

1. $PaCO_2$ 与 HCO_3^- 变化方向相反者为酸碱一致型混合性酸碱平衡紊乱　在两种酸中毒并存或两种碱中毒并存的酸碱一致型酸碱平衡紊乱时，除pH发生显著变化外，$PaCO_2$ 与 HCO_3^- 的变化方向一定是相反的。

2. $PaCO_2$ 与 HCO_3^- 变化方向一致者为酸碱混合性酸碱平衡紊乱　一种酸中毒与一种碱中毒并存的酸碱混合性酸碱平衡紊乱，$PaCO_2$ 与 HCO_3^- 的变化方向也是一致的，需要从代偿预计值和代偿限度来进一步分析判断。

(二) 代偿预计值和代偿限度

代偿公式是简便有效地区别单纯性与混合性酸碱平衡紊乱的手段，在单纯型酸碱平衡紊乱时，机体的代偿反应不会超过代偿限值。

(三) 以 AG 判断代谢性酸中毒的类型及混合性酸碱平衡紊乱

AG是区分代谢性酸中毒类型的重要标志，也是判断单纯性或混合性酸碱平衡紊乱的重要指标。在病情较为复杂的患者，计算AG能将潜在的代谢性酸中毒显露出来。

(卢晓梅)

第四章 缺　　氧

第一节 概　　述

一、概　　念

氧是参与机体生物氧化、进行正常生命活动的必需物质。成人在静息状态下,每分钟耗氧量约为 250ml,活动时耗氧量明显增加。但人体内氧储存量极少,有赖于外界环境氧的供给和通过呼吸、血液、血液循环不断地完成氧的摄取和运输,以保证细胞生物氧化的需要,其中任何一个环节出现障碍都可以引起缺氧。当组织得不到充足的氧,或不能充分利用氧时,组织的代谢、功能甚至形态结构都可能发生异常变化,这一病理过程称为缺氧(hypoxia)。

缺氧是许多疾病所共有的一个基本病理过程。例如,休克、呼吸功能不全、心功能不全、贫血等,都可以引起缺氧。缺氧在军事医学中也是个非常重要的课题。例如,高原适应不全症主要是个缺氧的问题;高空飞行、潜水作业、密闭舱或坑道内作业,如果处理不当或发生意外,都可发生缺氧。所以研究缺氧发生和发展的规律及缺氧所引起的病理生理变化,对缺氧的防治具有重要的意义。

二、常用的血氧指标

氧的获取和利用是个复杂的过程。组织的供氧量=动脉血氧含量×血流量,组织的耗氧量=(动脉血氧含量-静脉血氧含量)×血流量。故血氧是反映组织的供氧与耗氧的重要指标。常用的血氧指标有血氧分压、血氧容量、血氧含量、血氧饱和度等。

(一) 血氧分压

血氧分压(blood partial pressure of oxygen, PO_2)是指物理溶解在血液中的氧分子所产生的张力(又称血氧张力)。在 100ml 37℃的血液内以物理状态溶解的氧,每 0.003 ml 可产生 1mmHg 的氧分压。正常人在静息状态,呼吸海平面空气,以物理状态溶解在动脉血内的氧约 0.3ml,因此动脉血氧分压(PaO_2)约 100mmHg;静脉血氧分压(P_VO_2)正常约 40mmHg。

PaO_2 主要取决于肺泡氧分压(P_AO_2)的高低、氧通过肺泡膜弥散入血的量、肺泡通气量与肺血流量的比例。如果外界空气氧分压低或肺泡通气减少,使肺泡氧分压降低,或弥散障碍、通气/血流比例失调,使肺动、静脉血功能性或解剖性分流增加,都可使 PaO_2 降低。

(二) 血氧容量

血氧容量(blood oxygen binding capacity, CO_2max)是指氧分压为 150mmHg,二氧化碳分压为 40mmHg,温度 38℃,100ml 血液内血红蛋白充分氧合后所结合的氧量。正常血红蛋白在上述条件下,1g 能结合氧 1.34~1.36ml。若按每 100 ml 血液含量含血红蛋白 15g 计算,动脉血和静脉血氧容量约20ml/dl。

氧容量取决于单位容积血液内血红蛋白的量和血红蛋白结合氧的能力。如果血红蛋白含量减少(贫血)或血红蛋结合氧的能力降低(如高铁血红蛋白、碳氧血红蛋白),则氧容量减少,氧含量也随之减少。如果单位容积血液内血红蛋白的量和性质正常,只是由于氧分压降低使血红蛋白氧饱和度降低。此时氧含量减少,但氧容量是正常的。

(三) 血氧含量

血氧含量(blood oxygen content,CO_2)是指100ml血液内实际的氧量,包括实际与血红蛋白结合的氧和溶解在血浆内的氧。正常动脉血氧含量约19ml/dl,混合静脉血氧含量约14ml/dl。血液氧含量主要取决于PaO_2与血红蛋白的质和量。PaO_2明显降低或血红蛋白结合氧的能力降低,使血红蛋白饱和度降低,或单位容积血液内血红蛋白量减少,都可使氧含量减少。

(四) 血氧饱和度

血氧饱和度(saturation oxygen,SO_2)是指血红蛋白与氧结合达到饱和程度的百分数。1g血红蛋白最多能与1.36ml的氧结合,氧饱和度达到100%。氧饱和度可以下列公式表示:

$$氧饱和度(\%) = 实际1克血红蛋白结合的氧(ml)/1.36(ml) \times 100$$

正常动脉血氧饱和度为95%~98%,静脉血氧饱和度为70%~75%。

血氧饱和度高低主要取决于血氧分压的高低,氧分压与氧饱和度之间的关系,可用氧离曲线来表示(图4-1)。由于血红蛋白的生理特点,氧离曲线呈"S"形,PO_2低于60mmHg,才会使氧饱和度明显降低,氧含量明显减少,从而引起缺氧。

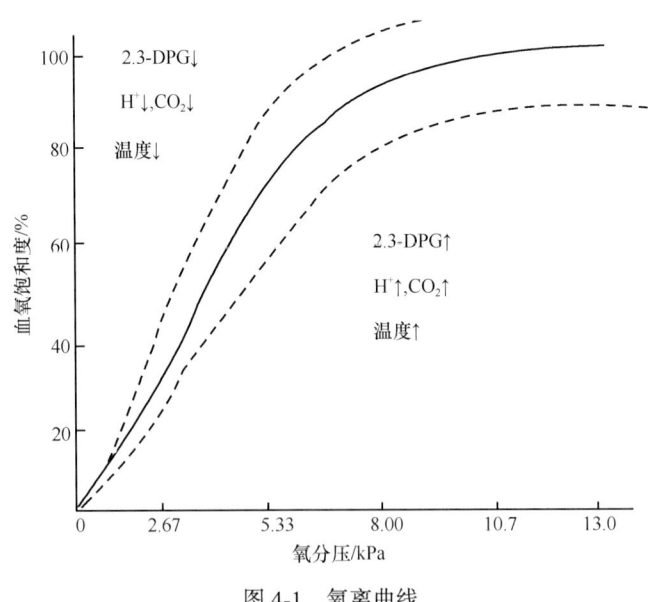

图4-1 氧离曲线

血红蛋白与氧亲和力高低,常用P_{50}表示。P_{50}是指血液在38℃,pH7.40,PCO_2 40mmHg的条件下,使氧饱和度达到50%时的氧分压。正常成人P_{50}约为27mmHg。血液PCO_2升高、pH 降低、温度升高或红细胞内 2,3-DPG 含量增加,都可使血红蛋白氧亲和力降低,氧离曲线右移,P_{50} 增大(图 4-1);反之,使血红蛋白与氧亲和力升高,氧离曲线左移,P_{50} 变小。血红蛋白的结构与功能异常,不易与氧结合或不易解离氧,对 P_{50} 也有影响。

(五) 动静脉血氧含量差

动静脉血氧含量差(A-V)是指动脉血氧含量减去静脉血氧含量所得的 ml 数,代表组织对氧的消耗量。由于各组织器官耗氧量不同,各器官动静脉血氧差很不一样。正常动脉血与混合静脉血氧差约 5ml/dl。

动静脉血氧差变化取决于组织从单位容积血液内摄取氧的多少。PaO_2 明显降低,动脉血与组织氧分压梯差变小;微循环动静脉吻合支开放,使流经真毛细血管的血量减少;红细胞变形能力降低或红细胞聚集,使血液流变性发生改变;细胞受损,利用氧的能力降低,都可使组织细胞从血液中的摄取减少,动静脉血氧含量差变小。淤血,血流缓慢,虽然单位时间动脉血灌流减少,但由于血流缓慢和氧离曲线右移,组织从单位容积血液内摄取的氧增多,动静脉血氧含量差增大。各型缺氧时动静脉血氧含量差的变化不同,要对具体情况做具体的分析。

第二节 缺氧的类型、原因和发生机制

根据缺氧发生的速度,有急性缺氧和慢性缺氧。根据缺氧时 PaO_2 的变化,有低张性低氧血症和等张性低氧血症。根据缺氧的原因,有乏氧性缺氧、血液性缺氧、循环性缺氧、组织性缺氧(图 4-2)。

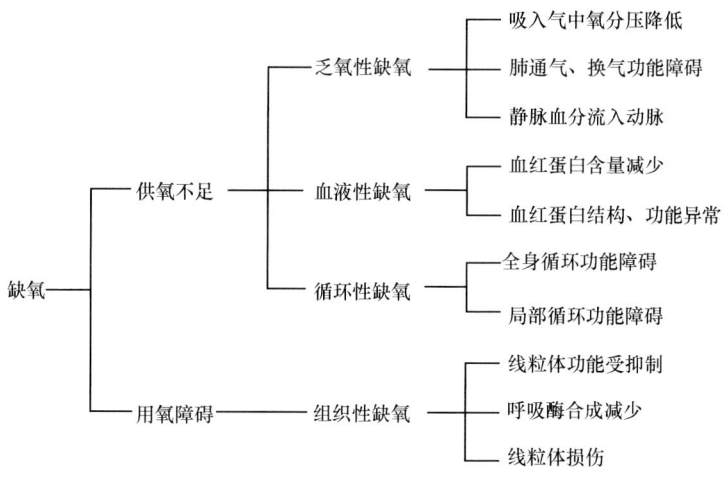

图 4-2 缺氧的病因和分类

一、乏氧性缺氧

乏氧性缺氧(hypoxic hypoxia)是指由于肺泡氧分压降低,或静脉血分流入动脉,血液从肺摄取的氧减少,以致动脉血氧含量减少,PaO_2 降低,属于低张性低氧血症(hypotonic hypoxemia)。

(一) 原因

1. 吸入气氧分压过低　如高原或高空,大气压低;通风不好的矿井、坑道内;吸入低氧的混合气体(如吸入气掺入高浓度的氮气)。由于吸入气氧分压低,P_AO_2 和 PaO_2 随之降低。

2. 外呼吸功能障碍　呼吸运动减弱或肺的疾患(如窒息、慢性阻塞性肺疾病、肺水肿、肺炎等),致肺泡通气量减少,P_ACO_2 升高,P_AO_2 降低,血液通过肺摄取的氧减少,动脉血氧含量和 PaO_2 降低。由呼吸功能障碍而引起的缺氧,又称呼吸性缺氧(respiratory hypoxia)。

3. 静脉血分流入动脉(静脉血掺杂)增多　正常掺杂到动脉的静脉血占心排血量的 2%～3%。如果房间隔或室间隔缺损,伴有肺动脉狭窄或肺动脉高压,右心的静脉血可部分经缺损处流入左心。又如肺的疾病,引起弥散障碍或通气/血流比例失调,或肺动静脉吻合支开放,可致肺动静脉血功能性或解剖性分流增加。静脉血分流入动脉增多,达到心排血量的 50%,PaO_2 可降到 50mmHg 以下。

(二) 乏氧性缺氧的特点(图 4-3)

(1) 动脉血氧分压、氧饱和度和氧含量都降低,静脉血氧分压、氧饱和度和氧含量亦随之降低。

(2) 动脉血和静脉血氧容量正常。如果由于慢性缺氧,使单位容积血液内红细胞数和血红蛋白量增多,氧容量增加。

(3) 动静脉血氧含量差接近正常。如果 PaO_2 太低,动脉血与组织氧分压差明显变小,血氧弥散到组织内减少,可使动静脉血氧含量差降低。

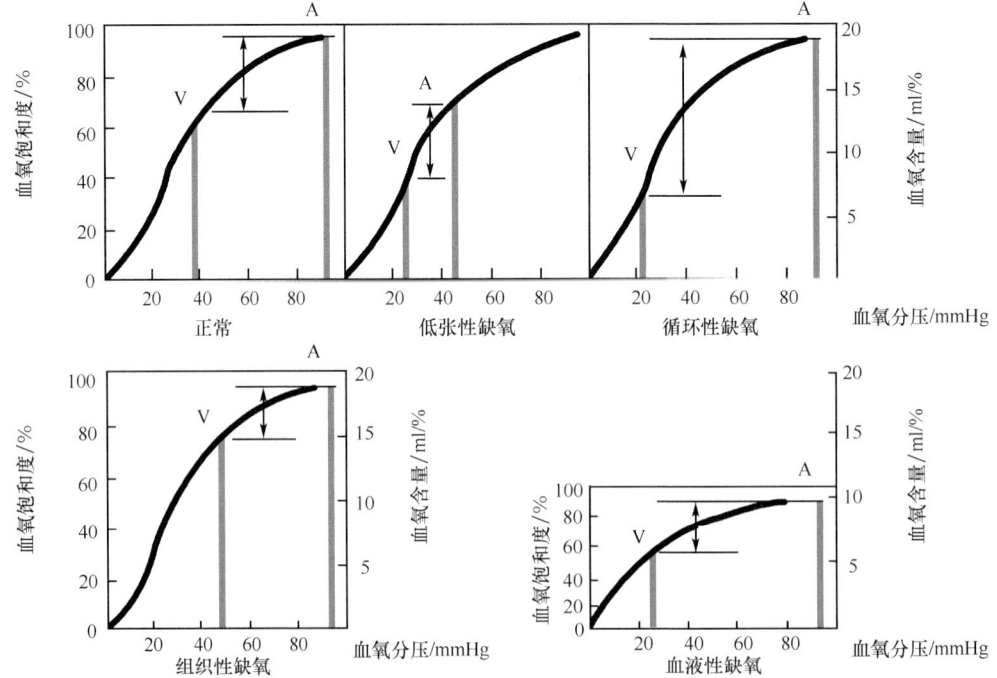

图 4-3　各型缺氧的血氧变化特点

(4) 患者往往出现发绀(cyanosis),发绀是指血液中脱氧血红蛋白含量增高(超过 50g/L),使皮肤和黏膜呈青紫色改变的一种表现,也称紫绀。

(5) 除血氧变化外,根据肺泡通气量,PaO_2 有不同的变化,如严重的肺气功能障碍,CO_2 排出少,$PaCO_2$ 升高;如果过度换气,CO_2 排出多,则 $PaCO_2$ 降低。

二、血液性缺氧

血液性缺氧(hemic hypoxia)是指由于血红蛋白含量减少或性质发生改变,致血液携带的氧减少,血氧含量降低,或血红蛋白结合的氧不易释放所引起缺氧。由于以物理状态溶解在血液内的氧不受血红蛋白的影响,这型缺氧的 PaO_2 正常,属于等张性低氧血症(isotonic hypoxemia)。

(一) 原因

1. 贫血 各种原因引起的贫血,单位容积血液内红细胞数和血红蛋白量减少,虽然 PaO_2 和氧饱和度正常,但氧容量降低,氧含量随之减少。虽然由血红蛋白携带的氧减少,但由于单位容积的红细胞数减少,血液黏度降低,血流加快,运输氧的能力提高(单位时间内血液给组织运输的氧量以血细胞压积为 30% 时最高),一般当贫血使血细胞压积低于 20% 时,才会引起组织对氧供给不足。

2. 碳氧血红蛋白血症(carboxyehemoglobinemia) 是由于 CO 中毒引起的,一方面 CO 与 Hb 的亲和力为 O_2 与 Hb 亲和力的 210 倍(37℃)左右,Hb 与 CO 结合后就不能与 O_2 结合;另一方面,CO 还能抑制红细胞内糖酵解,使其 2,3-DPG 生成减少,氧离曲线左移,HbO_2 中的氧不易释出,从而加重组织缺氧。还有当 CO 与 Hb 分子中的某个血红素结合后,将增加其余三个血红素对氧的亲和力,使 Hb 结合的氧不易释放,氧离曲线左移。当血液 HbCO 含量达到 Hb 总量的 10%~20%,就可引起轻度缺氧;当吸入气中有 0.1% 的 CO 时,血液中的血红蛋白可能有 50% 为 HbCO,则可发生极为严重的缺氧。

3. 高铁血红蛋白血症(methemoglobinemia) 血红蛋白的二价铁,在氧化剂的作用下,可氧化成三价铁,形成高铁血红蛋白(methemoglobin,$HbFe^{3+}OH$),也称变性血红蛋白或羟化血红蛋白。高铁血红蛋白的三价铁因与羟基牢固结合而丧失携带氧的能力,加上血红蛋白分子的四个价铁中有一部分氧化为三价铁后还能使剩余的 Fe^{2+} 与氧的亲和力增高,导致氧离曲线左移,使组织缺氧。生理情况下,血液中不断形成极少量的高铁血红蛋白,又不断地被血液中的还原剂如 NADH、抗坏血酸、还原型谷胱甘肽等还原为二价铁的血红蛋白,使正常血液中高铁血红蛋白含量占血红蛋白的 1.7% 以下。当亚硝酸盐、过氯酸盐、磺胺等氧化剂中毒时,如使血中高铁血红蛋白含量增加至 20%~50%,就可出现头疼、衰弱、昏迷、呼吸困难和心动过速等症状。较常见的是食用大量含硝酸盐的腌菜后,经肠道细菌将硝酸盐还原为亚硝酸盐,吸收后形成高铁血红蛋白血症,称为"肠源性发绀"(enterogenouscyanosis)。

(二) 血液性缺氧的特点(图 4-3)

(1) PaO_2 正常,氧容量和氧含量减少。

(2) 血红蛋白氧饱和度:贫血性缺氧正常,高铁血红蛋白血症和碳氧血红蛋白血症降低。

(3) 动静脉血氧差常小于正常。

(4) 由于 PaO_2 正常,一般不引起肺通气增加。严重贫血不出现发绀。高铁血红蛋白呈咖啡色(皮肤、黏膜青紫),碳氧血红蛋白呈樱桃红色。

三、循环性缺氧

循环性缺氧(circulatory hypoxia)是指由于血液循环障碍,供给组织的血液减少而引起的缺氧,又称低血流性缺氧(hypokinetic hypoxia)。循环性缺氧可以是局部的(如血管狭窄或阻塞);也可以是全身性的(如心力衰竭、休克)。由于动脉狭窄或阻塞,致动脉血灌流不足而引起的缺氧,又称缺血性缺氧(ischemic hypoxia);由于静脉血回流受阻,血流缓慢,微循环淤血,导致动脉血灌流减少而引起的缺氧,称淤血性缺氧(stagnant hypoxia)。

(一) 原因

1. 血管的狭窄或阻塞 可见于血管的栓塞、受压、血管的病变如动脉粥样硬化或脉管炎与血栓形成等。

2. 心力衰竭 由于心排血量减少和静脉血回流受阻,而引起组织淤血和缺氧。

3. 休克 由于微循环缺血、淤血和微血栓的形成,动脉血灌流急剧减少,而引起缺氧。

(二) 循环性缺氧的特点(图 4-3)

(1) 动脉血氧分压、氧饱和度和氧含量正常。氧容量一般是正常的。

(2) 由于血流缓慢和氧离曲线右移,组织从单位容积血液内摄取的氧增多,静脉血氧分压、氧饱和度和氧含量降低,动静脉血氧差加大。休克时,如果微循环动静脉吻合支开放,或细胞利用氧的能力降低,动静脉血氧差也可以变小。

(3) 不仅组织缺氧,组织内代谢产物也不能及时运出,所以低血流性缺氧比乏氧性缺氧对组织细胞损害更为严重。

四、组织性缺氧

由组织细胞利用氧异常所引起的缺氧称为组织性缺氧(histogenous hypoxia)。

(一) 原因

1. 组织中毒 如氰化物、硫化氢、磷等可引起组织中毒性缺氧(histotoxic hypoxia)。最典型的是氰化物中毒。各种氰化物,如 HCN、KCN、NaCN、NH_4CN 等可由消化道、呼吸道或皮肤进入体内,迅速与氧化型细胞色素氧化酶的三价铁结合为氰化高铁细胞色素氧化酶,使之不能还原成还原型细胞色素氧化酶,以致呼吸链中断,组织不能利用氧。硫化氢、砷化物等中毒也主要由于抑制细胞色素氧化酶等而影响了细胞的氧化过程。

2. 维生素缺乏 维生素 B_1(硫胺素)是丙酮酸氧化脱羧所需辅酶的组成成分,维生素 B_2(核黄素)是黄素酶的组成成分,维生素 PP(烟酰胺)是辅酶Ⅰ和辅酶Ⅱ的组成成分,这些维生素的严重缺乏可影响细胞氧化磷酸化过程,引起组织利用氧障碍。

3. 线粒体损伤 细菌毒素、放射线、高压氧、钙超载,以及严重的缺氧、酸中毒等,均可在一定程度上造成线粒体结构或功能损伤,导致氧的利用障碍。

(二)组织性缺氧的特点(图4-3)

(1)动脉血氧分压、氧饱和度和氧含量正常。

(2)静脉血氧分压、氧饱和度和氧含量高于正常,动静脉血氧差变小。

因组织需氧过多引起缺氧时,组织耗氧量是增加的,静脉血氧含量与氧分压较低,使动静脉血氧差增大(表4-1)。

表4-1 各型缺氧的血氧变化

缺氧类型	动脉血氧分压	动脉血氧饱和度	血氧容量	动脉血氧含量	动静脉差
乏氧性缺氧	↓	↓	N	↓	↓和N
血液性缺氧	N	N	↓或N	↓或N	↓
循环性缺氧	N	N	N	N	↑
组织性缺氧	N	N	N	N	↑

注:↓降低,↑升高,N正常。

缺氧虽分为上述四型,但在实际情况中所见的缺氧往往是混合型的。例如,失血性休克,既有血红蛋白减少所致的血液性缺氧,又有由微循环障碍所致的循环性缺氧。又如心力衰竭,既有循环障碍引起的循环性缺氧,又可继发肺淤血、水肿而引起呼吸性缺氧。因此,对具体患者要做全面的具体分析。

第三节 缺氧时机体的功能和代谢变化

缺氧时机体的功能代谢变化,包括机体对缺氧的代偿性反应和由缺氧引起的代谢与功能障碍。轻度缺氧主要引起机体代偿性反应;严重缺氧而机体代偿不全时,出现的变化以代谢功能障碍为主。机体在急性缺氧时与慢性缺氧时的代偿性反应也有区别。急性缺氧是由于机体来不及代偿而较易发生代谢的功能障碍。各种类型的缺氧所引起的变化,既有相似之处又各具特点,以下主要以低张性缺氧为例,说明缺氧对机体的影响。

一、代偿性反应

动脉血氧分压一般要降至60mmHg下,才会使组织缺氧,引起机体的代偿反应,包括增强呼吸血液循环,增加血液运送氧和组织利用氧的功能等。

(一)呼吸系统

PaO_2降低(低于60mmHg)可刺激颈动脉体和主动脉体化学感受器,反射性地引起呼吸加深加快,从而使肺泡通气量增加,肺泡气氧分压升高,PaO_2也随之升高。胸廓呼吸运动的增强使胸内负压增大,还可促进静脉回流,增加心排血量和肺血流量,有利于氧的摄取和运输。但过度通气使PaO_2降低,减低了CO_2对延髓的中枢化学感受器的刺激,可限制肺通气的增强。

低张性缺氧所引起的肺通气变化与缺氧持续的时间有关。如人达到4000m高原后,肺通气量立即增加,但仅比在海平面高65%。数日后,肺通气量可高达在海平面的5~7倍。

但久居高原,肺通气量逐渐回降,至仅比海平面者高15%左右。在急性缺氧早期肺通气增加较少,可能因过度通气形成的低碳酸血症和呼吸性碱中毒对呼吸中枢的抑制作用,使肺通气的增加受限。2~3日后,通过肾脏代偿性地排出HCO_3^-,脑脊液内的HCO_3^-也逐渐通过血-脑屏障进入血液,使脑组织中pH逐渐恢复正常,此时方能充分显示缺氧兴奋缺氧的作用。久居高原肺气量回降,可能与外周化学感受器对缺氧的敏感性降低有关。据观察,世居高原者之颈动脉体的平均体积比世居海平面者大6.7倍,患慢性阻塞性肺病患者的颈动脉比正常人大一倍以上。长期缺氧使肺通气反应减弱,这也是一种慢性适应性反应。因为肺通气每增加1L,呼吸肌耗氧增加0.5ml,可能加剧机体氧的供求矛盾,故长期呼吸运动增强显然是对机体不利的。

肺通气量增加是对急性低张性缺氧最重要的代偿性反应。此反应的强弱存在显著的个体差异,代偿良好者肺通气量增加较多,PaO_2比代偿不良者高。$PaCO_2$也较低。

血液性缺氧和组织性缺氧因PaO_2不低,故呼吸一般不增强;循环性缺氧如累及肺循环,如心力衰竭引起肺淤血、水肿时,可使呼吸加快。

(二) 循环系统

低张性缺氧引起的代偿性心血管反应,主要表现为心排血量增加、血流分布改变、肺血管收缩与毛细血管增生。

1. 心排血量增加 有报道进入高原(6100m)30天的人,其心排血量比平原居民高2~3倍。在高原久住后,心排血量逐渐减少。心排血量增加可提高全身组织的供氧量,故对急性缺氧有一定的代偿意义。心排血量增加主要是由于:

(1) 心率加快:过去认为心率加快是颈动脉体和主动脉体化学感受器刺激反射性地引起。但有人实验,在控制呼吸不变的情况下,缺氧刺激血管化学感受器却使心率变慢。因此缺氧时心率加快很可能是通气增加所致肺膨胀对肺牵张感受器的刺激,反射性地通过交感神经引起的。

(2) 心肌收缩性增强:缺氧作为一种应激原,可引起交感神经兴奋,作用于心脏β-肾上腺素能受体,使心肌收缩性增强。

(3) 静脉回流量增加:胸廓呼吸运动及心脏活动增强,可导致静脉回流量增加和心排血量增多。

2. 血流分布改变 器官血流量取决于血液灌注的压力(即动、静脉压差)和器官血流的阻力。后者主要取决于开放的血管数量与内径大小。缺氧时,一方面交感神经兴奋引起的血管收缩;另一方面局部组织因缺氧产生的乳酸、腺苷等代谢产物则使血管扩张。这两种作用的平衡关系决定器官的血管是收缩或扩张,以及血流量是减少或增多。急性缺氧时,皮肤、腹腔内脏交感神经兴奋,缩血管作用占优势,故血管收缩;而心、脑血管因以局部组织代谢的产物的扩血管作用为主,故血管扩张,血流增加。这种血流分布的改变显然对于保证生命重要器官缺氧的供应是有利的。

3. 肺血管收缩 肺血管直接对缺氧的反应与体血管相反。肺泡缺氧及混合静脉血的氧分压降低都引起肺小动脉收缩,从而使缺氧的肺泡的血流量减少。如果是由肺泡通气量减少引起的肺泡缺氧,则肺血管的收缩反应有利于维持肺泡通气与血流的适当比例,使流经这部分肺泡的血液仍能获得较充分的氧,从而可维持较高的PaO_2。此外,正常情况下由于重力作用,通过肺尖部的肺泡通气量与血流量的比值过大,肺泡气中氧不能充分地被血液运走。当缺氧引起较广泛的肺血管收缩,导致肺动脉压升高时,肺上部的血流增加,肺上部的肺泡通气能得到更充分的利用。

缺氧引起肺血管收缩的机制较复杂,尚未完全阐明,研究结果也有矛盾。当前具倾向性的观点叙述如下。①交感神经作用:缺氧所致交感神经兴奋可作用于肺血管的 α 受体引起血管收缩反应。②体液因素作用:缺氧可促使肺组织内肥大细胞、肺泡巨噬细胞、血管内皮细胞等释放组胺、前列腺素和白细胞三烯(leukotriene,LT)等血管活性物质,其中有的能收缩肺血管,如白细胞三烯、血栓素 A_2(thromboxane A_2、TXA_2)、前列腺素 F_2a(prostaglandin F_2a,PGF_2a)等,有的扩张血管,如前列环素(prostacyclin,PGI_2)、前列腺素 E_1(prostaglandin E_1,PGE_1)等。在肺血管收缩反应中,缩血管物质生成与释放增加,起介导作用;扩血管物质的生成与释放也可增加,起调节作用。两者力量对比决定肺血管收缩反应的强度。组胺作用于 H_1 受体使肺血管收缩,作用于 H_2 受体则使之扩张。在缺氧性肺血管收缩反应中,组胺释放增多,主要作用于 H_2 受体以限制肺血管的收缩。③缺氧直接对血管平滑肌作用:缺氧使平滑肌细胞膜对 Na^+、Ca^{2+} 的通透性增高,从而使 Na^+、Ca^{2+} 内流,导致肌细胞兴奋性与收缩性增高。这一观点还有待进一步证实。看来缺氧性肺血管收缩反应是多因素综合作用的结果。

4. 毛细血管增生 长期慢性缺氧可促使毛细血管增生。尤其是脑、心脏和骨骼肌的毛细血管增生更显著。毛细血管的密度增加可缩短血氧弥散至细胞的距离,增加对细胞的供氧量。

(三) 血液系统

缺氧可使骨髓造血增强及氧合血红蛋白解离曲线右移,从而增加氧的运输和释放。

1. 红细胞增多 移居到 3600m 高原的男性居民红细胞计数通常约为 $6\times10^{12}/L$($6\times10^6/mm^3$),Hb 为 210g/L(21g/dl)左右。慢性缺氧所致红细胞增多主要是骨髓造血增强所致。当低氧血流经肾脏近球小体时,能刺激近球细胞,使其中颗粒增多,生成并释放促红细胞生成素(erythropoietin),促红细胞生成素能促使红细胞系单向干细胞分化为原红细胞,并促进其分化、增殖和成熟,加速 Hb 的合成和使骨髓内的网织红细胞和红细胞释放入血液。当血浆中促红细胞生成素增高到一定水平时,可因红细胞增多使缺氧缓解,肾脏促红细胞生成素的产生因而减少,通过这种反馈机制控制着血浆促红细胞生成素的含量。红细胞增多可增加血液的氧容量和氧含量,从而增加组织的供氧量。

2. 氧合血红蛋白解离曲线右移 缺氧时,红细胞内 2,3-DPG 增加,导致氧离曲线右移,即血红蛋白与氧的亲和力降低,易于将结合的氧释出供组织利用。但是,如果 PaO_2 低于 60mmHg,则氧离曲线的右移将使血液通过肺泡时结合的氧量减少,使之失去代偿意义。

2,3-DPG 是红细胞内糖酵解过程的中间产物。缺氧时红细胞中生成的 2,3-DPG 增多是因为:①低张性缺氧者氧合血红蛋白(HbO_2)减少,脱氧血红蛋白(Hb)增多,前者中央孔穴小,不能结合 2,3-DPG;后者中央孔穴较大,可结合 2,3-DPG。故当脱氧血红蛋白增多时,红细胞内游离的 2,3-DPG 减少,使 2,3-DPG 对二磷酸甘油酸变位酶(diphosphoglycerate mutase,DPGM)及磷酸果糖激酶的抑制作用减弱,从而使糖酵解增强及 2,3-DPG 的生成增多。②低张性缺氧时出现的代偿性肺过度通气所致呼吸性碱中毒,以及由于脱氧血红蛋白稍偏碱性,致使 pH 增高,pH 增高能激活磷酸果糖激酶使糖酵解增强,2,3-DPG 合成增加;pH 增高还能抑制 2,3-DPG 磷酸酶(2,3-DPG phosphatase)的活性,使 2,3-DPG 的分解减少(图 4-4、图 4-5)。

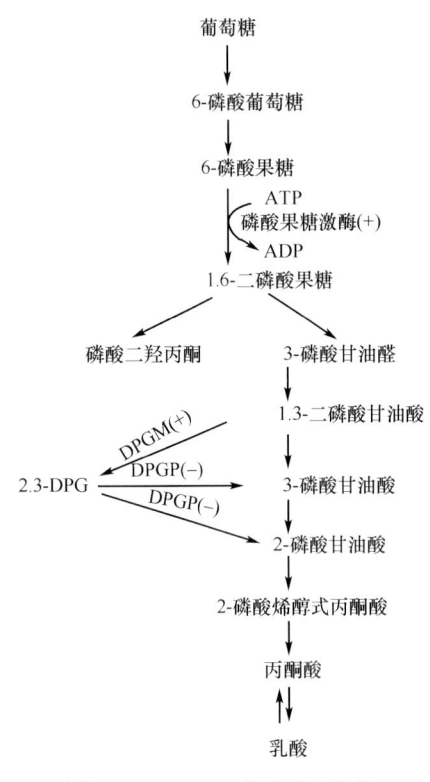

图 4-4　2,3-DPG 的生成与分解

2,3-DPG 增多使氧离曲线右移,是因为:①2,3-DPG 与脱氧血红蛋白结合,可稳定后者的空间构型,使之不易与氧结合;②2,3-DPG 是一种不能透出红细胞的有机酸,增多时能降低红细胞内 pH,而 pH 下降通过 Bohr 效应可使血红蛋白与氧的亲和力降低(Bohr 效应系指 H^+ 和 PCO_2 对 Hb 与 O_2 亲和力的影响,当 H^+ 浓度或 PCO_2 增高时,Hb 与 O_2 的亲和力降低,氧离曲线右移)。

(四) 组织细胞的适应

在供氧不足的情况下,组织细胞可通过增强利用氧的能力和增强无氧酵解过以获取维持生命活动所必需的能量。

1. 组织细胞利用氧的能力增强　慢性缺氧时,细胞内线粒体的数目和膜的表面积均增加,呼吸链中的酶如琥珀酸脱氢酶、细胞色素氧化酶可增加,使细胞的内呼吸功能增强。如胎儿在母体内处于相对缺氧的环境,其细胞线粒体的呼吸功能为成年动物的 3 倍,至出生后 10~14 天,线粒体呼吸功能才降至成年动物水平。

2. 无氧酵解增强　严重缺氧时,ATP 生成减少,ATP/ADP 值下降,以致磷酸果糖激酶活性增强,该酶是控制糖酵解过程最主要的限速酶,其活性增强可促使糖酵解过程加强,在一定的程度上可补偿能量的不足。

3. 肌红蛋白增加　慢性缺氧可使肌肉中肌红细胞蛋白含量增多。肌红蛋白和氧的亲和力较大,当氧分压为 10mmHg 时,血红蛋白的氧饱和度约为 10%,而肌红蛋白的氧饱和度可达 70%,当氧分压进一步降低时,肌红蛋白可释出大量的氧供细胞利用。肌红蛋白的增加可能具有储存氧的作用。

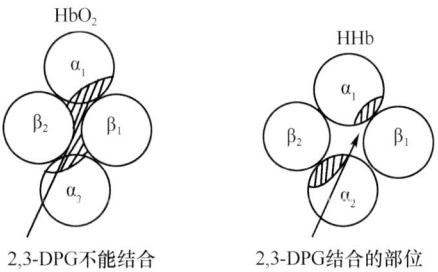

图 4-5　2,3-DPG 结合于 HHb 分子的中央空穴示意图

肺通气及心脏活动的增强可在缺氧时立即发生。但这些代偿功能活动本身消耗能量和氧,红细胞的增生和组织利用氧能力的增强需较长的时间,但为较经济的代偿方式。急性缺氧时以呼吸系统和循环系统的代偿反应为主;慢性缺氧者,如世居高原的居民,主要靠增加组织利用氧和血液运送氧的能力以适应慢性缺氧。其肺通气量、心率及输出量并不多于居住海平面者。

二、缺氧时机体的功能代谢障碍

严重缺氧,如低张性缺氧者 PaO_2 低于 30mmHg 时,组织细胞可发生严重的缺氧性损伤,器官可发生功能障碍甚而功能衰竭。

(一) 缺氧性细胞损伤

缺氧性细损伤(hypoxic cell damage)主要为细胞膜、线粒体、溶酶体的变化。

1. 细胞膜的变化 在细胞内 ATP 含量减少以前,细胞膜电位已开始下降。其原因为细胞膜对离子的通透性增高,导致离子顺浓度差透过细胞膜。

(1) 钠离子内流:Na^+ 内流使细胞内 Na^+ 浓度增加,可激活 Na^+-K^+ 泵以泵出 Na^+,从而消耗 ATP。ATP 消耗量增多可促使线粒体氧化磷酸化过程增强,严重缺氧时,线粒体呼吸功能降低使 ATP 生成减少,以致 Na^+-K^+ 泵不能充分运转,进一步使细胞内 Na^+ 增多。细胞内 Na^+ 的增多促使水进入细胞,导致细胞水肿。血管内皮细胞肿胀可堵塞微血管,加重微循环缺氧。

(2) 钾离子外流:K^+ 外流使细胞内缺 K^+。而 K^+ 为蛋白质包括酶等合成代谢所必需。细胞内缺钾将导致合成代谢障碍,酶的生成减少,将进一步影响 ATP 的生成和离子泵的功能。

(3) 钙离子的内流:细胞外 Ca^{2+} 浓度比胞质中游离 Ca^{2+} 高 1000 倍以上。细胞内 Ca^{2+} 逆浓度外流和肌质网、线粒体逆浓度差摄 Ca^{2+} 均为耗能过程。当严重缺氧时使细胞膜对 Ca^{2+} 的对通透性增高量 Ca^{2+} 内流将增加;ATP 减少将影响 Ca^{2+} 的外流和摄取,使胞质 Ca^{2+} 浓度增高。Ca^{2+} 增多可抑制线粒体的呼吸功能;可激活磷脂酶,使膜磷脂分解,引起溶酶体的损伤及其水解酶释出;还可激活一种蛋白酶,使黄嘌呤脱氢酶(D 型)转变为黄嘌呤氧化酶(O 型)。由此增加自由基的形成,加重细胞的损伤。

2. 线粒体的变化 细胞内的氧有 80%~90% 在线粒体内用于氧化磷酸化生成 ATP,仅 10%~20% 在线粒体外用于生物合成、降解及生物转化(解毒)作用等。轻度缺氧或缺氧早期线粒体呼吸功能是增强的;严重缺氧首先影响线粒体外氧的作用,使神经介质的生成和生物转化过程等降低,当线粒体部位氧分压降到临界点 0.1kPa(<1mmHg)时,可降低线粒体的呼吸功能,使 ATP 生成减少。呼吸功能降低主要因脱氢酶活性下降,严重时线粒体可出现肿胀、嵴崩解、外膜破裂和基质外溢等病变。

3. 溶酶体的变化 缺氧时因糖酵解增强,乳酸生成增多和脂肪氧化不全使其中间代谢产物酮体增多,导致酸中毒。pH 降低可引起磷脂酶活性增高,使溶酶体膜磷脂被分解,膜通透性增高,结果使溶酶体肿胀、破裂和大量溶酶体酶的释出,进而导致细胞本身及其周围组织的溶解、坏死。

(二) 中枢神经系统的功能障碍

脑重仅为体重的 2% 左右,而脑血流量约占心排血量的 15%,脑耗氧量约为总耗氧量的 23%,所以脑对缺氧十分敏感。脑灰质比白质的耗氧量多 5 倍,对缺氧的耐受性更差。急性缺氧可引起头痛、情绪激动、思维力、记忆力、判断力降低或丧失以及运动不协调等。慢性缺氧者则有易疲劳、思睡、注意力不集中及精神抑郁等症状。严重缺氧可导致烦躁不安、惊厥、昏迷甚而死亡。缺氧引起脑组织的形态学变化主要是脑细胞变性、坏死、脑细胞肿胀及脑水肿。

缺氧引起中枢神经系统功能障碍的机制较复杂。神经细胞膜电位的降低、神经介质的合成减少、ATP 的生成不足、酸中毒、细胞内游离 Ca^{2+} 增多、溶酶体酶的释放及细胞水肿等,均可导致神经系统的功能障碍,甚而神经细胞结构的破坏、当 PaO_2 低于 50mmHg 时,可使脑血管扩张。缺氧与酸中毒还使脑微血管通透性增高,从而导致脑水肿。脑血管扩张、脑细胞及脑间质水肿可使颅内压升高,由此引起头痛、呕吐等症状。

(三) 外呼吸功能障碍

急性低张性缺氧,如快速登上 4000m 以上的高原时,可在 1~4 天内发生肺水肿,表现为呼吸困难、咳嗽、咳出血性泡沫痰、肺部有湿啰音、皮肤黏膜发绀等。因为肺水肿与肺动脉高压呈正相关,故有人强调肺毛细血管压力增高是引起急性肺水肿的主要原因。可能缺氧所致外周血管收缩使回心血量增加和肺血量增多;加上缺氧性肺血管收缩反应使肺血流阻力增加,导致肺动脉高压。由于肺血管收缩强度不一,致使肺血流分布不均,在肺血管收缩较轻或不收缩的部位肺泡毛细血管血流增加,毛细血管压力增高,从而引起压力性肺水肿。也有人强调肺微血管通透性增高的作用。因为患者支气管肺泡洗出液中蛋白质含量较高,并有大量肺泡巨噬细胞,可测得补体 C_3a、LTB_4、TXB_2 等;尸检可见肺泡水肿、炎性细胞浸润及透明膜形成。但高原性肺水肿不同于其他原因引起的成人呼吸窘迫综合征,前者经休息、氧疗或下山后短期内即可痊愈;而成人呼吸窘迫综合征经治疗往往要数月后才能痊愈。肺内血压高和流速对微血管的切应力(流动的血液作用于血管壁的力与管壁平等方向的分力)可能是导致微血管内皮损伤和血管通透性增高的一个因素。肺水肿影响肺的换气功能,可使 PaO_2 进一步下降。

PaO_2 过低可直接抑制呼吸中枢,使呼吸抑制,肺通气量减少,导致中枢性呼吸衰竭。

(四) 循环功能障碍

严重的全身性缺氧时,心脏可受累,如高原性心脏病、肺源性心脏病、贫血性心脏病等,甚而发生心力衰竭。今以高原性心脏病为例说明缺氧引起循环障碍的机制。

1. 肺动脉高压 肺泡缺氧所致肺血管收缩反应可增加肺循环阻力,可导致严重的肺动脉高压。慢性缺氧使肺小动脉长期处于收缩状态,可引起肺血管中膜平滑肌肥大,血管硬化,形成稳定的肺动脉高压。肺动脉高压增加右室射血的阻力。另外,缺氧所致红细胞增多,使血液黏度增高,也可增加肺循环阻力。肺动脉高压可导致右心室肥大,甚至心力衰竭。

2. 心肌的收缩与舒张功能降低 心肌缺氧可降低心肌的舒缩功能,甚而使心肌发生变性、坏死。

3. 心律失常 严重缺氧可引起窦性心动过缓、期前收缩,甚至发生心室颤动致死。心动过缓可能为严重的 PaO_2 降低对颈动脉体化学感受器的刺激,反射性地兴奋迷走神经所致。此外,持久缺氧也往往显示副交感优势使心率变慢。期前收缩和心室颤动的发生与心肌细胞内 K^+ 减少、Na^+ 增加使静息膜电位降低、心肌兴奋性增高和传导性降低有关。缺氧部位的心肌静息膜电位降低,使其与相邻较完好的心肌之间形成电位差,从而产生"损伤电流",可成为异位激动的起源,严重的心肌受损可导致完全的传导阻滞。

4. 静脉回流减少 脑严重缺氧时,呼吸中枢的抑制使胸廓运动减弱,可导致静脉回流减少,全身性极严重而持久的缺氧使体内产生大量乳酸、腺苷等代谢产物,后者可直接扩张外周血管,使外周血管床扩大,大量血液淤积在外周,回心血量减少,使心排血量减少,而引起循环衰竭。

除以上所述神经系统、呼吸与循环系统功能障碍外,肝、肾、消化道、内分泌等各系统的功能均可因严重缺氧而受损。

第四节　影响机体对缺氧耐受性的因素

年龄、机体的功能状态、营养、锻炼、气候等许多因素都可影响机体对缺氧的耐受性,这些因素可以归纳为两点,即代谢耗氧率与机体的代偿能力。

一、代谢耗氧率

基础代谢高者如发热、机体过热、或甲状腺功能亢进的患者,由于耗氧多,故对缺氧的耐受性较低。寒冷、体力活动、情绪激动等可增加机体耗氧量,也使对缺氧的耐受性降低。体温降低、神经系统的抑制则因能降低功能耗氧率使对缺氧的耐受性升高。故低温麻醉可用于心脏外科手术,以延长手术所必需阻断血流的时间。

二、机体的代偿能力

机体通过呼吸、循环和血液系统的代偿性反应能增加组织的供氧。通过组织细胞的代偿性反应能提高利用氧的能力。这些代偿性反应存在着显著的个体差异,因而各人对缺氧的耐受性也很不相同。有心、肺疾病及血液病者对缺氧耐受性低,老年人因为肺和心脏的功能储备降低、骨髓的造血干细胞减少、外周血液红细胞数减少,以及细胞某些呼吸酶活性降低等原因,均可导致对缺氧的适应能力下降。另外,代偿能力是可以通过锻炼提高的。轻度的缺氧刺激可调动机体的代偿能力。例如,登高山者如采取缓慢的梯队性的上升要比快速上升者能更好地适应。慢性贫血的患者血红蛋白即使很低仍能维持正常活动,而急性失血使血红蛋白减少到同等程度就可能引起严重的代谢功能障碍。

第五节　缺氧临床护理的病理学基础

(一) 病情观察

注意观察患者皮肤、黏膜、口唇颜色及呼吸频率的变化,同时观察心、肺、肝、肾等重要器官的功能状况。

(二) 对症护理

各类缺氧的治疗,除了消除引起缺氧的原因以外,均可给患者吸氧。但氧疗的效果因缺氧的类型而异。

氧疗对低张性缺氧的效果最好。由于患者 PaO_2 及 SaO_2 明显低于正常,吸氧可提高肺泡气氧分压,使 PaO_2 及 SaO_2 增高,血氧含量增多,因而对组织的供氧增加。但由静脉血分流入动脉引起的低张性缺氧,因分流的血液未经肺泡直接掺入动脉血,故吸氧对改善缺氧的作用不大。

血液性缺氧、循环性缺氧和组织缺氧者 PaO_2 及 SaO_2 正常,因为可结合氧的血红蛋白已达95%左右的饱和度,故吸氧虽然可明显提高 PaO_2,而 SaO_2 的增加却很有限,但吸氧可增加血浆内溶解的氧。通常在海平面吸入空气时,100ml 血液中血浆内溶解的氧仅为 0.31ml;吸入纯氧时,要达 1.7ml;吸入 3 个大气压的纯氧时,溶解的氧可增至 6ml。而通常组织从 100ml 血液中摄氧量平均约为 5ml。可见,吸入高浓度氧或高压氧使血浆中溶解氧量增加能改善组织的供氧。组织性缺氧时,供氧一般虽无障碍,但组织利用氧的能力降低;通过氧疗提高血浆与组织之间的氧分压梯度,以促进氧的弥散,也可能有一定治疗作用。一氧化碳中毒者吸入纯氧,使血液的氧分压升高,氧可与 CO 竞争与血红蛋白的结合,从而加速 HbCO 的解离,促进 CO 的排出,故氧疗效果较好。

第六节 氧 中 毒

O_2 虽为生命活动所必需,但 0.5 个大气压以上的氧却对任何细胞都有毒性作用,可引起氧中毒(oxygen intoxication)。

氧中毒的发生取决于氧分压而不是氧浓度。吸入气的氧分压(PiO_2)与氧浓度(FiO_2)的关系如公式:$PiO_2 = (PB - 6.27) \times FiO_2$。式中 PB 为吸入气压力(kPa),6.27(kPa,即 47mmHg)为水蒸气压。潜水员在深 50m 的海水下作业(PB 约为 608kPa,即 4560mmHg)时,虽然吸入气的氧浓度正常($FiO_2 = 0.21$),氧分压(FiO_2)却高达 126.4kPa(948mmHg),从而可导致氧中毒;相反,宇航员在 1/3 大气压环境中工作,即使吸入纯氧($FiO_2 = 1$),PiO_2 也仅为 27.5kPa(206mmHg),不易出现氧中毒。当吸入气的氧分压过高时,因肺泡气及动脉血的氧分压随着增高,使血液与组织细胞之间的氧分压差增大,氧的弥散加速,组织细胞因获得过多氧而中毒。

人类氧中毒有两型:肺型与脑型。

1. 肺型氧中毒 发生于吸入一个大气压左右的氧 8 小时以后,出现胸骨后疼痛、咳嗽、呼吸困难、肺活量减少、PaO_2 下降。肺部呈炎性病变,有炎性细胞浸润、充血、水肿、出血和肺不张。氧疗的患者如发生氧中毒,吸氧反而使 PaO_2 下降,加重缺氧,造成难以调和的治疗矛盾,故氧疗时应控制吸氧的浓度和时间,严防氧中毒的发生。

2. 脑型氧中毒 吸入 2~3 个大气压以上的氧,可在短时内引起脑型氧中毒(6 个大气压的氧数分钟;4 个大气压氧数十分钟),患者主要出现视觉、听觉障碍,以及恶心、抽搐、晕厥等神经症状,严重者可昏迷、死亡。高压氧疗时,患者出现神经症状,应区分"脑型氧中毒"与由缺氧引起的"缺氧性脑病"。前者患者先抽搐以后才昏迷,抽搐时患者是清醒的;后者则先昏迷后抽搐。对氧中毒者应控制吸氧,但对缺氧性病脑病者则应加强氧疗。

(邹金发)

第五章 发 热

人类和其他哺乳类动物都能够维持相对恒定的体温,作为机体内环境稳态的维持对于正常生命活动至关重要。

体温的相对稳定是通过体温调节系统实现的。这一系统分为温度感受及信息传导(感受器)、体温调节中枢(整合器)和产热及散热效应(效应器)三部分。

一、体温调节机制

1. 温度感受器 可感知体内及环境温度的变化,分布于外周皮肤和深部组织中。皮肤的温度感受器包括热感受器和冷感受器,在皮肤各处的分布密度差别较大,不同部位的皮肤对温度的敏感性也有所不同。下丘脑前部和视前区也存在热感受器和冷感受器,中枢神经的其他部位,如脊髓、中脑和延髓也存在温度感受器,而且在骨骼肌和腹腔内同样存在温度感受器。

温度感受器的作用是将所感受到的温度刺激转变为相应的电信号,经神经传入到体温调节中枢——整合器进行整合。

2. 体温调节中枢 体温调节的高级中枢位于视前区下丘脑前部(preoptic anterior hypothalamus, POAH);而在延髓、脊髓等部位也存在对体温信息具有一定整合功能的次级中枢;大脑皮质参与行为性调节。体温中枢的调节以"调定点(set point, SP)"学说为主。

3. 效应器 体温调节系统的效应器官包括产热和散热两部分。体温之所以能维持相对恒定,主要原因是机体在体温中枢的调控下,产热器官和散热器官的活动保持相对平衡。

(1)产热:机体在代谢过程中产生的能量很大一部分转变为热能用以维持体温。在安静时,产热器官主要为内脏,其产热量占总产热量的56%,肌肉仅占18%,但在劳动或运动时,肌肉产热量大增,可占总产热量的90%,此时内脏产热量仅占总热量的8%。

在冷环境中,机体必须提高代谢率以增加产热,才能保持体温的相对恒定,其产热方式包括寒战性产热(shivering thermogenesis)和非寒战性产热(non-shivering thermogenesis)两种。寒战是骨骼肌发生不随意的节律性收缩,此时,屈肌和伸肌同时收缩,所以不发生位移,但能产生大量热能。发生寒战时,机体代谢率可增加4~5倍。非寒战性产热又称代谢产热,主要发生于细胞水平,涉及能量代谢的许多环节,如食物的氧化分解、ATP及CP的降解等。非寒战性产热的热量70%来自褐色脂肪组织(brown fat tissue),后者含有丰富的线粒体和很高的代谢潜能。

机体的产热活动受神经和内分泌的调节。甲状腺素是最重要的调节产热活动的体液因子,其作用特点是作用缓慢,但持续时间长,产热作用强。交感神经兴奋时,产热增加,肾上腺素和去甲肾上腺素以及生长激素也可刺激产热,其特点是作用迅速,但维持时间短。

(2)散热:散热器官主要是皮肤,占总散热量的84.5%;其次是呼吸,占总散热量的14%,当环境温度低于体温时,皮肤通过辐射、传导和对流来散热,一部分热量通过皮肤汗液蒸发来散发,呼吸、排尿和粪便也可散失一小部分热量。当环境温度等于或高于体温时,则主要靠体表水分蒸发散热,每蒸发1ml水,可带走0.58千卡的热。

4. 调定点学说 调定点学说认为在体温中枢存在着体温调定点。生理状态下,来自外周和中枢的温度信息经感受器传入中枢进行整合,当偏离体温调定点时,体温调节中枢通过调节机体的产热及散热过程使体温恢复到与调定点相适应的温度。这种调节类似于恒温器的调节模式。

二、体温升高

体温升高包括生理性体温升高和病理性体温升高。

(一) 生理性体温升高

在某些生理条件下(剧烈运动、月经前期、心理应激),体温可升高,称为生理性体温升高。例如,剧烈运动时体温可升至38℃,这主要是由于肌肉产热过多所致,但机体能立即引起出汗等散热反应,运动终止后体温很快回复到运动前水平。

(二) 病理性体温升高

1. 发热(fever) 是指在致热原作用下,体温调节中枢的调定点上移而引起的调节性体温升高,当体温上升超过正常值0.5℃时,称为发热,也称为调节性体温升高。

发热时体温调节功能正常,由于体温调定点上调,使体温在较高水平上达到平衡。发热不是独立的疾病,而是多种疾病中出现的共同病理过程和临床表现。

2. 过热 非调节性体温升高,又称为过热(hyperthermia),此时调定点并未移动,但由于体温调节功能失调、散热障碍或产热器官功能异常,使体温被动性升高,其程度可超过调定点水平,这类体温升高称为过热。临床见于产热过多:癫痫大发作引起的剧烈抽搐、甲状腺功能亢进、全身性麻醉药(如氟烷、甲氧氟烷等)等导致的高热;过热还可见于体温调节中枢功能障碍,如颅脑损伤;当散热障碍时也可发生过热如中暑、先天性汗腺缺乏症等。

第一节 病因与发病机制

机体发热时,体温调定点上移,温度感受器传入信息相当于冷刺激,低于体温调定点,使产热增加,散热减少,体温升高。

整个过程大致可以分为三个环节:第一个环节是发热激活物(pyrogenic activator)作用于体内的产内生致热原(endogenous pyrogen,EP)细胞,使之产生和释放EP。第二个环节是EP作用于体温调节中枢,使其体温调定点上移。第三个环节是体温调节中枢通过调控效应器,使体温维持在上移的新的调定点水平。

一、发热激活物

能够刺激机体的产EP细胞,使其产生和释放EP的体内、外的一些物质称为发热激活物。

(一) 外致热原

来自体外的致热物质称为外致热原。

1. 细菌

（1）革兰阳性细菌：革兰阳性细菌（肺炎双球菌、葡萄球菌、溶血性链球菌、白喉杆菌、枯草杆菌等）感染是常见的发热原因。这类细菌的致热物质包括以下几种。①全菌体。②外毒素，许多革兰阳性菌能分泌外毒素，如葡萄球菌释放的可溶性外毒素，A族链球菌产生的致热外毒素A、B、C和白喉杆菌释放的白喉毒素等。③肽聚糖（peptidoglycan），是革兰阳性细菌细胞壁的骨架，用溶菌酶处理能使其失去致热性。

（2）革兰阴性细菌：革兰阴性细菌（大肠杆菌、伤寒杆菌、淋球菌、脑膜炎球、痢疾志贺菌等）致热的主要成分是其细胞壁的内毒素（endotoxin，ET），ET的主要成分是脂多糖（lipopolysaccharide，LPS）。内毒素只有当细菌死亡溶解或用人工方法破坏菌细胞后才释放出来，所以叫做内毒素。LPS由O-多糖（或O-特异侧链）、核心多糖（或R-核心）和脂质A三部分组成，其中的脂质A是其致热性和毒性的主要部分。

ET是最常见的外致热原，有明显的耐热性（160℃、2小时才能灭活）。一般方法难以去除，用强碱、强酸或强氧化剂加温煮沸30分钟才能破坏它的生物活性。在自然界中分布极广，临床上输血和输液过程中出现的发热反应大多与其污染有关。

（3）分枝杆菌：结核杆菌全菌体及细胞壁中所含的肽聚糖、多糖和蛋白质都具有致热作用。结核病是伴有发热的典型临床疾病。

2. 病毒 病毒（流感病毒、SARS病毒、麻疹病毒、柯萨奇病毒、流行性乙型脑炎病毒等）感染是人体常见的传染病，最主要的症状之一是发热。病毒的全病毒体和其含有的血细胞凝集素是致热物质。病毒反复注射也可导致动物产生耐受性。

3. 真菌 许多真菌感染引起的疾病也伴有发热。如白色念珠菌感染所致的鹅口疮、肺炎、脑膜炎；组织胞质菌、球孢子菌和副球孢子菌引起的深部感染；新型隐球菌所致的慢性脑膜炎等。动物实验中还发现，无致病性的酵母菌也可引起发热。真菌的致热因素是全菌体及菌体内所含的荚膜多糖和蛋白质。

4. 螺旋体 常见的有钩端螺旋、回归热螺旋体和梅毒螺旋体。致热物质依类型而异。如回归热螺旋体通过代谢裂解产物、钩端螺旋体以溶血素和细胞毒因子、梅毒螺旋体则靠外毒素分别引起发热。

5. 疟原虫 可引发高热，主要是其潜隐子进入红细胞并发育成裂殖子，随着红细胞破裂，大量裂殖子及其代谢产物（疟色素等）释放入血所致。

（二）体内发热激活物

1. 抗原抗体复合物 许多自身免疫性疾病（如系统性红斑狼疮、类风湿、风湿热等疾病）都有持续发热的临床表现，自身免疫反应形成的抗原-抗体复合物对产EP细胞有激活作用。在家兔实验中，首先用牛血清蛋白使家兔致敏，并将致敏兔血清注入正常家兔的体内（即被动性接受牛血清蛋白抗体），然后再输注相应的牛血清蛋白（即特异性抗原攻击），引起实验家兔发热，而单纯输注牛血清蛋白对正常家兔则无致热作用。

2. 类固醇 以睾酮的代谢产物——本胆烷醇酮为其典型代表，将其肌内注射入人的肌肉中可产生明显的发热，与人的外周血白细胞共同孵育可刺激单核吞噬细胞等释放EP。

3. 非感染性致炎因子 组织坏死或无菌性炎症也可释放出某些发热激活物，引起发热，其性质尚不清楚。这种情况可见于心肌梗死、肺梗死、脾梗死及手术后发热（非创口感染）。

二、内生致热原

内生致热原是指在发热激活物作用下,由机体产 EP 细胞产生和释放的能引起体温升高的物质。它们可直接作用于体温调节中枢引起发热。

(一) 内生致热原的种类

1948 年 Beeson 将生理盐水注入家兔腹腔,收集无菌性渗出液中的白细胞并进行培养,发现其含有使机体体温升高的物质,将其给正常家兔静脉注射后 10~15 分钟体温开始上升,1 小时前后达高峰。由于其来自白细胞,称为白细胞致热原(leukocytic pyrogen,LP)。后来又有人证明,在注射了 ET 的家兔循环血中出现一种与 LP 有同样特性的致热物质。LP 的本质是白细胞介素 1,属于细胞因子,由于是来自体内并能致热的物质,与外致热原相对应,就称为内生致热原。随着研究的深入,多种具有内源性致热物质被发现,主要是一些由免疫细胞和部分非免疫细胞合成和释放的细胞因子,具有细胞间信息传递、免疫调节作用的一大类小分子蛋白质或多肽。其中部分细胞因子与发热反应关系密切,在发热中起重要作用。众多的研究发现,与发热有关的细胞因子主要有以下几种:白细胞介素 1 家族(IL-1)及 IL-1 受体拮抗蛋白(IL-1ra)、肿瘤坏死因子(TNF)、白细胞介素 6(IL-6)、干扰素(IFN)。这些细胞因子及其受体之间相互联系、相互影响,作用于全身和局部从而参与发热反应,介导炎症过程,参与免疫调节,影响组织代谢等生物效应。

1. 白细胞介素 1(interleukin-1,IL-1) 主要来源于单核-吞噬细胞,其次为内皮细胞、成纤维细胞、星形胶质细胞等,是一种分子质量为 17kDa 的多肽类物质,不耐热(70℃ 30 分钟即可失活),可分为 IL-1α 和 IL-1β 两种亚型,其受体广泛分布于脑内,在靠近体温调节中枢邻近的下丘脑外侧区域密度最大。将提纯的 IL-1 导入视前区——下丘脑前部,可以引起热敏神经元的放电频率下降和冷敏神经元的放电频率增加,这些反应可以被水杨酸钠(解热药)阻断。

2. 肿瘤坏死因子(tumor necrosis factor,TNF) 是一种主要的 EP,可分为 TNFα 和 TNFβ 两种亚型。其中 TNFα 主要由单核-巨噬细胞分泌,分子质量为 17kDa。此外,内皮细胞、中性粒细胞、肥大细胞等亦能分泌 TNFα。TNFβ 主要由活化的 T 淋巴细胞分泌,分子质量为 25kDa。TNF 不耐热(70℃ 30 分钟即可失活),但有很强的致热性。

3. 干扰素(interferon,IFN) 主要白细胞产生的一种具有抗病毒、抗肿瘤作用的蛋白质,肌内注射吸收率在 80% 以上,不耐热(60℃ 40 分钟即可失活),有多种亚型,与发热有关的是 IFNα 和 IFNγ 两种亚型,其分子质量为 15~17kDa,提纯的和人工重组的 IFN 可引起人和动物发热,脑内前列腺素 E(PGE)升高。IFN 引起的发热反应可被 PG 合成抑制剂阻断。与 IL-1 和 TNF 不同的是,IFN 反复注射可以产生发热耐受现象。

4. 白细胞介素 6(interleukin-6,IL-6) 由单核/巨噬细胞、成纤维细胞和内皮细胞分泌的,由 184 个氨基酸组成,分子质量为 21kDa 的蛋白质。ET、IL-1、TNF、病毒、血小板生长因子等均可诱导其产生。由于 IL-6 能引起各种动物的发热反应,也被认为是 EP 之一,但作用弱于 IL-1 与 TNF。

5. 巨噬细胞炎症蛋白 1(macrophage inflammatory protein-1,MIP-1) 是一种肝素-结合蛋白质,对人体多形核白细胞有化学促活作用,在体外能引起中性粒细胞产生 H_2O_2,皮下注射此因子能引起炎症反应,故称之为巨噬细胞炎症蛋白 1。研究发现,给家兔静脉内注射 MIP-1 引起剂量依赖性发热反应,热型呈单相。其致热性既不是由于污染 ET,也不是由于含有 LP 或 TNF，也不依赖于 PGE，表明它是另一种具有致热性的 EP。

（二）内生致热原的产生和释放

内生致热原的产生和释放是一个复杂的细胞信号传导和基因表达的调控过程，包括产 EP 细胞的激活及 EP 的产生和释放。

所有能够产生和释放 EP 的细胞统称产 EP 细胞（如单核细胞、巨噬细胞、内皮细胞、淋巴细胞等），它们均可与发热激活物如 LPS 结合而被激活。

三、发热时的体温调节机制

大多数有机体能生存的体温上界是 45℃，因此人体温度常被调控于体温上界之下几度，即 35~42℃。发热时的体温升高，也常限于 42℃ 之下，很少突破。这是由于在进化过程中形成了比较完善的体温调节机构和系统。

（一）EP 信号进入体温调节中枢

近期研究认为，EP 信号传入体温调节中枢可通过以下三种途径。

1. 通过血-脑屏障直接转运入脑 正常情况下，在血-脑屏障的毛细血管床部位分别存在着对 IL-1、IL-6、TNF 的可饱和运转机制，推测其可将相应的 EP 特异性转运入脑。另外，EP 也可能从脉络丛渗入或易化扩散转运入脑，通过脑脊液循环分布到 POAH。

2. 通过下丘脑终板血管器作用于体温调节中枢 下丘脑终板血管器（organum vasculosum laminae terminalis，OVLT）位于第三脑室壁视上隐窝处的室周器官，紧邻 POAH，是血-脑屏障的薄弱部位，此处的毛细血管是有孔毛细血管，对血循环激素等大分子物质通透性较高。EP 可能由此入脑。但也有人认为，EP 并不直接进入脑内，而是作用于此处的巨噬细胞、神经胶质细胞等，产生新的发热介质，将致热原的信息传入体温调节中枢（图 5-1）。

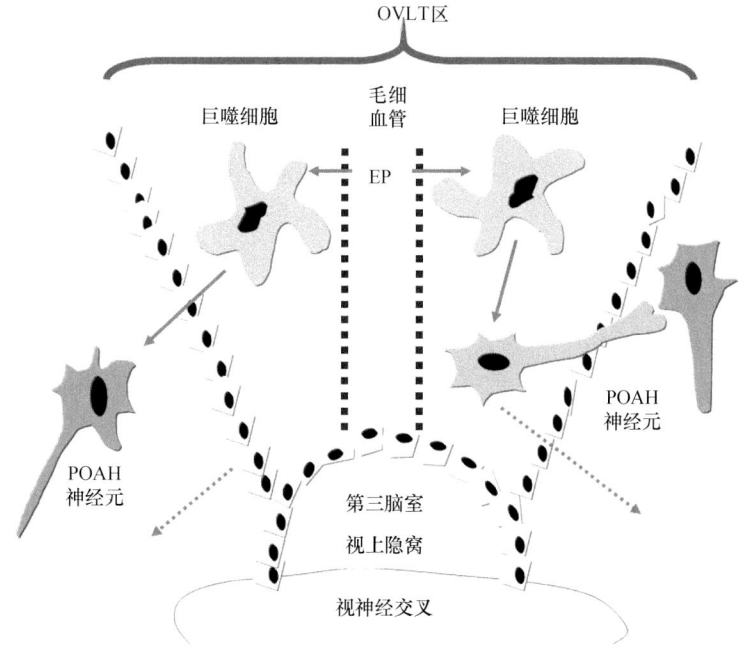

图 5-1 内生致热原作用部位

3. 通过迷走神经向体温调节中枢传递发热信号　最近的研究发现,细胞因子可刺激肝巨噬细胞周围的迷走神经将信息传入中枢,切除膈下迷走神经后腹腔注射 LPS 不再引起发热。

(二) 发热中枢调节介质

大量研究证明,无论以何种方式入脑的 EP 均不是引起体温调定点上移的最终物质,它可能首先作用于体温调节中枢,引起发热中枢介质释放,再造成体温调定点变化。根据调节效能的不同,可将发热中枢介质分为以下两类。

1. 正调节介质

(1) 前列腺素 E(prostaglandin E, PGE):被认为是一种重要的正调节介质。这是因为,①它的致热敏感点为 POAH,脑室内注入 PGE 的实验动物(猫、兔等)均可产生明显的发热反应,体温升高的潜伏期比 EP 短,同时还伴有代谢率的改变。②运用某些 EP 诱导发热时,实验动物脑脊液(CSF)内 PGE 含量显著升高。③应用阿司匹林、布洛芬等 PEG 合成抑制剂,既可降低体温,又可使 CSF 中的 PGE 水平下降。④体外实验发现下丘脑组织生成和释放 PGE,与受到 ET 和 EP 的刺激有关。但也有些实验依据不支持为中枢调节介质,而 PGE 前体的花生四烯酸(arachidonic, AA)比 PGE 更有可能是发热介质,故需要进一步研究加以阐明。

(2) Na^+/Ca^{2+} 值:早在 20 世纪 20 年代学者们就已注意到某些无机离子注入脑内能影响动物体温。20 世纪 30 年代初, Hasama 比较系统地观察了各种离子对体温的影响,发现 Mg^{2+}、Ca^{2+} 引起体温下降, K^+、Na^+ 引起体温升高。20 世纪 70 年代以来,研究主要集中在 Na^+、Ca^{2+} 两种离子上,排除其他离子对体温调节的可能性。

最近研究证实, Na^+/Ca^{2+} 值改变不直接引起调定点上移;而是通过 cAMP 来影响体温调定点。

(3) 环磷酸腺苷:20 世纪 50 年代末一些学者们注意到咖啡因和茶碱通过某种中枢机制引起体温升高,后来发现这些药物能增加脑组织内 cAMP 浓度,体温升高可能与此有关。目前,支持 cAMP 作为重要的发热介质的实验依据不断增多。①在实验动物(猫、兔、鼠)脑室内注入外源性 cAMP,可导致发热,且潜伏期比 EP 性发热明显缩短。②应用磷酸二酯酶抑制剂减少 cAMP 分解,可增强外源性 cAMP 的中枢致热作用。若用磷酸二酯酶激活剂加快 cAMP 分解,这种致热作用相应减弱。腺苷酸环化酶抑制剂对外源性 cAMP 引起的发热没有影响,但能减弱致热原和 PGE2 引起的发热。因此,学者们认为 cAMP 可能是接近终末环节的发热介质。

(4) 促肾上腺皮质激素释放素(corticotropin releasing hormone, CRH):主要由室旁核和杏仁核的小细胞神经元分泌,是一种含有 41 肽的神经激素。大量研究证明, CRH 也是正调节介质之一。①IL-1、IL-6 等均能刺激离体和在体的下丘脑组织释放 CRH,中枢注入 CRH 可明显升高实验动物脑温和结肠温度;②用 CRH 单克隆抗体中和 CRH 或用 CRH 受体拮抗剂阻断 CRH 的作用,可完全抑制 IL-1b、IL-6 等 EP 的致热性。但 TNFα 和 IL-1a 性发热并不依赖于 CRH,并且在发热的动物脑室内给予 CRH 可使已升高的体温下降。因此,目前倾向于认为, CRH 可能是一种双向调节介质。

(5) 一氧化氮(nitric oxide,NO)：作为一种新型神经递质,广泛分布于中枢神经系统,其合成与一氧化氮合酶(nitric oxide synthase,NOS)有关,经大量研究发现,一氧化氮合酶广泛分布于大脑皮质、小脑、海马及下丘脑视上核、室旁核、OVLT 和 POAH 等部位。目前的一些研究提示,NO 与发热有关,其引起发热的作用机制可能是：①通过作用于 POAH、OVLT,介导发热使体温升高。②使褐色脂肪组织的代谢旺盛导致产热增高。③可调节其他发热介质的合成和释放。

2. 负调节介质 发热时体温调节中枢调定点上移但不会过度升高,发热时的体温很少超过41℃。其原因可能与正反馈调节受限、负反馈调节加强有关。现已证实,体内的负调节介质主要包括精氨酸加压素、黑素细胞刺激素和脂皮质蛋白-1等。

(1) 精氨酸加压素(arginine vasopressin,AVP)：是一种由下丘脑视上核和室旁核神经元产生的9肽神经垂体激素,也称抗利尿激素(ADH)。广泛分布于中枢神经系统的细胞体、轴突和神经终末,是一种与多种中枢系统功能有关的神经递质。已经公认 AVP 通过血管收缩及抗利尿作用调节血压和肾排泄,近些年来的许多资料表明,AVP 还具有明显的抑热作用,也是一种重要的内源性解热物质,参与发热时的负调节。研究表明,AVP 的解热机制可能是由以下几方面。①降低发热机体的体温调定点,改变体温效应器的活动,使产热减少、散热增加。②抑制产内生致热原(EP)细胞,减少 EP 的合成。③改变 PO/AH 温度敏感神经元的活动,使热敏神经元放电增加,冷敏神经元放电减少。

(2) α-黑素细胞刺激素(α-melanocyte-stimulating hormone,α-MSH)：是一种腺垂体所分泌的由13个氨基酸组成的多肽激素。采用不同途径将 α-MSH 注入实验动物多个部位(脑室、VSA、POAH、静脉等),均可产生明显的解热效应,削弱 EP 性发热。α-MSH 的解热作用与增强散热有关,用 α-MSH 解热时,可使兔的主要散热器官——耳朵皮肤温度增高,说明散热增强。内源性 α-MSH 可限制发热的高度和持续时间,预先给家兔注射 α-MSH 抗血清,再以 IL-1 致热时,因内源性 α-MSH 的降热作用被阻断,故可使发热效应明显增强,发热时间显著延长。

(三) 体温调节

目前认为,发热时体温调节涉及中枢神经系统多个部位。其中,POAH 是体温调节中枢所在部位,该区含有温度敏感神经元,局部组织温度升高时,热敏神经元发放频率增加,局部组织温度降低时,冷敏神经元发放频率增加,损伤该区可导致体温调节障碍。微量的致热原或发热介质注入 POAH 可产生明显的发热反应。POAH 主要参与体温的正向调节。此外,中杏仁核(medial amygdaloid nucleus,MAN)、腹中膈(ventral septal area,VSA)和弓状核等部位亦与发热的体温调节密切相关,主要参与发热时的体温负向调节。刺激这些部位可使体温上升超过正常难以逾越的热限。体温调节中枢实际上由正调节中枢(以 POAH 为主)和负调节中枢(以 VSA、MAN 为主)组成,外周致热刺激传入中枢后,可通过启动体温正、负调节机制,来决定体温调定点上移的水平、发热幅度和时程,并向效应器发出整合指令(图 5-2)。

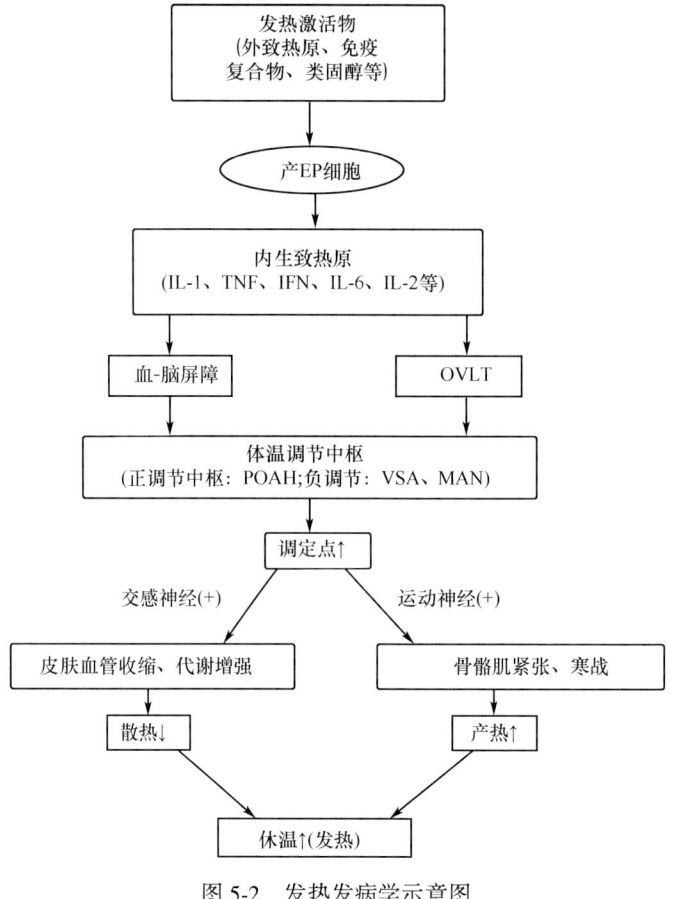

图 5-2 发热发病学示意图

第二节 发热的时相及其热代谢特点

一、体温上升期

发热初期,由于体温调节中枢调定点上移,体温调节中枢发出神经信号使产热增加,散热减少,体温由正常升高到调定点水平的这段时间为体温上升期。时间短者数分钟(如疟疾),长者数天(如伤寒)。

此时,发热激活物、内生致热原使调定点上移,机体体温低于调定点水平,正常体温转变为"冷刺激",中枢迅速对这种"冷"信息产生反应而发出调节指令,一方面兴奋交感神经,皮肤血管收缩,皮肤血流减少,皮肤温度下降刺激体表的冷感受器,信息传入中枢产生畏寒感觉,并且立毛肌收缩,出现"鸡皮疙瘩",以致散热减少;另一方面兴奋下丘脑寒战中枢,冲动经脊髓侧索的网状脊髓束和红核脊髓束至运动神经,引起骨骼肌紧张和不随意节律性收缩(即寒战),加上脂肪组织氧化增强和机体代谢率升高,均可使产热增加。此期热代谢特点是:调定点高于体温,产热大于散热,体温上升。临床表现主要有畏寒、皮肤苍白,重者可出现寒战和鸡皮。

二、高温持续期

由于体温上升已与新的调定点水平相适应,故体温不再升高而在这个新位点上呈高水平波动状态,此即高温持续期。此期持续时间因病因不同而异,从几小时(如疟疾)、几天(如大叶性肺炎)到1周以上(如伤寒)。此时,机体的产热和散热维持高水平的动态平衡,寒战、皮肤血管收缩停止,患者寒战、"鸡皮疙瘩"等症状消失,散热反应开始,皮肤血管扩张,皮肤温度增高,经皮肤水分蒸发相应增多,可有口干、唇燥和酷热等感觉。此期热代谢特点:体温与体温调定点在高水平相适应,产热基本等于散热。临床表现为患者不再感到寒冷,反而由于皮温高于正常而有酷热的感觉,皮肤上"鸡皮疙瘩"也消失。此外,皮肤温度的升高加强了皮肤水分的蒸发,因而皮肤发红以及皮肤和口唇比较干燥。

三、体温下降期

经历了高温持续期后,发热激活物、内生致热原及中枢发热介质被控制或清除,以及内源性降温物质或药物的作用,使体温调定点下降到正常水平,机体出现明显的散热反应,称为体温下降期。体温下降可快可慢,快者几小时或24小时内降至正常,称为热的骤退,慢者需几天才降至正常,称为热的渐退。此时,随着发热激活物、EP及发热介质的不断祛除,体温调定点逐步降至正常水平,血温转变为"热刺激",兴奋体温中枢进行散热调节,既可抑制交感神经,进一步扩张皮肤血管,加强散热,又可刺激发汗中枢,促使汗腺分泌,大量出汗,结果机体散热大于产热,体温逐渐下降,直至与正常的调定点水平相适应。此期的热代谢特点是散热多于产热,故体温下降。

临床表现为出汗,皮肤比较潮湿。出汗是一种速效的散热反应,但大量出汗可造成脱水和电解质紊乱,甚至循环衰竭,应注意补充水和电解质,尤其对心肌劳损患者更应密切注意。

四、常见热型及临床意义

发热作为疾病发生发展的重要信号,是多种疾病的重要病理过程和临床表现之一。不同致病因素和疾病过程可发引起和伴发不同类型的发热,是机体应对疾病的重要反应信号,因此临床上的日常护理工作中将患者体温变化绘制成体温曲线,对一定时间内的体温曲线的形态进行热型分析,发现体温曲线的升降速度、幅度及高温持续时间等变化特点与规律,为疾病诊断、病情分析与预后判断提供重要依据。常见热型见于以下几种。

1. 稽留热 持续高热,体温恒定维持在39~40℃,持续数天或数周,24小时内体温波动范围不超过1℃,常见于大叶性肺炎、伤寒高热期等。

2. 弛张热 体温常在39℃以上,24小时内波动范围大于2℃,即使体温最低时,仍高于正常,见于败血症、脓毒血症、重症肺结核等。

3. 间歇热 体温骤升至高峰,维持数小时又迅速降至正常,经过数小时或数天间歇后,体温又突然升高,高热期与无热期反复交替出现,常见于急性肾盂肾炎、疟疾等。

4. 波状热 体温在数小时内逐渐上升至39℃或以上,经数天又降至正常,持续数天后又开始发热,反复多次,常见于布氏杆菌病。

5. 回归热 体温急骤上升至39℃或以上,持续数天后又骤然下降至正常水平。高热期与无热期各持续若干天后规律性交替出现,见于回归热、霍奇金(Hodgkin)病。

6. 不规则热 发热的体温曲线无一定的规律,见于结核病、风湿热、支气管肺炎、渗出性胸膜炎等。

第三节 代谢与功能的改变

一、物质代谢改变

发热时机体的物质代谢加快。体温每升高1℃,基础代谢率提高13%。持续发热使消耗明显增加,营养物质补充不足,会引起自身物质的消耗,出现消瘦和体重下降等。此外,持续发热还可引起机体内环境紊乱。

(一)糖代谢

发热时由于产热增加,能量消耗大大增加。尤其在寒战期糖的消耗更大,乳酸的产量也大增。因为在正常情况下,肌肉主要依靠糖和脂肪的有氧氧化供给能量。寒战时肌肉活动量加大,对氧的需求大幅度增加,由于摄氧不能提供足够的氧,以致产生氧债(oxygen debt),此时肌肉活动所需的能量大部分依赖无氧代谢供给,使无氧酵解增强。据粗略计算,肌内剧烈活动时,从有氧氧化得到的能量只及糖酵解供给能量的1/5,因而产生大量乳酸。当寒战停止后,由于氧债的偿还,乳酸又被逐渐消除。

(二)脂肪代谢

正常情况下脂肪分解供能只占总能量的20%~50%。发热患者由于糖原贮备不足,食欲较差,营养摄入不足,以及能量消耗显著增多,因而脂肪分解代谢明显增强,可占总能量60%~80%。另外,交感-肾上腺髓质系统兴奋性增高,脂解激素分泌增加,也促进脂肪加速分解。可相应产生消瘦、酮尿和酮血症等表现。

(三)蛋白质代谢

发热时机体分解糖原和脂肪的同时,蛋白质也分解供能。正常成人每日需摄入30~45g蛋白质才能维持总氮平衡。发热时由于高体温和白细胞致热源的作用(白细胞致热源→PGE↑→骨骼肌蛋白分解),患者体内蛋白质分解加强,尿氮比正常人增加2~3倍。此时如果未能及时补充足够的蛋白质,将产生负氮平衡。此时未能及时补充足够的蛋白质,机体呈负氮平衡,机体抵抗力下降,组织修复能力降低。

(四)水、盐及维生素代谢

在体温上升期和高温持续期,尿量明显减少,体内钠水潴留,血浆Cl^-含量增高。而在体温下降期,患者因尿量增多,大量出汗和经皮肤、呼吸道的水分蒸发过多,除易导致ECF容量不足外,还可排出较多钠盐。高温持续期的皮肤和呼吸道水分蒸发的增加及退热期的大量出汗可导致水分的大量丢失,严重者可引起脱水。因此应注意钠水的补充;因组织细胞分解增强,细胞内K^+外释入血,继发高钾血症,以及代谢性酸中毒,须及时矫正;各种维生素减少,治疗需及时补充。

二、生理功能改变

(一) 中枢神经系统功能改变

发热时中枢神经系统的兴奋性往往增高,病者可有烦躁不安、头昏、头痛、失眠等症状。体温上升到 40~41℃时可出现幻觉、谵妄,甚至发生昏迷和抽搐,在小儿高热易出现全身或局部肌肉抽搐,称为热惊厥(febrile convulsion)。

(二) 循环系统功能改变

在体温上升期主要表现为心率增快,体温每上升 1℃,心率约增加 18 次/分,儿童可增加得更多,通过增加心排血量来提供更多的氧气和营养物质,满足机体的高代谢要求,并且体温上升可引起血压升高。

发热时心率增快机制为:①体温升高可使窦房结的兴奋性升高,心率加速;②致热性细胞因子致交感-肾上腺髓质系统兴奋;③代谢增强,耗 O_2 量和 CO_2 生成量增加。

在一定限度内(150 次/分)心率增加可增加心排血量,但如果超过此限度,心排血量反而下降。因此,发热患者应当安静休息,尽量减少体力活动和情绪激动,以免心率过快。心率过快和心肌收缩力加强还会增加心脏负担,在心肌劳损或心脏有潜在病灶的人容易诱发心力衰竭,应特别注意。在寒战期间,心率加快和外周血管的收缩,可使血压轻度升高;高温持续期和退热期因副交感神经的兴奋性相对增高,外周血管舒张,血压可轻度下降。少数患者可因体温骤降大量出汗,引起低血容量性休克,需要及时预防和积极抢救。

(三) 呼吸系统功能改变

在体温升高和酸性代谢产物生成过多的双重刺激下,呼吸中枢兴奋,促使呼吸加快加深,CO_2 排出过多,易导致呼吸性碱中毒,并从呼吸道散发更多的热量。但长时间、持续的体温升高可因大脑皮质和呼吸中枢抑制,使呼吸变浅慢或不规则。

(四) 消化系统功能改变

发热时由于交感神经兴奋,消化液分泌减少和胃肠蠕动减弱,患者常出现消化系统功能异常。唾液分泌减少可引起口干;胃酸分泌减少,胃运动减弱,可使食物在胃内停留时间延长并发酵;由于异常分解食物刺激胃黏膜,患者出现食欲缺乏、恶心呕吐;胰液胆汁分泌不足,肠蠕动减弱,可导致蛋白和脂肪在肠内消化不良及食糜在肠内停滞,从而使发酵过程增强,故发热患者有便秘、鼓胀等症状。

三、防御功能改变

发热对机体防御功能的影响,既有有利的一面,也有不利的一面。

(一) 抗感染能力的改变

一些研究表明,有些致病微生物对热比较敏感,一定高温可将其灭活。如淋球菌和梅毒螺旋体,就可被人工发热所杀灭。不过梅毒患者无明显发热。一定高温也可抑制肺炎球菌。发热时免疫系统的功能总体表现是增强的。

但持续高热也可能造成免疫系统的功能紊乱，因各种细胞因子具有复杂的网络关系，过度激活将引起它们的平衡关系发生紊乱。

（二）对肿瘤细胞的影响

内生致热原还是具有免疫调节功能的细胞因子，可促进机体的特异与非特异的体液与细胞免疫反应，提高机体的抗感染和抗肿瘤能力，如 TNF 是杀伤性肿瘤因子，IFN 可增强 NK 细胞活性来杀伤肿瘤细胞。肿瘤细胞长期处于相对缺氧状态，对热比正常细胞敏感，当体温升高到 41℃ 左右时，正常细胞尚可耐受，肿瘤细胞则难以耐受，其生长受到抑制并可被部分灭活。因此，目前发热疗法已被用于肿瘤的综合治疗，尤其是那些对放疗或化疗产生抵抗的肿瘤，发热疗法仍能发挥一定的作用。

（三）急性期反应

已经认定，内生致热源在诱导发热的同时，也引起急性期反应。急性期反应中蛋白质合成增多，特别是热休克蛋白增加，利于机体抵抗力增强。

可见发热对机体防御功能的影响是利弊并存，有人认为这可能与发热程度有一定的关系。中等程度的发热可能有利于提高宿主的防御功能，但高热就有可能产生不利的影响。例如，多核白细胞和巨噬细胞在 40℃ 条件下其化学趋向性、吞噬功能及耗氧量都增加，但在 42℃ 或 43℃ 下则反而降低。因此在发热的防治中，应注意全面考虑。

第四节　发热临床护理的病理学基础

（一）病情观察

密切观察发热患者体温变化，做好详细记录，发热热型变化可作为诊断疾病、评价疗效和估计预后的重要参考。同时观察患者呼吸、血压、脉搏、神志、皮肤温度等变化。

对于发热不过高（体温<40℃）或不太持久又不伴有其他严重疾病者，在疾病未得到确诊和有效治疗前，可不急于解热。因为适度发热不仅有利于增强机体免疫功能，还是疾病的信号，故尚未查明原因者不要轻易退热，因为某些药物的使用，在降温的同时也掩盖了发热的热型和其他症状，可延误原发病诊断。

（二）生活护理

嘱发热患者卧床休息，稳定情绪。针对物质代谢的加强和大汗脱水等情况，予以补充足够的营养物质、维生素和水。

（三）必须及时解热的病例

发热治疗除病因学治疗（针对发热激活物）外，便是解热治疗。针对发热的解热治疗应尽可能谨慎地权衡利和弊。

而对于发热能够加重病情、促进疾病的发生发展或威胁生命的病例，应不失时机地及时解热，特别是以下情况。

(1) 高热(>40℃)病例,尤其是达到41℃以上者,中枢神经细胞和心脏可能受到较大的影响,患者出现明显不适,如头昏、头痛、意识障碍。因而,对于高热病例,无论有无明显的原发病,都应尽早解热。尤其是小儿高热,容易诱发惊厥,更应极早预防。

(2) 心脏病患者,发热使心率增快,心排血量增多,心脏负荷加重,易诱发心脏病患者发生心力衰竭。应及早对有心脏病或有潜在心肌损害的发热患者进行解热。

(3) 妊娠期妇女,发热可能使妊娠早期妇女致畸胎,或通过增加心脏负荷,可诱发中、晚期妊娠妇女发生心力衰竭等原因,应对发热的孕妇及时解热。

(四) 解热措施和对症护理

1. 药物解热　包括:①化学药物,如水杨酸盐类,其解热机制可能是作用于POAH附近使中枢神经元的功能复原;阻断PGE合成。②类固醇解热药,如糖皮质激素,主要原理可能是抑制EP的合成和释放;抑制免疫反应和炎症反应。

2. 物理降温　在高热或病情危急时,可采取物理方法降温。如用冰帽或冰袋冷敷、在四肢大血管处用酒精擦浴,以促进散热。也可将患者置较低的温度环境中,加强空气流通,以增加对流散热。

(张　力)

第六章 应激

第一节 概述

一、应激的概念

应激(stress)是指机体受到内外环境因素、社会及心理因素刺激时所出现的全身性的非特异性适应反应,亦称应激反应(stress response)。这些刺激因素统称为应激原(stressor)。除了应激反应以外,各种应激原也可以引起某些与应激原直接相关的特异性反应。如皮肤烧伤、皮肤组织损伤是高温导致的直接性、特异性反应;但患者还会出现呼吸、心跳加快,血糖、血压上升等一系列全身性的非特异性反应,与烧伤这一刺激因素并无直接关系,亦可在其他刺激因素作用下发生的类似反应,称为应激或应激反应。

二、应激原

强度足够引起应激反应的任何刺激都可称为应激原,大致分为三大类。

1. **外环境因素** 高热、寒冷、射线、噪声、强光、机械、低氧、毒物及病原微生物等。
2. **内环境因素** 贫血、休克、器官衰竭、酸碱平衡紊乱等。
3. **心理社会因素** 工作压力、职业竞争、复杂人际关系、紧张的生活节奏、孤独等情绪反应。

由于遗传素质、个性特点、神经类型及既往经验方面存在不同,不同的个体对相同的应激原存在不同的敏感性及耐受性,因而强度相同的应激原在不同的个体可引起程度不同的应激反应。

三、应激的分类

应激是一切生命为了生存和发展所必需的,是机体适应和保护机制的重要组成部分。应激反应能使机体处于警觉状态,有利于增强机体的对抗或逃避能力,有利于机体在变动环境中维持机体稳态以增强适应能力,但应激反应过度也可造成机体伤害。

根据应激对机体的影响程度,应激可分为生理性应激和病理性应激。生理性应激指应激原(如体育竞赛、饥饿、高考等)不十分强烈,且作用时间较短的应激,是机体对轻度内外环境变化及社会心理刺激的一种重要防御适应反应,它有利于调动机体潜能又不致对机体产生严重影响,所以又称良性应激(eustress)。病理性应激是指应激原强烈且作用持久的应激(如休克、大面积烧伤),除仍具有某些防御代偿意义之外,还可以引起机体自稳态的严重失调,甚至导致应激性疾病,所以又称劣性应激(distress)。

根据应激原的性质不同,应激可分为躯体应激与心理应激。躯体应激为理化因素、生物因素所致。心理应激为心理、社会因素所致。

第二节 应激的发生机制

应激是一种非特异的泛化反应,从整体到分子水平都会出现相应的变化。这些变化大致分为三个层面,即神经内分泌反应,体液、细胞、基因水平的应激反应和功能代谢整体水平的应激反应。

一、神经内分泌反应与全身适应综合征

神经-内分泌反应是应激的基本反应。当机体受到强烈刺激时,神经-内分泌系统的主要变化为蓝斑-交感-肾上腺髓质系统及下丘脑-垂体-肾上腺皮质轴的强烈兴奋,并伴有其他多种内分泌激素的改变,多数应激的生理变化与外部表现均与这两个系统的强烈兴奋有关(图 6-1)。

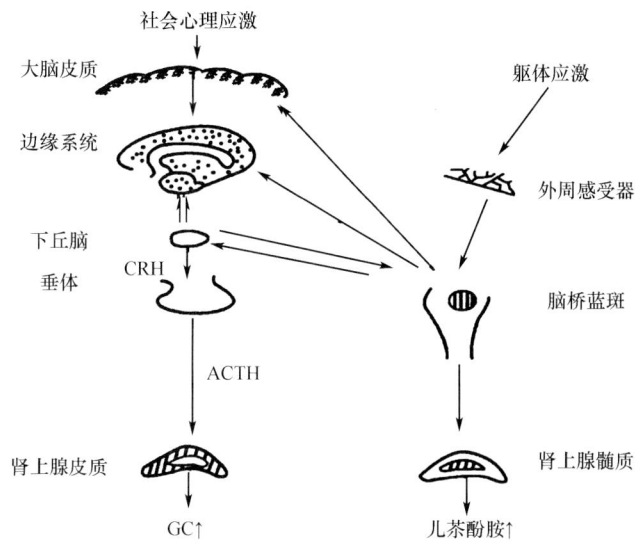

图 6-1 应激时的神经内分泌反应

(一)蓝斑-交感-肾上腺髓质系统

1. 基本结构 蓝斑-交感-肾上腺髓质系统是应激时发生快速反应的系统。其位于脑桥的蓝斑是该系统的中枢部位,也是中枢神经系统对应激最敏感的部位。蓝斑中的去甲肾上腺素能神经元具有广泛的上、下行纤维联系。上行纤维主要投射到杏仁复合体、海马、边缘皮质、新皮质,是应激时情绪变化、学习记忆、行为改变的结构基础。下行纤维主要分布于脊髓的侧角,调节交感神经的张力及肾上腺髓质中儿茶酚胺的分泌。

2. 主要效应

(1)中枢效应:主要是引起兴奋、警觉、紧张、焦虑等情绪反应。此外,脑桥蓝斑的去甲肾上腺素能神经元还与下丘脑室旁核分泌促肾上腺皮质激素释放激素(CRH)的神经元之间有直接联系,前者释放去甲肾上腺素后,刺激室旁核神经元上的 α-肾上腺素能受体而使 CRH 释放增多,从而启动下丘脑-垂体-肾上腺皮质轴的活化。

(2) 外周效应：主要表现为血浆中去甲肾上腺素、肾上腺素、多巴胺等儿茶酚胺浓度迅速升高。去甲肾上腺素在血容量的适当分配和血压的稳态调节中发挥关键作用。肾上腺素则对整体或代谢性的威胁发生反应。研究表明当机体应对不同应激原时，神经内分泌系统中各组分分别发挥协调作用，以适应不同的需要。

3. 代偿意义 交感-肾上腺髓质系统的强烈兴奋主要是参与调控机体对应激的急性反应，以克服应激原对机体的威胁或对内环境的干扰。

（1）对心血管系统的影响：交感神经兴奋及儿茶酚胺的释放可使心率加快，心肌收缩性增强，心排血量增加。由于外周血管 α 受体分布密度的差异，儿茶酚胺除使血压升高、维持组织灌注压外，还导致血液重新分布、保证心脑血液供应；在剧烈运动时，骨骼肌的血液灌注明显增加，这些调整使应激时机体的供血更充分、合理。

（2）对呼吸系统影响：儿茶酚胺可引起支气管扩张，有利于肺泡通气，满足应激时机体需氧量的增加。

（3）对代谢的影响：儿茶酚胺可兴奋 α 受体抑制胰岛素分泌，兴奋 β 受体增加胰高血糖素分泌，使糖原分解增加、血糖升高，并促进脂肪动员，使血浆游离脂肪酸增加，从而满足应激时机体增加的能量需求。

（4）对激素的影响：儿茶酚胺还可促进 ACTH、生长激素、肾素、促红细胞生成素和甲状腺素等的分泌。

4. 不利影响 交感-肾上腺髓质系统的强烈持续兴奋也可对机体造成明显伤害。如腹腔内脏器官血管持续收缩致其缺血，如胃黏膜的糜烂、溃疡、出血；外周血管强烈、持续收缩可致血压升高；儿茶酚胺可使血小板数目增多，黏附聚集性增强，促进血栓形成；心率增快，心肌耗氧量增加可致心肌缺血。

（二）下丘脑-垂体-肾上腺皮质轴

1. 基本结构 下丘脑-垂体-肾上腺皮质轴（hypothalamus-pituitary-adrenal cortex axis，HPA）由下丘脑的室旁核、腺垂体、肾上腺皮质组成。室旁核是该神经内分泌轴的中枢部位，上行主要与边缘系统的杏仁复合体、海马结构及边缘皮质有广泛的往返联系，下行则通过促肾上腺皮质激素释放激素（corticotrophin-releasing hormone，CRH）控制腺垂体促肾上腺皮质激素（adrenocorticotropic hormone，ACTH）的释放，从而调控肾上腺糖皮质激素（glucocorticoid，GC）的合成和分泌。同时，室旁核 CRH 的释放也受蓝斑中去甲肾上腺素能神经元的影响。

2. 主要效应

（1）中枢效应：CRH 分泌增多可产生明显的中枢效应，如出现抑郁、焦虑及厌食等情绪行为改变，学习与记忆能力下降。CRH 还可以促进蓝斑中去甲肾上腺素能神经元的活性，使 HPA 轴与蓝斑-交感-肾上腺髓质系统互相发挥作用。

（2）外周效应：主要由 GC 引起。正常未应激成人的 GC 正常值为 25~37mg/天，应激时如外科手术后 GC 分泌量可增加 3~5 倍。若应激原已解除（手术后无发并发症），GC 常于 24 小时内恢复正常。如应激原持续存在，则 GC 浓度持续升高，如大面积烧伤患者，血浆 GC 浓度增高可达 2~3 个月。临床上可以通过测量血中 GC 的浓度来判断应激的强度或术后是否存在并发症。

3. 代偿意义 GC 分泌增多是应激最重要的一个反应,对机体抵抗有害刺激起着十分重要的作用。动物实验表明,摘除双侧肾上腺后,动物几乎不能适应任何应激环境,轻微的有害刺激即可导致动物死亡。但如果只去除肾上腺髓质保留皮质,则动物在应激的状态下仍可生存。应激时 GC 增加对机体有广泛的保护作用,其代偿意义如下所述。

(1) 促进蛋白质分解,促进糖异生、补充肝糖原,维持血糖在高水平,保证重要器官的葡萄糖供应。

(2) 强大的抗炎作用,GC 可抑制多种促炎介质的产生,并诱导多种抗炎介质的产生。

(3) 维持循环系统对儿茶酚胺的正常反应性。

(4) 对儿茶酚胺及胰高血糖素的脂肪动员起到容许作用。

(5) 稳定细胞膜及溶酶体膜,保护细胞。

4. 不利影响 应激时 HPA 轴持续兴奋对机体产生诸多不利影响。如 GC 抑制免疫炎症反应,机体免疫力下降,易发生感染;GC 抑制促性腺激素释放激素(GnRH)及黄体生成素(LH)的分泌,导致性功能减退,月经不调甚至停经,哺乳期乳汁分泌减少;GC 抑制促甲状腺激素释放激素(TRH)和促甲状腺激素(TSH)的分泌,导致甲状腺功能低下;CRH 使生长激素分泌减少,导致生长发育迟缓,伤口愈合不良;CRH 持续升高可以引起抑郁症、异食癖及自杀倾向等行为改变。

(三) 其他内分泌反应

应激可引起广泛的神经内分泌变化。水平升高的有 β-内啡肽、抗利尿激素、醛固酮、胰高血糖素,催乳素等。水平降低的有胰岛素、TRH、TSH、三碘甲腺原氨酸(3,5,3′-triiodothyronine,T_3)、四碘甲状腺氨酸(thyroxin,T_4)、促性腺激素释放激素(gonadotropin-releasing hormone,GnRH)、黄体生成素(luteinizing hormone,LH)及卵泡刺激素(follicle-stimulating hormone,FSH)等。生长激素在急性应激时分泌增多,慢性应激时分泌减少。

β-内啡肽主要是抑制交感-肾上腺髓质系统和 HPA 轴的过度兴奋。胰岛素分泌减少与胰高血糖素分泌增加综合作用的结果可使血糖升高,满足应激时机体增加的能量需求。抗利尿激素、醛固酮分泌增加可导致肾脏对钠水重吸收增多、尿量减少,有利于应激时血容量的维持。

(四) 全身适应综合征

1946 年,应激学说奠基人 Selye 提出全身适应综合征(general adaptation syndrome,GAS)的概念。Selye 发现多种有害因素可引起机体一系列神经内分泌变化,这些变化具有一定适应性代偿意义,并可导致机体多方面的紊乱与损害,称为全身适应综合征,并预言存在"适应性疾病"。GAS 是非特异性应激所导致的各种机体损害和疾病的总称。Selye 对 GAS 进行了经典描述和分期。GAS 可分为以下三个时期。

1. 警觉期 此期在应激作用后迅速出现,是机体防御机制的快速动员期,以交感-肾上腺髓质系统兴奋为主,并伴有 GC 的分泌增多。这些变化使机体处于"应战状态",有利于机体增强抵抗或回避损伤的能力,但此期持续时间较短。如应激原持续存在,且机体靠自身的防御代偿能力度过此期,则进入抵抗期。

2. 抵抗期 此期以交感-肾上腺髓质系统兴奋为主的反应逐步消退,而 GC 分泌增多,表现出适应、抵抗能力的增强。GC 在增强机体的抗损伤方面发挥重要作用,但同时消耗防御贮备能力,降低了对其他应激原的非特异性抵抗力。

3. 衰竭期 持续强烈的有害刺激将耗竭机体的能量贮备及抵抗力,进入衰竭期。警觉期反应可再次出现,GC 水平持续升高,但 GC 受体的数目和亲和力下降,机体内环境严重失调,应激反应的负效应相继出现。应激相关疾病、器官衰竭甚至休克、死亡都可在此期出现。

上述三个阶段并不一定都依次出现,只要应激原能及时撤除,多数应激只引起第一期、第二期的变化,只有少数严重的应激反应才进入第三期。

GAS 是对应激反应的经典描述,其主要理论基础是应激时的神经内分泌反应,特别是交感-肾上腺髓质系统及 HPA 轴的作用。GAS 的提出有助于理解应激反应的基本机制。但限于当时的研究条件,GAS 只重点描述了应激时的全身性反应,未顾及器官、细胞、基因水平变化的特征,未能对精神心理应激进行足够的阐述。因此,GAS 对于应激的描述是不够全面的。最近 20 年来在急性期反应、热休克蛋白等领域的研究进展及医学模式的转变为认识应激的本质提供了更丰富的资料。

二、细胞体液反应

细胞对多种应激原(特别是非心理性应激原)可引起细胞内信号转导和相关基因的激活,表达相关的、多数具有保护作用的蛋白质,如急性期蛋白、热休克蛋白,以及某些酶和辅助因子等。

(一) 急性期蛋白

严重的创伤、感染、烧伤、手术等应激原可诱发机体快速反应,如发热、血糖升高,分解代谢增强,负氮平衡及血浆中的某些蛋白质浓度迅速变化,这种反应称为急性期反应(acute phase response,APR),这些蛋白质被称为急性期蛋白(acute phase protein,APP),属于分泌型蛋白。APP 描述了应激时血浆蛋白成分的变化。

1. APP 的来源与构成 APP 主要由肝细胞合成,少量来自单核/巨噬细胞、血管内皮细胞、成纤维细胞、多形核白细胞。正常时血浆中 APP 含量很少,应激时增多。如 C-反应蛋白(C-reactive protein,CRP)、血清淀粉样蛋白 A 升高达千倍以上,α_1-抗胰蛋白酶、α_1-酸性糖蛋白、α_1-抗糜蛋白酶、纤维蛋白原只升高数倍,铜蓝蛋白、补体 C3 等仅增加 50%。少数蛋白质在急性期反应时减少,如白蛋白、前白蛋白、运铁蛋白等,称为负 APP。

2. APP 的生物学 APP 种类多、功能广泛,是一种启动迅速的机体防御机制。

(1) 抑制蛋白酶活化:创伤和感染时,体内蛋白水解酶增多。APP 中的多种蛋白酶抑制剂可以抑制这些蛋白酶活性,减轻组织损伤。

(2) 清除异物和坏死组织:CRP 在各种炎症、感染、组织损伤等疾病中迅速升高。它可与细菌壁结合起抗体样调理作用;激活补体;促进吞噬细胞功能、减少炎症介质释放。血浆中 CRP 升高水平与炎症、组织损伤的程度呈正相关,临床上通常测定 CRP 以判断炎症及疾病的活动性。

(3) 抑制氧自由基产生:如铜蓝蛋白具有抗氧化损伤能力,促进亚铁离子氧化,减少羟自由基生成。

(4) 其他:如促进损伤细胞修复,促进巨噬细胞及成纤维细胞的趋化性及吞噬功能等。

(二) 热休克蛋白

在热应激(或其他应激)时,细胞新合成或合成增多的一组蛋白,称热休克蛋白(heat shock protein,HSP),又称为应激蛋白。HSP主要在细胞内发挥功能,属于非分泌型蛋白质。

1. HSP的分类 HSP是进化上十分保守的蛋白质,同类型HSP的基因具有高度同源性。根据分子质量大小可将其分为HSP110、HSP90、HSP70、HSP60、小分子HSP、HSP10、泛素等多个亚家族。

2. HSP的功能 HSP主要生物学作用是帮助蛋白质折叠、移位、复性及降解。在应激状态下,应激原可导致蛋白质变性,使之成为未折叠或错误折叠的多肽链,其疏水区域重新暴露在外,因而可以互相结合形成蛋白质聚集物,对细胞造成损伤。而基础表达或应激时诱导表达的HSP充分发挥分子伴侣的功能,防止这些蛋白质变质、聚集,并促进已经聚集的蛋白质的解聚及变性蛋白质的复性。如蛋白质损伤过重,无法解聚及复性时,HSP家族成员泛素将与之结合,再经蛋白酶体将其降解,以恢复细胞的正常功能。

第三节 应激时机体的代谢和功能变化

一、代谢变化

应激时,代谢特点是分解增强、合成减少,代谢率明显升高。

1. 能量代谢 严重应激时,儿茶酚胺、糖皮质激素、胰高血糖素及某些炎症介质(如肿瘤坏死因子、白细胞介素1)大量释放及胰岛素的分泌减少等引起代谢率明显增高。例如,正常成人安静状态下每日能量需求约2000千卡,大面积烧伤患者的代谢率升高,每日能量需求高达5000千卡,相当于重体力劳动时的代谢率。

2. 物质代谢 应激时物质代谢总的特点是分解增强、合成减少。

(1) 糖代谢:应激时糖原的分解及糖异生明显增强,使血糖明显升高,甚至可超过肾糖阈而出现糖尿,称为应激性高血糖及应激性糖尿。在严重创伤及大面积烧伤时,这些变化可持续数周,称为创伤性糖尿病。

(2) 脂肪代谢:应激时,脂解激素增多,脂肪动员与分解增强,血液中游离脂肪酸及酮体有不同程度的增加,同时机体对脂肪酸的利用亦增加。严重创伤后,机体所消耗的能量有75%~95%来自脂肪的氧化。

(3) 蛋白质代谢:应激时,蛋白质分解代谢增强,血浆中氨基酸水平升高,尿氮排出增多,出现负氮平衡。

上述代谢变化为机体应对"紧急情况"提供了足够的能源,血浆中氨基酸水平的升高为机体合成APP及HSP提供了原料。但持续的应激状态可使机体能源物质大量消耗,导致消瘦、贫血、抵抗力下降,创面愈合迟缓。如患者已患糖尿病,则其病情可恶化。在处理上述患者时,除了给予充分的营养支持外,还应当适当调整机体的应激反应,使用某些促进合成代谢的生长因子等。

二、功能变化

1. 中枢神经系统 应激的中枢神经系统部位主要为大脑皮质、边缘系统、下丘脑及脑桥的蓝斑等。动物实验及临床观察提示,丧失意识的动物在遭受躯体创伤刺激时神经内分泌反应较轻;动物经全身麻醉后对某些应激原的敏感性减弱;昏迷患者对某些应激原的反应性亦降低。这表明大脑皮质的认知功能在应激反应中有一定作用。边缘系统与情感活动关系密切,并与下丘脑和脑桥蓝斑之间具有广泛的纤维联系,应激时出现活跃的神经传导。应激时脑桥蓝斑的去甲肾上腺素神经元激活,其上行纤维投射区的去甲肾上腺素水平升高,使机体出现兴奋、紧张、焦虑、恐惧及愤怒等情绪反应。同时,其下行纤维则分布于脊髓侧角,兴奋交感肾上腺髓质系统。下丘脑的室旁核与边缘系统亦有联系,应激时从下丘脑室旁核分泌的 CRH 可通过边缘系统而导致情绪行为变化,通过垂体门脉系统进入腺垂体而激活 HPA 轴,同时 CRH 又通过与脑桥蓝斑的联系而促进蓝斑-交感-肾上腺髓质系统的活性。

2. 心血管系统　应激时由于交感-肾上腺髓质系统兴奋,儿茶酚胺分泌增多。心血管系统的主要表现为心率增快,心肌收缩力增强,总外周阻力增高及血液重新分布等。这些改变有利于心排血量增加,动脉血压的升高,从而保证心脑的血液供应。但在格斗或剧烈运动等应激状态下,骨骼肌血管明显扩张,总外周阻力可表现为降低。交感肾上腺髓质系统的强烈兴奋也可对心血管系统产生不利影响,可致冠脉痉挛,血小板聚集,血液黏滞度升高而导致心肌缺血及心肌梗死。强烈的精神应激可引起心律失常及猝死。

3. 消化系统　消化系统的典型变化为食欲减退。应激时的食欲减退与 CRH 分泌增多有关。应激时,部分病例可出现进食增加,甚至诱发肥胖症,其机制可能与下丘脑中内啡肽及单胺类介质(如去甲肾上腺素、多巴胺及 5-羟色胺)水平升高有关。由于交感-肾上腺髓质系统的强烈兴奋,胃肠血管收缩,血液供应减少,可导致胃肠黏膜受损,引起"应激性溃疡"。

4. 免疫系统　机体的非特异性免疫反应常常增加,如外周血中中性粒细胞数目增多,吞噬作用增强,补体系统激活,CRP 增多,细胞因子、趋化因子及淋巴因子等释放增多。但持续强烈的应激可以导致机体免疫功能的抑制。

上述免疫系统的变化受到神经内分泌系统的调节。许多神经内分泌激素通过作用于免疫细胞膜上的受体而调节免疫反应。由于应激时神经-内分泌系统最明显的变化为 GC 与儿茶酚胺的大量释放,两者对免疫系统具有强烈抑制作用,因而持续强烈的应激表现为免疫功能的抑制。

另一方面免疫系统对神经内分泌系统亦具有调节作用。免疫细胞可释放多种神经内分泌激素,这些激素可在局部或全身发挥作用,参与应激反应的调节。

5. 血液系统　表现为血液凝固性升高,如血小板数目增多,黏附与聚集性加强,纤维蛋白原、凝血因子Ⅴ、凝血因子Ⅷ浓度升高,凝血时间缩短等。血液纤溶活性亦可增强,表现为血浆纤溶酶原、抗凝血酶Ⅲ升高、纤溶酶原激活物增多。同时,还可见中性粒细胞数目增多,核左移。此外,还导致血液黏滞度增加,红细胞沉降率加快等。这些改变具有抗感染及防止出血的作用,同时也促进血栓形成,诱发 DIC 等不利影响。

慢性应激时,患者常常可出现贫血,特点为低色素性贫血。血清铁浓度降低,类似于缺铁性贫血。与缺铁性贫血不同的是骨髓中铁含量正常甚至增加,用补铁治疗无效。机制可能与单核吞噬细胞系统对红细胞的破坏加速有关。

6. 泌尿生殖系统　泌尿系统的主要变化是尿少,尿比重升高及尿钠浓度降低。引起这些变化的机制是:①交感-肾上腺髓质的兴奋及肾素血管紧张素系统的激活导致肾入球小动脉收缩,使肾小球滤过率下降,原尿形成减少;②醛固酮及抗利尿激素分泌增加,导致钠、水潴留。这些变化类似于休克早期所出现的功能性急性肾衰,如应激得到缓解,肾脏血液灌流恢复,上述泌尿功能变化可完全恢复。若应激原强烈且持续存在,可导致肾小管坏死引起器质性肾衰竭。

应激时下丘脑分泌促性腺激素释放激素及垂体的性黄体生成素减少,从而引起性功能减退,月经紊乱或闭经,哺乳期妇女乳汁分泌减少。在精神心理应激(如恐惧或丧失亲人等)时,上述这些变化亦可能发生。

第四节 应激与疾病

许多疾病都伴有应激反应。由应激直接引起的疾病称为应激性疾病(stress disease),如应激性溃疡(stress ulcer)。以应激作为条件或诱因,在应激状态下加重或加速发生发展的疾病称为应激相关疾病。应激可由躯体因素引起,亦可由心理社会因素引起。而应激反应既可对躯体造成器质性损害,亦可导致患者精神、心理的障碍。

一、应激性溃疡

应激性溃疡是指在大面积烧伤、严重创伤、败血症、脑血管意外、休克等应激状态下所出现的胃、十二指肠黏膜的急性损伤,其主要表现为胃及十二指肠黏膜的糜烂、溃疡、出血。病变常常较表浅,也有少数溃疡可表现为较深甚至穿孔。当溃疡侵犯大血管时,可导致消化道大出血,甚至可以导致休克。应激性溃疡可在严重应激原作用数小时内出现,如应激原逐步解除,溃疡在数日内可愈合,且不留瘢痕。严重创伤、休克及败血症等患者如果并发应激性溃疡大出血,其死亡率可明显升高。应激性溃疡的发生机制如下所述。

1. 胃十二指肠黏膜缺血 应激时由于交感-肾上腺髓质系统兴奋,血液发生重分布而使小血管强烈收缩,血液灌流显著减少。黏膜缺血使黏膜上皮能量代谢障碍,碳酸氢盐及黏液产生减少,使黏膜屏障受到破坏。与此同时,胃腔中的 H^+ 将顺浓度差弥散进入黏膜组织中。从而使黏膜组织的 pH 明显降低,导致黏膜损伤。

2. 糖皮质激素的作用 应激时糖皮质激素明显增多,一方面抑制胃黏液的合成和分泌;另一方面可使胃肠黏膜细胞的蛋白质合成减少,分解增加,从而使黏膜细胞更新减慢,再生能力降低而削弱黏膜屏障功能。

3. 其他因素 应激时发生的酸中毒可使胃肠黏膜细胞中的 HCO_3^- 减少,从而降低黏膜对 H^+ 的缓冲能力。同时,十二指肠液中的胆汁酸、溶血卵磷脂及胰酶反流入胃,在应激时胃黏膜保护因素被削弱的情况下,也可导致胃黏膜损伤。此外,在缺血-再灌注时生成大量氧自由基,可引起黏膜损伤。

二、心身疾病

以心理社会因素为主要病因或诱因的一类躯体疾病称为心身疾病(psychosomatic diseases),研究心身疾病的科学称为心身医学。心理社会因素可引起广泛的躯体疾病。例如,在长期精神心理应激原(如恐惧、工作紧张、焦虑等)作用下,高血压、冠心病的发病率明显上升。

据统计,在综合医院就诊的初诊患者中,约 1/3 有心身疾病。随着医学模式的转变,心身医学已受到高度重视。由于心身疾病种类繁多,在此不便一一详细讨论。现将常见心身疾病列于表 6-1 中。

表 6-1 常见心身疾病

系统	疾病
心血管系统	冠心病,动脉粥样硬化,高血压,阵发性心动过速,雷诺病等
呼吸系统	支气管哮喘,过度换气综合征,过敏性鼻炎等
消化系统	消化性溃疡,溃疡性结肠炎,结肠过敏,神经性厌食症,神经性呕吐,食管、贲门或幽门痉挛等
泌尿生殖系统	月经失调,性欲低下,阳痿,神经性多尿,经前期紧张症等
内分泌代谢系统	糖尿病,甲状腺功能亢进,肥胖症等
皮肤系统	神经性皮炎,瘙痒症,斑秃,过敏性皮炎,慢性荨麻疹,银屑病等
肌肉骨骼系统	类风湿关节炎,痉挛性斜颈,紧张性头痛等
神经系统	痛觉过敏,自主神经功能失调等
其他	恶性肿瘤,妊娠毒血症等

三、应激相关心理、精神障碍

社会心理应激对认知功能产生明显影响。良性应激可使机体保持一定的唤起状态,对环境变化保持积极反应,因而增强认知功能,但持续的劣性应激可损害认知功能。

社会心理应激对情绪甚至行为也可以产生明显影响。慢性精神、心理应激可引起中枢兴奋性神经递质的大量释放,导致海马区锥体细胞的萎缩和死亡,从而导致记忆的改变及焦虑、抑郁、愤怒等情绪反应。愤怒的情绪易导致攻击性行为反应,焦虑使人变得冷漠,抑郁可导致自杀等消极行为反应。

社会心理应激原能直接导致一组功能性精神疾病的发生发展。这些精神障碍与边缘系统及下丘脑等部位密切相关。根据其临床表现及病程长短,应激相关精神障碍可分为以下几类。

(1) 急性心因性反应:由于急剧而强烈的心理社会应激原作用后,在数分钟至数小时内所引起的功能性精神障碍称急性心因性反应。患者可表现为伴有情感迟钝的精神运动性抑制,如对周围事物漠不关心,不言不语,呆若木鸡。也可表现为伴有恐惧的精神运动性兴奋,如兴奋、激越、恐惧、紧张或叫喊,无目的地外跑,甚至痉挛发作。这些状态持续时间较短,在数天或一周内缓解。

(2) 延迟性心因反应:指受到严重而剧烈的精神打击(如经历恶性交通事故、自杀场面等)而引起的延迟出现或长期持续存在的精神障碍,一般在遭受打击后数周至数月后发病,所以称延迟性心因反应。其主要表现为:①反复重现创伤性体验,做恶梦,易触景生情而增加痛苦;②易出现惊恐反应,如心慌,出汗,易惊醒,不与周围人接触等。大多数患者可恢复,少数呈慢性病程,可长达数年之久。

(3) 适应障碍:由于长期存在的心理应激或困难处境,加上患者本人脆弱的心理特点及人格缺陷而产生的以抑郁、焦虑、烦躁等情感障碍为主,伴有社会适应不良,学习及工作能力下降,与周围接触减少等表现的一类精神障碍称适应障碍。该类障碍通常发生在应激事件或环境变化发生的一个月内,病情持续时间一般不超过半年。

第五节 病理性应激临床护理的病理学基础

1. 清除应激原 当应激原的性质已经明确时,应尽量予以清除。如抗休克,清除有毒物质,改变工作环境等。

2. 糖皮质激素的应用 在严重创伤,感染,败血症等引起休克等应激状态下,糖皮质激素应用是一种重要的防御保护机制。在机体应激反应低下的患者,适当补充糖皮质激素可能帮助机体度过危险期。

3. 补充营养 应激时因代谢率升高引起脂肪、糖原与蛋白质的大量分解,机体已经造成大量消耗,应及时补充营养。

4. 综合治疗 减少环境应激,协助患者保持情绪稳定,协助患者建立良好的人际关系。医务人员应树立良好的职业道德,及时缓解患者的心理压力,增强患者战胜疾病的信心。对于精神、心理应激原所导致的躯体疾病或精神、心理障碍可采用抗焦虑药、抗抑郁药治疗。此外,还可采用针灸、理疗、音乐疗法等进行综合治疗。

(叶丽平)

第七章　缺血-再灌注心肌损伤

随着新的医疗技术的应用,如心脏动脉搭桥术、经皮腔内冠脉血管成形术(percutaneous transluminal coronary angiography,PTCA)、心脏外科体外循环、心肺脑复苏、断肢再植和器官移植等,使缺血的组织器官的血液循环得到恢复,功能得到改善。然而有时缺血再灌注后,不仅未能使组织器官功能恢复,反而引起组织器官功能代谢障碍和结构破坏加重。这种在缺血的基础上恢复血流后组织损伤反而加重,甚至发生不可逆性损伤的现象称为缺血-再灌注损伤(ischemia-reperfusion injury,IRI)。在对缺血-再灌注损伤的研究中发现了钙反常(calcium paradox)、氧反常(oxygen paradox)、pH反常(pH paradox)现象。以无钙溶液灌流离体大鼠心脏再以含钙溶液灌注时,出现了心肌电信号异常,心肌功能、代谢及形态结构发生异常变化,这种现象称为钙反常。以低氧溶液灌注组织器官或在缺氧条件下培养细胞一段时间后,再恢复正常氧供应,组织及细胞的损伤未能恢复,反而更趋严重,称为氧反常。缺血引起的代谢性酸中毒是细胞功能及代谢紊乱的重要原因,再灌注时迅速纠正缺血组织的酸中毒,反而加重细胞的损伤,称为pH反常。这提示了钙、氧和pH可能参与缺血-再灌注损伤的发生、发展。

第一节　缺血-再灌注损伤的原因及条件

一、常见的原因

在组织器官缺血基础上的血液再灌注都可能造成缺血-再灌注损伤的发生。常见的缺血-再灌注损伤原因如下所述。

(1) 组织器官缺血后恢复血液供应:如休克时微循环的疏通,冠状动脉痉挛的缓解,心脏骤停后心、肺、脑复苏及断肢再植和器官移植等。

(2) 新的医疗技术应用:如动脉搭桥术、溶栓疗法、经皮腔内冠脉血管成形术等。

(3) 体外循环下心脏手术。

二、影响因素

在临床上,不是所有缺血器官在血流恢复后均发生缺血-再灌注损伤,其与缺血时间、组织器官代谢特点、再灌注的条件等因素有关。影响缺血-再灌注损伤及其程度的常见因素叙述如下。

1. 缺血时间　再灌注损伤与缺血时间具有明显的依赖关系。缺血时间短,血供恢复后可无明显的再灌注损伤。缺血时间长,再灌注时,将缺血期的可逆性损伤进一步加重或转化为不可逆性损伤。若缺血时间过长,组织器官因缺血发生了不可逆性损伤,甚至坏死,反而不会出现再灌注损伤。不同动物、不同器官发生缺血-再灌注损伤所需的缺血时间不同,小动物相对较短、大动物相对较长。另外,组织器官对氧的需求程度越高,则越容易发生缺血-再灌注损伤,如心和脑等。

2. 侧支循环 侧支循环的形成可缩短组织器官的缺血时间和减轻缺血程度,因此,易形成侧支循环的器官不易发生再灌注损伤。

3. 再灌注时的条件 再灌注时,灌注液的温度、pH 及电解质离子构成都是缺血-再灌注损伤的重要因素。临床上,通过适当降低灌注液压力、温度、pH,减少灌注液中的 Ca^{2+}、Na^+ 含量,或适当增加 K^+、Mg^{2+} 含量,可预防或减轻再灌注损伤。

第二节 缺血-再灌注损伤的发生机制

虽然缺血-再灌注损伤的发生机制尚不十分清晰,但目前认为缺血-再灌注损伤的发病机制主要有自由基、钙超载和白细胞激活。各种因素之间相互作用,互为因果。另外缺血本身引起的细胞损伤在缺血-再灌注损伤的发生发展中也起到重要作用。

一、自由基的损伤作用

(一) 自由基的定义及类型

自由基(free radical)是外层电子轨道上含有单个不配对电子的原子、原子团和分子的总称,也称游离基。自由基的外层电子轨道的不配对电子状态使其极易发生氧化(失去电子)或还原反应(获得电子)。特别是其氧化作用很强,可引发强烈的氧化应激(oxidative stress)反应,损伤细胞,导致细胞死亡。自由基的种类很多,可分为以下几类。

1. 氧自由基 由氧诱发的自由基称为氧自由基(oxygen free radical,OFR),如超氧阴离子(O_2^-,单电子还原)和羟自由基(OH·,三电子还原)。单线态氧($^1O_2$)及过氧化氢(H_2O_2,双电子还原)虽不是自由基,但氧化作用很强,与氧自由基共同称为活性氧(reactive oxygen species,ROS)。

2. 脂性自由基 指氧自由基与多价不饱和脂肪酸作用后生成的中间代谢产物,如烷自由基(L·)、烷氧自由基(LO·)、烷过氧自由基(LOO·)等。

3. 其他 如氮自由基、氯自由基(Cl·)、甲基自由基(CH_3·)等。

(二) 自由基代谢

生理情况下,自由基的生成与清除处于动态平衡中。生成过多或者清除不足,均可造成组织细胞损伤。自由基产生的病理过程见图 7-1。

(三) 缺血-再灌注损伤时氧自由基产生增多的机制

1. 黄嘌呤氧化酶途径 生理情况下,黄嘌呤氧化酶(xanthine oxidase,XO)和黄嘌呤脱氢酶(xanthine dehydrogenase,XD)主要存在于血管内皮细胞中,其中 10% 以 XO 的形式存在,其余为 XD 形式。

XD 转化为 XO 时需要 Ca^{2+} 的参与。缺血时,ATP 生成减少,钙泵功能障碍,细胞内钙增加,XD 转化为 XO;再灌注时,大量氧分子进入缺血组织细胞中,产生大量的 O_2^- 和 H_2O_2(图7-2)。

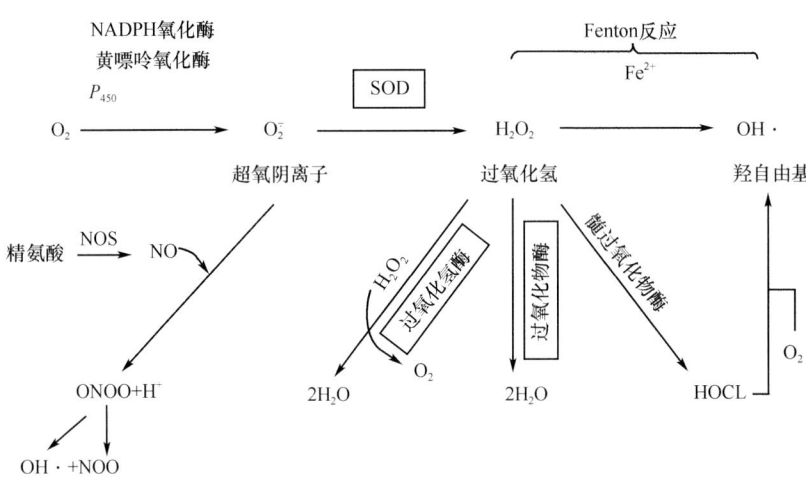

图 7-1　自由基的代谢

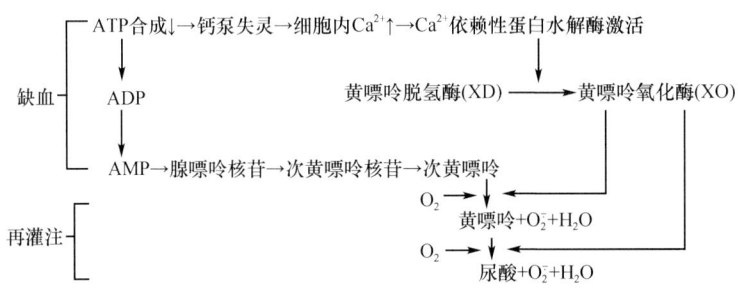

图 7-2　黄嘌呤氧化酶源性氧自由基的生成

2. 中性粒细胞参与了缺血-再灌注组织细胞损伤　缺血、再灌注过程引发大量炎症介质释放、补体系统激活,使中性粒细胞、嗜酸性粒细胞、单核细胞、巨噬细胞等向缺血组织趋化、浸润,激活了细胞内 NADPH/NADH 氧化酶系统,催化氧分子,特别是再灌注时涌入的大量氧分子,产生氧自由基,即呼吸暴发(respiratory burst)或氧暴发(oxygen burst),造成组织细胞损伤。

3. 线粒体电子传递链受损是缺血-再灌注时自由基的主要来源之一　线粒体电子传递链是 ATP 的主要来源,生理情况下,在能量传递过程中,有 1%~3% 的电子过早泄漏 O_2,形成 O_2^-,并立即被 SOD 催化成 H_2O_2,H_2O_2 被谷胱甘肽过氧化酶转化为 O_2 和 H_2O。缺血时,细胞 ATP 减少,Ca^{2+} 进入线粒体增多,细胞色素氧化酶系统功能失调,电子传递链受损,以致进入细胞内的氧经单电子还原而形成的 ROS 增多,超出了抗氧化系统的清除能力。同时,Ca^{2+} 进入线粒体内使 Mn^{2+}-SOD 对 O_2^- 的清除能力降低,进而使 ROS 产生与清除失平衡,ROS 增多。

4. 儿茶酚胺分泌增加,其代谢过程中产生的 ROS 参与缺血-再灌注损伤　任何原因引起的缺血-再灌注过程对于机体来讲都是一种应激刺激,在应激反应过程中,交感-肾上腺髓质系统可分泌大量的儿茶酚胺,儿茶酚胺在发挥其重要的代偿调节作用的同时,其在单胺氧化酶催化下自氧化产生大量自由基,如肾上腺素代谢过程中有 O_2^- 产生,参与了缺血-再灌注损伤(图 7-3)。

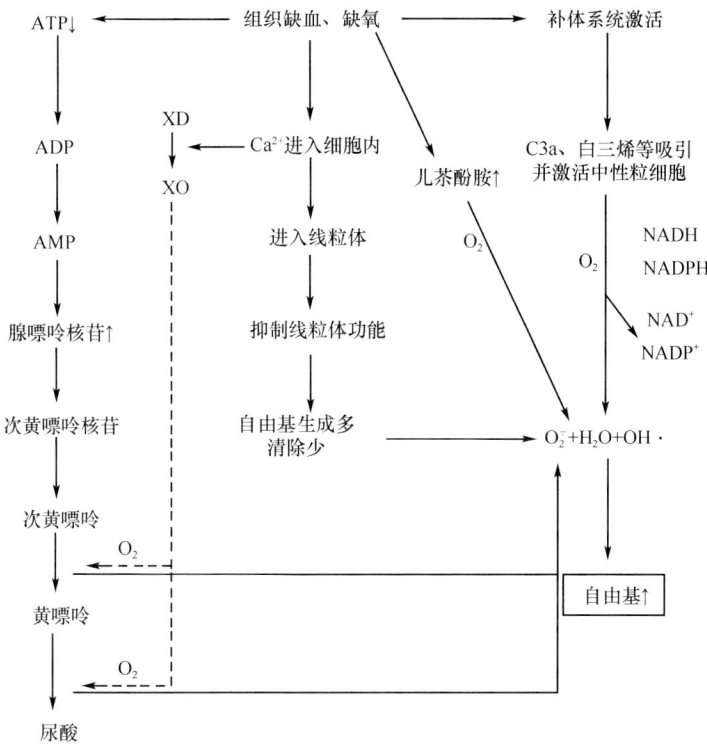

图7-3 缺血-再灌注导致氧自由基生成增多的机制

(四) 自由基的损伤作用

自由基性质活泼使其易与各种细胞结构成分,如膜磷脂、蛋白质、核酸等发生反应,造成细胞结构损伤和功能代谢障碍。

1. 膜脂质过氧化(lipid peroxidation)**反应增强** 细胞膜脂质的稳定是保证膜结构完整和膜蛋白功能正常的基本条件,自由基与膜脂质的不饱和脂肪酸作用引起脂质过氧化反应,使膜结构受损、功能障碍。

(1) 破坏膜的正常结构:膜的主要成分是磷脂和膜蛋白,膜磷脂含有较多的不饱和脂肪酸,极易与自由基发生脂质过氧化反应,膜的完整性受损,流动性降低及通透性升高,Ca^{2+}内流增加。

(2) 抑制膜蛋白功能:脂质过氧化使膜脂质发生交联、聚合,使存在于其间的膜蛋白(受体、酶、离子通道等)的活性下降,如Ca^{2+}泵、钠泵及Na^+-Ca^{2+}交换蛋白等的功能下降,导致胞质Na^+、Ca^{2+}浓度升高,造成细胞肿胀、钙超载;膜受体抑制,引起细胞信号转导功能障碍等。此外,自由基可直接使膜蛋白变性失去活性。

(3) 促进自由基及其他生物活性物质生成:膜脂质过氧化可激活磷脂酶C、磷脂酶D,进一步分解膜磷脂,催化花生四烯酸代谢反应,在增加自由基生成和增强脂质过氧化的同时,形成多种生物活性物质如前列腺素、血栓素、白细胞三烯等,促进再灌注损伤发生。

(4) 减少ATP生成:线粒体膜脂质过氧化导致线粒体膜结构受损,功能抑制,ATP生成减少,细胞能量代谢障碍加重。

2. 蛋白质结构与功能的改变 自由基与蛋白质多肽链上的巯基、氨基酸残基发生氧化反应,改变蛋白质结构,引起蛋白质变性、降解、功能丧失,其主要表现叙述如下。

(1) 蛋白质变性:自由基与蛋白质的氨基酸残基氧化反应引起肽链断裂。巯基是许多酶的活性中心的重要组成部分,自由基与巯基的氧化形成二硫键,引起酶的活性下降或丧失。变性的蛋白质容易聚集,使分子量增大,形成不可溶性沉淀。

(2) 蛋白质降解:变性的蛋白质对水解酶系统敏感性增强,除了 ATP 依赖的蛋白质水解酶系统和 Ca^{2+} 依赖性蛋白水解系统外,变性的蛋白质,因为其二级和(或)三级结构在自由基的作用下发生了随机构象,使其对可溶性蛋白水解酶敏感位点暴露,在泛素降解系统(ubiquitin degradation system)的参与下,变性蛋白质被水解酶迅速水解。

3. 自由基可破坏核酸及染色体 由于 OH· 易与脱氧核糖核酸及碱基发生反应,使核酸碱基改变或 DNA 断裂,染色体畸变。

二、钙超载

正常机体 $[Ca^{2+}]_o = 10^{-3} \sim 10^{-2}(mol/L)$;$[Ca^{2+}]_I = 10^{-8} \sim 10^{-7}(mol/L)$,$[Ca^{2+}]_o$ 是 $[Ca^{2+}]_I$ 的 10 000 倍。这种浓度梯度的维持主要靠细胞膜上的钙通道、钙泵、Na^+-Ca^{2+} 交换体、Ca^{2+}-H^+ 交换体,以及细胞内的肌质网(SR)钙结合蛋白(CaBP)、线粒体来维持的。

(一) 细胞内钙超载的机制(图 7-4)

1. Na^+-Ca^{2+} 交换 缺血缺氧时,细胞内 pH 降低(细胞内酸中毒)。再灌注时,细胞内外形成 pH 梯度差,激活 Na^+-H^+ 交换,使细胞内 Na^+ 增多。再灌注后,由于恢复了能量供应和 pH,从而促进 Na^+-Ca^{2+} 交换的恢复,细胞外 Ca^{2+} 大量内流,造成细胞内钙超负荷。这是细胞内钙超负荷的主要机制。

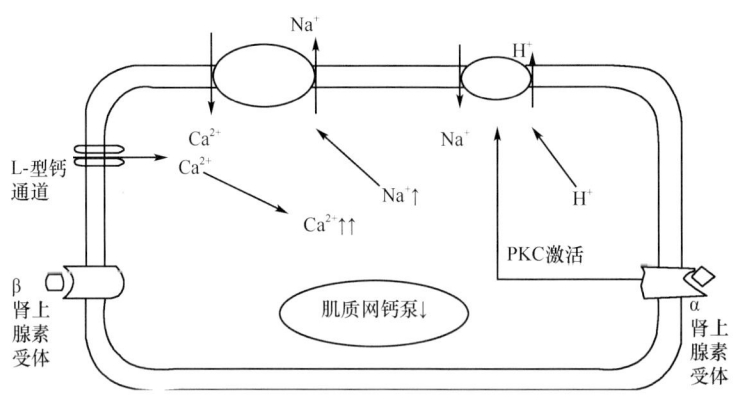

图 7-4 缺血-再灌注损伤时钙超载的发生机制

2. 细胞膜通透性增高 缺血或无钙灌流期造成细胞外板(external lamina)与糖被(glycocalyx)表面的分离(两者由 Ca^{2+} 连接在一起),细胞膜的这种损伤为再灌注时钙离子的大量内流创造了条件。缺血缺氧引起的细胞内酸中毒,再灌注时,通过细胞内外 H^+-Na^+ 交换和 Na^+-Ca^{2+} 交换而使细胞内钙增加。细胞内钙增加可激活磷脂酶,使膜磷脂降解,细胞膜通透性增高,胞内外高 Ca^{2+} 浓度梯度足以使大量 Ca^{2+} 进入细胞。细胞内兴奋-收缩偶联因子——游离钙浓度的增加,引起心肌细胞内微管和微丝的收缩,可导致心肌细胞之间的紧密连接破坏。有人认为,这是再灌注时细胞内钙超载的主要原因,因为曾观察到心肌细胞的收缩波是由细胞的两端逐渐移向中央的。

3. 线粒体功能障碍　缺血-再灌注时,产生的氧自由基可破坏线粒体结构,使线粒体肿胀,膜流动性降低,氧化磷酸化功能受损,ATP 生成减少,使肌膜及肌质网膜钙泵功能障碍,不能排出和摄取细胞质中过多的钙,致使细胞质中游离钙增加,造成细胞内钙超负荷。

4. 儿茶酚胺增多　在缺血心肌,可见 α 和 β 受体密度增加。缺血时内源性儿茶酚胺释放,刺激 α 和 β 受体引起 Ca^{2+} 内流增加。刺激 α1 肾上腺素能受体能间接激活蛋白激酶 C,刺激 H^+-Na^+ 交换,进而引起 Na^+-Ca^{2+} 交换,使细胞内钙超负荷。

(二) 钙超载引起再灌注损伤的机制

1. 线粒体功能障碍　聚集在细胞内的 Ca^{2+} 被肌质网、线粒体摄取过程中消耗大量 ATP,而进入线粒体的 Ca^{2+},与含磷酸根的化合物结合,形成磷酸钙沉积,干扰线粒体的氧化磷酸化,使能量代谢障碍,ATP 生成减少。

2. 激活钙依赖性降解酶　细胞内游离钙增加,使 Ca^{2+} 与钙调蛋白(CaM)结合增多,进而激活多种钙依赖性降解酶(degradative enzyme)激活,诸如蛋白酶(protease)、核酸内切酶(endonuclease)、磷脂酶(phospholipase)。磷脂酶通过生物膜磷脂的水解(hydrolysis)而导致细胞膜及细胞器膜受损;蛋白水解酶和核酸内切酶的活化,又可引起细胞骨架和核酸的分解。

3. 促进氧自由基生成　钙超负荷使钙敏感蛋白水解酶活性增高,促使黄嘌呤脱氢酶转变为黄嘌呤氧化酶,使自由基生成增加,损害心肌。另外,钙依赖性磷脂酶 A_2 的激活,使花生四烯酸生成增加,后者通过环加氧酶和脂加氧酶作用产生大量 H_2O_2 和 $OH·$。

4. 引起心律失常　细胞内钙增加,通过 Na^+-Ca^{2+} 交换形成一过性内向离子流,在心肌动作电位后形成短暂除极;持续 Ca^{2+} 内流,可形成动作电位的"第二平台期"而引发早期后除极或延迟后除极等机制,而引起心律失常。

5. 破坏细胞骨架　细胞内游离钙增加,可使肌原纤维挛缩、断裂,生物膜机械损伤,细胞骨架破坏。

三、白细胞的作用

实验与临床观察发现,在缺血原因去除后,缺血区并不能得到充分的血流灌注,此现象称为无复流现象(no-reflow phenomenon)。这种无复流现象不仅存在于心肌,也见于脑、肾、骨骼肌缺血后的再灌注过程。无复流现象是缺血-再灌注损伤中微循环障碍的主要表现。

(一) 白细胞激活的机制

(1) 组织损伤时,细胞膜磷脂降解,花生四烯酸代谢产物增多,其中白细胞三烯、PGE_2、血小板活化因子(PAF)以及补体和激肽等具有很强的趋化作用,进而吸引大量白细胞进入组织或黏附于血管内皮。

(2) 白细胞本身释放许多具有趋化作用的炎症介质,如 LTB_4,使微循环中白细胞进一步增加。炎症介质能激活炎症细胞,使之合成和释放多种炎症因子;促使血管内皮细胞收缩,导致血管壁通透性增加;诱导细胞黏附因子的表达;使血管和支气管及子宫等部位平滑肌收缩。因此,可促使白细胞与内皮细胞黏附、滚动、激活和穿过血管壁趋化游走。

(二) 白细胞介导缺血-再灌注损伤的机制

(1) 机械阻塞作用:由于白细胞与红细胞不同,其流变学和形态学的特点是体积大而僵硬、变形能力较弱,因此大量白细胞黏附血管内皮细胞,极易嵌顿、堵塞毛细血管而有助于形成无复流现象,结果进一步加重组织的缺血缺氧。

(2) 炎症反应失控:白细胞(多形核白细胞、巨噬细胞、单核细胞)的激活,释放大量促炎的细胞因子,如TNFα、IL-1、IL-8;脂质炎症介质,如白细胞三烯、血栓素 A_2(TXA_2)、血小板活化因子(PAF)等;氧自由基,如 O_2^-、$OH·$ 等;溶酶体酶,如蛋白酶、胶原酶弹性蛋白酶等。这样,必然引起血管通透性增加而引发水肿,同时导致组织的损伤和破坏。

第三节 缺血-再灌注损伤时机体的功能和代谢变化

一、心脏缺血-再灌注损伤的变化

1. 心肌舒张、收缩功能降低 静止张力(指心肌在静息状态下受前负荷作用而被拉长时产生的张力)随缺血时间的延长逐渐升高,发展张力(指心肌收缩时产生的主动张力)逐渐下降。再灌注时静止张力更加增高,表现为心室舒张末期压力(VEDP)增大;发展张力愈加降低,表现为心室收缩峰压(VPSP)和心室内压最大变化速度($\pm dp/dt$ max)均降低。

2. 缺血-再灌注性心律失常 发生率较高,以室性心律失常为主。再灌注性心律失常的发生,基本条件是再灌注区必须存在功能上可以恢复的心肌细胞,这种细胞存在越多,心律失常的发病率越高。其次与再灌注前缺血时间的长短、缺血心肌的数量、缺血程度和再灌注恢复的速度有关。

缺血-再灌注性心律失常的发生机制可能与下列因素有关:①心肌电生理特性的改变导致了传导性与不应期的暂时不均一性,为折返激动心律失常的发生提供了电生理基础;②再灌注被冲刷出来的儿茶酚胺刺激α受体,提高了心肌细胞的自律性;③再灌注明显降低心肌纤颤阈。

再灌注性心律失常的发生与氧自由基和钙超载有关,两者均可造成静息膜电位负值变小,电位震荡,早期后除极(early after-depolarization, EAD)和延迟后除极(delayed after-depolarization, DAD)。自由基清除剂和钙通道阻断剂,可明显减少再灌注性心律失常的发生。

3. 心肌顿抑(myocardial stunning) 是指心肌短时间缺血后不发生坏死,但引起的结构、代谢和功能改变在再灌注后并不立刻恢复,常需数小时、数天或数周才能恢复正常,其特征为收缩功能障碍。Braunwald 早在1982年,首次将"这种在再灌注后尽管无不可逆性损伤和血流已恢复正常、但局部心肌收缩功能延迟恢复的现象称为心肌顿抑"。为解释它的发生机制,人们提出许多假说:合成高能磷酸化合物的能力丧失或下降,微血管灌注障碍,交感神经反应性受损,氧自由基产生,白细胞激活,磷酸激酸酶活性降低,钙稳态紊乱等。氧自由基释放和钙超载被公认在心肌顿抑的病理发生中起关键作用(图7-5),而前列环素和血管紧张素转换酶(ACE)的抑制及随后发生的缓激肽产生增加,则可能调节其严重程度。可逆性缺血后的短暂功能抑制,实验动物似乎比人表现得更严重些。一般认为,心肌顿抑是再灌注损伤的表现。

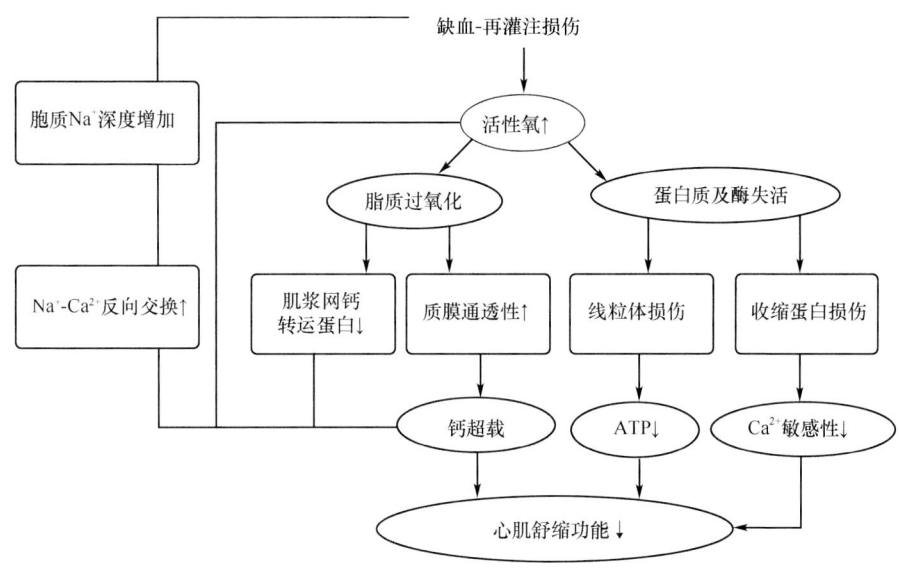

图 7-5 心肌顿抑发生机制

4. 心肌能量代谢变化 氧化磷酸化功能障碍,线粒体耗氧量、呼吸控制率、磷氧比值及质子 ATP 酶合成活性下降,质子电子比失调,ATP 产生减少,心肌 ATP、CP 含量迅速降低,尤以 CP 明显。

5. 心肌超微结构变化 基膜部分缺失,质膜破坏,损伤迅即扩展到整个细胞,使肌原纤维结构破坏(出现严重收缩带,肌丝断裂、溶解),线粒体损伤(极度肿胀,嵴断裂、溶解,空泡形成,基质内磷酸盐沉积形成的致密物增多)。

二、脑缺血-再灌注损伤的变化

脑对缺氧最敏感,它的活动主要依靠葡萄糖有氧氧化提供能量。因此,脑缺血时间较长时可引起严重的不可逆性损伤。脑缺血时生物电发生改变,出现病理性慢波,缺血一定时间后再灌注,慢波持续并加重。

1. 能量代谢变化 脑缺血后首先出现能量代谢障碍,短时间内 ATP、CP、葡萄糖、糖原等均减少,乳酸明显增加。缺血时 cAMP 增加,cGMP 减少,再灌注后上述变化更加明显。由于 cAMP 上升可导致磷脂酶激活,使磷脂降解,游离脂肪酸增多,缺血后再灌注时,自由基产生增多与游离脂肪酸作用,使过氧化脂质生成增多,损伤生物膜。

2. 组织学变化 缺血时最明显的组织变化为脑水肿及脑细胞坏死,两者互为因果。实验证明,脑水肿只有在多价不饱和脂肪酸存在下才能引起,这是因为脂肪酸容易过氧化而损伤细胞膜之故。缺血时水肿的产生是膜脂降解,游离脂肪酸增多的结果,而过氧化是再灌注后水肿持续加重的原因之一。在脑缺血-再灌注期,易损组织释放的兴奋性氨基酸递质(谷氨酸和天门冬氨酸)增多,作用于相应受体,使钙通道开放,引起钙超载,加之自由基生成增多,共同导致神经元死亡。

三、肠缺血-再灌注损伤的变化

肠缺血时,液体通过毛细血管滤出而形成间质水肿。缺血后再灌注,肠管毛细血管通透性更加升高。严重肠管缺血-再灌注损伤的特征为黏膜损伤,其特征表现为广泛的上皮与绒毛分离,上皮坏死,大量中性粒细胞浸润,固有层破损,出血及溃疡形成。显然,这必然引起广泛的肠管功能障碍及黏膜屏障的通透性增高,甚至导致肠缺血性休克。小肠易发生缺血-再灌注损伤的一个重要原因,在于小肠血管内皮中的黄嘌呤脱氢酶和黄嘌呤氧化酶的活性在体内各脏器中是最高的,再灌注时易产生大量自由基。

四、肾的缺血-再灌注损伤

肾缺血再灌注时,血清肌酐明显增高,表明肾功能严重受损。再灌注时肾组织损伤较单纯缺血明显加重,线粒体高度肿胀、变形、嵴减少,排列紊乱,甚至线粒体崩解,空泡形成等。

第四节 缺血-再灌注损伤临床护理的病理学基础

缺血-再灌注损伤的发生机制尚未阐述清楚,目前,对其防治措施的研究尚处于实验研究和临床实验观察阶段。

(一)病情观察

消除缺血原因,尽早恢复血流。缺血是再灌注损伤的前提,缺血时间是决定再灌注损伤发生的关键因素。针对缺血原因,采取有效措施,尽可能在再灌注损伤发生的缺血时间以前恢复血流,减轻缺血性损伤,避免严重的再灌注损伤。

(二)对症护理

采用适当低压、低流、低温、低 pH、低钙、低钠液灌注,可减轻再灌注损伤。低压、低流灌注可避免缺血组织中氧饱和液急剧增高而产生大量 ROS、组织水肿及流体应切力等机械损伤;适当低温灌注有助于降低缺血组织代谢率,减少耗氧量和代谢产物的堆积;低 pH 液灌注可减轻细胞内液碱化,抑制磷脂酶和蛋白酶对细胞的分解,降低 Na^+-Ca^{2+} 交换的过度激活;低钙液灌注可减轻因钙超载所致的细胞损伤;低钠液灌注有利于细胞肿胀的减轻。

改善缺血组织的能量代谢,目前认为能量代谢障碍,ATP 缺乏是缺血-再灌注组织损伤的发生基础之一。因而,补充糖酵解底物如磷酸己糖,外源性 ATP;应用氢醌、细胞色素等进行治疗,延长缺血组织的可逆性改变期限。同时,纠正酸中毒也是改善缺血组织代谢,减轻再灌注损伤的重要措施之一。

抗自由基细胞保护剂的应用,ROS 损伤是缺血-再灌注损伤的重要发病环节,ROS 主要产生于再灌注的早期,因而,临床上一般在再灌注前或即刻给予抗自由基制剂,如 SOD、CAT、GSH-PX、维生素 E、维生素 A、维生素 C 等。另外,关于一些中药制剂在缺血-再灌注损伤中作用的研究报道较多,认为它们可通过降低体内自由基的水平,对缺血-再灌注损伤发挥较好的防治作用,如丹参、川芎嗪、三七、虎杖苷、葛根素等。

减轻钙超载的发生,临床观察表明:在再灌注前或再灌注时即刻使用钙通道阻滞剂,可减轻再灌注时细胞内钙超载和维持细胞的钙稳态,减少心律失常的发生,如维拉帕米等。近年来研究表明,应用 Na^+-H^+ 交换蛋白及 Na^+-Ca^{2+} 交换蛋白抑制剂可以更有效地防止钙超载的发生。

(张伟华)

第八章 休 克

第一节 概 述

休克是英文"shock"的音译。该词源于希腊文,原意为打击、震荡。1737年法国医师 Henri Francois Le Dran 首次用法语"secousseuc"描述患者因创伤而引起的临床危重状态。1743年英国医师 Clare 将此词翻译成英文"shock"。休克是指机体在严重失血、感染、创伤等强烈致病因素的作用下,有效循环血量急剧减少,组织血液灌流量严重不足,引起组织细胞缺血、缺氧、各重要生命器官的功能代谢障碍及结构损伤的全身病理过程,是临床危重病症。休克患者的典型临床表现为:面色苍白或发绀、四肢湿冷、脉搏细速、脉压缩小、尿量减少、神志淡漠、血压逐渐降低。

第二节 休克的病因与分类

一、休克的病因

(一) 失血与失液

1. 失血 见于外伤出血、胃溃疡出血、食管静脉曲张出血及产后大出血等。当失血量较大而又不能得到及时补充时可发生失血性休克(hemorrhagic shock)。失血超过总血量的45%~50%,往往迅速导致死亡。

2. 失液 剧烈呕吐或腹泻、肠梗阻、大量出汗及糖尿病时的多尿等均可导致大量体液丢失,引起有效循环血量急剧减少而发生休克。

(二) 烧伤

大面积烧伤早期由于毛细血管通透性增高,大量血浆渗出使有效循环血量减少,加上剧烈疼痛可引起烧伤性休克(burn shock)。晚期易继发感染而发展为感染性休克。

(三) 创伤

创伤严重或面积较大时,机体可因失血和强烈的疼痛刺激而引起创伤性休克(traumatic shock)。

(四) 感染

严重感染尤其是革兰阴性细菌感染可引起感染性休克(infective shock)。感染性休克常伴有败血症,故又称败血症休克(septic shock)。

(五)过敏

过敏体质者注射某些药物、血清制剂或疫苗,甚至进食某些食物、接触某些物品时,变应原可引起以血管扩张、毛细血管通透性增加为特点的过敏性休克(anaphylactic shock)。

(六)强烈的神经刺激

剧烈疼痛、高位脊髓麻醉、中枢镇静药过量或损伤引起血管运动中枢抑制、阻力血管舒张、循环血量相对不足而导致神经源性休克(neurogenic shock)。

(七)心脏功能障碍

大面积急性心肌梗死、急性心肌炎、室壁动脉瘤破裂、严重的心律失常等心脏病变和心脏压塞、肺栓塞、张力性气胸等妨碍血液回流和心脏射血的心外阻塞性病变均可引起心排出量急剧减少,有效循环血量和灌流量显著下降,导致心源性休克(cardiogenic shock)。

二、休克的分类

(一)病因学分类

按原因分类有助于及时消除病因。目前在临床广为应用。其可分为失血性休克、失液性休克、创伤性休克、烧伤性休克、感染性休克、过敏性休克、神经源性休克、心源性休克等。

(二)发病学分类

休克发生的共同基础是通过血容量减少、血管床容积增大和心排出量急剧降低这三个始动发病学环节使有效循环血量锐减,组织灌注量减少。据此,可将休克分成以下三类。

1. 低血容量性休克(hypovolemic shock) 是指因血容量减少引起的休克。最常见的原因是失血,亦可见于失液、烧伤等。典型的临床表现为"三低一高",即中心静脉压、心排出量、动脉血压降低,总外周阻力增高。

2. 血管源性休克(vasogenic shock) 感染性、过敏性和神经源性休克患者血容量并不减少,但都有血管床容积增大,有效循环血量相对不足,循环血量分布异常,导致组织灌流及回心血量减少。此型休克也称为分布异常性休克(maldistributive shock)。

3. 心源性休克(cardiogenic shock) 是指由于心脏泵血功能衰竭,心排出量急剧减少,有效循环血量下降而引起的休克。其发生可由心脏内部原因引起,见于心肌梗死、心肌病、严重的心律失常、瓣膜性心脏病及其他严重心脏病的晚期;也可因心脏外部的原因引起,如急性心脏压塞、张力性气胸或心脏射血受阻,如肺血管栓塞、肺动脉高压等。

(三)按血流动力学特点分类

1. 高排-低阻型休克 血流动力学特点是总外周阻力降低,心排出量增高,血压稍降,脉压增大,皮肤血管扩张或动-静脉吻合支开放,血流增多使皮肤温度升高,又称为"暖休克"。其多见于一些感染性休克的早期。

2. 低排-高阻型休克 血流动力学特点是心排血量低,总外周阻力增高,平均动脉压降低可不明显,但脉压明显缩小。由于皮肤血管收缩,血流量减少,使皮肤温度降低,又称为

"冷休克"。其见于低血容量性休克、心源性休克。

3. 低排-低阻型休克 血流动力学特点是心排出量降低,总外周阻力也降低。故收缩压、舒张压和平均动脉压均明显降低,实际上是失代偿的表现,常见于各种类型休克的晚期阶段。

第三节 休克的发展过程及其发病机制

休克的发病机制至今尚未完全阐明。有效循环血量减少使全身重要脏器微循环灌流急剧降低是各种类型休克发病的共同环节。"微循环障碍学说"虽不能圆满解释所有休克的发病机制,但对休克的防治仍具有重要的理论和实践意义。以临床经过相对较为简单的失血性休克为例,休克的发展过程大致分为以下三期。

一、休 克 早 期

休克早期,机体处于强烈应激的早期阶段,机体会动员多种代偿机制维持血压稳定和重要器官的血液灌流,因此休克早期又称代偿期。

(一) 微循环的变化

休克病因可引起一系列神经-体液变化,使小血管持续收缩或痉挛,尤其是微循环的流入端(微动脉、后微动脉和毛细血管前括约肌)收缩更强烈,而微循环流出端(即微静脉)轻度收缩。由此导致毛细血管前阻力大于后阻力,大量真毛细血管网关闭,真毛细血管网血流量减少,血流减慢,本期微循环灌流的特点是少灌少流、灌少于流。进入微循环的血液主要通过直捷通路和开放的动-静脉吻合支回流,非营养血流增加而营养血流减少,组织呈现缺血、缺氧状态(图8-1)。因此,休克早期又称微循环缺血缺氧期。

(二) 微循环变化的机制

1. 交感神经-肾上腺髓质系统兴奋与儿茶酚胺的作用 各种原因引起的有效循环血量减少可导致交感神经-肾上腺髓质系统强烈兴奋,儿茶酚胺大量释放入血。儿茶酚胺与血管壁α-肾上腺素受体结合,引起外周血管收缩。由于皮肤、腹腔内脏和肾脏的小血管有丰富的交感缩血管纤维支配,且α-肾上腺素受体分布占优势。因此在交感神经兴奋、儿茶酚胺增多时,这些脏器的小血管收缩或痉挛,尤其是微动脉、后微动脉和毛细血管前括约肌对儿茶酚胺的敏感性强于微静脉。因此,微循环流入端的收缩程度大于流出端,毛细血管前阻力增加、多数真毛细血管关闭、微循环血流量锐减、血流速度减慢。儿茶酚胺与β-肾上腺素受体结合则使动-静脉吻合支开放,血液通过开放的动-静脉吻合支和直捷通路回流,加重了缺血缺氧。

2. 其他体液因子的作用 代偿期体内产生的血管紧张素Ⅱ、抗利尿激素、内皮素等其他体液因子也具有促进血管收缩的作用。以儿茶酚胺为主的多种缩血管物质协同作用,导致了休克早期微血管收缩。

(三) 代偿意义

上述微循环改变一方面虽引起皮肤、腹腔内脏和肾脏等器官局部缺血、缺氧,另一方面却对整体具有一定的代偿意义,主要表现在以下几方面。

1. 血液重新分布,保证心脑的血液供应 不同器官的血管对儿茶酚胺的反应不一。腹腔内脏和皮肤血管因 α-受体密度高,对儿茶酚胺敏感性强而收缩明显;脑动脉、冠状动脉无明显改变。微循环反应的不均一性使已经减少的有效循环血量得到合理的重新分布,起到"移缓救急"的作用,保证了心、脑主要脏器的血液供应。

2. 维持有效循环血量和动脉血压

(1)"自身输血":儿茶酚胺促使肌性微静脉、小静脉及肝、脾等储血器官收缩,减少了血管床的容积,使回心血量迅速增加,有助于维持动脉血压。这种代偿起到"自身输血"的作用,是休克时增加回心血量的第一道防线。

(2)"自身输液":由于毛细血管前阻力血管比微静脉对儿茶酚胺更敏感,导致毛细血管前阻力大于后阻力,灌入少于流出,毛细血管流体静压随之降低,促使组织液回流进入血管,起到"自身输液"的作用,是休克时增加回心血量的第二道防线,有利于维持心排血量和动脉血压。

(3)钠水潴留:醛固酮和抗利尿激素分泌增多,使肾脏重吸收钠、水增多,增加循环血量。

(4)心肌收缩力增强,外周阻力增加:交感-肾上腺髓质系统兴奋,可增强心肌收缩力,加快心率,增加心排血量。在心排血量增加和心肌收缩力增强的基础上,全身微小动脉痉挛,可使外周阻力增高,减轻血压,尤其是平均动脉压下降的程度。

(四)临床表现

(1)由于皮肤和内脏微血管收缩,血流灌注显著减少,此期患者脸色苍白、四肢湿冷、脉搏细速、尿量减少。

(2)由于血液重新分配,脑血流可以正常,早期休克患者神志一般清楚,烦躁不安。

(3)血压可骤降(如大失血),也可略降甚至正常(代偿),但脉压多明显缩小。值得注意的是,休克早期微血管收缩虽然对减轻血压下降、保障重要生命器官血液灌流有代偿意义,但却引起大多数内脏器官缺血和缺氧。由于多数组织器官灌流不足发生在血压明显下降之前,因此不能把血压是否下降作为早期诊断休克的指标,而脉压缩小比血压下降更具早期诊断意义。

休克代偿期为休克的可逆期,应尽早消除休克动因,及时补充血容量,恢复有效循环血量,促使患者脱离危险,防止休克进一步发展。休克早期患者常因无特异的临床表现而被延误治疗,如果休克动因未能及时去除,且未得到及时、适当的救治,或因病情严重、发展较快时,可继续发展到休克进展期。

二、休克进展期

休克进展期为休克的可逆性失代偿期,亦称休克中期。

(一)微循环的变化

休克持续一定时间,内脏微血管的自律运动现象首先消失,终末血管床对儿茶酚胺的反应性降低。微动脉和后微动脉痉挛较前减轻,逐渐舒张,血液流入微循环的阻力降低,此时血液不再局限于通过直捷通路,而是经过弛张的毛细血管前括约肌大量涌入真毛细血管网。同时微静脉端血流缓慢,血细胞黏附、聚集不断加重,微循环流出阻力增大。微循环灌多流少,血液淤滞在毛细血管,内脏微循环处于低灌流状态,组织细胞呈现严重淤血性缺氧(图8-1)。因此,此期又称为微循环淤血性缺氧期。此期微循环灌流特点是灌多流少,灌大于流。

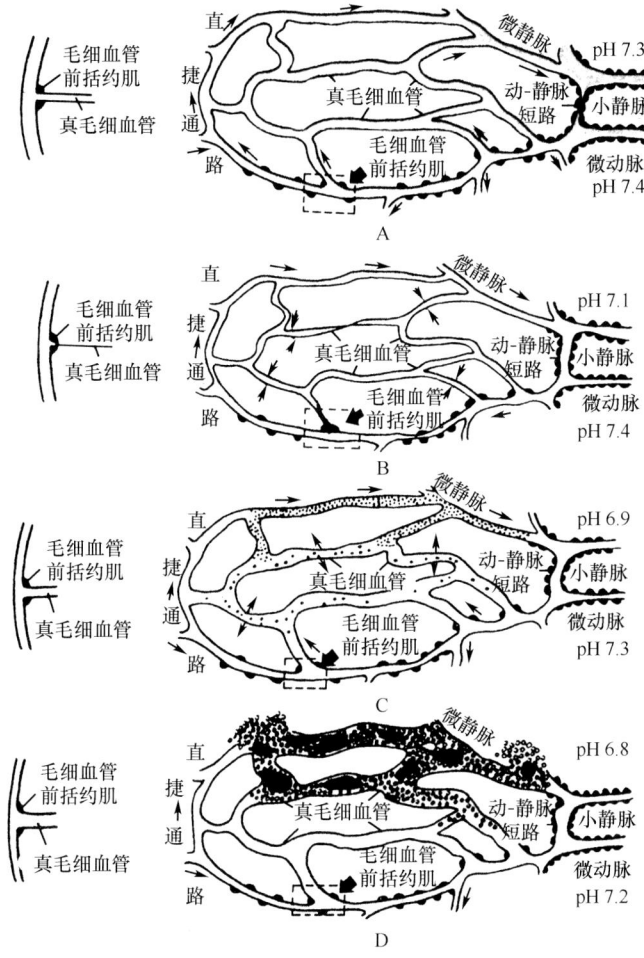

图8-1 休克各期微循环特点
A. 正常;B. 缺血性缺氧期;C. 淤血性缺氧期;D. DIC 期

(二) 微循环变化的机制

1. 酸中毒 缺氧引起组织氧分压下降,CO_2 和乳酸堆积而发生酸中毒。酸中毒导致血管平滑肌对儿茶酚胺的反应性降低,使微血管舒张。

2. 局部舒血管代谢产物增多 长期缺血、缺氧、酸中毒刺激肥大细胞释放组胺增多,ATP 的分解产物腺苷堆积,激肽类物质生成增多等,可引起血管平滑肌舒张和毛细血管扩张。此外,细胞解体时释出 K^+ 增多,ATP 敏感的 K^+ 通道开放,K^+ 外流增加致使电压门控性钙通道抑制,Ca^{2+} 内流减少,血管反应性与收缩性降低,也是此期微血管扩张的重要原因之一。

3. 血液流变学的改变 休克进展期血液流速明显降低,血流缓慢的微静脉中红细胞易聚集;加上组胺的作用毛细血管通透性增加,血浆外渗,血液黏度增高;灌流压下降,导致白细胞滚动、贴壁、黏附于内皮细胞,嵌塞毛细血管或在微静脉附壁黏着,使血流受阻,毛细血管后阻力增加,黏附并激活的白细胞通过释放氧自由基和溶酶体酶导致血管内皮细胞和其他组织细胞损伤,进一步引起微循环障碍及组织损伤。

4. 内毒素等的作用 休克进展期常有肠源性细菌,如大肠杆菌和脂多糖入血。脂多糖和其他毒素可通过激活巨噬细胞,促进一氧化氮生成增多等途径引起血管平滑肌舒张,导致持续性的低血压。

休克时形成的多种体液因子也参与微循环紊乱的发生。休克进展期微血管反应性低下,丧失参与重要生命器官血流调节的能力,促使整个心血管系统功能恶化,机体由代偿逐渐演变为失代偿。

(三) 失代偿及恶性循环的产生

此时休克早期形成的代偿机制逐渐消失,有效循环血量锐减、回心血量减少、血压进行性降低,机体进入恶性循环,全身器官灌流量进行性减少,相继出现功能障碍。

1. 有效循环血量进行性减少 由于内脏毛细血管血液淤滞,毛细血管内流体静压升高,及组胺、激肽、前列腺素等的作用引起毛细血管通透性增高,不仅休克早期组织液进入毛细血管的缓慢"自身输液"停止,反而有血浆渗出到组织间隙。由于酸性代谢产物、溶酶体酶水解产物的作用使组织间隙胶原蛋白的亲水性增加,均可促进血浆外渗,引起血液浓缩。静脉系统容量血管扩张,增大血管床容积,使回心血量减少,"自身输血"的效果丧失。由于微循环血管床大量开放,血液滞留在肠、肝、肺等器官,导致有效循环血量锐减。

2. 血压进行性降低,心脑血液灌注量减少 由于回心血量及有效循环血量进一步减少,心肌舒缩功能障碍,外周阻力降低,动脉血压进行性下降。当平均动脉血压小于50mmHg时,心脑血管对血流量的自身调节作用丧失,血液灌注量严重减少。

回心血量减少,心排出量和血压进行性下降,使交感-肾上腺髓质系统更为兴奋,血液灌流量进一步下降,组织缺氧更趋严重,形成恶性循环。由于血液浓缩,血细胞压积增大,血液黏滞度进一步升高,促进红细胞聚集,导致有效循环血量进一步减少,加重恶性循环。

(四) 临床表现

由于血压进行性下降,心、脑血管失去自身调节或血液重新分布中的优先保证,冠状动脉和脑血管灌流不足,此期患者出现心、脑功能障碍,心搏无力、心音低钝,患者表情淡漠、反应迟钝甚至转入昏迷。

由于肾血流量长时间严重不足,尿量进一步减少甚至无尿。皮肤因灌流量降低而冰冷、浅表静脉萎陷,皮肤黏膜因血液淤滞而出现发绀或花斑。

休克进展期机体由代偿向失代偿发展,失代偿初期经积极救治仍属可逆,故又称可逆性失代偿期。但若持续时间较长,则进入休克难治期。

三、休克难治期

休克难治期是休克发展的晚期阶段,也称之为休克晚期或休克的不可逆性失代偿期。休克一旦进入微循环衰竭期,将会给临床治疗造成极大的困难。

(一) 微循环的变化

休克晚期微循环淤滞更加严重,微血管平滑肌麻痹,对血管活性物质失去反应,微血管舒张,红细胞聚集,可有大量微血栓形成并阻塞血管,导致微循环血流停止,不灌不流,组织得不到足够的氧气和营养物质供应,甚至出现毛细血管无复流现象(no-reflow),即使大量输血补液,血压一度回升,有时仍不能恢复毛细血管血流。后期可见微血管出血(见图8-1)。此期亦称为微循环衰竭期。此期微循环灌流特点是血流停止,不灌不流。

(二) 微循环变化的机制

1. 微血管麻痹扩张 严重缺氧、酸中毒使微血管丧失对缩血管物质的反应性,导致微血管麻痹扩张,加上微血管壁通透性升高,使血浆大量外渗,血液浓缩,血液淤滞,血流缓慢。

2. 广泛微血栓形成,出现弥散性血管内凝血(disseminated intravascular coagulation, DIC)

(1) 血液高凝状态:休克进入微循环淤血性缺氧期后,血液流变学发生显著改变。进入休克晚期,由于血液进一步浓缩,红细胞压积增大和纤维蛋白原浓度增加、血细胞聚集、血液黏滞度增高、血液处于高凝状态、红细胞和血小板易于聚集而形成微血栓,血流速度减慢、酸中毒越来越严重,可能诱发DIC。DIC是由于某些致病因子的作用,凝血因子和血小板被激活,大量促凝物质入血,凝血酶增加,进而微循环中形成广泛的微血栓。微血栓形成中消耗了大量凝血因子和血小板,继发性纤维蛋白溶解功能增强,导致患者出现明显的出血、休克、器官功能障碍和溶血性贫血等临床表现,是临床常见的病理过程。

(2) 凝血系统激活:严重缺氧、酸中毒及内毒素的作用使内皮细胞受损,启动内外源性凝血系统,同时血管内皮细胞受损,抗凝作用减弱,促凝作用增强;严重组织损伤,如创伤性休克可释放大量组织因子入血,直接启动外源性凝血过程;感染性休克时内毒素可直接刺激单核-巨噬细胞和血管内皮细胞表达、释放组织因子,启动外源性凝血过程,上述因素综合作用,导致广泛微血栓形成,发生DIC。

(三) 临床表现

1. 循环衰竭 血压进行性下降,给升压药仍难以恢复。脉搏细速,中心静脉压降低,静脉塌陷,出现循环衰竭,可致患者死亡。

2. 并发DIC 本期常并发DIC,出现出血、贫血、皮下瘀斑等临床表现。休克难治的原因与DIC的发生有关。然而,由于休克的原始病因和机体自身反应性的差异,并非所有休克患者都一定发生DIC。但患者一旦并发DIC,对微循环和各器官功能将产生严重影响,使病情恶化。

3. 重要器官功能障碍或衰竭 休克晚期由于微循环淤血不断加重和DIC的发生,使组织器官微循环灌流量严重不足,细胞受损乃至死亡,造成重要器官包括心、脑、肺、肾、肠等器官障碍或衰竭,临床上出现相应器官衰竭的表现。

应该指出的是,由于导致休克的病因和始动环节不同,不同类型休克的发展并不完全遵循这一发展规律。如严重的过敏性休克,由于微血管大量开放和毛细血管通透性增高,可能一开始就出现休克进展期的改变;严重感染性休克则可能很快发生DIC和多器官功能障碍而很快进入休克难治期。

第四节　神经体液因子在休克发生发展中的作用

神经系统在人体生命活动的调控中起主导作用,体液是维持机体内环境稳定的重要因素。休克研究历史上曾占据重要地位的微循环障碍学说主要从神经-体液机制阐述休克的发病,认为休克是以急性微循环障碍为主的综合征,有效循环血量减少导致交感-肾上腺髓质系统强烈兴奋,儿茶酚胺大量释放,引起血管收缩,重要生命器官血液灌流不足和细胞功能紊乱。

应该指出的是,各种休克动因,包括感染与非感染性因子侵袭机体时,不仅引起交感-肾上腺髓质系统高度兴奋,下丘脑-垂体-肾上腺皮质、肾素-血管紧张素-醛固酮等系统的活性也增高。体内多种体液因子的水平均发生明显变化。参与休克发病的体液因子数目众多,比较重要的有以下几类。

一、血管活性胺

参与休克发病的体液因子中,人们最先注意的是具有血管活性作用的单胺类物质,即血管活性胺,包括儿茶酚胺、组胺和5-羟色胺等,对儿茶酚胺尤为重视,研究也最为深入。

1. 儿茶酚胺　人体内天然存在的儿茶酚胺有三种:多巴胺、去甲肾上腺素和肾上腺素。儿茶酚胺在心血管功能调节中具有重要作用。休克时交感-肾上腺髓质系统兴奋,去甲肾上腺素和肾上腺素大量释放入血。去甲肾上腺素和肾上腺素都能兴奋α-受体,引起血管平滑肌收缩,使微循环缺血。此外,肾上腺素还能兴奋β-受体,一方面使微循环中动-静脉吻合支大量开放,导致毛细血管网血液灌注量急剧减少,组织缺血、缺氧加重,而肺内微循环的动-静脉吻合支大量开放,则使低氧静脉血直接进入左心房引起PaO_2降低;另一方面,β-受体兴奋也使血管平滑肌舒张、外周阻力降低,进一步加剧血压的降低。

主张微循环障碍学说的部分学者曾一度认为儿茶酚胺是休克和休克各期自始至终起决定作用的因素。临床用α-受体和β-受体阻断剂配合治疗休克患者也取得一定疗效。然而,值得注意的是,此类阻断剂在阻断交感神经过度兴奋的同时,也阻断了机体的许多代偿性调节反应,因而只对部分休克患者有效。随着大量其他体液因子的不断发现,认识到休克发病的多因素机制,如今已不再将儿茶酚胺看作是休克和休克各期自始至终起决定作用的因素。

2. 组胺　主要存在于肥大细胞中,在消化道、脾脏和皮肤分布最多,也存在于嗜碱粒细胞及血小板中。休克时肥大细胞脱颗粒、释放大量组胺,引起小动脉、静脉扩张,毛细血管壁通透性增加,可导致血压降低、回心血量减少、血液黏滞度增加。但临床用抗组胺药物治疗休克效果并不明显。组胺H-受体有两种亚型,使用H_1-受体阻断剂,可使心肌收缩力加强,有一定的抗休克作用;而应用H_2-受体阻断剂则使休克恶化。组胺在休克过程中的确切作用还有待进一步研究。

3. 5-羟色胺　主要分布于肠道嗜铬细胞和血小板内,循环血液中的5-羟色胺主要来源于血管内皮细胞和肥大细胞在缺氧和儿茶酚胺刺激下的释放。5-羟色胺可引起微静脉强烈收缩,毛细血管通透性增加、血浆渗出、血液浓缩和血小板聚集,对休克时DIC的形成起促进作用,可能也是休克难治的原因之一。

二、调 节 肽

除血管活性胺外,20世纪70年代以来发现许多与休克发病有关的体液因子,其中不少是存在于神经系统作为神经递质和存在于内分泌细胞起循环或局部激素作用的生物活性肽,通常为小分子的4~10肽。它们分布广、效应强,生理条件下起调节器官功能的作用,是维持机体内环境稳定的主要机制之一,称之为调节肽,在休克等病理情况下,则可能参与或加剧机体发病。

1. 内皮素 主要存在于中枢神经系统和心血管系统,在生理调节中起局部或循环激素作用,调节机体的心血管功能。心源性、感染性、失血性休克时,循环内皮素水平显著升高,且与组织损伤程度呈正相关,与血流动力学参数呈负相关。内皮素在休克不同发病时相的作用似有双重性:早期虽然是参与休克发病的主要因素之一,但作为局部激素,代偿性升高则有可能促进心房钠尿肽、降钙素基因相关肽等的释放,对机体可能有益。

2. 血管紧张素Ⅱ 肾素-血管紧张素系统是机体调节水盐代谢和维持内环境稳定的重要系统。除循环肾素-血管紧张素系统外,心、脑、肺、血管等也具有自身的组织肾素-血管紧张素系统。通过旁分泌、自分泌、胞内分泌等方式释放血管紧张素Ⅱ。在休克过程中,肾素-血管紧张素系统活性显著升高。多数学者认为不同类型休克及休克不同时期血管紧张素Ⅱ的作用有所不同,组织肾素-血管紧张素系统的作用可能更为重要。组织血管紧张素Ⅱ在休克早期升高,具有代偿性保护作用,抑制其增加对机体不利;休克晚期抑制组织血管紧张素Ⅱ的过度分泌,则有明显的抗休克作用。

3. 血管升压素 亦称抗利尿激素。有效循环血量降低和血浆晶体渗透压升高,可刺激下丘脑视上核或其周围区的渗透压感受器,进而释放血管升压素。大量出血、全身低血压、疼痛、血管紧张素Ⅱ释放增多也可刺激血管升压素的释放。血管升压素通过抗利尿和缩血管作用可能在休克早期起代偿作用。

4. 心房钠尿肽 除具有强大的利钠、利尿作用外,还有舒张血管、支气管平滑肌,抑制肾素释放的作用。心房钠尿肽是肾素-血管紧张素系统的内源性拮抗剂,两者协同调节心血管系统功能。休克时血浆心房钠尿肽水平显著升高,以局部激素作用为主,对休克时血压及体液因子的急剧改变可能不起主要作用。心房钠尿肽升高虽不利于有效循环血量的维持,但与肾素-血管紧张素系统、ADH等相互制约,调节水盐平衡及肺血管反应性,缓解肺动脉高压,可能有利于防止急性肺损伤的发生。

5. 血管活性肠肽 广泛分布于神经系统及胃肠道、肺,具有舒张血管、支气管、消化道平滑肌,促进腺体分泌等作用。休克时机体血液重新分布,导致小肠缺血,分泌大量血管活性肠肽以舒张血管平滑肌、改善小肠血液供应,同时肝脏分解代谢减弱、循环血管活性肠肽P明显增加,可能起循环激素样作用。血管活性肠肽在休克不同时期似乎具有不同的病理生理意义:早期可能有增强心肌收缩力、增加心排出量、改善内脏缺血等有利作用;晚期有可能参与低血压、缺血-再灌注损伤的发生。

6. 降钙素基因相关肽 缺血、缺氧或休克时,机体血液重新分布导致小肠缺血,肠源性内毒素和很多炎症介质均可刺激其大量释放。作为强大的血管舒张剂,降钙素基因相关肽P虽然有可能参与低血压的发生,但对于改善小肠及全身重要脏器的血液供应有益,有细胞保护作用。病情加重时,肠源性降钙素基因相关肽释放进一步增加,引起晚期休克低血压、免疫抑制及肠道水肿、坏死等损伤,导致休克恶化。

7. 激肽　激肽系统由激肽释放酶原、激肽释放酶、激肽原和激肽组成。主要作用有：扩张小血管，以微静脉最明显，其次为毛细血管前括约肌和微动脉。但激肽对小静脉却有收缩作用；增加毛细血管通透性，促进水肿形成。其机制主要是使毛细血管内皮细胞中的微丝收缩，导致内皮细胞皱缩和细胞间紧密连接部扩大。

8. 内源性阿片肽　广泛存在于脑、交感神经节、肾上腺髓质和消化道，对心血管系统的作用是降低血压、减少心排出量和减慢心率。休克时，血中 β-内啡肽水平增加与休克程度平行，且随休克治疗的好转而降低。

总的说来，调节肽种类繁多、功能复杂，多数具有保护和损伤的两重性：休克代偿期，在致病因子作用下，机体尽力动员其抵抗能力对抗损伤，此时多数调节肽分泌增加，对组织器官起保护作用；失代偿期，机体虽经充分动员，其代偿能力仍不足以克服损伤，起不了保护作用，反而进一步破坏相互间的平衡关系，参与了休克发展的多个环节，共同导致细胞损伤和器官功能障碍，加重内环境紊乱，形成恶性循环，导致休克难治。

三、炎症介质

各种感染与非感染性因子在引起休克的同时，往往直接或间接地引起机体组织细胞损伤。活体组织对损伤的一系列反应中突出的表现之一是激活炎症细胞，启动炎症反应，释放炎症介质。促炎介质(proinflammatory mediators)包括 TNF-α、IL-1、IL-2、IL-6、IL-8，以及干扰素(interferon, IFN)、白细胞三烯、血小板活化因子(platelet-activating factor, PAF)、活性氧、溶酶体酶、血栓素 A_2(thromboxane A_2, TXA_2)和血浆源介质等。为防止过度的炎症反应对机体的损害，炎症细胞也能生成抗炎介质(anti-inflammatory mediators)，主要有 IL-4、IL-10、IL-13、前列腺素 E_2(prostaglandin, PGE_2)、前列环素(prostacyclin, PGI_2)、脂氧素(lipoxin)、NO 和膜联蛋白1(annexin-1)。机体内的抗炎介质与促炎介质能在不同的环节上相互作用、相互拮抗，形成极其复杂的炎症调控网络，将炎症控制在一定限度内，防止过度炎症反应对组织的损伤。

然而，炎细胞激活产生的多种促炎细胞因子往往又可导致炎症细胞活化，两者常互为因果，形成炎症瀑布反应(inflammatory cascade)。通过自我持续放大的级联反应，产生大量促炎介质并进入循环，并在远隔部位引起全身性炎症，称之为全身炎症反应综合征(system inflammatory response syndrome, SIRS)。进入循环的炎症介质还可直接损伤血管内皮细胞，导致血管通透性升高和血栓形成。促炎因子又可促使血管内皮细胞和白细胞激活，引起白细胞与血管内皮细胞间的相互作用。中性粒细胞激活黏附于血管壁时，可释放 TNFα、IFN、LTs、PAF、活性氧、溶酶体酶、TF、TXA_2 等体液性物质，进一步损害血管壁，并形成恶性循环，最后对组织器官造成严重损伤，导致多器官功能障碍综合征，从而使休克恶化。

应该强调指出的是，参与休克发病的体液因子很多，难以一一列举，且这些因子在体内有多种功能，有的多达数十种效应。各种体液因子相互作用，组成复杂的多因素调控网络，参与了休克发展的多个环节，共同导致组织细胞损伤和器官功能障碍。对参与休克发病体液因子的研究已涉及休克发病的分子机制范畴。

第五节　休克时的细胞变化

休克时的细胞损伤除可继发于微循环紊乱外，也可由休克的原始动因直接损伤细胞所致。

一、细胞代谢障碍

1. 能量物质代谢障碍 细胞内最早发生的代谢变化是从优先利用脂肪酸供能转向优先利用葡萄糖供能。代谢变化总趋势为氧耗减少、糖酵解加强、脂肪和蛋白分解代谢加强、合成减少,表现为一过性的高血糖和糖尿,血中游离脂肪酸和酮体增多;蛋白质分解增加,血清尿素氮水平增高,尿素氮排泄增多,出现负氮平衡。部分患者可能出现高代谢状态,与休克状态下代谢活动的重新调整,如应激激素儿茶酚胺、生长素、糖皮质激素和高血糖素分泌增多,而胰岛素分泌减少有关。

2. 水和电解质代谢紊乱 休克时由于ATP供应不足,细胞膜上的钠泵(Na^+-K^+-ATP酶)运转失灵,因而细胞内Na^+增多,而细胞外K^+增多,导致细胞水肿和高钾血症。

3. 酸碱平衡失调 细胞无氧酵解增强使乳酸生成增多。肝脏又不能充分将其摄取转化为葡萄糖,发生高乳酸血症而导致局部酸中毒;加上灌流障碍CO_2不能及时清除,肾功能受损代谢产物不能顺利排出,因此加重酸中毒。

二、细胞损伤

1. 细胞膜变化 细胞膜是休克时最早发生损伤的部位,主要是膜功能和结构的改变。缺氧、ATP减少、高钾、酸中毒及溶酶体酶释放、自由基引起膜的脂质过氧化、炎症介质和细胞因子都会导致细胞膜的损伤,出现离子泵功能障碍,水、Na^+和Ca^{2+}内流,细胞内水肿,跨膜电位明显下降。

2. 线粒体受损 休克早期线粒体ATP合成减少,细胞能量生成严重不足以至功能障碍。休克后期线粒体肿胀、致密结构和嵴消失等形态改变,钙盐沉积,最后崩解破坏。线粒体损伤导致氧化-磷酸化障碍,能量物质进一步减少,致使细胞死亡。

3. 溶酶体酶释放 溶酶体在休克的发生发展中起重要作用。休克时缺血、缺氧和酸中毒等引起溶酶体肿胀、空泡形成并释放溶酶体酶。血浆中的溶酶体酶主要来自缺血的肠道、肝脏、胰腺等器官,包括酸性蛋白酶(组织蛋白酶)、中性蛋白酶(胶原酶和弹性蛋白酶)和β葡萄糖醛酸酶等,主要危害是引起细胞自溶,消化基膜,激活激肽系统,形成心肌抑制因子(myocardial depressant factor,MDF)等毒性多肽。除酶性成分外,溶酶体的非酶性成分可引起肥大细胞脱颗粒、释放组胺,增加毛细血管通透性和吸引白细胞。

4. 细胞死亡和凋亡 休克时细胞损伤最终可导致细胞死亡。细胞死亡有坏死与凋亡两种形式。休克时细胞死亡的主要形式是坏死。除发生变性、坏死外,也可能发生凋亡。

第六节 休克时各器官系统功能的变化

休克时由于细胞直接受损和(或)血液灌注减少可以出现主要器官的障碍甚至衰竭而死亡,如急性肾衰竭、急性肺衰竭曾经是休克患者主要的死亡原因。现将机体主要器官系统常发生的功能障碍简述如下。

一、肾功能的变化

由于休克时血液重分布的特点,肾脏是最易受损害的器官之一,各类休克常伴发急性肾功能不全,甚至肾衰竭,又称休克肾。肾功能障碍是威胁休克患者生命的主要并发症。休克早期,由于血液重新分布,肾灌流严重不足、肾小球滤过率显著降低而发生急性肾衰竭。如及时恢复有效循环血量,肾灌流得以恢复,肾功能即立刻恢复,这时的肾功能障碍称为功能性肾衰竭(functional renal failure)。如果休克持续时间延长,或不恰当地长时间大剂量应用缩血管药,病情继续发展可出现以基膜断裂为特点的急性肾小管坏死,而使肾小管重吸收功能发生障碍。其机制既与肾持续缺血有关,又有肾毒素(包括药物、血红蛋白、肌红蛋白等)的作用,也与中性粒细胞活化后释放氧自由基及肾微血栓形成有关。此时即使通过治疗恢复了正常的肾血流量,也难以使肾功能在短期内恢复正常,只有在肾小管上皮修复再生后肾功能才能恢复,这时的肾功能障碍称为器质性肾衰竭(parenchymal renal failure)。肾功能的严重障碍加重了内环境的紊乱,导致休克进一步恶化。

急性肾功能障碍在临床上表现为少尿、无尿,同时伴有高钾血症、代谢性酸中毒和氮质血症。应该注意的是,少尿并不是肾衰的关键表现。近年发现非少尿型肾衰的发病率增高,其尿量并无明显减少,而尿钠排出明显增多,说明除肾血流量减少外,还有肾小管重吸收功能的降低。

二、肺功能的变化

肺是休克时易受到损伤的又一器官。休克早期由于创伤、出血、感染等刺激使呼吸中枢兴奋,呼吸加快,通气过度,可出现低碳酸血症甚至发生呼吸性碱中毒。休克进一步发展时,交感-肾上腺髓质系统的兴奋及其他缩血管物质的作用使肺血管阻力升高。严重休克患者晚期,经复苏治疗在脉搏、血压和尿量都趋向平稳以后,仍可发生急性呼吸衰竭。

如肺功能障碍较轻,可称为急性肺损伤(acute lung injury, ALI),病情恶化则可进一步发展为急性呼吸窘迫综合征(acute respiratory distress syndrome, ARDS),又称休克肺。肺部主要病理变化为急性炎症导致的呼吸膜损伤。突出表现为:①小血管内中性粒细胞聚集、黏附,内皮细胞受损,肺毛细血管内可有微血栓形成。②活化的中性粒细胞释放氧自由基、弹力蛋白酶和胶原酶,进一步损伤内皮细胞,使毛细血管通透性增加,出现间质性肺水肿。当损伤进一步累及肺泡上皮时,肺泡上皮的屏障功能降低,肺顺应性降低,引起肺泡型水肿。③Ⅱ型肺泡上皮板层体数目减少,肺泡表面活性物质合成降低,出现肺泡微萎陷。④血浆蛋白透过毛细血管沉着在肺泡腔,形成透明膜。

三、心功能的变化

除心源性休克伴有原发性心功能障碍外,其他类型的休克(非心源性休克)心脏没有原发病变,心衰不太常见。非心源性休克早期,由于机体的代偿,能够维持冠脉血流量,心功能一般不会受到明显影响。但随着休克的发展,血压进行性降低,冠脉流量减少,心肌缺血、缺氧,加上其他因素的影响,导致心功能障碍,有可能发生急性心力衰竭。休克持续时间越久,心功能障碍也越严重。

非心源性休克发展到一定阶段发生心功能障碍的机制主要有:①休克时血压降低及心率加快所引起的心室舒张期缩短,可使冠脉灌注量减少和心肌供血不足,而交感-肾上腺髓质系统兴奋引起心率加快和心肌收缩加强,使心肌耗氧量增加,更加重了心肌缺氧。②危重患者多伴有水、电解质代谢与酸碱平衡紊乱,如低血钙、低血镁、高血钾和酸中毒等,影响心率和心肌收缩力。③心肌抑制因子(MDF)使心肌收缩性减弱。MDF 主要由缺血的胰腺产生,除引起心肌收缩力下降外,还可引起肠系膜上动脉等内脏阻力血管收缩,进一步减少胰腺血流量,胰腺灌流减少又更加促进 MDF 形成。MDF 还抑制单核-吞噬细胞系统,使已产生的 MDF 清除减少,导致体内 MDF 不断形成和积聚。应该说明的是,MDF 至今尚未分离出来,据其分子质量推测很可能就是 IL-1 和 TNFα 等细胞因子。④心肌内 DIC 影响心肌的营养血流,发生局灶性坏死和心内膜下出血使心肌受损。⑤细菌毒素,特别是革兰阴性细菌的内毒素,通过其内源性介质,引起心功能抑制。此外,由于肺损伤,肺循环阻力增加及呼吸机的使用,失去了胸腔内负压对静脉回流的促进作用,因此容易发生右心功能障碍。

四、脑功能的变化

休克早期,由于血液重分布和脑循环的自身调节,可保证脑的血液供应,因而患者神志清醒,除了因应激引起烦躁不安外,没有明显的脑功能障碍表现。随着休克的发展,休克晚期血压进行性下降,当平均动脉压低于 50mmHg 时,可引起脑的血液供应不足,加之出现 DIC,加重脑循环障碍,脑组织严重缺血、缺氧,能量耗竭,乳酸等有害代谢产物积聚,细胞内、外离子转运紊乱,导致一系列神经功能损害。患者神志淡漠,甚至昏迷。缺血、缺氧还使脑血管壁通透性增高,引起脑水肿和颅内压升高,严重者可形成脑疝,压迫延髓生命中枢,导致患者死亡。

五、胃肠道功能的变化

由于休克早期就有腹腔内脏血管收缩,胃肠道血流量减少。胃肠道缺血、缺氧、淤血和 DIC 的形成,导致肠黏膜变性、坏死,黏膜糜烂,形成应激性溃疡。病变早期只有黏膜表层损伤,如损伤穿透到黏膜下层甚至破坏血管,可引起溃疡出血。感染常是导致胃黏膜损伤的重要因素。消化道功能紊乱是休克晚期发生肠源性败血症的主要原因之一。

六、肝功能的变化

休克时肝易受损与肝脏的解剖部位和组织学特征有关:由肠道移位、吸收入血的细菌、毒素首当其冲地作用于肝脏。肝脏的巨噬细胞,即 Kupffer 细胞,占全身巨噬细胞的 80%~90%,与肝细胞直接接触。受到来自肠道的脂多糖的作用,Kupffer 细胞比其他部位的巨噬细胞更容易活化。Kupffer 细胞活化,既可分泌 IL-8、表达 TF 等,引起中性粒细胞黏附和微血栓形成,导致微循环障碍;亦可分泌 TNFα,产生 NO,释放氧自由基等,直接损伤紧邻的肝细胞。此外,肝脏富含嘌呤氧化酶,容易发生缺血-再灌注损伤。

七、凝血-纤溶系统功能的变化

休克患者常出现凝血-抗凝血平衡紊乱,部分患者有 DIC 形成的证据。开始时血液高凝,通常不易察觉而漏诊;之后由于凝血因子的大量消耗,继发性纤溶亢进的发生,患者可有较为明显和难以纠正的出血倾向或出血。血液检查可见血小板计数进行性下降,凝血时间、凝血酶原时间和部分凝血活酶时间均延长,纤维蛋白原减少,并有纤维蛋白(原)降解产物存在。

八、免疫系统功能的变化

休克时机体防御反应的最大特点是非特异的炎症反应亢进,而特异性的细胞免疫功能降低。

第七节 多器官功能障碍综合征

多器官功能障碍综合征(multiple organ dysfunction syndrome,MODS)是指在严重感染、创伤、烧伤及休克或休克复苏后,原无器官功能障碍的患者同时或在短时间内相继出现两个或两个以上器官功能损害的临床综合征。慢性病患者在原发器官衰竭的基础上,继发另一器官衰竭,如肺源性心脏病、肺性脑病、慢性心衰引起肾衰、肝肾综合征和肝性脑病等,均不属于 MODS。

MODS 患者机体的内环境严重紊乱,必须靠临床干预才能维持,如能得到及时救治,MODS 可能逆转,但如未能得到有效控制,病情进一步加重,则可发展成多系统器官衰竭(multiple system organ failure,MSOF)。

一、MODS 的病因与发病经过

(一) MODS 的病因

引起 MODS 的病因虽然很多,但多与休克有关,各种类型休克中以感染性休克 MODS 的发生率最高。在很多情况下,MODS 的病因是复合性的。

(二) MODS 的发病经过与临床类型

1. 速发单相型 由损伤因子直接引起,原无器官功能障碍的患者同时或在短时间内相继出现两个以上器官系统的功能障碍。如多发性创伤直接引起两个以上的器官功能障碍或原发损伤先引起一个器官功能障碍,随后又导致另一个器官功能障碍。该型发展较快,病变进程只有一个时相,器官功能损伤只有一个高峰,又称为原发型 MODS。

2. 迟发双相型 常出现在创伤、失血、感染等原发因子(第一次打击)的作用经过一定时间或经支持疗法,甚至在休克复苏后。发病过程中有一相对稳定的缓解期,但以后又受到致炎因子的第二次打击发生多器官功能障碍甚至衰竭。第一次打击可能是较轻、可以恢复的;而第二次打击常严重失控,其病情较重,可能有致死的危险。病程中有两个高峰出现,呈双相,又称为继发型 MODS。

二、MODS 的发病机制

(一) 全身炎症反应失控

炎细胞激活后能产生多种促炎细胞因子。一般来说,炎症局限在局部组织中,活化的炎症细胞释放的炎症介质一般仅在炎症局部发挥防御作用,血浆中一般测不出。然而,炎细胞激活产生的多种促炎细胞因子往往又可导致炎症细胞进一步活化,两者常互为因果,形成炎症瀑布反应,通过自我持续放大的级联反应产生大量促炎介质。炎症反应失控表现为播散性炎症细胞活化和炎症介质泛滥而溢出到血浆,并在远隔部位引起全身性炎症。炎症介质溢出到血浆,血浆中各种炎症介质以不同的先后次序、不同的幅度升高。一般升高的幅度越大,特别是持续的时间越长,预后越差。

(二) 促炎-抗炎介质平衡紊乱

适量的抗炎介质有助于控制炎症,如若抗炎介质产生过量并泛滥入血,则可引起代偿性抗炎反应综合征(compensatory anti-inflammatory response syndrome,CARS),导致机体免疫功能抑制,增加对感染的易感性。所谓 CARS 就是指感染或创伤时机体产生可引起免疫功能降低和对感染易感性增加的过于强烈的内源性抗炎反应。内源性抗炎介质失控性释放可能是导致机体在感染或创伤早期出现免疫功能损害的主要原因。

(三) 其他导致器官功能障碍的因素

1. 器官微循环灌注障碍 危重疾患时重要器官微循环血液灌注减少,引起缺血、缺氧,能量生成减少从而导致细胞功能障碍。

2. 高代谢状态 各种致休克因子引发机体的防御性应激反应,导致机体的高代谢状态。此时组织器官耗氧增加,加重细胞损伤和代谢障碍。

3. 缺血-再灌注损伤 MODS 可发生在复苏后,多与体内发生的缺血-再灌注损伤有关。

第八节 休克和 MODS 临床护理的病理学基础

1. 补充血容量,恢复有效循环血量
(1) 专人护理休克患者,病情严重者应置于重危病室,并设专人护理。
(2) 建立静脉通路:迅速建立 1~2 条静脉输液通道。
(3) 去除病因,尽早尽快合理补液、充分扩容:先输入晶体液,后输胶体液。充分扩容不等于超量补液。输液过多、过快会导致肺水肿。扩容时必须正确估计补液的总量,量需而入。动态观察静脉充盈程度、尿量、血压和脉搏等可作为监控输液量多少的参考指标。有条件时应动态监测肺动脉楔压(pulmonary artery wedge pressure,PAWP)和中心静脉压(central venous pressure,CVP),可更精确地反映左、右心的功能和进入的液体量,指导输液。此外,休克时有血液流变学紊乱,在补充血容量的同时,要考虑输血和输液的比例以纠正血液浓缩、黏度增高等变化。可参考血细胞压积的变化,选择全血、胶体或晶体溶液,将血细胞压积控制在 35%~40%。
(4) 记录出入量,输液时,尤其在抢救过程中,应有专人准确记录。
(5) 严密观察病情变化。

2. 改善组织灌注
(1) 休克体位:将患者头和躯干抬高 20°~30°,下肢抬高 15°~20°。
(2) 必要时使用抗休克裤,使血液回流入心脏,组织灌流。
(3) 纠正酸中毒,应用血管活性药物,可提升血压,改善微循环。使用时注意监测血压,调整输液速度。

3. 增强心肌功能 心功能不全者,遵医嘱给予增强心肌功能的药物,并注意观察心率变化及药物的副作用。防治多器官功能障碍与衰竭。

4. 保持呼吸道通畅

(1) 观察呼吸形态,监测动脉血气,了解缺氧程度。

(2) 常规吸氧,避免误吸、窒息。

(3) 严重呼吸困难者,可行气管插管或气管切开,并尽早使用呼吸机辅助呼吸。

5. 预防感染

(1) 严格执行无菌技术操作规程。

(2) 遵医嘱全身应用有效抗生素。

6. 调节体温

(1) 密切观察体温变化。

(2) 保暖:休克时体温降低,应予以保暖,同时防止灼伤。

7. 营养与代谢支持 对一般患者,应作营养支持,确保热量平衡;对危重患者,则应作代谢支持;确保正氮平衡。为维持和保护肠黏膜的屏障功能,应缩短患者禁食时间,及早尽可能鼓励经口摄食。

(叶丽平)

第九章 细胞和组织的适应与损伤

机体的细胞和组织经常不断地接受内外环境各种刺激因子的影响,并通过自身的反应和调节对过度生理应激或病理刺激做出应答反应。这种反应能力可保证细胞和组织的正常功能,维护细胞、组织、器官乃至整个机体的生存。但细胞和组织并非能适应所有刺激带来的影响,当刺激的性质、强度和持续时间超越了一定的界限时,细胞会受损甚至死亡。

正常细胞在发生了适应性改变、损伤甚至死亡时,在结构和功能上往往并无截然的界限,这些过程都是逐渐过渡的。一个刺激究竟会引起细胞的适应性改变、损伤还是死亡,也只有待其作用一定的时间(潜伏期),细胞和组织出现明确的结构变化以后,才能从形态上加以判断。这段潜伏期的长短不仅决定于刺激因子的性质和强度,还取决于受损细胞和组织的种类。例如,中枢神经系统特别是神经节细胞对于缺氧的耐受能力就远不如结缔组织细胞,也不如肝、肾、肺等器官的实质细胞。常温下大脑缺氧后尚能复苏的时间极限为8~10分钟(大脑壳核又比其他部位如脑干核团更为敏感),肝通常为30~35分钟,肾为60~180分钟,肺约为60分钟(支气管上皮约为90分钟)。

当然对于细胞损伤的观察又和所用方法的灵敏度和分辨能力有关。例如,在肝缺血时,5分钟后即可从生化上证明其氧化磷酸化过程明显降低,而最初的结构改变如内质网、线粒体、细胞膜等亚细胞结构的改变,则约在缺血15分钟后才能在电子显微镜下检见,但这些改变通常还是可复性的。只有当缺血持续达30分钟以上时,细胞的损伤才达到不可复的程度,并趋于死亡,也只有缺血达2小时以后才能在光学显微镜下检见肯定的细胞损伤。当然,肉眼观能检见的改变还远远在此以后。

第一节 细胞和组织的适应

当环境改变时,机体的细胞、组织或器官通过自身的代谢、功能和结构的相应改变以避免环境改变所引起的损伤,这个过程称为适应(adaptation)。适应是一切生物对内外环境变化所做的一种反应,其目的在于使自身在新的环境中避免损伤得以生存。细胞和组织在对各种刺激因子和环境改变进行适应时,能发生相应的功能和形态改变。适应在形态上表现为细胞大小、数量和类型的变化。细胞、组织或器官的体积缩小(萎缩),体积增大(肥大),细胞数目增多(增生),或转化为另一种类型的组织(化生)。

一、萎 缩

发育正常的细胞、组织和器官的体积缩小称为萎缩(atrophy),通常是由于各组织、器官的实质细胞体积缩小造成的,有时也可因细胞数目减少引起。最常见的萎缩有肌肉、骨骼、中枢神经及生殖器官等的萎缩。实质细胞萎缩的时候,间质的成纤维细胞和脂肪细胞是可以增生的。

萎缩的器官体积变小,质量减轻,质地常变得较坚韧,边缘变锐,色泽变深(如心和肝的褐色萎缩)。

细胞和器官发生萎缩的原因多种多样,通常由于细胞的功能活动降低、血液及营养物质供应不足,以及神经和(或)内分泌刺激减少等引起。萎缩的发生均含有环境条件变坏的因素,根据病因不同,可将萎缩概括地分为两大类,即生理性萎缩和病理性萎缩。

1. 生理性萎缩　机体的许多结构、组织和器官当发育到一定阶段时才逐渐萎缩,这种现象称为退化。例如,在幼儿阶段动脉导管和脐带血管的萎缩退化、青春期后胸腺的逐步退化等。此外,在高龄时期几乎一切器官和组织均不同程度地出现萎缩,即老年性萎缩,尤以脑、心、肝、皮肤、骨骼、卵巢和睾丸等为明显。

2. 病理性萎缩　在病理状态下出现的萎缩,原因不一。有的表现为全身性萎缩,有的则表现为局部性萎缩。

(1) 营养不良性萎缩(malnutrition atrophy):如长期营养不良或消化道梗阻引起的饥饿性萎缩,全身消耗性疾病及恶性肿瘤患者的全身性萎缩(恶病质);动脉硬化症引起的肾萎缩、脑萎缩等(图9-1)。

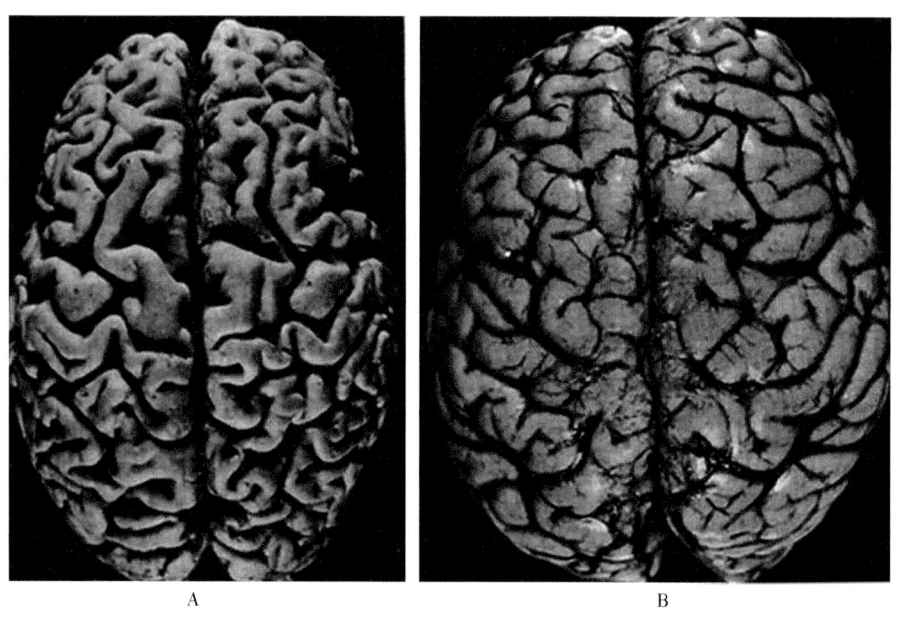

图9-1　脑萎缩
A. 脑体积缩小,脑回变窄,脑沟变宽、加深;B. 正常

(2) 压迫性萎缩(pressure atrophy):乃在某些局部因素影响下发生的局部组织和器官的萎缩,因组织或器官长期受压迫引起(如肾盂积水时的肾实质萎缩)(图9-2)。

(3) 失用性萎缩(disuse atrophy):肢体、器官等长期不活动,功能减退所致的萎缩。

(4) 神经性萎缩(denervation atrophy):骨骼肌的正常功能需要神经的营养和刺激。脊髓前角灰质炎患者由于脊髓前角运动神经元受损,与之有关的肌肉失去了神经的调节作用而发生萎缩。

(5) 内分泌性萎缩(endocrine atrophy):内分泌和功能低下所至的萎缩。如Simmond病时,由于垂体功能低下引起的甲状腺、肾上腺、性腺等器官的萎缩等。

萎缩的后果:萎缩一般是可复性的。只要萎缩的程度不十分严重,当原因消除后,萎缩的器官、组织、细胞仍可逐渐恢复原状。但病变如继续进展,则萎缩的细胞可最后消失。

二、肥　大

细胞、组织和器官体积的增大称为肥大(hypertrophy)。肥大的器官体积增大,质量增加;肥大细胞体积增大,功能增强,合成代谢旺盛。细胞的线粒体总体积增大,细胞的合成功能升高,同时粗面内质网及游离核蛋白体增多。当酶合成增加时,光面内质网也相应增多。在功能活跃的细胞(特别是吞噬中的细胞)溶酶体也增多增大。在横纹肌功能负荷加重时,不仅线

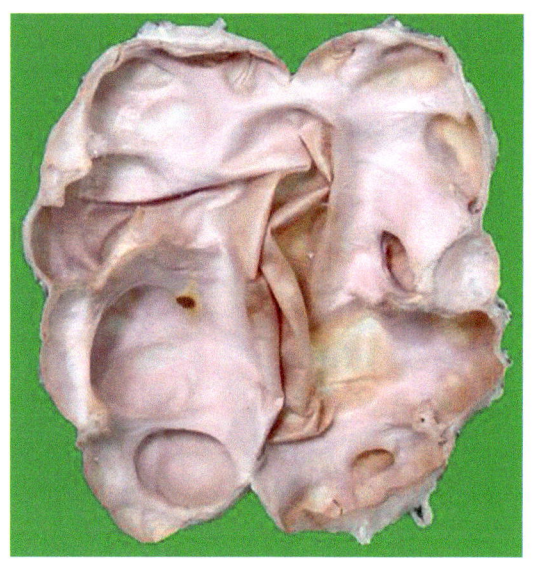

图 9-2　肾压迫性萎缩
肾盂积水、扩张,肾实质萎缩

粒体、粗面内质网等细胞器及游离核蛋白体增多,肌丝也相应增多。

肥大可以发生于生理状态下,也可以发生在病理状态下。一般依据原因的不同分为代偿性肥大与内分泌性肥大两类。

1. 代偿性肥大(compensatory hypertrophy)　通常系由相应器官的功能负荷加重引起。例如,经常锻炼的骨骼肌(生理性)、高血压引起的心肌肥大,及一侧肾摘除后另一侧肾的肥大等(图9-3)。

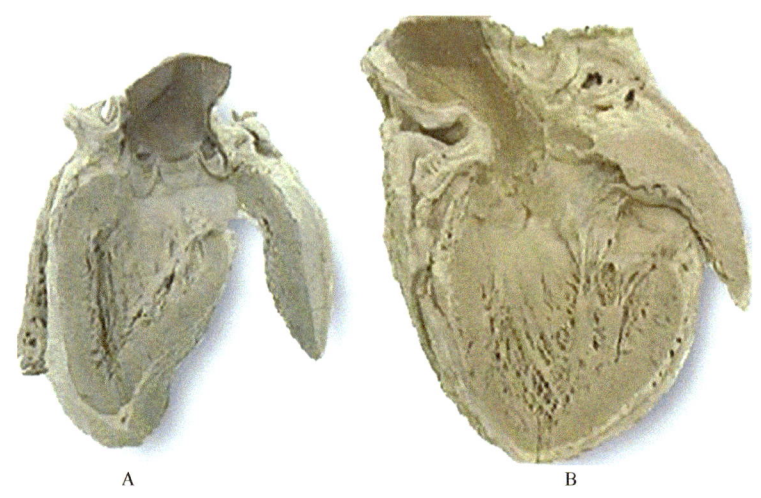

图 9-3　心肌肥大
A. 正常心脏;B. 心肌代偿性肥大,心室壁明显增厚,乳头肌、肉柱增粗

2. 内分泌性肥大(endocrine hypertrophy)　由内分泌作用引起的肥大。在内分泌激素的作用下所致效应器官肥大,不但肥大器官的细胞体积增大,而且细胞数目也增加。如妊娠子宫的肥大、哺乳期乳腺的肥大等(生理性)。甲状腺素分泌增多引起的甲状腺滤泡上皮

细胞肥大等(病理性)。

三、增　生

由于实质细胞数量增多形成的组织、器官的体积增大称为增生(hyperplasia)。增生细胞的各种功能物质如细胞器和核蛋白体等并不或仅轻微增多。细胞增生是由于各种原因引起的有丝分裂活动增强的结果,通常为可复性的。增生可分为生理性增生与病理性增生两类。

1. 生理性增生　包括激素性增生(青春期女性乳腺的发育、妊娠期子宫和乳腺的增生均属生理性增生)和代偿性增生(肝部分切除后,肝细胞增生以恢复正常肝的体积,是代偿性增生的典型)。正常肝只有 0.5%~1% 的肝细胞进行 DNA 复制,当肝部分切除后的 1~2 天内,约 10% 的肝细胞进行 DNA 复制,以恢复肝的正常体积。

2. 病理性增生　常见于过多的激素刺激引起的增生,如雌激素过高引起的子宫内膜增生和乳腺增生,雄激素过高引起的前列腺增生,均属病理性增生。另外,缺碘引起的甲状腺增生,也是病理性增生。

增生同样发生在炎症和损伤的修复过程中,成纤维细胞、血管和实质细胞的增生是炎症、创伤愈合的重要环节。在创伤愈合的过程中,过度的纤维组织增生可形成瘢痕疙瘩(keloid)。慢性炎症时,成纤维细胞、血管和实质细胞的过度增生可形成息肉等。

大部分病理性(如炎症)细胞增生,通常因有关引发的因素去除而停止。长期慢性刺激或炎症可使细胞过度增生失去控制,则有可能演变成为肿瘤性增生。

由于引起细胞、组织和器官的增生与肥大的原因往往十分相似甚至相同,因此两者常相伴存在,由细胞的增殖特性决定是单纯肥大还是伴有增生。对于细胞分裂增殖能力活跃的组织器官如子宫、乳腺等,其体积增大可以是细胞体积增大和细胞数目增多的共同结果;但对于细胞分裂增殖能力较差的心肌、骨骼肌等,其组织器官的增大仅仅为细胞肥大所致。

四、化　生

一种已分化组织转化为另一种相似性质的分化组织的过程称为化生(metaplasia)。但这种转化过程并非表现为已分化的细胞直接转变为另一种细胞,而是由具有分裂能力的未分化细胞向另一方向分化而成,并且只能转化为性质相似的而不能转化为性质不同的细胞。例如,上皮细胞不能转化为结缔组织细胞或相反。故柱状上皮可转化为鳞状上皮(图9-4);一种间叶性组织只能转化为另一种间叶性组织。较常见的化生有以下类型。

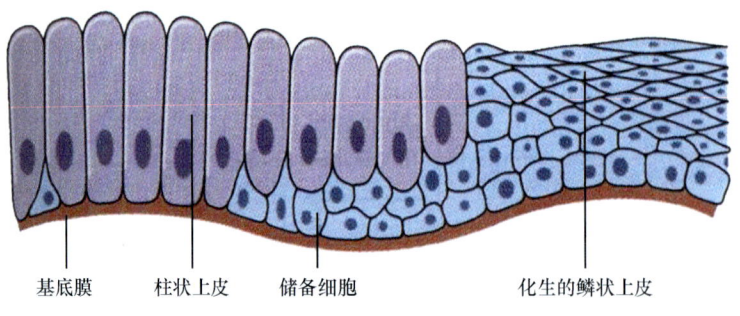

图 9-4　鳞状上皮化生模式图

（一）上皮组织化生

1. 鳞状上皮化生 常见于气管和支气管黏膜。当此处黏膜上皮长时间受化学性刺激气体或慢性炎症损害而反复再生时，可能出现化生，即由原来的纤毛柱状上皮转化为鳞状上皮（图9-5）。这是一种适应性表现，通常仍为可复性的。但若持续存在，则有可能成为常见的支气管鳞状细胞癌的病理基础。这可能是由于纤毛柱状上皮消失，黏膜失去其净化功能，以致致癌物质不能被及时排出的缘故。鳞状上皮化生尚可见于其他器官，如慢性胆囊炎及胆石症时胆囊黏膜上皮的鳞状上皮化生；慢性宫颈炎时的宫颈黏膜上皮的鳞状上皮化生等。

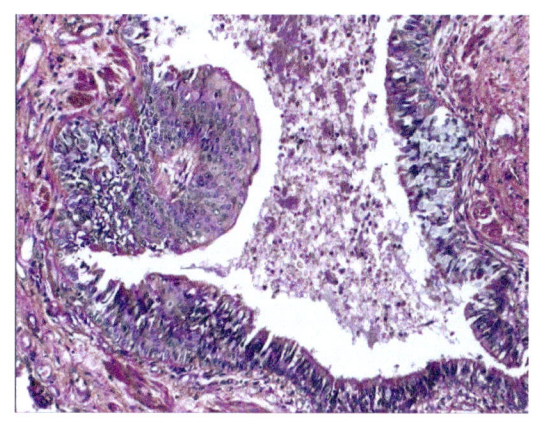

图9-5　鳞状上皮化生
支气管的黏膜柱状上皮化生为鳞状上皮

2. 肠上皮化生 常见于胃。慢性萎缩性胃炎伴黏膜腺体消失或胃溃疡及胃糜烂后黏膜再生时，胃体和（或）胃窦部的黏膜腺体消失，表面上皮的增生带由胃小凹移位于黏膜基底部，并改变其分化方向而分化出小肠或大肠型黏膜上皮。大肠型肠上皮化生也可成为肠型胃癌的发生基础。

（二）间叶组织化生

许多间叶性细胞常无严格固定的分化方向，故常可由一种间叶性组织分化出另一种间叶性组织。这种情况也多为适应功能改变的结果。例如，间叶组织在压力作用下可转化为透明软骨组织，有时并可发展为骨组织。例如，骨骼肌反复外伤后（如骑士的缝匠肌）可在肌组织内形成骨组织，在骨化性肌炎（myositis ossificans）时也是如此，这是由于新生的结缔组织细胞转化为骨母细胞的结果。

第二节　细胞和组织的损伤

细胞和组织受到超过代偿能力的有害因子的刺激后，可导致细胞及间质的物质代谢、组织化学、超微结构的改变，甚至出现光镜和肉眼的异常变化，称为损伤（injury）。损伤的类型和结局不仅取决于引起损伤的原因、持续时间和强度，也取决于受损伤的细胞种类、所处状态、适应性和遗传性。损伤的表现形式和轻重程度不一，轻者当损伤的原因消除后仍可恢复，重者则可引起细胞和组织的死亡。

一、损伤的原因和机制

引起细胞和组织损伤的原因多种多样，其作用的强弱和持续的时间决定着损伤的程度，有的引起较轻的损伤为可复性损伤，有的则引起严重的损伤为不可复性损伤，导致细胞、组织的死亡。细胞损伤的机制主要体现在细胞内ATP缺乏、细胞膜破坏、活性氧类物质的损伤、细胞内游离钙增多和线粒体损坏等几方面，它们相互作用或者互为因果，导致细胞损伤的发生和发展。

（一）损伤的原因

1. 缺氧　是常见且重要的细胞损伤和死亡的原因。氧是细胞维持生命活动和功能不可缺少的要素。缺氧既可为全身性亦可为局部性，前者乃因空气稀薄（如高山缺氧）或呼吸功能障碍（如呼吸道和肺疾病），或某些化学毒物损害了血红蛋白的载氧能力（如 CO 中毒）等所致；后者的原因则往往是缺血，常由局部血液循环障碍引起。

2. 物理因子　包括机械性、高温、低温、电流、射线等刺激因子。

3. 化学因子　许多物质能与细胞或组织发生化学反应，从而引起细胞的功能障碍或破坏，这些物质称为毒物。其毒性作用的前提条件是毒物的可吸收性（经皮、经口或经呼吸道），其损害作用则决定于其浓度和作用持续时间。毒物的作用点或为其接触部位（如皮肤），或为其富集部位（如肺的油脂肺炎），或为其代谢部位（如肝），或为其排泄部位（如肾）。毒物进入机体的方式是，或借助于载体分子经主动运输过程进入细胞，或被动地被机体吸收。

4. 生物因子　可引起细胞损伤的生物因子有多种细菌（如白喉杆菌外毒素能抑制细胞的氧化过程和蛋白合成，链球菌溶血素能破坏细胞膜，结核杆菌通过引起变态反应造成组织损伤等）、病毒（寄生在细胞内，干扰细胞的代谢过程，或产生毒性蛋白质、或通过变态反应，引起细胞和组织损伤）、真菌（如放线菌、白色念珠菌、黄曲霉菌等均可以其毒素损伤组织）、原虫（如疟原虫，溶组织阿米巴等）和寄生虫（如日本血吸虫及其虫卵、丝虫等均可以其毒性代谢产物或分泌物引起组织损伤或通过引起变态反应造成组织损伤）等。

5. 免疫反应　是机体的防御功能，本身具有保护机体免患疾病的积极意义和作用。但在一定条件下，反应的结果又往往造成机体和组织的损伤，其中包括针对异体蛋白质及其他抗原而发生的变态反应如风湿热及弥漫性肾小球肾炎，以及针对自身组织发生的自身免疫反应如红斑狼疮、类风湿关节炎等，均能造成组织损伤。

6. 遗传因素　遗传缺陷能造成细胞结构、功能和代谢等异常或某种物质缺乏，使组织对造成损伤原因的易感性升高，引起相应疾病（如 α1-抗胰蛋白酶缺乏可引起肺气肿）。

7. 营养失调　营养不足或营养过度均可造成细胞、组织的损伤。糖、蛋白质、脂肪、维生素及微量元素等的不足会影响细胞的代谢和功能，造成细胞的损伤。如动物长期饲喂缺乏胆碱、蛋氨酸的食物，会造成脂肪肝及肝硬化。相反，营养过度也能引起疾病。摄入过多的热量，如糖、脂肪，易引起肥胖，导致高血压、动脉粥样硬化症，造成多种器官组织细胞的损伤。

（二）细胞损伤的机制

1. ATP 缺乏　由于细胞缺氧和毒性损伤，影响了线粒体内的氧化磷酸化过程，使 ATP 的产生减少甚至停止，细胞膜钠-钾泵、钙泵功能低下，细胞内蛋白质合成和脂肪运出障碍，无糖酵解增强，造成细胞酸中毒，溶酶体膜破裂，DNA 链受损。

2. 自由基增多　自由基是指最外层电子轨道上含有不配对电子的原子、离子或分子。机体内产生自由基的基本机制有两种：一是通过辐射作用使水离子化，一个电子被取代，从而产生自由基；二是氧或其他物质与氧化还原反应中的自由电子相互作用从而产生过氧化自由基。自由基具有高度的氧化活性，极不稳定，活性极高，攻击细胞膜、线粒体膜，与膜中的不饱和脂肪酸反应，造成脂质过氧化增强。脂质过氧化产物又可分解为更多的自由基，引起自由基的连锁反应,使膜结构的完整性遭到破坏。在病理上,某些毒物(如四氯化碳等)中毒、炎症时的组织损伤及细胞内细菌杀伤的过程中,均有自由基参与。

3. 细胞内游离钙增高 正常情况下,细胞内游离钙维持在相当低的水平(<0.1μmol),大部分细胞内钙储存于线粒体和内质网钙库内。缺氧和中毒时,ATP 减少,Na^+-Ca^{2+}交换蛋白直接或间接激活胞质内游离钙,使之继发增多,结果激活大量的酶,如磷脂酶(破坏细胞膜)、蛋白酶(破坏细胞膜和细胞骨架)、ATP 酶(加重 ATP 缺乏)和内切核酸酶(染色体破坏),从而造成细胞的损伤。

4. 细胞膜完整性破坏 细胞膜损伤是细胞损伤的重要方式,有 6 种可能机制导致细胞膜损伤,分别是补体活化时其所介导的细胞溶解、病毒感染时穿孔素(perforin)介导的细胞溶解、离子通道的特异性阻滞、膜离子泵衰竭、膜脂质改变及膜蛋白质交联。它们影响细胞膜的信息和物质交换、免疫应答、细胞分裂与分化等功能。细胞膜的破坏是细胞损伤特别是细胞不可逆性损伤的关键环节。

5. 不可逆的线粒体损坏 线粒体是各种损伤因子作用的靶点,胞质内 Ca^{2+}增高、毒性刺激、由磷脂酶 A2 和鞘磷脂通路造成的磷脂分解、脂肪分解产物如游离脂肪酸和神经酰胺、氧化应激反应都可以损坏线粒体。如果损伤因素持续存在,就会严重影响线粒体维持质子运动的功能和氧化磷酸化过程,使细胞色素 c 漏入细胞质内,线粒体发生不可复性损伤,导致细胞死亡。

二、损伤的形态学变化

细胞和组织发生损伤后,会产生一系列功能改变和形态学变化。根据损伤程度轻重的不同,分为两大类:可逆性损伤——变性和不可逆性损伤——细胞死亡。

(一) 可逆性损伤

变性(degeneration)指细胞或细胞间质内的一系列形态改变并伴有功能的变化(功能下降),表现为细胞或间质内出现异常物质或正常物质而数量显著增多。一般而言,变性是可复性改变,当消除原因后,变性细胞的结构和功能仍可恢复。但严重的变性则往往不能恢复而发展为坏死。

1. 细胞水肿 在正常情况下,细胞内外的水分互相交流,协调一致,保持着机体内环境的稳定。但由于缺氧、缺血、电离辐射以及冷、热、微生物毒素等的影响,可致细胞的能量供应不足、细胞膜上的钠泵受损,使细胞膜对电解质的主动运输功能发生障碍,或细胞膜直接受损,从而导致细胞内水分增多,形成细胞水肿,严重时称为细胞的水变性(hydropic degeneration)。

水肿的细胞体积增大,胞质内水分含量增多,变得较为透明、淡染,胞核也常常被波及而增大、染色变淡,严重者整个细胞膨大如气球,故有气球样变之称(图 9-6)。

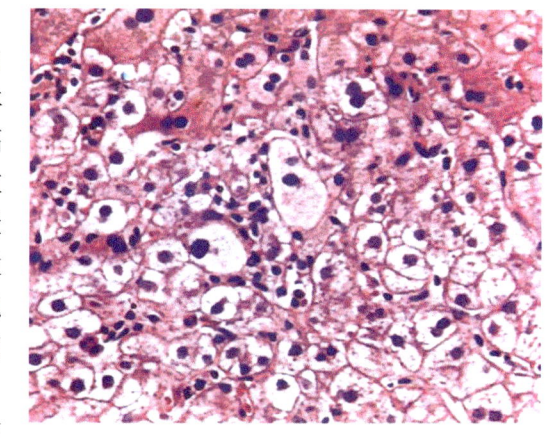

图 9-6 肝细胞水变性
肝细胞体积增大,胞质变淡,有的肝细胞肿大如气球(气球样变)

电镜下,可见胞质基质疏松变淡,线粒体肿胀及嵴变短、变少甚至消失;内质网则广泛解体、离断和发生空泡变。

水肿的器官(如心、肝、肾等实质性器官)在肉眼观上肿胀致体积增大、包膜紧张、边缘变钝、透明度降低(混浊)。

细胞水肿通常为细胞的轻度或中度损伤的表现,当原因消除后仍可恢复正常。但如进一步继续发展,则可能导致细胞坏死。

2. 脂肪变性　正常情况下,除脂肪细胞外,其他细胞内一般不见或仅见少量脂滴,若这些细胞中出现脂滴或脂滴明显增多,则称为脂肪变性(fatty degeneration)。初形成的脂滴很小,以后可逐渐融合为较大脂滴,从而在光学显微镜下可见,此时常无界膜包绕而游离存在于胞质中。电镜下脂滴形成于内质网中,为有界膜包绕的圆形均质小体,称为脂质小体(liposome),其电子密度一般较高。

脂滴的主要成分为中性脂肪,但也可有磷脂及胆固醇等。在石蜡切片中,脂滴因被乙醇、二甲苯等脂溶剂所溶解,故表现为空泡状,为了与水变性时的空泡相区别,此时可用苏丹Ⅲ或锇酸做脂肪染色来加以鉴别:苏丹Ⅲ将脂肪染成橘红色,锇酸将其染成黑色。

脂肪变性大多见于代谢旺盛耗氧多的器官,如肝、肾、心等,尤以肝最为常见,因为肝是脂肪代谢的重要场所。常见的原因为感染、酗酒、中毒、缺氧、营养不良、糖尿病及肥胖等。

(1)肝脂肪变性:肝细胞即能由血液吸收脂肪酸并将其酯化,又能由碳水化合物合成脂肪酸。脂肪酸仅少部分被肝细胞作为能源加以利用;大部分则以酯的形式与蛋白质相结合,形成前β脂蛋白,输入血液,或在脂库中储存,或供其他组织所利用;还有一小部分磷脂及其他类脂则与蛋白质、碳水化合物等结合,形成细胞结构成分,即成为结构脂肪。因此,上述过程中的任何一个环节发生障碍就能导致肝细胞的脂肪变性。①脂蛋白合成障碍,以致不能将脂肪运输出去,造成脂肪在肝细胞内堆积。这是由于合成脂蛋白的原料如磷脂或组成磷脂的胆碱等物质缺乏,或由于化学毒物(如乙醇)或其他毒素(如霉菌毒素)破坏内质网结构或者抑制某些酶的活性,使脂蛋白及组成脂蛋白的磷脂、蛋白质等的合成发生障碍所致。②中性脂肪合成过多。常是由于饥饿或某些疾病(如消化道疾病)造成的饥饿状态;或糖尿病患者对糖的利用障碍时,从脂库动员出大量脂肪,其中大部分以脂肪酸的形式进入肝脏,致肝脏合成脂肪增多,超过了肝脏将其氧化利用和合成脂蛋白输送出去的能力,导致脂肪在肝脏内的蓄积。③脂肪酸的氧化障碍,使细胞对脂肪的利用减少。例如,白喉外毒素等能干扰脂肪酸的氧化过程;而缺氧即影响脂蛋白的合成,又影响脂肪酸的氧化等。总之,肝细胞的脂肪变性为上述某一因素或几种因素综合影响的结果。

轻度肝脂肪变性时,肉眼观,肝脏可无明显改变,或仅轻微黄染。如脂肪变性比较显著和广泛,则肝脏体积增大,色变黄,触之有油腻感(图9-7),严重而弥漫的肝脂肪变性为脂肪肝(fatty liver)。光镜下,早期肝细胞内的脂肪空泡较小,多见于核的周围,以后随着病变的加重,空泡逐渐变大,较密集散布于整个胞质中,严重时可融

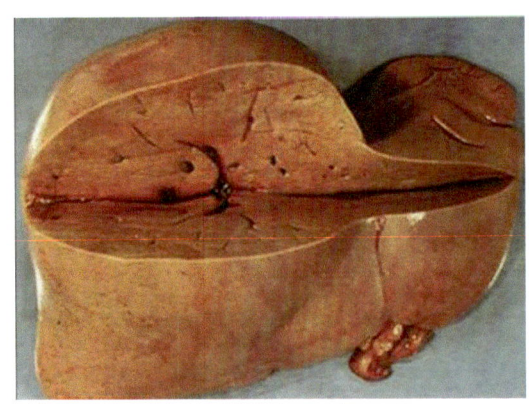

图9-7　肝脂肪变性
肝脏略增大,淡黄色,刀切或手摸油腻感

合为一个大空泡,将细胞核挤向胞膜下,状似脂肪细胞(图9-8)。注意肝细胞脂肪变性在肝小叶中的分布与其病因有一定的关系,如肝淤血时,小叶中央区缺氧较重,故脂肪变性首先在此处发生。而长期淤血后,小叶中央区的肝细胞大多萎缩、坏死或消失,于是小叶周边区肝细胞也因缺氧而发生脂肪变性;磷中毒时,肝细胞脂肪变性则主要发生于小叶周边区,可能是由于此区肝细胞对磷中毒更为敏感的缘故。

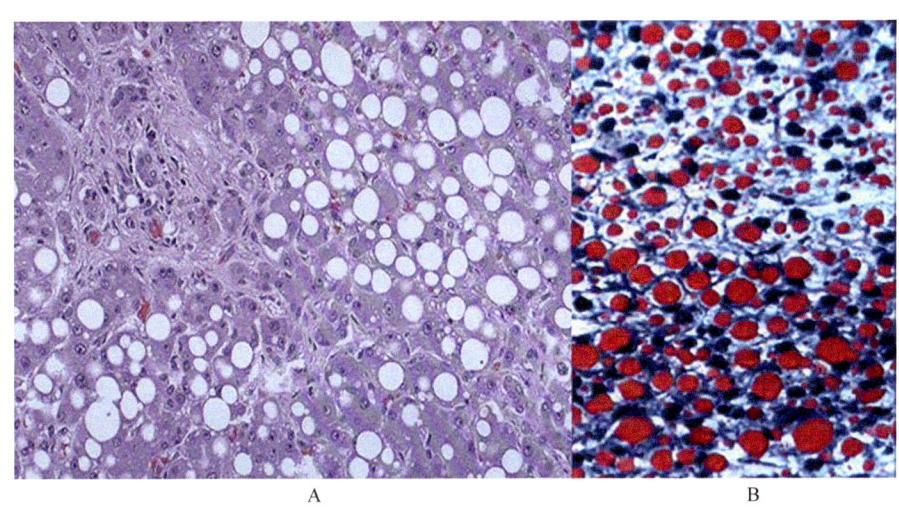

图9-8　肝细胞脂肪变性
A. 肝细胞胞质内出现大小不等的脂肪空泡;B. 苏丹Ⅲ染色

(2) 心肌脂肪变性:心肌在正常情况下可含有少数脂滴,脂肪变性时脂滴明显增多。光镜下,脂肪空泡较细小,呈串珠状成排排列,主要位于肌纤维Z带附近和线粒体分布区,常为贫血和中毒的结果。在严重贫血时,可见心内膜下尤其是乳头肌处出现成排的黄色条纹,与正常心肌的暗红色相间排列,似虎皮斑纹,故有"虎斑心"之称。严重感染、白喉外毒素以及其他毒物(如磷、砷、氯仿等)也能引起心肌的弥漫性脂肪变,此时,心肌均匀变浊,略呈黄白色,斑纹不明显。通常心功能并不受明显影响。有时心外膜增生的脂肪组织可沿间质伸入心肌细胞间,称为心肌脂肪浸润(fatty infiltration),并非心肌脂肪变性。

(3) 肾脂肪变性:在严重贫血、缺氧和中毒过程中,或肾小球毛细血管通透性升高时,肾小管尤其是近曲小管的上皮细胞可吸收漏出的脂蛋白而导致脂肪变性。肉眼观,肾稍肿大,被膜紧张,切面皮质增厚,略呈浅黄色。光镜下,可见近曲小管上皮细胞胞质内,出现多数脂滴,常位于细胞基底部和细胞核周围。严重的肾脂肪变性,远曲小管甚至集合管上皮细胞也可累及。

3. 玻璃样变性　又称透明变性(hyaline degeneration),是在细胞内或间质中,出现均质、半透明的玻璃样物质,在HE染色切片中呈均质性红染。玻璃样变性为十分常见的变性,主要见于结缔组织、血管壁,有时也可见于细胞内。

(1) 结缔组织玻璃样变:常见于纤维瘢痕组织、纤维化的肾小球及动脉粥样硬化的纤维性斑块等处。光镜下,纤维细胞明显变少,胶原纤维增粗并互相融合成为梁状、带状或片状的半透明均质,失去纤维性结构(图9-9),为胶原老化的表现。肉眼观,灰白色,半透明,质地坚韧,缺乏弹性。玻璃样变的发生机制尚不甚清楚,可能是在纤维瘢痕老化过程中,原胶原蛋白分子的交联增多,胶原纤维也互相融合,其间并有较多的糖蛋白积聚,形成所谓玻璃样物质;也可能是由于缺氧、炎症等原因,造成局部 pH 升高或温度升高,导致原胶原蛋白分子变性成明胶并互相融合所致。

(2) 血管壁玻璃样变:又称细动脉硬化,常见于高血压时的肾、脑、脾及视网膜的细动脉。可能是由于细动脉的持续性痉挛,使内膜通透性增高,血浆蛋白得以渗入内膜,在内皮细胞下凝固成无结构的均匀红染物质。此外,内膜下的基膜样物质亦增多。这些改变导致细动脉的管壁增厚、变硬,管腔变狭,甚至闭塞(图 9-10),此即细动脉硬化症(arteriolo-sclerosis),可引起心、脑及肾的缺血。玻璃样变的细动脉壁弹性减弱、脆性增加,更易继发扩张、破裂和出血。

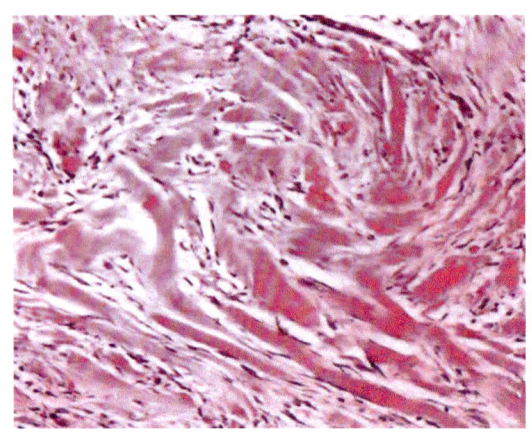

图 9-9　结缔组织玻璃样变
胶原纤维互相融合成为梁状、带状或片状,
失去纤维性结构

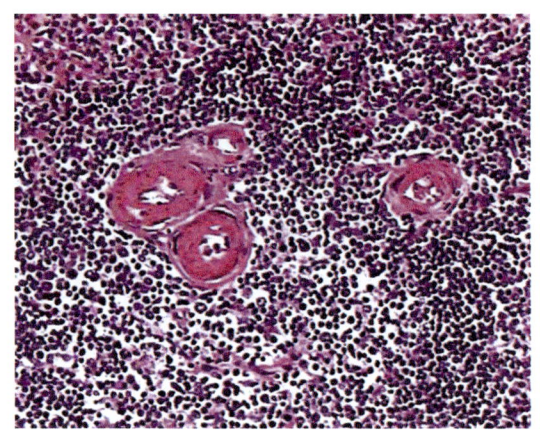

图 9-10　脾中央动脉玻璃样变
动脉壁内可见均质粉染物质,管壁增厚,
管腔变窄

(3) 细胞内玻璃样变:细胞内过多的蛋白质沉积(intracellular accumulation of proteins)引起细胞发生的形态学变化。光镜下,常表现为圆形、嗜伊红的小体或团块。其常见于肾小球肾炎或其他疾病而伴有明显蛋白尿时,肾近曲小管上皮细胞胞质内可出现许多大小不等的圆形红染小滴,这是由于血浆蛋白经肾小球滤出而又被肾小管上皮细胞吞饮的结果,并在胞质内融合成玻璃样小滴;在病毒性肝炎和酒精性肝病时,肝细胞内可出现不甚规则的红染玻璃样物质,称为马洛里小体(Mallory's body);慢性炎症时,浆细胞胞质内出现红染的圆形的玻璃样物质,称为拉塞尔小体(Russell's body);当蛋白质折叠缺陷时,蛋白质结构、功能、转运和分泌都会受到影响,引起蛋白质在细胞内聚集,见于神经变性疾病(Alzheimer 病、Huntington 病、Parkinson 病)等。

4. 黏液样变性　组织间质内出现类黏液的黏多糖和蛋白质积聚称为黏液样变性(mucoid degeneration)。光镜下,可见病变处的间质变疏松,充以染成淡蓝色的胶状液体,其中有一些多角形、星芒状细胞散在,并以突起互相连缀。黏液样变性常见于间叶性肿瘤(如纤维瘤、平滑肌瘤等)、急性风湿病、动脉粥样硬化的血管壁等。甲状腺功能低下时,全身皮肤的真皮及皮下组织的基质中有较多类黏液(mucoid)及水分潴留,形成黏液水肿(myxedema),其可能是甲状腺功能低下时,能促进透明质酸酶活性的甲状腺素分泌减少,致透明质酸(类黏液的主要成分之一)降解减弱而致含有大量透明质酸的类黏液样物质及水潴积于皮肤及皮下组织内所致。

黏液样变性的组织当病因消除后可以逐渐消退,从而恢复结构和功能,但如长期存在,则可引起纤维组织增生,导致组织硬化。

5. 淀粉样变性 组织内有淀粉样物质沉积称为淀粉样变性(amyloid degeneration)。淀粉样物质为一种结合黏多糖的蛋白质,来源于免疫球蛋白、降钙素前体蛋白和血清淀粉样P物质等。HE染色切片中淀粉样物质呈淡伊红染色、均匀一致、云雾状、无结构的物质。遇碘时被染成赤褐色,再加硫酸则呈蓝色;刚果红染色为橘红色,为淀粉样呈色反应。淀粉样物质常浸润于细胞间或沉积于小血管的基膜下,或沿网状纤维支架分布。电镜下则为纤细的丝状。

淀粉样变可为全身性和局部性两种。全身性淀粉样变性可发生在长期慢性炎症性疾病(如结核病、支气管扩张症、慢性骨髓炎、类风湿关节炎、畸形性脊椎炎、溃疡性结肠炎和Crohn病等),是由于炎症对组织和细胞的反复破坏引起的继发性病变,因而引起AA型淀粉样物质(amyloid associated protein, AA)沉着。局部性淀粉样变性多见于睑结膜、舌、喉、上呼吸道、肺、膀胱和皮肤等处与慢性炎症有关的疾病,由于淀粉样物质沉着,局部形成结节,常伴有大量浆细胞等慢性炎细胞浸润;多发性骨髓瘤分泌的淀粉样物质为淀粉样轻链(amyloid light chain, AL);老年人的心脏也可出现心脏内淀粉样物质沉着,引起心脏功能下降,称为老年性心脏淀粉样物质沉着症(senile heart amyloidosis),其沉着物质为淀粉样转甲状腺蛋白(amyloid transthyretin);老年性大脑疾病如Alzheimer病脑组织中沉积物为β_2淀粉样蛋白(β_2-amyloid protein)等。

6. 病理性色素沉积 机体组织中的有色物质称为色素(pigments)。组织中可有各种色素沉积,其中有的为机体自身合成的,称为内源性色素,如含铁血黄素、胆色素、脂褐素、黑色素等;有的则来自体外,为外源性色素,如炭末及纹身所用的色素等。在病理状态下,某些色素会增多并积聚于细胞内外,称为病理性色素沉积(pathologic pigmentation)。

(1) 含铁血黄素(hemosiderin):是由铁蛋白(ferritin)微粒聚集而成的色素颗粒,呈金黄色或棕黄色,具有折光性。颗粒大小不一,是巨噬细胞吞噬红细胞后,血红蛋白被巨噬细胞溶酶体分解、转化所形成。由于铁蛋白分子中含有高铁(Fe^{3+}),故遇铁氰化钾及盐酸后出现蓝色反应,称为普鲁士蓝或柏林蓝反应。巨噬细胞破裂后,此色素亦可散布于组织间质中。左心衰竭时,在发生淤血的肺内可有红细胞漏出,被巨噬细胞吞噬后形成含铁血黄素。这种细胞可出现于患者痰内,即所谓心衰细胞(图9-11);当溶血性贫血时有大量红细胞

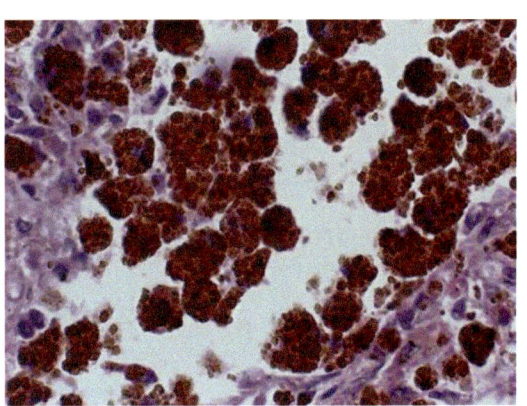

图9-11 含铁血黄素
肺泡腔内可见含有黄褐色颗粒的巨噬细胞(心衰细胞)

被破坏,可出现全身性含铁血黄素沉积,主要见于肝、脾、淋巴结、骨髓等器官。生理情况下,肝、脾内可有少量含铁血黄素形成。

(2) 脂褐素(lipofuscin):为一种黄褐色细颗粒状色素,其成分约50%为脂质,其余为蛋白质及其他物质。脂褐素颗粒为细胞内自噬溶酶体(autophagolysosome)中的细胞器碎片,不能被溶酶体酶所消化而形成的一种不溶性残存小体,源于自由基催化的细胞膜不饱和脂肪酸的过氧化作用。正常人的附睾上皮细胞、睾丸间质细胞及某些神经细胞的胞质中可含

有少量脂褐素；老年人及一些慢性消耗性疾病患者的肝细胞、肾上腺皮质网状带细胞及心肌细胞的胞质中，均可出现脂褐素，故此色素又有消耗性色素之称。脂褐素颗粒在电镜下呈典型的残存小体（residual bodies）结构。

（3）胆红素（bilirubin）：是人胆汁中的主要色素，呈橙黄色。它是体内铁卟啉化合物的主要代谢产物，有毒性，可对大脑和神经系统引起不可逆的损害，但也有抗氧化剂功能，可以抑制亚油酸和磷脂的氧化。在生理情况下，衰老的红细胞在单核吞噬细胞中被破坏，其血红蛋白被分解为珠蛋白、铁及胆绿素，后者还原后成为胆红素，进入血液。血液中胆红素过多时则将组织染成黄色，称为黄疸。胆红素一般呈溶解状态，但也可为黄褐色折光性小颗粒或团块。在胆道阻塞及某些肝脏疾病时，肝细胞、毛细胆管及小胆管内可见许多胆红素。

（4）黑色素（melanin）：为大小、形状不一的棕褐色或深褐色颗粒色素。正常人皮肤、毛发、虹膜及脉络膜等处均有黑色素存在。皮肤黑色素由黑色素细胞（melanocyte）产生，黑色素细胞中的酪氨酸在酪氨酸酶的作用下，氧化为二羟苯丙氨酸（dihydroxyphenylalanine, DOPA，多巴），多巴被进一步氧化为吲哚醌，失去 CO_2 后转变为二羟吲哚，后者聚合成一种不溶性的聚合物，即为黑色素，其与蛋白质结合为黑色素蛋白。黑色素细胞内因含有酪氨酸酶，故多巴反应阳性；相反，表皮下的噬黑色素细胞（melanophore），即吞噬了黑色素的组织细胞，因不含酪氨酸酶，故多巴反应阴性。用此方法可以鉴别黑色素细胞和噬黑色素细胞。人的垂体所分泌的 ACTH 能刺激黑色素细胞，促进黑色素形成。因此当肾上腺功能低下时（如 Addison 病时），由于肾上腺皮质激素分泌减少，对垂体的反馈抑制作用减弱，致 ACTH 分泌增多，促进黑色素细胞产生过多的黑色素，致全身性皮肤、黏膜的黑色素沉积增多。局限性黑色素增多则见于黑色素痣及黑色素瘤等。

7. 细胞内糖原沉积（intracellular accumulation of glycogen） 发生于葡萄糖和糖原代谢异常的患者。糖原为水溶性，因此在非水溶性固定剂（如纯乙醇）中保存较好。在一般 HE 染色切片中，糖原被溶解呈透明的泡状；PAS 染色中，呈玫瑰红色。细胞内糖原沉积常发生于糖尿病（diabetes mellitus）患者近曲小管远端的上皮细胞、肝细胞、心肌细胞和胰岛 β 细胞内。

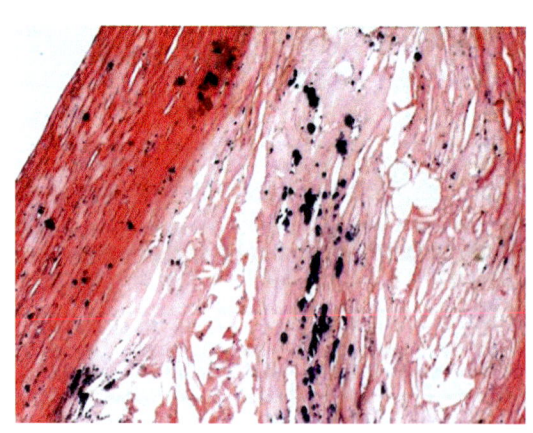

图 9-12　血管壁钙化

血管壁内可见蓝色颗粒，严重时呈片块

8. 病理性钙化　正常机体内只有骨和牙含有固态的钙盐，如在骨和牙之外的其他部位组织内有固态的钙盐沉积，则称为病理性钙化（pathologic calcification）。其主要成分为磷酸钙和碳酸钙及少量铁镁等物质。在 HE 染色时，光镜下，钙盐呈蓝色颗粒状，开始时颗粒微细，以后聚集成较大颗粒或片块（图 9-12）；量多时肉眼可见为白色石灰样质块，难以完全吸收成为机体内长期存在的异物，并刺激周围结缔组织增生而将其包裹。

病理性钙化主要有营养不良性钙化和转移性钙化两种。

营养不良性钙化常见，为变性坏死组织或异物的钙盐沉积，如结核坏死灶、脂肪坏死灶、动脉粥样硬化斑块内的变性坏死区、坏死的寄生虫虫体、虫卵及其他异物等。此时，无全身性钙磷代谢障碍，故血钙不升高。营养不良性钙化的机制尚未阐明，可能与局部碱性磷酸酶升高有关。碱性磷酸酶能水解有机磷酸酶，使局部磷酸增多，超过 $3Ca^{2+} \times 2PO_4^{3-}$ 的正常值，于是形成磷酸钙沉淀。变性坏死组织的酸性环境可使局部钙盐溶解，钙离子浓度升高，由于组织液的缓冲作用，局部组织碱性化，故钙盐析出沉积。

转移性钙化较少见，是全身性钙、磷代谢障碍致血钙和（或）血磷升高，使钙盐在未受损的正常组织内沉积所致。如甲状旁腺功能亢进及骨肿瘤造成骨质严重破坏时，大量骨钙进入血液，使血钙升高，以致钙盐在肾小管、肺泡和胃黏膜等处沉积，形成转移性钙化。此外，接受超剂量的维生素 D 时，因促进钙从肠吸收，也可引起转移性钙化。

钙化对机体的影响依具体情况不同而异。转移性钙化可使钙化的组织、细胞的功能下降或丧失；血管壁钙化使血管失去弹性变脆，容易破裂出血；但结核病灶的钙化则有可能使其中的结核菌逐渐失去活力，减少复发的危险，然而结核菌在钙化灶中往往可以继续存活很长时间，一旦机体抵抗力下降，则仍可能引起复发。

（二）不可逆性损伤

各种损伤严重时，细胞发生不可逆性代谢、功能和结构改变时，可导致细胞死亡（cell death）。细胞死亡可大致分为坏死和凋亡。凋亡主要见于细胞的生理性死亡，但也可见于某些病理过程中；坏死则为细胞病理性死亡的主要形式。它们各自具有不同的发生机制、生理病理学意义、形态学和生物化学特点。本节重点讲述坏死。

活体内局部组织、细胞的死亡称为坏死（necrosis）。坏死组织、细胞以酶溶性变化为特点，代谢停止，功能丧失，出现一系列特征性的形态学改变。坏死的原因多种多样，凡一切损伤因子，只要其作用达到一定的强度或持续一定的时间，就能使受损组织、细胞的代谢完全停止，即引起组织、细胞的死亡（坏死）。在大多数情况下，坏死是由组织、细胞的变性逐渐发展而来的，即渐进性坏死（necrobiosis）。在此期间，只要坏死尚未发生而病因被消除，则组织、细胞的损伤仍可能恢复（可复期）。但是一旦组织、细胞的损伤严重，代谢紊乱，出现一系列坏死的形态学改变时，则损伤不能再恢复（不可复期）。

1. 坏死的基本病变 在光学显微镜下，通常要在细胞死亡若干小时之后，当自溶性改变相当明显时才能加以辨别。电镜检查、组织化学方法、活细胞染色可以帮助判别早期细胞死亡。

（1）细胞核的改变：是细胞坏死的主要形态学标志，具体表现叙述如下。①核浓缩（pyknosis），由于细胞核脱水使染色质浓缩，染色变深，体积缩小；②核碎裂（karyorrhexis），细胞核染色质崩解为小碎片，核膜破裂，染色质碎片分散在胞质中；③核溶解（karyolysis），在脱氧核糖核酸酶的作用下，染色质的 DNA 分解，细胞核失去对碱性染料的亲和力，因而染色变淡，甚至只能见到核的轮廓。后来染色质中残余的蛋白质被溶蛋白酶所溶解，核便完全消失（图 9-13）。

坏死细胞核的上述变化过程可因损伤因子作用的强弱和发展过程的快慢而有所不同。损伤因子的作用较弱、病变经过缓慢（如缺血性梗死），细胞核的改变可按顺序发生，即先出现核浓缩，然后核碎裂，最后核溶解；但如果损伤因子作用强烈，经过急剧（如中毒），则往往先发生染色质边集，然后就进入核碎裂，甚或可从正常核迅即发生核溶解。

细胞不可逆性损伤的主要超微结构形态：严重的线粒体空泡形成、线粒体基质无定形致密物堆积、溶酶体释放酸性水解酶降解细胞成分等。

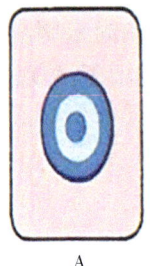 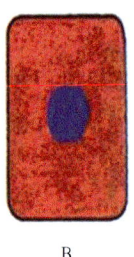  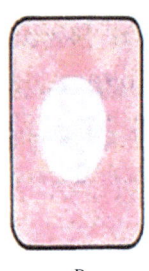

　　A　　　　　B　　　　　C　　　　　D

图 9-13　细胞坏死时核的变化示意图

A. 正常细胞；B. 核固缩；C. 核碎裂；D. 核溶解

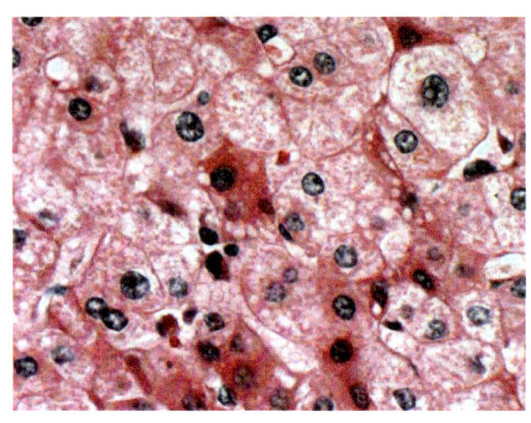

图 9-14　嗜酸性坏死

可见肝细胞体积变小呈嗜酸性

（2）细胞质的改变：坏死细胞的胞质嗜酸性增强，这是由于胞质嗜碱性物质核蛋白体减少或丧失，使胞质与碱性染料苏木素的结合减少而与酸性染料伊红的结合力增高的缘故（图 9-14）。有时单个实质细胞（如肝细胞）坏死后，细胞内水分逐渐丧失，核浓缩而后消失，胞体固缩，呈强酸性染色（红染），形成所谓嗜酸性小体，称为嗜酸性坏死。

（3）间质的改变：实质细胞坏死后一段时间内，间质常无改变。以后在各种溶解酶的作用下，基质崩解，胶原纤维肿胀并崩解、断裂或液化。坏死的细胞和崩解的间质融合成一片模糊的颗粒状、无结构的红染物质。

　　临床上，如坏死组织范围小常不能辨认。即使坏死组织范围较大，早期肉眼也不易识别。一般将确实失去生活能力的组织称为失活组织。这种组织已不能复活，但却是细菌生长繁殖的良好基地。为防止感染，促进愈合，在治疗中常需将其清除。失活组织外观无光泽，比较混浊，失去正常组织的弹性；因无正常的血液供给而温度较低，摸不到血管搏动，在清创过程中切除失活组织时，没有新鲜血液自血管流出；失去正常的感觉（皮肤痛、触痛）及运动功能（肠管蠕动）等变化。这些特点并非失活组织的绝对指征，因此要依据临床特点，全面观察、综合判断。

2. 坏死的类型

（1）凝固性坏死：坏死组织由于失水变干、蛋白质凝固而变成灰白或黄白色比较坚实的凝固体，故称凝固性坏死（coagulation necrosis）。其常见于心、肾、脾等器官，常由缺血、缺氧、细菌毒素、化学腐蚀剂的作用引起。

　　肉眼观，凝固性坏死灶在开始阶段，由于周围组织液的进入而明显肿胀，透明度降低，色灰暗，组织纹理变模糊。而后组织的硬度逐渐增加，呈土黄色。坏死灶的周围形成一暗红色缘（炎性出血带）与健康组织分界（图 9-15）。光镜下，可见坏死组织的细胞结构消失，但组织结构的轮廓依然保存。如肾的贫血性梗死初期，虽然细胞已呈坏死的改变，但肾小球、肾小管及血管等的轮廓仍可辨认（图 9-16）。

图 9-15 凝固性坏死
坏死区质实、干燥、灰黄色,与正常组织境界清楚

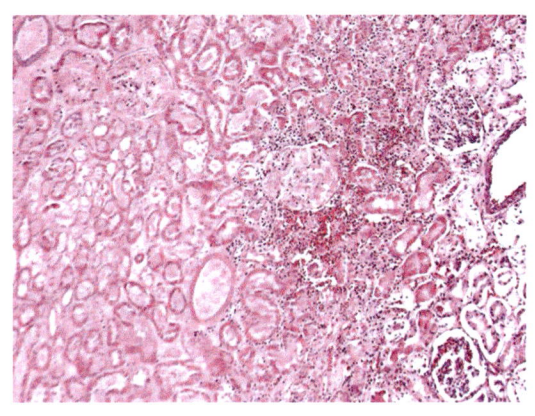

图 9-16 肾梗死
可见肾小球和肾小管的轮廓,但细胞结构消失(左侧);
正常(右侧)

(2) 液化性坏死:组织坏死后被酶分解成液体状态,并可形成坏死囊腔称为液化性坏死(liquefactive necrosis)。坏死组织的水解占主导地位。常由细菌或某些真菌的感染、缺血缺氧所引起。与凝固性坏死相反,液化性坏死主要发生在含蛋白少、脂质多(如脑)或产生蛋白酶多(如胰腺)的组织。脑组织的液化性坏死又称为脑软化;化脓性炎时渗出的中性粒细胞能产生大量蛋白水解酶,将坏死组织溶解发生液化性坏死;阿米巴脓肿也属于液化性坏死。

(3) 特殊类型的坏死

1) 干酪样坏死(caseous necrosis):主要见于由结核杆菌引起的坏死,是凝固性坏死的一种特殊类型。坏死组织分解比较彻底,光镜下,不见组织轮廓只见一些红染无结构的颗粒物质(图 9-17)。由于组织含有较多的脂质(主要来自结核杆菌及中性粒细胞),因此坏死组织略带黄色,质软,状似干酪,故称干酪样坏死(图 9-18)。

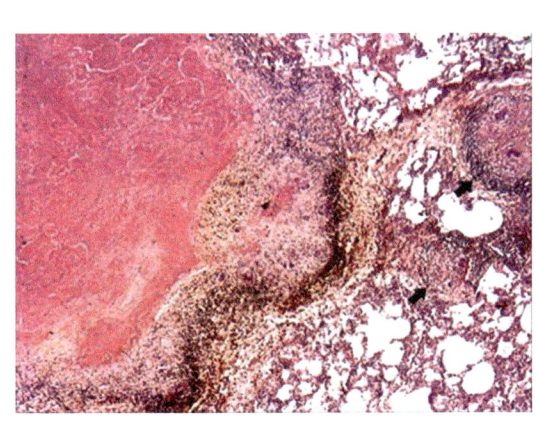

图 9-17 干酪样坏死
左侧肺组织完全坏死,呈粉染无结构的颗粒状

图 9-18 干酪样坏死
肺上部结核,坏死呈淡黄色,质软如奶酪

2) 脂肪坏死(fat necrosis)：分为酶解性和外伤性两种。前者常见于急性胰腺炎时，胰腺组织受损，胰酶外逸并被激活，引起胰腺自身及其周围器官的脂肪组织分解为脂肪酸与甘油，脂肪酸与钙结合形成钙皂，常呈不透明的灰白色斑点或斑块。光镜下，坏死的脂肪细胞仅留下模糊的轮廓。后者则大多见于乳房，受损伤的脂肪细胞破裂，脂滴外逸，并常在乳房内形成肿块。光镜下，可见其中含有大量吞噬脂滴的巨噬细胞(泡沫细胞)和多核异物巨细胞。

3) 纤维素样坏死(fibrinoid necrosis)：是发生在间质、胶原纤维和小血管壁的一种坏死。光镜下，病变部位的组织结构消失，为境界不甚清晰的颗粒状、小条或小块状无结构物质，呈强嗜酸性，与纤维素染色相似，故称为纤维素样坏死。纤维素样坏死常见于急性风湿病、系统性红斑狼疮、肾小球肾炎等过敏反应性疾病；恶性高血压、消化性溃疡的小血管壁等也可发生纤维素样坏死。

纤维素样坏死形成机制尚不确定，一般认为与抗原-抗体免疫复合物引发的胶原纤维肿胀崩解、结缔组织免疫球蛋白沉积或血液纤维蛋白渗出等有关。

4) 坏疽：继发腐败菌感染而呈现黑色、暗绿色等特殊形态改变的组织坏死，称为坏疽(gangrene)。坏死组织经腐败菌分解产生硫化氢，后者与血红蛋白中分解出来的铁相结合形成硫化铁，使坏死组织呈黑色。坏疽分为以下三种类型。

A. 干性坏疽(dry gangrene)：大多见于动脉粥样硬化、血栓闭塞性脉管炎和冻伤等患者的四肢末端。因动脉阻塞，静脉回流仍通畅，故坏死组织的水分少，再加上体表水分易于蒸发，致病变部位干燥皱缩，呈黑褐色，与周围健康组织之间有明显的界线(图9-19)。由于坏死组织比较干燥，因此腐败菌感染一般较轻。

B. 湿性坏疽(wet gangrene)：多发生于与外界相通的内脏(如肠、子宫、肺、阑尾等)，也发生于动脉阻塞及静脉回流受阻的四肢。由于坏死组织含水分较多，故腐败菌易于繁殖，感染严重，局部肿胀明显，呈暗绿色或污黑色，病变发展较快，炎症弥漫，故坏死组织与健康组织间无明显分界(图9-20)。腐败菌分解蛋白质，产生吲哚、粪臭素等，造成恶臭。组织坏死腐败所产生的毒性产物及细菌毒素被吸收后，可引起全身中毒症状，甚至可发生中毒性休克而死亡。常见的湿性坏疽有坏疽性阑尾炎、肠坏疽、肺坏疽等。

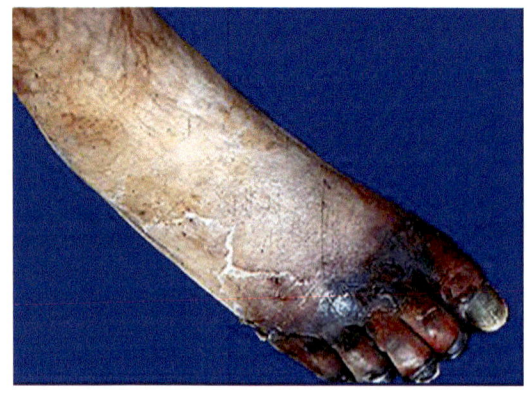

图 9-19　干性坏疽

右足病变部位干燥皱缩，呈黑褐色，与周围健康组织之间有明显界线

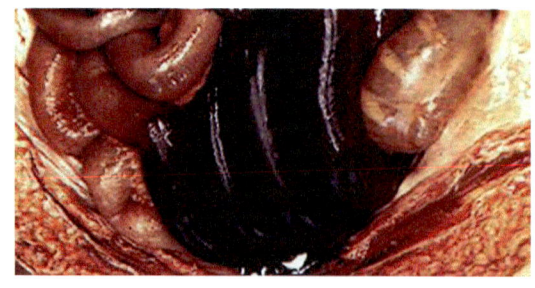

图 9-20　湿性坏疽

坏死肠管明显肿胀、污黑、无光泽

C. 气性坏疽(gas gangrene)：为湿性坏疽的一种特殊类型，主要见于严重的深达肌肉的

开放性创伤合并产气荚膜杆菌等厌氧菌感染时。细菌分解坏死组织时产生大量气体,使坏死组织内含大量气泡而呈蜂窝状,按之有"捻发"音。气性坏疽病变发展迅速,中毒症状明显,后果严重,需紧急处理。

3. 坏死的结局

(1) 溶解吸收:这是机体处理坏死组织的基本方式。来自坏死组织本身和中性粒细胞的溶蛋白酶将坏死物质进一步分解、液化,由淋巴管或血管加以吸收,不能吸收的碎片则由巨噬细胞加以吞噬消化。留下的组织缺损或细胞再生修复;或肉芽组织形成予以修复;或形成含有淡黄色液体的囊腔(如脑软化灶)。

(2) 分离排出:较大坏死灶不易完全吸收,其周围发生炎性反应,其中的白细胞释放溶蛋白酶,加速坏死边缘坏死组织的溶解吸收,使坏死灶与健康组织分离。位于皮肤或黏膜的坏死灶,脱落后局部形成缺损。皮肤和黏膜的浅表缺损,称为糜烂(erosion);深达皮下和黏膜下的缺损称为溃疡(ulcer)(图9-21)。深部组织坏死后形成开口于皮肤或黏膜的盲性管道,称为窦道(sinus)。体表与空腔器官之间或空腔器官之间两端开口的病理性管道称为瘘管(fistula)。肾、肺等内脏器官坏死组织液化后可经相应管道(输尿管、气管)排出,局部留下空腔,称为空洞(cavity)(图9-22)。

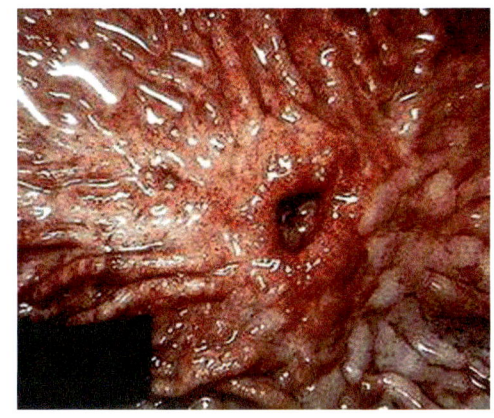
图9-21　胃溃疡
胃黏膜可见一圆形溃疡,边缘整齐,较深

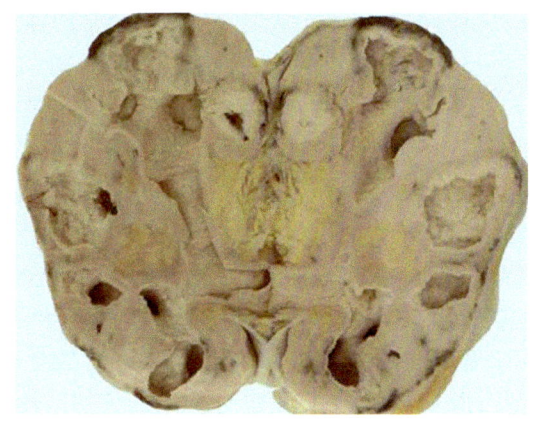
图9-22　肾结核
肾内可见多个大小不等的空洞,内壁不光滑,有干酪样坏死

(3) 机化:坏死组织不能完全溶解吸收或分离排出,则由周围新生的肉芽组织长入,逐渐溶解、吸收和取代,最后成为瘢痕组织。这种由新生肉芽组织取代坏死组织、血栓、脓液或其他异物的过程称为机化。

(4) 包裹、钙化:坏死范围较大,既难以溶解吸收,又不能完全机化,则常由周围新生结缔组织加以包裹(encapsulation)。包裹的坏死物质有时可发生钙化(calcification),如结核病灶的干酪样坏死即常发生这种改变。

4. 坏死的后果　坏死对机体产生的影响与下列因素有关。

(1) 坏死细胞的生理重要性,如心肌、脑组织的坏死后果严重。

(2) 坏死细胞的数量,如广泛的肝细胞坏死后果严重。

(3) 坏死细胞的再生能力,皮肤、肝脏等易于再生,坏死组织的结构和功能容易恢复。

(4) 坏死器官的储备代偿能力,如肺、肾为成对的器官,储备代偿能力较强,即使坏死范围较大,也不会明显地影响功能。

第三节 细胞凋亡

凋亡(apoptosis),也称为程序性细胞死亡(programmed cell death),是指机体细胞在发育过程中或在某些因素作用下,通过细胞内基因及其产物的调控而发生的一种主动性死亡。一般表现为单个细胞的死亡,且不伴有炎症反应。在形态和生化特征上均有别于坏死。

一、细胞凋亡的意义

细胞凋亡普遍存在于生物界中,它不仅发生于生理状态下,也发生于病理状态下。细胞凋亡对胚胎发育、器官形成、组织内正常细胞群的稳定、机体的防御和免疫反应、疾病或中毒时引起的细胞损伤、老化,以及肿瘤的发生进展等起着重要作用。肿瘤细胞的凋亡具有潜在的治疗意义,因此成为生物医学研究的热点。

细胞凋亡过多可引起疾病发生,例如:①艾滋病的发展过程中,细胞凋亡造成 CD_4^+T 细胞数目的显著减少;②移植排斥反应中,细胞毒性 T 细胞介导的细胞死亡;③缺血及再灌注损伤,导致心肌细胞和神经细胞的凋亡增多;④神经系统的退化性疾病(Alzheimer 病、Parkinson 病)的重要原因是细胞凋亡的异常增加。神经细胞的凋亡参与老化及 Alzheimer 病的发生;⑤电离辐射可引起多种组织细胞的凋亡。

细胞凋亡过少也可引起疾病发生:如在肿瘤的发生过程中,诱导凋亡的基因如 *p53* 等失活、突变,而抑制凋亡的基因如 *bcl-2* 等过度表达,都会引起细胞凋亡显著减少,从细胞凋亡角度来理解肿瘤的发生机制,是由于肿瘤细胞的凋亡机制使肿瘤细胞减少受阻所致。因此,从细胞凋亡机制的角度,来设计对肿瘤的治疗方法就是重建肿瘤细胞的凋亡信号传递系统,即抑制肿瘤细胞的生存基因的表达,激活死亡基因的表达,在肿瘤发病学中具有重要意义;针对自身抗原的淋巴细胞的凋亡障碍可导致自身免疫性疾病,在自身抗原的刺激作用下,识别自身抗原的免疫细胞被活化,从而通过细胞凋亡的机制而得到清除。但如这一机制发生障碍,那么识别自身抗原的免疫活性细胞的清除就会产生障碍;有的病毒能够抑制其感染的细胞的凋亡而使病毒存活。

二、细胞凋亡的形态变化

电镜下,细胞凋亡的形态学变化是多阶段的:①细胞质浓缩,核糖体、线粒体等聚集,细胞体积缩小,结构更加紧密;②细胞核染色质逐渐凝聚成新月状附于核膜周边,嗜碱性增强;核固缩呈均一的致密物,进而断裂为大小不一的片段;③胞膜不断出芽(或形成分叶状突起)、脱落,形成数个大小不等的由胞膜包裹的凋亡小体(apoptotic bodies)。凋亡小体内可含细胞质、细胞器和核碎片等;④凋亡小体被具有吞噬功能的细胞如巨噬细胞、上皮细胞等吞噬、降解。细胞凋亡过程中,细胞膜保持完整,最终可将凋亡细胞遗骸分割包裹为数个凋亡小体,无内容物外溢,所以不引起炎症反应。

光镜下,细胞凋亡一般累及单个或少数几个细胞,凋亡细胞呈圆形,胞质红染,细胞核染色质聚集成团块状。在常规切片检查时,一般不易发现,但在某些组织如反应性增生的次级淋巴滤泡生发中心容易见到。病毒性肝炎时,嗜酸性小体形成是肝细胞的凋亡。

细胞坏死与凋亡各有许多不同的特征(图 9-23),但在某些机制、生物化学、形态学特点上仍有一些相同之处(表9-1)。

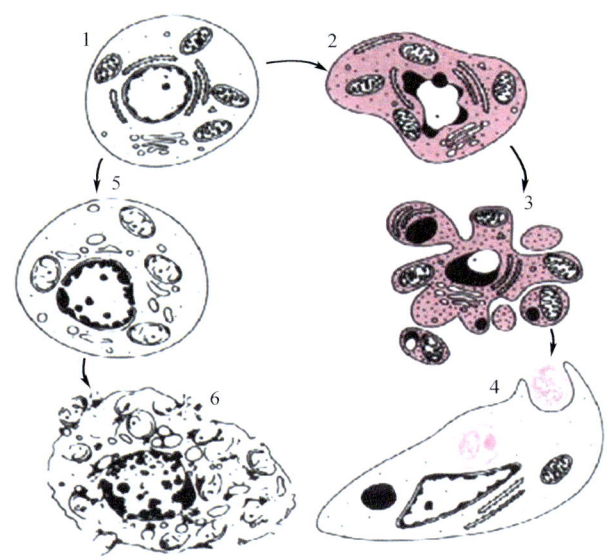

图9-23 凋亡与坏死区别模式图
1. 正常细胞,2~4. 为凋亡过程,5~6. 为坏死过程

表9-1 凋亡与坏死的区别

	凋亡	坏死
诱因	生理或病理性刺激诱导发生,如生长因子的缺乏	病理性刺激诱导发生,如感染、缺氧、中毒等
机制	基因调控的程序性细胞死亡,主动过程(自杀性)	事故性细胞死亡,被动过程(他杀性)
范围	多为散在的单个细胞	多为聚集的成片细胞
形态改变	细胞固缩,染色质边集,细胞器膜和细胞膜完整,细胞膜变形发芽,形成凋亡小体	细胞肿胀,细胞核浓缩、碎裂、溶解,细胞器膜及细胞膜溶解破裂,溶酶体酶释放,细胞自溶
生物化学	主动的耗能过程,有新蛋白合成,DNA规律性降解为180~200bp的片段,琼脂凝胶电泳为特征性梯状	被动的不耗能过程,无新蛋白合成,DNA无规律性降解,片段大小不一,琼脂凝胶电泳为弥漫的连续状
周围反应	不引发周围组织的炎症反应和修复再生	引发周围组织的炎症反应和修复再生

(薛占瑞 杜红禹)

第十章　损伤的修复

各种损伤因子造成机体部分细胞和组织损伤后,机体进行吸收清除,并以实质细胞再生和(或)纤维组织增生的方式加以修补恢复的过程,称为修复(repair)。修复后可完全或部分恢复原组织的结构和功能。参与修复过程的主要成分包括细胞外基质和各种细胞。修复过程可分为两种形式:①如果损伤的实质细胞有再生能力和适宜条件,由损伤周围的同种实质细胞来修复,称为再生,若能完全恢复原有的组织结构及功能,则称为完全性修复或再生性修复;②如果实质细胞不能再生或仅有部分再生,由纤维组织来修复,称为纤维性修复,以后形成瘢痕,也称瘢痕性修复。大多数情况下,由于有多种组织发生损伤,上述两种修复过程常同时存在。

第一节　再生性修复

一、再生的种类

实质细胞消耗或缺损后,由同种细胞增生修复的过程称再生(regeneration)。为保证恢复原有的结构和功能,再生的细胞与耗损的实质细胞在种类、数量和空间排列等方面应完全一致。影响再生的因素有许多,但最重要的是耗损的细胞有无再生能力及其再生能力的强弱。再生可以分为生理性再生和病理性再生。

(一) 生理性再生

生理性再生是指在生理状态下,有些细胞和组织不断老化、凋亡,由新生的同种细胞和组织不断补充,以保持原有的结构和功能,维持组织和器官的完整和稳定。例如,子宫内膜周期性脱落后,又由基底部细胞增生修复;消化道黏膜上皮1~2天再生更新一次。

(二) 病理性再生

病理性再生是指在病理状态下,细胞和组织坏死或缺损后发生的再生。如表皮烫伤出现水疱后,基底细胞以上各层细胞坏死时,基底细胞增生完全恢复表皮的原有结构与功能;骨组织骨折后,在一定条件下也可以恢复原有的结构与功能等。

二、细胞周期和不同类型细胞的再生潜能

细胞周期(cell cycle)由间期(interphase)和分裂期(mitotic phase,M期)构成。间期又可分为 G_1 期(DNA合成前期)、S期(DNA合成期)和 G_2 期(分裂前期)。不同种类的细胞,其细胞周期的时程长短不同,在单位时间内可进入细胞周期进行增殖的细胞数也不相同,因此具有不同的再生能力。一般而言,低等动物比高等动物的细胞或组织再生能力强。就个体而言,幼稚组织比分化成熟的组织再生能力强;平时易受损伤的组织及生理状态下经

常更新的组织有较强的再生能力。按再生能力的强弱,可将人体细胞分为三类。

1. 不稳定性细胞(labile cells) 又称持续分裂细胞,具有很强的再生能力。这类细胞总在不断地增殖分裂以代替衰亡或破坏的细胞。在生理情况下,这类细胞就像新陈代谢一样周期性更换。病理性损伤时,常常表现为再生性修复。如表皮细胞、呼吸道和消化道黏膜被覆细胞,生殖器官管腔的被覆细胞,淋巴及造血细胞、间皮细胞等。

2. 稳定性细胞(stable cells) 又称静止细胞,具有较强的潜在再生能力。在生理情况下不增殖,处在细胞周期的静止期(G_0期)。但是当受到损伤刺激时,即进入合成前期(G_1期),表现出较强的再生能力。这类细胞包括各种腺体及腺样器官的实质细胞,如肝、胰、涎腺、内分泌腺、汗腺、皮脂腺及肾小管上皮细胞等。此外还有原始的间叶细胞及其分化出来的各种细胞,如成纤维细胞、内皮细胞、骨母细胞等。目前认为,器官的再生能力是由其复制潜能决定的,而不是处于分裂期的细胞数量,如肝脏,处于分裂期的细胞数量低于1/15 000,但在切除70%后,仍可快速再生。

3. 永久性细胞(permanent cells) 又称不分裂细胞,不具有再生能力。此类细胞出生后即脱离细胞周期,永久停止有丝分裂。如神经细胞(包括中枢的神经元和外周的节细胞),心肌细胞及骨骼肌细胞。病理性损伤时,表现为瘢痕性修复。

三、各种组织的再生过程

(一) 上皮组织的再生

1. 被覆上皮的再生 ①体表的鳞状上皮:鳞状上皮损伤后,由创缘或底部的基底层细胞分裂增生,向缺损中心伸展,先形成单层上皮覆盖缺损表面,随后增生分化为鳞状上皮。②黏膜覆盖上皮:如胃肠黏膜上皮损伤后,也是由邻近的基底层细胞分裂增生修补。新生的上皮细胞初为立方形,以后分化为柱状上皮细胞。

2. 腺上皮的再生 腺上皮再生的情况依损伤的状态而异。①一般管状腺体上皮:如果腺上皮损伤而腺体基膜尚完好,则可由残存的细胞分裂增生,完全恢复原有的结构;如果腺体结构(包括基膜)完全破坏,则难以实现再生性修复,往往发生瘢痕性修复。如构造比较简单的子宫内膜腺体、胃肠的腺体可从残留部细胞再生。②复杂的腺器官,如肝的再生:肝在部分切除后,通过肝细胞分裂增生,短期内就能使肝脏恢复原来的大小;肝细胞坏死时,不论范围大小,只要肝小叶网状支架完好,周围区残存的肝细胞分裂增生,沿支架延伸,恢复正常结构;肝细胞坏死较广泛,肝小叶网状支架塌陷,网状纤维转化为胶原纤维(即网状纤维胶原化),或者由于肝细胞反复坏死及炎性刺激,导致肝细胞再生和纤维组织大量增生,形成肝小叶内间隔。再生的肝细胞呈结构紊乱的结节状(结节状再生),不能恢复原有小叶结构(如肝硬化等),实际上仍是瘢痕性修复。

(二) 纤维组织的再生

在损伤的刺激下,受损处的成纤维细胞进行分裂增生。成纤维细胞可来自静止的纤维细胞,或来自未分化的原始间叶细胞。幼稚的成纤维细胞多为圆形或椭圆形,两端常有突起,多边形或星芒状,胞质略嗜碱性;胞核大而圆,有1~2个淡染核仁。电镜下见胞质内有丰富的粗面内质网及核蛋白体,说明其合成蛋白的功能活跃。当成纤维细胞停止分裂后,开始合成并分泌前胶原蛋白,在细胞周围形成胶原纤维。细胞逐渐成熟,变成长梭形,胞质越来越少,核染色逐渐加深,成为纤维细胞。

该过程可发生在两种情况下:一种是发生在真皮、皮下及筋膜等纤维组织损伤时,属于再生性修复,可恢复原有的结构和功能;另一种情况是发生在肌肉、软骨等实质细胞损伤而又不能进行再生时,则由残存于间质的成纤维细胞或原始间叶细胞增生分化,与毛细血管的增生一起修复。

(三) 骨组织和软骨组织的再生

骨组织再生能力强,骨折后可完全修复(参见本章第三节)。

软骨组织的再生起始于软骨膜的增生,增生的幼稚细胞形似成纤维细胞,以后逐渐分化为软骨母细胞,并形成软骨基质,细胞被埋在软骨陷窝内而变为静止的软骨细胞。实际上软骨细胞再生能力很弱,损伤后常常由瘢痕性修复来完成。

(四) 血管的再生

1. 小血管的再生 主要是以毛细血管再生为起点,其过程又称血管形成,是以出芽方式来完成的。首先是基膜在蛋白分解酶的作用下溶解,残存的内皮细胞肿胀、分裂增生,形成内皮细胞条索(幼芽)向损伤处延伸,在毛细血管内血流的冲击下,数小时后便出现管腔,形成新生的毛细血管,进而彼此吻合形成血管网(图10-1)。增生的内皮细胞分化成熟时,分泌Ⅳ型胶原和粘连蛋白等形成基膜的基板。周围的成纤维细胞分泌Ⅲ型胶原和基质,形成基膜的网

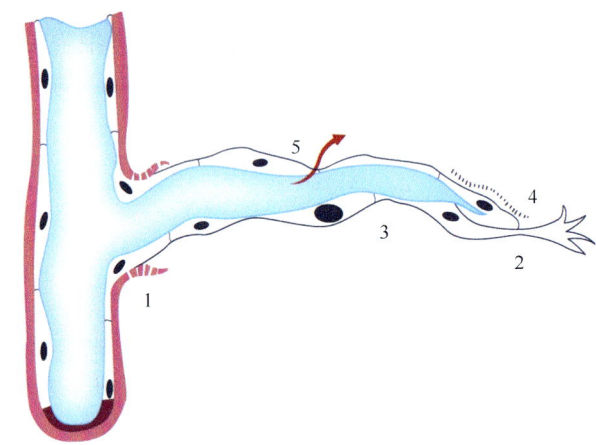

图 10-1 毛细血管再生模式图
1. 基膜溶解;2. 细胞移动和趋化;3. 细胞增生;4. 细胞管腔形成;5. 细胞间通透性增加

板,本身则成为周细胞(血管外膜细胞)。至此,血管的构筑初步完成。新生的血管基膜不完整,内皮细胞间隙大,通透性较高。其中有些毛细血管为适应功能的需要,逐渐改建为小动脉或小静脉,其平滑肌等成分可能由血管外多潜能原始间叶细胞分化而来。

2. 大血管的修复 较大血管断裂后需手术吻合。吻合处两侧内皮细胞分裂增生,互相连接,恢复原来内膜的结构和功能,但离断的肌层因平滑肌细胞再生能力弱,不易完全再生,只能进行瘢痕性修复。

(五) 肌组织的再生

肌组织的再生能力很弱。

(1) 骨骼肌组织的再生依肌膜是否存在及肌纤维是否完全断裂而有所不同。骨骼肌损伤不太重而肌膜未被破坏时,残存部分肌细胞分裂增生产生肌质,分化出肌原纤维,恢复骨骼肌的结构;如果肌纤维完全断开,也有新生的肌原纤维使断端膨大,但不能直接连接,而由纤维瘢痕修复。

(2) 平滑肌组织再生能力也很弱,前面已提到的小血管壁平滑肌损伤后可进行再生性

修复外,大血管壁及胃肠道等处平滑肌损伤后,往往都是瘢痕性修复。

(3) 心肌几乎无再生能力,损伤后一般都是瘢痕性修复。

(六) 神经组织的再生

1. 神经细胞的再生　脑及脊髓内的神经元及外周神经节的节细胞一般无再生能力,损伤之后不能再生,其所属的神经纤维亦随之缺损、消失,由周围的神经胶质细胞及其纤维填补,形成胶质瘢痕。

2. 神经纤维的再生　外周神经受损后,如果与其相连的神经细胞仍然存活,可以再生,恢复原有的结构和功能。首先,断裂处的神经纤维远侧段全部和近侧段的一部分发生沃勒(Wallerian)变性,包括髓鞘及轴突肿胀断裂、崩解;巨噬细胞增生吞噬清除崩解产物。然后残存的轴突增生,增生的轴突在断裂处向各方向延伸,同时两端的神经鞘细胞增生形成带状的合体细胞,将断端连接。神经轴突生长缓慢,每天1~2mm,而且新生轴突很细,需慢慢增粗,故完全恢复功能需数月以上。若断离的两端相隔太远和(或)两端之间有纤维组织阻隔,或因截肢失去远端,新增生的许多轴突不能到达远端,与增生的纤维组织绞缠在一起,卷曲成团,形成创伤性神经瘤(traumatic neuroma),常引起顽固性疼痛。

第二节　瘢痕性修复

瘢痕性修复是在组织细胞不能进行再生性修复的情况下,由损伤局部的间质新生的肉芽组织增生、溶解、吸收损伤局部的坏死组织或异物,并填补组织缺损,继之肉芽组织逐渐成熟,转变为瘢痕组织,使缺损得到修复。

一、肉芽组织

肉芽组织(granulation tissue)是新生的富含毛细血管的幼稚阶段的纤维结缔组织。

(一) 肉芽组织的形态特点

肉芽组织是由新生的薄壁的毛细血管及增生的成纤维细胞组成,伴有一定数量的炎性细胞浸润。其形态特点如下。

1. 肉眼观　肉芽组织呈鲜红色,细颗粒状,柔软湿润,触之易出血而无痛觉,形似嫩肉,故名。

2. 镜下　典型的结构是位于体表和管腔表面损伤处的肉芽组织,其表面常覆盖一层炎性渗出物及坏死组织。下方的肉芽组织主要由毛细血管、成纤维细胞和炎

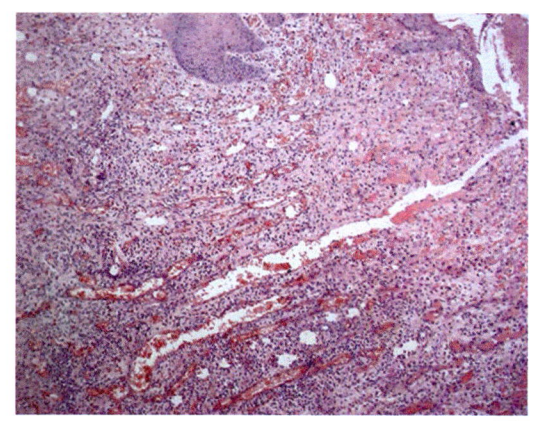

图10-2　肉芽组织的镜下结构

性细胞等组成(图10-2),基本结构为:①大量新生的毛细血管平行排列,与表面相垂直,并在近表面处互相吻合形成弓状突起,故肉眼呈鲜红色细颗粒状。②新增生的成纤维细胞散在分布于毛细血管网络之间,很少有胶原纤维形成。③多少不等的炎性细胞浸润于肉芽组

织中。如为感染性损伤,则炎性细胞较多,且以中性粒细胞为主;如为非感染者,炎性细胞少且以单核细胞、淋巴细胞等为主。肉芽组织内常含一定量的水肿液,但不含神经纤维,故无疼痛。发生在组织、器官内部的瘢痕性修复,往往也是通过上述的肉芽组织增生来吸收和取代坏死、血栓、炎性渗出物等,不同的是肉芽组织位于这些物质的四周向中心部增生推进,毛细血管的方向性或是向中心部辐辏或是比较紊乱。

肉芽组织深面往往有一层由纤维细胞、大量胶原纤维和少量小血管构成的成熟的纤维结缔组织。

(二) 肉芽组织的作用

肉芽组织在组织损伤修复过程中有以下重要作用:①抗感染并保护创面;②填补创口及其他组织缺损;③机化或包裹坏死、血栓、炎性渗出物及其他异物。

机化(organization)是指由新生的肉芽组织长入并取代坏死组织或其他异物的过程。最后肉芽组织成熟,转变为瘢痕组织。包裹(encapsulation)是一种不完全的机化。即在坏死组织或异物不能完全被机化时,则由周围增生的肉芽组织成熟为纤维结缔组织进行包裹,将其与正常组织隔离开。

(三) 肉芽组织的结局

肉芽组织在组织损伤后 2~3 天内即可出现。自下向上(如体表创口)或从周围向中心(如组织内坏死)生长推进,填补创口或机化异物。随着时间的推移(如 1~2 周),肉芽组织按其生长的先后顺序,逐渐成熟。其主要形态标志为:水分逐渐吸收减少;炎性细胞减少并逐渐消失;部分毛细血管闭塞、减少,按正常功能的需要仅有少数毛细血管管壁增厚,改建为小动脉和小静脉;成纤维细胞产生越来越多的胶原纤维,同时成纤维细胞数目逐渐减少、胞核变细长而深染,成熟为纤维细胞。时间再长,胶原纤维量更多,而且发生玻璃样变性,细胞和毛细血管成分更少。至此,肉芽组织成熟为纤维结缔组织并逐渐转变为瘢痕组织。

二、瘢 痕 组 织

瘢痕(scar)组织是指由肉芽组织成熟改建而来的老化阶段的纤维结缔组织。

(一) 瘢痕组织的形态特点

肉眼观:局部呈收缩状态,颜色苍白或灰白色半透明,质地硬韧并缺乏弹性(图 10-3)。

镜下观:瘢痕组织由大量平行或交错分布的胶原纤维束组成。纤维束往往呈均质性红染即玻璃样变。纤维细胞稀少,核细长而深染,其内小血管稀少(图 10-4)。

(二) 瘢痕组织的作用和影响

1. 瘢痕组织的形成对机体有利的一面 ①它能把损伤的创口或其他组织缺损长期地填补并连接起来,可保持组织器官的完整性;②瘢痕组织含大量胶原纤维,比肉芽组织的抗拉力要强得多,因而这种填补及连接也是相当牢固的,可保持组织器官的坚固性。如果胶原形成不足或承受力大而持久,加之瘢痕缺乏弹性,可造成瘢痕膨出。在腹壁可形成疝,在心室壁可形成室壁瘤。

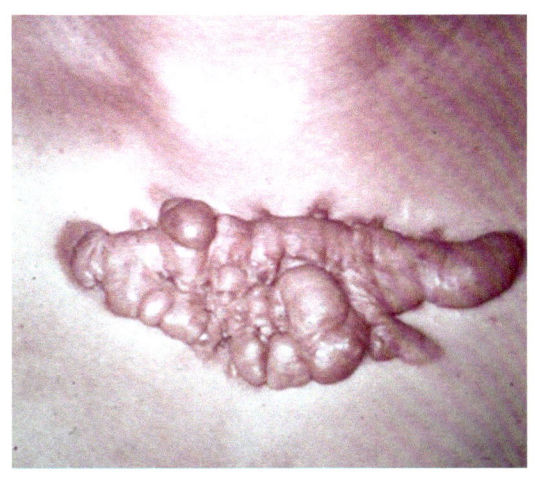

图 10-3　瘢痕组织的大体结构

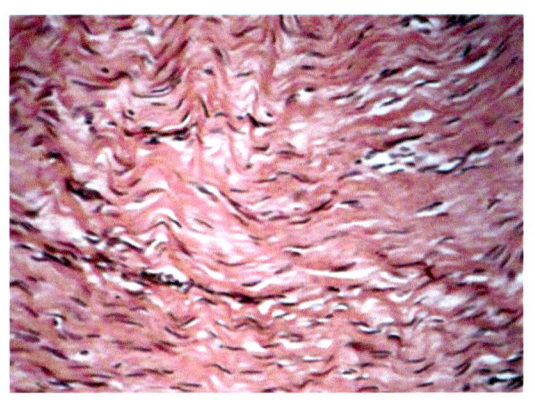

图 10-4　瘢痕组织的镜下结构
瘢痕组织中的胶原纤维和纤维细胞

2. 瘢痕组织的形成对机体不利和有害的一面　①瘢痕收缩。如发生于关节附近的瘢痕,常常引起关节挛缩或活动受限;发生于重要器官的瘢痕,如十二指肠溃疡瘢痕引起的幽门梗阻。瘢痕收缩的机制可能是由于其中的水分丧失或含有肌成纤维细胞(myofibroblast)所致。②瘢痕性粘连。特别是在各器官之间或器官与体腔壁之间发生的纤维(瘢痕)粘连,常不同程度地影响其功能。器官内广泛损伤导致广泛纤维化玻璃样变,使器官硬化。③瘢痕组织增生过度,又称肥大性瘢痕。如果这种肥大性瘢痕突出于皮肤表面并向周围不规则地扩延,称为瘢痕疙瘩(keloid)(临床上又常称"蟹足肿")。其发生机制尚不清楚,一般认为与体质有关;也有人认为,可能与瘢痕组织中缺血缺氧,其中的肥大细胞分泌生长因子,使肉芽组织增生过度有关。

瘢痕组织内的胶原纤维在胶原酶的作用下,可以逐渐地被分解、吸收,从而使瘢痕缩小、软化。胶原酶主要来自成纤维细胞、巨噬细胞和中性粒细胞等细胞。因此,解决瘢痕收缩和器官硬化等问题的关键在细胞生长调控和细胞外基质等分子病理水平上,阐明如何调控肉芽组织中胶原的合成和分泌,以及如何加速瘢痕中胶原的分解吸收。

第三节　创伤愈合

创伤愈合(wound healing)是指机体遭受外力作用,皮肤等组织出现离断或缺损后的愈复过程,包括各种组织的再生和肉芽组织增生、瘢痕形成的复杂组合,表现出各种过程的协同作用。

一、皮肤创伤愈合

(一)创伤愈合的基本过程

轻度的创伤仅限于皮肤表皮层,重者有皮肤和皮下组织的断裂,甚至可有肌肉、肌腱、神经的断裂及骨折,并出现伤口。下面以皮肤手术切口为例,叙述创伤愈合的基本过程。

1. 伤口的早期变化　伤口局部有不同程度的组织坏死和出血,数小时内便出现炎症反应,表现为充血、浆液渗出及白细胞游出,故局部红肿。伤口中的血液和渗出的纤维蛋白原很快凝固形成凝块,有的凝块表面干燥形成痂皮。凝块及痂皮具有保护伤口的作用。

2. 伤口收缩　2~3天后伤口边缘的全层皮肤及皮下组织向伤口中心移动,于是伤口迅速缩小,直到2周左右停止。伤口收缩的意义在于缩小创面。研究证明,伤口收缩是伤口边缘新生的肌成纤维细胞的牵拉作用引起的,与胶原无关。5-HT、血管紧张素及去甲肾上腺素能促进伤口收缩,肾上腺皮质类固醇及平滑肌拮抗药则能抑制伤口收缩。抑制胶原形成对伤口收缩没有影响,植皮可使伤口收缩停止。

3. 肉芽组织增生和瘢痕形成　大约从第3天开始从伤口底部及边缘长出肉芽组织逐渐填平伤口。肉芽组织中没有神经,故无感觉。第5~6天起成纤维细胞产生胶原纤维,随着胶原纤维越来越多,逐渐过渡为瘢痕组织,大约在伤后1个月瘢痕完全形成。可能由于局部张力的作用,瘢痕中的胶原纤维最终与皮肤表面平行。瘢痕可使创缘牢固地结合,并增加伤口局部抗拉力的强度。

4. 表皮及其他组织再生　创伤发生24小时内,伤口边缘的表皮基底细胞开始增生,从凝块下面向伤口中心迁移,形成单层上皮,覆盖于肉芽组织的表面。当这些细胞彼此相遇时,则停止迁移,并增生、分化成为鳞状上皮。健康的肉芽组织对表皮再生十分重要,因为它可提供上皮再生所需的营养及生长因子。如果肉芽组织发育不良,长时间不能将伤口填平或形成瘢痕,则上皮再生将延缓。此外,由于异物及感染等刺激导致肉芽组织过度生长(exuberant granulation),高出于皮肤表面,也会阻止表皮再生。因此临床常需将其切除清创。若伤口过大则需要植皮。

皮肤附属器(毛囊、汗腺及皮脂腺)如遭完全破坏,不能完全再生,则由瘢痕修复。肌腱断裂后,初期也是瘢痕修复,但随着功能锻炼而不断改建,胶原纤维可按原来肌腱纤维方向排列,达到完全再生。

(二) 皮肤软组织创伤愈合的类型

根据损伤程度及有无感染,创伤愈合可分为以下三种类型。

1. 一期愈合(primary healing)　见于组织缺损少、创缘整齐、无感染、经黏合或缝合后创面对合严密的伤口,如无感染的手术切口。这种伤口中只有少量血凝块,炎症反应轻微,表皮再生在1~2天内便可完成。肉芽组织在第3天就可从伤口边缘长出并很快将伤口填满,5~6天伤口两侧出现胶原纤维连接,此时切口可以拆线,2~3周完全愈合,数月后形成一条白色线状瘢痕。一期愈合的时间短,形成瘢痕少,抗拉力强度大。

2. 二期愈合(secondary healing)　见于组织缺损较大、创缘不整、哆开、无法整齐对合,或伴有感染的伤口,往往需要清创后才能愈合。二期愈合与一期愈合有不同之处:①由于坏死组织多或感染,继续引起局部组织变性、坏死,炎症反应明显。待感染被控制、坏死组织被清除以后,再生才能开始。②伤口大,伤口收缩明显,形成多量肉芽组织。③愈合的时间较长,形成的瘢痕较大,抗拉力强度较弱。

3. 痂下愈合(healing under scar)　是指伤口表面的血液、渗出物及坏死组织干燥后形成黑褐色硬痂,在痂下进行上述愈合的过程。待上皮再生完成后,痂皮即脱落。痂下愈合所需时间较长,因为表皮再生之前必须先将痂皮溶解,然后表皮才能覆盖创面。由于痂皮干燥不利于细菌生长,故对伤口有一定的保护作用。如果痂下渗出物较多,尤其是当已有细菌感染时,痂皮反而影响渗出物的排出,使感染加重,不利于愈合。

二、骨折愈合

骨折(bone fracture)通常可分为外伤性骨折和病理性骨折两大类。骨的再生能力很强，骨折愈合的好坏、所需的时间与骨折的部位、性质、错位的程度、年龄及引起骨折的原因等因素有关。一般而言，经过良好复位后的单纯性外伤性骨折，几个月内便可完全愈合，恢复正常的结构和功能。骨折愈合的基本过程可分为以下几个阶段(图10-5)。

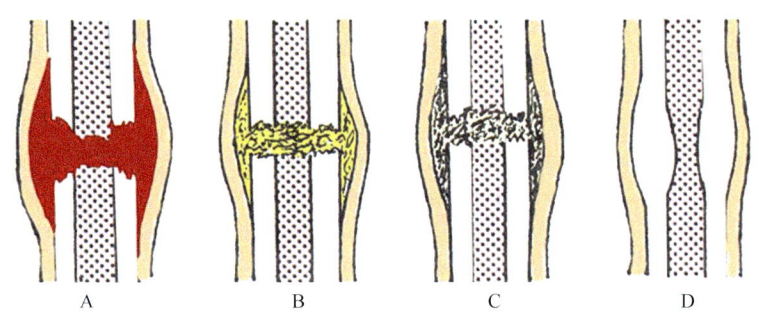

图10-5 骨折愈合过程模式图
A. 血肿形成；B. 纤维性骨痂形成；C. 骨性骨痂形成；D. 骨痂改造

(一) 骨折愈合的基本过程

1. 血肿形成 骨组织和骨髓都有丰富的血管，在骨折的两端及其周围伴有大量出血，形成血肿，数小时后血肿发生凝固，同时常出现轻度的炎症反应。由于骨折处伴有血管的断裂，因此在骨折的早期，常可见到骨髓组织的坏死，骨皮质亦可发生坏死。如果坏死范围较小，可被破骨细胞吸收；如果坏死范围较大，可形成游离的死骨片。

2. 纤维性骨痂形成 骨折后的2~3天，血肿开始由肉芽组织取代而机化，继而发生纤维化形成纤维性骨痂，或称暂时性骨痂。肉眼可见骨折局部呈梭形肿胀。约1周左右，上述增生的肉芽组织及纤维组织可进一步分化，形成透明软骨。透明软骨的形成一般多见于骨外膜的骨痂区，骨髓内骨痂区则少见。

3. 骨性骨痂形成 上述纤维性骨痂逐渐分化出骨母细胞和软骨母细胞，并形成类骨组织和软骨组织。继而钙盐沉积，类骨组织转变为编织骨。软骨组织也经软骨化骨过程演变为骨组织，至此形成骨性骨痂。

4. 骨痂改建或再塑 编织骨由于结构不够致密，骨小梁排列紊乱，故仍达不到正常功能需要。为了在结构和功能上符合要求，编织骨进一步改建为成熟的板层骨，皮质骨和髓腔的正常关系及骨小梁正常的排列结构也重新恢复。改建是在破骨细胞的骨质吸收及骨母细胞新骨形成的协调作用下完成的。

(二) 影响骨折愈合的因素

影响创伤愈合的全身及局部因素对骨折愈合都起作用。此外，着重强调三个影响骨折愈合的特殊因素。

1. 骨折断端及时、正确的复位 完全性骨折因肌肉收缩，常常发生错位或其他组织、异物的嵌塞，可使愈合延迟或不能愈合。及时、正确的复位是为以后骨折完全愈合创造必要的条件。

2. 骨折断端及时、牢靠的固定 骨折断端即使已经复位，因肌肉活动仍可错位，所以复位后及时、牢靠的固定(如打石膏、小夹板或髓内针固定)更显重要，一般要固定到骨性骨痂形成后。

3. 早日进行全身和局部功能锻炼，保持局部良好的血液供应 由于骨折后常需复位、固定及卧床，虽然有利于局部愈合，但长期卧床血运不良，又会延迟愈合。局部长期固定不动会引起骨及肌肉失用性萎缩、关节强直等不利后果。为此，在不影响局部固定的情况下，宜尽早离床活动；不能离床者则进行局部功能锻炼，以保持良好血运及肌肉、关节的功能。

骨折愈合障碍者，有时新骨形成过多，即赘生骨痂，愈合后有明显的骨变形，影响功能恢复。有时纤维性骨痂不能变成骨性骨痂并出现裂隙，骨折两端仍能活动，形成假关节。

第四节　影响再生修复的因素

损伤的程度、组织的再生能力及伤口有无坏死和感染等决定修复的方式、愈合的时间及瘢痕的大小。因此，治疗原则应是尽量缩小创面、防止再损伤和感染及促进组织再生。组织的再生与修复能力是在进化过程中获得的，受全身及局部条件的影响。影响再生修复的因素包括全身因素及局部因素两方面。

一、全身因素

1. 年龄 儿童和青少年的组织再生能力较强，愈合较快。老年人则相反，组织再生力较差，愈合较慢，这与老年人血管硬化、血液供应减少有很大的关系。

2. 营养 严重的蛋白质缺乏，尤其是含硫氨基酸(如胱氨酸、甲硫氨酸)缺乏时，组织的再生能力降低，肉芽组织及胶原形成不良，伤口愈合延缓。维生素 C 能够促进胶原蛋白的合成，对愈合非常重要。在微量元素中锌对创伤愈合有重要作用，锌缺乏的患者，创伤愈合缓慢。锌的作用机制不很清楚，可能与锌是细胞内一些氧化酶的必需成分有关。

3. 内分泌 机体的内分泌状态对修复反应有着重要影响。例如，肾上腺皮质类固醇对修复具有抑制作用，而甲状腺素和肾上腺盐皮质激素对修复有促进作用。

二、局部因素

1. 感染与异物 感染对再生修复的影响很大，可严重影响再生修复的方式与时间。伤口感染后，渗出物增多，创口内的压力增大，常使正在愈合的伤口或已缝合的伤口裂开，或者导致感染扩散加重损伤。因此，伤口如有感染，不能缝合，应及早引流。当感染被控制后，修复才能进行。坏死组织及异物也会妨碍愈合并有利于感染。因此，伤口如有感染，或有较多的坏死组织及异物，常常是二期愈合。临床上对于创面较大、已被细菌污染但尚未发生明显感染的伤口，施行清创术以清除坏死组织、异物和细菌，并可在确保没有感染的前提下，缝合伤口、修整创缘以缩小创面。这样，可以使本来应是二期愈合的伤口，愈合时间缩短，甚至可能达到一期愈合。

2. 局部血液循环 良好的血液循环一方面保证组织再生所需的氧和营养；另一方面对

坏死物质的吸收及控制局部感染也起重要作用。因此,局部血流供应良好时,则再生修复好。相反,如下肢血管有动脉粥样硬化或静脉曲张等病变时,使局部血液循环不良,则伤口愈合迟缓。

3. 神经支配 完整的神经支配对损伤的修复具有一定作用,例如,麻风病引起的溃疡不易愈合,是因为神经受累的缘故。植物神经的损伤,使局部血液供应发生紊乱,对再生的影响更为明显。

4. 电离辐射 能破坏细胞、损伤血管并抑制组织再生,因此也能阻止瘢痕形成。

(崔 丹)

第十一章 局部血液及体液循环障碍

正常的血液循环是保持机体进行正常的新陈代谢和功能活动的基本条件之一。体液及血液循环障碍,既可以影响器官和组织的代谢和功能,也会影响细胞和组织的形态和结构,如出现萎缩、变性、坏死等病理变化,严重者可导致机体的死亡。血液循环障碍可分为全身性和局部性两类,本章主要阐述局部血液及体液循环障碍,主要包括:①局部循环血量的异常(充血和缺血);②血液性状和血管内容物的异常(血栓形成、栓塞,其后果可引起梗死,在此一并叙述);③血管壁通透性和完整性的改变(出血)。

第一节 充 血

充血(hyperemia)指器官或局部组织血管内血液含量的增多。其可分为动脉性充血和静脉性充血两类(图11-1)。

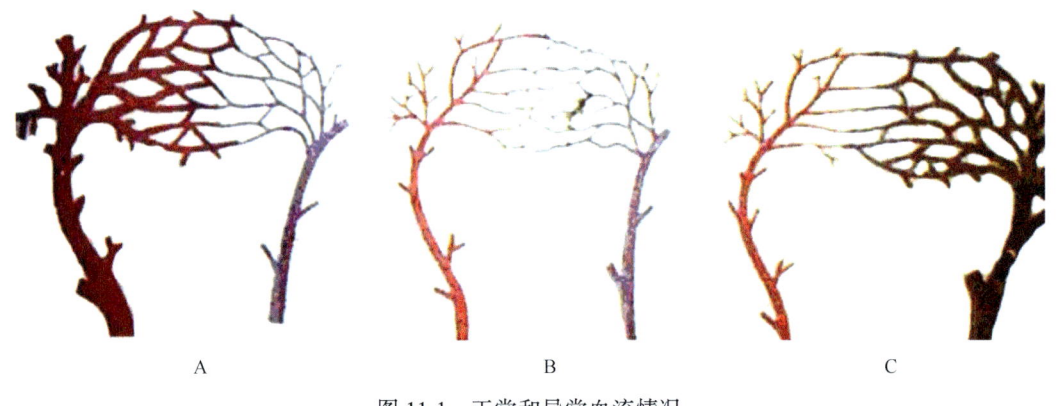

图 11-1 正常和异常血流情况
A. 动脉充血;B. 正常供血;C. 静脉充血

一、动脉性充血

动脉性充血(arterial hyperemia)又称主动性充血(active hyperemia),简称充血。一般指器官或局部组织细动脉血输入量增多。

(一) 病因

由于神经体液作用,使血管舒张神经兴奋性增高或血管收缩神经兴奋性降低、舒血管活性物质释放增加等,引起细小动脉扩张,都可以引起局部组织或器官充血。常见的类型如下所述。

1. 生理性充血 为适应组织和器官的生理需要和代谢增强的需要而发生的充血,如进食后的胃肠道黏膜、运动时的骨骼肌和妊娠时的子宫充血等。

2. 病理性充血 多见于炎症反应的早期,由于致炎因子的作用引起的轴索反射使血管舒张神经兴奋,以及组胺、缓激肽等血管活性物质作用,使细动脉扩张充血。

减压后充血是特殊的病理性充血,当局部器官或组织长期受压,如绷带包扎的肢体或大量腹水压迫腹腔内器官后,一旦突然解除压力,受压组织内的细动脉发生反射性扩张,导致局部充血,而此时会出现血压急剧下降、脑供血不足等严重后果。

(二)病变及后果

动脉性充血的器官和组织体积轻度增大,局部组织颜色鲜红,温度增高,镜下见局部细动脉及毛细血管扩张充血。

动脉性充血是短暂的血管反应,原因消除后,通常对机体无不良后果。但在高血压或动脉粥样硬化的基础上,脑动脉充血、破裂,可造成严重后果。

二、静脉性充血

静脉性充血(venous hyperemia)又称被动性充血(passive hyperemia),指器官或局部组织由于静脉回流受阻而引起局部血量增多的状态,又称淤血(congestion)。

(一)病因

1. 静脉受压使管腔发生狭窄或闭塞 如肿瘤压迫局部静脉;妊娠子宫压迫髂总静脉;嵌顿性肠疝、肠套叠和肠扭转时压迫肠系膜静脉。

2. 静脉腔阻塞 如静脉血栓形成,且未能建立有效的侧支循环时。

3. 心力衰竭 如二尖瓣狭窄和高血压引起的左心衰竭,导致肺淤血;肺源性心脏病时发生的右心衰竭,导致体循环脏器淤血。

(二)病变及后果

淤血的局部组织和器官肿胀;发生于体表时,由于微循环的灌注量减少,血液内氧合血红蛋白减少,局部皮肤发绀、温度下降。镜下见局部细静脉及毛细血管扩张淤血,亦可伴有组织的水肿和出血。

静脉性充血比动脉性充血多见,具有重要的临床意义。淤血可发生于局部,亦可发生于全身,其对机体的影响,取决于淤血的范围、部位、程度、发生速度及侧支循环建立的状况。

较长期的淤血使局部组织缺氧、营养物质供应不足和中间代谢产物堆积,损害毛细血管壁使通透性增高,以及淤血时细静脉和毛细血管流体静压升高,引起局部组织出现:①水肿和漏出性出血;②实质细胞萎缩、变性甚至坏死;③间质纤维组织增生甚至形成淤血性硬化。

(三)重要器官的淤血

1. 肺淤血 多由左心衰竭引起。急性肺淤血时,肺体积增大、暗红色,切面可见泡沫状血性液体流出。镜下,表现为肺泡壁毛细血管高度扩张充血,部分肺泡腔内可见水肿液及多少不等的红细胞。

慢性肺淤血时,除肺泡壁毛细血管扩张充血、肺泡腔内有水肿液及红细胞外,可见肺泡壁增厚,部分肺泡腔内可见巨噬细胞,有些巨噬细胞吞噬了红细胞并将其分解,在胞质内形成含铁血黄素,称为"心力衰竭细胞"(heart failure cells)(图11-2)。慢性的肺淤血晚期,由于肺内含铁血黄素的沉积及纤维组织增生,肺质地变硬,肉眼呈棕褐色,称为肺褐色硬化。

临床上,慢性肺淤血的患者有明显的气促、缺氧、发绀、咳粉红色泡沫痰或铁锈色痰等症状。

2. 肝淤血 常由右心衰竭引起。慢性肝淤血时,镜下见肝小叶中央静脉及其附近肝窦高度扩张淤血,肝细胞萎缩、坏死、崩解,小叶周边部肝细胞脂肪变性,肉眼见肝切面出现红黄相间的似槟榔样的条纹,称为槟榔肝(nutmeg liver)(图11-3)。长期严重的肝淤血,除小叶中央肝细胞萎缩消失外,间质纤维组织明显增生,可形成淤血性肝硬化(congestive liver cirrhosis)。

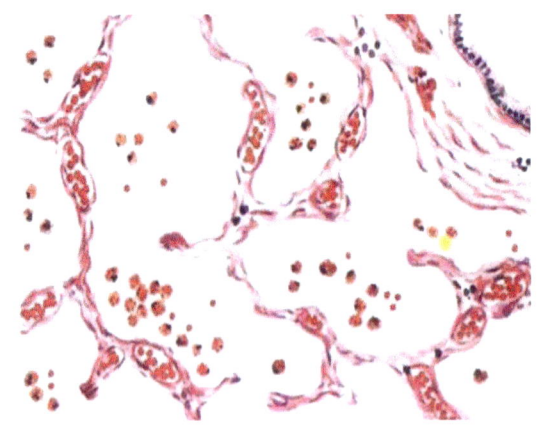

图 11-2 肺淤血和水肿

肺泡壁毛细血管扩张充血,肺泡腔内见红细胞、水肿液及心衰细胞

图 11-3 槟榔肝

肝切面可见红白相间的条纹,与槟榔相似

第二节 血栓形成

在活体的心血管内,血液发生凝固或血液中某些有形成分析出、凝集形成固体质块的过程,称为血栓形成(thrombosis)。所形成的固体质块称为血栓(thrombus)。

一、血栓形成的条件和机制

血栓形成是血液在流动状态中由于血小板的活化和凝血因子被激活而发生的异常凝固。血栓形成的条件目前公认是由 Virchow 提出的三个条件。

(一) 血管内皮细胞损伤

心血管内膜的内皮细胞具有抗凝和促凝两种特性,在生理情况下,以抗凝作用为主,从而使心血管内血液保持流体状态。在内皮损伤或被激活时,则引起局部凝血。

心血管内皮的损伤是血栓形成的最重要和最常见的原因。内皮细胞的损伤,暴露了内皮下的胶原纤维,激活血小板和凝血因子Ⅻ,启动了内源性凝血系统。损伤的内皮细胞释放组织因子,激活凝血因子Ⅶ,启动外源性凝血系统。其中血小板的活化是触发凝血过程的重要环节,首先是血小板黏附于血管内皮细胞,黏附后不久,血小板释放出 ADP、血栓素 A_2(thromboxane,TXA_2)促使更多的血小板黏附并聚集。此外,血小板还可与纤维蛋白和纤维连接蛋白黏附,促使血小板彼此黏集成堆。血小板黏集早期是可逆的,随着内源及外源性凝血系统的激活、凝血酶的形成,使纤维蛋白原转变为纤维蛋白,与血小板紧紧交织在一起,变成不可逆性血小板黏集堆,成为血栓形成的起始点。同时,在整个血小板团块中,凝血酶将纤维蛋白原转化为纤维蛋白,将血小板紧紧地结合在一起(图11-4)。

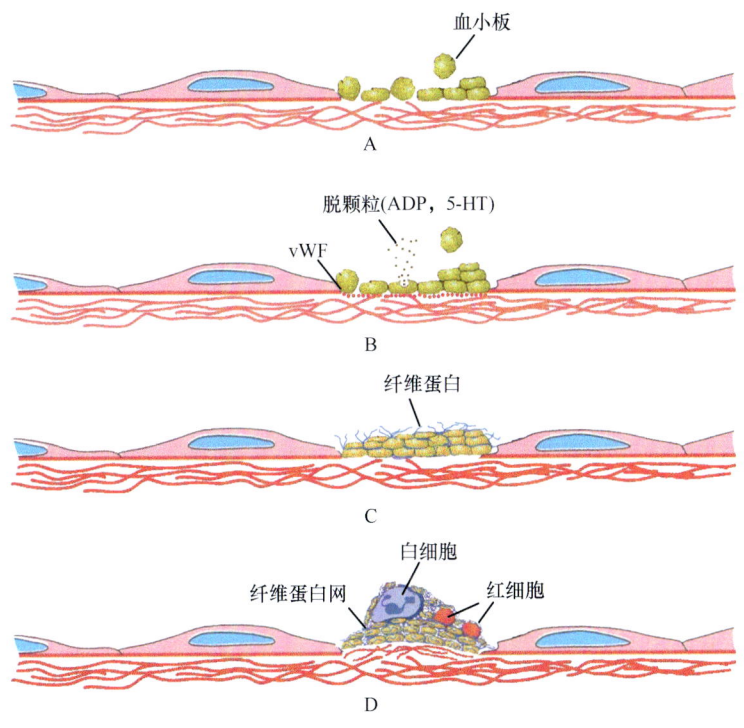

图 11-4 内皮损伤、血小板黏集示意图

A. 内皮损伤,胶原暴露,血小板与胶原黏附;B. 血小板释放颗粒,合成 TXA_2;C. 血小板被激活并相互凝集;D. 血小板聚堆,释放凝血酶,激活纤维蛋白原,纤维蛋白网罗白细胞和红细胞,形成血栓

在风湿性和细菌性心内膜炎、心肌梗死、动脉粥样硬化斑块溃疡、创伤性或炎症性的血管损伤时,由于内膜的损伤其可以引起局部血栓的形成。

(二)血流状态的改变

血流状态改变主要是血流减慢和血流产生漩涡等改变,有利于血栓形成。正常血流中红细胞和白细胞在血流的中轴流动构成轴流,其外是血小板,最外是一层血浆带构成边流。当血流减慢或产生漩涡时血小板可进入边流,增加了血小板与内膜的接触和黏附的机会。同时,由于血流减慢和产生漩涡时,被激活的凝血因子和凝血酶在局部容易达到凝血所需的浓度。此外,血流缓慢也容易导致内皮细胞的损伤,内皮下的胶原被暴露于血流,激活内源性和外源性的凝血系统。

据统计,静脉血栓发生率是动脉血栓的4倍。一般来说,静脉血栓的主要原因是血流缓慢,而心脏和动脉血栓的主要原因是涡流的形成。静脉血栓常发生于心力衰竭、久病卧床或静脉曲张患者的静脉内。静脉本身的结构特点是血栓形成的先决条件。静脉内有静脉瓣,其内血流不但缓慢,而且出现漩涡,因而静脉血栓形成常以静脉瓣为起始点;静脉不似动脉那样随心搏动而舒张,其血流有时甚至可出现短暂的停滞;静脉壁较薄,容易受压;血流通过毛细血管到静脉后,血液的黏性也会有所增加等因素都有利于血栓形成,这些因素均有利于静脉内血栓形成。而心脏和动脉内的血流快,不易形成血栓,但在二尖瓣狭窄时的左心房、动脉瘤内或血管分支处血流缓慢及出现涡流时,则易并发血栓形成。动脉血栓形成可见于冠状动脉、脑动脉、肾动脉和下肢动脉。

(三) 血液凝固性增加

血液凝固性增加是指血液中血小板和凝血因子增多,或纤维蛋白溶解系统的活性降低,导致血液的高凝状态。此状态可见于遗传性和获得性疾病。

1. 遗传性高凝状态 最常见为第Ⅴ因子和凝血酶原的基因突变,患有复发性深静脉血栓形成的患者中第Ⅴ因子基因的突变出现率高达60%。遗传性高凝状态也可能与遗传性抗凝血酶Ⅲ、蛋白C或蛋白S的缺乏有关。

2. 获得性高凝状态 通常是多因素的。广泛转移的胰腺、胃肠道、肺和卵巢等脏器发生的黏液腺癌,癌细胞可以释放促凝因子入血,引起多发性、反复发作的游走性血栓性脉管炎。在严重创伤、大面积烧伤、大手术后或产后导致大失血时血液浓缩,血中纤维蛋白原、凝血酶原及其他凝血因子(Ⅻ、Ⅶ)的含量增多,以及血中补充大量幼稚的血小板,其黏性增加,易于发生黏集形成血栓。此外,血小板增多及黏性增加也可见于妊娠中毒症、高脂血症、冠状动脉粥样硬化、吸烟和肥胖症等。

必须强调的是,尽管心血管内皮的损伤是血栓形成的最主要和最常见的因素,但上述血栓形成的条件往往是同时存在并相互影响的,并常以某一条件为主。

二、血栓形成的过程及血栓的形态

无论心脏或血管内的血栓,其形成过程都是以血小板黏附于内膜裸露的胶原开始,其后血栓形成的过程及血栓的组成、形态、大小都取决于血栓发生的部位和局部血流速度。血栓类型可分为以下四种。

(一) 白色血栓

白色血栓(pale thrombus)多发生于血流速度较快的心瓣膜、心腔内、动脉内或静脉性血栓的起始部,即形成延续性血栓的头部。肉眼观呈灰白色,表面粗糙质实,与发生部位紧密黏着。镜下主要由大量血小板及少量纤维素构成,又称血小板血栓或析出性血栓(图11-5A)。

(二) 混合血栓

血栓在形成血栓头部后,其下游血流减慢并常出现漩涡,从而再形成一个梁状的血小板黏集堆,在血小板梁之间,血液发生凝固,纤维素形成网状结构,其内充满大量的红细胞(图11-5 B),此过程交替进行,形成肉眼上灰白色与红褐色交替的层状结构,称为层状血栓,即混合血栓(mixed thrombus)。肉眼观呈粗糙干燥的圆柱状,与血管壁粘连,构成延续性血栓的体部。动脉瘤、室壁瘤内的附壁血栓(mural thrombus)及左心房内的球状血栓亦属此类。镜下主要由淡红色无结构的不规则珊瑚状的血小板小梁和小梁间由充满红细胞的纤维素网构成,并见血小板小梁边缘有较多的中性白细胞黏附。

(三) 红色血栓

红色血栓(red thrombus)主要见于静脉,随着混合血栓逐渐增大阻塞血管腔,使血流下游局部血流停止致血液凝固,常构成延续性血栓的尾部(图11-6)。红色血栓形成过程与血管外凝血过程相同。肉眼上呈暗红色、湿润、有弹性、与血管壁无粘连,与死后血凝块相似。经过一段时间,红色血栓由于水分被吸收,变得干燥、无弹性、质脆易碎,可脱落形成栓子并引起栓塞。

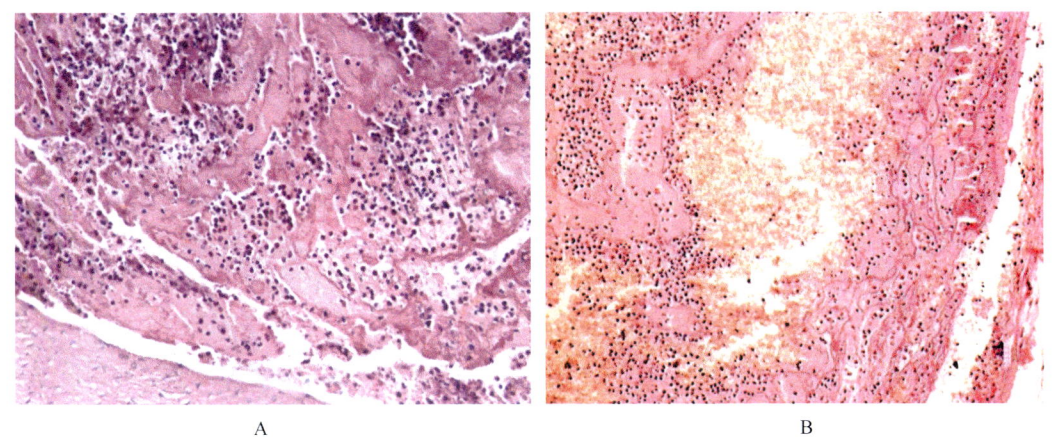

图 11-5 血栓
A. 白色血栓;B. 混合血栓

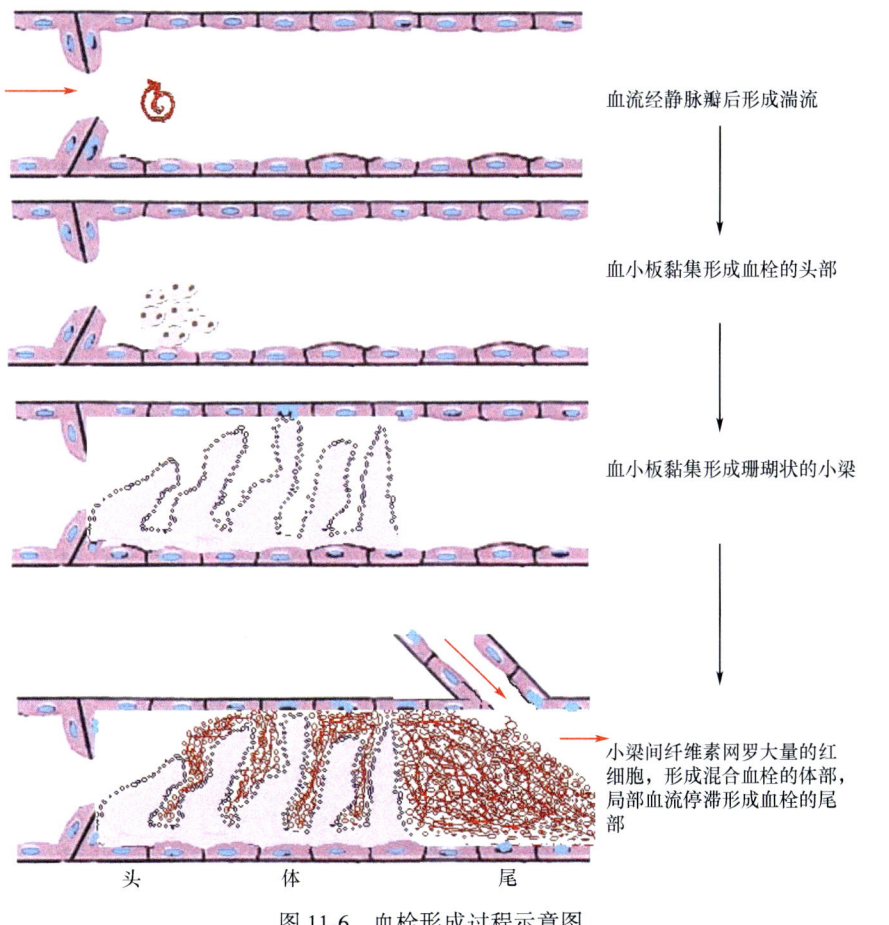

图 11-6 血栓形成过程示意图

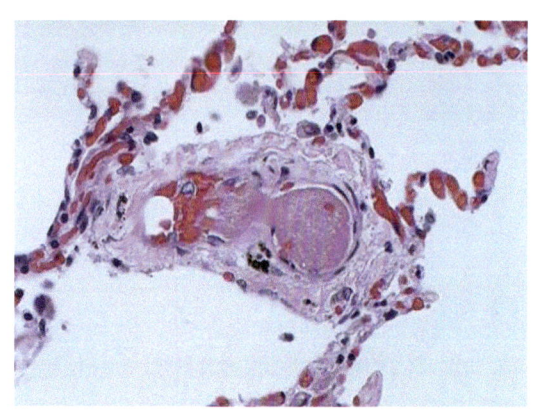

图 11-7 小血管内可见嗜酸性均质的纤维素

（四）透明血栓

透明血栓（hyaline thrombus）最常见于弥散性血管内凝血，其发生于微循环的小血管内，只能在显微镜下才能见到，主要由嗜酸性均质的纤维素构成，又称为微血栓（microthrombus）或纤维素性血栓（fibrinous thrombus）（图 11-7）。

三、血栓的结局

（一）溶解、吸收

由于血栓内纤溶酶原的激活和白细胞崩解释放的溶蛋白酶，可使血栓溶解。血栓溶解过程取决于血栓的大小及血栓的新旧程度。小的新鲜的血栓可被完全溶解吸收，较大血栓溶解不完全，可被血液冲击成碎片脱落，造成血栓栓塞。

（二）机化

如果纤溶酶系统的活性不足，血栓存在时间较长时则发生机化。由血管壁向血栓内长入肉芽组织，逐渐取代血栓，这一过程称为血栓机化。较大的血栓约 2 周便可完全机化，此时血栓与血管壁紧密黏着不脱落。在血栓机化过程中，由于水分被吸收，血栓干燥收缩或部分溶解而出现裂隙，被新生的内皮细胞被覆于表面而形成新的血管，并相互吻合沟通，使被阻塞的血管部分重建血流的过程，称为再通（recanalization）。

（三）钙化

血栓发生大量的钙盐沉着，称为血栓钙化。依据受累血管不同其又称为静脉石（phlebolith）或动脉石（arteriolith）。

四、血栓对机体的影响

血栓形成对破裂的血管起止血的作用，这是对机体有利的一面。如慢性消化性溃疡底部和肺结核性空洞壁的血管，在病变侵蚀前已形成血栓，避免了大出血的可能性。但多数情况下血栓形成对机体则造成不同程度的不利影响，影响的程度取决于血栓形成的部位、大小、类型、阻塞血管腔的程度，以及有无侧支循环的建立。

（一）阻塞血管

血栓未完全阻塞动脉血管管腔时，可引起局部器官或组织缺血导致实质细胞萎缩；若完全阻塞而又无有效的侧支循环时,可引起局部器官或组织的缺血性坏死(梗死)。如脑动脉血栓引起脑梗死;心冠状动脉血栓引起心肌梗死;血栓性闭塞性脉管炎时引起患肢的坏疽等。静脉血栓形成后,若未能建立有效的侧支循环,则引起局部淤血、水肿、出血,甚至坏死。如肠系膜静脉血栓可引起肠的出血性梗死。肢体浅表静脉血栓,由于有丰富的侧支循环,通常只在血管阻塞的远端引起淤血、水肿。

(二) 栓塞

血栓的整体或部分脱落成为栓子,随血流运行可引起栓塞。深部静脉形成的血栓或在心室及心瓣膜上的血栓容易脱落形成栓子导致栓塞。若栓子内含有细菌,还可引起栓塞组织的败血性梗死或脓肿形成。

(三) 心瓣膜病

心瓣膜病见于心内膜炎,心瓣膜上反复发作的血栓形成并发生机化,可引起瓣口狭窄或关闭不全,导致心瓣膜病。

(四) 出血

出血见于 DIC 时,微循环内广泛性透明血栓形成,在纤维蛋白凝固时,大量凝血物质被消耗,可引起全身广泛性出血和休克。

第三节 栓 塞

在循环血液中出现的不溶于血液的异常物质,随血流运行至远处阻塞血管腔的现象称为栓塞(embolism)。阻塞血管的物质称为栓子(embolus)。最常见的是血栓栓子,脂肪滴、气体、羊水和癌细胞团等亦可作为栓子引起栓塞。

一、栓子运行的途径

栓子运行途径一般随血流方向运行(图 11-8)。

(1) 来自体静脉系统及右心的栓子,随血流进入肺动脉主干及其分支,可引起肺栓塞。某些体积小而又富于弹性的栓子(如脂肪栓子)可通过肺泡壁毛细血管经左心进入体循环系统,阻塞动脉小分支。

(2) 来自左心或主动脉系统的栓子,随动脉血流运行,阻塞于各器官的小动脉内,常见于脑、脾、肾等器官。

(3) 来自肠系膜静脉等门静脉系统的栓子,可引起肝内门静脉分支的栓塞。

(4) 交叉性栓塞(crossed embolism),在有房(室)间隔缺损或动(静)脉瘘时,栓子可通过缺

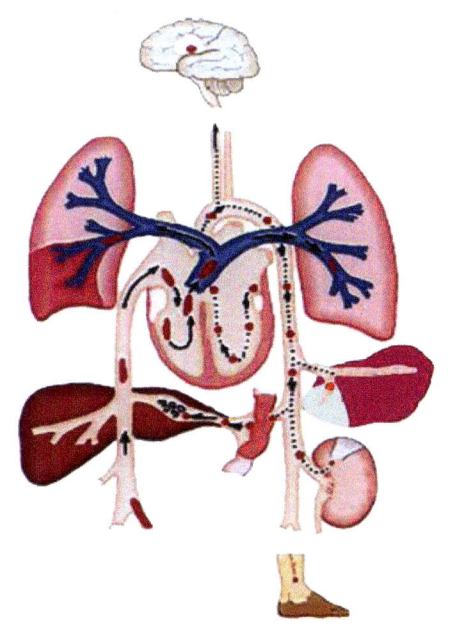

图 11-8 栓子的运行途径

损由压力高的一侧进入压力低的一侧,形成交叉栓塞。

(5) 逆行性栓塞(retrograde embolism)罕见,下腔静脉内血栓在胸、腹压突然升高(如咳嗽或深呼吸)时,使血栓逆流至肝、肾、髂静脉分支并引起栓塞。

二、栓塞类型和对机体的影响

(一) 血栓栓塞

由血栓脱落引起的栓塞称为血栓栓塞(thromboembolism),是栓塞中最常见的一种。由于血栓栓子的来源、大小和栓塞的部位不同,其对机体的影响也不相同。

1. 肺动脉栓塞(pulmonary embolism)　肺动脉栓塞的栓子绝大多数来自下肢深部静脉,根据栓子的大小和数量,其引起栓塞的后果也有不同。①中、小栓子多栓塞肺动脉的小分支,常见于肺下叶,因为肺有双重血液循环,一般不引起严重后果。②若在栓塞前,肺已有严重的淤血,致微循环内压升高,使支气管动脉供血受阻,可引起肺组织的出血性梗死。③大的血栓栓子,栓塞肺动脉主干或大分支,较长的栓子可栓塞左、右肺动脉干,常引起严重后果。患者可突然出现呼吸困难、发绀、休克甚至猝死。④大量小栓子广泛栓塞肺动脉分支时,可引起肺动脉压力增高,右心衰竭猝死。

2. 体循环动脉栓塞　栓子大多数来自左心(如亚急性细菌性心内膜炎时心瓣膜赘生物、二尖瓣狭窄时左心房附壁血栓、心肌梗死的附壁血栓);少数来源于动脉粥样硬化溃疡或主动脉瘤表面的血栓;极少数来自腔静脉的栓子,可通过房、室间隔缺损进入左心,发生交叉性栓塞。动脉栓塞的主要部位为下肢和脑,亦可累及肠、肾和脾。栓塞的后果取决于栓塞的部位和局部的侧支循环情况,以及组织对缺血的耐受性。当栓塞的动脉缺乏有效的侧支循环时,可引起局部组织的梗死。

(二) 脂肪栓塞

脂肪栓塞指在循环的血流中出现脂肪滴阻塞于小血管,称为脂肪栓塞(fat embolism)。栓子来源常见于长骨骨折、脂肪组织挫伤和脂肪肝挤压伤时,脂肪细胞破裂释出脂滴,由破裂的小静脉进入血循环。某些非创伤性疾病如糖尿病、慢性胰腺炎时血脂过高或精神激烈刺激,过度紧张使呈悬乳状态血脂不能保持稳定而游离出来,并互相融合成脂肪滴,亦可引起脂肪栓塞。

脂肪栓塞常见于肺、脑等器官。脂滴栓子随静脉入右心到肺,直径>20μm 的脂滴栓子引起肺动脉分支、小动脉或毛细血管的栓塞;直径<20μm 的脂滴栓子可通过肺泡壁毛细血管经肺静脉至左心达体循环的分支,可引起全身多器官的栓塞,如脑血管的栓塞,引起脑水肿和血管周围点状出血。在镜下血管内可找到脂滴。脂肪栓塞的后果取决于栓塞的部位及进入血液中的脂滴量。如小量的脂滴入血,可被巨噬细胞吞噬吸收,并由血中脂酶分解清除,无不良后果;若大量脂滴进入肺循环,使大部分的肺循环面积受阻时,可因窒息和急性右心衰竭死亡。

(三) 气体栓塞

大量空气迅速进入血循环或溶于血液内的气体迅速游离,形成气泡阻塞心血管,称为气体栓塞(gas embolism)。前者常称为空气栓塞(air embolism),后者常见于高气压环境快速转换为低气压环境的减压过程中发生的气体栓塞,又称为减压病(decompression sickness)。

1. 空气栓塞　多由于静脉损伤破裂,外界空气由静脉缺损处进入血流所致。如头颈手术、胸壁和肺创伤损伤静脉、使用正压静脉输液及人工气胸或气腹误伤静脉时,空气可由损伤口进入静脉,亦可见于分娩或流产时,子宫强烈收缩,将空气挤入子宫壁破裂的静脉窦内。

空气进入血循环的后果取决于进入的速度和气体量。小量气体入血,可溶解入血液内,不会发生气体栓塞。若大量气体(>100ml)迅速进入静脉,随血流到右心后,因心脏搏动将空气与血液搅拌形成大量气泡,使血液变成可压缩的泡沫状充满心腔,阻碍了静脉血的回流和向肺动脉的输出,造成了严重的循环障碍。患者可出现呼吸困难、发绀和猝死。进入右心的部分气泡可进入肺动脉,阻塞小的肺动脉分支,引起肺小动脉气体栓塞。小气泡亦可经过肺动脉小分支和毛细血管到左心,引起体循环一些器官的栓塞。

2. 减压病(decompression sickness)　又称沉箱病(caisson disease)和潜水员病(divers disease),是气体栓塞的一种。减压是指人体从高气压环境迅速进入常压或低气压的环境,使原来溶于血液、组织液和脂肪组织的气体包括氧气、二氧化碳和氮气迅速游离形成气泡,但氧和二氧化碳可再溶于体液内被吸收,氮气在体液内溶解迟缓,致在血液和组织内形成很多微气泡或融合成大气泡,继而引起栓塞。因气泡所在部位不同,其临床表现不同,可引起皮下气肿、骨、四肢、肠道等末梢血管阻塞出现痉挛性疼痛。如阻塞冠状动脉时常引起迅速死亡。

(四)羊水栓塞

羊水栓塞(amniotic fluid embolism)是分娩过程中一种罕见的严重并发症(1/50 000),死亡率极高。在分娩过程中,羊膜破裂或早破、胎盘早期剥离、胎儿阻塞产道时,由于子宫强烈收缩,宫内压增高,可将羊水压入子宫壁破裂的静脉窦内,经血循环进入肺动脉分支、小动脉及毛细血管内引起羊水栓塞。少量羊水可通过肺的毛细血管经肺动脉达左心,引起体循环器官的小血管栓塞。镜下观察在肺的小动脉和毛细血管内见到角化鳞状上皮、胎毛、皮脂、胎粪和黏液等羊水成分。本病发病急,患者常突然出现呼吸困难、发绀、休克及死亡。

羊水栓塞引起猝死除肺循环的机械性阻塞外,羊水中胎儿代谢产物入血还引起过敏性休克和反射性血管痉挛,同时羊水具有凝血致活酶样的作用引起DIC,从而导致患者死亡。

(五)其他栓塞

肿瘤细胞的转移过程中可引起癌栓栓塞,寄生虫虫卵、细菌或真菌团和其他异物如子弹偶可进入血循环引起栓塞。

第四节　梗　死

任何原因出现的血流中断,导致局部组织缺血性坏死,称为梗死(infarction)。梗死一般是由动脉阻塞引起局部组织的缺血、缺氧而坏死,但静脉阻塞,使局部血流停滞导致缺氧,亦可引起梗死。

一、梗死形成的原因和条件

任何引起血管管腔阻塞,导致局部血液循环中断和缺血的原因均可引起梗死。

(一)梗死形成的原因

1. 血管阻塞 是梗死发生的主要原因。绝大多数是由血栓形成和动脉栓塞引起。如冠状动脉或脑动脉粥样硬化继发血栓形成,可引起心肌梗死或脑梗死;动脉血栓栓塞可引起脾、肾、肺和脑的梗死。

2. 血管受压闭塞 见于血管外肿瘤的压迫,肠扭转、肠套叠和嵌顿疝时肠系膜静脉和动脉受压,卵巢囊肿扭转及睾丸扭转致血管受压等引起的坏死。

3. 动脉痉挛 如冠状动脉粥样硬化时,血管发生持续性痉挛,可引起心肌梗死。

(二)梗死形成的条件

血管阻塞是否导致梗死,还与下列因素有关。

1. 是否建立有效侧支循环 梗死的形成主要取决于血管阻塞后能否及时建立有效的侧支循环。有双重血液循环的肝、肺,血管阻塞后,通过侧支循环的代偿,不易发生梗死。一些器官动脉吻合支少,如肾、脾及脑,动脉迅速发生阻塞时,常易发生梗死。

2. 局部组织对缺血的耐受性 骨骼肌、纤维组织对缺血的耐受能力强,不易发生梗死,而心肌与脑组织对缺氧比较敏感,短暂的缺血也可引起梗死。

3. 全身血液循环状态 全身血液循环在贫血或心功能不全状态下,可促进梗死的发生。

4. 血管阻塞发生的速度 缓慢发生的血管阻塞,由于有较为充足的时间建立吻合通路,不易发生梗死。

二、梗死的病变及类型

(一)梗死的一般形态特征

1. 梗死灶的形状 取决于该器官的血管分布方式。多数器官的血管呈锥形分支,如脾、肾、肺等,故梗死灶也呈锥形,切面呈楔形或三角形,其尖端位于血管阻塞处,底部为器官的表面(图11-9)。心冠状动脉分支不规则,故梗死灶呈地图状。肠系膜血管呈扇形分支,故肠梗死灶呈节段形。

2. 梗死灶的质地 心、肾、脾和肝等器官梗死为凝固性坏死,坏死组织较干燥、质硬、表面下陷。脑梗死为液化性坏死,新鲜时质软疏松,日久后可液化成囊。

3. 梗死灶的颜色 取决于病灶内的含血量,含血量少时颜色灰白,称为贫血性梗死(anemic infarct)。含血量多时,颜色暗红,称为出血性梗死(hemorrhagic infarct)。

(二)梗死类型

根据梗死灶内含血量的多少,将梗死分为以下两种类型。

1. 贫血性梗死 发生于组织结构较致密、侧支循环不充分的实质器官,如脾、肾、心肌和脑组织。当梗死灶形成时,病灶边缘侧支血管内血液进入坏死组织较少,梗死灶呈灰白

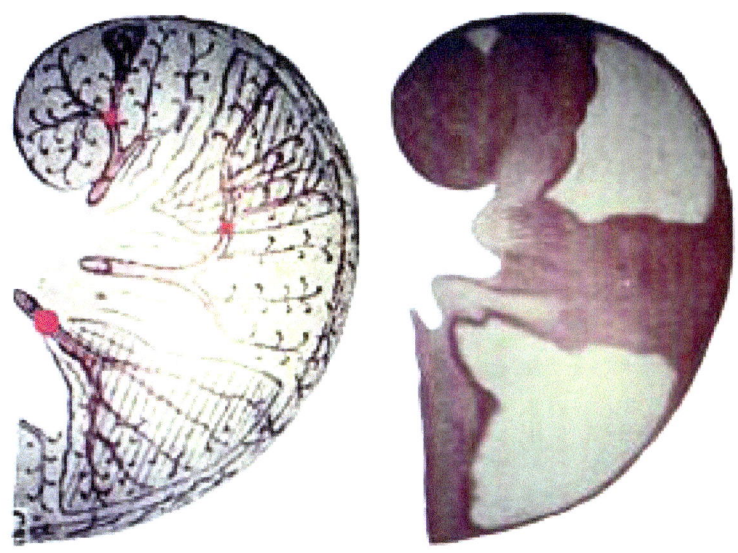

图 11-9　肾动脉分支栓塞及肾贫血性梗死

梗死灶略成楔形,靠近肾表面,尖端向肾门,灰白

色,故称为贫血性梗死(又称为白色梗死)。梗死的早期,梗死灶与正常组织交界处因炎症反应常见一充血出血带,数日后因红细胞被巨噬细胞吞噬后转变为含铁血黄素而变成黄褐色。晚期病灶表面下陷,质地变坚实,黄褐色出血带消失,由肉芽组织和瘢痕组织取代。脾、肾及心肌的梗死镜下呈凝固性坏死改变,早期梗死灶内尚可见核固缩、核碎裂和核溶解等改变,细胞质呈均匀一致的红色,组织结构轮廓保存(如肾梗死)。晚期病灶呈红染的均质性结构,边缘有肉芽组织和瘢痕组织形成。脑梗死为液化性坏死,坏死组织常变软液化,无结构,常称为脑软化。

2. 出血性梗死　常见于肺、肠等具有双重血液循环,组织结构疏松伴严重淤血的情况下,因梗死灶内有大量的出血,故称为出血性梗死,又称为红色梗死(red infarct)。

出血性梗死发生的条件:①严重淤血。如肺淤血,是肺梗死形成的重要先决条件。因为在肺淤血情况下,肺静脉和毛细血管内压增高,影响了肺动脉分支阻塞后建立有效的肺动脉和支气管动脉侧支循环,引起肺出血性梗死;卵巢囊肿或肿瘤在卵巢蒂部扭转,使静脉回流受阻,动脉供血也受影响逐渐减少甚至停止,致卵巢囊肿或肿瘤梗死。②器官组织结构疏松。肠和肺的组织较疏松,梗死初起时在组织间隙内可容纳多量漏出的血液,当组织坏死吸收水分而膨胀时,也不能把漏出的血液挤出梗死灶外,因而梗死灶为出血性。

肺出血性梗死的病灶常位于肺下叶,呈锥形、楔形,尖端朝向肺门(图11-10)。梗死灶质实,因弥漫性出血呈暗红色,略向

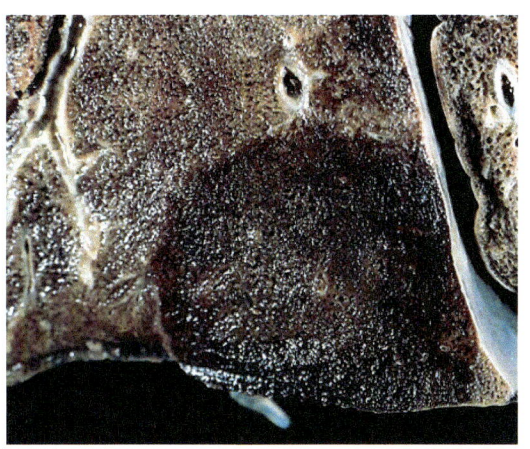

图 11-10　肺出血性梗死

表面隆起,久而久之由于红细胞崩解、肉芽组织长入,梗死灶变成灰白色,病灶表面局部下陷。镜下见梗死灶呈凝固性坏死,可见肺泡轮廓,肺泡腔、小支气管腔及肺间质充满红细胞。早期红细胞轮廓尚保存,以后崩解。梗死灶边缘与正常肺组织交界处的肺组织充血、水肿及出血。

肠出血性梗死多见于肠系膜动脉栓塞,或在肠套叠、肠扭转、嵌顿疝、肿瘤压迫等情况下引起出血性梗死。肠梗死灶呈节段性暗红色,肠壁因淤血、水肿和出血呈明显增厚,随之肠壁坏死致质脆易破裂,肠浆膜面可有纤维素性渗出物被覆。

败血性梗死常由含有细菌的栓子阻塞血管引起,常见于急性细菌性心内膜炎,含有细菌的栓子从心内膜炎脱落,随血流运行造成动脉阻塞,梗死灶内可见细菌团及大量炎细胞。化脓性细菌感染时,梗死可继发脓肿形成。

三、梗死对机体的影响和结局

梗死对机体的影响取决于发生梗死的器官、梗死灶的大小和部位。肾、脾的梗死一般影响较小,肾梗死通常出现腰痛和血尿,不影响肾功能;肺梗死有胸痛和咯血;肠梗死常出现剧烈腹痛、血便和腹膜炎的症状;心肌梗死影响心脏功能,严重者可导致心力衰竭甚至猝死;脑梗死出现其相应部位的功能障碍,梗死灶大者可致死。四肢、肺、肠梗死等可继发腐败菌的感染而造成坏疽。如合并化脓菌感染,亦可引起脓肿。

梗死灶形成时,引起病灶周围的炎症反应,血管扩张充血,有中性粒细胞及巨噬细胞渗出,继而形成肉芽组织,在梗死发生 24~48 小时后,肉芽组织已开始从梗死灶周围长入病灶内,小的梗死灶可被肉芽组织完全取代机化,日久变为纤维瘢痕。大的梗死灶不能完全机化时,则由肉芽组织和日后转变成的瘢痕组织加以包裹,病灶内部可发生钙化。脑梗死则可液化成囊腔,周围由增生的胶质瘢痕包裹。

第五节 出 血

出血(hemorrhage)主要指红细胞从血管或心脏逸出。逸出的血液进入体腔和组织内为内出血,流出到体外为外出血。

一、病因及发病机制

出血有生理性出血和病理性出血两类。前者如正常月经的子宫内膜出血,后者多由创伤、血管病变及出血性疾病等引起。按血液逸出的机制可分为破裂性出血和漏出性出血。

(一) 破裂性出血

破裂性出血是指由心脏或血管壁破裂所发生的出血。原因有:①血管机械性损伤,如割伤、刺伤、弹伤等;②血管壁或心脏的病变,如心肌梗死室壁瘤、主动脉瘤、动脉粥样硬化等;③血管壁周围的病变侵蚀,如肿瘤侵及周围的血管,结核性病变侵蚀肺空洞壁的血管,消化性溃疡侵蚀溃疡底部的血管等;④肝硬化时食管下段静脉曲张出血。

(二) 漏出性出血

由于微循环内血管壁通透性增高,使血液漏出血管外,这种出血称为漏出性出血。常见原因如下:①血管壁的损害:是很常见的出血原因,常由于缺氧、感染、中毒、药物、维生素C 缺乏等因素对毛细血管的损害引起。②血小板减少和功能障碍:如再生障碍性贫血、白血病、骨髓内广泛性肿瘤转移等均可使血小板生成减少;血小板减少性紫癜、DIC、脾功能亢进、药物等使血小板破坏或消耗过多均能引起漏出性出血。③凝血因子缺乏:凝血因子Ⅳ、Ⅴ、Ⅶ、Ⅷ、Ⅸ、Ⅹ、Ⅺ及 von Willebrand 因子、纤维蛋白原、凝血酶原等先天性缺乏或肝实质疾病时凝血因子Ⅶ、Ⅸ、Ⅹ合成减少,以及 DIC 时凝血因子消耗过多等,均可造成凝血障碍和出血倾向。

二、病 理 变 化

新鲜的出血呈红色,以后随红细胞降解形成含铁血黄素而带棕黄色。镜下组织的血管外见红细胞和巨噬细胞,巨噬细胞胞质内可见吞噬的红细胞及含铁血黄素(hemosiderin),组织中亦见游离的含铁血黄素。较大的血肿吸收不全可发生机化或纤维包裹。

三、后　　果

人体具有止血的功能,一般的缓慢的小量出血,多可自行止血,主要由于局部受损血管发生反射性收缩,或血管受损处血小板黏集经凝血过程形成血凝块,阻止继续出血。在局部组织内的血肿或体腔内的血液,可通过吸收、机化或纤维包裹而制止继续出血。

出血对机体的影响取决于出血的类型、出血量、出血速度和出血部位。破裂性出血若出血过程迅速,在短时间内丧失循环血量 20%~25% 时,可发生出血性休克。漏出性出血,若出血广泛时,如肝硬化因门静脉高压发生的广泛性胃肠道黏膜出血,亦可导致出血性休克。出血量虽然不多,但如果发生在重要的器官,亦可引起严重的后果,如心脏破裂引起心包内积血,由于心包填塞,可导致急性心功能不全。脑出血尤其是脑干出血,因重要的神经中枢受压可致死亡。局部组织或器官的出血,可导致相应的功能障碍,如脑内囊出血引起对侧肢体的偏瘫,视网膜出血可引起视力减退或失明。慢性出血可引起贫血。

(杨春雨)

第十二章 炎 症

第一节 概 述

炎症(inflammation)是多种疾病的基本病理过程。在医学中占有重要地位。人类的许多疾病如疖、痈、阑尾炎、肺炎、肝炎、脑炎及外伤感染等,其基本病理过程都属于炎症。此外,各种传染病、过敏性疾病及自身免疫性疾病等也都属于炎症性疾病。炎症反应还参与创伤修复、缺血-再灌注损伤和多脏器功能障碍的过程。炎症反应的最终目的是局限、消除致病因子,清除和吸收坏死的组织和细胞,修复组织缺损,恢复器官功能。因此,炎症的本质是机体的一种防御性反应。

一、炎症的概念

炎症是指具有血管系统的活体组织对各种损伤因子的刺激所发生的一种以防御反应为主要特征的病理过程。

单细胞动物和某些多细胞动物也对局部损伤发生各自的反应,这些反应包括吞噬损伤因子、通过细胞或细胞器肥大来中和有害刺激物,但仅仅有这些还不能称为炎症。只有生物进化到具有血管时,才能发生以血管反应为主要特征,同时又保留了上述吞噬和清除等复杂而完善的反应,才能称为炎症现象。因此血管反应是炎症过程的中心环节。

在炎症过程中,一方面损伤因子可以直接或间接损伤机体的组织和细胞,间接损伤机体组织和细胞的例子包括大量中性粒细胞渗出所引起的组织溶解坏死,以及细胞或体液免疫反应所引起的组织和细胞变性坏死等;另一方面通过炎症充血和渗出,可稀释、杀伤和包围损伤因子;同时机体通过实质和间质细胞的再生使受损伤的组织得以修复。实质上炎症反应全过程是一个以损伤开始、修复而告终的复杂的病理过程,损伤和抗损伤贯穿其始终。因此,正确了解炎症本质所具有的两面性,对认识炎症具有重要的临床意义。

二、炎症的原因

凡是能引起细胞和组织损伤的因子都能引起炎症,将这些损伤因子称为致炎因子。按致炎因子的性质和类型,可将其归纳为以下五类。

(一) 物理性因子

物理性因子包括高温、低温、机械性创伤、放射线及紫外线等。

(二) 化学性因子

化学性因子包括外源性和内源性化学物质。外源性化学物质有强酸、强碱、强氧化剂及松节油、芥子气等;内源性化学物质有坏死组织的分解产物及在某些病理条件下体内产生的毒性代谢产物,如尿素、尿酸等。

(三) 生物性因子

生物性因子是炎症最常见的原因,包括细菌、病毒、支原体、立克次体、螺旋体、真菌和寄生虫等。细菌可释放内毒素和外毒素激发炎症;病毒可通过在细胞内复制导致感染细胞坏死;寄生虫和结核杆菌是通过其抗原性诱发变态反应性炎症。由生物病原体引起的炎症又称为感染。

(四) 变态反应

当机体免疫反应异常时,可引起不适当或过度的免疫反应,造成组织损伤,形成炎症。如Ⅰ型变态反应引起的过敏性鼻炎、荨麻疹;Ⅱ型变态反应引起的抗基膜性肾小球肾炎;Ⅲ型变态反应引起的免疫复合物性肾小球肾炎;Ⅳ型变态反应引起的结核病等。此外还有自身免疫性损伤引起的系统性红斑狼疮、淋巴性甲状腺炎等。

(五) 组织坏死

缺血或缺氧等原因可导致组织坏死,坏死组织是潜在的致炎因子,在新鲜梗死灶的边缘出现的充血出血带便是炎症反应。

致炎因子作用于机体是否引起炎症,以及炎症反应的性质和程度如何,不仅与致炎因子有关,还与机体的状态和治疗状况有关。如老年人免疫功能低下,易患肺炎,且病情也较重。因此,炎症反应的发生与发展取决于致炎因子和机体两方面因素。

第二节 炎症的基本病理变化

各种炎症性疾病在病理形态上各有其特点,但无论何种原因或发生在何种组织的炎症,其基本病理变化均包括变质(alteration)、渗出(exudation)和增生(proliferation)。在炎症过程中它们以一定的先后顺序发生,一般病变的早期是以变质和渗出为主,病变的后期是以增生为主。但变质、渗出和增生是相互联系的,在一定条件下可以相互转化。一般说来变质是损伤性过程,而渗出和增生则是抗损伤和修复过程。

一、变 质

炎症局部组织细胞发生的变性和坏死称为变质。变质既可发生于实质细胞,也可发生于间质。实质细胞变质性改变包括水样变性、脂肪变性、凝固性坏死和液化性坏死等;间质变质性改变包括黏液样变性和纤维素样坏死等。

变质可以由致炎因子直接作用所致,也可由血液循环障碍和免疫机制介导,以及炎症反应产物的间接作用引起。变质的病变程度取决于致炎因子的类型、强度和机体反应状态两个方面。

二、渗 出

炎症局部组织血管内的液体、蛋白和细胞成分通过血管壁进入组织间隙、体腔、体表和黏膜表面的过程称为渗出。所渗出的液体、蛋白和细胞总称为渗出物或渗出液(exudate)。渗出性病变是炎症的重要标志。渗出在炎症反应中具有重要的防御作用,是消除致炎因子和有害物质的积极因素。渗出过程是在充血、血管壁通透性升高的基础上发生发展的。炎症介质在渗出中起着重要作用。

渗出过程包括三组重要改变:血流动力学改变、液体渗出和细胞渗出。

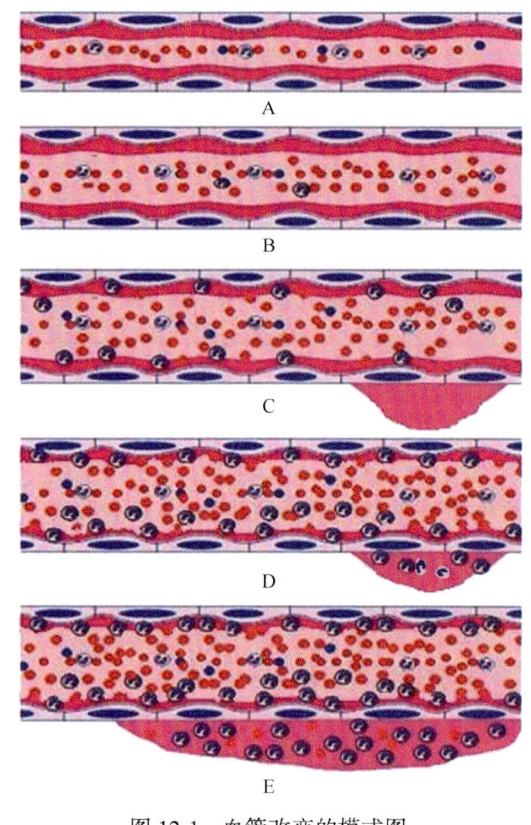

图 12-1　血管改变的模式图
A. 正常血流;B. 血管扩张,血流加速;C. 血管进一步扩张,血流开始变慢,血浆渗出;D. 血流缓慢,白细胞游出血管外;E. 血流显著缓慢,白细胞游出增多,红细胞也可漏出

(一) 血流动力学改变

在炎症过程中组织发生损伤后,很快发生血流动力学变化,即血流量和血管口径的改变。其基本特征为炎性充血,具体发生顺序图 12-1 如下。

1. 细动脉短暂收缩　由神经反射和化学介质介导所致,损伤后立即发生,持续仅几秒钟。炎症局部大体表现为短暂苍白。

2. 血管扩张和血流加速　细动脉在短暂收缩后,很快发生细动脉扩张,然后更多的毛细血管开放,使局部血流加快,血流量增加,代谢增强,是局部发红、热和肿的原因。血管扩张的发生机制与神经和体液因素有关,神经因素即所谓的轴突反射,体液因素包括组胺、缓激肽和前列腺素等化学介质,其对血管扩张的发生起着更重要的作用。

3. 血流速度减慢　因为静脉端毛细血管和小静脉也随之发生扩张,血流速度逐渐减慢,引起静脉性充血。随着淤血的发展,小静脉和毛细血管的通透性升高,血管内富含蛋白质的液体渗出,导致红细胞浓集和血液黏稠度增加。最后在扩张的小血管内挤满红细胞,称为血流停滞。由于血流速度减慢甚至停滞,血细胞轴流消失,白细胞靠近血管壁,为白细胞的附壁和黏着创造了条件。

(二) 液体渗出

血管内液体成分通过血管壁进入血管外的过程称为液体渗出。渗出液中蛋白含量较高,细胞成分也较多。渗出液进入组织间隙,引起组织间隙含水量增多,称为炎性水肿;渗出液聚集于浆膜腔或关节腔,称为炎性积液。

1. 液体渗出的原因

(1) 血管壁通透性增加:血管壁的通透性增加是导致炎症局部液体和蛋白质渗出的最重要原因。正常的液体交换和血管壁通透性的维持主要依赖于血管内皮细胞的结构完整及功能正常。炎症时血管壁通透性增加，主要与血管内皮细胞的改变有关(图12-2)。

1) 内皮细胞收缩：血管内皮细胞收缩造成内皮细胞间隙增大，是血管壁通透性增加重要的发生机制。组胺、缓激肽、白细胞三烯和 P 物质等炎症介质作用于内皮细胞受体，使内皮细胞迅速收缩，细胞间出现 0.5~1.0μm 的间隙。由于这些引起内皮细胞收缩的炎症介质的半寿期较短，仅持续 15~30 分钟，故称为速发短暂反应(immediate transient response)。病变仅累及 20~60μm 大小口径的细静脉，而毛细血管和细动脉不受累。

2) 内皮细胞的细胞骨架重组：细胞因子类化学介质(IL-1、TNF、IFN-γ)及缺氧等因素可引起内皮细胞的细胞骨架重组，内皮细胞发生收缩。但出现较晚，发生于损伤后 4~6 小时，持续时间较长，一般超过 24 小时，故称为迟发持续反应(delayed prolonged response)。此反应可以同时累及毛细血管和小静脉。

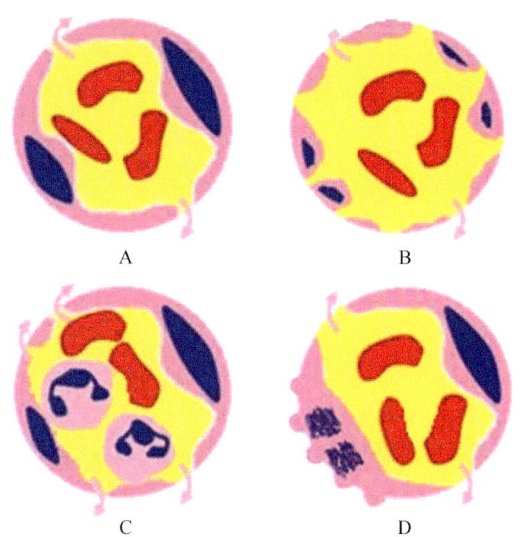

图12-2　血管通透性升高的几种主要机制模式图
A. 内皮细胞收缩；B. 内皮细胞直接损伤；C. 白细胞介导的内皮细胞损伤；D. 新生的毛细血管

3) 内皮细胞穿胞作用增强：血管内皮细胞的胞质内，存在着由囊泡性细胞器相互连接形成的穿胞通道，富含蛋白质的液体通过穿胞通道穿越内皮细胞的现象，称为穿胞作用。血管内皮细胞生长因子、组胺、缓激肽、白细胞三烯和 P 物质都可通过此途径增加血管壁通透性。

4) 直接的内皮细胞损伤：严重的烧伤和化脓菌感染时可以直接损伤内皮细胞，使之坏死脱落，使血管壁通透性迅速增加，并在高水平上持续几小时到几天，直到血栓形成或内皮细胞再生修复为止，此反应过程称为速发持续反应(immediate sustained response)。其累及微循环的细动脉、毛细血管和细静脉。

5) 白细胞介导的内皮细胞损伤：白细胞黏附于内皮细胞表面，白细胞被激活，并释放具有活性的氧代谢产物和蛋白水解酶，引起内皮细胞变性、坏死、脱落，使血管壁通透性增加。其主要累及小静脉和肺、肾等脏器的毛细血管。

6) 新生毛细血管的高通透性：在炎症修复过程中，内皮细胞增生形成新生的毛细血管，其基膜形成不完整，血管内皮细胞的细胞连接不健全；新生血管内皮细胞具有较多的血管活性介质和血管生成因子受体的表达，直接诱导穿胞作用增强而增加血管壁通透性。

(2) 微循环内流体静压升高：炎症灶内细动脉和毛细血管扩张，细静脉淤血、血流缓慢使毛细血管内流体静压升高，因此血管内液体和小分子蛋白易于通过血管壁进入组织间隙。

(3) 组织胶体渗透压升高：富含蛋白质的液体渗到血管外，导致血浆胶体渗透压降低，组织胶体渗透压升高，进一步促进液体成分外出。

2. 渗出液与漏出液的区别　在一些非炎症病理过程中，可因血液循环障碍，血管内外流体静压失衡而造成液体漏出,形成漏出液。漏出液与渗出液的发生机制和内含成分均是不同的(表12-1),两者的区别对临床某些疾病的诊断和鉴别诊断具有重要意义。

表12-1 渗出液与漏出液的区别

	渗出液	漏出液
原因	炎症	非炎症
比重	>1.018	<1.018
蛋白量	>30g/L	<30g/L
白细胞数量	>1000×10⁶/L	<300×10⁶/L
Rivalta 试验	阳性	阴性
外观	混浊	澄清
凝固性	能自凝	不自凝

注:Rivalta试验为乙酸沉淀试验。渗出液因含大量黏蛋白,为加入0.1%乙酸所沉淀,呈阳性反应。

3. 渗出液的意义 渗出液具有重要的防御作用,渗出液能稀释炎症灶内的毒素,减轻毒素对局部的损伤;带来氧及营养物质,运走炎症灶内的有害物质;渗出液中的抗体和补体有利于消灭病原微生物;渗出的纤维蛋白原转变成纤维蛋白,交织成网,限制病原微生物的扩散,使病灶局限,还有利于白细胞吞噬与消灭病原微生物;渗出物中的病原微生物和毒素随着淋巴液回流被带到局部淋巴结,有利于产生细胞免疫和体液免疫。

如果渗出液过多,可压迫周围组织,加剧局部血液循环障碍。如严重的喉头水肿可引起窒息,心包腔大量积液可压迫、限制心脏的搏动而引起血液循环障碍。渗出液中如含纤维素过多,不能被完全吸收,可发生机化、粘连,给机体带来不利的影响。

(三) 细胞渗出

炎症过程中,不仅有液体渗出,而且还有各种白细胞的渗出。白细胞通过血管壁游出到血管外的过程称为白细胞渗出。渗出的白细胞称为炎性细胞,炎性细胞进入组织间隙并发挥吞噬作用,称为炎性细胞浸润。白细胞渗出是炎症反应最重要的特征。中性粒细胞和单核细胞可吞噬和降解细菌、免疫复合物和坏死组织碎片,构成炎症反应的主要环节。白细胞也可通过释放蛋白水解酶、化学介质和毒性氧自由基等,引起组织损伤并可能延长炎症过程。

白细胞的渗出过程是复杂的连续过程,包括白细胞边集、附壁、黏着和游出等阶段,并在趋化因子的作用下运动到炎症灶,在局部发挥重要的防御作用(图12-3)。

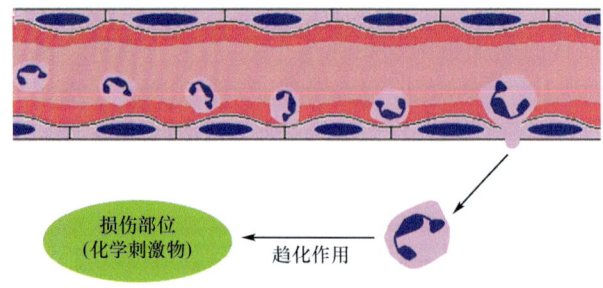

图12-3 中性粒细胞的渗出过程模式图

1. 白细胞边集和附壁 炎症局部血管扩张淤血和液体渗出,血流缓慢或停滞,白细胞从轴流进入边流,集聚靠近血管壁,称为白细胞边集。继而白细胞沿着内皮细胞滚动,之后与内皮细胞形成一过性和可复性的黏附,称为白细胞附壁(图12-4)。

2. 白细胞黏着 附壁的白细胞与血管内皮细胞两者间形成牢固的黏附,称为白细胞黏着。白细胞黏着是由于内皮细胞和白细胞表面的黏附分子介导的。这些黏附分子包括选择素、免疫球蛋白超家族分子和整合素类分子。

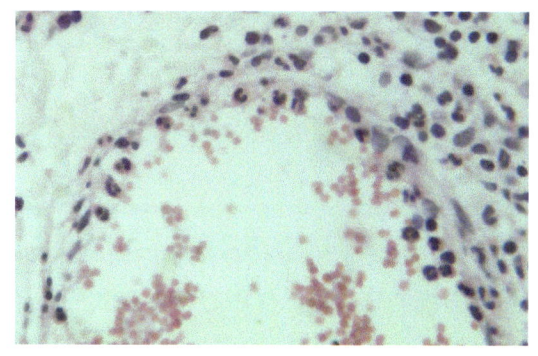

图12-4 白细胞边集和附壁

选择素家族包括表达于内皮细胞的 E 选择素、表达于白细胞的 L 选择素及表达于内皮细胞和血小板的 P 选择素。

免疫球蛋白超家族分子包括细胞间黏附分子 1(ICAM-1)和血管细胞黏附分子 1(VCAM-1)。

整合素是一种跨膜的黏附分子,是由 α 和 β 亚单位组成的二聚体,既可以介导内皮细胞和白细胞黏附,又可以介导白细胞和细胞外基质黏附。

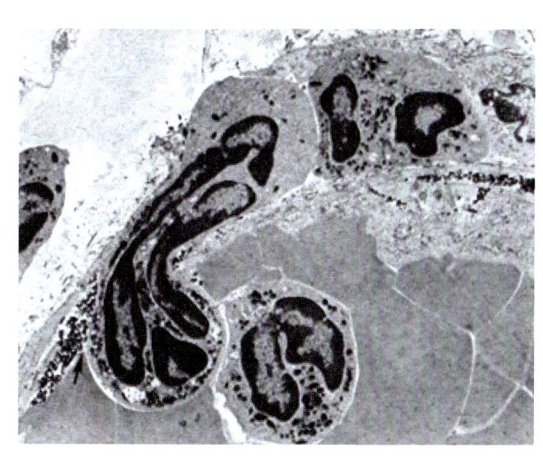

图12-5 正在游出的白细胞

3. 白细胞游出和趋化作用 白细胞通过血管壁进入周围组织的过程,称为游出(emigration)。白细胞紧紧黏附于内皮细胞是白细胞从血管中游出的前提。白细胞游出是通过白细胞在内皮细胞连接处伸出伪足,以阿米巴运动的方式从内皮细胞缝隙中逸出(图12-5)。中性粒细胞、嗜酸粒细胞、嗜碱粒细胞、单核细胞和淋巴细胞都是以此运动方式主动游出的。白细胞在穿越内皮细胞的间隙时,可以分泌胶原酶降解基膜。一个白细胞常需要 2~12 分钟才能完全通过血管壁。当血管壁受到严重损伤时,红细胞漏出,属于被动过程,那是血管内流体静压把红细胞沿白细胞游出的途径或血管内皮细胞坏死脱落形成的漏洞推出血管外。

炎症的不同阶段,渗出的白细胞种类不同。急性炎症早期以中性粒细胞游出为主,48 小时后以单核细胞为主。这是因为中性粒细胞寿命短,经过 24~48 小时后中性粒细胞崩解消失,而单核细胞在组织中寿命长,可生存数周到数月;中性粒细胞停止游出后,单核细胞可继续游出;炎症的不同阶段所激活的趋化因子不同,中性粒细胞能释放单核细胞趋化因子,因此中性粒细胞游出后必然引起单核细胞游出。

致炎因子不同,渗出的白细胞种类也不同。葡萄球菌和链球菌感染以中性粒细胞游出为主,病毒感染以淋巴细胞游出为主,有些过敏因子所致的炎症反应以嗜酸粒细胞游出为主。

趋化作用(chemotaxis)是指白细胞沿浓度梯度向着化学刺激物所在部位做定向移动,

移动的速度为 5~20μm/分。这些化学刺激物称为趋化因子。在趋化因子的诱导下，游出的白细胞不断向炎症损伤部位移动聚集。

趋化因子具有特异性，有些趋化因子只吸引中性粒细胞，有的吸引单核细胞；不同的细胞对趋化因子的反应也不同，粒细胞和单核细胞对趋化因子的反应较明显，而淋巴细胞对趋化因子的反应则较弱。

趋化因子有外源性的，也有内源性的。外源性趋化因子主要为可溶性细菌产物；内源性趋化因子包括补体成分、白细胞三烯 B_4 和细胞因子。

4. 白细胞在局部的作用 许多趋化因子不仅具有对白细胞的趋化作用，而且具有激活白细胞的功能。白细胞激活的机制包括二乙酰基甘油的产生和细胞内钙离子升高激活磷脂酶 A，使磷脂产生花生四烯酸代谢产物，通过激活蛋白激酶 C 可使白细胞释放溶酶体酶和脱颗粒，激活磷脂酶 D 维持二乙酰基甘油的含量。某些细胞因子本身对白细胞的激活作用不强，但在趋化因子的协同作用下，其激活白细胞的能力大大增强。

炎症局部聚集的白细胞能有效地杀伤病原微生物，构成炎症防御反应中极其重要的环节。白细胞在局部发挥着吞噬作用、免疫作用和损伤反应。

（1）吞噬作用：是指白细胞游出并抵达炎症灶，吞噬病原微生物和组织碎片的过程。

1）吞噬细胞的种类：具有吞噬作用的白细胞称为吞噬细胞，主要为中性粒细胞和巨噬细胞。

2）吞噬过程：包括三个阶段，即识别和附着、吞入、杀伤和降解（图 12-6）。

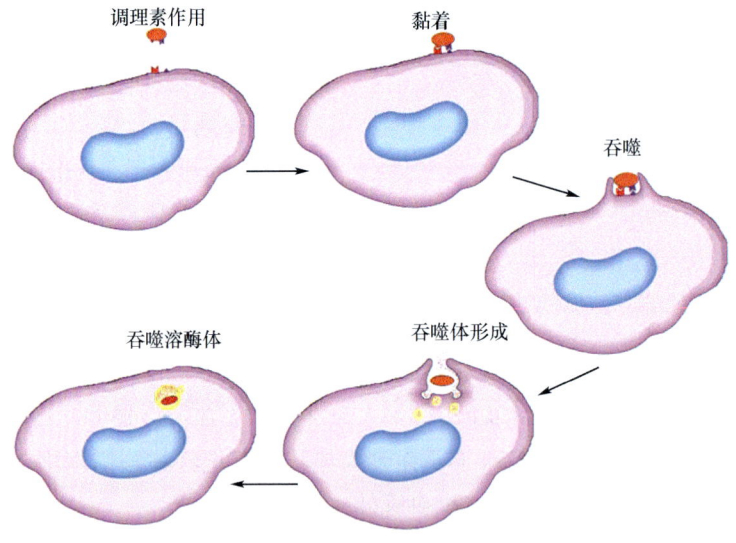

图 12-6 白细胞吞噬过程模式图

A. 识别和附着：血清中存在着调理素，调理素是指一类能增强吞噬细胞吞噬功能的蛋白质（免疫球蛋白 IgG 的 Fc 段、补体 C3b 及 C3bi、集结素）。有些细菌由于具有荚膜，表面光滑，白细胞难以将其捕捉。细菌等颗粒状病原体被血清的调理素包裹的过程，称为调理素化。调理素分别可被白细胞的免疫球蛋白 Fc 受体（FcγR）、补体受体（CR1、CR2、CR3）和 C1q 受体识别。其中 CR3 也可在没有抗体和补体的情况下参与对细菌的吞噬，因为它可以识别细菌表面的脂多糖，此现象称为非调理素化吞噬。

B. 吞入：吞噬细胞附着于调理素化的颗粒状物体后，乃伸出伪足，随着伪足的延伸和相互融合,形成由吞噬细胞的细胞膜包围吞噬物的泡状小体,称为吞噬体。吞噬体逐渐脱离细胞膜进入细胞内并与初级溶酶体融合形成吞噬溶酶体,细菌在溶酶体内容物的作用下被杀伤和降解。

C. 杀伤和降解:进入吞噬溶酶体的细菌可被依赖氧的机制和不依赖氧的机制杀伤和降解,主要是被具有活性的氧代谢产物杀伤(图12-7)。吞噬过程使耗氧量激增,并激活白细胞氧化酶(NADPH氧化酶),使还原型辅酶Ⅱ氧化产生超氧负离子(O_2^-)。

$$2O_2 + NADPH \xrightarrow{NADPH 氧化酶} 2O_2^- + NADP^+ + H^+$$

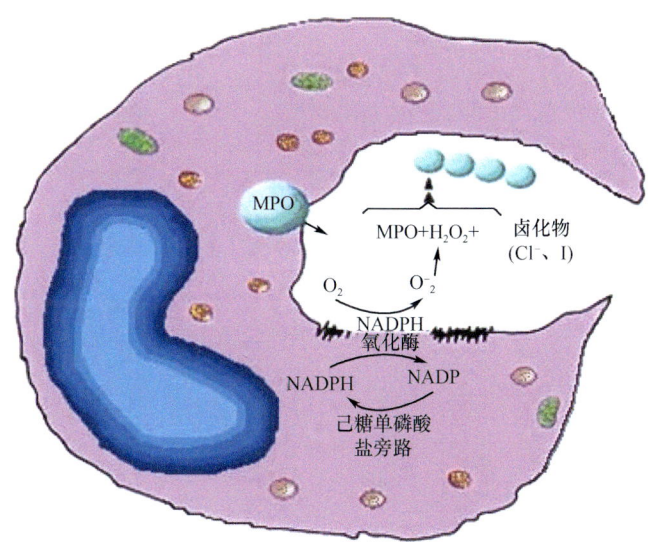

图 12-7 白细胞的氧代谢活性产物杀菌机制模式图

大多数超氧负离子经自发性歧化作用转变为 H_2O_2,其杀菌能力不强。但在卤化物(Cl^-)存在的条件下,可被中性粒细胞嗜天青颗粒中的髓过氧化物酶(MPO)还原生成次氯酸($HOCl^+$)。

$$H_2O_2 + Cl^- \longrightarrow HOCl^+ + H_2O$$

$HOCl^+$是强氧化剂和杀菌因子。H_2O_2-MPO-卤素是中性粒细胞最有效的杀菌系统,其杀菌能力比单独的H_2O_2强50倍。被杀死的细菌可被溶酶体内的水解酶降解。

细菌也可以通过不依赖氧杀伤机制被消灭。

吞噬细胞通过上述杀伤机制可有效地杀伤降解病原微生物。但对某些细菌(如结核杆菌)是无效的。这些细菌被吞噬细胞吞噬后能抵抗杀伤作用,处于静止状态而存活,一旦机体抵抗力下降,即可繁殖,并随着吞噬细胞的游走而在体内播散。

(2)免疫作用:在炎症过程中发挥免疫作用的白细胞主要有单核细胞(巨噬细胞)、淋巴细胞和浆细胞。巨噬细胞吞噬处理抗原并将抗原信息递呈给T或B淋巴细胞,使淋巴细胞活化,分别参与细胞免疫和体液免疫。

(3)损伤反应:白细胞在趋化、激活和吞噬过程中不仅可向吞噬溶酶体内释放产物,而且还可将产物释放到细胞外基质中,中性粒细胞释放溶酶体酶、活性氧自由基、前列腺素和白细胞三烯,这些产物均可引起内皮细胞和组织损伤,加重原始致炎因子的损伤作用;单核巨噬细胞产生的组织损伤因子也可造成组织一定范围的溶解和破坏。

5. 白细胞的种类

（1）中性粒细胞：又称小吞噬细胞，细胞核呈分叶状，细胞质内含有许多细小的中性颗粒，呈淡红色（图12-8）。电镜下，中性粒细胞的颗粒分为两种。

1）嗜天青颗粒：含有酸性水解酶、中性蛋白酶、髓过氧化物酶、阳离子蛋白及溶菌酶等。

2）特异性颗粒：含溶菌酶、磷脂酶 A_2、乳铁蛋白及碱性磷酸酶等。

中性粒细胞具有活跃的运动能力，并有较强的吞噬作用，常见于急性炎症的早期和化脓性炎症，主要吞噬细菌、坏死组织碎片及抗原抗体复合物等。

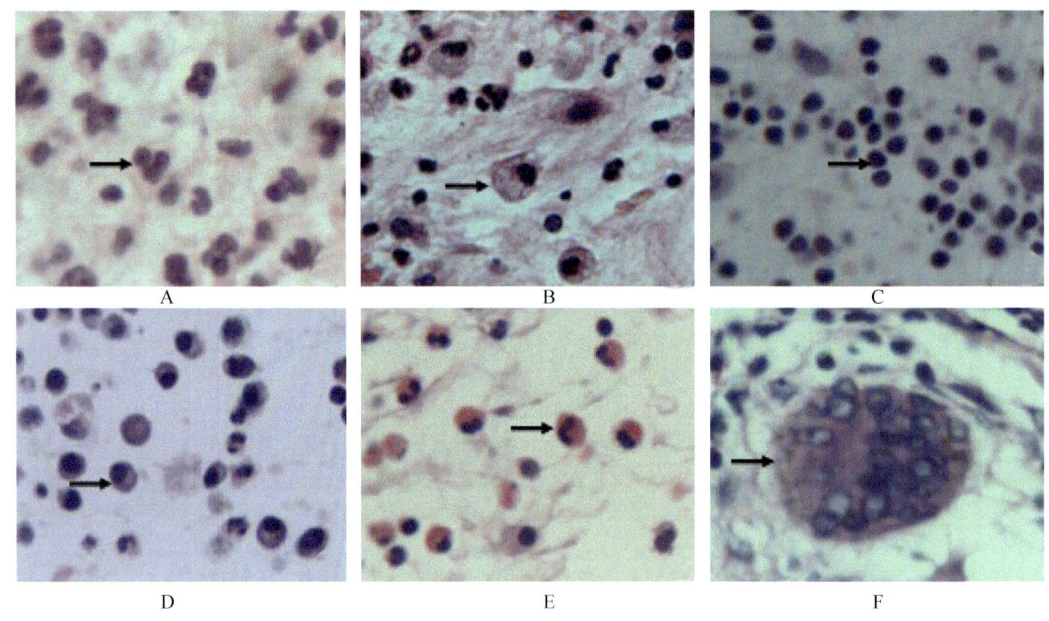

图12-8　各种类型的白细胞

A. 中性粒细胞；B. 巨噬细胞；C. 淋巴细胞；D. 浆细胞；E. 嗜酸粒细胞；F. 多核巨细胞

（2）巨噬细胞：又称大吞噬细胞，主要来源于血液的单核细胞，以及各组织内的组织细胞。其细胞核呈肾形或椭圆形，细胞质丰富，含有大量溶酶体，溶酶体含有酸性磷酸酶和过氧化物酶。巨噬细胞有较强的吞噬能力，能吞噬细菌、原虫、异物及组织碎片等。巨噬细胞受到外界刺激能被激活，表现为细胞体积增大，细胞表面皱襞增多，线粒体和溶酶体增多，功能也增强，并可转化为某些特殊类型的炎细胞（如朗汉斯巨细胞、异物巨细胞等）。其常见于急性炎症的后期、慢性炎症、非化脓性炎症、病毒感染及原虫感染等。

（3）淋巴细胞和浆细胞：淋巴细胞来源于血液及局部淋巴组织，淋巴细胞体积最小，细胞核呈圆形，浓染，细胞质极少。其可分为T淋巴细胞和B淋巴细胞。T淋巴细胞具有细胞免疫功能，B淋巴细胞在抗原刺激下，可转化为浆细胞。浆细胞形状特殊，呈卵圆形，核呈圆形，位于细胞的一侧，染色质呈车轮状排列，胞质丰富，略嗜碱性。其产生免疫球蛋白，发挥体液免疫功能。淋巴细胞游走能力较弱，无吞噬作用，常见于慢性炎症或急性病毒性感染，浆细胞常见于慢性炎症。

（4）嗜酸粒细胞：胞核也呈分叶状，多为两个核叶，胞质内充满粗大的嗜酸性颗粒，颗粒内含有多种酶（酸性磷酸酶、过氧化物酶等）。嗜酸粒细胞的运动能力较弱，但有一定的吞噬能力,能吞噬抗原抗体复合物。其常见于过敏性疾病或某些寄生虫感染。

(5) 嗜碱粒细胞和肥大细胞:嗜碱粒细胞来源于血液,肥大细胞主要分布于全身结缔组织和血管周围。两种细胞在形态与功能方面有许多相似之处。胞质内均含嗜碱性、异染性颗粒,颗粒均含有肝素和组胺,肥大细胞还含有 5-羟色胺。两种细胞常见于某些变态反应性炎症。

6. 白细胞功能缺陷 因为白细胞在机体防御体系中具有核心作用,任何影响白细胞黏附、化学趋化、吞入、杀伤和降解的先天性或后天性缺陷均可造成白细胞功能障碍。造成机体防御功能的不健全,易于感染,反复感染,甚至危及生存。如艾滋病患者因体内 CD_4^+ 的辅助 T 淋巴细胞被大量破坏造成严重免疫缺陷,常导致机会性感染而致死。

(四) 炎症介质在炎症过程中的作用

炎症过程中,除了某些致炎因子可直接损伤血管内皮外,炎症反应主要是通过一系列化学因子的作用实现的。这些介导和参与炎症反应过程的化学因子称为化学介质或炎症介质(inflammatory mediator),包括外源性(细菌及其产物)和内源性(细胞源性和体液源性)两大类。炎症介质在急性炎症的发生发展过程中具有重要意义。

内源性炎症介质来自细胞和血浆,前者以颗粒形式储存于细胞内,需要时或在致炎因子作用下合成并释放;后者以前体形式存在于血浆中,必须经一系列蛋白水解酶裂解才能被激活。多数炎症介质通过与靶细胞表面的特异性受体结合发挥生物活性,少数本身具有酶活性或毒性作用。炎症介质可使靶细胞产生第二级炎症介质,后者的作用可以与原介质相同或相似,也可以截然相反。一种炎症介质可作用于一种或多种靶细胞,其产生的效应取决于细胞和组织的类型。炎症介质一旦被激活或由细胞释放,半寿期很短,很快衰变,或被酶灭活,或被阻断,或被清除等,机体通过这种平衡调控体系使体内炎症介质处于动态平衡。此外,大多数炎症介质具有潜在的致损伤能力。

1. 细胞释放的炎症介质

(1) 血管活性胺:包括组胺和 5-羟色胺。组胺主要存在于肥大细胞和嗜碱粒细胞的颗粒中,血小板也可产生。肥大细胞位于血管周围结缔组织。物理性因子、免疫反应、补体片段(C3a 和 C5a)、白细胞组胺释放蛋白、某些细胞因子和神经肽等,均能诱发肥大细胞脱颗粒而释放组胺。组胺的主要作用是使细动脉扩张和细静脉通透性增高;5-羟色胺亦称血清素(serotonin),主要存在于血小板致密体颗粒内,在血小板凝集后释放,作用与组胺相似。

(2) 花生四烯酸代谢产物:花生四烯酸是不饱和脂肪酸,正常存在于细胞膜磷脂内,其代谢产物包括:前列腺素(prostaglandin, PG)、白细胞三烯和脂氧素(lipoxin, LX)。正常细胞无游离花生四烯酸,在致炎因子作用下,磷脂酶 A_2 被激活释放游离花生四烯酸。花生四烯酸经环氧化酶途径生成前列腺素和血栓素 A_2(thromboxanes A_2, TXA_2),或通过脂质氧化酶途径生成白细胞三烯和脂氧素等代谢产物,发挥炎症介质作用。

1) 前列腺素:具有使血管扩张、通透性升高、致痛和发热作用,包括 PGG_2、PGH_2、PGI_2、PGE_2。

2) 白细胞三烯:包括 LTB_4、LTC_4、LTD_4 和 LTE_4。LTB_4 是中性粒细胞的趋化因子,LTC_4、LTD_4 和 LTE_4 可引起强烈血管收缩、支气管痉挛和血管通透性增加。

3) 脂氧素:包括 LXA_4 和 LXB_4。当血小板与白细胞相互作用时,在中性粒细胞衍生的 LTA_4 基础上,血小板在 12-脂质氧化酶的作用下产生脂氧素。脂氧素可抑制中性粒细胞的黏附及趋化作用,但可促进单核细胞黏附。

(3) 白细胞产物:致炎因子激活中性粒细胞和单核细胞,能释放氧自由基和溶酶体酶。

氧自由基包括 O_2^-、H_2O_2、OH^-,而且还可与 NO 结合形成氮的中间产物促使炎症反应。其损害主要为:①损伤内皮细胞,致血管壁通透性增加;②活化蛋白酶和灭活抗蛋白酶造成细胞外基质的降解;③对其他细胞(如肿瘤细胞、红细胞和实质细胞)的直接损伤。

中性粒细胞和单核细胞均含有多种溶酶体酶,部分溶酶体酶可致血管壁通透性升高和增强趋化作用而参与炎症反应;部分溶酶体酶可降解各种细胞外成分,包括胶原纤维、基膜、纤维素、弹力蛋白和软骨等,在化脓性炎的组织破坏中起着重要作用。

(4) 细胞因子:在炎症过程中产生的细胞因子主要类型如下。①调节淋巴细胞活化、增殖和分化的细胞因子,如 IL-2 促进淋巴细胞生长,而 TGF-β 则抑制其生长;②调节自然免疫的细胞因子,如 TNFα、IL-1、IFN 等;③激活巨噬细胞的细胞因子,如 IFN-γ、IL-5 和 IL-12 等;④对各种炎细胞都具趋化作用的细胞因子;⑤刺激造血的细胞因子,包括集落刺激因子(CSF)、IL-3 和 IL-7 等。

细胞因子不仅在调节各种炎细胞的功能及免疫反应中起着重要作用,而且在介导炎症反应中也起着重要作用。

(5) 血小板激活因子(platelet activating factor,PAF):是由血小板、嗜碱粒细胞、单核细胞和血管内皮细胞等产生,可直接作用于靶细胞或刺激白细胞合成其他炎症介质(如前列腺素、白细胞三烯等),还能增加血管壁通透性,促使白细胞与内皮细胞黏着、白细胞趋化作用和白细胞脱颗粒。

(6) NO:主要由血管内皮细胞释放,可引起血管扩张;抑制血小板的黏附、激活、聚集;抑制肥大细胞引起的炎症反应;抑制白细胞向炎症灶聚集。另外,NO 通过代谢反应参与抗感染过程并发挥重要作用,但同时也可造成组织细胞的损伤。

(7) 神经肽:如 P 物质,可引起血管壁通透性增加和血管扩张,并具有传递疼痛信号等作用。

2. 体液中的炎症介质 血浆中存在着三种相互关联的系统:激肽系统、补体系统和凝血系统。

(1) 激肽系统:在激肽释放酶的作用下,激肽原裂解形成缓激肽(bradykinin),缓激肽通过与其受体结合而发挥作用。其作用为引起细动脉扩张,血管壁通透性增加和血管以外的平滑肌收缩,并有致痛作用;激活Ⅻ因子,使前激肽释放酶变为激肽释放酶,后者既可使激肽原转变为缓激肽,又可同时再激活Ⅻ因子,不断放大缓激肽的作用;激肽释放酶具有趋化作用,并可使 C5 转化为 C5a。在炎症介质中,缓激肽引起血管壁通透性增加的作用最为强烈,但其半寿期短,通过肺循环一次就能完全被灭活。因此,缓激肽的作用主要局限在血管通透性增加的早期。

(2) 补体系统:是由 20 种糖蛋白构成,补体系统中 C3 和 C5 是最重要的炎症介质,可被细菌产物和抗体结合物及炎症渗出物中的多种蛋白水解酶激活,其作用为裂解片段 C3a 和 C5a,可促进肥大细胞释放组胺,使血管扩张和血管壁通透性增加,C5a 激活中性粒细胞和单核细胞的 AA 代谢的脂质氧化酶途径,使之进一步释放炎症介质;C5a 可激活白细胞,促其与血管内皮细胞黏着,并且是白细胞(中性粒细胞、单核细胞、嗜酸粒细胞和嗜碱粒细胞)的趋化因子;C3b 和 C3bi 具有调理素作用,可增强中性粒细胞和巨噬细胞的吞噬功能。

(3) 凝血系统和纤溶系统:Ⅻ因子的活化不仅能启动激肽系统,而且还能启动凝血系统和纤溶系统。凝血酶可使纤维蛋白原转变成纤维蛋白,同时释放纤维蛋白多肽,后者使血管壁通透性增加,同时又是白细胞的趋化因子;凝血酶还可促进白细胞黏附和成纤维细胞增生。此外,X因子形成Xa因子,可增加血管壁通透性并促进白细胞渗出。纤维蛋白溶解系统激活形成纤溶酶,其作用是活化Ⅻ因子,再通过激肽系统、凝血系统和纤溶系统发挥放大效应;还可使C3降解形成C3a。纤维蛋白在纤溶酶的作用下形成纤维蛋白的降解产物,使血管壁通透性增高。

主要炎症介质的种类及其生物学作用见表12-2。

表12-2 主要炎症介质及其作用

作用	主要炎症介质
血管扩张	组胺、缓激肽、PGD_2、PGE_2、PGF_2、PGI_2、NO
血管壁通透性增加	组胺、缓激肽、C3a和C5a、PAF、LTC_4、LTD_4、LTE_4、P物质
趋化作用	C5a、LTB_4、阳离子蛋白、细菌产物、细胞因子
发热	IL-1、IL-2、TNF-α、PGE_2
疼痛	PGE_2、缓激肽
组织损伤	溶酶体酶、氧自由基、NO

三、增 生

在致炎因子、组织崩解产物或某些理化因子的刺激下,炎症局部的巨噬细胞、内皮细胞和成纤维细胞可发生增生。实质细胞也可以发生增生,如黏膜上皮细胞和腺体的增生等。炎性增生具有限制炎症扩散和修复作用,但也可以产生对机体不利的影响。

第三节 炎症的类型

按炎症持续时间的长短,大致可将炎症分为以下四类。①超急性炎症:呈暴发性经过,整个病程数小时到数天,短期内引起组织器官的严重损害,甚至导致机体死亡,如器官移植超急性排斥反应;②急性炎症:从几天到1个月,起病急,症状明显,炎症灶内常有大量中性粒细胞浸润,如急性阑尾炎;③亚急性炎症:病程为1~6个月,介于急性炎症与慢性炎症之间,常由急性炎症迁延所致,如亚急性重型肝炎;④慢性炎症:病程长达6个月到数年,局部病变以细胞增生为主,浸润的炎细胞主要为淋巴细胞和浆细胞,如慢性胆囊炎。其中急性炎症和慢性炎症最多见,现主要介绍其病理特点。

一、急性炎症

由于致炎因子的不同、组织反应轻重程度的不同和炎症发生部位的不同,急性炎症的病理形态也不同。任何炎症在一定程度上都存在变质、渗出和增生三种基本病变,根据炎症局部变质、渗出和增生以哪一种病变为主,将炎症分为变质性炎、渗出性炎和增生性炎三大类型。但这种分类是相对的,在临床实践过程中还应注意将病理和临床结合起来进行考虑。

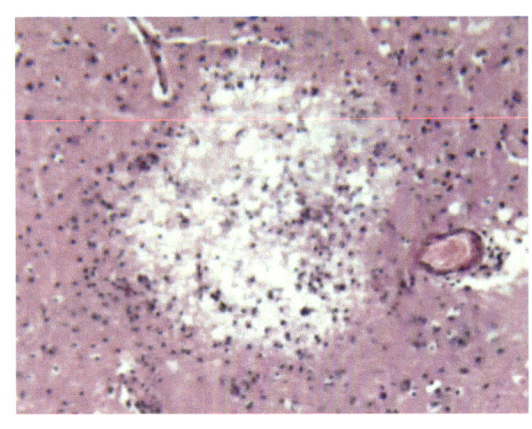

图 12-9 流行性乙型脑炎
灶性神经组织坏死所形成的筛网状软化灶

（一）变质性炎

变质性炎（alterative inflammation）是以组织和细胞的变性、坏死为主要病变的炎症。各种炎症都有不同程度的变质性改变，但在变质性炎时，变质性改变尤为明显，而渗出和增生性改变相对轻微。

变质性炎常见于肝、心、肾、脑等实质性器官，常是某些重症感染、中毒及变态反应等的结果。主要病变为组织器官的实质细胞的各种变性和坏死，常引起相应器官的功能障碍。例如，急性重型肝炎时，肝脏病变主要为肝细胞广泛坏死，出现严重的肝功能障碍；白喉外毒素引起的中毒性心肌炎，心肌细胞发生变性坏死，导致严重的心功能障碍；流行性乙型脑炎时，神经细胞变性、坏死及脑软化灶形成，引起严重的中枢神经系统功能障碍（图 12-9）。

（二）渗出性炎

渗出性炎（exudative inflammation）是以渗出为主要病变的炎症，炎症病灶中有大量渗出物形成为主要特征。根据渗出物的主要成分和病变特点，一般将渗出性炎分为浆液性炎、纤维素性炎、化脓性炎和出血性炎四种类型。

1. 浆液性炎（serous inflammation） 是以浆液渗出为主的渗出性炎。渗出物中主要成分为血清，含有 3%～5% 白蛋白，其中混有少量中性粒细胞和纤维素。浆液性炎常发生于疏松结缔组织、黏膜、浆膜、滑膜和皮肤。在疏松结缔组织，炎症局部出现炎性水肿，如毒蛇咬伤的局部炎性水肿；发生于黏膜的浆液性炎又称为浆液性卡他性炎，卡他是指渗出物沿黏膜表面顺势下流的意思，如感冒初期，鼻黏膜排出大量浆液性分泌物；发生于浆膜和滑膜的浆液性炎可引起炎性积液，如渗出性结核性胸膜炎可引起胸腔炎性积液、风湿性关节炎可引起关节腔炎性积液；发生于皮肤的浆液性炎可形成水疱，如Ⅱ度烫伤，渗出的浆液积聚于皮肤的表皮内和皮下形成水疱（图 12-10）。

浆液性炎一般较轻，病因清除后，炎症易于消退。但浆液性渗出物过多可导致严重后果。如喉头浆液性炎造成的喉头水肿可引起呼吸困难，甚至窒息；心包腔和胸腔积液过多可影响心、肺功能。

2. 纤维素性炎（fibrinous inflammation） 是以渗出物中含有大量纤维素为特征的渗出性炎。纤维素的大量渗出，说明毛细血管和小静脉损伤较重，血管壁通透性明显增加，大量纤维

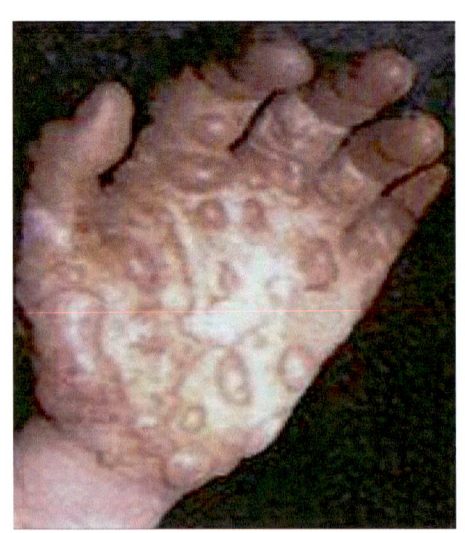

图 12-10 皮肤烫伤形成的水疱

蛋白原渗出到血管外，继而转变为纤维素。在 HE 切片中纤维素呈红染颗粒状、网状或条索状，常混有中性粒细胞和坏死细胞的碎片（图 12-11）。纤维素性炎多是由某些细菌毒素（如白喉杆菌、痢疾杆菌和肺炎链球菌的毒素）或各种内源性和外源性毒物（如尿毒症时的尿素和汞中毒时的汞）所引起，常发生于黏膜、浆膜和肺。

发生于黏膜者，渗出的纤维素、白细胞和坏死的黏膜组织及病原菌等在黏膜表面形成灰白色的膜状物，称为假膜（图 12-12），因此将黏膜的纤维素性炎称为假

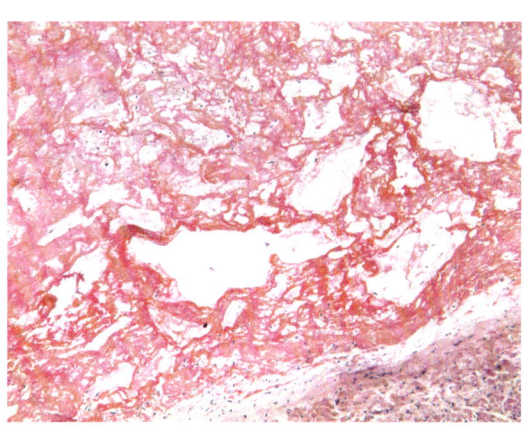

图 12-11　纤维素性心包炎
渗出的纤维素呈红染的条索状或网状

膜性炎。由于局部组织结构特点的不同，有的黏膜与深部组织结合牢固，所形成的假膜与深部组织结合比较牢固不易脱落（如咽喉部白喉）称为固膜性炎；有的黏膜与其下组织结合疏松，所形成的假膜与深部组织结合较松而易脱落（如气管白喉）称为浮膜性炎，假膜脱落后可阻塞支气管而引起窒息。

发生于浆膜的纤维素性炎，如纤维素性心包炎，由于心脏的搏动，使心包腔内的纤维素形成无数绒毛状物，覆盖于心脏的表面，称为绒毛心（图 12-13）。

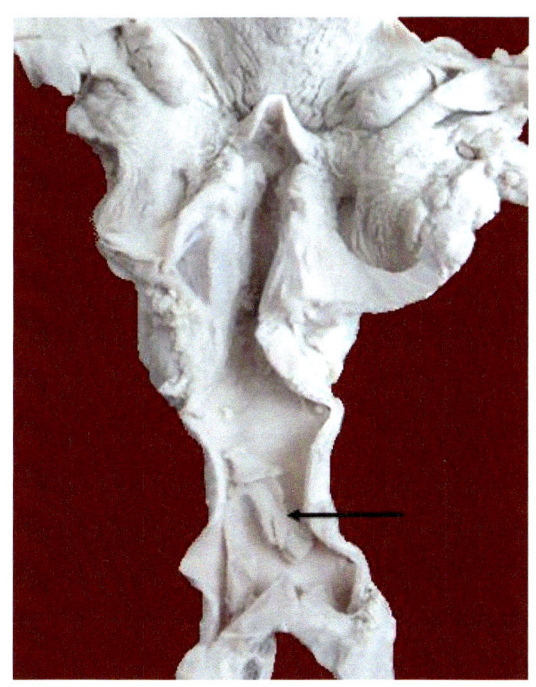

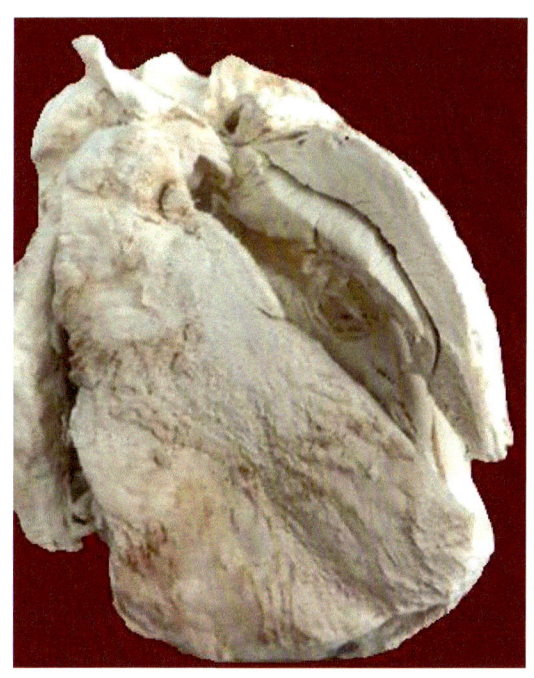

图 12-12　气管白喉的假膜形成（图中箭头所示）　　图 12-13　纤维素性心包炎形成的绒毛心

发生于肺的纤维素性炎，如大叶性肺炎灰色肝变期，肺泡腔内有大量纤维素渗出，还可见大量的中性粒细胞（图 12-14）。

渗出的纤维素可被中性粒细胞释放的蛋白溶解酶溶解后吸收。若渗出的纤维素过多、

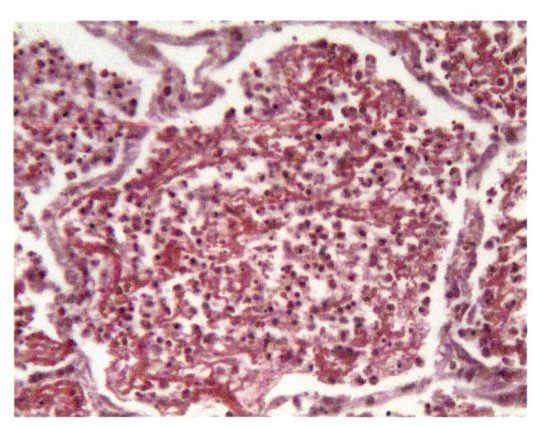

图 12-14 大叶性肺炎
肺泡腔内有大量纤维素及中性粒细胞

渗出的中性粒细胞过少,或组织内抗胰蛋白酶过多不能将渗出的纤维素完全溶解吸收时,可通过肉芽组织长入而发生机化,最终导致纤维化,而影响器官的功能。如发生于胸膜者造成胸膜增厚与粘连,发生于肺者导致肺肉质变。

3. 化脓性炎(purulent inflammation)是以中性粒细胞渗出为主,并有不同程度的组织坏死和脓液形成为特征的渗出性炎。多由化脓菌(如葡萄球菌、链球菌、大肠杆菌和脑膜炎双球菌等)感染所致,也可由某些化学物质和坏死组织所致。炎症灶内大量中性粒细胞坏死、崩解后所释放的溶酶体酶将坏死组织溶解液化的过程称为化脓。所形成的液状物称为脓液,呈灰黄色或黄绿色,其内主要含大量渗出的中性粒细胞和脓细胞(变性、坏死的中性粒细胞)、细菌、坏死组织碎片和少量浆液。脓液的性状随病原菌的不同而不同,由葡萄球菌感染引起的脓液较为浓稠,由链球菌感染引起的脓液较为稀薄。化脓性炎根据病因和发生部位的不同可分为脓肿、蜂窝织炎、表面化脓和积脓。

(1) 脓肿(abscess):发生在器官或组织内的局限性化脓性炎称为脓肿,其主要特征是组织发生坏死、溶解,形成充满脓液的腔,即脓腔(图 12-15、图 12-16)。脓肿可发生于皮下和内脏,主要由金黄色葡萄球菌感染所致。该菌产生的血浆凝固酶使渗出的纤维蛋白原转变为纤维素,抑制病原菌的蔓延,因而病变比较局限。金黄色葡萄球菌还具有层黏连蛋白受体,使其容易黏附于血管壁并通过血管壁进入血管腔而产生转移性脓肿。脓肿在慢性期,脓肿周围有肉芽组织形成,包绕脓肿形成脓肿膜,脓肿膜具有吸收脓液、限制炎症扩散的作用。小的脓肿可以被吸收消散,较大脓肿由于脓液过多,吸收困难,常需要穿刺抽脓或切开排脓,而后由肉芽组织修复。

疖是毛囊、皮脂腺及其附近组织所发生的脓肿。疖的中心部分液化变软后,脓肿就可自行穿破。痈是多个疖的融合,在皮下脂肪筋膜组织中形成多个相互沟通的脓肿,必须及时切开排脓。

图 12-15 肺脓肿

(2) 蜂窝织炎(phlegmonous inflammation):疏松结缔组织的弥漫性化脓性炎称为蜂窝织炎。其常发生于皮肤、肌肉和阑尾,主要由溶血性链球菌感染所致。该菌能产生透明质酸酶,分解结缔组织中的透明质酸;又能产生链激酶,溶解纤维素,使细菌容易在组织内蔓延扩散,不易被局限。炎症灶内中性粒细胞弥漫性浸润,与周围组织无明显分界(图

12-17),但局部组织的坏死不明显,所以单纯蜂窝织炎痊愈后多不留痕迹。

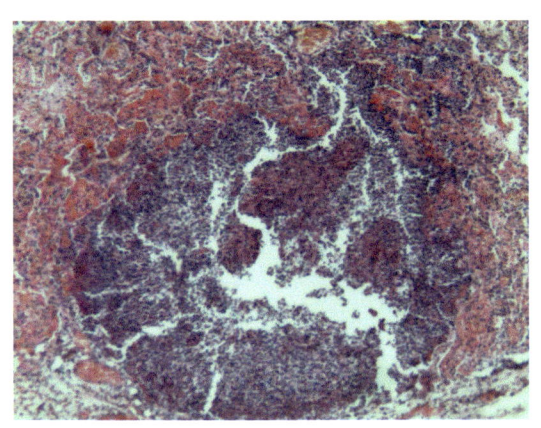

图 12-16　肺脓肿
局限性肺组织坏死,坏死灶内密集中性粒细胞、脓细胞

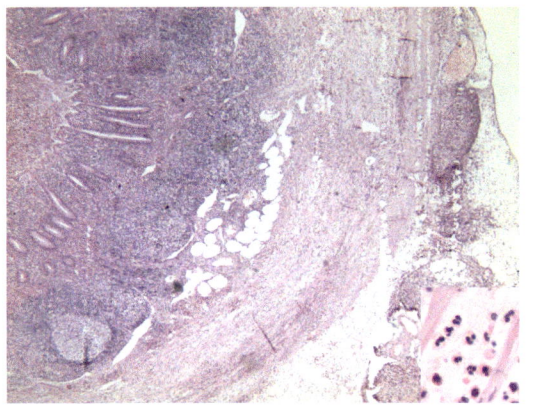

图 12-17　蜂窝织炎性阑尾炎
阑尾壁各层充血水肿,中性粒细胞弥漫性浸润

（3）表面化脓和积脓(empyema)：表面化脓是指浆膜、黏膜表面的化脓性炎症（图12-18）。黏膜的化脓性炎又称脓性卡他性炎,其特征是中性粒细胞向黏膜表面渗出,深部组织的中性粒细胞浸润不明显。如化脓性支气管炎和化脓性尿道炎,渗出的脓液可沿支气管、尿道排出体外。当化脓性炎症发生在浆膜、胆囊和输卵管的黏膜时,脓液可在浆膜腔、胆囊和输卵管腔内积存,称为积脓。

4. 出血性炎(hemorrhagic inflammation)　是一种伴有以出血为特征的渗出

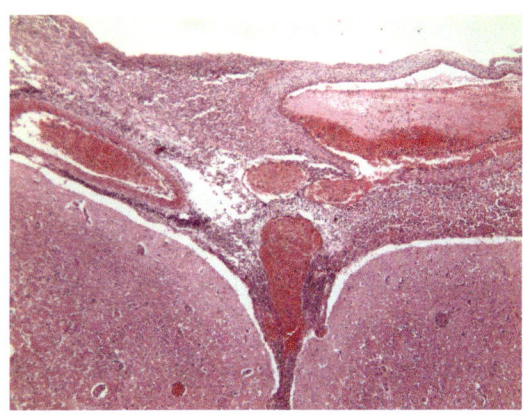

图 12-18　化脓性脑膜炎

性炎,其炎症灶内的血管损伤严重,渗出物中含有大量红细胞。常见于流行性出血热、钩端螺旋体病和鼠疫等烈性传染病。

渗出性炎可单独存在,也可并存,如浆液纤维素性炎、纤维素化脓性炎等;还可相互转化,在炎症的发展过程中一种炎症可转变为另一种炎症,如浆液性炎转变成纤维素性炎或化脓性炎。

(三) 增生性炎

病变表现为以成纤维细胞、血管内皮细胞和组织细胞增生为主的炎症称为增生性炎(proliferaive inflammation)。常伴有淋巴细胞、浆细胞和巨噬细胞等慢性炎细胞浸润,主要见于慢性炎症,但也有少数急性炎症是以增生性改变为主,如弥漫性毛细血管内增生性肾小球肾炎,病变以肾小球毛细血管内皮细胞和系膜细胞增生为主;伤寒则是全身单核吞噬细胞系统的巨噬细胞增生,形成肉芽肿性炎。

二、慢性炎症

慢性炎症可发生在急性炎症之后,也可潜隐地逐渐发生,急性炎症反复发作,在发作期间无明显症状,也表现为慢性炎症。慢性炎症发生的原因:①病原微生物的持续存在,如结核杆菌引起的结核病;②长期暴露于内源性或外源性毒性因子,如长期暴露于二氧化硅所患的硅肺;③对自身组织产生免疫反应,如类风湿关节炎。慢性炎症持续几个月或几年,以增生为主,炎细胞浸润以淋巴细胞、浆细胞和巨噬细胞为主。根据形态学特点,慢性炎症可分为非特异性慢性炎症和慢性肉芽肿性炎。

(一) 非特异性慢性炎症

非特异性慢性炎症主要表现为成纤维细胞、血管内皮细胞和组织细胞增生;浸润的细胞主要为淋巴细胞、浆细胞和巨噬细胞;同时局部的被覆上皮、腺上皮和实质细胞也可伴随增生。慢性炎症还可伴有肉芽组织的形成。

单核-吞噬细胞系统的激活是慢性炎症的一个重要特征。激活的单核/巨噬细胞表现为:细胞体积增大;溶酶体酶水平升高;细胞代谢更加活跃;吞噬和杀伤病原微生物的能力增强。激活的单核/巨噬细胞可释放各种生物活性产物,有利于杀伤病原微生物,但生物活性产物过多可导致组织损伤和纤维化。

淋巴细胞是慢性炎症中浸润的另一种炎症细胞,淋巴细胞运动到炎症灶主要是通过黏附分子和趋化分子介导的。淋巴细胞接触到抗原可被激活,发挥细胞和体液免疫作用。激活的淋巴细胞可产生淋巴因子,IFN-γ 是其中之一,为激活单核/巨噬细胞的主要因子。被激活的单核/巨噬细胞产生的细胞因子反过来又可激活淋巴细胞,使炎症反应周而复始,连续不断,呈慢性经过。

肥大细胞在结缔组织中广泛分布,其表面存在免疫球蛋白 IgE 的 Fc 受体,在对食物、昆虫叮咬、药物过敏反应及寄生虫引起的炎症反应中起重要作用。IgE 所介导的炎症反应和寄生虫引起的炎症反应中,大量嗜酸粒细胞浸润也是其特点,嗜酸性颗粒中含有碱性蛋白,对寄生虫有独特的毒性,也能引起上皮细胞的溶解,在免疫反应中损伤组织。

非特异性慢性炎症在某些特定部位可以出现特殊的形态特点。

(1) 炎性息肉:是在致炎因子长期作用下,局部黏膜上皮、腺体及间质增生而形成的突出于黏膜表面的肉芽肿块,常见于鼻黏膜和子宫颈,基底部常形成蒂,息肉大小不一。镜下,黏膜上皮、腺体及间质增生,间质常呈明显炎性水肿伴慢性炎细胞浸润(图 12-19)。

(2) 炎性假瘤:是炎性增生时形成的境界清楚的肿瘤样团块,肉眼观形态和 X 线检查与肿瘤相似。其常发生于眼眶和肺。如肺的炎性假瘤,主要由增生的纤维组织和肺泡上皮构成,并有大量淋巴细胞、

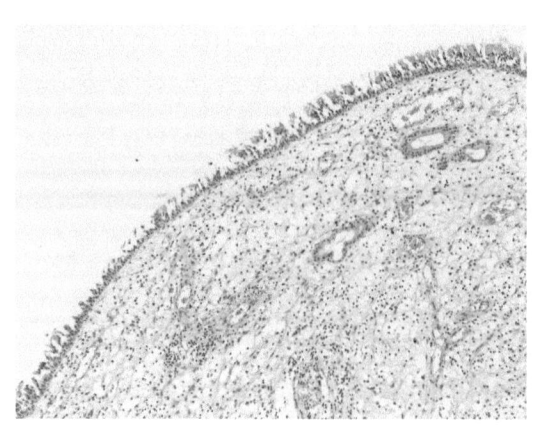

图 12-19 鼻息肉
息肉向黏膜表面突出,黏膜上皮、间质及腺体增生

浆细胞及巨噬细胞浸润。

(二) 慢性肉芽肿性炎

慢性肉芽肿性炎(chronic granulomatous inflammation)是一种特殊类型的慢性炎症,以肉芽肿形成为其特点,肉芽肿是由局部增生的巨噬细胞形成的境界清楚的结节状病灶。病灶较小,直径一般为0.5~2mm。以肉芽肿形成为基本特点的炎症叫肉芽肿性炎。

1. 慢性肉芽肿性炎的常见病因

(1) 细菌感染:结核杆菌和麻风杆菌分别引起结核病和麻风。

(2) 螺旋体感染:梅毒螺旋体引起梅毒。

(3) 真菌和寄生虫感染:包括组织胞质菌病和血吸虫病。

(4) 异物:手术缝线、石棉和滑石粉。

(5) 原因不明:如结节病。

2. 慢性肉芽肿性炎常见类型

(1) 感染性肉芽肿:由生物病原体感染引起。常见病原体有结核杆菌、麻风杆菌、梅毒螺旋体、真菌和寄生虫等,常形成具有诊断价值的特殊形态的结节状病灶。

慢性肉芽肿的基本构成包括上皮样细胞聚集,多核巨细胞形成和淋巴细胞浸润包绕,其病灶周围常有成纤维细胞和胶原纤维包绕。

以结核性肉芽肿(图12-20)为例说明肉芽肿的组成,从结节中心向外,肉芽肿的成分依次为:①干酪样坏死:红染无结构的颗粒状物,可能是细胞介导免疫反应的结果。②上皮样细胞和朗汉斯巨细胞:上皮样细胞由吞噬有结核杆菌的巨噬细胞体积增大逐渐转变而来,呈梭形或多角形,胞质丰富,淡红色,境界不清,核呈圆形或卵圆形,染色质甚少,甚至可呈空泡状,核内可见1~2个核仁。电镜下:上皮样细胞核内常染色质含量增多;核仁增大并靠近核膜;胞质内线粒体、内质网、核蛋白体、高尔基

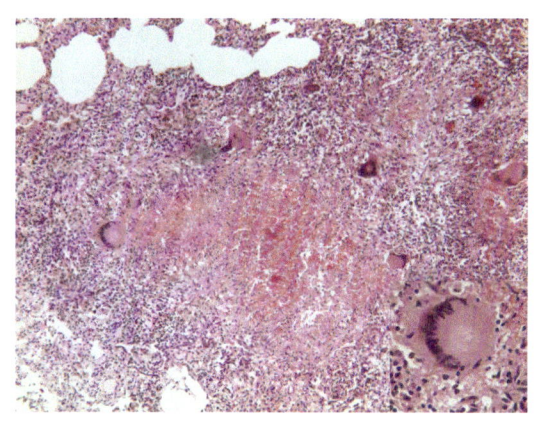

图12-20 结核结节

器和溶酶体增多;细胞膜的Fc和C3b受体明显减少,说明上皮样细胞具有向细胞外分泌的功能,而吞噬功能大大降低。朗汉斯巨细胞由多数上皮样细胞互相融合而成,或一个上皮样细胞核分裂胞质不分裂而形成,为一种多核巨细胞,体积很大,直径可达300μm,胞质丰富。其胞质突起常和上皮样细胞的胞质突起相连接,核与上皮样细胞核相似,核的数目由十几个到几十个不等,有的可超过百个,核排列在胞质的周围呈花环状、马蹄状或密集在胞体的一侧。③淋巴细胞和成纤维细胞:在上皮样细胞周围可见一定数量淋巴细胞浸润,主要为T细胞。另外还有多少不等的成纤维细胞及胶原纤维分布。

(2) 异物性肉芽肿:通常以进入组织内的异物(木片、滑石粉、手术缝线、石棉小体等)为中心,周围有巨噬细胞、成纤维细胞、异物多核巨细胞(图12-21)。异物多核巨细胞胞核数目不等,有数个到数十个,甚至百个以上,细胞核排列杂乱无章。

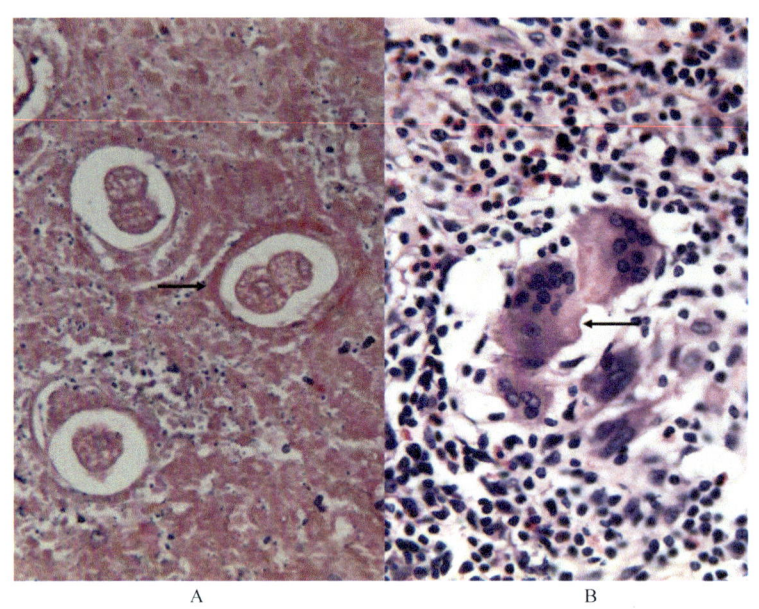

图 12-21 异物肉芽肿
A. 箭头所示为蛔虫虫卵；B. 箭头所示为异物多核巨细胞

第四节 炎症的局部表现和全身反应

一、炎症的局部表现

炎症的局部表现包括红、肿、热、痛和功能障碍。

炎症局部发红是炎症病灶内充血所致。初期由于动脉性充血,局部氧合血红蛋白增多,故呈鲜红色。随炎症的发展,血流缓慢,导致静脉性充血,局部组织还原血红蛋白增多,故呈暗红色。肿,主要是由于炎性充血、渗出和炎性水肿所致。慢性炎症时,组织和细胞的增生也可引起局部肿胀。热,由于动脉性充血及代谢旺盛,产热增多所致。此外,白细胞产生的 IL-1、TNF 和 PGE 等炎症介质亦可引起发热。痛,炎症局部的疼痛与多种因素有关。炎症病灶内钾离子、氢离子的积聚;炎症介质如前列腺素、缓激肽、5-羟色胺等刺激是引起疼痛的主要原因;炎症灶内渗出物造成组织肿胀,压迫神经末梢可引起疼痛,故疏松组织发炎时疼痛相对较轻,而牙髓和骨膜的炎症常常引发剧痛;发炎的器官肿大,被膜紧张,神经末梢受牵拉也可引起疼痛。功能障碍原因很多,如炎症灶内实质细胞变性、坏死可导致局部组织功能异常,炎性渗出物造成的机械性阻塞、压迫等,都可能引起不同程度的功能障碍。疼痛也可影响肢体的活动功能。

二、炎症的全身反应

炎症的病变主要在局部,但局部与整体又互为影响。特别是病原微生物在体内蔓延扩散时,常出现明显的全身性反应。

(一) 发热

发热多见于病原微生物感染引起的炎症。引起发热的化学物质称为致热原(pyrogens)。其可分为外源性和内源性两类。外源性致热原有革兰阴性杆菌释放的内毒素，以及病毒、立克次体、真菌和疟原虫等产生的致热原；内源性致热原是中性粒细胞等炎细胞释放的产物，白细胞释放的细胞因子 IL-1、IL-6 和 TNF-α 等均可引起发热。外源性致热原不直接作用于下丘脑体温调节中枢，而是通过激活白细胞释放内源性致热原而引起发热。

发热虽然是疾病的一种表现，但是发热也有防御作用。一定程度的发热使机体代谢增强，有利于抗体形成，增强吞噬细胞的吞噬功能和肝细胞的解毒功能，从而提高机体的防御功能。但发热超过了一定程度或长期发热，可影响机体的代谢，引起多系统特别是中枢神经系统的功能紊乱。如果炎症病变十分严重，体温反而不升高，则说明机体防御反应差，抵抗力低下，为预后不良的征兆。

(二) 末梢血白细胞增多

末梢血白细胞计数增加是炎症的常见反应，特别是在细菌感染所引发的急性炎症时更加明显，白细胞计数可达 $(15\sim20)\times10^9/L$。白细胞增加主要是由于 IL-1 和 TNF 刺激所引起的白细胞从骨髓储存库释放加速所致，为机体防御功能的一种表现。在严重感染时，末梢血相对不成熟的杆状核中性粒细胞所占比例增加，称为"核左移"。持续感染时还可以通过集落刺激因子的产生而促进骨髓造血前体细胞增殖。通常多数细菌感染引起中性粒细胞增多；寄生虫感染和过敏反应引起嗜酸粒细胞增多；一些病毒感染引起淋巴细胞增多；但某些病毒和细菌、立克次体、原虫等感染则引起白细胞减少。

(三) 单核吞噬细胞系统细胞增生

单核吞噬细胞系统细胞增生是机体防御性反应的一种表现。尤其是病原微生物引起的炎症时，单核吞噬细胞系统常有不同程度的增生。表现为局部淋巴结、肝、脾肿大。巨噬细胞增生，吞噬消化能力增强；B 和 T 淋巴细胞也增生，同时释放淋巴因子和分泌抗体的功能增强。

(四) 实质细胞的病变

炎症较重时，病原微生物及其毒素的作用，以及局部血液循环障碍、发热等因素的影响，部分器官(如心、肝、肾和脑等)的实质细胞可发生不同程度的变性、坏死，器官出现不同程度的功能障碍。

第五节 炎症的结局

影响炎症过程的因素包括致炎因子因素、全身性因素和局部因素。

致炎因子因素，取决于致炎因子的类型、强度(毒力、数量)及作用时间的长短。全身性因素，包括机体的免疫、营养和内分泌状态等。白细胞减少或功能缺陷会影响机体的防御功能，如艾滋病后期，机体丧失抗感染能力而继发性全身感染；全身营养不良既影响机体的抗病能力,也影响机体的修复能力;糖皮质类固醇可抑制炎症反应,但同时也降低机体的防御能力,甚至引起病原微生物在体内的播散。糖尿病患者抵抗力较低,易发生感染,并持续时间长。局部因素,包括局部的血液循环状态、炎症渗出物和异物是否被清除或引流是否通畅等。

炎症过程中,既有损伤又有抗损伤。致炎因子引起的损伤与机体抗损伤反应决定着炎症的发生、发展和结局。如果损伤过程占优势,则炎症加重,并向全身扩散;如果抗损伤占优势,则炎症逐渐趋向痊愈;如果致炎因子持续存在,或机体的抵抗力较弱,则急性炎症转为慢性或迁延不愈。

一、痊　愈

完全痊愈:多数情况下,由于机体的抵抗力较强,或经过适当的治疗使抗损伤反应占优势,病原微生物被消灭,炎症区坏死组织和渗出物被溶解、吸收或清除,通过周围组织细胞的再生达到修复,最后完全恢复原有的组织结构和功能,称为完全痊愈。

不完全痊愈:如炎症灶内坏死范围较大,或渗出的纤维素较多,不易完全溶解、吸收,则由肉芽组织修复,留下瘢痕,不能完全恢复原有的组织结构和功能,称为不完全痊愈。有时,受损器官的功能出现明显的功能障碍。

二、迁延不愈或转为慢性

如果机体的抵抗力较低、治疗不彻底或致炎因子在短期内不能被清除,在机体内持续存在或反复作用,不断损伤组织,造成炎症迁延不愈,使急性炎症转为慢性炎症,病情时轻时重。

三、蔓延播散

在机体抵抗力低下,或病原微生物毒力强、数量多的情况下,损伤反应占优势,病原微生物可不断繁殖,并沿组织间隙向周围组织和器官蔓延或通过脉管系统向全身扩散。

(一) 局部蔓延

炎症局部的病原微生物可经组织间隙或自然管道向周围组织和器官蔓延,如急性膀胱炎可向上蔓延到输尿管或肾盂。

(二) 淋巴道播散

含有病原微生物的渗出物,可通过淋巴液回流引起淋巴管炎,到达所属淋巴结可引起淋巴结炎。如下肢感染时腹股沟淋巴结肿大,有时在感染灶和肿大的淋巴结之间出现红线,即为淋巴管炎。如病原微生物进一步通过淋巴入血,可引起血道播散。

(三) 血道播散

炎症病灶内的病原微生物及其毒性产物可以直接侵入或间接通过淋巴回流进入血循环造成炎症的血道播散。其可引起菌血症、毒血症、败血症和脓毒败血症。

1. 菌血症(bacteremia)　炎症病灶内的细菌经血管或淋巴管侵入血流,从血液中可查到细菌,但无全身中毒症状,称为菌血症。一些炎症的早期就有菌血症,如大叶性肺炎和伤寒等。此时,肝、脾和骨髓的吞噬细胞可组成一道防线,以清除细菌。

2. 毒血症(toxemia) 细菌的毒素或毒性产物被吸收入血,引起全身中毒症状,称为毒血症。临床上患者出现高热和寒战等中毒症状,同时伴有心、肝、肾等实质细胞的变性或坏死,严重者可出现中毒性休克。血中查不见细菌。

3. 败血症(septicemia) 细菌由局部病灶进入血液后,不但没有被清除,而且大量繁殖并产生毒素,引起全身中毒症状和病理变化,称为败血症。患者除有毒血症的表现外,还常出现皮肤和黏膜的多发性出血点,以及脾脏和淋巴结肿大等。血培养可找到细菌。

4. 脓毒败血症(pyemia) 由化脓菌引起的败血症进一步发展成为脓毒败血症。患者除有败血症的表现外,可在全身一些器官中出现多发性栓塞性脓肿(embolic abscess),或称为转移性脓肿。脓肿较小,较均匀散布在器官内。光镜下,小脓肿中央的毛细血管或小血管中可见细菌菌落,并有大量中性粒细胞浸润和局部组织的溶解坏死。

(陈学军　魏国华)

第十三章 肿　　瘤

肿瘤是一种常见病、多发病,其中恶性肿瘤是目前危害人类健康最严重的疾病。全世界每年约700万人死于恶性肿瘤,我国每年因恶性肿瘤死亡约170万人,占死亡总数的25%。我国常见的恶性肿瘤有肺癌、肝癌、胃癌、结直肠癌、肛门癌、鼻咽癌、乳腺癌、子宫颈癌、白血病和淋巴瘤等。

第一节　肿瘤的概念

肿瘤(tumor)是机体在各种致瘤因素作用下,局部组织的某一个细胞在基因水平上失去对其生长的正常调控,导致其克隆性异常增生而形成的新生物。一般认为,肿瘤细胞是单克隆性的。一般将肿瘤分为良性和恶性两大类。所有的恶性肿瘤总称为癌症(cancer)。

肿瘤性增生与非肿瘤性增生有重要区别。肿瘤性增生一般是单克隆性的。肿瘤细胞的形态、代谢和功能均有异常,不同程度地失去了分化成熟的能力。肿瘤生长旺盛,具有相对自主性,即使致瘤因素已不存在,仍能持续性生长。肿瘤性增生不仅与机体不协调,而且有害。

非肿瘤性增生一般是多克隆性的。细胞具有正常的形态、代谢和功能,分化成熟,并在一定程度上能恢复原来正常组织的结构和功能。非肿瘤性增生有一定的限度,增生的原因一旦消除后不再继续。非肿瘤性增生对于机体有利。

第二节　肿瘤的形态

一、肿瘤的大体形态

肿瘤的形态多种多样,仔细观察大体形态特征,有助于判断肿瘤的良恶性,在病理诊断中具有重要的价值。

(一) 肿瘤的数目和大小

肿瘤通常为单个,称为单发瘤;有时为多个,即多发瘤。肿瘤大小不一。肿瘤的大小与肿瘤的性质、生长时间和发生部位有一定的关系。位于体表或重要器官(如脑和脊髓)的肿瘤、有功能的内分泌肿瘤及高度恶性肿瘤一般体积较小。良性或低度恶性肿瘤生长在非要害部位(如腹膜后)体积较大,如卵巢囊腺瘤、脂肪肉瘤。对于有些类型的肿瘤,体积大小是判断良、恶性的重要指标之一(如胃肠道间质瘤)。肿瘤较大者通常生长缓慢,生长时间较长,且多为良性。恶性肿瘤一般生长迅速,很快发生转移或导致患者死亡,体积不一定很大,一般不会超过1kg。

(二) 肿瘤的形状

肿瘤的形状多种多样,与其发生部位、组织来源、生长方式和肿瘤的良恶性密切相关,可呈息肉状、结节状、囊状、乳头状、绒毛状、溃疡状等。

(三) 肿瘤的颜色

肿瘤的颜色多与其来源的正常组织的颜色相近。多数肿瘤的颜色呈白色或灰白色,如大多数癌、纤维瘤、平滑肌瘤等;脂肪瘤呈黄色;大多数肉瘤呈灰红色;血管瘤呈红色;恶性黑色素瘤呈黑色。此外,肿瘤的继发性改变如坏死呈淡黄色,陈旧性出血呈暗褐色;含胆色素的肿瘤呈黄绿色。

(四) 肿瘤的包膜

良性肿瘤一般有完整的包膜,如神经鞘瘤、多形性腺瘤、脂肪瘤等。但有些良性肿瘤没有包膜,如平滑肌瘤、血管瘤等。恶性肿瘤通常无包膜,或仅有不完整的包膜或假包膜。

(五) 肿瘤的质地

肿瘤的质地与肿瘤的类型、实质与间质的比例及有无继发改变有关。脂肪瘤、血管瘤、胶质瘤质地较软,平滑肌瘤、纤维瘤等质地较韧,骨瘤、骨软骨瘤等质地硬。癌的质地一般硬而脆,肉瘤则软而嫩。实质多于间质的肿瘤一般较软;反之则较硬。当肿瘤继发坏死、液化或囊性变时,质地变软,有钙化或骨化时变硬。

二、肿瘤的组织结构

除绒毛膜上皮癌和白血病之外(无间质),肿瘤组织的成分都分为实质和间质两部分。

(一) 实质

肿瘤的实质(parenchyma)由瘤细胞构成,是肿瘤的主要成分。通常根据肿瘤的实质来识别各种肿瘤的组织来源,进行肿瘤的分类、命名和组织学诊断,并根据其分化程度和异型性大小来确定肿瘤的良、恶性和恶性肿瘤的恶性程度。肿瘤的实质通常只有一种成分,但少数肿瘤含有两种甚至多种实质成分,如畸胎瘤等。

(二) 间质

间质(mesenchyma)由瘤细胞诱导产生,一般由结缔组织、血管、淋巴管和神经等组成,对实质起支持和营养作用。肿瘤间质中结缔组织的固有细胞有纤维细胞、成纤维细胞、未分化间充质细胞和巨噬细胞等。间质血管可多可少。此外,间质中常有数量不等的炎症细胞浸润,包括淋巴细胞、浆细胞、嗜酸粒细胞和中性粒细胞等。间质成分并不是特异的,通常不能根据它来判断肿瘤的分化方向和类型。

第三节 肿瘤的分化与异型性

形态学上,肿瘤组织与其相应正常组织在瘤细胞大小、形状和组织结构上存在差异,这种差异称为肿瘤的异型性(atypia)。肿瘤异型性的大小反映肿瘤的分化程度,是区分肿瘤性增生和非肿瘤性增生、判断肿瘤的良恶性及恶性肿瘤恶性程度高低的主要组织学依据。肿瘤组织在形态和功能上可以表现出与某种正常组织的相似之处,这种相似性称为肿瘤的分化。相似的程度称为肿瘤的分化程度(differentiation)。异型性小者,分化程度高;异型性大者,分化程度低。

有些恶性肿瘤的瘤细胞分化差,异型性明显,称为间变(anaplasia)。间变性肿瘤通常指瘤细胞异型非常显著的高度恶性未分化肿瘤,很难确定其组织来源。

一、肿瘤组织结构的异型性

肿瘤组织结构的异型性(architectural atypia)是指肿瘤组织在空间排列方式上与其来源的正常组织的差异。由于良性肿瘤的细胞异型性小,因此诊断良性肿瘤的主要依据是其组织结构的异型性。恶性肿瘤的异型性明显,瘤细胞排列紊乱,极向消失,层次增多或密集重叠。

二、肿瘤细胞的异型性

良性肿瘤细胞的异型性(cellular atypia)小,一般与其来源的正常细胞相似。

恶性肿瘤的瘤细胞常有高度的异型性,表现为以下几方面。

(1) 瘤细胞大小和形状不一,呈多形性,细胞可增大,也较正常细胞小,有时出现瘤巨细胞。

(2) 瘤细胞核增大,不规则,染色质深染,呈粗颗粒状,核仁显著,可出现巨核、双核、多核和奇异形核。

(3) 核分裂象常增多,尤其出现异常或病理性核分裂象,如不对称性、多极性核分裂时,对于恶性肿瘤的诊断常具有重要意义(图13-1)。

(4) 瘤细胞的胞质通常减少,致使核质比增大,可接近1∶1[正常为1∶(4~6)],细胞质由于核蛋白体增多而多呈嗜碱性。

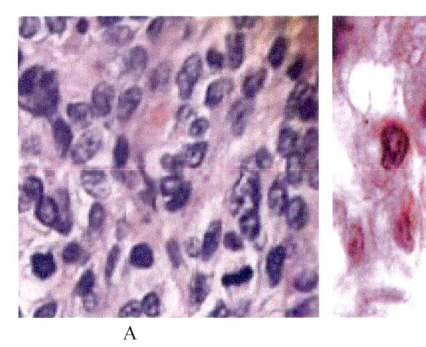
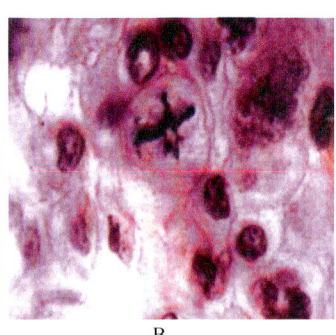
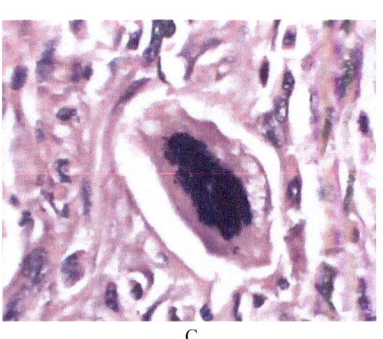

A B C

图13-1　肿瘤细胞核的多形性
A. 生理性核分裂象;B. 多极性核分裂象;C. 顿挫性核分裂象

第四节　肿瘤的命名和分类

一、肿瘤的命名原则

(一) 良性肿瘤的命名

命名原则是组织来源+瘤。如起源于血管的良性肿瘤称为血管瘤;来源于软骨的良性肿瘤称为软骨瘤。起自上皮的良性肿瘤命名较为复杂，常结合镜下或大体形态命名，如向表面生长、镜下或大体呈指状突起的良性上皮性肿瘤，称为乳头状瘤；大体上呈大小不等囊腔的腺瘤，称为囊腺瘤。

(二) 交界性肿瘤的命名

命名原则与良性肿瘤相同，常在肿瘤前加上"交界性"、"非典型性"或"侵袭性"等，如卵巢交界性黏液性囊腺瘤、非典型性孤立性纤维性肿瘤、侵袭性骨母细胞瘤。

(三) 恶性肿瘤的命名

上皮细胞来源的恶性肿瘤称为癌，命名原则是组织来源+癌，如鳞状细胞癌、腺癌等。间叶组织来源的恶性肿瘤称为肉瘤，命名原则是组织来源+肉瘤，如脂肪肉瘤、血管肉瘤、横纹肌肉瘤、软骨肉瘤等。有时在肿瘤前加"恶性"，如恶性纤维组织细胞瘤、恶性间叶瘤。

癌症泛指一切恶性肿瘤，包括癌和肉瘤，但常被用作癌的同义词。恶性肿瘤广泛播散时，称为癌病。

二、肿瘤的特殊命名

少数肿瘤不按上述原则命名。

(1) 通常把组织学上相似于器官胚基组织所形成的恶性肿瘤，称为母细胞瘤，如神经母细胞瘤、视网膜母细胞瘤。少数情况下，母细胞瘤也可起自某些幼稚细胞的良性肿瘤，如脂肪母细胞瘤、软骨母细胞瘤。

(2) 有些恶性肿瘤因成分复杂或由于习惯沿袭，在肿瘤的名称前加"恶性"二字，如恶性间皮瘤、恶性脑膜瘤等。

(3) 有些肿瘤采用习惯名称或人名命名，如白血病、蕈样肉芽肿、霍奇金淋巴瘤、尤文肉瘤等。

(4) 一些肿瘤虽然没有"恶性"二字，但实际属于恶性肿瘤，如淋巴瘤、精原细胞瘤。

(5) 瘤病常用于多发性良性肿瘤，如神经纤维瘤病、脂肪瘤病等。

(6) 有些肿瘤以肿瘤细胞的形态命名，如透明细胞肉瘤。

三、肿瘤的分类

肿瘤的分类通常依据其组织来源或者分化方向，表 13-1 列举了各组织来源的主要肿瘤分类。

表 13-1 肿瘤分类举例

组织来源	良性肿瘤	恶性肿瘤
上皮组织肿瘤		
鳞状上皮	鳞状细胞乳头状瘤	鳞状细胞癌
基底细胞		基底细胞癌
腺上皮	腺瘤	腺癌
	乳头状腺瘤	乳头状腺癌

续表

组织来源	良性肿瘤	恶性肿瘤
	囊腺瘤	囊腺癌
呼吸道上皮	支气管腺瘤	支气管腺癌
肝细胞	肝细胞腺瘤	肝细胞癌
尿路上皮	尿路上皮乳头状瘤	尿路上皮癌
间叶组织肿瘤		
结缔组织和衍生组织	纤维瘤	纤维肉瘤
	脂肪瘤	脂肪肉瘤
	软骨瘤	软骨肉瘤
	骨瘤	骨肉瘤
内皮和相关组织		
血管	血管瘤	血管肉瘤
淋巴瘤	淋巴管瘤	淋巴管肉瘤
滑膜	滑膜瘤	滑膜肉瘤
间皮	间皮瘤	恶性间皮瘤
脑被膜	脑膜瘤	恶性脑膜瘤
淋巴造血组织		
造血细胞		白血病
淋巴组织		恶性淋巴瘤
肌肉		
平滑肌	平滑肌瘤	平滑肌肉瘤
横纹肌	横纹肌瘤	横纹肌肉瘤
其他肿瘤		
黑色素细胞肿瘤	痣	恶性黑色素瘤
性腺或胚胎残余中的多能细胞	成熟畸胎瘤	未成熟畸胎瘤
		恶性畸胎瘤

第五节 肿瘤的生长和扩散

具有侵袭和转移能力是恶性肿瘤的基本生物学特征,是临床大多数肿瘤患者治疗失败和致死的主要因素。因此对肿瘤生长与扩散的生物学特性的研究已成为肿瘤病理学的重要内容。

一、肿瘤的生长

(一)肿瘤的生长方式

肿瘤的生长方式包括:膨胀性生长、外生性生长和浸润性生长。

1. 膨胀性生长(expansile growth)　是大多数良性肿瘤的生长方式。肿瘤逐渐增大,常呈结节状,包膜完整,与周边组织分界清楚,活动度好,手术易切除,切除后常不复发。

2. 外生性生长(exophytic growth)　发生在体表、体腔或管道器官表面的肿瘤,常向表面生长,形成突起的乳头状、息肉状等。良、恶性肿瘤均可呈外生性生长,良性肿瘤基底部无浸润现象,而恶性肿瘤基底部呈浸润性生长。

3. 浸润性生长(invasive growth)　是大多数恶性肿瘤的生长方式。肿瘤细胞侵入周围组织间隙、淋巴管和血管内,浸润破坏周围组织。肿瘤无包膜,与周围组织分界不清,肿瘤活动度差或固定,手术切除范围大,切除后易复发。

(二) 肿瘤的生长速度

肿瘤的生长速度主要取决于肿瘤细胞的分化成熟程度。一般来讲,成熟程度高、分化好的良性肿瘤生长缓慢,如果短期内生长加快,应考虑有恶变的可能。成熟程度低、分化差的恶性肿瘤生长较快,短期内可形成明显肿块。

肿瘤的生长速度与以下三个因素有关。

1. 生长分数　指肿瘤群体细胞中处于增殖阶段的细胞比例。生长分数越大,肿瘤生长越迅速;反之,则生长缓慢。在细胞恶性转化初期,绝大多数细胞处于复制期,所以生长分数很高。随着肿瘤的持续生长,不断有瘤细胞发生分化而离开增殖阶段,使得大多数肿瘤细胞处于静止期。即使是生长迅速的肿瘤,如肺小细胞癌,其生长分数也只有20%左右。目前大多数抗癌药物是针对处于复制期的肿瘤细胞,因此高生长分数的肿瘤对于化疗比较敏感;而实体瘤生长分数低,对化疗药容易出现相对耐药性。

2. 瘤细胞的生成与丢失　在一个肿瘤细胞群体中,既有新细胞不断产生,又有细胞因凋亡、坏死而丢失,两者的平衡状态直接影响肿瘤组织的生长速度。在生长分数较高的肿瘤,瘤细胞的生成远大于丢失。促进肿瘤细胞死亡和抑制肿瘤细胞增殖,是肿瘤治疗的两个重要方面。

3. 肿瘤血管生成　在原发瘤生长早期,肿瘤细胞生长所需的养料通过邻近组织器官微环境渗透提供。当肿瘤直径达到或超过1mm时,经微环境渗透提供的营养已不能维持其持续生长,肿瘤细胞释放细胞因子,介导血管生成反应。肿瘤由无血管生成向有血管生成的转变称为血管生成启动,获得血管生成表型是实体瘤进展的关键步骤。肿瘤血管形成既为肿瘤生长提供营养,又为转移准备了有利条件。

(三) 演进和异质性

恶性肿瘤生长过程中,侵袭性增加的现象称为肿瘤的演进(progression),可表现为生长速度加快、浸润周围组织和发生远处转移。肿瘤演进与异质性(heterogeneity)有关。肿瘤的异质性是指单克隆来源的肿瘤细胞在生长过程中形成在侵袭能力、生长速度、对激素的反应、对抗癌药的敏感性等方面有所不同的亚克隆的过程。在获得这种异质性的肿瘤演进过程中,保留了那些适应存活、生长、浸润与转移的亚克隆。

二、肿瘤的扩散

(一) 局部浸润和直接蔓延

随着恶性肿瘤不断增大,肿瘤细胞常沿着组织间隙、淋巴管、血管或神经束衣连续地浸润生长,破坏邻近器官或组织,这种现象称为直接蔓延(direct spreading)。例如,晚期乳腺癌可穿过胸肌和胸腔蔓延至肺脏。

肿瘤局部浸润和蔓延的机制较复杂,有许多问题尚未解决。以癌为例,大致分为四个步骤:①癌细胞表面黏附分子减少。肿瘤细胞间存在一些调控细胞与细胞间黏附作用的分子——钙黏蛋白家族,其中 E-钙黏蛋白是钙黏蛋白家族中最为重要的介导同种细胞黏附的黏附分子,具有抑制肿瘤浸润、转移的作用。肿瘤细胞间黏附能力的下调或丧失,促使肿瘤细胞分离脱落。②癌细胞与基膜的黏着(attachment)增加。正常上皮细胞与基膜的附着是通过上皮细胞基底面的一些分子介导的,如层黏连蛋白受体。癌细胞表达更多的层黏连蛋白受体,并分布于癌细胞的整个表面,使癌细胞与基膜的黏着增加。③细胞外基质的降解(degradation)。癌细胞产生蛋白酶(如Ⅳ型胶原酶),溶解细胞外基质成分,使基膜产生局部缺损,让癌细胞通过。④癌细胞迁移(migration)。癌细胞借阿米巴样运动通过基膜缺损处移出。癌细胞穿过基膜后,溶解间质结缔组织,在间质中移动。到达血管壁时,又以相似的方式穿过血管的基膜进入血管(图 13-2)。

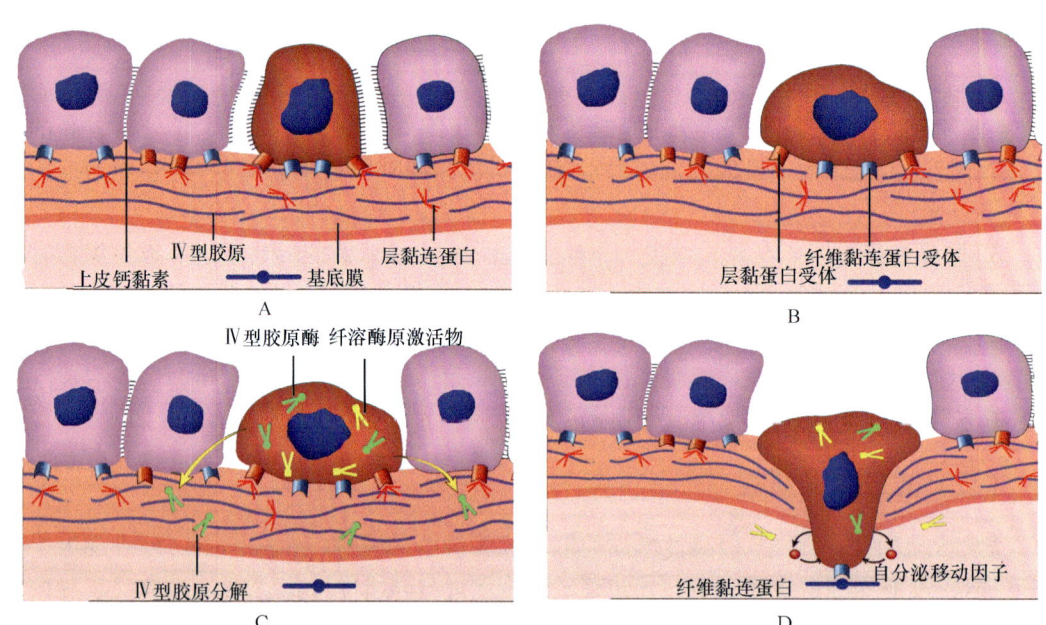

图 13-2 恶性肿瘤细胞局部浸润机制
A. 细胞间连接的松动;B. 附着;C. 降解;D. 移出

(二) 转移

恶性肿瘤细胞从原发部位侵入淋巴管、血管或体腔,迁徙到其他部位,继续生长,形成与原发瘤同样类型的肿瘤,这个过程称为转移(metastasis)。所形成的肿瘤称为转移瘤或继发瘤。转移是恶性肿瘤的确凿证据,但并非所有恶性肿瘤都发生转移。例如,皮肤的基底细胞癌,多在局部造成破坏,但很少发生转移。

恶性肿瘤主要通过三种途径转移。

1. 淋巴道转移(lymphatic metastasis) 上皮源性恶性肿瘤多经淋巴道转移。肿瘤细胞侵入淋巴管,随淋巴流向局部淋巴结。肿瘤细胞先聚集于边缘窦,继续增殖发展,累及整个淋巴结。受累的淋巴结肿大,质地变硬,切面呈灰白色。有时瘤组织突破包膜,使多个淋巴结相互融合成团。局部淋巴结发生转移后,可继续转移至下一站淋巴结,最后经胸导管进入血流,发生血行转移。临床上最常见的癌转移淋巴结是左锁骨上淋巴结,其原发部位多位于肺和胃肠道。

2. 血行转移(hematogenous metastasis) 各种恶性肿瘤均可发生,多见于肉瘤、肾癌、肝癌、绒毛膜癌等。恶性肿瘤细胞侵入血管后,随血流到达远隔器官继续生长,形成转移瘤。由于静脉壁较薄,同时管内压力较低,故瘤细胞多经静脉入血。血行转移时,肿瘤细胞的运行途径与血栓栓塞过程相似。侵入体循环静脉的肿瘤细胞经右心到肺,在肺内形成转移瘤;侵入门静脉系统的肿瘤细胞,首先发生肝转移;原发性肺肿瘤或肺内转移瘤的肿瘤细胞通过肺毛细血管而进入肺静脉,经左心随主动脉血流到达全身各器官,常转移到脑、骨、肾及肾上腺等处;侵入与椎静脉丛有吻合支的静脉内的瘤细胞,可引起脊椎及脑内转移。

恶性肿瘤可以通过血行转移累及多个器官,但最常见的是肺和肝。临床上判断有无血行转移,应做肺和肝的影像学检查,以确定恶性肿瘤患者的临床分期和治疗方案。转移瘤的形态学特点是边界清楚,常为多个,散在分布,多接近于器官的表面。由于肿瘤结节中央出血、坏死及下陷,可形成"癌脐"。进入血管的单个肿瘤细胞绝大多数被机体的自然杀伤细胞消灭。但是,和血小板凝集成团的肿瘤细胞,形成不易消灭的肿瘤细胞栓子,与栓塞处的血管内皮细胞黏附,穿过血管内皮和基膜(参见肿瘤局部浸润机制),形成新的转移灶。由于肿瘤的异质性,具有高侵袭性的瘤细胞亚克隆更容易形成广泛的血行播散。

肿瘤血行转移的部位,受原发肿瘤部位和血循环途径的影响。但是,某些肿瘤表现出对某些器官的亲和性。例如,肺癌易转移到肾上腺和脑;甲状腺癌、肾癌和前列腺癌易转移到骨;乳腺癌易转移到肺、肝、骨、卵巢和肾上腺等。产生这种现象的原因尚不明确,可能与下列因素有关:①这些器官的血管内皮细胞上的配体,能特异性识别并结合某些癌细胞表面的黏附分子;②靶器官释放吸引癌细胞的化学趋化物质;③某些器官或组织的环境不适合肿瘤的生长,如组织中的酶抑制物不利于转移灶形成,而另一些组织和器官没有这种抑制物,于是表现出肿瘤对后面这些器官的亲和性。

3. 种植性转移(transcoelomic metastasis) 发生于胸、腹腔等体腔内器官的恶性肿瘤,侵及器官表面时,瘤细胞可以脱落,像播种一样种植在体腔其他器官的表面,形成多个转移性肿瘤,这种播散方式称为种植性转移。例如,胃肠道黏液癌侵及浆膜后,可种植到大网膜、腹膜、盆腔器官如卵巢等处。在卵巢表现为双侧卵巢肿大,镜下见富于黏液的印戒细胞癌弥漫浸润。这种特殊类型的卵巢转移性肿瘤称为 Krukenberg 瘤,这种肿瘤不一定都是种植性转移,也可通过淋巴道和血行转移形成。浆膜腔的种植性转移常伴有血性积液,其内含有不等量的肿瘤细胞,抽取积液做细胞学检查以发现恶性肿瘤细胞,是诊断恶性肿瘤的重要方法之一。

第六节 肿瘤的分级与分期

一、恶性肿瘤的病理分级

根据恶性肿瘤的病理形态对肿瘤进行分级,可表明肿瘤的恶性程度,为临床治疗和判断预后提供依据。病理分级主要依据恶性细胞的分化程度、异型性大小和核分裂象。由于肿瘤形态的复杂性,目前尚无统一的方法进行病理分级。国际上普遍采用的是三级法,有些肿瘤采用四级法、二级法或不做进一步分级。三级法目前应用最普遍,可用Ⅰ、Ⅱ、Ⅲ级表示,也可用高分化、中分化、低分化表示。有时对某种肿瘤采用特殊分级法,如前列腺癌的 Gleason 分级系统,乳腺癌的 Elston 和 Ellis 分级系统,这种分级法更好地反映了肿瘤的生物学行为。

二、恶性肿瘤的分期

国际抗癌联盟和美国癌症联合委员会建立了一套世界各国普遍接受的恶性肿瘤分期系统,即 TNM 分期系统。该系统依据未治疗前原发肿瘤的大小、侵袭的深度和范围、淋巴结和远处转移进行肿瘤的分期。T 指肿瘤原发病灶,T1~T4 表示原发性肿瘤体积逐渐增大和(或)局部范围扩大;N 指区域淋巴结受累,N0 表示无区域淋巴结转移,N1~N3 表示区域淋巴结累及程度和范围的扩大;M 指远处转移,M0 表示无远处转移,M1 表示有远处转移。恶性肿瘤的分期对恶性肿瘤的预后判断有时比肿瘤的组织学分型和分级更有价值,例如,子宫颈鳞状细胞癌的分期具有非常重要的评价预后的意义。

第七节 肿瘤对机体的影响

肿瘤因其良恶性、大小及发生部位不同,对机体的影响也有所不同。早期或微小肿瘤,常无明显临床表现,有时在死者尸体解剖时才被发现。以下所述是指中晚期肿瘤对机体的影响。

一、良性肿瘤对机体的影响

良性肿瘤由于分化较成熟,生长缓慢,无浸润和转移,对机体影响较小。但因其发生部位或有相应的继发改变,有时也可引起较为严重的后果,主要表现为以下几方面。

(一) 局部压迫和阻塞

这是良性肿瘤对机体的主要影响,如消化道良性肿瘤可引起肠梗阻或肠套叠;呼吸道良性肿瘤可引起严重的呼吸困难;颅内良性肿瘤压迫脑组织可引起相应的神经系统症状和体征。

(二) 产生激素或激素样物质

内分泌腺的良性肿瘤因能引起某种激素分泌过多而对全身产生影响,如垂体前叶腺瘤可分泌大量的生长激素,在儿童可引起巨人症,在成年人可引起肢端肥大症;胰岛细胞瘤可分泌过多的胰岛素,而引起阵发性低血糖;甲状旁腺瘤可分泌过多的甲状旁腺激素,导致纤维囊性骨病。

(三) 继发性改变

良性肿瘤可发生继发性改变,并对机体造成不同程度的影响。如肠的乳头状腺瘤、膀胱的乳头状瘤和子宫黏膜下肌瘤等肿瘤,表面可发生溃疡而引起出血和感染;支气管壁的良性肿瘤阻塞气道后引起分泌物潴留可引起肺内感染。

二、恶性肿瘤对机体的影响

恶性肿瘤由于分化不成熟,生长快,破坏器官的结构,引起功能障碍,并可发生转移,因而对机体的影响严重。

(一) 继发性改变

肿瘤可因浸润、坏死而并发溃疡、出血、穿孔、病理性骨折及感染。肿瘤可压迫、浸润局部神经而引起顽固性疼痛。

(二) 恶病质

恶性肿瘤晚期,机体严重消瘦、无力、贫血和全身衰竭的状态称为恶病质(cachexia),可导致患者死亡。其机制尚未完全阐明,可能由于进食减少、出血、感染、发热或因肿瘤组织坏死所产生的毒性产物等引起机体的代谢紊乱所致。此外,恶性肿瘤所致的顽固性疼痛,肿瘤快速生长消耗大量营养物质等,也是导致恶病质的重要因素。

(三) 异位内分泌综合征和副肿瘤综合征

有些非内分泌腺发生的肿瘤能产生或分泌激素或激素类物质,能引起内分泌紊乱而出现相应的临床症状,称为异位内分泌综合征。其常见于肺癌、胃癌、肝癌、胰腺癌,也可见于纤维肉瘤、平滑肌肉瘤、横纹肌肉瘤等。这类肿瘤可产生促肾上腺皮质激素、胰岛素、抗利尿激素等,可产生相应激素过多的临床症状。

由于肿瘤的产物或异常免疫反应或其他不明原因,所引起内分泌、神经、消化、造血、骨关节、肾及皮肤等系统发生病变,出现相应临床表现,称为副肿瘤综合征。这些表现不是由原发肿瘤或转移瘤直接引起,而是通过产生某种物质间接引起的。异位内分泌综合征属于副肿瘤综合征。关于副肿瘤综合征产生的机制至今尚无一致的解释,可能与瘤细胞内基因异常表达有关。认识此类肿瘤及相应综合征对于早期发现肿瘤和对肿瘤治疗有效性地判定具有十分重要的临床意义。

第八节 良性肿瘤与恶性肿瘤的区别

一、良性肿瘤

良性肿瘤通常生长缓慢,呈膨胀性或外生性生长,边界清楚,常有完整包膜。肿瘤分化程度高,大体形态接近其相应的正常组织,组织结构和细胞异型性较小,核分裂象少见。肿物完整切除后几乎都能治愈,一般不复发、转移,预后良好,对人体危害较小。某些良性肿瘤如不及时治疗,可能变成恶性肿瘤,称为恶变,如结直肠的腺瘤恶变为腺癌,皮肤交界痣恶变为恶性黑色素瘤。位于重要解剖部位(如心脏和颅脑)或者分泌过多激素(如去甲肾上腺素)的良性肿瘤,可产生严重后果,甚至危及生命。

二、恶性肿瘤

恶性肿瘤通常生长迅速,呈浸润性或外生性生长,破坏周围组织,无包膜或仅有假包膜。肿瘤分化程度低,组织结构和细胞形态与相应的正常组织相差甚远,显示明显异型性,瘤细胞排列紊乱或极向丧失,细胞核不规则,核仁明显,核分裂象增多,且出现异常核分裂象。手术切除后常复发,容易发生转移,对机体影响大。低度恶性肿瘤(如基底细胞癌)手术切除后易复发,但很少发生转移,患者可长期生存和完全治愈。高度恶性肿瘤(如多形性横纹肌肉瘤、滑膜肉瘤等)手术切除后复发率和转移率很高。

三、交界性肿瘤

形态学和生物学行为介于良性和恶性肿瘤之间的肿瘤称为交界性肿瘤(borderline tumor)或中间性肿瘤。软组织肿瘤的世界卫生组织(WHO)新分类系统(2002年)将介于良性和恶性之间的中间性肿瘤分为两类:局部侵袭性和罕有转移性。

1. 局部侵袭性中间性肿瘤 常局部发生复发,伴有浸润性生长方式,但无转移潜能。为了确保局部控制,需行广泛切除手术,切缘为正常组织。这类肿瘤有:韧带样纤维瘤病。

2. 罕有转移性中间性肿瘤 常局部复发,伴浸润性生长。偶尔可发生远处转移,通常转移到淋巴结和肺。这种肿瘤的转移率<2%,这类肿瘤有:孤立性纤维瘤、婴儿性纤维肉瘤、丛状纤维组织细胞瘤等。

第九节 常见肿瘤举例

一、上皮组织肿瘤

(一) 良性上皮组织肿瘤

1. 乳头状瘤(papilloma) 由被覆上皮(如鳞状上皮或移行上皮)发生,并向表面呈乳头状生长的良性肿瘤,好发于皮肤及黏膜表面。肉眼观:肿瘤呈细指状或乳头状突起于表面,基底部可宽广亦可纤细,常有细蒂与正常组织相连。光镜下:乳头轴心由具有血管的分支状结缔组织间质组成,表面被覆分化良好的鳞状上皮(皮肤、外阴、口腔等)、腺上皮(胃肠道)或尿路上皮(膀胱、肾盂)。

2. 腺瘤(adenoma) 由腺体、导管或分泌上皮发生的良性肿瘤。体内任何腺体均可发生腺瘤,多见于甲状腺、卵巢、涎腺、肠等处。肉眼观:黏膜腺瘤多呈息肉状;实体腺腺瘤呈结节状、包膜完整,分界清楚;腺瘤内腺上皮浆液或黏液分泌多时,则形成单房或多房的囊腔,囊腔内面可形成乳头。光镜下:肿瘤由分化良好的腺上皮形成腺体结构,具有一定的分泌功能,但腺体大小、形态不规则,排列紧密,有时有囊性扩张。根据腺瘤的组成成分或形态特点分为管状腺瘤、绒毛状腺瘤、囊腺瘤、纤维腺瘤、多形性腺瘤等类型。

(1) 囊腺瘤(cystadenoma):由于腺瘤中的腺体分泌物淤积,腺腔逐渐扩大并相互融合,形成大小不等的囊腔。此瘤常见于卵巢。囊壁被覆黏液上皮分泌黏液者,称为黏液性囊腺瘤,常为多房性,囊壁光滑;囊壁被覆浆液上皮分泌浆液,称为浆液性囊腺瘤,多有囊腔内乳头状增生;囊壁被覆上皮形成乳头,称为乳头状囊腺瘤。

(2) 管状腺瘤(tubular adenoma)与绒毛状腺瘤(villous adenoma)多见于直肠和结肠,可呈息肉乳头状或绒毛状,基底部常有蒂与黏膜相连。绒毛状腺瘤恶变率较高。家族性多发性腺瘤性息肉病癌变率高,发病年龄较散发病例年轻得多。

(二) 恶性上皮组织肿瘤

1. 鳞状细胞癌(squamous cell carcinoma) 又称鳞癌,是鳞状上皮发生的恶性肿瘤。其既发生在原有鳞状上皮覆盖的部位,如皮肤、口腔、唇、子宫颈、阴道、喉等;也可发生在有鳞状上皮化生的部位,如支气管、胆囊、肾盂等处。肉眼观:肿瘤可呈菜花状、溃疡状或浸润型。切面癌组织灰白、质硬、边界不清,向深层浸润性生长。光镜下:癌细胞呈团块状,形成癌巢,与间质分界清楚。鳞癌可分为高分化、中分化、低分化三级。高分化鳞癌的癌巢中,癌细胞间可见细胞间桥,癌巢中央可见层状或团块状角化物,称为角化珠(keratin pearl)或癌珠;中分化鳞癌少量角化珠;低分化鳞癌无角化珠,细胞间桥少或无(图13-3)。

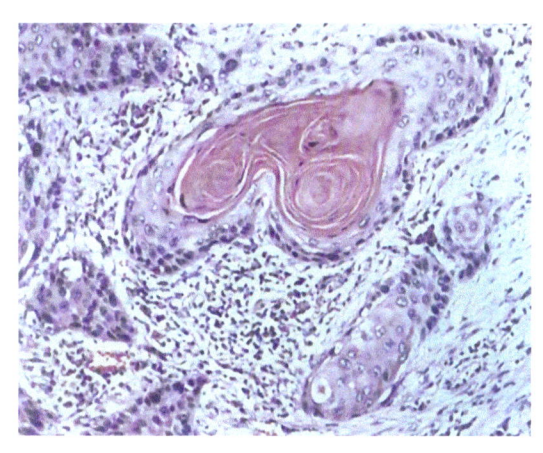

图13-3 高分化鳞状细胞癌

2. 基底细胞癌(basal cell carcinoma) 由基底细胞发生的恶性肿瘤。其好发于老年人面部(眼睑、面颊、鼻翼等)。肉眼观:肿瘤常形成溃疡,浸润破坏周围组织,但很少发生转移。光镜下:肿瘤细胞形成团块、条索或腺样结构,肿瘤细胞与基底细胞相似。此瘤临床上呈低度恶性经过,几乎不发生转移,对放射治疗敏感。

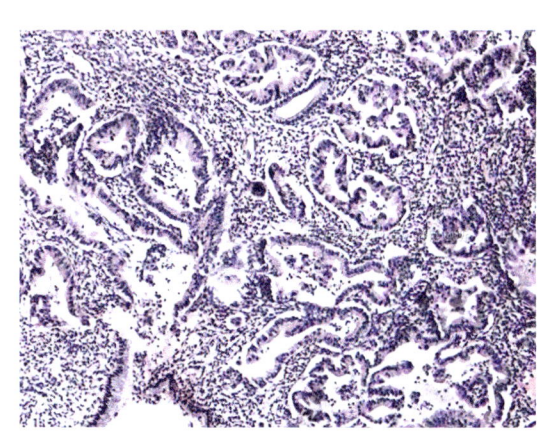

图13-4 腺癌

3. 腺癌(adenocarcinoma) 由腺体、导管或分泌上皮发生的恶性肿瘤。其常见于胃肠、胆囊、子宫体等处。肉眼观,肿瘤可呈息肉状、菜花状、溃疡状、结节状。切面灰白、质硬、边界不清。光镜下,癌细胞形成腺样结构,腺体排列密集,大小、形态不一。腺上皮细胞异型性显著,排列紊乱。根据其形态结构和分化程度,可分为管状或乳头状腺癌、黏液癌、髓样癌等(图13-4)。当腺癌伴有大量乳头状结构时称为乳头状腺癌;腺腔高度扩张呈囊状的腺癌称为囊腺癌;伴有乳头状生长的囊腺癌称为乳头状囊腺癌。黏液癌(mucinous carcinoma),也称胶样癌(colloid carcinoma),常见于胃和大肠。肉眼观:癌组织呈灰白色,湿润,半透明胶冻状。光镜下:黏液堆积在腺腔内,腺体崩解,形成黏液池。癌细胞内黏液聚积,将细胞核挤向一侧,呈戒指状,称为印戒细胞。当癌组织中印戒细胞为主时称为印戒细胞癌(signet-ring cell carcinoma)。

(三) 癌前病变、非典型增生及原位癌

1. 癌前病变(precancerous lesion)　是指具有癌变潜在可能性的病变,如长期存在并经演变有可能转变为癌。因此,早期发现与及时治愈癌前病变,对肿瘤的预防具有重要的实际意义。临床上常见的癌前病变或疾病有以下几种:①黏膜白斑伴上皮非典型增生;②子宫颈糜烂伴上皮非典型增生;③乳腺增生性纤维囊性变伴导管上皮异型增生;④慢性萎缩性胃炎及胃溃疡伴肠上皮化生及非典型增生;⑤结肠、直肠的息肉状腺瘤;⑥慢性溃疡性结肠炎;⑦皮肤慢性溃疡伴上皮非典型增生;⑧肝硬化。

并非所有癌前病变都转变为癌;也非所有的癌都有明确的癌前病变;正常细胞从增生到癌变,要经过一个缓慢而渐进的演变过程,平均为15~20年。但早期发现、早期治疗癌前病变对防治肿瘤有重要意义。

2. 非典型性增生(atypical hyperplasia)　指增生的上皮细胞形态和结构呈现一定程度的异型性,但还不足以诊断为癌。镜下观:①增生的细胞大小不一,形态多样,核大而深染,核浆比例增大,核分裂增多,但多属正常核分裂象;②增生的细胞排列紊乱,极性消失。根据其异型性程度及累及范围可分为轻、中、重三级。轻度不典型增生累及上皮层下部1/3;中度则累及上皮层下部2/3;重度则超过上皮层下部2/3,但未累及全层。轻度和中度不典型增生,病因去除后可恢复正常,重度不典型增生较难逆转,常转变为癌。

二、间叶组织肿瘤

(一) 良性间叶组织肿瘤

1. 纤维瘤(fibroma)　由纤维组织发生的良性肿瘤。其好发于四肢及躯干的皮下、筋膜、肌间。肉眼观:结节状,有包膜,质韧;灰白,可见编织状条纹。光镜下:瘤组织由分化良好的纤维细胞及胶原纤维组成,呈编织状排列。此瘤生长缓慢,手术切除后不再复发。

2. 脂肪瘤(lipoma)　由脂肪组织发生的良性肿瘤。最常见的良性软组织肿瘤主要发生在成人。其好发于背、肩、颈、四肢近端的皮下组织。肉眼观:分叶状、包膜完整、质软浅黄色、油腻呈脂肪样,大小不等,常为单发,亦可多发。光镜下:似成熟的脂肪细胞构成肿瘤实质,但有包膜和纤维间隔。一般无症状,手术易切除,极少恶变。

3. 平滑肌瘤(leiomyoma)　由平滑肌发生的良性肿瘤。其好发于子宫和胃肠道。肉眼观:可单发,亦可多发,结节状,边界清楚,灰红色,可见编织状条纹。光镜下:瘤组织由形态比较一致的梭形平滑肌细胞构成。瘤细胞互相编织呈束状或栅栏状,核呈长杆状,两端钝圆,核分裂象少见。

4. 脉管瘤　由血管及淋巴管发生,分别称为血管瘤(hemangioma)及淋巴管瘤(lymphangioma),其中以血管瘤较多见。两者均常见于婴儿及儿童。血管瘤多见于面部、颈部、唇、舌、口腔及肝、脾等内脏器官,常呈紫色或红色,可平坦或隆起于表面,无包膜,与周围组织界限不清,呈浸润性生长。其组织结构有三种类型:一种系由毛细血管密集而成,管腔明

显或不明显,称毛细血管瘤。另一种由内皮细胞增生形成大小、形状不一的血窦,似海绵状结构,称海绵状血管瘤。两种类型的瘤组织也可混合存在。血管瘤可随身体的发育而长大,成年后即停止发展,甚至可自然消退。

5. 软骨瘤(chondroma) 自骨膜发生并向外突起者,称为外生性软骨瘤;发生于手足短骨和四肢长骨等骨干的骨髓腔内者,称为内生性软骨瘤。肉眼观:与透明软骨相似,灰白或淡蓝色,有光泽,半透明,可见钙化等。光镜下:瘤组织由成熟透明软骨组成,不规则分叶状。小叶由疏松的纤维血管间质包绕。注意:发生于骨盆、胸骨、肋骨、四肢长骨、椎骨者易恶变,发生在指(趾)骨的软骨瘤极少恶变。

(二)恶性间叶组织肿瘤(表13-2)

表13-2 癌与肉瘤的区别

	癌	肉瘤
组织分化	上皮组织	间叶组织
发病率	较常见,约为肉瘤的9倍,多见于40岁以后	较少见,大多见于青少年
大体特点	质较硬,色灰白,较干燥	质软,色灰红,湿润,鱼肉状
镜下特点	多形成癌巢,实质与间质分界清,纤维组织常有增生	肉瘤细胞弥散分布,实质与间质分界不清,间质内血管丰富,纤维少
网状纤维	癌细胞间多无	肉瘤细胞间多有
免疫组织化学染色	表达上皮标记如CK、EMA	表达间叶组织标记如vimentin
转移	多经淋巴道转移	多经血行转移

1. 纤维肉瘤(fibrosarcoma) 由纤维结缔组织发生的恶性肿瘤。其好发于四肢皮下及深部组织。肉眼观:结节状,粉红色、质软、鱼肉状,可有假包膜。光镜下:由异型性明显的成纤维细胞样的梭形细胞构成,呈编织状排列或鱼骨状排列。

2. 脂肪肉瘤(liposarcoma) 是较常见的由原始间叶组织发生的恶性肿瘤,而不是由脂肪瘤恶变而来。其多见于40岁以上的成人,常发生在大腿、腹膜后的深部组织。肉眼观:分叶状、胶冻状或鱼肉状,黄红色有油腻感,可有假包膜。光镜下:肿瘤由不同分化阶段的脂肪母细胞构成,脂肪母细胞呈小圆形、梭形,也可形成巨细胞,胞质内可见单个或多个脂肪空泡。黏液、血管网是肿瘤的间质。脂肪肉瘤分为分化良好型、黏液型、圆形细胞型和多形性四种组织学类型。

3. 平滑肌肉瘤(leiomyosarcoma) 由平滑肌发生的恶性肿瘤。其好发于子宫及胃肠道,亦可见于腹膜后、肠系膜等处,中老年人多见。肉眼观:结节状,灰红色,鱼肉状,界限尚清楚。镜下特点:肿瘤细胞有异型性,与平滑肌细胞相近,核分裂多,核分裂象的多少对判断其恶性程度有重要意义,其他特点还有肿瘤大小(超过5cm)、坏死、浸润性生长等。恶性度高的平滑肌肉瘤,手术后易复发,可经血行转移至肺、肝等器官。

4. 骨肉瘤(osteosarcoma) 由骨母细胞发生的恶性肿瘤,为最常见的骨恶性肿瘤,青少年多见。其好发于四肢长骨的干骺端,尤其是股骨下端和胫骨上端。肉眼观:肿瘤破坏干骺端皮质及骨髓腔,并可侵犯周围的软组织,还可穿过骺板侵犯骨骺,肿瘤内可见放射状的新生骨,在骨干处形成三角形新生骨(Codman三角),切面灰白色、鱼肉状,出血坏死常见。镜下特点:肿瘤细胞可呈梭形、三角形、多边形,异型性明显,并形成骨小梁样结构。肿瘤性骨样组织或骨组织为诊断骨肉瘤最重要的组织学依据。恶性度高,生长迅速,早期即可经血行转移至肺脏。

三、神经外胚叶源性肿瘤

神经外胚叶起源的肿瘤种类繁多,包括中枢神经系统肿瘤、周围神经系统肿瘤、APUD瘤、视网膜母细胞瘤、黑色素瘤等。

视网膜母细胞瘤(retinoblastoma)是来源于视网膜胚基的恶性肿瘤。绝大多数见于3岁以内的婴幼儿。预后差,多在一年半左右死亡,偶见自发性消退。

恶性黑色素瘤(melanoma)多发生于足底部、外阴及肛门周围皮肤。镜下瘤细胞可呈巢状、条索状或腺泡样排列,可呈多边形或梭形,核大,核仁红染而清楚,胞质内可见黑色素颗粒。黑色素瘤恶性度高,预后较差,可经淋巴道和血行转移。黑色素瘤患者有的采用瘤苗治疗效果较好。

第十节 肿瘤的病因学与发病学

肿瘤的病因学研究肿瘤发生的始动因素,肿瘤的发病学则研究肿瘤的发病机制与肿瘤发生的条件。肿瘤从本质上来说是基因病。环境和遗传性致癌因素是引起基因改变的始动环节,两者可能以协同或序贯的方式引起细胞非致死性的DNA损害,从而激活原癌基因和(或)灭活肿瘤抑制基因,继而引起附加细胞周期调控基因、凋亡调节基因或(和)DNA修复基因表达的改变,使靶细胞发生转化。被转化的细胞可先呈多克隆性的增生,经过漫长的多阶段的演进过程,其中某一个克隆相对无止境地增生,然后通过附加突变,选择性地形成具有不同特点的亚克隆(异质化),从而获得浸润和转移能力,形成恶性肿瘤。

一、肿瘤发生的分子生物学基础

(一) 原癌基因

1. 原癌基因、癌基因及其产物 在研究病毒与肿瘤的关系过程中发现,能引起动物肿瘤或在体外实验中能使细胞发生恶性转化的反转录病毒,其基因组中含有某些RNA序列,是病毒致瘤或者导致细胞恶性转化所必需的,称为病毒癌基因(viral-oncogene)。后来,在正常细胞基因组中存在与病毒癌基因十分相似的DNA序列,称为原癌基因(proto-oncogene)。这些基因正常时并不导致肿瘤。原癌基因编码的产物大多数是对促进细胞生长增殖十分重要的蛋白质,如:①生长因子:VEGF、FGF、PDGF;②信号转导蛋白:Ras(GTP结合蛋白);③核调节蛋白:myc(转录活化蛋白);④细胞周期调节蛋白:cyclin、CDK等。当原癌基因发生异常时,能使细胞发生恶性转化,此时,这些基因称为细胞癌基因(cellular oncogene),如c-ras、c-myc等。癌基因(oncogene)是由原癌基因衍生而来的具有转化细胞能力的基因。原癌基因转变为细胞癌基因的过程,称为原癌基因的激活。

2. 原癌基因的激活 原癌基因在各种环境或遗传因素作用下被激活转变为癌基因。激活方式:突变,基因结构改变,产生具有异常功能的癌蛋白;基因过度表达,基因结构未变,由于调节水平的改变所致(表13-3)。

(1) 点突变(point mutation)：如 ras 原癌基因第 12 号密码子由 GGC 突变为 GTC，相应编码的氨基酸由甘氨酸变为缬氨酸，转录产生异常蛋白。ras 基因→结肠癌、肺癌。

(2) 染色体重排(chromosomal rearrangements)：染色体易位、染色体倒转。如 Burkitt 淋巴瘤的 t(8;14)易位，使得 c-myc 基因和 IgH 基因拼接，造成 c-myc 基因的过度表达。

(3) 基因扩增(amplification)：如 N-myc→神经母细胞瘤。

表 13-3 主要癌基因的活化机制和相关人类肿瘤

分类	原癌基因	活化机制	相关人类肿瘤
生长因子			
PDGF-β 链	sis	过度表达	星形细胞瘤、骨肉瘤
FGF	hst-1	过度表达	胃癌
	int-2	扩增	膀胱癌、乳腺癌
生长因子受体			
EGF 受体家族	erb-B1	过度表达	肺鳞癌
	erb-B2	扩增	乳腺癌、胃癌
CSF-1 受体	fms	点突变	白血病
	ret	点突变	甲状腺癌
信号转导蛋白			
GTP 结合蛋白	ras	点突变	肺癌、结肠癌
酪氨酸激酶	abl	易位	白血病
核调节蛋白			
转录活化因子	myc	易位	Burkitt 淋巴瘤
	N-myc	扩增	神经母细胞瘤
细胞周期调节蛋白			
周期素	cyclin D	扩增	乳腺癌、肝癌
周期素依赖激酶	CDK4	扩增	黑色素瘤

与原癌基因的正常产物有量或结构上的不同，并通过以下方式影响其靶细胞：①生长因子增加；②生长因子受体增加；③产生突变的信号转导蛋白；④产生与 DNA 结合的转录因子等。癌蛋白通过改变正常靶细胞的生长与代谢，促使细胞逐步转化成为肿瘤。

(二) 肿瘤抑制基因

肿瘤抑制基因(tumor suppressor gene)是正常细胞分裂、生长的负调节基因，其产物能抑制细胞的生长，其功能的丧失则可能促进细胞的肿瘤性转化。肿瘤抑制基因的失活主要是通过等位基因的两次突变、缺失和甲基化的方式实现的。

研究最多的两种肿瘤抑制基因：Rb 基因和 p53 基因，其产物都是调控核转录和细胞周期的核蛋白。其他如 WT-1 基因、NF-1 基因、BRCA-1 基因和 BRCA-2 基因等(表 13-4)。

表 13-4　主要抑癌基因和相关人类肿瘤

基因	功能	体细胞相关肿瘤
TGF-β	生长抑制	结肠癌
E-cadherin	细胞黏附	胃癌、乳腺癌
NF-1		神经鞘瘤
NF-2	不明	神经鞘瘤、脑膜瘤
APC	抑制信号传导	胃癌、胰腺癌
Rb	调节细胞周期	骨肉瘤、乳腺癌
p53		大多数人类肿瘤
WT-1	核转录	肾母细胞瘤
p16	抑制 CDK	胰腺癌、食管癌

(三) 凋亡调节基因和 DNA 修复调节基因

细胞凋亡的调控基因及其产物在某些肿瘤的发生中也起重要的作用。其包括促进凋亡的基因和抑制凋亡的基因,有以下基因:bcl-2、bcl-x、bax、bag、bad。bcl-2 基因:约 85% 的滤泡性淋巴瘤病例有 t(14;18)(q32;q21)染色体易位,(14q32 是 Ig 重链基因位点,18q21 是 bcl-2 基因位点),导致 bcl-2 蛋白的过度表达。Bcl-2 蛋白具有抑制细胞凋亡的功能,其过度表达可引起细胞过度增生。Bax 基因与 bcl-2 作用相反,加速细胞凋亡。

正常细胞内存在 DNA 修复调节基因,当损伤因素引起轻微的 DNA 损伤时,细胞内的 DNA 修复调节基因对其进行及时的修复。当损伤严重时,不能修复时,将发生凋亡。DNA 修复调节基因对维持机体遗传基因组的稳定非常重要。DNA 修复调节基因突变或缺失的人中,肿瘤的发病率极高。

(四) 端粒、端粒酶和肿瘤

端粒是指染色体末端的 DNA 重复序列,其长短与细胞寿命有关,细胞分裂 1 次,其端粒就缩短一点。所以端粒可以称为细胞的生命计时器。端粒酶使缩短的端粒得以恢复。大多数体细胞无端粒酶,只能自我复制大约 50 次后死亡。生殖细胞由于有端粒酶的存在可使缩短的端粒恢复。绝大多数的恶性肿瘤细胞都含有较高的端粒酶活性,并与其恶性程度有关。因此,对于肿瘤细胞端粒酶活性抑制的研究可能为肿瘤的治疗开辟一条新途径。

(五) 多步癌变的分子基础

流行病学、遗传学及分子遗传学研究证明,单个基因改变→不能导致恶变,恶性肿瘤的发生是一个长期的多因素参与的分阶段的过程。其包括几个癌基因激活、两个以上抑癌基因失活、凋亡调节基因改变及 DNA 修复基因改变。此变化在结肠癌得到了很详细的研究。

二、环境致癌因素及致癌机制

(一) 化学致癌因素

研究表明,对动物有致癌作用的化学致癌物约有 1000 多种,其中有些可能和人类的癌瘤有关。

化学致癌物致癌的方式：①直接作用的化学致癌物，不需要在体内进行代谢转化直接致癌，如烷化剂。②间接作用的化学致癌物，致癌物需要在体内进行代谢，活化后才能致癌，如3,4-苯并芘。③所有化学致癌物都具有亲电子结构的基团，能与细胞大分子的亲核基团共价结合，形成加合物，导致DNA突变。④某些化学致癌物的致癌作用可由于其他本身无致癌性物质的协同作用而加大。增加致癌效应的物质称为促癌物，如巴豆油、激素、酚等。致癌物引发的初始变化称为激发作用，促癌物的协同作用称为促发作用。

1. 间接作用的化学致癌物

（1）多环芳烃：主要存在于石油、煤焦油中。致癌性特别强的有3,4-苯并芘、1,2,5,6-双苯并蒽及3-甲基胆蒽等。3,4-苯并芘是煤焦油的主要致癌成分（肺癌），有机物的燃烧也可产生；烟熏和烧烤的鱼、肉等食品也含有较多的多环芳烃（胃癌）。多环芳烃在肝脏氧化成环氧化物，后者以其亲电子基团与核酸分子共价键结合而引起DNA突变。

（2）芳香胺类与氨基偶氮染料：芳香胺类的致癌物有乙萘胺、联苯胺、4-氨基联苯等，与印染和橡胶工人的膀胱癌的发病率高有关。芳香胺在肝内代谢后形成葡萄糖苷酸，在膀胱内水解释放出活化的羟胺而致癌。氨基偶氮染料有奶油黄和猩红，在肝内代谢，经氧化后形成致癌物。

（3）亚硝胺类：致癌谱广且较强的致癌作用。普遍存在于食物与水中，在变质的蔬菜和食物中含量更高。亚硝酸盐可作为肉和鱼类食品保存剂与着色剂进入人体；细菌分解硝酸盐也可产生。亚硝酸盐和二级胺可在胃内的酸性环境中合成亚硝胺，其在体内经羟化作用而活化，形成具有很强反应性的烷化碳离子而致癌。我国河南林县食管癌与食物中亚硝胺含量高有关。

（4）真菌毒素：已知有数十种真菌毒素具有致癌性，研究最多的是黄曲霉菌毒素。黄曲霉菌毒素广泛存在于霉变的食品中，如花生、玉米及谷类，其中黄曲霉菌毒素B1致癌性最强。黄曲霉菌毒素B1是异环芳烃，在肝内代谢为环氧化物，可使肿瘤抑制基因 $p53$ 发生点突变而失去活性，诱发肝癌。HBV感染与黄曲霉菌毒素B1的协同作用可能是我国肝癌高发区的主要致癌因素。

2. 直接作用的化学致癌物

（1）烷化剂与酰化剂：抗癌药物中的环磷酰胺、氮芥、苯丁酸氮芥等。长时间应用可诱发第二种肿瘤。如在化学治疗痊愈或已控制的白血病、霍奇金淋巴瘤和卵巢癌的患者，数年后可发生粒细胞白血病。

（2）其他直接致癌物：金属，如铬可致肺癌、镉可致前列腺癌、镍可致鼻癌和肺癌等。非金属，如砷可致皮肤癌、氯乙烯可致肝血管肉瘤、苯可致白血病等。

（二）物理致癌因素

物理致癌因素主要是电离辐射，此外，还包括紫外线、热辐射、慢性炎症刺激等。

1. 离子辐射 X线、γ射线和带亚原子微粒的辐射及紫外线照射。长期接触X线及镭、铀、钴、锶等放射性同位素可引起各种肿瘤。例如，长期接触X线而没有防护者，易发生皮肤癌和白血病；开采放射性物质的矿工易患肺癌；日本的广岛和长崎的居民发生白血病、甲状腺癌、乳腺癌及肺癌的发病率明显增高。辐射使染色体断裂、易位和点突变，因此激活癌基因或使肿瘤抑制基因失活。

2. 紫外线照射 皮肤鳞状细胞癌、基底细胞癌和恶性黑色素瘤,白色人种或照射后色素不增加的有色人种最易发生。正常人,紫外线造成的DNA损伤,通过DNA切除修复机制进行修复。着色性干皮病患者,先天性缺乏修复DNA所需的酶,不能将紫外线所致的DNA损伤修复,皮肤癌的发病率很高。

(三) 病毒和细菌

凡能引起人或动物肿瘤或体外能使细胞转化为恶性的病毒均称为致瘤病毒。现已知有上百种引起动物肿瘤的致瘤病毒,其中1/3为DNA病毒,2/3为RNA病毒。人类的某些肿瘤与病毒的感染有关。

1. RNA致瘤病毒 通过转导或插入突变两种机制将其遗传物质整合到宿主细胞DNA中,并使宿主细胞发生转化。其包括急性与慢性转化病毒。急性转化病毒含有病毒癌基因,如 v-sra、v-abl 等。病毒感染细胞后,以病毒RNA为模板在反转录酶催化下合成DNA,然后整合到宿主DNA中并表达,导致细胞转化。慢性转化病毒本身不含癌基因,但有很强的促进基因转录的启动子或增强子。反转录后插入宿主细胞DNA的原癌基因附近,引起原癌基因激活和过度表达,使宿主细胞转化。人类T细胞白血病/淋巴瘤病毒1,引起成人T细胞白血病/淋巴瘤。

2. DNA致瘤病毒 DNA致瘤病毒感染细胞后,若病毒基因组整合到宿主DNA中,它们的一些基因产物可以导致细胞转化。与人类肿瘤发生密切相关的DNA病毒主要有以下几种。

(1) 人类乳头状瘤病毒(HPV):有多种类型。其中,HPV-6和HPV-11与生殖道和喉等部位的乳头状瘤有关;HPV-16、HPV-18与子宫颈癌有关。

(2) EB病毒:与伯基特淋巴瘤、鼻咽癌、某些霍奇金淋巴瘤和B细胞淋巴瘤有关。EBV能使B细胞发生多克隆性增殖。在此基础上再发生其他突变,发展为单克隆增殖,形成淋巴瘤。鼻咽癌肿瘤中有EBV基因组。

(3) 乙型肝炎病毒(HBV):研究发现,HBV感染者发生肝细胞癌的概率是未感染者的200倍。这可能与慢性肝损伤使肝细胞不断再生及HBV产生的HBx蛋白有关,HBV的整合导致 $p53$ 基因失活。

3. 幽门螺杆菌(*Helicobacter pylori*,*HP*) 引起的慢性胃炎与胃癌和胃低度恶性B细胞性淋巴瘤的发生有关。

三、影响肿瘤发生、发展的内在因素及其作用机制

肿瘤发生和发展除了受外界致癌因素的作用外,机体的内在因素也起着重要作用。机体的内在因素可有以下几个方面。

(一) 遗传因素

遗传因素在一些肿瘤的发生中起重要作用。在动物实验中已经得到证实。人类这种作用在遗传性肿瘤综合征上表现最明显。遗传性肿瘤综合征患者比其他人患某些肿瘤的机会大大增加。

(1) 呈常染色体显性遗传的肿瘤:家族性腺瘤性息肉病、视网膜母细胞瘤、神经纤维瘤病、肾母细胞瘤、神经母细胞瘤等,以常染色体显性的方式进行遗传。这些遗传性肿瘤多由

肿瘤抑制基因的缺失引起。家族性腺瘤性息肉病,*APC* 突变(5q21~22);神经纤维瘤病,*NF*-1 缺失(17q11.2);视网膜母细胞瘤,*Rb* 缺失(13q14)。

(2) 呈常染色体隐性遗传的肿瘤:单基因常染色体隐性遗传综合征就属于这一类,患者常伴有某种免疫缺陷、染色体畸变或 DNA 修复功能缺陷。Bloom 综合征,白血病;着色性干皮病,皮肤鳞癌;Fanconi 综合征,发育障碍,白血病。

(3) 遗传因素与环境因素在肿瘤发生中起协同作用,而环境因素更为重要。

总的说来不同的肿瘤可能有不同遗传传递方式。真正直接遗传的肿瘤只是少数不常见的肿瘤,遗传因素的作用只表现为对致癌因素的易感性或倾向性。

(二) 宿主对肿瘤的反应——肿瘤免疫

发生了肿瘤转化的细胞可以引起机体的免疫反应,从而使机体能消灭这些"非己"的转化细胞。如果没有这种免疫监视机制,肿瘤的发生要比实际上出现的多得多。以下简单介绍引起机体免疫反应的肿瘤抗原和机体抗肿瘤免疫的机制。

1. 肿瘤抗原 引起机体免疫反应的肿瘤抗原有以下两类。

(1) 只存在于肿瘤细胞而不存在于正常细胞的肿瘤特异性抗原。实验表明,肿瘤特异性抗原是个体特异性的,即不同个体中的同一种致癌物诱发的同一组织学类型的肿瘤有不同的特异性抗原。其可能为癌变时基因突变的随机性引起产生的异常蛋白的氨基酸序列变化不定。

(2) 存在于肿瘤细胞和某些正常细胞的肿瘤相关抗原。肿瘤胚胎抗原,在正常情况下出现在发育中的胚胎组织而不见于成熟组织,但可见于癌变组织。如甲胎蛋白(AFP)出现于胚胎干细胞和肝细胞性肝癌中;癌胚抗原(CEA)出现于胚胎组织和结肠癌中。肿瘤分化抗原,正常细胞和肿瘤细胞都具有的与分化程度有关的某些抗原。如前列腺特异性抗原(PSA)见于正常前列腺上皮和前列腺癌细胞;酪氨酸酶见于正常黑色素细胞和黑色素瘤。

2. 肿瘤的免疫效应机制 肿瘤免疫反应以细胞免疫为主,体液免疫为辅。

(1) 参加细胞免疫的效应细胞主要有三种细胞。①细胞毒性 T 淋巴细(CTL):CTL 被 IL-2 激活;通过 T 细胞受体识别瘤细胞上的人类主要组织相容性复合体(MHC)Ⅰ型分子,释放某些溶解酶杀灭瘤细胞。②自然杀伤细胞(NK):肿瘤免疫的第一线的抵抗力量,具有 Fc 受体的非 T 非 B 的一种特殊淋巴细胞系,此类淋巴细胞无需预先致敏即可杀伤肿瘤细胞。③巨噬细胞:与 T 细胞协同作用;通过 ADCC 杀伤肿瘤细胞。通过致敏 T 淋巴细胞释放的细胞因子作用,运动到肿瘤周围杀伤肿瘤细胞。

(2) 体液免疫机制:主要是激活补体和介导 NK 细胞参加的 ADCC。

3. 免疫监视 肿瘤的发生与机体的免疫状态密切相关。临床观察和动物实验均说明,恶性肿瘤的发生发展与机体的免疫状态密切相关。

儿童期免疫系统不成熟,老年人免疫功能减退,这两个年龄组肿瘤的发病率均高于其他年龄组。胸腺摘除动物和胸腺先天发育不良患者,由于细胞免疫缺陷,恶性肿瘤发病率升高。原发性和继发性免疫缺陷患者,淋巴造血系统恶性肿瘤发病率上升。大剂量化疗、放疗、免疫抑制剂的使用,可能降低了机体的免疫监视功能,引起肿瘤发生。如艾滋病患者由于免疫缺陷,伴发 Kaposi 肉瘤和淋巴瘤很常见。机体免疫功能增强,肿瘤可自行消退,如神经母细胞瘤、恶性黑色素瘤、绒毛膜上皮癌等均有少数自行消退的报告。癌组织内及周围有大量淋巴细胞浸润的患者和引流淋巴结内大量窦组织细胞增生患者,预后较好。

肿瘤细胞可破坏宿主的免疫功能,以保护肿瘤免受宿主的攻击,使肿瘤继续生长、扩散,并发生致死性转移,这就是免疫"逃避"。肿瘤免疫"逃避"的机制叙述如下。

(1) 肿瘤释放免疫抑制因子,使免疫活性细胞受到抑制。

(2) 血清中存在特异性封闭因子,以封闭肿瘤细胞和效应细胞。

但是恶性肿瘤发生于免疫功能正常的人群,可能与下列因素有关。①具有较强抗原性的亚克隆被免疫系统消灭,无抗原性或抗原性较弱的亚克隆则生长成肿瘤;②CTL攻击识别肿瘤细胞膜上的Ⅰ型MHC抗原,MHC抗原表达丧失或减少的瘤细胞会避开CTL的攻击;③缺乏协同刺激因子,肿瘤细胞逃避CTL的攻击;④肿瘤的产物抑制免疫反应,如肿瘤转化生长因子β(TGF-β)就是一种潜在的免疫抑制剂;⑤细胞毒性细胞的凋亡。

随着分子生物学的发展,对于肿瘤的病因与发病机制的研究有了很大的进展。但是肿瘤的发生发展异常复杂,还有许多未知的领域需要继续探索。迄今比较肯定的:①肿瘤从遗传学的角度上来说是一种基因病;②肿瘤的形成是瘤细胞单克隆扩增的结果;③环境和遗传的致癌因素引起的细胞遗传物质改变的主要靶基因是原癌基因和肿瘤抑制基因;原癌基因的激活和(或)肿瘤抑制基因的失活可导致细胞的恶性转化;④肿瘤的发生不只是单个基因突变的结果,而是一个长期的、分阶段的、多种基因突变积累的过程;⑤机体的免疫监视体系在防止肿瘤的发生上起重要作用,肿瘤的发生是免疫监视功能丧失的结果。

(杨 静 杨 立)

第二篇 药理学基础

第十四章 药理学总论——绪言

一、药理学的性质与任务

药理学(pharmacology)是研究药物与机体(包括病原体)之间相互作用及作用规律的学科。药物(drug)是指能够改变或查明机体器官生理功能或病理状态,用以预防、诊断和治疗疾病的化学物质。药物与毒物之间并无严格界限,任何药物剂量过大都可产生毒性反应。毒物(poison)是指在较小剂量下对机体产生毒害作用,损害机体健康的化学物质。

药理学的研究内容包括:① 主要研究药物对机体的作用及作用机制,即药物效应动力学(pharmacodynamics),简称药效学;② 主要研究机体对药物的作用,包括药物在体内的吸收、分布、生物转化和排泄过程及血药浓度随时间变化的规律,即药物代谢动力学(pharmacokinetics),简称药动学。

药理学的学科任务包括:① 阐明药物与机体相互作用的基本规律和原理,为临床合理用药、使药物发挥最佳疗效、减少不良反应提供理论依据;② 研究开发新药,发现药物新用途,为医药学的发展做出贡献;③ 为其他生命科学研究提供重要的科学依据和研究方法。

药理学是一门综合性学科,又是一门实验科学。根据实验不同,药理学的实验方法分为以下三种。① 实验药理学方法:以清醒或麻醉的健康动物和正常器官、组织、细胞、亚细胞、受体分子和离子通道等为实验对象,进行药效学和药动学的研究。实验药理学方法对于分析药物作用、作用机制及药物代谢动力学的过程具有重要意义。② 实验治疗学方法:以病理模型动物或组织器官为实验对象,观察药物治疗作用的方法。实验治疗学方法既可在整体进行,也可用培养细菌、寄生虫及肿瘤细胞等方法在体外进行。③ 临床药理学方法:以健康志愿者或患者为对象,研究药效学、药动学和药物的不良反应,并对药物的疗效和安全性进行评价,以促进新药开发,推动药物治疗学发展,确保合理用药。

二、药理学发展简史

药理学的发展是与药物的发现、发展紧密联系在一起的,没有药物就没有药理学。远古时代人们为了生存,从生产、生活经验中认识到某些天然物质可以治疗疾病与伤痛,部分方法流传至今,例如,饮酒止痛、大黄导泻、麻黄平喘、海藻治瘿等。早在公元1世纪前后,我国就出现了药物学著作《神农本草经》,全书收载药物365种,其中不少药物沿用至今。《神农本草经》被许多学者不断修订和增补。于唐代(公元659年)时期出版的《新修本草》是我国第一部由政府颁发的药典,收载药物884种,比西方最早的纽伦堡药典早883年。明代(公元1596年)大药物学家李时珍历时27年编写了一部药物学巨著《本草纲目》,全书52卷,约190万字,收载药物1892种,这部巨著已被译成英、日、朝、德、法、俄、拉丁语7种文本,在世界范围广为传播,已成为世界重要的药物文献之一。

药理学的发展与生理学和化学等学科的发展密切相关。19世纪,现代药理学问世。德国 R. Buchheim 教授建立了第一个药理学实验室,写出了第一本药理学教科书,也是世界上第一位药理学教授。1878年,英国生理学家 J. N. Langley 根据阿托品与毛果芸香碱对猫唾液分泌拮抗作用的研究,提出了受体概念,为受体学说的建立奠定了基础。

20世纪,化学制药技术的发展和药物构效关系的阐明,使药理学的研究进入了一个新的阶段。药学工作者利用人工合成的化合物和化学修饰天然有效成分的分子结构作为新的药物来源,例如,德国微生物学家 P. Ehrlich 在1909年从近千种有机砷化合物中筛选出对治疗梅毒有效的新砷凡纳明。20世纪30~50年代是新药发明的鼎盛时期,许多抗生素、抗菌药、抗疟药、抗组胺药、镇痛药、抗高血压药、抗精神失常药、抗癌药、激素类药物及维生素类药物等纷纷问世,开创了用化学药物治疗疾病的新纪元。

三、药理学在新药研究与开发中的地位

新药是指化学结构、药品组分或药理作用不同于现在药品的药物。我国《药品管理法》规定:"新药指未曾在中国境内上市销售的药品";"已生产过的药品若改变剂型、改变给药途径、改变制造工艺或增加新的适应证,亦属新药范围"。

新药的研究与开发是一个非常严格而复杂的过程,药理学研究是必不可少的关键步骤。新药研究大致可分为临床前研究、临床研究和上市后药物监测三个阶段。临床前研究主要由药学研究和药理学研究两部分组成,前者包括药物制备工艺、路线、理化性质及质量控制标准等,后者包括以符合《实验动物管理条例》实验动物为研究对象,研究药物的作用、作用机制、药物的体内过程、血药浓度的变化规律及药物的毒性等。临床前研究是新药从实验研究过渡到临床应用必不可少的阶段,但由于人和动物对药物的反应性存在着明显的种属差异,因此,以动物为研究对象得出的结论最终必须依靠以人为研究对象的临床药理研究才能对药物的疗效和不良反应做出准确而科学的评价。

新药的临床研究一般分为四期:Ⅰ期临床试验是在20~30例正常成年志愿者身上进行初步的药理学及人体安全性试验,是新药人体试验的起始阶段。Ⅱ期临床试验为随机双盲对照临床试验,观察病例不少于100例,主要是对新药的有效性及安全性做出初步评价,并推荐临床给药剂量。Ⅲ期临床试验是新药批准上市前进行的多中心临床试验,观察病例不少于300例,目的是对新药的有效性、安全性进行社会性考察。新药通过Ⅲ期临床试验后,方能被批准生产、上市。Ⅳ期临床试验是新药上市后,在大范围的社会人群中继续进行的安全性和有效性评价。Ⅳ期临床试验也称为上市后药物监测或售后调研,任何新药上市后均要长期广泛地考察药物的疗效和不良反应。该期对最终确定新药的临床价值具有重要意义。

(金 英)

第十五章　药物效应动力学

药物效应动力学研究药物对机体的作用及作用机制。

第一节　药物作用的基本规律

一、药物作用与药理效应

药物作用(drug action)是指药物与机体细胞上的靶位结合所产生的初始作用,是动因。药理效应(pharmacological effect)是药物作用的结果,是机体反应的表现。由于两者意义相近,在习惯用法上并不严加区别,但当两者并用时,应体现先后顺序。

1. 兴奋作用与抑制作用　在药物作用下,使机体原有功能提高或增强称为兴奋作用(excitation),如肾上腺素的升高血压作用;使机体原有功能降低或减弱称为抑制作用(inhibition),如吗啡的镇痛作用和地西泮的镇静催眠作用等。

2. 药物作用的特异性和选择性　多数药物发挥作用是通过与组织细胞的特定靶位结合后产生的,这种结合取决于药物和靶位的化学结构,两者有严格的对应关系,这种对应关系的专一性决定了药物的作用具有特异性(specificity)。例如,阿托品特异性地阻断M胆碱受体,而对其他受体无明显作用。药物作用特异性的物质基础是药物的化学结构。药物作用还有其选择性(selectivity),有些药物可影响机体的多种功能,有些药物只影响机体的一种功能,前者选择性低,后者选择性高。选择性高的药物,作用范围窄,临床应用少,不良反应也少;而选择性低的药物,作用范围广,临床应用多,不良反应也多。但广谱药物在多种病因或诊断未明时也有其方便之处。药物选择性的产生基础与药物在体内的分布不均匀、机体组织细胞的结构不同及生化功能存在差异等因素有关。药物作用特异性强并不一定意味着选择性高,即两者不一定平行。例如,阿托品特异性地阻断M胆碱受体,但其药理效应选择性并不高,对心脏、血管、平滑肌、腺体及中枢神经系统都有影响,而且有的兴奋,有的抑制。药物作用的选择性是在一定剂量下产生的,任何药物剂量过大都可引起广泛的作用。

二、治疗作用与不良反应

(一) 治疗作用

治疗作用(therapeutic effect)是指药物作用的结果有利于改变患者的生理、生化功能或病理过程,使患病的机体恢复正常。治疗作用又称为治疗效果。根据治疗作用的效果,治疗作用又可分为以下两种。

1. 对因治疗(etiological treatment)　用药目的在于消除原发致病因子,彻底治愈疾病,如用抗菌药物杀灭体内的致病菌。

2. 对症治疗(symptomatic treatment) 用药目的在于改善疾病症状,称对症治疗。对症治疗不能根除病因,但对病因未明、暂时无法根治的疾病却是必不可少的。如某些危重急症如休克、心力衰竭、心跳和呼吸暂停等,对症治疗可能比对因治疗更加迫切。

对因治疗和对症治疗都很重要,要同时兼顾。根据病情的发展和症状的严重程度,有时以对因治疗为主,有时以对症治疗为主。在临床实践中,应坚持"急则治其标,缓则治其本,标本俱急,标本同治"的原则。

(二) 不良反应

凡不符合用药目的,并给患者带来不适或痛苦的反应统称为药物不良反应(adverse reaction)。多数不良反应是药物固有的效应,在一般情况下是可以预知的,但不一定是能够避免的。少数较严重的不良反应较难恢复,称为药源性疾病(drug-induced disease)。不良反应主要有以下几类。

1. 副反应(side reaction) 治疗剂量下出现的与治疗目的无关的作用。具有下列特点:① 是药物固有的作用;② 是在治疗剂量下出现的,不同于毒性反应;③ 副反应与治疗作用可因治疗目的不同而相互转化;④ 一般反应较轻,并可预知。副反应的产生与药物选择性低有关,药物的药理效应涉及多个器官,当某一效应用作治疗目的时,其他效应就成为副反应。如阿托品具有松弛内脏平滑肌、抑制腺体分泌等作用,当临床用于解除胃肠痉挛时,唾液腺分泌减少引起的口干就成为副反应。

2. 毒性反应(toxic reaction) 是指剂量过大或用药时间过长,药物在体内蓄积过多而发生的危害性反应,一般比较严重。有时机体对药物过于敏感,用药剂量不大,也可能出现毒性反应。毒性反应一般是可以预知的,应该避免发生。毒性反应包括急性毒性、慢性毒性和特殊毒性反应。急性毒性(acute toxicity)是短期大量应用药物引起的,药物的急性毒性多损害循环、呼吸及神经系统功能,常用药物的半数致死量(LD_{50})来表示药物急性毒性大小。慢性毒性(chronic toxicity)是指长期用药时,药物在体内蓄积而逐渐发生的,常损害肝、肾、骨髓、内分泌系统等功能。特殊毒性反应是长期用药后细胞的遗传基因发生改变所引起的反应,包括致癌(carcinogenesis)、致畸胎(teratogenesis)和致突变(mutagenesis)反应。实际上特殊毒性反应也属于慢性毒性范畴。

3. 后遗效应(residual effect) 是指停药后血药浓度下降至阈浓度以下时所残存的药理效应,如服用巴比妥类催眠药后次晨出现的乏力、困倦等现象。

4. 停药反应(withdrawal reaction) 是指患者长期应用某种药物,突然停药后原有病情加剧的现象,又称回跃反应(rebound reaction)。例如,癫痫患者长期服用苯妥英钠,突然停用时,可诱发更严重的癫痫发作。

5. 变态反应(allergic reaction) 也称为过敏反应,是药物引起的免疫反应。药物可作为半抗原与机体蛋白结合形成完全抗原,经过接触10天左右的敏感化过程而发生的反应。药物本身、药物的代谢产物、制剂中的杂质或辅剂均可成为变应原。其常见于过敏体质患者。其特点是反应性质与药物原有药理效应无关,其临床表现包括免疫学中的各种类型,发生反应与否与所用药物剂量无关,且事先无法预知。变态反应的严重程度个体差异很大,从轻微的皮疹、发热到造血系统功能抑制、肝肾功能损害、休克等,如磺胺药引起的皮疹,青霉素引起的过敏性休克。

6. 特异质反应(idiosyncratic reaction) 系指少数患者由于遗传因素对某些药物的反应

性发生了改变,反应性质可能与常人不同,但与药物固有的药理作用基本一致,反应的严重程度与剂量成比例,药理性拮抗药救治可能有效。这种反应不是免疫反应,是一类先天遗传异常所致的反应。如先天性红细胞葡萄糖-6-磷酸脱氢酶缺陷者服用伯氨喹(primaquine)后,可发生严重的溶血性贫血。

三、药物剂量与效应关系

药物在一定剂量范围内,药理效应与剂量成比例,称为剂量效应关系(dose-effect relationship),简称量-效关系。以药物效应强度为纵坐标,药物剂量或浓度为横坐标,得到的曲线即量-效曲线(dose-effect curve)。药理效应按性质可以分为量反应和质反应,因此量-效曲线又可分为量反应量-效曲线和质反应量-效曲线。

(一) 量反应量-效曲线

量反应(graded response)是指药物效应的强弱呈连续增减的变化,可用具体数量或最大反应的百分率表示。例如,心率或尿量的多少、平滑肌的舒缩强度、血压的升降等,其研究对象为单一的生物单位。如果以药物的普通剂量(整体动物实验)或浓度(体外实验)为横坐标,以药物效应强度为纵坐标作图,量-效关系曲线呈直方双曲线(rectangular hyperbola);如果横坐标改为药物对数剂量或对数浓度,药物的量-效关系曲线则呈对称"S"形曲线(图15-1)。

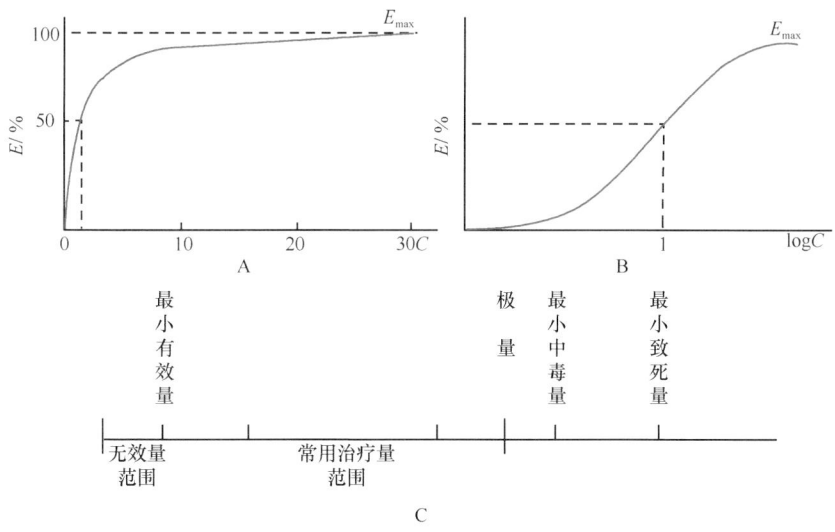

图 15-1 药物作用的量-效关系曲线
A. 横坐标为药物的普通剂量;B. 横坐标为对数剂量;C. 药物随剂量增加的效应关系

从量反应的量效曲线可以看出下列几个特定位点。

1. 最小有效量(minimal effective dose)或**最低有效浓度**(minimal effective concentration) 即刚能引起药理效应的最小剂量或最小药物浓度,亦称阈剂量(threshold dose)或阈浓度(threshold concentration)。

2. 最大效应(maximal effect, E_{max})或**效能**(efficacy) 随着药物剂量或浓度的增加,效应也相应增强,当剂量增加到一定程度时再增加药物剂量或浓度而其效应不再继续增强。

这一药理效应的极限称为最大效应或效能。

3. 半最大效应浓度(concentration for 50% of maximal effect, EC_{50}) 是指能引起50%最大效应的浓度。

4. 效价强度(potency) 是指能引起等效反应(一般采用50%效应量)的相对浓度或剂量。用于作用性质相同的药物之间作用强度的比较,达到相同的药理效应时所需要的药物剂量的多少反映药物的效价强度的大小。引起相同效应所需的剂量越大,则效价强度越小。药物的最大效应与效价强度含义完全不同,两者并不平行,在临床上具有不同的意义。例如,利尿药以每日排钠量为效应指标进行比较,氢氯噻嗪的效价强度大于呋塞米,而后者的最大效应大于前者(图15-2)。一般而言,药物的最大效应更具有实际意义。

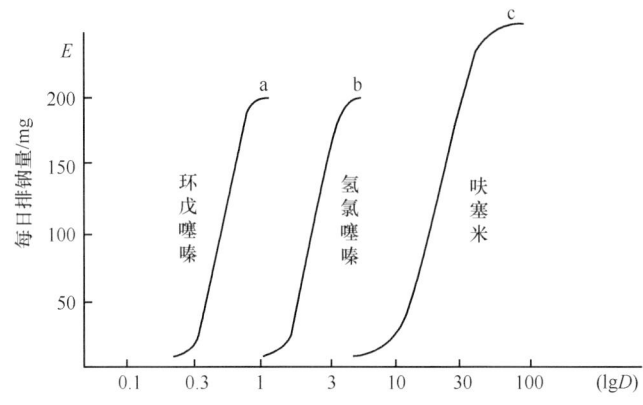

图15-2 各种利尿药的效价强度及最大效应比较

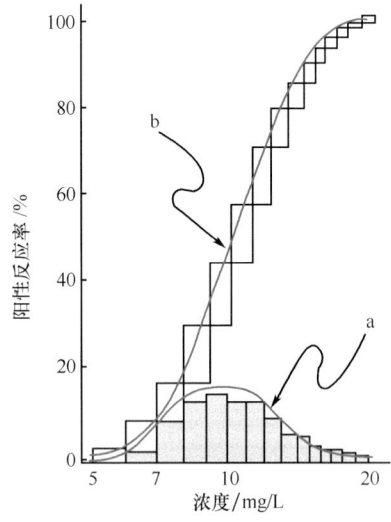

图15-3 质反应量-效曲线
a. 频数分布曲线;b. 累积量-效曲线

(二) 质反应量-效曲线

质反应(quantal response or all-or-none response)是指药理效应不是随着药物剂量或浓度的增减呈连续性量的变化,而表现为反应性质的变化,即全或无、阳性或阴性方式表现。如惊厥与不惊厥、死亡与生存等,其研究对象为一个群体。其常用阳性反应的频数或阳性反应率表示。如果纵坐标是阳性反应的频数或阳性反应率,质反应量-效曲线呈频数分布曲线,横坐标用对数剂量表示则呈正态分布。如果纵坐标是累积阳性反应频数或累积阳性反应率,横坐标为药物的普通剂量,质反应量-效曲线呈长尾"S"形;如果横坐标改为对数剂量表示,曲线呈对称"S"形曲线(图15-3)。

从质反应的量-效曲线可以看出下列几个特定位点。

半数有效量(median effective dose, ED_{50}),即能引起50%的实验动物出现阳性反应的药物剂量;如效应为死亡,则称为半数致死量(median lethal dose, LD_{50})。质反应药物的作用强度与其半数有效量大小成反比,半数有效量大,表明药物的作用相对较弱。药物的安全性与其半数致死量大小成反比,半数致死量越大,药物的毒性相对越小,越安全。药物的 LD_{50}/ED_{50} 的值称为治疗指数(therapeutic index,TI),常用以表示药物的安全性,治疗指数大的药物较治疗指数小的药物相对安全。但以治疗指数来评价药物的安全性并不完全可靠。如药物的量-效曲线与其剂量毒性曲线有首尾重叠(图15-4),即有效剂量与其致死剂量有重叠。为此,有人用1%致死量(LD_1)与99%(ED_{99})有效量之间的比值或5%致死量(LD_5)与95%(ED_{95})有效量之间的距离来衡量药物的安全性。

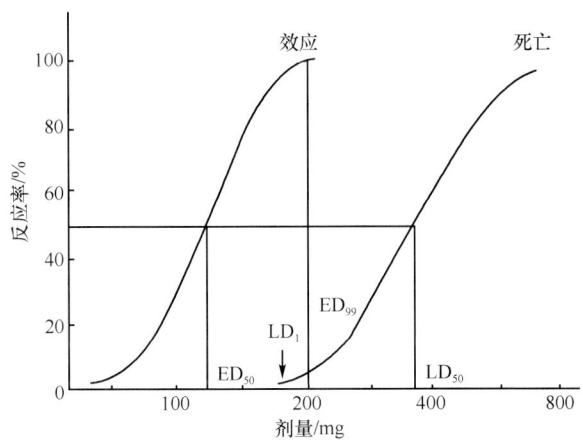

图15-4　药物效应与毒性的量-效曲线

四、药物结构与效应关系

药物的结构与药理活性或毒性之间的关系称为构效关系。药物结构的改变,包括其基本骨架、侧链基团、立体异构(手性药物)和几何异构(顺式或反式)等的改变均可影响药物的理化性质,进而影响药物的体内过程、药效乃至毒性。构效关系是药理学的重要概念,对于深入认识药物的作用机制,比较同类新、老药物的结构及效应的发展趋势;对于新药研制,定向设计药物结构;对于从本质上学习、掌握药物作用和指导临床合理用药都有重要意义。

第二节　药物的作用机制

药物作用的主要机制可以概括为两个大的方面,即受体途径和非受体途径。

一、受体途径

大多数药物是通过和生物机体的大分子成分的相互作用而产生药理学作用的。这些相互作用改变了所作用的相关大分子的功能,从而引起生物化学和生理学变化,导致药物的特异性效应。这些和药物发生相互作用的大分子即是受体(详见本章第三节)。因此,受体是大多数药物的作用靶点,它与药物的相互作用是大多数药物产生药理作用的机制。

二、非受体途径

1. 改变药物作用部位的理化环境　如甘露醇通过增高血浆渗透压而使组织脱水,用于治疗脑水肿。抗酸药通过中和胃酸而治疗胃酸过多或溃疡病。

2. 影响生理物质转运　如利尿药抑制肾小管对 Na^+、Cl^- 的重吸收而产生利尿作用。

3. 影响细胞膜的离子通道　如某些抗心律失常药阻滞心肌细胞膜的钠通道,降低自律性和传导性。

4. 影响酶的活性,改变机体的物质转化　如新斯的明抑制胆碱酯酶,使乙酰胆碱水解破坏减少;奥美拉唑抑制胃黏膜的 H^+-K^+-ATP 酶,减少 H^+ 的分泌。

5. 参与或干扰细胞物质代谢过程　补充生物机体代谢物质以治疗相应缺乏症的药物很多,如铁剂治疗缺铁性贫血。有些药物化学结构与正常代谢物质相似,参入代谢过程但不能引起正常代谢的生理效果,起到抑制或阻断正常代谢的效应。如氟尿嘧啶结构与尿嘧啶相似,参入癌细胞 DNA 及 RNA 分子中干扰蛋白质合成而发挥抗癌作用。

第三节　药物与受体

受体的概念是 Ehrlich 和 Langley 于 19 世纪末和 20 世纪初在实验室研究的基础上提出的。当时,Ehrlich 发现一系列合成的有机化合物抗寄生虫作用和引起的毒性反应有高度的特异性。Langley 根据毛果芸香碱和阿托品对猫唾液分泌具有拮抗作用这一现象,提出在神经末梢或腺细胞中可能存在一种能与药物特异结合的物质。1905 年,他在观察烟碱与箭毒对骨骼肌的兴奋和抑制作用时,认为两药既不影响神经传导,也不作用于骨骼肌细胞,而是作用于神经与效应器之间的某种物质,并将这种物质称为接受物质(receptive substance)。1908 年,Ehrlich 首先提出受体(receptor)的概念,同时提出了受体应具备的两个基本特点:其一是特异性识别与之相结合的配体(ligand)或药物的能力;其二是药物受体复合物可引起生物效应,即类似锁与钥匙的特异性关系。此后,许多学者对受体进行了大量研究,提出了药物与受体相互作用的几种假说,如占领学说(occupation theory)、速率学说(rate theory)、二态模型学说(two model theory)等。

一、受体的概念和特性

受体是一类介导细胞信号转导的功能蛋白质,能识别周围环境中某种微量化学物质,首先与之结合,并通过中介的信息放大系统,触发后续的生理反应或药理效应。与相应受体特异结合的物质称为配体(ligand),也称第一信使。配体与受体大分子中的小部分结合,该部位称为结合位点或受点(binding site)。受体均有相应的内源性配体,如神经递质、激素、自体生物活性物质(autocoid)等。

受体具有以下特性。①特异性(specificity):引起某一类型受体兴奋反应的配体化学结构非常相似,但不同光学异构体的反应可以完全不同。同一类型的激动药与同一类型的受体结合时产生的效应类似。②饱和性(saturability):受体是大分子的蛋白质,数量有限,药物浓度过大时,药物与受体结合就会饱和,并达到最大效应。由于受体具有饱和性,作用于同一受体的配体之间存在竞争现象。③灵敏性(sensitivity):受体只需与很低浓度的配体结合就能产生显著的效应。④可逆性(reversibility):配体既可以与受体特异性结合,也可以从配体受体复合物上解离,解离后可以得到原来的配体而非代谢物。因此配体与受体的结合是可逆的。⑤多样性(multiple-variation):同一受体可广泛分布到不同的细胞而产生不同效应,受体多样性是受体亚型分类的基础。受体受生理、病理及药理因素的影响,经常处于动态变化中,以维持机体内环境的稳定。

二、受体与药物间的相互作用

(一) 占领学说

Clark 于 1926 年、Gaddum 于 1937 年分别提出占领学说,该学说认为:受体只有与药物结合才能被激活并产生效应,药理效应的强度与药物占领受体数目成正比,药物占领受体数目取决于药物结合受体的能力和受体周围的药物浓度,当受体全部被占领时出现最大效应。1953 年 Ariens 对占领学说进行了修正,认为药物的效应不但与药物占领受体数目有关,也与药物占领受体后产生效应的能力有关。药物与受体结合的能力称为亲和力(affinity)。药物与受体结合后产生效应的能力称为内在活性(intrinsic activity,α)。药物与受体结合产生效应不仅需要亲和力,而且还需要有内在活性。只有亲和力没有内在活性的药物,虽可与受体结合,但不能产生效应。

(二) 受体-药物反应动力学

根据质量作用定律,药物与受体的相互作用,可用以下公式表达:

$$D+R \underset{K_2}{\overset{K_1}{\Leftrightarrow}} DR \rightarrow E \tag{15-1}$$

(D:药物;R:受体;DR:药物受体复合物;E:效应)

$$K_D = \frac{K_2}{K_1} = \frac{[D][R]}{DR} \tag{15-2}$$

(K_D 是解离常数)

设受体总数为 R_T,R_T 应为游离受体(R)与结合型受体 DR 之和,即 R_T = [R]+[DR],代入式 15-2 则

$$K_D = \frac{[D]([R_T]-[DR])}{DR} \tag{15-3}$$

经推导得

$$\frac{[DR]}{[R_T]} = \frac{[D]}{K_D+[D]} \tag{15-4}$$

根据占领学说的观点,受体只有与药物结合才能被激活并产生效应,而效应的强度与被占领的受体数目成正比,全部受体被占领时出现最大效应。由上式可得

$$\frac{E}{E_{max}} = \frac{[DR]}{[R_T]} = \frac{[D]}{K_D+[D]} \tag{15-5}$$

当[D]>>K_D 时,[DR]/[R_T]≈100%,达最大效应,即[DR]max = [R_T]
当[DR]/[R_T] = 50%时,50%受体与药物结合时,K_D = [D]。

K_D 表示药物与受体的亲和力,单位为 mol,其意义是引起最大效应一半时(即 50% 受体

被占领)所需的药物剂量。K_D越大,药物与受体的亲和力越小,即两者成反比。将药物受体复合物的解离常数 K_D 的负对数($-\lg K_D$)称为亲和力指数(pD_2),其值与亲和力成正比。药物与受体结合产生效应不仅要有亲和力,而且还要有内在活性,后者决定药物与受体结合时产生效应大小的性质,可用 α 表示,通常 $0 \leq \alpha \leq 1$。故式 15-5 应加这一参数:

$$\frac{E}{E_{max}} = \alpha \frac{[DR]}{[R_T]} \tag{15-6}$$

当两药与受体亲和力相等时,其效应强度取决于内在活性高低;当两药内在活性相等时,则效应强度取决于与受体亲和力大小(图 15-5)。

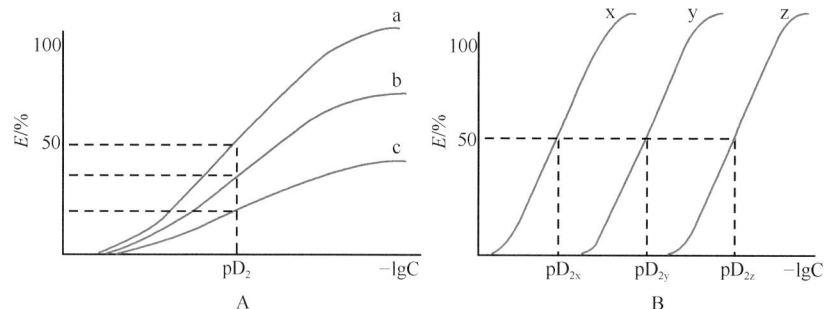

图 15-5 三种激动药与受体亲和力及内在活性的比较
A. 亲和力:a=b=c,内在活性:a>b>c;B. 亲和力:x<y<z,内在活性:x=y=x

三、作用于受体的药物分类

与受体结合的药物都有较强的亲和力,根据药物的内在活性,可把作用于受体的药物分为激动药、部分激动药和拮抗药三类。

(一) 激动药

激动药为既有亲和力又有内在活性的药物,它们能与受体结合激动受体而产生效应。根据药物内在活性的大小,激动药又可分为完全激动药(full agonist)和部分激动药(partial agonist)。完全激动药对受体具有较强的亲和力和内在活性($\alpha=1$);部分激动药对受体有较强的亲和力,但内在活性较弱($\alpha<1$),单独应用时产生较弱的激动效应,与激动药并用时可拮抗激动药的部分效应,即表现出部分拮抗作用。如镇痛药吗啡为阿片受体完全激动药,而喷他佐辛则为阿片受体部分激动药。

(二) 拮抗药

拮抗药指能与受体结合,具有较强亲和力而无内在活性($\alpha=0$)的药物,它们能与受体结合,因缺乏内在活性本身不产生作用,但占据受体妨碍内源性配体或激动药与受体结合产生效应,从而拮抗激动药的效应。如阿托品为 M 受体的拮抗药;纳洛酮为阿片受体拮抗药,与吗啡并用可拮抗吗啡的药理作用。少数拮抗药以拮抗作用为主,同时尚有较弱的内在活性($\alpha<1$),故有较弱的激动受体作用,如 β 肾上腺素受体拮抗药氧烯洛尔。

根据拮抗药与受体结合是否具有可逆性而将其分为竞争性拮抗药(competitive antagonist)和非竞争性拮抗药(noncompetitive antagonist)。通过增加激动药的剂量与拮抗竞争结合部位,可使激动药的量-效关系曲线平行右移,但最大效应不变(图15-6)。竞争性拮抗药的作用强度可用拮抗参数(pA_2)表示,其含义为当激动药与拮抗药合用时,若两倍浓度激动药所产生的效应恰好等于未加入拮抗药时激动药所引起的效应,则所加入拮抗药的摩尔浓度的负对数值为pA_2。pA_2越大,其竞争性拮抗药拮抗作用越强。pA_2还可用以判断激动药的性质,如两种激动药被同一拮抗药拮抗,且两者pA_2相近,则说明此两种激动药是作用于同一受体。

非竞争性拮抗药与激动药并用时,可使激动药对受体的亲和力和内在活性均降低,在量-效曲线上表现为使激动药的量-效曲线右移而最大效应也降低(图15-6)。

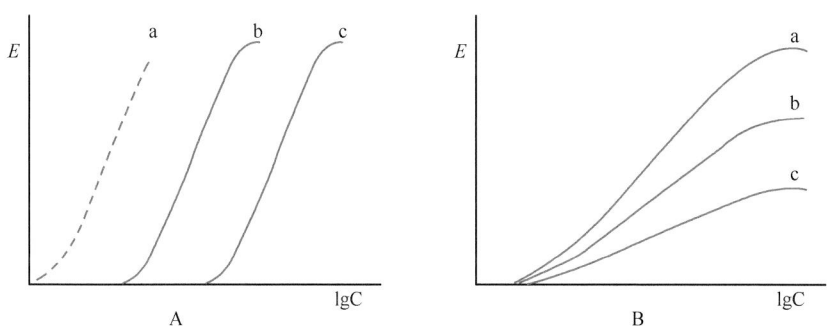

图15-6　竞争性拮抗药和非竞争性拮抗药
A. 竞争性拮抗药;B. 非竞争性拮抗药;a. 无拮抗药存在;b、c. 有不同浓度拮抗剂存在

占领学说强调受体必须与药物结合才能被激活并产生效应,而效应的强度与药物占领的受体数量成正比,全部受体被占领时产生最大效应。但许多实验证明,一些活性高的药物只需与一部分受体结合就能产生最大效应,在产生最大效应时,常有95%~99%受体未被占领,剩余未结合的受体称为储备受体(spare receptor),拮抗药必须完全占领储备受体后,才能发挥其拮抗效应。

四、受体的类型

根据受体蛋白结构、信号转导过程、效应性质、受体位置等特点,受体可分为五类。

(一) G 蛋白耦联受体

G 蛋白耦联受体(G protein-coupled receptor)是一类由 GTP 结合调节蛋白(简称为 G 蛋白,G protein)组成的受体超家族,可将配体的信号通过第二信使 cAMP、三磷酸肌醇(IP3)、二酰甘油(DG)及 Ca^{2+} 传送至细胞内,产生生物效应。目前已发现40余种神经递质或激素受体通过 G 蛋白耦联受体产生作用,包括生物胺、激素、多肽激素及神经递质等的受体。G 蛋白耦联受体结构非常相似,均为单一肽链形成7个 α 螺旋(又称跨膜区段结构)往返穿透细胞膜,形成3个细胞外环和3个细胞内环。N 端在细胞外,具有糖基化位点,C 端在细胞内。这两段肽链氨基酸组成在各种受体差异很大,与其识别配体及转导信息的多样性有关。胞内部分有 G 蛋白结合区。G 蛋白是由 α、β、γ3 种亚基组成的三聚体,静息状态时与 GDP 结合。当受体激活时在 Mg^{2+} 参与下,GDP-αβγ 复合物中的 GDP 与胞质中 GTP 交换,GTP-α 亚基与 β、γ 亚基分离并激活效应器蛋白,同时配体受体分离,α 亚基本身具有 GTP 酶活性,促使 GTP 水解为 GDP,再与 β、γ 亚基形成 G 蛋白三聚体,恢复原来的静息状态。

G蛋白有多种类型,常见的有:兴奋型G蛋白(stimulatory G protein,Gs),激活腺苷酸环化酶,使细胞内第二信使cAMP增加;抑制型G蛋白(inhibitory G protein,Gi),抑制腺苷酸环化酶,使细胞内第二信使cAMP减少;磷脂酶C型G蛋白(PI-PLC G protein,Gp)激活磷脂酰肌醇特异的PLC;转导素(transducin,Gt)及Go,Go在脑内含量最多,参与Ca^{2+}及K^+离子通道的调节。一个细胞可表达20多种G蛋白,每一种受体对一种或几种G蛋白具有不同的特异性,一个受体可激活多个G蛋白,一个G蛋白可以转导多个信号给效应器,调节许多细胞的功能。

(二)配体门控离子通道受体

离子通道按生理功能分类,可分为配体门控离子通道(ligand-gated ion channel)及电压门控离子通道(voltage-gated ion channel)。配体门控离子通道受体(ligand-gated ion channel receptors)由配体结合部位和离子通道两部分构成,当配体与其结合后,受体蛋白构象变化使离子通道开放或关闭,改变细胞膜内外两侧离子流动状态,从而传递信息。例如,N胆碱受体与激动药乙酰胆碱结合后,受体激动,介导离子通道开放,细胞外阳离子内流,引起突触后膜电位的变化。γ-氨基丁酸(GABA)A型受体调控Cl^-通道而介导中枢抑制作用。

(三)酪氨酸激酶受体

胰岛素及某些生长因子的受体本身具有酪氨酸蛋白激酶的活性,称为酪氨酸激酶受体(tyrosine protein kinase receptor)。这一类受体由三部分构成,位于细胞外侧与配体结合的部位,与之相连的是一段跨膜结构,细胞内侧为酪氨酸激酶活性部位,含有可被磷酸化的酪氨酸残基。当配体与这一类受体结合后,受体构象改变,酪氨酸残基被磷酸化,激活酪氨酸蛋白激酶,诱发一系列细胞内信息传递,增加DNA及RNA合成,加速蛋白合成,产生细胞生长分化等效应。

(四)细胞内受体

甾体激素、甲状腺激素、维生素D及维生素A受体是可溶性的DNA结合蛋白,其作用是调节某些特殊基因的转录。甾体激素受体存在于细胞质内,与相应的甾体激素结合形成复合物,以二聚体的形式进入细胞核发挥作用。甲状腺激素受体存在于细胞核内,功能与甾体激素大致相同。细胞核激素受体(cell nuclear hormone receptors)本质上属于转录因子(transcription factors),激素则是这种转录因子的调控物。

(五)其他酶类受体

鸟苷酸环化酶(guanylate cyclase,GC)也是一类具有酶活性的受体,存在两类GC,一类为膜结合酶;另一类存在于胞质中。心钠肽(atrial natriuretic peptides)可兴奋鸟苷酸环化酶,使GTP转化为cGMP而产生生物效应。

五、细胞内信号转导途径

细胞外的信息分子(如神经递质、激素、自体生物活性物质及细胞因子等)特异地与细胞表面的受体结合,刺激细胞产生胞内调节信号,并传递到细胞特定的反应系统而产生应答,这一过程称为跨膜信号转导。经受体转导的跨膜信息传递机制包括受体识别、信号转导和效应三个主要过程。细胞外的信息分子称为第一信使(first messenger),第一信使物质大多数不能进入细胞内,而是与靶细胞膜表面的特异受体结合,激活受体而引起细胞某些生物学特性的改变,如膜对某些离子的通透性改变及膜上某些酶活性的改变,从而调节细胞功能。第二信使(second messenger)为第一信使作用于靶细胞后在细胞内产生的信息分子,是胞外信息与胞内效应之间的中介物。第二信使将获得的信息增强、分化、整合并传递给效应器才能发挥其特定的生理功能或药理效应。最早发现的第二信使是cGMP,现在知道还有许多其他物质参与细胞内信号转导。

1. cAMP 是ATP在腺苷酸环化酶(adenylate cyclase,AC)催化下产生的,可被磷酸二酯酶(phosphodiesterase,PDE)水解为5′-AMP而灭活。β肾上腺素受体、D_1受体、H_2受体等激动药通过Gs作用使AC活化,水解ATP而使细胞内cAMP增加。α受体、D_2受体、M_2受体、阿片受体等激动药通过Gi作用使AC抑制,减少细胞内cAMP。cAMP激活依赖cAMP的蛋白激酶A(protein kinase A,PKA),在ATP存在下,激活的PKA使许多蛋白质特定的氨基酸残基磷酸化,从而改变其活性,产生某种生物效应。

2. cGMP 是GTP在鸟苷酸环化酶(guanylate cyclase,GC)催化下产生的,也被磷酸二酯酶(phosphodiesterase,PDE)水解为5′-GMP而灭活。cGMP可激活蛋白激酶C(protein kinase C,PKC),一般情况下产生与cAMP相反的作用。

3. 肌醇磷脂(inositol phospholipid) 细胞膜肌醇磷脂的水解是另一类重要的受体信号转导系统。α_1、H_1、$5-HT_2$、M_1、M_3等受体激动药与其受体结合后,通过G蛋白介导激活磷脂酶C(PLC),PLC使磷脂酰肌醇4,5-二磷酸肌醇(PIP_2)水解为DG及1,4,5-三磷酸肌醇(IP_3)。DG激活细胞膜上的PKC,使许多靶蛋白磷酸化而产生效应,如腺体分泌、血小板聚集、中性粒细胞活化及细胞生长、代谢、分化等效应。IP_3能促进细胞内钙池释放Ca^{2+},也有多种重要的生理意义。

4. Ca^{2+} 细胞内Ca^{2+}对细胞功能有着重要的调节作用,如肌肉收缩、腺体分泌、白细胞及血小板活化等。细胞内的Ca^{2+}来自于细胞外和细胞内两种途径,前者经细胞膜的钙通道流入,受膜电位、受体、G蛋白、PKA等调控,后者来源于肌质网钙池的释放,受IP_3调控。细胞内的Ca^{2+}可激活PKC,与DG有协同作用,共同促进其他信息传递蛋白及效应蛋白活化。很多药物通过影响细胞内Ca^{2+}而发挥其药理效应。

六、受体的调节

受体数量及反应性受生理、病理或药物等因素影响,产生受体数量或反应性变化。细胞中的受体数量减少称为受体下调(down-regulation),由受体下调或周围生物活性物质引起的细胞对药物敏感性和反应性降低的现象称为脱敏;受体数量增加称为受体上调(up-regulation)。由受体上调或周围生物活性物质引起的细胞对药物敏感性和反应性增高的现象称为增敏。受体周围的生物活性物质浓度高或长期受激动药作用时可使受体数量减少,引起向下调节,表现为该受体对激动药的敏感性降低,出现脱敏或耐受性,这是药物发生耐受性的主要机制。如长期应用β肾上腺素受体激动药治疗哮喘,患者出现耐受现象。受体长期受阻断药作用时,可使其数目增加,引起向上调节,表现为该受体对该生物活性物质的敏感性增高,出现超敏或高敏性,突然停药可出现停药症状或"反跳"现象。如高血压患者长期应用β肾上腺素受体阻断药普萘洛尔,突然停药可引起反跳现象,这是由于β肾上腺素受体的敏感性增高所致。

(金　英)

第十六章 药物代谢动力学

药物代谢动力学,简称药动学,是研究机体对药物的处置过程,也可从药物角度来讲,是研究药物的体内过程。药物的体内过程分为吸收、分布、代谢和排泄四个过程。药物吸收入血后就会随血流在全身进行分布、代谢和排泄,同时可能也在被吸收,这是一个同时在进行的动态过程(图16-1)。药物在体内,包括在作用部位的浓度每时每刻都因药物的吸收、分布、代谢和排泄的影响而不断变化,而且难以测定。但血液药物便于测定,而且可反映吸收、分布、代谢和排泄的综合变化,是目前量化药物体内过程的较理想指标。血药浓度随时间的变化规律,就是目前研究药物体内量变规律的主要方式。

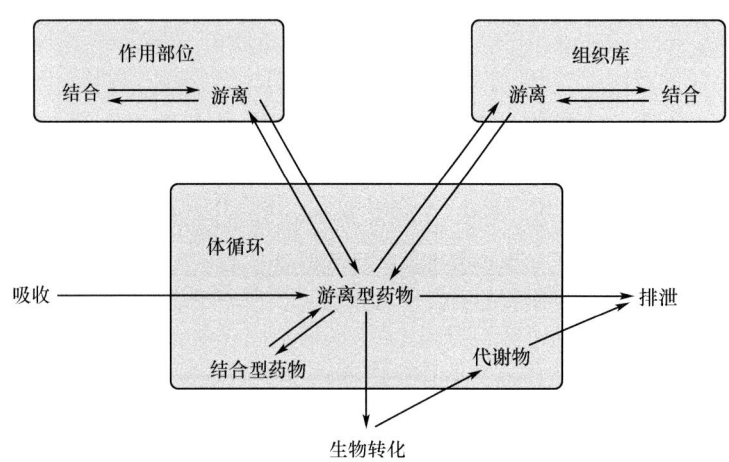

图 16-1 药物的体内过程、作用部位和药物浓度变化的关系

药物在体内过程中,各种组织结构自然会成为屏障,药物能否或如何通过这些体内组织屏障,这显然是我们研究药物体内过程的基本要素。如果我们把各种组织结构都想象成由若干层细胞膜构成,药物的体内转运就可相当于跨细胞膜转运。药物跨膜转运的方式和特点是最基本的生物学知识。

第一节 药物分子的跨膜转运

一、药物通过细胞膜的方式

药物分子通过细胞膜的方式主要有滤过(水溶性扩散)、单纯扩散(脂溶性扩散)和载体转运(包括主动转运和易化扩散)(图16-2)。

(一) 滤过

细胞膜上存在许多小间隙,或称水孔,允许分子质量小于100~150Da的药物滤过。水

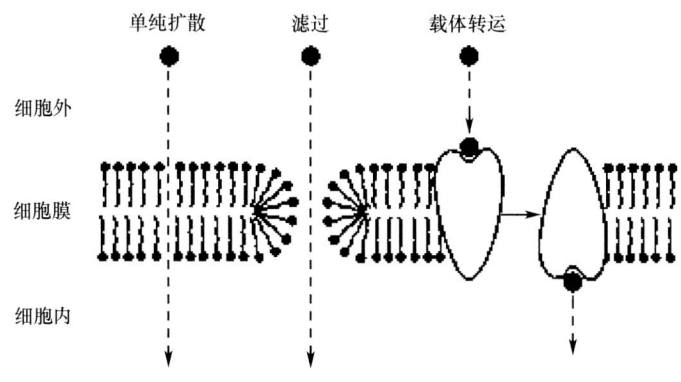

图 16-2 药物通过细胞膜的方式

分子虽然是极性分子,但它的分子极小,又不带电荷,所以细胞膜对它是高度通透的,大多数细胞膜能让水透过,而水的大量流动可以将小分子药物带过去。比如乙醇,有极性溶于水,分子质量极小,容易通过细胞膜水孔,在体内畅通无阻。

大多数毛细血管上皮细胞间的孔隙极大(直径可达400nm以上),这种转运是药物通过大多数毛细血管内膜的主要机制。但如果药物分子质量过大,超过20~30kDa,则这种转运方式受限。肾小球毛细血管内皮细胞间隙相对更大,加上肾小球滤过压,会允许小于大约70kDa的药物滤过进入肾小管。

(二) 单纯扩散

细胞膜由双层磷脂分子以疏水键连接为基本骨架,所以脂溶性药物会顺浓度梯度以单纯扩散方式(simple diffusion)通过细胞膜,这是绝大部分药物跨膜转运的方式,是一种被动转运(passive transport)方式。其通过速度与膜两侧药物浓度差和药物脂溶性成正比。因为药物必须先溶于体液才能抵达细胞膜,水溶性太低同样不利于以单纯扩散的方式通过细胞膜,故药物在具备脂溶性的同时,仍需具有一定的水溶性才能迅速通过细胞膜。

大多数药物均为弱酸性或弱碱性电解质,在体液内均有不同程度的解离。分子状态(非解离型)药物疏水而亲脂,易通过细胞膜;离子状态药物极性高,不易通过细胞膜的脂质层,这种现象称为离子障(ion trapping)。因此,体液的pH对弱酸或弱碱性药物跨膜转运的速度有明显影响。药物解离程度取决于体液pH和药物解离常数(K_a)。解离常数的负对数值为pK_a,是指药物解离50%时所在体液的pH,各药都有固定的pK_a,根据Handerson-Hasselbalch公式计算而得:

对于弱酸性药物:

$$\because HA = H^+ + A^-$$

$$K_a = \frac{[H^+][A^-]}{[HA]}$$

$$pK_a = pH - \log\frac{[A^-]}{[HA]}$$

$$pH - pK_a = \log\frac{[A^-]}{[HA]}$$

$$\therefore 10^{pH-pK_a} = \frac{[A^-]}{[HA]} \text{ 即 } \frac{[离子型]}{[非离子型]}$$

$$当 pH = pK_a 时, [HA] = [A^-]$$

对于弱碱性药物：

$$\therefore BH^+ = H^+ + B$$

$$K_a = \frac{[H^+][B]}{[BH^+]}$$

$$pK_a = pH - \log\frac{[B]}{[BH^+]}$$

$$pK_a - pH = \log\frac{[BH^+]}{[B]}$$

$$\therefore 10^{pK_a-pH} = \frac{[BH^+]}{[B]} \text{ 即 } \frac{[离子型]}{[非离子型]}$$

$$当 pH = pK_a 时, [B] = [BH^+]$$

由上述解离方程推导出的公式可见，弱酸性药物会随着体液 pH 增加（变碱）解离增加，体液 pH 减少（变酸）解离减少；弱碱性药物，随着体液 pH 增加（变碱）解离减少，体液 pH 减少（变酸）解离增加。

（三）载体转运

许多细胞膜上具有特殊的跨膜整合蛋白（integral protein），控制体内一些重要的内源性生理物质（如糖、氨基酸、神经递质、金属离子）和药物进出细胞。跨膜蛋白在细胞膜内的一侧与药物或生理性物质结合后发生构型改变，在细胞膜的另一侧将结合的内源性物质或药物释出。这种转运方式称为载体转运（carrier mediated transport）。载体转运的特点是对转运物质有选择性（selectivity）和饱和性（saturation），结构相似的药物或内源物质可竞争一载体而具有竞争性（competition），并可发生竞争性抑制（competitive inhibition）。药物载体转运主要发生在肾小管、胆道、血-脑屏障和胃肠道的转运过程中。载体转运主要有主动转运和易化扩散两种方式。

1. 主动转运（active transport） 需要耗能，可逆电化学梯度转运药物。这种转运对体内代谢物质和神经递质的转运，以及通过干扰这些物质而产生药理作用的药物有重要意义。有的药物通过神经元细胞、脉络丛、肾小管细胞和肝细胞时也是以主动转运方式进行的。

2. 易化扩散（facilitated diffusion） 这种载体转运方式与主动转运不同的是不需要能量，不能逆电化学梯度转运，是一种被动转运（passive transport）。易化扩散可加快药物的转运速度。维生素 B_{12} 经胃肠道吸收、葡萄糖进入红细胞内、甲氨蝶呤进入白细胞等均以易化扩散方式转运。

二、影响药物通过细胞膜的因素

（一）药物的解离度和体液的 pH

由于药物在膜两侧扩散达动态平衡时未解离的分子药物浓度应相等，如果膜两侧体液

pH 不同,那解离药物浓度就不同,当然解离多一侧药物总量就多。组织细胞 pH 通常会影响药物的分布。例如,细胞内相对体液偏酸,能通过细胞膜的弱酸性药物细胞内浓度比体液低,而弱碱性药物则相反。乳汁和胃液偏酸,会吸引到较高浓度的碱性药物分布,如海洛因、吗啡和硫氧嘧啶类抗甲状腺药分布,有重要临床意义。当然改变 pH 也会影响药物分布,如静脉滴注碱性药物会吸引细胞内弱酸性药物更多到细胞外分布,用于弱酸性药物中毒的解救。同样道理,药物的解离度也注定了它在体内分布和跨膜转运特征。

(二) 药物浓度差、膜面积、药物分子的通透系数和细胞膜的厚度

药物以简单扩散方式通过细胞膜时,药物通过细胞膜的速率与膜两侧的药物浓度差、膜面积、药物分子的通透系数(药物分子的脂溶度)和细胞膜的厚度等因素有关。

(三) 组织器官的血流量

血流量的改变也可影响细胞膜两侧药物浓度差,药物被血流带走的速度决定了膜一侧的药物浓度,血流量丰富、流速快时,不含药物的血液能迅速取代含有较高浓度药物的血液,从而得以维持很大的浓度差,使药物跨膜速度增高。扩血管药物吸收快,缩血管药物吸收慢,是因为它们改变了用药部位的血液流量。注射药物部位血流量丰富有助于药物更快吸收,血流量丰富组织器官利于药物更快分布达平衡。

(四) 细胞膜载体蛋白的数量和开放程度

药物以载体转运方式通过细胞膜时,载体的数量和开放程度就是主要因素。

第二节 药物的体内过程

一、吸 收

药物自给药部位进入血液循环的过程称为吸收(absorption)。药物只有经吸收后才能发挥全身作用。少数用药只要求产生局部作用,如皮肤、黏膜的局部用药、抗酸药和泻药则无需吸收。但即使是这些情况,药物仍可能被吸收而产生吸收作用。不同给药途径具有不同的吸收过程和特点。

(一) 口服

口服是最常用的给药途径,也是最安全、最方便和最经济的方法,且大多数药物能充分吸收。大多数药物在胃肠道内是以单纯扩散方式被吸收的,但主要部位是小肠。胃内偏酸及胃排空,通常会限制口服固体药物在胃吸收,因为片剂或胶囊类药物崩解和溶解成药物分子需要时间。口服液药物,不偏碱而又脂溶性好或分子小于 100~150Da,有机会在胃内以单纯扩散或滤过方式吸收。小肠有广泛的吸收面、肠内的酸碱度(pH 5~8)适中,对药物解离影响小,有利于大部分口服药物的吸收。

首关消除(first pass elimination):从胃肠道吸收入门静脉系统的药物在到达全身血循环前必先通过肝脏,如果肝脏对其代谢能力很强或由胆汁排泄的量大,则使进入全身血循环内的有效药物量明显减少,这种作用称为首关消除。有的药物可被吸收进入肠壁细胞而被

代谢一部分,也属于首关消除的范畴。在因呕吐不能口服或患者意识消失时,直肠给药常是有用的。大约50%的药物可避开肝脏从直肠吸收,也可在一定程度上避免首关消除。但直肠的吸收常不规则、不完全,而且许多药物对直肠黏膜具有刺激性。

很多因素可影响胃肠道对药物的吸收,如服药时的饮水量、是否空腹、胃肠蠕动度、胃肠道的pH、药物颗粒大小、与胃肠道内容物的理化性相互作用(如钙与四环素类抗生素形成不可溶的复合物引起吸收障碍)等。

口服给药法的缺点:某些药物的物理特性(水溶性)造成其吸收有限;由于药物对胃肠道黏膜刺激而引起呕吐;有些药物被消化酶或胃酸破坏;有食物或其他药物存在时,吸收和推进速度不规则;对某些患者则需要患者予以合作等。此外,胃肠道的药物在进入体循环之前可被黏膜中的酶、肠内菌丛或肝脏所代谢。

药物的片剂或其他固体剂型的吸收率部分地取决于其胃肠道液体溶出度。这一因素是所谓控释、缓释、持续释放或长效药物制剂的根据。设计这些制剂的目的是让药物在8小时或更长时间内缓慢、均匀地被吸收。这些制剂的优点是比普通剂型减少了服药次数,药效可维持过夜,还可消除那种速释剂型常有的药物浓度峰值,从而降低了不良反应的发生率。

(二) 吸入

气体和挥发性药物可以吸入,经肺上皮和呼吸道黏膜吸收,如沙丁胺醇。由于肺泡表面积很大,肺血流量丰富,因此,只要具有一定溶解度的气态药物即能经肺迅速吸收。有的药物难溶于一般溶剂,水溶液又不稳定,如色甘酸钠,可制成直径约5μm的极微细粉末以特制的吸入剂气雾吸入。气道本身是抗哮喘药的靶器官,以气雾剂解除支气管痉挛是一种局部用药。吸入用药的主要缺点是剂量不好掌握,用法又较麻烦,必须有相当先进的手段(包括定量雾化吸入装置)来保证。

(三) 舌下给药

舌下给药很大程度上避免首关消除,因为从口腔的静脉回流直接进入上腔静脉。例如,将硝酸甘油含在舌下是有效的,因为它呈非离子型,且脂溶性很高,吸收非常迅速。如果口服,则硝酸甘油在被胃肠道吸收后通过肝脏时被代谢失活达90%,只有少数药物能到达全身循环。

(四) 注射给药

注射给药主要包括静脉注射、静脉滴注、肌内注射和皮下注射,也包括皮内注射、动脉内注射和鞘内注射等。注射给药通常最大优点就是起效快,药效相对更强,是临床急重患者的首选给药途径。分子质量较大、口服吸收受限的药物通常会采用注射法给药。

静脉注射药物水溶液可以避免一些可能影响吸收的因素,可以准确而迅速地获得所需的血药浓度,这是用其他给药方法所不能做到的。因为血管壁对刺激相对不敏感,缓慢注入的药液可充分地为循环血液所稀释。但因其以很高的浓度、极快的速度到达靶器官,也最危险。药物的油剂或能使血液成分沉淀或溶血的药物不应做静脉注射。静脉注射时通常要缓慢并密切注意患者的反应。

药物水溶液经肌内注射或皮下注射后吸收都很迅速和完全,因为组织毛细血管内皮细胞间隙会允许分子质量小于 20~30kDa 的药物自由滤过进入毛细血管血流。当然，注射部位的毛细血管密度和血流速度影响吸收速度。通过局部热敷、按摩可加快吸收。将药物溶于油内注射可减慢药物吸收而起存储作用，有的一次注射后数星期内仍能维持较高的血药浓度。肌内注射可注入的药液体积相对较大，毛细血管密度和血流速度又占优势，吸收通常快于皮下注射。皮下注射更方便，适合注入微小体积药液，特别是进行急救，如过敏性休克临床首选肾上腺素皮下注射进行抢救。刺激性药物不能皮下注射，可引起剧痛，甚至坏死和溃疡形成。在皮下注射的药液中加入血管收缩药可延缓吸收。以药物的固体小片植入皮下，其缓慢吸收可维持达数周或数月之久。

动脉内和鞘内注射均为特殊给药途径，用以在特定的靶器官产生较高的药物浓度。

(五) 局部用药

局部用药的目的是在皮肤、眼、鼻、咽喉和阴道等部位产生局部作用，偶尔也为了达到吸收作用。药物都不易穿过完整的皮肤，吸收程度与其脂溶性成正比，许多药物需要促渗剂的帮助。许多溶质容易透过真皮，故药物很易通过皮肤破损、烧伤或剥脱处吸收；炎症和其他增加皮肤血流的情况也促进吸收。

二、分 布

分布(distribution)为药物吸收后从血循环到达机体各个组织部位的过程。药物在体内的分布通常是不均匀的。影响或决定某药在体内分布的因素简单说有两方面：一是药物的理化性质，如该药的分子大小、脂溶性、极性、解离度等，这些通常决定着该药在人体内的分布范围和程度；二是用药机体的基本特征，如器官和组织的血流量、与血浆和组织蛋白的结合能力、药物的 pK_a 和局部的 pH、体内特殊的组织屏障等。

(一) 血浆蛋白结合率

大多数药物在血浆中均可与血浆蛋白不同程度地结合而形成结合型药物，它与未结合的游离型药物同时存在于血液中，并以一定百分数的结合率达到平衡。弱酸性药物主要与白蛋白结合，弱碱性药物主要与 α_1-酸性糖蛋白结合。药物与血浆蛋白结合是可逆的，当血浆中游离型药物的浓度随着分布、消除而降低时，结合型药物可释出游离药物。药物与血浆蛋白结合符合下列公式：

$$D+P \rightleftharpoons DP \tag{16-1}$$

D 为游离型药物，DP 为结合型药物

$$K_D = \frac{[D][P]}{[DP]} \tag{16-2}$$

设 P_T 为血浆蛋白总量，则上式可转换成：

$$\frac{[DP]}{[P_T]} = \frac{[D][P]}{K_D+[D]} \tag{16-3}$$

药物与血浆蛋白结合有重要意义。它影响药物在体内的分布和转运速度，以及作用强度和消除速率，还与药效的个体差异和药物相互作用有密切关系。

由于血浆蛋白正常情况下不能出血管，结合型药物当然也不能出血管，而成为药物在血液中的一种暂时储存形式，可以说暂时丧失了药理活性。游离型药物通常出血管到达靶器官发挥作用,所以血浆游离药物浓度与药物作用强度关系更直接,但是由于测定方法的限制,我们目前依然用总的血浆药物浓度衡量其作用强度。显然不同人服用同样药量,即使血浆总药物浓度相同,也会因血浆蛋白多少及药物结合率不同,造成血浆游离药物浓度的差异,出现不同强度的药效,是个体差异的主要原因之一。

药物与血浆蛋白结合的特异性低,因此,同时应用两个结合于同一结合点上的与血浆蛋白结合率都很高的药物,就可发生竞争性置换的相互作用。如抗凝血药华法林99%与血浆蛋白结合,当与保泰松合用时,结合型的华法林被置换出来,使血浆内游离药物浓度明显增加,抗凝作用增强,可造成严重的出血。药物与内源性化合物也可在血浆蛋白结合部位发生竞争性置换作用,如已知非结合型胆红素可被磺胺类及其他有机阴离子从与白蛋白的结合物中置换出来,增加新生儿发生胆红素性脑病的危险。但是,药物在血浆蛋白结合部位上的相互作用并非都有临床意义。一般认为,只有血浆蛋白结合率高、分布容积小、消除慢及治疗指数低的药物在临床上这种相互作用才有意义。

(二) 组织器官血流量

人体各组织器官的血流量是不均一的。药物由血流向器官组织的分布速度主要决定于该组织器官的血流量和膜的通透性,如肝、肾、脑、肺等血流丰富的器官药物分布较快,尤其是在分布的早期,随后还可再分布(redistribution)。再分布作为终止药物作用的因素,主要发生于快速静脉注射或吸入那些作用于脑或心血管系统的高度脂溶性药物。例如,静脉注射麻醉药硫喷妥钠,首先分布到血流量大的脑组织发挥作用,随后由于其脂溶性高又向血流量少的脂肪组织转移,以致患者迅速苏醒。

(三) 药物与组织亲和力

药物与组织细胞结合是由于药物与某些组织细胞成分具有特殊的亲和力,使这些组织中的药物浓度高于血浆游离药物浓度,使药物的分布具有一定的选择性,如碘主要集中在甲状腺,钙沉积于骨骼等。

在组织中与药物起结合反应的通常是蛋白质、磷脂或核蛋白,一般是可逆性的。药物和组织的结合是药物在体内的一种储存方式,如硫喷妥钠再分布到脂肪组织,因此,脂肪组织是脂溶性药物的巨大储存库。连续用药,特别是长期用体内易储存的药物应避免出现蓄积中毒,及时调整用药剂量。有的药物与组织可发生不可逆结合而引起毒性反应,如四环素与钙形成络合物储于骨骼及牙齿中能导致小儿生长抑制与牙齿变黄或畸形。

(四) 体内的 pH 和药物的 pK_a

在生理情况下,细胞内液 pH 为 7.0,细胞外液为 7.4。由于弱酸性药物在较碱性的细胞外液中解离增多,因而细胞外液浓度高于细胞内液,升高血液 pH 可使弱酸性药物由细胞内向细胞外转运,降低血液 pH 则使弱酸性药物向细胞内转移;弱碱性药物则相反。口服碳酸氢钠碱化血液可促进巴比妥类弱酸性药物由脑细胞向血浆转运,同时碱化尿液,可减少巴比妥类弱酸性药物在肾小管的重吸收,促进药物从尿中排出,这是临床上抢救巴比妥类药物中毒的措施之一。

(五) 体内屏障

1. 血-脑屏障（blood-brain barrier） 脑组织内的毛细血管内皮细胞紧密相连，内皮细胞之间无间隙，且毛细血管外表面几乎均为星形胶质细胞包围，这种特殊结构形成了血浆与脑脊液之间的屏障。

血-脑屏障能阻碍许多大分子、水溶性或解离型药物通过，但脂溶性高的药物依然能以单纯扩散的方式通过血-脑屏障，分子质量小于 100～150Da 的水溶性药物也可能会以滤过方式跨膜转运。血-脑屏障的通透性也并非一成不变，如炎症可改变其通透性，在脑膜炎患者，血-脑屏障对青霉素的通透性增高，使青霉素在脑脊液中达到有效治疗浓度，而青霉素对健康人即使注射大剂量也难以进入脑脊液。

2. 胎盘屏障（placental barrier） 胎盘绒毛与子宫血窦之间的屏障称为胎盘屏障。事实上胎盘对药物的转运并无屏障作用，母体应用的所有药物至少在一定程度上都能影响胎儿。因为胎盘对药物的通透性与一般的毛细血管无明显差别，几乎所有的药物都能穿透胎盘进入胎儿体内。因此，孕妇应禁用可引起畸形、对胎儿有毒性的药物，对其他药物也应十分审慎。

3. 血-眼屏障（blood-eye barrier） 吸收入血的药物在房水、晶状体和玻璃体等组织的浓度远低于血液，此现象是由血-眼屏障所致，故作用于眼的药物多以局部应用为好，包括局部滴眼和眼周边注射，如结膜下注射、球后注射等。与血-脑屏障相似，脂溶性或小分子药物比水溶性或大分子药物容易通过血眼屏障。

三、代 谢

(一) 药物代谢的意义

药物进入体内后，在体内经酶或其他作用使药物的化学结构发生改变，这一过程称为代谢（metabolism）或生物转化（biotransformation）。药物代谢后通常会有两方面改变，一是增加药物极性，降低脂溶性，有利于药物排泄出体外；二是药物活性会发生改变。绝大部分药物结构改变后原有的活性消失。但经生物转化结构改变后，有些药物还有活性，如镇静催眠药安定；有些药物反而出现毒性，如对乙酰氨基酚（paracetamol）代谢产物对肝脏有毒性作用；有些药物由无活性结构转化为有活性的结构，如糖皮质激素可的松需在肝生物转化为氢化可的松方有活性。

(二) 药物代谢部位

药物代谢所涉及的酶主要存在于肝中，肝脏是最主要的药物代谢器官，此外，胃肠道、肺、皮肤、肾也可产生对特定药物有意义的药物代谢作用。

(三) 药物代谢步骤

药物代谢通常涉及Ⅰ相和Ⅱ相反应。Ⅰ相反应通过引入或脱去功能基团使原形药生成极性增高的代谢产物。氧化、还原、水解均为Ⅰ相反应。若Ⅰ相反应产物具有足够的极性，则易被肾脏排泄。但许多Ⅰ相代谢物进入Ⅱ相反应，在Ⅱ相反应过程中，内源性物质葡萄糖醛酸、硫酸、乙酸、甘氨酸等与Ⅰ相反应产物形成的新功能基团结合，生成具有高度极性结合物后经尿排泄。一般来说,经Ⅱ相反应所生成的结合物为极性分子,易经肾脏排泄。

(四) 药物代谢酶

体内各种组织均有不同程度的代谢药物的能力,药物的代谢通常是酶的作用,大部分的药物代谢发生在内质网和细胞质中。在内质网中存在的药物代谢酶常被归类为微粒体酶。第一相反应所涉及的酶系统主要存在于内质网中,而第二相结合酶系统主要在细胞质中。通过内质网第一相反应生物转化的药物在同一细胞质中发生结合反应。细胞色素 P_{450}(cytochrome P_{450}, CYP_{450})为一类血红素-巯基蛋白(heme-thiolate proteins)的超家族,它参与内源性物质和包括药物、环境化合物在内的外源性物质的代谢,也称药物代谢酶,或肝药酶。

(五) 药物代谢酶的诱导与抑制

药物代谢酶的活性可因某些药物(如苯巴比妥、利福平、乙醇、卡马西平等)的反复应用而被诱导,导致酶活性增高。这一作用是通过加速 CYP_{450} 的合成或减慢其降解而产生的。酶诱导可引起诱导药物本身及合用的药物代谢速率加快,药理作用减弱,需要用量越来越大来维持疗效。

药物代谢酶的活性可因某些药物(如西咪替丁和氯霉素等)的反复应用而被抑制,导致酶活性降低,药物代谢率降低,血药浓度提高,疗效增强或出现中毒。

四、排　　泄

排泄(excretion)是指药物的原形或其代谢产物通过排泄器官或分泌器官排出体外的转运过程。药物及其代谢产物主要经尿排泄。从粪便排泄的药物主要是那些口服后未被吸收的药物或是从胆道排到肠道或直接进入肠道而不再吸收的药物代谢物。挥发性药物主要经肺随呼出气体排泄。药物的汗液和乳汁排泄也是药物的排泄途径。药物自乳汁的排泄是哺乳期婴儿药物不良反应的重要来源。

(一) 肾脏排泄

肾脏是最重要的药物排泄器官,不少药物的大部分甚至全部经肾脏排泄而消除,如青霉素、呋塞米、乙酰唑胺等。肾将药物和代谢物从尿中排出涉及三个过程:肾小球滤过、肾小管主动分泌和肾小管被动重吸收。

1. 肾小球滤过　肾小球毛细血管内皮细胞间膜孔较大,分子质量 70kDa 以下的药物,除与血浆蛋白结合的结合型药物外,未结合的游离型药物及其代谢产物均可经肾小球滤过。

2. 肾小管分泌　近曲小管细胞能以主动方式将药物自血浆分泌入肾小管内。除了特异性转运机制分泌葡萄糖、氨基酸外,肾小管细胞具有两种非特异性转运机制分别分泌阴离子(酸性药物离子)和阳离子(碱性药物离子)。经同一机制分泌的药物可竞争转运载体而发生竞争性抑制,通常分泌速度较慢的药物能更有效地抑制分泌速度较快的药物。丙磺舒竞争性地抑制青霉素的排泄,可用于增强青霉素的疗效。利尿药呋塞米可竞争尿酸的排泄,可干扰血生化尿酸指标的检查,还可加重痛风症状。

3. 肾小管重吸收　肾脏主要在远曲小管以被动扩散的方式对肾小管内药物进行重吸

收。口服吸收的脂溶性药物,绝大部分会轻而易举地完成重吸收,不会直接排泄出去。经代谢后增加药物极性,降低脂溶性,药物就不易重吸收而排泄出去。

由于肾小管上皮细胞具脂质膜的特性,和药物通过其他部位细胞膜一样,离子型药物很难透过肾小管细胞。这些药物的被动重吸收是 pH 依赖性的,只有未解离的分子型药物顺浓度差重吸收。当尿液酸性增高时,碱性药物解离程度随之增高,重吸收减少;酸性药物则相反。而尿液碱性增高时,酸性药物解离程度随之增高,重吸收减少;碱性药物相反。调节血、尿内的 pH 可调控弱酸或弱碱性药物的排泄速度,特别是加快中毒药物排泄。如水杨酸钠中毒可静脉滴注碳酸氢钠而加速药物的排泄。

(二) 消化道排泄

药物可通过胃肠道壁脂质膜自血浆内以被动扩散方式排入胃肠腔内,位于肠上皮细胞膜上的糖蛋白也可将药物及其代谢产物直接从血液内分泌排入肠道。当碱性药物在血内形成很高浓度时,消化道排泄途径十分重要。如大量应用吗啡后,血内部分药物经扩散进入胃内酸性环境后,几乎完全解离,重吸收极少,洗胃可清除胃内药物,如果不通过洗胃将其清除,则进入较碱性的肠道后会再被吸收。被分泌到胆汁内的药物及其代谢产物经由胆道及胆总管进入肠腔,然后随粪便排出体外。经胆汁排入肠腔的药物部分可再经小肠上皮细胞吸收经肝脏进入血液循环,这种肝脏、胆汁、小肠间的循环称肝肠循环(enterohepatic circulation)。较大药量反复进行肝肠循环可延长药物的半衰期和作用维持时间。若中断其肝肠循环,半衰期和作用时间均可缩短。强心苷中毒后,口服考来烯胺可在肠内和强心苷形成络合物,中断其肝肠循环,加快从粪便中排泄,为急救措施之一。

(三) 其他途径的排泄

有些药物可经唾液、乳汁、头发和皮肤等排泄,从量上来说并不重要,但有的具有特殊意义。某些药物在唾液中的浓度与在血浆中的游离药物浓度相平行,如果具有高灵敏性的测定唾液药物浓度方法,医生或患者自己就会更方便和合理地控制用药量,提高疗效,降低毒性发生率。由于乳汁比血浆更为偏酸,所以碱性药物就可能稍集中于乳汁。海洛因和硫氧嘧啶类抗甲状腺药等碱性药很容易进入乳汁,浓度较高,特别注意避免影响哺乳婴幼儿。测定头发和皮肤中药物具有法医学的意义。

第三节 药物消除动力学

药物在体内的代谢和排泄过程统称消除,因为大部分药物需经一次或多次代谢增加极性后逐渐排泄,代谢和排泄通常交织在一起。在房室模型基础上,采用微积分方法,求得药物消除的动力学规律有以下三种。

一、一级消除动力学

一级消除动力学(first-order elimination kinetics)又称恒比消除。即体内药物在单位时间内消除的药物百分率不变,也就是单位时间内消除的药物量与血浆药物浓度成正比,血浆药物浓度高,单位时间内消除的药物多,消除速度越快。

反应药物在体内按一级动力学消除时血浆药物浓度衰减规律的方程为:

$$\frac{d_C}{d_t} = -KC^t \qquad (16\text{-}4)$$

C 为药物浓度;K 为消除速率常数(elimination rate constant),反应体内药物的消除速率,负值表示药物经消除而减少。t 为时间。

经积分、移项,可得 t 时的药量 C_t 与初始血药浓度($t=0$ 时) C_0 的方程为:

$$C_t = C_0 \cdot e^{-kt} \qquad (16\text{-}5)$$

如果时间 t 为 1 个单位,即 $t=1$,

$$\frac{C_t}{C_0} = e^{-k} \qquad (16\text{-}6)$$

所以单位时间血药浓度变化比值为常数,是定值。上述方程式两侧取常用对数,得出以下一级消除动力学重要方程式:

$$\log C_t = \log C_0 - \frac{k}{2.303}t \qquad (16\text{-}7)$$

显然,血药浓度的常用对数与其时间变化为线性关系,一级消除动力学的药时曲线在半对数坐标图上则为直线(图 16-3),故一级动力学过程也称线性动力学过程(linear kinetics)。

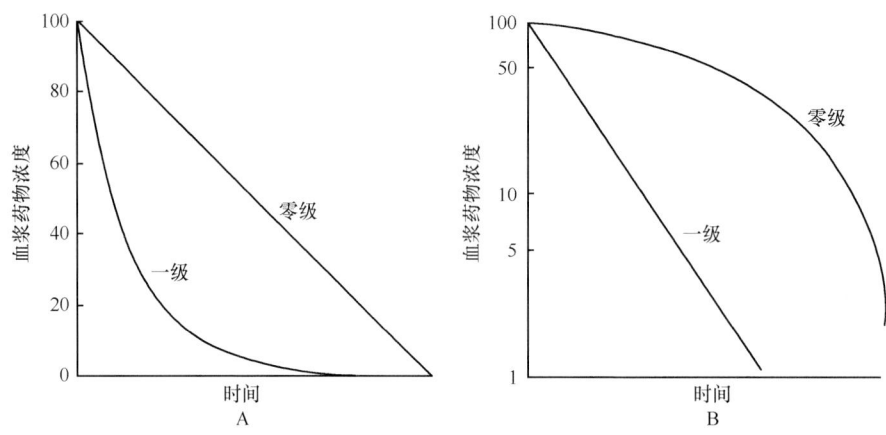

图 16-3 一级消除动力学和零级消除动力学的药-时曲线
A. 常规坐标图;B. 半对数坐标图

将上述方程式进一步转换,推导出血浆药物浓度下降一半的时间 $t_{1/2}$(半衰期)等于 0.693 除以消除速率常数 K,即一级消除动力学半衰期是定值。

$$\ln C_t = \ln C_0 - kt$$

$$k = \frac{\ln C_0 - \ln C_t}{t}$$

$$t_{1/2} = \frac{\ln 2}{k} = \frac{0.693}{k}$$

药物在不过量时体内消除均符合一级消除动力学规律,即恒比消除、血浆半衰期固定和血药浓度的常用对数与其时间变化为线性关系。

二、零级消除动力学

零级消除动力学(zero-order elimination kinetics)方程式推导如下：

$$\frac{d_C}{d_t} = -kC_0 \quad (16\text{-}8)$$

$\frac{d_C}{d_t} = -k$，经积分得

$$C_t = C_0 - kt \quad (16\text{-}9)$$

式中可见，在单位时间内消除的量不变，即恒速消除，半衰期不固定，药物浓度与时间为线性关系。通常因药物过量体内的消除能力达到饱和所致，机体以最大消除能力进行恒量和恒速消除，血药浓度提高，消除速度无法相应提高。

在半对数坐标图和常规坐标图上，一级消除动力学和零级消除动力学的药-时曲线分别为直线和曲线(见图 16-3)。

一些药物(如苯妥英、水杨酸、乙醇等)在体内可表现为混合消除动力学，即在低浓度或低剂量时，按一级动力学消除，达到一定高浓度或高剂量时，因消除能力饱和，单位时间内消除的药物量不再改变，按零级动力学消除。

第四节 药物体内的时量关系

一、单次给药的药时曲线和曲线下面积

单个剂量口服和静脉注射给药(以阿司匹林为例)后不同时间的血浆药物浓度变化，即药时曲线，见图 16-4。

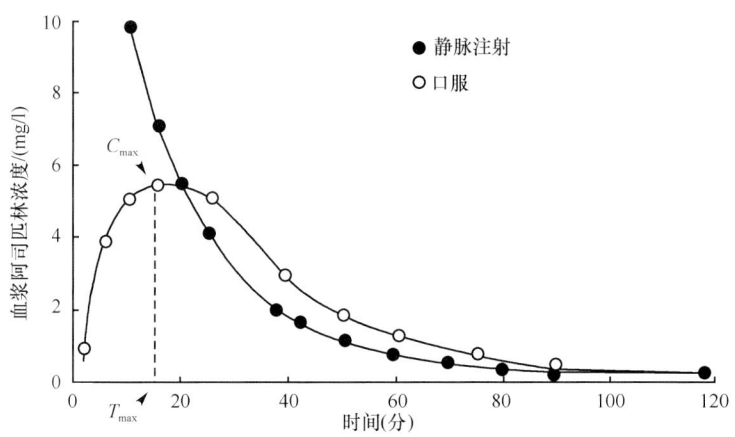

图 16-4 同一患者分别口服和静脉注射阿司匹林 650mg 后的药时曲线

口服的药时曲线由迅速上升的以吸收为主的吸收相和缓慢下降的以消除为主的消除相两部分组成，最高点称峰浓度(peak concentration, C_{max})，达到峰浓度的时间称峰时间(peak time, T_{max})。静脉注射药时曲线没有吸收相，只有消除相。

药时曲线下所覆盖的面积称曲线下面积(area under curve, AUC)，其大小反映药物进入

血循环的总量。

二、多次给药的稳态血药浓度

在临床实践中,大多数药物治疗是采用多次给药,又以口服多次给药常用。按照一级动力学规律消除的药物,其体内药物总量随着不断给药而逐步增多,直至从体内消除的药物量和进入体内的药物量相等时,体内药物总量不再增加而达到稳定状态,此时的血浆药物浓度达到稳态浓度(steady-state concentration,C_{ss})(图16-5)。药物的稳态浓度应设定在高于最低有效浓度(minimum effective concentration,MEC)、同时低于最低中毒浓度(minimum toxic concentration,MTC),这样药物通常会持续有效而不中毒。

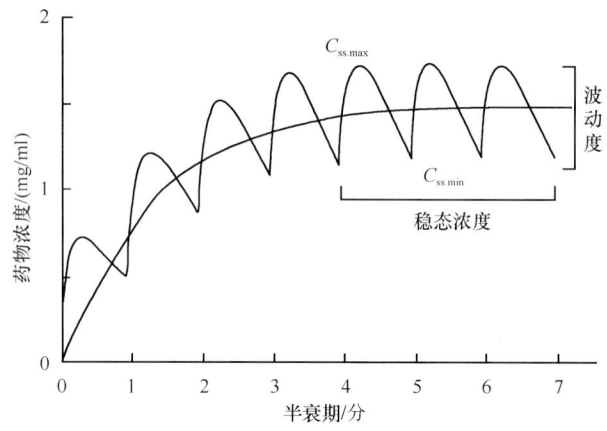

图 16-5 多次间歇给药的药时曲线

多次给药后药物达到稳态浓度的时间仅决定于药物的消除半衰期。一般来说,药物在剂量和给药间隔时间不变时,经5个半衰期可达到稳态浓度。

药物半衰期通常作为给药时间间隔的参考,结合人用药习惯。提高给药频率或增加给药剂量均不能使稳态浓度提前达到,而只能改变体内药物总量(即提高稳态浓度水平)或峰浓度(peak concentration,$C_{ss.max}$)与谷浓度(trough concentratin,$C_{ss.min}$)之差。

因为药物是呈指数衰减的,平均稳态血药浓度Css不是稳态时Css.max和Css.min的算术平均值。口服间歇给药时,根据给药剂量(D)、生物利用度(F)、药物清除率(CL)和给药间隔时间(τ),可计算平均稳态浓度(C_{ss}):

$$C_{ss} = \frac{F \cdot D}{CL \times \tau}$$

第五节 药物代谢动力学的重要参数

一、生物利用度

经任何给药途径给予一定剂量的药物后到达全身血循环内药物的百分率称生物利用度(bioavailability),通常用 F 表示,计算公式如下:

$$F = \frac{A}{D} \times 100\%$$

式中，A 为体内药物总量，D 为用药剂量。

生物利用度是区分药物吸收的速率、程度和最终达到体循环的药量的一个重要参数。除了以进入全身循环药物量的多少来表示生物利用度外，生物利用度还有另外一个含义，即药物进入全身循环的速度。一般来说，应用不同剂型的药物后，在血内达到最高浓度的时间先后反映了生物利用度的速度差异。

静脉注射后全部药物进入全身循环，生物利用度等于 100%。口服药物的生物利用度小于 100%，主要原因是吸收不完全或到达全身血循环前即有一部分在肝脏内被首关消除。

生物利用度可分为绝对生物利用度和相对生物利用度。生物利用度是通过比较药物在体内的量来计算的。药物在体内的量以血药浓度时间曲线下面积（AUC）表示。因静脉注射后的生物利用度应为 100%，因此，如以血管外给药（如口服）的 AUC 和静脉注射的 AUC 进行比较，则可得该药的绝对生物利用度：

$$F = \frac{\text{AUC}_{\text{血管外给药}}}{D_{\text{静脉给药}}} \times 100\%$$

如对同一血管外给药途径的某一种药物制剂（如不同剂型、不同药厂生产的相同剂型、同一药厂生产的同一品种的不同批号等）的 AUC 与相同的标准制剂进行比较，则可得相对生物利用度：

$$F = \frac{\text{AUC}_{\text{受试试剂}}}{D_{\text{标准制剂}}} \times 100\%$$

如果药品含有同一有效成分，而且剂量、剂型和给药途径相同，则它们在药学方面应是等同的。两个药学等同的药品，若它们所含的有效成分的生物利用度无显著差别，则称为生物等效（bioequivalence）。

有的不同药厂生产的同一种剂型的药物，甚至同一个药厂生产的同一种药品的不同批产品，生物利用度可能有很大的差别，致使该制剂药物的吸收速度和程度不稳定。即使吸收程度相同的不同药剂，如果有的吸收过快，可能出现峰值浓度超过最低中毒浓度（MTC）而中毒，如果吸收过慢，可能出现峰值浓度低于最低有效浓度（MEC）而无效（图 16-6）。这样的药剂质量当然很差，在广泛使用的人群中，有效率会降低，中毒发生率会提高。

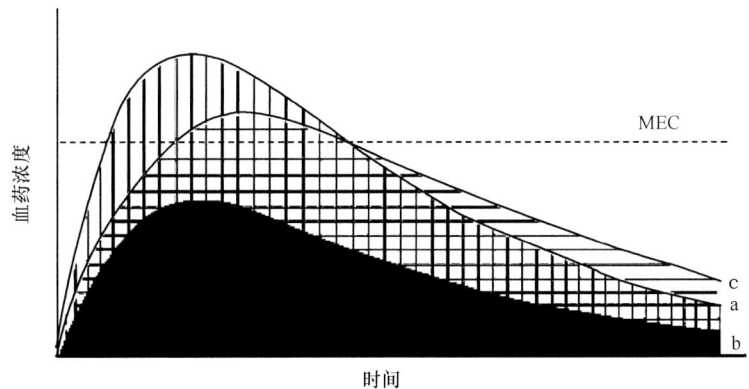

图 16-6 三种不同药厂生产的相同剂量药剂的生物利用度
a、b、c 三制剂吸收程度相同但吸收速度明显不同，a 药剂中毒，c 药剂无效

二、表观分布容积

当血浆和组织内药物分布达到平衡后,体内药物按此时的血浆药物浓度在体内分布时所需体液容积称表观分布容积(apparent volume of distribution, V_d)。

$$V_d = \frac{A}{C_0}$$

式中,A 为体内药物总量,C_0 为血浆和组织内药物达到平衡时的血浆药物浓度。

由于药物在体内的分布并不是均匀的,因此 V_d 并不是一个真正的容积空间,它只是当药物在体内所有部分都是按血浆药物浓度均匀分布(即一室模型)时所需的容积。

药物表观分布容积在临床用药过程中有重要意义,主要有以下几点。

(1) 根据药物的分布容积,计算产生期望药物浓度所需要的给药剂量,设计和调整用药量。

(2) 根据分布容积的大小,估计药物的分布范围。如体重70kg的正常人,有血液5L,细胞间液14L,细胞内液28L,总体液量约为42L。V_d 在5L左右,表示药物主要分布于血浆,如肝素、华法林;V_d 在 10~20L 时,表示药物分布于全身体液中;V_d>40L 时表示药物分布到组织器官中;V_d>100L 时表示药物可能在特定组织或器官中蓄积,如碘集中分布于甲状腺,地高辛主要分布于肌肉和脂肪组织。

(3) 分布容积可因年龄、性别、疾病等发生变异,由此影响血药浓度,改变药物的疗效。体内水增加时水溶性药物的血药浓度下降,体内水减少时水溶性药物的血药浓度升高;肥胖者与老年人脂肪比例增加,脂溶性药物分布容积增大,血药浓度下降;循环衰竭时药物分布受到限制,血药浓度将升高;低白蛋白血症患者血浆中结合型比例下降,分布容积增大;合并应用两种药物,如发生与血浆蛋白竞争性结合,被置换的药物分布容积增大,游离药物浓度增加。

(4) 分布容积可用于静脉恒速滴注药物的首次负荷量计算。

(5) 分布容积的变异可影响药物的血浆半衰期。一般来说,分布容积越小的药物排泄越快,在体内存留时间越短;分布容积越大的药物排泄越慢,在体内存留时间越长。

三、消除半衰期

药物消除半衰期(half-life, $t_{1/2}$)是指药物血浆浓度或体内药量减少50%所需时间,其长短可反映体内药物消除速度。

按一级动力学消除的药物,$t_{1/2}$ 为一个常数,

$$t_{1/2} = 0.693/k$$

不受药物初始浓度和给药剂量的影响,仅取决于 k 值大小(k 为一级消除动力学的消除速率常数)。

根据 $t_{1/2}$ 可确定给药间隔时间。一般来说,$t_{1/2}$ 长,给药间隔时间长;$t_{1/2}$ 短,给药间隔时间短。通常给药间隔时间约为一个 $t_{1/2}$。$t_{1/2}$ 过短的药物,若其毒性小,可加大剂量并使给药间隔时间长于 $t_{1/2}$,这样既可避免给药过频,又可在两次给药间隔内仍保持较高的血药浓度。例如,阿莫西林的 $t_{1/2}$ 约为 2 小时,但常常每间隔 8 或 12 小时大剂量给药。若毒性大,治疗指数小,则可采用静脉滴注。

按一级动力学消除的药物经过 5 个 $t_{1/2}$ 消除约97%,药物从体内基本消除。同样,如前所述,若按固定剂量、固定间隔时间给药或恒速静脉滴注,经 4~5 个 $t_{1/2}$ 基本达到稳态血药

浓度。故根据 $t_{1/2}$ 可预计连续给药后达到稳态血浆药物浓度的时间和停药后药物从体内消除所需要的时间。

按零级动力学消除的药物

$$t_{1/2} = C_0/2k_0$$

表明零级动力学的血浆消除半衰期和血浆药物初始浓度成正比,即给药剂量越大,$t_{1/2}$ 越长。

四、清 除 率

清除率(clearance,CL)是机体消除器官在单位时间内清除药物的血浆容积,可以换成单位时间内有多少分布容积药物被机体清除。清除率以单位时间的容积(ml/min 或 L/h)表示。清除率的计算公式为:

$$CL = k \times V_d$$

式中,k 为消除速率常数,V_d 为表观分布容积。

清除率的概念在临床药动学中有重要的应用价值。药物以一级消除动力学消除时,清除率通常是恒定的,达稳态浓度时应等同给药速度,可用于确定维持稳态浓度或靶浓度的给药量,也称维持量(maintenance dose),通常就是固定时间连续使用的给药量。

第六节 药物剂量的设计和优化

一、靶浓度与维持量

在多数情况下,临床多采用多次间歇给药或是持续滴注,以使稳态血浆药物浓度维持一个有效而不中毒的治疗浓度范围,又称靶浓度(target concentration)。

为了维持选定的稳态浓度或靶浓度,需计算药物维持剂量(maintenance dose),以调整给药速度使进入体内的药物速度等于体内消除药物的速度。通常口服药固定间隔时间的常规给药量就是其维持量,因为5个半衰期后达稳态浓度。

二、负 荷 量

因维持量给药通常需要 4~5 个 $t_{1/2}$ 才能达到稳态浓度,增加剂量或者缩短间隔时间均不能提前达到稳态,只能提高药物浓度,因此如果患者急需达到稳态治疗浓度以迅速控制病情,可用负荷量(loading dose)给药法(图 16-7)。

将首次剂量加大,然后再给予维持剂量,使稳态浓度(即事先为该患者设定的靶浓度)提前达到。使血药浓度立即达到(或接近)Css 的首次用药量即为负荷量。如用药间隔时间为 $t_{1/2}$,则口服药物负荷量为给药量的 2 倍。持续静脉滴注负荷量为给药量 1.44 倍。

负荷量给药可提早出现稳定疗效,但可增加中毒发生率,非急重患者一般不常规使用。安全范围较大、毒性低的药物可考虑使用。

三、个体化给药

目前,绝大部分药物使用的剂量和时间,均依据该药的说明书。而药物说明书设计的用药

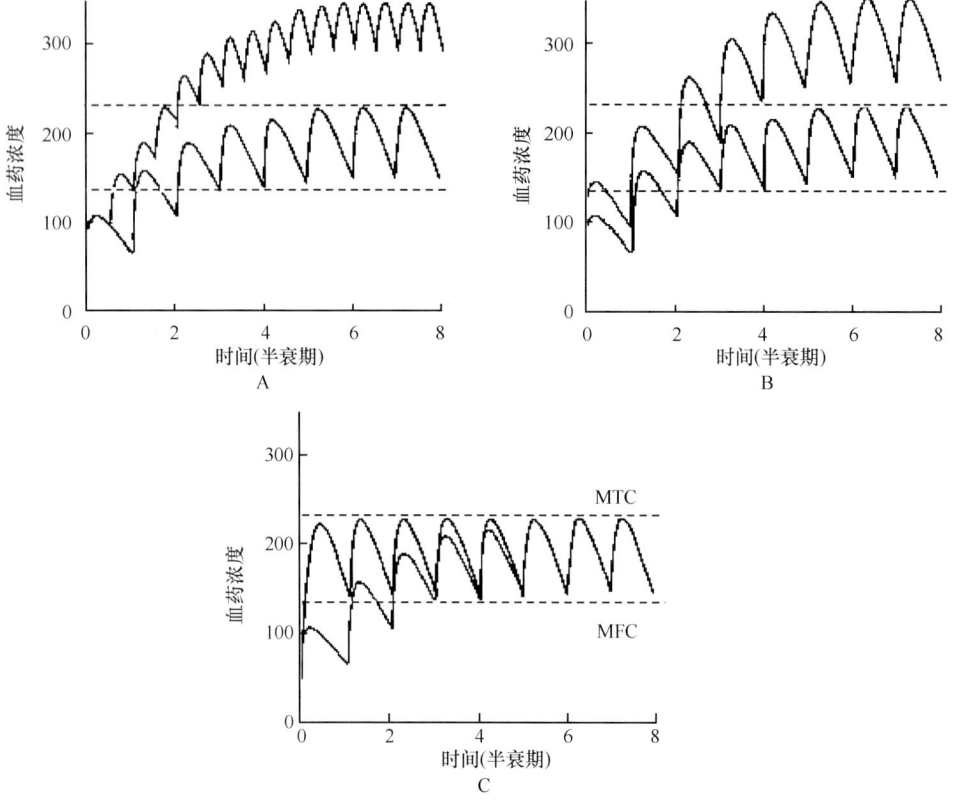

图 16-7 给药方案调整与稳态浓度的变化
A. 缩短间隔时间；B. 增加剂量；C. 负荷量给药

方案，基本是在测定正常人系列药动学参数基础上设计的。面对病情各异的患者，用药通常需要医生结合临床检查的多项指标和经验进行调整和摸索，难免出现中毒和无效的情况。

个体化给药就是测定具体用药患者的一系列药动学参数，设计用药量和给药时间，针对性强，会明显提高有效率，降低中毒发生率。显然，个体化给药是更科学的给药方式。但个体化给药面临诸多缺点和限制。首先需要多次取血并测定血药浓度，这一过程就需要时间、费用和专业技术人员。许多急、重患者因时间问题无法进行个体化给药，更多的普通患者因费用和多次取血而拒绝，许多医院因缺乏相应专业技术人员无法开展临床药理学指导。此外，目前测定的血药浓度大多为总药浓度，而不是游离药物浓度，因为血液测定药物时通常需要沉淀蛋白，促使结合蛋白的药物全部进入血液。患者血浆蛋白多或少，以及同时使用存在血浆蛋白竞争的药物，用血药(总)浓度指导个体化给药就易出偏差。

随着计算机技术与个体化给药的有机结合，取血测定血药浓度的次数在减少，测定时间也大幅缩短，适合开展个体化给药的疾病和药物正在不断增多。一部分药物在唾液中的浓度与血浆游离药物浓度接近，可能有重要意义。随着科学技术的进步，当医生或患者能便捷测定唾液中药物浓度时，相信个体化用药会广泛展开，用药的有效性和安全性会大幅提高。

(刘　义)

第十七章 影响药物效应的因素

药物在机体内产生的药理作用和效应受药物和机体的多种因素影响,如药物的制剂、给药途径、联合应用,患者的生理因素、病理状态等。这些因素影响导致的既可表现为药物代谢动力学差异(pharmacokinetic variation),也可表现为药物效应动力学差异(pharmacodynamic variation)。这两方面的变异均能导致药物反应个体差异(interindividual variation)。

药物反应的个体差异绝大多数情况下表现为药物作用强度的差异,少数情况下表现为药物作用性质的差异。在临床用药时,应熟悉各种因素对药物作用的影响,根据个体的情况选择合适的药物和剂量,做到用药个体化。

第一节 药物因素

一、药物制剂和给药途径

一种药物可制成多种剂型,采用不同的途径给药,如供口服给药的有片剂、胶囊、口服液,注射用的有水剂、乳剂、油剂,还有控制释放速度的控释剂。同一药物由于剂型不同、采用给药途径不同,所引起的药物效应也会不同。通常注射药物比口服吸收快,到达作用部位的时间短,因而起效快,作用显著。注射剂中的水溶性制剂比油溶剂和混悬剂吸收快,起效快。口服制剂中的溶液剂比片剂、胶囊容易吸收。控释制剂是一种可以控制药物缓慢而恒速或非恒速释放的制剂,其作用更为持久和温和。药物的制备工艺和原辅料的不同,也可能显著影响药物的吸收和生物利用度,如不同药厂生产的相同剂量的地高辛片,口服后的血浆药物浓度可相差7倍。有的药物采用不同给药途径时,还会产生不同的作用和用途,如硫酸镁(magnesium sulfate)口服可以导泻和利胆,注射则产生解痉、镇静和颅内压降低的作用。缓释制剂(sustained release preparation)利用无药理活性的基质或包衣阻止药物迅速溶出以达到非恒速缓慢释放的效果。控释制剂(controlled release preparation)可以控制药物按零级动力学恒速或近恒速释放,以保持恒速吸收。

二、药物相互作用

两种或两种以上药物同时或先后序贯应用时,药物之间有时会相互影响和干扰,可改变药物的体内过程及机体对药物的反应性,从而使药物的药理效应或毒性发生变化。临床上可利用药物间协同作用(synergism)联合应用药物以增加疗效,或利用拮抗作用(antagonism)以减少不良反应。不恰当的联合用药可使疗效降低或出现意外的毒性反应。

药物相互作用(drug interaction)主要表现在两个方面:一是不影响药物在体液中的浓度,但改变药理作用,表现为药物效应动力学的相互作用。例如,β肾上腺素受体阻断药通过竞争同一受体拮抗β肾上腺素受体激动药的作用,单胺氧化酶抑制药则通过抑制去甲肾上腺素失活,提高肾上腺素能神经末梢去甲肾上腺素的储存量,因而增强那些通过促进去甲肾上腺素释放而发挥作用的药物效应。二是通过影响药物的吸收、分布、代谢和排泄,改变药物在作用部位的浓度而影响药物作用,表现为药物代谢动力学的相互作用。如抑制胃排空的药物(如阿托品或阿片类麻醉药)可延缓合并应用药物的吸收。血浆蛋白结合率高的药物可被同时应用的另一血浆蛋白结合率高的药物所置换,导致被置换药物的分布加快,作用部位药物浓度增高,毒性反应或临床效应增强。药物相互作用对于那些药效曲线陡直或治疗指数低的药物(如抗凝血药、抗心律失常药、抗癫痫药、锂和抗肿瘤药、免疫抑制药)可能具有重要的临床意义。药物混合时发生了物理性或化学性反应的相互影响称为配伍禁忌(incompatibility),由静脉给药时尤其应注意配伍禁忌。

第二节 机体因素

一、生理因素

(一) 年龄

年龄是影响药物作用的一个重要因素,特别是小儿与老年人,对某些药物的反应与成年人明显不同,大部分药物在新生儿和老年人中都会有更强烈、更持久的作用。小儿(尤其是新生儿与早产儿)的各种生理功能(包括自身调节功能)尚未充分发育,与成年人有巨大差别。大多数新药临床试验一般不用小儿进行试验,缺少小儿药动学数据。小儿的肝肾功能发育不全,对药物的代谢和排泄能力较低,当药物使用不当或剂量过大时易发生中毒反应。如氯霉素主要在肝脏代谢,新生儿肝脏葡萄糖醛酸结合能力尚未发育,使用不当可引起灰婴综合征。小儿血-脑屏障和脑组织发育不完善,对作用于中枢神经系统的药物(包括中枢抑制药和中枢兴奋药)特别敏感。小儿体液所占体重比例较大,加之对水盐的调节能力较差,对影响水盐代谢的药物(如利尿药)非常敏感,易引起水电解质平衡紊乱。老年人存在生理性功能减退,主要表现在体液相对减少,脂肪增多,蛋白质合成减少,肝、肾功能减退,这些均可影响药物的吸收、分布、代谢和排泄,进而改变药物的效应和不良反应。老年人常需服用更多的药物,发生药物相互作用的可能性增加。

(二) 性别

女性体重一般轻于男性,在使用治疗指数低的药物时,为维持相同效应,女性可能需要较小剂量。女性较男性有较高比例的脂肪和较低比例的水,这可影响药物的分布和作用。女性用药时应考虑药物对"三期"(月经期、妊娠期、哺乳期)的影响。妊娠妇女除了维持妊娠的药物以外,其他药物的应用均应审慎,因为进入母体内的药物均能进入胎儿体内,凡能对母体产生即使是很轻微不良反应的药物都可能影响胚胎或胎儿的发育。20世纪50年代,在西欧因孕妇服用沙利度胺(又称反应停)而生产了一万余例海豹畸形婴儿。在分娩过程中对母体使用的药物也可能对新生儿产生持久的作用,因为新生儿不仅自身对药物的代谢和排泄的功能不全,而且也因切断和母体的循环联系而不能利用母体内消除药物的机制。在哺乳期的妇女,有些药物可通过乳汁排泌被乳儿摄入体内引起药物反应。

二、精神因素

药物治疗的效应并非完全由药物本身单一因素引起,一个患者服药后的效应实际上是由多种因素引起的,包括药理学效应、非特异性药物效应、非特异性医疗效应和疾病的自然恢复等因素。非特异性药物效应和非特异性医疗效应是安慰剂(placebo)的绝对效应,加上疾病的自然恢复,则是安慰剂效应。安慰剂一般指由本身没有特殊药理活性的中性物质(如乳糖、淀粉等)制成的外形似药的制剂。但从广义上讲,安慰剂还包括那些本身没有特殊作用的医疗措施(如假手术等)。安慰剂产生的效应称为安慰剂效应。安慰剂效应是导致药物治疗产生效果的重要影响因素之一,主要由患者的心理因素引起。在评价药物的临床疗效时,应考虑安慰剂效应的影响。实际上不少药物或其他手段的治疗效果往往不是药物本身的作用,只是安慰剂效应。

三、病理因素

疾病的严重程度固然与药物疗效有关,疾病本身及同时存在的其他疾病也能导致药物代谢动力学和药物效应动力学的改变。肝、肾功能损伤易引起药物在体内蓄积,产生过强或过久的药物作用,甚至发生毒性反应。小肠或胰腺疾病或由于心力衰竭或肾病综合征导致小肠黏膜水肿时,会因吸收障碍而使药物吸收不完全。肾病综合征时因有蛋白尿、水肿和血浆清蛋白降低,不仅会因肠道黏膜水肿而影响药物吸收,也会因为药物与血浆蛋白结合率降低而影响药物的分布,而且还会使作用于肾小管上皮细胞离子转运机制的利尿药(如呋塞米)与肾小管液中的清蛋白结合而致利尿效应降低。甲状腺功能低下的患者对哌替啶(pethidine)的敏感性增高。体温过低(特别是老年人更易发生)可显著降低许多药物的消除。

四、遗传因素

遗传是药物代谢和效应的一个重要决定因素。基因是决定药物代谢酶、药物转运蛋白和受体活性及功能表达的结构基础,是药物代谢与反应的决定因素,其突变可引起所编码的药物代谢酶、转运蛋白和受体蛋白的氨基酸序列和功能的异常,成为产生药物效应个体差异和种族差异的主要原因。很多特异质反应已从遗传因素获得解释,现已形成一个独立的药理学分支——遗传药理学(genetic pharmacology)。

特异质反应(idiosyncrasy)是一种性质异常的药物反应,通常是有害的,甚至是致命的,常与剂量无关,即使很小剂量也会发生。这种反应只在极少数患者中出现,如氯霉素导致的再生障碍性贫血发生率约为1/50 000。特异质反应通常与遗传变异有关,例如,伯氨喹、多柔比星和一些磺胺类药物,甚至新鲜蚕豆在极少数患者中引起的溶血并导致严重贫血,就是因为这些个体缺乏葡糖-6-磷酸脱氢酶。少数经过致敏的患者对某种药物产生由免疫反应异常所引起的特殊变态反应,亦称过敏反应,如青霉素引起过敏性休克。

五、时间因素

近年来,科学家对药物作用的时辰变化规律进行了深入的研究,为临床提供了大量的时间药动学、时间药效学及时间毒理学资料。如果在血浆中皮质激素的自然峰值时(早晨

7~8点)1次使用糖皮质激素,则对脑下垂体促皮质激素释放的抑制程度,要比通常的平均分为3~4次的给药方法轻得多。如果在远离峰值的夜间给药,则严重抑制促皮质激素的释放,而使其在第二天内仍处于很低的水平。胰岛素的降糖作用,不论对正常人或糖尿病患者都有昼夜节律,即上午(峰值时间为10点)的作用较下午强。不同类型的肿瘤对化学药物有特定的时间敏感性,即在一天中的某一时刻相同剂量的药物可以杀灭的肿瘤细胞要比其他时刻更多。另外,正常人体组织对化学药物毒性的耐受程度也存在着时间差异性。因此,掌握和利用肿瘤与机体对药物反应的时间规律,可以获得最优化的治疗方案,使抗癌药物发挥最大的治疗作用,又使其对正常组织的损伤程度减小到最小。

六、长期用药引起的机体反应性变化

(一) 耐受性和耐药性

耐受性(tolerance)为机体在连续多次用药后反应性降低,要达到原来反应必须增加剂量。耐受性在停药后可消失,再次连续用药又可发生。如仅在应用很少几个剂量后就产生耐受性称急性耐受性或快速耐受性(tachyphylaxis)。例如,麻黄碱在静脉注射3~4次后升压反应逐渐消失,临床用药2~3天后对支气管哮喘不再有效。若在长期用药后产生耐受性则称为慢速耐受性或慢性耐受性(bradyphylaxis),如苯巴比妥。胰岛素既可产生急性耐受性,又可产生慢性耐受性。交叉耐受性(cross tolerance)是指对一种药物产生耐受性后,应用同一类药物(即使是第一次使用)时也会出现耐受性。

耐药性(drug resistance)是指病原体或肿瘤细胞对反复应用的化学治疗药物的敏感性降低,也称抗药性。耐药性的产生是由于长期反复应用抗菌药,特别是剂量不足时,病原体产生了使抗菌药物失活的酶,改变了膜通透性或改变了靶结构和代谢过程。滥用抗菌药物是病原体产生耐药性的重要原因。

(二) 依赖性和停药症状或停药综合征

依赖性(dependence)是指长期应用某种药物后,机体对这种药物产生了生理性的或是精神性的依赖和需求,分生理依赖性和精神依赖性两种。生理依赖性(physiological dependence)也称躯体依赖性(physical dependence),具有耐受性证据或停药症状。精神依赖性(psychological dependence)是需要药物缓解精神紧张和情绪障碍,但无耐受性和停药症状的一种依赖性。产生精神依赖性的患者停药后只表现出主观上的不适,没有客观上的体征表现,又称为习惯性(habituation)。若患者对药物不仅产生精神依赖性,还有生理依赖性,一旦停药,患者表现出精神和躯体生理功能紊乱的戒断症状(abstinent syndrome),则称为成瘾性(addiction)。药物滥用(drug abuse),尤其是兴奋药或麻醉药(narcotics)的滥用是引起依赖性并具有社会意义的重要问题。接受药物治疗的患者在长期反复用药后突然停药可发生停药症状(withdrawal symptoms)或称停药综合征(withdrawal syndrome)。例如,高血压患者长期应用β肾上腺素受体阻断药在突然停药后,血压及心率可反跳性升高,这类患者必须逐渐减量停药。耐受性、依赖性、停药综合征都是一种生物学现象,是药物应用的自然结果,可出现在动物试验中,也可出现在患者中。它不只是发生在药物滥用的个体,就是应用正确的药物和剂量,也同样可以出现耐受性、依赖性和停药症状。

第三节 合理用药原则

合理用药的基本原则主要有以下几点。

(1) 明确诊断和药物的适应证,做到治疗上的安全有效。

(2) 根据病情选用适宜的药物,采用适当的剂型、剂量、给药途径和疗程。剂型和给药途径的选择,应根据病情和医疗条件而定。对某些急性病,需用起效快的注射剂。剂量不足或疗程太短,将使治疗半途而废,甚至疾病复发或加重;但剂量过大或疗程过长,也会引起急性或慢性中毒。总之,剂量和疗程的确定,应以安全、有效、经济、方便为原则,在治疗中还应根据病情变化随时调整剂量和疗程。

(3) 采用科学的联合用药。在采用两种或两种以上药物联合治疗疾病时,既要考虑治疗上是否需要,又要考虑药物间的相互作用,最好做到治疗作用相互协同,不良反应相互拮抗。

(4) 了解影响药物作用的各种因素。

(5) 对因与对症治疗结合。

(6) 要有科学负责的工作态度。用药物治疗疾病是一项科学而严肃的工作,作为一个医生,不仅要有药物学,尤其是药理学的基本知识,还应有对患者高度负责的态度,用药后严密观察病情变化及药物反应,及时进行药物治疗的调整和处理,做到科学、合理用药。

(刘 义)

第十八章 抗菌药物概论

抗菌药指对细菌有抑制或杀灭作用的药物,包括抗生素和人工合成的抗菌药物。应用各种各类抗菌药治疗所致疾病过程中,应注意机体、细菌和药物三者之间在防治疾病中的相互关系。

理想的抗菌药物应具备以下特点:①对细菌有高度选择性;②对人体无毒或毒性很低;③细菌对其不易产生耐药性;④具有很好的药代动力学特点;⑤最好为强效、速效和长效的药物;⑥使用方便,价格低廉。

第一节 抗菌药物的常用用语

1. 抗生素(antibiotics) 是由各种微生物(细菌、真菌、放线菌属等)产生的,能够杀灭或抑制其他微生物的物质。抗生素分为天然抗生素和人工半合成抗生素,前者由微生物产生,后者是在天然抗生素的基础上进行改造的半合成产品。

2. 抗菌谱(antibacterial spectrum) 指抗菌药物的抗菌范围。某些抗菌药物仅作用于单一菌种或局限于单一菌属,其抗菌谱窄,如异烟肼仅对结核杆菌有效。另一些药物抗菌范围广泛,称为广谱抗菌药,如四环素和氯霉素,它们不仅对革兰阳性细菌和革兰阴性细菌有效,对衣原体、肺炎支原体、立克次体及某些原虫等也有抑制作用。

3. 抗菌活性(antibacterial activity) 是指药物抑制或杀灭微生物的能力。

4. 抑菌药(bacteriostatic) 是指仅有抑制微生物生长繁殖而无杀灭作用的抗菌药物,如四环素等。

5. 杀菌药(germicide) 是指具有杀灭微生物作用的抗菌药物,如青霉素类、氨基糖苷类等。

6. 最低抑菌浓度(minimum inhibitory concentration, MIC) 是指体外培养细菌 18~24 小时后能够抑制培养基内细菌生长的最低浓度,是衡量抗菌药物活性大小的指标。

7. 最低杀菌浓度(minimum bactericidal concentration, MBC) 是指能够杀灭培养基内几乎全部细菌的最低浓度。

8. 化疗指数(chemotherapeutic index, CI) 是指动物半数致死量(LD_{50})与治疗感染动物的半数有效量(ED_{50})的比值,或 5% 致死量(LD_5)与 95% 有效量(ED_{95})的比值,即 LD_{50}/ED_{50} 或 LD_5/ED_{95}。化疗指数越大,表明药物的毒性越小,临床应用的价值也越高。但化疗指数大者并不一定绝对安全,如几乎对机体无毒性的青霉素仍有引起过敏休克的可能。

9. 耐药性(drug resistance) 是指反复使用化学药物后导致病原体、肿瘤细胞对化学治疗药物敏感性降低的现象,也称抗药性。

10. 抗生素后效应(post antibiotic effect, PAE) 指抗菌药物作用于细菌一定时间后停止给药,血药浓度已低于 MIC 时,细菌生长仍受到持续抑制的效应。

11. 首次接触效应(first expose effect) 是指抗菌药物在首次接触细菌时有强大的抗菌

效应,再度接触时不再出现该效应,或连续与细胞接触后抗菌效应不再明显增强,需要间隔相当时间以后才会再起作用的现象。

第二节 抗菌药物的作用机制

抗菌药物的作用机制主要是通过特异性干扰细菌的生化代谢过程,影响其结构和功能,使其失去正常生长繁殖能力,达到抑制或杀灭细菌的作用。细菌结构与抗菌药物作用机制见图18-1。

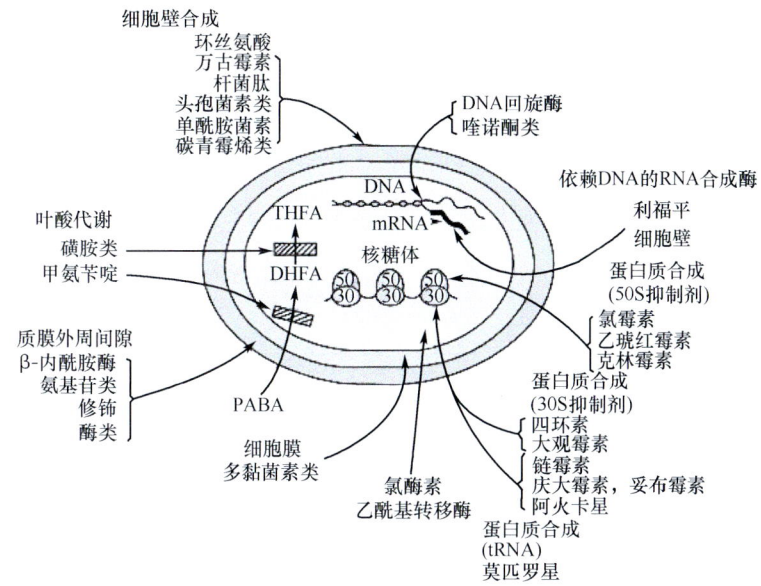

图18-1 抗菌药物的作用机制示意图

一、抑制细菌细胞壁的合成

细菌细胞与人体细胞不同,细菌在其细胞膜外有一层细胞壁。正因如此,抑制细菌细胞壁合成的抗菌药物对人体细胞几乎没有毒性。细菌的细胞壁能抵御菌体内强大的渗透压,具有保护和维持细菌正常形态的功能,其主要成分是胞壁黏肽,又称肽聚糖,由与五肽相连的 N-乙酰胞壁酸和 N-乙酰葡萄糖胺重复交替连接而成。胞壁黏肽的生物合成可分为胞质内、胞质膜与胞质外三个阶段。不同的抗菌药物阻断不同阶段胞壁黏肽的生物合成。胞质内阶段:磷霉素抑制有关酶系阻碍 N-乙酰胞壁酸的形成;环丝氨酸抑制 D-丙氨酸的消旋酶与合成酶从而阻碍 N-乙酰胞壁酸-五肽的形成。胞质膜阶段:万古霉素抑制 N-乙酰胞壁酸-五肽与磷脂载体结合,并阻止结合物运送至细胞膜外;杆菌肽抑制焦磷酸酶的活性,阻止焦磷酸酯的脱磷酸作用。胞质外阶段:青霉素类抗生素阻碍直链十肽二糖聚合物在胞质外的交叉连接过程。青霉素类药物与胞质膜上的青霉素结合蛋白(penicillin-binding proteins,PBPs)结合,抑制转肽酶的转肽作用,阻碍肽聚糖的交叉连接。细菌细胞壁缺损后,在等渗环境下水分渗入细菌细胞,致使细菌膨胀、变形,在自溶酶影响下,细菌破裂溶解而死亡。细菌细胞壁是由糖类、蛋白质、类脂质聚合相嵌而成。革兰阳性菌和革兰阴性细菌细胞壁的组成和作用不完全相同(图18-2)。

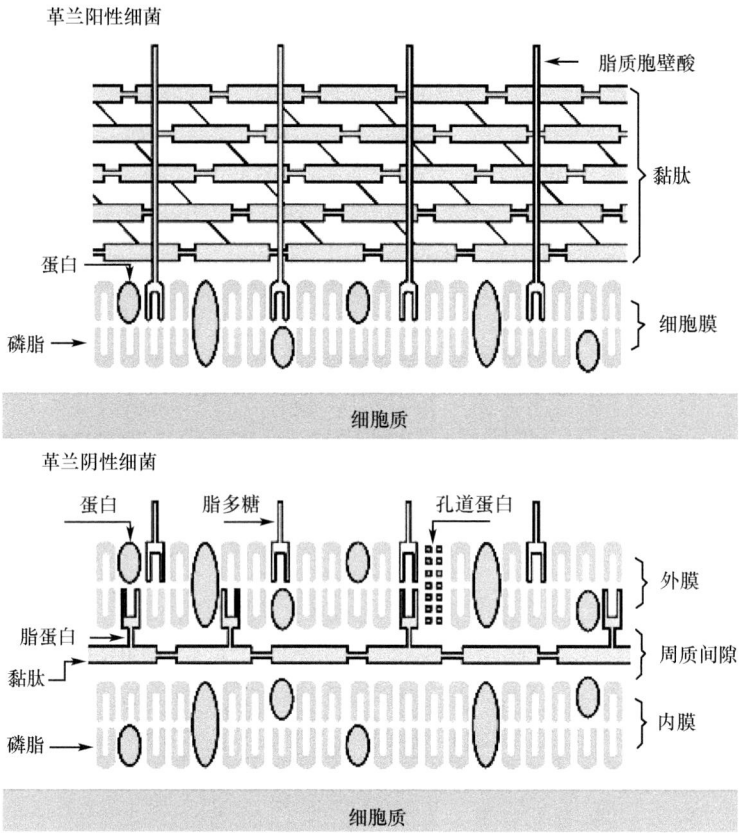

图18-2 革兰阳性细菌和革兰阴性细菌细胞壁的结构示意图

二、影响细菌胞质膜的通透性

细菌胞质膜主要是由类脂质和蛋白质分子构成的一种半透膜,具有渗透屏障与运输物质的功能。多黏菌素类抗生素含有多个阳离子极性基团和一个脂肪酸直链肽,其阳离子与胞质膜中的磷脂结合,使膜功能受损;两性霉素等多烯类抗生素仅能与真菌胞质膜中固醇类物质结合,形成孔道。它们均能使胞质膜通透性增加,菌体内的蛋白质、核苷酸、氨基酸、糖和盐类等外漏,导致细菌死亡。

三、抑制细菌蛋白质的合成

细菌为原核细胞,其核糖体为70S,由30S和50S两个亚基组成;哺乳动物细胞为真核细胞,其核糖体为80S,由40S与60S两个亚基构成,因而它们的生理生化功能不同。细菌蛋白质的合成包括起始、肽链延伸及合成终止三个阶段,在胞质内通过核糖体循环完成。抗菌药物对细菌的核糖体有高度的选择性,不影响哺乳动物的核糖体和蛋白质合成。

多种抗生素通过抑制细菌的蛋白质合成产生抗菌作用,但它们的作用点与作用阶段有所不同:起始阶段,氨基糖苷类抗生素阻止30S亚基和70S亚基合成始动复合物;肽链延伸阶段,四环素类抗生素与核糖体30S亚基结合,阻止氨基酰tRNA在30S亚基A位的结合,阻碍了肽链的形成,氯霉素和林可霉素与核糖体 50S 亚基结合,抑制肽酰基转移酶,大环内酯类也与核糖体 50S 亚基结合,但抑制移位酶;终止阶段,氨基糖苷类抗生素阻止终止因子与 A 位结合,使合成的肽链不能从核糖体释放出来,致使核糖体循环受阻。它们都使细菌蛋白质合成不正常或合成无功能的肽链,产生抑菌或杀菌作用。

四、抑制细菌核酸代谢

喹诺酮类抗菌药物抑制细菌 DNA 回旋酶和拓扑异构酶Ⅳ,影响细菌 DNA 复制而产生杀菌作用;利福平特异性地抑制细菌 RNA 聚合酶(转录酶),阻碍转录过程,杀灭细菌;抗真菌药物氟胞嘧啶在体内代谢为氟尿嘧啶,抑制胸苷酸合成酶活性,干扰真菌的 DNA 合成。

五、影响细菌叶酸代谢

细菌生长繁殖所需的叶酸,不能直接从环境中获取,必须由细菌利用结构较简单的蝶啶、对氨基苯甲酸为原料自身合成。磺胺类与甲氧苄啶可分别抑制二氢叶酸合成酶与二氢叶酸还原酶,妨碍叶酸代谢,最终影响核酸合成,抑制细菌的生长和繁殖。对氨基水杨酸竞争性结合二氢叶酸合成酶,抑制结核杆菌的生长与繁殖。磺胺类与对氨基苯甲酸结构相似,与对氨基苯甲酸竞争二氢蝶酸合酶,影响细菌体内的叶酸代谢。由于叶酸缺乏,细菌体内核苷酸合成受阻,导致细菌生长繁殖不能进行。

第三节 细菌耐药性的产生机制

一、细菌耐药性的产生与种类

细菌耐药性的产生是细菌在自身生存过程中的一种特殊表现形式。天然抗生素是细菌产生的代谢产物,用以抵抗其他微生物,保护自身安全。其他微生物接触到抗生素,也会通过改变代谢途径或制造出相应的灭活物质抵抗抗生素,形成耐药性。

二、细菌产生耐药性的机制

细菌产生耐药的机制主要有以下五方面:产生灭活酶,作用靶位改变,细菌外膜通透性降低,主动外排及改变细菌外膜通透性。这些耐药机制往往不是孤立存在的,而是两种或两种以上不同机制相互作用,这决定了细菌对抗菌药物的耐药水平。

(一) 产生灭活酶

1. β-内酰胺酶 是水解酶,可水解青霉素或头孢菌素。革兰阳性菌中葡萄球菌属可产生青霉素酶,革兰阴性菌可产生超广谱 β-内酰胺酶,这两种酶是最主要的两种 β-内酰胺酶。超广谱 β-内酰胺酶主要由肠杆菌科细菌如肺炎克雷白菌、大肠埃希菌、弗劳地枸橼酸菌等产生,是多种 β-内酰胺类抗菌药物产生耐药的根源。AmpC 酶是另一个 β-内酰胺酶,由革兰阴性杆菌中高表达的染色体介导产生,可引起革兰阴性杆菌对第二、三代头孢菌素、单环类及头霉素类抗菌药物耐药。

2. 钝化酶 细菌产生的钝化酶主要包括氨基糖苷类抗菌药物钝化酶、大环内酯类-林克霉素-链阳菌素类抗菌药物钝化酶及氯霉素乙酰转移酶等。氨基糖苷类抗菌药物钝化酶通过修饰药物分子中某些保持抗菌活性所必需的基团,降低氨基糖苷类药物与作用靶位核糖体的亲和力,从而使氨基糖苷类药物失去抗菌活性。

大环内酯类抗菌药物因自身结构的差异,细菌产生的钝化酶也有差别。如对红霉素具有高度耐受性的大肠埃希菌中存在红霉素钝化酶,此酶可酯解红霉素和克拉霉素的大环内酯结构,选择性地作用于十四元环大环内酯类抗菌药物,对十六元环抗菌药物如麦迪霉素和螺旋霉素等没有明显作用;金黄色葡萄球菌产生的钝化酶对十四元环和十六元环都有酯解作用。由于大环内酯类-林克霉素-链阳菌素三类药物作用机制相近,可存在交叉耐药。

氯霉素钝化酶是酰基转移酶,使氯霉素转化为无抗菌活性的乙酰基代谢产物。此酶主要存在于葡萄球菌、D组链球菌、肺炎链球菌、肠杆菌属和奈瑟菌中,其编码基因可以定位在染色体上,也可以定位在质粒上。

(二) 作用靶位改变

1. β-内酰胺类抗菌药物作用靶位改变 β-内酰胺类抗菌药物的作用靶点是青霉素结合蛋白。青霉素结合蛋白对细菌细胞壁的合成、形态维持和结构调整等都具有重要作用。目前发现,由青霉素结合蛋白改变而引起的耐药细菌主要有葡萄球菌、肺炎链球菌、铜绿假单胞菌、不动杆菌属、流感嗜血杆菌及淋病奈瑟球菌等。青霉素结合蛋白改变包括获得新的青霉素结合蛋白和本身发生结构改变,均导致对抗菌药物的亲和力下降。前者主要发生在葡萄球菌中,后者主要发生在肺炎链球菌中。

2. 万古霉素类作用靶位改变 万古霉素是一种大分子糖肽类抗菌药物,它与革兰阳性菌的细胞壁前体-肽聚糖五肽末端 D-丙氨酰-D-丙氨酸结合,抑制细菌细胞壁蛋白合成。绝大多数临床的革兰阳性菌均对万古霉素敏感。万古霉素也是治疗金黄色葡萄球菌临床感染最为有效的抗菌药物,但由于临床上万古霉素的不合理使用,导致了耐万古霉素肠球菌的出现。耐万古霉素肠球菌主要是通过以 D-乳酸代替肽聚糖末端的 D-丙氨酸,改变万古霉素与之结合的高亲和力靶位而产生耐药性。

3. 大环内酯类、林可霉素、链霉素、喹诺酮类、磺胺类及其他药物作用靶位改变 大环内酯类药物主要通过与细菌核糖体结合,抑制细菌蛋白质合成而发挥抗菌作用。细菌核糖体由大亚基(50S)、小亚基(30S)构成,亚基中 mRNA 及蛋白质的改变,可引起抗菌药物与靶位亲和力的变化,产生耐药性。对大环内酯类耐药的细菌能合成甲基化酶,使位于核糖体50S 亚单位的腺嘌呤甲基化,导致抗菌药物不能与靶位结合。大环内酯类抗菌药物、林可霉素及链霉素的作用机制相似,耐药菌对此三类抗菌药物常同时耐药,称为大环内酯类-林可霉素-链霉素耐药。

喹诺酮类药物通过抑制细菌 DNA 拓扑异构酶Ⅱ、Ⅳ的活性,阻止 DNA 复制、修复、染色体分离、转录等发挥杀菌作用。细菌 gyrA 基因突变可引起 DNA 拓扑异构酶Ⅱ基因变异,降低 DNA 拓扑异构酶Ⅱ与喹诺酮类药物的亲和力而产生耐药。这种基因突变引起的耐药为低水平耐药,当 DNA 拓扑异构酶Ⅱ、Ⅳ同时变异,则引起高水平耐药。耐药细菌中以大肠埃希菌最为显著,此外还有金黄色葡萄球菌、表皮葡萄球菌、肠杆菌属和假单胞菌属等。

磺胺类药物可通过抑制二氢叶酸合成酶或二氢叶酸还原酶,阻止二氢叶酸和四氢叶酸形成,从而抑制细菌生长。细菌可通过质粒转移或随机突变使二氢叶酸合成酶或二氢叶酸还原酶与磺胺类药物亲和力降低,或靶位酶的合成量增加而产生耐药。细菌对四环素类抗菌药物耐药的主要原因之一是细菌产生可溶性蛋白与核糖体结合,保护核糖体或其他决定簇,阻止四环素类对蛋白合成的抑制作用。细菌对氨基糖苷类耐药的主要原因是细菌产生钝化酶,有些细菌还可以通过编码核糖体蛋白的基因突变导致核糖体结构改变,从而阻止抗菌药物与细菌靶位结合,如结核分枝杆菌、金黄色葡萄球菌、大肠埃希菌等对链霉素的耐药。利福霉素类抗菌药物通过与 RNA 聚合酶结合,抑制细菌转录过程,从而达到抗菌作用。耐利福霉素细菌,如大肠埃希菌、结核分枝杆菌等,其编码 RNA 聚合酶 β 亚基的基因产生突变,导致利福霉素类药物不易与靶位结合,而产生耐药。

(三)细菌外膜通透性改变

革兰阴性菌细胞外膜上的孔蛋白是一种非特异性的水溶性扩散通道。药物可通过这些孔蛋白进入菌体内部发挥效用。而某些细菌由于孔蛋白较少或蛋白通道较小,使药物不能进入菌体内部,产生"固有耐药"。如铜绿假单胞菌的细胞外膜上没有大多数革兰阴性细菌所具有的典型高渗透性孔蛋白,它的孔蛋白通道对小分子物质的渗透速度仅为典型孔蛋白通道的 1/100。

其他一些具有高渗透性外膜的敏感菌可以通过降低外膜的渗透性而成为耐药菌。如大肠埃希菌膜蛋白孔道的改变或减少使细菌对多种 β-内酰胺类抗菌药物敏感性下降。外膜通透性改变对抗菌药物没有特异性,细菌往往对多种抗菌药物耐药。

(四)细菌主动外排

某些细菌可以将进入其体内的药物泵出体外,称为主动外排系统。主动外排系统普遍存在于革兰阴性杆菌中,如铜绿假单胞菌、大肠埃希菌、分枝杆菌等。多种革兰阳性菌中也发现与细菌耐药性有关的由染色体编码的外排系统,如金黄色葡萄球菌、粪肠球菌及枯草杆菌等。主动外排系统与其他细菌耐药机制具有协同作用,可提高细菌耐药水平。

(五)改变细菌外膜通透性

某些细菌在接触抗生素后,可通过改变通道蛋白的性质和数量来降低细菌的膜通透性,产生获得耐药。正常情况下,细菌外膜的通道蛋白 OmpF 和 OmpC 组成非特异性跨膜通道,允许抗生素等药物分子进入菌体。当细菌多次接触抗生素后,这两个通道蛋白丢失,导致进入菌体的药物减少,产生耐药。

三、耐药基因的转移方式

获得性耐药可通过突变或垂直传递将耐药性从供体细胞转移给其他细胞,更多见的是通过水平转移,即转导、转化、接合等方式。

1. 突变(mutation) 一般编码蛋白的基因发生突变导致蛋白质结构改变,药物结合能力降低或消失。突变也可能发生在负责转运药物的蛋白质的基因、调节基因或启动子,改变靶位、转运蛋白或灭活酶的表达,形成耐药性。喹诺酮类(回旋酶基因突变)、利福平(RNA 聚合酶基因突变)的耐药性产生都是通过突变引起的。

2. 转导(transduction) 由噬菌体完成,由于噬菌体的蛋白外壳上掺有细菌 DNA,把这些含有药物耐受基因的遗传物质传递给新的细菌,并逐代相传。

3. 转化(transformation) 是细菌将环境中的游离 DNA(来自其他细菌)掺进敏感细菌

的 DNA 中,使其表达的蛋白质发生部分改变的转移遗传信息的方式。肺炎球菌耐青霉素的分子基础即是转化。

4. 接合(conjugation) 是细胞间通过性菌毛或桥接进行基因传递的过程。编码多重耐药基因的 DNA 可能采取接合方式,它是耐药扩散的极其重要的机制之一。可传递的遗传物质中含有质粒的两个不同的基因编码部位,一个编码耐药部分,称耐药决定质粒,另一个质粒称为耐药转移因子,含有细菌接合所必需的基因。两个质粒可单独存在,也可结合成一个完整的 R 因子。某些编码耐药性蛋白的基因位于转座子,可在细菌基因组或质粒 DNA 的不同位置间跳动,即从质粒到质粒、从质粒到染色体、从染色体到质粒。

第四节 抗菌药物的合理应用

在应用抗菌药物治疗感染性疾病的过程中,应注意机体、病原体与药物三者的相互关系(图 18-3)。感染性疾病的罹患与康复是微生物与机体相互斗争的过程。病原微生物在疾病的发生上无疑起着重要作用。但病原体不能决定疾病的全过程,人体的反应性、免疫状态和防御功能对疾病的发生、发展与转归也有重要作用。当机体防御功能占主导地位时,就能战胜致病微生物,使它不能致病,或发病后迅速康复。抗菌药物的抑菌或杀菌作用是制止疾病发展与促进康复的外来因素,为机体彻底消灭病原体和疾病痊愈创造有

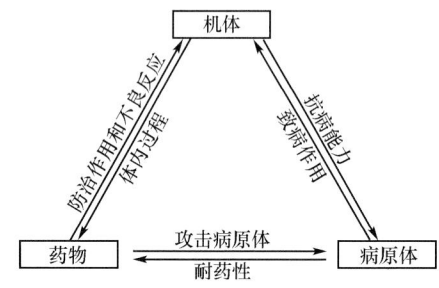

图 18-3 机体、抗菌药物与细菌之间的关系

利条件。事物总是有两面性的,矛盾是不断转化的。在某种条件下微生物可产生耐药性,而使药物失去抗菌效果;在治疗中药物的治疗作用是主要的,但使用不当时,药物可产生不良反应,影响患者健康,甚至使治疗失败。

抗菌药物被广泛应用于临床各科,合理应用抗菌药物可提高疗效、减少不良反应及延缓细菌耐药性的产生。抗菌药物合理应用关键在于:①有无指征应用抗菌药物;②选用的品种及给药方案是否合理。

一、抗菌药物治疗性应用的基本原则

(一) 诊断为细菌性感染者方有指征应用抗菌药物

根据患者的症状、体征及血、尿常规等实验室检查结果,初步诊断为细菌性感染者,以及经病原检查确诊为细菌、真菌、结核分枝杆菌、非结核分枝杆菌、支原体、衣原体、螺旋体、立克次体和部分原虫等病原微生物所致的感染感染者方有指征应用抗菌药物;缺乏上述病原微生物感染的证据,以及病毒性感染者,无指征应用抗菌药物。

(二) 尽早查明感染病原,根据病原种类及细菌药物敏感试验结果选用抗菌药物

需要根据病原菌种类及病原菌对抗菌药物敏感性或耐药性,即细菌药物敏感试验结果,确定选用的抗菌药物品种。因此患者应尽早留取相应标本进行检测,以明确病原菌和

药敏结果。危重患者在未获知病原菌及药敏结果前,可在临床诊断的基础上预测最可能的病原菌,并结合当地病原菌耐药状况先进行抗菌药物经验性治疗。在获知病原菌培养及药敏结果后,对经验性治疗疗效不佳的患者调整给药方案。

(三) 按照药物的抗菌作用特点及其体内过程特点选择用药

由于各种抗菌药物的药物效应学和药物代谢动力学特点各不相同,因此针对的临床适应证也不同。用药时,应根据各种抗菌药物的上述特点,按临床适应证合理选用抗菌药物。

(四) 综合患者病情、病原菌种类及抗菌药物特点来制订抗菌药物治疗方案

根据患者的生理、病理情况,以及病原菌种类、感染部位、感染严重程度等制订抗菌药物治疗方案,在制订方案时应遵循以下几方面。

1. 品种选择 根据病原菌种类及药敏结果选用抗菌药物。

2. 给药剂量 按照各种抗菌药物的治疗剂量范围给药。治疗单纯性下尿路感染时,由于多数药物尿药浓度远高于血药浓度,可采用治疗剂量范围低限进行治疗。治疗重症感染(如感染性心内膜炎、败血症等)和抗菌药物不易到达的部位发生感染时,可采用治疗剂量范围高限进行治疗。

3. 给药途径 ①轻症感染并可接受口服给药者,首选口服吸收完全的抗菌药物;重症感染、全身性感染患者初始应静脉给药治疗,待病情好转能口服时需尽早转为口服给药。②应尽量避免抗菌药物的局部用药:皮肤黏膜局部应用抗菌药物后,药物很少被吸收,感染部位不能达到药物有效浓度,这易引起过敏反应或导致耐药菌产生,因此治疗全身性感染或内脏感染时应避免局部应用抗菌药物;抗菌药物的局部应用只限于少数情况,例如,全身给药后,抗菌药物在感染部位难以达到治疗浓度时,可加用局部给药作为辅助治疗;对于某些皮肤表层以及口腔、阴道等黏膜表面的感染,可采用抗菌药物局部应用或外用,但应避免将主要全身给药的品种作局部用药使用。

4. 给药次数 为保证药物在体内能最大地发挥药效,杀灭感染灶病原菌,应根据药代动力学和药效学相结合的原则给药。半衰期短者应一日多次给药,长者可一日一次给药(重症感染者例外)。

5. 疗程 抗菌药物疗程因感染不同而异,一般宜用至体温正常、症状消退后72~96小时;但是败血症、感染性心内膜炎、化脓性脑膜炎、骨髓炎、溶血性链球菌咽炎和扁桃体炎、布鲁菌病、深部真菌病、结核病等需较长的疗程才能彻底被治愈,并需要防止复发。

6. 联合用药 单一抗菌药物可有效治疗的感染,不需联合用药;联合应用要有明确适应证。

(1) 病原菌尚未查明的严重感染,包括免疫缺陷者的严重感染。

(2) 单一抗菌药物不能控制的需氧菌及厌氧菌混合感染及2种或2种以上的病原菌感染。

(3) 单一抗菌药物不能有效控制的感染性心内膜炎或败血症等严重感染。

(4) 需要长时间治疗,且病原菌易对某些抗菌药物产生耐药性的感染,如结核病、慢性骨髓炎等。

(5) 可增加疗效或降低不良反应的抗菌药物联合应用。这是由于药物协同或相加作用产生的影响,如两性霉素B与氟胞嘧啶联合治疗隐球菌脑膜炎时,前者的剂量可适当减

少,从而减少其毒性反应。联合用药通常是 2 种药物的联合,3 种及 3 种以上的药物联合仅限于个别情况,如结核病的治疗。需要注意的是,联合用药后,不良反应可能增多。

抗菌药物可按照作用性质分为四大类型:第一类为繁殖期杀菌药(Ⅰ),如 β-内酰胺类抗生素;第二类为静止期杀菌药(Ⅱ),如氨基糖苷类、多黏菌素类抗生素等,它们对繁殖期、静止期病原菌都有杀菌作用;第三类为快速抑菌药(Ⅲ),如四环素类、大环内酯类;第四类为慢速抑菌药(Ⅳ),如磺胺类药物。

联合应用其中的 2 种抗菌药物时,可产生四种效果:①协同(Ⅰ+Ⅱ),这是由于Ⅰ类抗菌药物破坏细胞壁而使Ⅱ类抗菌药物更易进入病原菌细胞内靶位的缘故;②拮抗(Ⅰ+Ⅲ),这是由于Ⅲ类抗菌药物迅速抑制蛋白质合成,使病原菌处于静止状态,造成Ⅰ类抗菌药的活性减弱;③相加(Ⅲ+Ⅳ),这是因为Ⅲ类和Ⅳ类抗菌药之间不会产生重要影响;④无关或相加(Ⅰ+Ⅳ)。

二、抗菌药物预防性应用的基本原则

(一) 外科手术预防用药

1. 外科手术预防用药的目的　预防手术后切口感染,以及清洁-污染或污染手术后手术部位感染及术后可能发生的全身性感染。

2. 外科手术预防用药的基本原则　根据手术野是否污染或有无污染的可能,决定是否预防用抗菌药物。

(1) 清洁手术:手术野为人体无菌部位,局部无炎症、无损伤,也不涉及呼吸道、消化道、泌尿生殖道等与外界相通的器官。手术野通常无污染,不需要预防使用抗菌药物,仅在下列情况时可考虑预防用药:①手术范围大、时间长、污染机会增加;②手术涉及重要脏器,如头颅、心脏、眼内等,一旦发生感染将造成严重后果;③异物植入手术,如人工心瓣膜植入、永久性心脏起搏器放置、人工关节置换等;④高危人群,如高龄或免疫缺陷者等。

(2) 清洁-污染手术:上下呼吸道、上下消化道、泌尿生殖道等手术,或经以上器官的手术,如经口咽部大手术、经直肠前列腺手术、经阴道子宫切除术及开放性骨折或创伤手术等。由于手术部位存在大量人体寄殖菌群,手术时,手术野可能被污染而发生感染,故此类手术需预防用抗菌药物。

(3) 污染手术:对于胃肠道、尿路、胆道体液大量溢出或者开放性创伤未经扩创等已造成手术野严重污染的手术,需预防应用抗菌药物。术前已存在细菌性感染的手术,属抗菌药物治疗性应用,不属预防应用范畴。

(4) 外科预防用抗菌药物的选择及给药方法:按照预防目的,选择抗菌药物。为预防术后切口感染,应针对金黄色葡萄球菌选用药物。预防手术部位感染或全身性感染,则需依据手术野污染或可能的污染菌种类选择药物,如结肠或直肠手术前应选用对大肠埃希菌和脆弱拟杆菌有效的抗菌药物。

(二) 其他预防性用药

(1) 用于预防一种或两种特定病原菌引起的感染,可能有效;如防止任何细菌入侵,常不能达到目的。

(2) 为了预防在一段时间内发生的感染,可能有效;长期预防用药,则往往无效。

(3) 患者原发疾病可以治愈或缓解者,预防用药可能有效。原发疾病不能治愈或缓解者(如免疫缺陷者),预防用药应尽量不用或少用。

(4) 通常不宜预防性应用抗菌药物的情况:普通感冒、麻疹、休克、中毒、心衰、肿瘤等均不宜预防性使用抗菌药物,以防止病原菌高度耐药,发生继发性感染。

(5) 下列几种情况可以预防性用药。

1) 风湿性心脏病患儿及常发生链球菌咽炎或风湿热的儿童和成人,可预防性应用苄星青霉素、普鲁卡因青霉素或红霉素,以防风湿热的发作,疗程需数年以上,直到病情稳定。

2) 在流行性脑膜炎发病季节,磺胺嘧啶可用于预防脑膜炎的发病。

3) 进入疟疾区的人群需在进入前2周开始服用乙胺嘧啶与磺胺多辛的复方制剂,时间不宜超过3个月。

三、特殊病理、生理状况患者应用抗菌药物的基本原则

(1) 肾功能减退的患者,应避免使用主要经肾排泄、对肾有损害的抗菌药物。

(2) 肝功能减退的患者,应避免使用主要经肝代谢、对肝脏有损害的抗菌药物。

(3) 要根据新生儿、儿童、孕妇、哺乳妇女及老年人各自的特点,谨慎选则合理的抗菌药物,安全用药。

(王寒明)

第十九章　β-内酰胺类抗生素

β-内酰胺类抗生素(β-lactams antibiotics)是指化学结构中具有 β-内酰胺环的一大类抗生素,包括临床最常用的青霉素类与头孢菌素类,以及新发展的头霉素类、硫霉素类、单环 β-内酰胺类等其他非典型 β-内酰胺类抗生素。此类抗生素具有杀菌活性强、毒性小、适应证广及临床疗效好等优点。

第一节　青霉素类药物

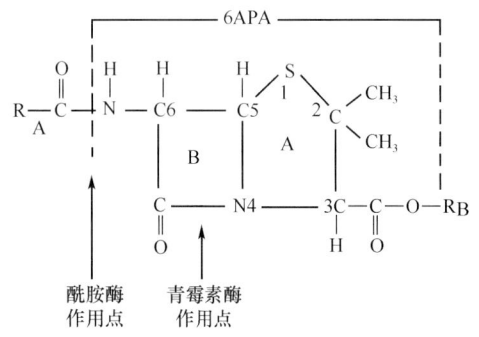

图 19-1　青霉素的基本结构:6-氨基青霉烷酸(6-APA)
A. 噻唑环;B. β-内酰胺环

青霉素类(penicillins)抗生素包括天然青霉素和人工半合成青霉素,其基本结构是由母核 6-氨基青霉烷酸和侧链(R-CO-)两部分组成(图 19-1)。母核由噻唑环和 β-内酰胺环并合而成,母核上的 β-内酰胺环为具有抗菌活性基团。侧链主要与抗菌谱、耐酸性、耐酶性等特点有关。各类青霉素的抗菌谱、抗菌强度、对 β-内酰胺酶的稳定性等均有差别,但主要抗菌机制均是抑制细菌细胞壁的合成,为繁殖期杀菌药。本类药物对人体毒性小,但可造成过敏反应。青霉素类药物之间有完全交叉过敏反应。

青霉素类药物按照抗菌谱和耐药性可分为五类。
1. **窄谱青霉素**　青霉素 V、青霉素 G 等。
2. **耐酶青霉素**　甲氧西林、氯唑西林、氟氯西林等。
3. **广谱青霉素**　氨苄西林、阿莫西林等。
4. **抗铜绿假单胞菌广谱青霉素类**　羧苄西林、哌拉西林等。
5. **抗革兰阴性菌青霉素类**　美西林、匹美西林等。

一、天然青霉素

青霉素(penicillin),又名苄青霉素(benzyl penicillin),为天然青霉素,侧链为苄基,是从青霉素培养液中提取的五种青霉素(X、F、G、K、双 H)之一。常用其钠盐或钾盐,其晶粉在室温中长期保存稳定,仍有抗菌活性,但溶于水后极不稳定,室温下放置 24 小时,大部分降解,抗菌活性迅速下降,且可生成有抗原性的降解产物,故青霉素应在临用前配成水溶液。本药剂量用国际单位 U 表示,青霉素 G 钠的理论效价为 1670 U≈1mg,青霉素 G 钾的理论效价为 1598 U≈1mg。

【抗菌作用】　青霉素 G 抗菌作用强,在细菌繁殖期低浓度抑菌,高浓度杀菌。青霉素 G

对以下病原菌有高度抗菌活性:大多数革兰阳性球菌,如溶血性链球菌、草绿色链球菌、肺炎球菌等;革兰阳性杆菌,如白喉杆菌、炭疽杆菌、产气荚膜杆菌、破伤风杆菌、难辨梭菌、丙酸杆菌、真杆菌、乳酸杆菌等;革兰阴性球菌,如脑膜炎球菌、敏感淋病奈瑟菌等;少数革兰阴性杆菌,如百日咳杆菌、流感杆菌等;螺旋体、放线杆菌,如梅毒螺旋体、钩端螺旋体、牛放线杆菌等。青霉素G对大多数革兰阴性杆菌作用较弱,对肠球菌不敏感,对真菌、原虫、立克次体、病毒等无效。金黄色葡萄球菌、淋病奈瑟菌、肺炎球菌、脑膜炎奈瑟菌等对本药极易产生耐药性。

【作用机制】 β-内酰胺类抗生素通过干扰细菌细胞壁的合成产生抗菌作用。抗菌作用机制主要包括两个方面:①细胞膜上的青霉素结合蛋白参与细胞壁合成过程。大多数细菌均有多种青霉素结合蛋白,如金黄色葡萄球菌、肺炎链球菌和化脓性链球菌均有五种青霉素结合蛋白,这些青霉素结合蛋白都具有转肽酶活性,是β-内酰胺类抗生素的作用靶点,β-内酰胺类抗生素通过与不同的青霉素结合蛋白结合,使转肽酶失活,阻碍细胞壁黏肽的合成,造成细菌细胞壁缺损。受菌体内高渗透压的影响,水分由细胞外大量渗入细胞内,导致细菌迅速裂解。②β-内酰胺类抗生素使细菌裂解也与细菌细胞壁自溶酶的活性增加有关,自溶酶的产生使细菌细胞自溶或细胞壁水解。

β-内酰胺类药物的耐药菌株逐渐增多,其耐药的机制如下所述。

1. 产生β-内酰胺酶 这是β-内酰胺类抗生素最常见的耐药机制。青霉素酶、头孢菌素酶等β-内酰胺酶破坏β-内酰胺类抗生素的β-内酰胺环,使抗生素失活。不同细菌产生的β-内酰胺酶特异性不同,分别分解不同的β-内酰胺类抗生素。如果β-内酰胺酶被抑制,β-内酰胺类药物的疗效势必会提高,因此克拉维酸等β-内酰胺酶抑制药的应用使由β-内酰胺酶参与的耐药性得到部分改善。

2. 青霉素结合蛋白对药物的亲和力降低 细菌体存在多种青霉素结合蛋白,其结构或含量的改变,以及形成新的青霉素结合蛋白,均能使其与β-内酰胺类抗生素的结合减少,失去抗菌作用。

3. 缺少自溶酶 青霉素对某些缺少自溶酶的金黄色葡萄球菌只有抑菌而无杀菌作用。

4. 细菌胞质膜通透性改变 革兰阴性菌外膜可阻碍β-内酰胺类抗生素穿透,产生非特异性低水平耐药。这是因为许多β-内酰胺类抗生素通过外膜的蛋白质孔通道(OmpF和OmpC通道)弥散进入细菌细胞中。但革兰阴性菌外膜孔通道的数量和大小是不同的,如耐药的大肠埃希菌的孔通道数量减少、孔径变小,药物难以到达作用部位。又如铜绿假单胞菌外膜上OprD是亚胺培南进入的通道,当OprD突变或缺乏时,亚胺培南就不能进入铜绿假单胞菌体内,形成特异性耐药。

5. 主动外排系统增强 细菌胞质膜上存在主动外排系统,当药物的排出速度大于药物的内流速度时,药物在菌体内的浓度降低,造成低水平的非特异性、多重耐药。

【体内过程】 青霉素遇酸易被分解,口服吸收差,肌内注射10^6 U后吸收快且完全,0.5小时达血药浓度峰值,消除半衰期约为0.5小时。6小时内静脉滴注$5×10^6$ U青霉素钠,2小时后能获得20~30U/ml的血药浓度。青霉素的血浆蛋白结合率为46%~58%,广泛分布于各种关节腔、浆膜腔、间质液、淋巴液、胎盘、肝、肾、肺、横纹肌、中耳液等部位。青霉素的脂溶性低,进入细胞的量少;房水与脑脊液中的含量也较低,但部位出炎症时,青霉素透入脑脊液和眼的量可略微提高,可达有效浓度。青霉素几乎全部以原形迅速经尿排泄,约10%经肾小球过滤,90%经肾小管分泌。无尿患者青霉素$t_{1/2}$可延长达10小时。

【临床应用】 青霉素是治疗敏感的革兰阳性球菌、杆菌,革兰阴性球菌及螺旋体所致感染的首选药物。如溶血性链球菌感染引起的蜂窝织炎、丹毒、猩红热、心内膜炎、扁桃体炎、咽炎等;肺炎球菌感染引起的大叶性肺炎、支气管肺炎、脓胸等;草绿色链球菌感染引起的心内膜炎(需特大剂量静脉滴注有效);淋病奈瑟菌感染引起的生殖道淋病;敏感的金黄色葡萄球菌感染引起的败血症等;脑膜炎奈瑟菌感染引起的流行性脑脊髓膜炎;放线杆菌病、钩端螺旋体病、梅毒、回归热等。本药还可用于白喉、破伤风、气性坏疽等治疗,但由于其对细菌产生的外毒素无效,故通常与抗毒素合用。

【不良反应】

1. 变态反应 是青霉素类最常见的不良反应。在各种药物中,青霉素的变态反应居首位。发生变态反应是因为青霉素的降解产物青霉烯酸、青霉噻唑蛋白与机体接触后,可产生抗体,当再次接触时即发生变态反应。多数人在用药时立即发生,少数人可在数日后发生。变态反应的临床表现为胸闷、喉头阻塞感、呼吸困难、面色苍白、脉搏细速、出冷汗、血压下降、昏迷、惊厥、大小便失禁等,如不及时抢救则危及生命。少数患者日后发生变态反应,出现荨麻疹、接触性皮炎、皮疹、药热、血管神经性水肿和血清病样反应。

对青霉素变态反应的防治原则如下:①详细询问病史,包括用药史、药物过敏史、家族过敏史。对青霉素有过敏史者禁用,对其他药物有过敏史者要慎用。②做皮肤过敏试验,初次用药或停药3~7天后再用药或更换批号时,均需做皮肤过敏试验。③严格掌握适应证,药物应新鲜配制,避免局部用药及饥饿时使用,避免药物滥用。④用药前应做好急救准备,一旦发生过敏性休克,通常应立即肌内注射0.1%肾上腺素0.5~1mg,严重患者可缓慢静脉注射稀释的肾上腺素,或使用肾上腺皮质激素或抗组胺药,心脏停搏时可心内注射。

2. 赫氏反应(Herxheimer reaction) 青霉素治疗梅毒和钩端螺旋体病时,有的患者症状突然加重,表现为全身不适、寒战、发热、喉痛、头痛、心动过速等,甚至危及生命,可能是大量螺旋体被杀死后释放进入体内引起的免疫反应。

3. 其他不良反应 肌内注射青霉素G可产生局部疼痛、红肿或硬结。剂量过大或静脉注射过快时,可对大脑皮质产生直接刺激作用。鞘内注射可引起脑膜或神经刺激症状。

【药物相互作用】 丙磺舒、阿司匹林、吲哚美辛、保泰松可竞争性抑制β-内酰胺类抗生素从肾小管的分泌,使排泄减慢,血药浓度增高,可延长β-内酰胺类抗生素的作用时间。β-内酰胺类抗生素类药物与氨基糖苷类抗生素有协同作用,可扩大抗菌谱,但不能混合静脉注射,以防相互作用导致药效降低。磺胺类、红霉素类、四环素类、氯霉素类等抑菌药物与β-内酰胺类抗生素合用时产生拮抗作用,这是因为β-内酰胺类抗生素是繁殖期杀菌药,抑菌药物使细菌繁殖受阻,β-内酰胺类抗生素的杀菌作用受到显著抑制。β-内酰胺类抗生素不能与重金属,尤其是铜、锌、汞等配伍,以免影响抗菌活性。β-内酰胺类抗生素不可与林可霉素、四环素、红霉素、两性霉素B、去甲肾上腺素、间羟胺、苯妥英钠、异丙嗪、维生素B、维生素C等混合后静脉给药,以免引起溶液浑浊。氨基酸营养液可增强β-内酰胺类抗生素的抗原性,属配伍禁忌。

二、半合成青霉素

(一) 耐酸青霉素

青霉素 V

青霉素V(penicillin V)的抗菌谱与青霉素G相同,但抗菌作用不及青霉素G强。其主要用于革兰阳性球菌引起的轻度感染,如化脓性链球菌引起的咽炎、扁桃体炎等上呼吸道感染,也常用于风湿热的预防。本药耐酸、口服吸收好,不耐酶,不宜用于耐药的金黄色葡萄球菌感染。

(二) 耐酶青霉素

本类药物的化学结构特点是侧链上的基团保护了 β-内酰胺环,如异恶唑类青霉素侧链为苯基异恶唑,使本类药物不易被酶水解、耐酸、耐酶、可口服。代表药包括苯唑西林(oxacillin)、氯唑西林(cloxacillin)、双氯西林(dicloxacillin)与氟氯西林(flucloxacillin)等。

本类药物对甲型链球菌与肺炎球菌效果好,但不及天然青霉素;对耐药性金黄色葡萄球菌的作用相似,以双氯西林最强,随后依次为氟氯西林、氯唑西林与苯唑西林;对革兰阴性肠道杆菌或肠球菌无明显作用。本类药物胃肠道吸收较好,尤以双氯西林最好,氯唑西林次之,苯唑西林最差。血浆蛋白结合率均很高。其主要以原型经肾排泄,速度较天然青霉素慢。本类药物主要不良反应为胃肠道反应,个别患者出现皮疹或荨麻疹。

(三) 广谱青霉素

对革兰阳性菌与阴性菌都有杀菌作用,效果与青霉素 G 相当。耐酸,可口服,但因不耐酶,对耐药金黄色葡萄球菌感染无效。

氨 苄 西 林

氨苄西林(ampicillin)对青霉素敏感的金黄色葡萄球菌的疗效不及青霉素,但对肠球菌作用优于青霉素;对革兰阴性菌作用强,略强于或相似于氯霉素、四环素等,但不如庆大霉素与多黏菌素;对铜绿假单胞菌无效。本药口服后 2 小时达血药浓度峰值,经肾排泄,丙磺舒可延缓其排泄。其主要用于伤寒、副伤寒、革兰阴性杆菌败血症、肺部、尿路及胆道感染等,严重患者应加用氨基糖苷类抗生素。本药不良反应轻微,主要是胃肠道反应,与青霉素 G 有交叉过敏反应,需要注意二重感染。

阿 莫 西 林

阿莫西林(amoxycillin)为对羟基氨苄西林,抗菌谱与抗菌活性与氨苄西林相似,但对肺炎球菌、肠球菌、沙门菌属及幽门螺杆菌的杀菌作用比氨苄西林强。本药口服吸收良好,血中浓度约为口服同量氨苄西林的 2.5 倍。阿莫西林主要用于敏感菌所致的呼吸道、尿路、胆道感染及伤寒的治疗;还可用于慢性活动性胃炎和治疗性溃疡的治疗。本药不良反应主要有恶心、呕吐、腹泻等胃肠道反应及变态反应。少数患者的血清转氨酶升高,偶有嗜酸粒细胞增多、白细胞降低和二重感染。青霉素过敏者禁用。

匹 氨 西 林

匹氨西林(pivampicillin)为氨苄西林的双酯,口服吸收比氨苄西林好,能迅速水解为氨苄西林而发挥抗菌作用。其血、尿浓度较同量氨苄西林高。

(四) 抗铜绿假单胞菌广谱青霉素

羧 苄 西 林

羧苄西林(carbenicillin)抗菌谱与氨苄西林相似。不耐酸,仅能注射给药。不耐酶,对产酶金黄色葡萄球菌无效。血浆蛋白结合率为 50%。其体内分布与青霉素 G 相似。羧苄西林对革兰阴性杆菌作用强,尤其对铜绿假单胞菌有特效;对耐氨苄西林的大肠埃希菌有效;对革兰阳性菌作用稍弱。其常用于治疗烧伤继发铜绿假单胞菌感染;还可用于治疗铜绿假单胞菌、大肠埃希菌、变形杆菌引起的尿路感染。单用时细菌易产生耐药性,常与阿米卡星等合用,有协同作用,但不能混合注射。羧苄西林毒性低,偶也引起粒细胞缺乏及出血。

哌 拉 西 林

哌拉西林(piperacillin)的抗菌谱广,与羧苄西林相似,而抗菌作用较强,对各种厌氧菌均有作用。其与氨基糖苷类合用对铜绿假单胞菌和某些脆弱拟杆菌及肠杆菌科细菌有协同作用。除产青霉素酶的金黄色葡萄球菌外,对其他革兰阴性球菌和炭疽杆菌等敏感。其主要用于治疗铜绿假单胞菌、大肠埃希菌、变形杆菌、流感杆菌、伤寒沙门菌等所致的呼吸道、泌尿道、胆道感染与败血症。哌拉西林不良反应较少,可出现皮疹、皮肤瘙痒、胃肠道反应等。

替 卡 西 林

替卡西林(ticarcillin)的抗菌谱与羧苄西林相似,抗铜绿假单胞菌活性稍强。对革兰阳性球菌活性不及青霉素,口服不吸收,肌内注射后 0.5~1.0 小时达血药浓度峰值。替卡西林体内分布广泛,胆汁中药物浓度高,大部分经肾排泄,主要用于铜绿假单胞菌所致的各种感染。

呋 布 西 林

呋布西林(furbenicillin)抗铜绿假单胞菌强于羧苄西林,对金黄色葡萄球菌、链球菌、痢疾杆菌等也有强大抗菌作用。不良反应与羧苄西林相似。

阿 洛 西 林

阿洛西林(azlocillin)的抗菌谱和羧苄西林相似,抗菌活性与哌拉西林相近,强于羧苄西林,对多数肠杆菌科细菌、肠球菌及铜绿假单胞菌均有较强作用,对耐羧苄西林和庆大霉素的铜绿假单胞菌也有较强作用。其主要用于治疗铜绿假单胞菌、大肠埃希菌及其他肠杆菌科细菌所致的感染。

(五) 抗革兰阴性杆菌青霉素

本类药物注射给药的包括美西林(mecillinam)和替莫西林(temocillin),口服给药的有匹美西林(pivmecillinam)。本类药物对革兰阴性杆菌作用强,对革兰阳性菌作用弱,对铜绿假单胞菌无效。匹美西林在体内水解为美西林而发挥作用。美西林和匹美西林仅对部分肠道革兰阴性杆菌有效,替莫西林对大部分革兰阴性杆菌有效。本类药物与青霉素结合蛋白2结合,使细菌代谢受到抑制,但并不引起细菌死亡。因此,本类药物为抑菌药,若与作用于其他青霉素结合蛋白的抗菌药合用可提高疗效。本类药物不良反应主要包括胃肠道反应和变态反应等。

第二节 头孢菌素类药物

头孢菌素类(cephalosporins)抗生素是在头孢菌素的母核 7-氨基头孢烷酸上接不同侧链而制成的半合成抗生素(图 19-2)。本类药物的活性基团也是 β-内酰胺环,与青霉素类药物有相似的理化性质、生物活性、作用机制和临床应用;具有抗菌谱广、杀菌力强、耐酸、耐酶、过敏反应少(与青霉素仅有部分交叉过敏现象)等优点。根据头孢菌素类抗生素的抗菌谱、抗菌强度、耐药性及对肾脏的毒性可分为四代。

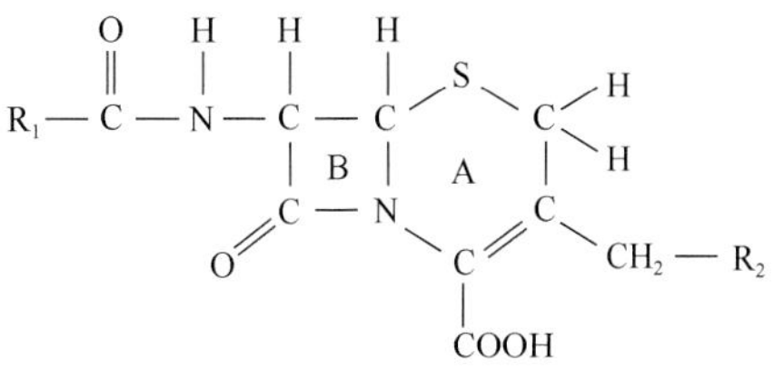

图 19-2 头孢菌素的基本结构:7-氨基头孢烷酸(7-ACA)

第一代头孢菌素:供注射给药的有头孢噻吩(cephalothin)、头孢唑啉(cefazolin)、头孢匹林(cefapirin)等,供口服给药的有头孢氨苄(cefalexin)、头孢羟氨苄(cefadroxil)等,供口服和注射给药的有头孢拉定(cefradine)。

第二代头孢菌素:供注射给药的有头孢呋辛(cefuroxime)、头孢孟多(cefamandole)、头孢雷特(ceforanide)、头孢替安(cefotiam)、头孢尼西(cefonicid)等,供口服给药的有头孢克洛(cefaclor)等。

第三代头孢菌素:供注射用的有头孢噻肟(cefotaxime)、头孢唑肟(ceftizoxime)、头孢曲松(ceftriaxone)、头孢地秦(cefodizime)、头孢他啶(ceftazidime)、头孢哌酮(cefoperazone)、头孢匹胺(cefpiramide)、头孢甲肟(cefmenoxime)、头孢磺啶(cefsulodin)等,供口服给药的有头孢克肟(cefixime)、头孢布烯(ceftibuten)、头孢地尼(cefdinir)等。

第四代头孢菌素:供注射用的有头孢匹罗(cefpirome)、头孢吡肟(cefepime)、头孢利定(cefalorne)等。

【药理作用】 第一代头孢菌素对革兰阳性菌(包括对青霉素敏感或耐药的金黄色葡萄球菌)的抗菌作用较第二、三代强,对革兰阴性菌的作用较差;可被革兰阴性菌的 β-内酰胺酶破坏。

第二代头孢菌素对革兰阳性菌的作用略逊于第一代头孢菌素,对多数革兰阴性菌作用明显增强,对部分厌氧菌有效,但对铜绿假单胞菌无效;对多种 β-内酰胺酶稳定。

第三代头孢菌素对革兰阳性菌有相当抗菌活性,但不及第一、二代头孢菌素,对革兰阴性菌包括肠杆菌属、铜绿假单胞菌及厌氧菌有较强的作用;对 β-内酰胺酶有较高稳定性。

第四代头孢菌素对革兰阳性菌和阴性菌的抗菌活性更强;对 β-内酰胺酶高度稳定。

【作用机制】 头孢菌素类抗生素为杀菌药,抗菌作用机制与青霉素类相似,与细胞壁上不同的青霉素结合蛋白结合,妨碍黏肽的形成,抑制细胞壁合成。细菌对头孢菌素产生的耐药性与青霉素类之间有部分交叉耐药。

【体内过程】 头孢菌素类抗生素多需注射给药。头孢氨苄、头孢羟氨苄和头孢克洛等头孢菌素耐酸,口服可吸收。药物吸收后,分布良好,能透入各组织中,且易透过胎盘,在滑囊液、心包积液中均有很高的浓度。头孢呋辛和第三代头孢菌素多能分布于前列腺。第三代头孢菌素还可透入眼房水、胆汁中,并可透过血-脑屏障,在脑脊液中达到有效浓度。本类药物一般经肾排泄,尿药浓度较高。头孢哌酮、头孢曲松则主要经肝胆系统排泄。多数头孢菌素的血浆 $t_{1/2}$ 较短,为 0.5~2 小时,但头孢曲松的 $t_{1/2}$ 可达 8 小时。

【临床应用】 第一代头孢菌素主要用于治疗敏感菌所致的呼吸道、尿路、皮肤及软组织感染。

第二代头孢菌素主要用于治疗大肠杆菌、克雷白杆菌、肠杆菌、吲哚阳性变形杆菌等敏感菌所致的肺炎、胆道感染、菌血症、尿路感染及其他组织器官感染等。

第三代头孢菌素主要用于治疗尿路感染及危及生命的败血症、脑膜炎、肺炎等严重感染。有效控制严重的铜绿假单胞菌感染。对新生儿脑膜炎和肠杆菌科细菌所致的成人脑膜炎有强效。

第四代头孢菌素主要用于治疗对第三代头孢菌素耐药的细菌感染。

【不良反应】 头孢菌素类抗生素的毒性较低,不良反应较少,常见的是过敏反应,多为皮疹、荨麻疹等,罕见过敏性休克,但与青霉素类抗生素有部分交叉过敏现象。本类药物口服给药可引起胃肠道反应,静脉给药可引起静脉炎。

第一代头孢菌素大剂量使用时可损伤近曲小管细胞,造成肾脏毒性;第二代头孢菌素较第一代毒性减轻;第三代头孢菌素对肾基本无毒;第四代头孢菌素对肾毒性比第三代头孢菌素更低。第三、四代头孢菌素偶见二重感染,头孢孟多、头孢哌酮可引起低凝血酶原症或血小板减少而导致严重出血。

【药物相互作用】 头孢菌素类与其他有肾毒性的药物合用加重肾损害,如与氨基糖苷类药物、强效利尿药合用。凡能影响青霉素排泄的药物同样也可影响头孢菌素类的排泄。本类药物与乙醇合用可产生"醉酒样"反应,故在应用本类药物治疗期间或停药3天内应忌酒。

第三节 其他 β-内酰胺类抗生素

一、碳青霉烯类

碳青霉烯类(carbopenems)抗生素的化学结构与青霉素类似,主要是在噻唑环中的 C^2 和 C^3 间为不饱和键,以及1位上的 S 被 C 取代。第一个此类抗生素为硫霉素(thienamycin),具有抗菌谱广、抗菌活性强和毒性低等优点,但稳定性极差,不适用于临床。对硫霉素进行化学结构改造得到的亚胺培南(imipenem),又称亚胺硫霉素,其优点突出、适用于临床。亚胺培南对青霉素结合蛋白亲和力强,抗菌谱广,抗菌作用强,耐酶且稳定(但可被某些细菌产生的金属酶水解)。本药不能口服,在体内易被脱氢肽酶水解失活。临床所用的制剂是与脱氢肽酶抑制药西司他丁(cilastatin)等量配比的复方注射剂,称为泰能(tienam)。临床主要用于革兰阳性菌、革兰阴性需氧菌和厌氧菌所致的各种严重感染,且适合其他常用药物治疗不佳者,如尿路、皮肤软组织、呼吸道、腹腔、妇科感染、败血症及骨髓炎等患者。本药常见不良反应包括恶心、呕吐、腹泻、药疹和静脉炎等,可出现一过性肝脏氨基转移酶升高。用药剂量较大时可致惊厥、意识障碍等严重中枢神经系统反应及肾损伤等。肌内注射粉针剂因含利多卡因,故不能用于严重休克和传导阻滞患者。

碳青霉烯类药物还有美罗培南(meropenem)、帕尼培南(panipenem)、厄他培南(ertapenem)、法罗培南(faropenem)、多利培南(doripenem)等。美罗培南(meropenem)对肾脱氢肽酶稳定,故不需要配伍脱氢肽酶抑制药。帕尼培南(panipenem)与一种氨基酸衍生物倍他米隆(betamipron)组成复方制剂,可减轻帕尼培南在肾皮质积蓄而产生的肾毒性。

二、头霉素类

头霉素类(cephamycins)化学结构与头孢菌素相似,区别在于母核头孢烯的7位碳上多了一个甲氧基。头霉素分 A、B、C 三型,C 型抗菌作用最强。代表药物包括头孢西丁(cefoxitin)、头孢美唑(cefmetazole)、头孢替坦(cefotetan)、头孢拉宗(cefbuperazone)、头孢米诺(cefminox)等。头孢西丁抗菌谱和抗菌活性与第二代头孢菌素相当,对革兰阳性菌和阴性菌均有较强的杀菌作用,尤其是抗厌氧菌作用强于所有第三代头孢菌素。其主要用于盆腔、腹腔及妇科的需氧菌和厌氧菌的混合感染。常见不良反应包括皮疹、静脉炎、蛋白尿、嗜酸粒细胞增多等。

三、单环 β-内酰胺类

单环 β-内酰胺类代表药包括氨曲南(aztreonam)、卡芦莫南(carumonam)等。氨曲南是第一个成功用于临床的单环 β-内酰胺类抗生素,对革兰阴性杆菌及铜绿假单胞菌有较强的抗菌作用。本药对革兰阴性杆菌产生的 β-内酰胺酶稳定,与头孢他啶相似,但对革兰阳性球菌和厌氧菌耐药。临床主要用于革兰阴性杆菌所致的下呼吸道、尿路、软组织感染及脑膜炎、败血症的治疗。不良反应少而轻,主要为皮疹、血清转氨酶升高、胃肠道不适等。

四、氧头孢烯类

氧头孢烯类代表药物包括拉氧头孢(latamoxef)、氟氧头孢(flomoxef)等。拉氧头孢抗菌谱广,对革兰阳性球菌和阴性杆菌的作用同头孢他啶,对铜绿假单胞菌的作用不及头孢他啶,对厌氧菌(尤其是脆弱类杆菌)的作用明显强于前三代头孢菌素。对 β-内酰胺酶稳定。临床主要用于治疗呼吸道、胆道、尿路、妇科感染及脑膜炎、败血症等。不良反应主要为皮疹,偶见凝血酶原减少或血小板功能障碍而导致的出血。

五、β-内酰胺酶抑制药及其复方制剂

(一) β-内酰胺酶抑制药

β-内酰胺酶抑制药对细菌产生的 β-内酰胺酶有抑制作用。目前临床常用的有三种,它们的共同特点是:本身没有抗菌活性或抗菌活性较弱,但可作为自杀性底物与 β-内酰胺酶不可逆结合,抑制 β-内酰胺酶而保护 β-内酰胺类抗生素的活性,故可增强 β-内酰胺类抗生素的抗菌效果;β-内酰胺酶抑制药对不产酶的细菌无增强效果;β-内酰胺酶抑制药应与联用的抗生素有相似的药代动力学特征,这样有利于更好地发挥协同作用;由于细菌产酶情况时变化,种类不断增加,耐药程度越来越高,因此,β-内酰胺酶抑制药的结合能力和抑制效果也会产生相应的变化,临床使用中需密切观察。

克 拉 维 酸

克拉维酸(clavulanic acid)是氧青霉烷类广谱 β-内酰胺酶抑制药,抗菌谱广,毒性低,但抗菌活性低。本药对普通细菌,如金黄色葡萄球菌、肠杆菌、淋病奈瑟菌等质粒介导产生的酶有强大抑制作用,对肺炎杆菌、变形杆菌和脆弱杆菌等染色体介导产生的酶有快速抑制作用,对沙门菌属、铜绿假单胞菌等染色体介导产生的酶抑制作用差。克拉维酸与 β-内酰胺类抗生素合用时,抗菌作用明显增强。

舒 巴 坦

舒巴坦(sulbactam)是半合成 β-内酰胺酶抑制药,对金黄色葡萄球菌与革兰阴性杆菌产

生的 β-内酰胺酶有很强的抑制作用,抗菌作用略强于克拉维酸,但需要与其他 β-内酰胺类抗生素合用,有显著的抗菌协同作用。

他唑巴坦

他唑巴坦(tazobactam)为舒巴坦衍生物,抑酶作用强于克拉维酸与舒巴坦。

(二) β-内酰胺类抗生素的复方制剂

为了加强某些 β-内酰胺类抗生素的抗菌作用和克服某些不良反应,制成复方制剂(表19-1)可能会取得较好的效果。例如,广谱青霉素与 β-内酰胺酶抑制药联合(氨苄西林与舒巴坦,阿莫西林与克拉维酸)、抗铜绿假单胞菌广谱青霉素与 β-内酰胺酶抑制药联合(哌拉西林与他唑巴坦,替卡西林与克拉维酸)、第三代头孢菌素与 β-内酰胺酶抑制药联合(头孢哌酮与舒巴坦,头孢噻肟与舒巴坦)、碳青霉烯类与肾脱氢肽酶抑制药联合(亚胺培南与西司他丁)、碳青霉烯类与氨基酸衍生物联合(帕尼培南与倍他米隆)、广谱青霉素与耐酶青霉素联合(氨苄西林与氯唑西林)。

表 19-1 β-内酰胺类抗生素的复方制剂

复方制剂中英文名	抗菌药及规格		辅助药及规格		给药途径
优立新 unasyn	氨苄西林	1.0g 0.5g	舒巴坦	0.5g 0.25g	im、iv
奥格门汀,安灭菌 augmentin	阿莫西林	0.5g 0.25g	克拉维酸	0.125g 0.125g	po
特治星 tazocin	哌拉西林	2g 4g	他唑巴坦	0.5g 0.5g	iv
替门汀,特美汀 timentin	替卡西林	3g 3g	克拉维酸	0.2g 0.1g	im、iv
舒普深 sulperazone	头孢哌酮	2g 1g	舒巴坦	2g 1g	im、iv
新治菌 newcefotoxin	头孢噻肟	1g	舒巴坦	0.5g	im、iv
泰能 tienam	亚胺培南	0.5g 0.75g	西司他丁	0.5g 0.75g	iv、im
克倍宁 carbenin	帕尼培南	0.25g 0.5g	倍他米隆	0.25g 0.5g	im、iv
氨唑西林,白萝仙 ampicloxacillin	氨苄西林	0.25g	氯唑西林	0.25g	po
凯力达	阿莫西林	0.25g	双氯西林	0.125g	po
新灭菌 biflocin	阿莫西林	0.25g 0.5g	氟氯西林	0.25g 0.5g	po、im、iv

注:im 为肌内注射;iv 静脉注射;po 为口服。

(王寒明)

第二十章 大环内酯类、林可霉素类及多肽激素

第一节 大环内酯类抗生素

大环内酯类(macrolides)是一类具有 14~16 元大环内酯环的抗生素,临床用于革兰阳性菌、革兰阴性球菌和厌氧球菌等感染及 β-内酰胺类抗生素过敏者。1952 年发现第一代药物红霉素,但其抗菌谱窄,不良反应大,且具有耐药性等问题,20 世纪 70 年代起又陆续开发出第二代半合成大环内酯类抗生素,如阿奇霉素、罗红霉素和克拉霉素。不仅抗菌活性增强、不良反应减少、半衰期延长、对酸稳定和口服吸收率增加,且具有良好的抗生素后效应(postantibiotic effect,PAE),现已广泛用于治疗呼吸道感染。

大环内酯类抗生素按化学结构分为以下几类。

1. 14 元大环内酯类 包括红霉素(erythromycin)、竹桃霉素(oleandomycin)、克拉霉素(clarithromycin)、罗红霉素(roxithromycin)、地红霉素(dirithromycin)等。

2. 15 元大环内酯类 包括阿奇霉素(azithromycin)。

3. 16 元大环内酯类 包括麦迪霉素(medecamycin)、乙酰麦迪霉素(acetylmedecamycin)、吉他霉素(kitasamycin)、乙酰吉他霉素(acetylkitasamycin)、交沙霉素(iosamycin)、螺旋霉素(spiramycin)、己酰螺旋霉素(acetylspiramycin)、罗他霉素(rokitamycin)等。

一、抗菌作用及机制

大环内酯类抗生素抗菌谱较窄,第一代药物主要对大多数革兰阳性菌,厌氧球菌和包括奈瑟菌、嗜血杆菌及白喉棒状杆菌在内的部分革兰阴性菌有强大抗菌活性。对嗜肺军团菌、弯曲菌、支原体、衣原体、弓形虫、非典型分枝杆菌等也具有良好作用。对产生 β-内酰胺酶的葡萄球菌和耐甲氧西林金黄色葡萄球菌有一定抗菌活性。第二代药物扩大了抗菌范围,增加和提高了对革兰阴性菌的抗菌活性。大环内酯类通常为抑菌作用,高浓度时也有杀菌作用。

大环内酯类抗生素均能不同程度抑制细菌蛋白质合成,其机制为不可逆地结合到细菌核糖体 50S 亚基的靶位上,14 元大环内酯类阻断肽酰基 t-RNA 移位,而 16 元大环内酯类抑制肽酰基的转移反应,选择性抑制细菌蛋白质合成。林可霉素、克林霉素和氯霉素在细菌核糖体 50S 亚基上的结合点与大环内酯类相同或相近,故合用时可能发生拮抗作用,也易使细菌产生耐药。由于细菌核糖体为 70S,由 50S 和 30S 亚基构成,而哺乳动物核糖体为 80S,由 60S 和 40S 亚基构成,因此,对哺乳动物核糖体几乎无影响。

二、耐药机制

细菌对大环内酯类抗生素产生耐药的方式主要有以下几种。

1. 产生灭活酶 已从大环内酯类抗生素诱导的细菌中分离出多种灭活酶,包括酯酶

(esterase)、葡萄糖酶(glycosidase)、磷酸化酶(phosphorylase)、乙酰转移酶(acetyltransferase)和核苷转移酶(nucleotidyltransferase),使大环内酯类抗生素水解、磷酸化、甲基化、核苷化而失活。

2. 靶位的结构改变 细菌可以针对大环内酯类抗生素产生耐药基因,由此合成一种甲基化酶,使核糖体的药物结合部位甲基化而产生耐药。

3. 摄入减少 对大环内酯类抗生素产生耐药性的细菌可以使膜成分改变或出现新的成分,导致大环内酯类抗生素进入菌体内的量减少,但药物与核糖体的亲和力不变。

4. 外排增多 某些细菌可以通过基因编码产生外排泵,可以针对性地泵出大环内酯类抗生素。

三、常用大环内酯类抗生素

红霉素

红霉素(erythromycin)是由链霉菌培养液中提取获得,在中性水溶液中稳定,在酸性(pH<5)溶液中不稳定,易分解。红霉素对革兰阳性菌的金黄色葡萄球菌(包括耐药菌)、表皮葡萄球菌、链球菌等抗菌作用强,对部分革兰阴性菌如脑膜炎奈瑟菌、淋病奈瑟菌、流感杆菌、百日咳鲍特菌、布鲁斯菌、军团菌等高度敏感。对某些螺旋体、肺炎支原体、立克次体和螺杆菌也有抗菌作用。红霉素的抗菌效力不及青霉素 G,临床常用于治疗耐青霉素的金黄色葡萄球菌感染和对青霉素过敏者,还用于上述敏感菌所致的各种感染,也能用于厌氧菌引起的口腔感染和肺炎支原体、肺炎衣原体等非典型病原体所致的呼吸系统、泌尿生殖系统感染。红霉素的不良反应主要为胃肠道反应,有些患者不能耐受而不得不停药。少数患者可发生肝损害,表现为转氨酶升高、肝肿大、黄疸等,一般于停药后数日可自行恢复。

红霉素为肠溶衣片或肠溶薄膜衣片,口服后在肠道中吸收。其他常用的红霉素剂型有以下几种。

依托红霉素(erythromycin estolate):又称无味红霉素,耐酸,吸收好。口服后在胃肠道中分解为红霉素丙酸酯,部分在血液中水解成游离的红霉素而起抗菌作用。胃肠道反应较红霉素轻,但肝损害较红霉素强。

硬脂酸红霉素(erythromycin stearate):为糖衣片,对胃酸稳定,故在胃中破坏较少,在十二指肠分离成具有抗菌活性的红霉素,不良反应同红霉素。

琥乙红霉素(erythromycin ethylsuccinate):无味,对胃酸稳定,口服后在体内释放出红霉素,能通过胎盘屏障,也能经乳汁分泌,肝损害较依托红霉素轻,孕妇和哺乳期妇女慎用。

乳糖酸红霉素(erythromycin lactobionate):主要用作静脉滴注给药,高浓度滴注时可发生静脉炎。不可用盐溶液稀释,否则可析出结晶。

此外,还有红霉素的眼膏制剂和外用制剂。

克拉霉素

克拉霉素(clarithromycin)为半合成的 14 元大环内酯类抗生素。主要特点是抗菌活性强于红霉素,对酸稳定,口服吸收迅速完全,且不受进食影响,分布广泛且组织中的浓度明显高于血中浓度,不良反应发生率和对细胞色素 P_{450} 影响均较红霉素低。但此药首过消除明显,生物利用度仅有 55%。

阿奇霉素

阿奇霉素(azithromycin)为15元大环内酯类抗生素。口服吸收完全,组织中浓度高,半衰期长达35~48小时,每日仅需给药1次,主要特点是抗菌谱较红霉素广,增加了对革兰阴性菌的抗菌作用,对红霉素敏感菌的抗菌活性与其相当,而对革兰阴性菌明显强于红霉素,该药大部分以原形由粪便排出体外,少部分经尿排泄。不良反应轻,绝大多数患者均能耐受,轻、中度的肝、肾功能不良者可以应用。

第二节 林可霉素类抗生素

林可霉素类抗生素包括林可霉素(lincomycin,洁霉素,林可霉素)和克林霉素(clindamycin,氯林可霉素,氯洁霉素)。林可霉素自链霉菌的发酵液中提取而得,克林霉素是林可霉素半合成衍生物。两药具有相同的抗菌谱和抗菌机制,但由于克林霉素的口服、吸收、抗菌活性、毒性和临床疗效均优于林可霉素,故临床常用。

【抗菌作用及机制】 两药的作用机制与大环内酯类相同,能不可逆性结合到细菌核糖体50S亚基上,抑制细菌蛋白质合成。抗菌谱与红霉素类似,克林霉素的抗菌活性比林可霉素强4~8倍。最主要特点是对各类厌氧菌有强大抗菌作用。对需氧革兰阳性菌有显著活性,对部分需氧革兰阴性球菌、人型支原体和沙眼衣原体也有抑制作用,但肠球菌、革兰阴性杆菌、MRSA、肺炎支原体对本类药物不敏感。

【耐药性】 大多数细菌对林可霉素和克林霉素存在完全交叉耐药性,也与大环内酯类存在交叉耐药性,同时,它们的耐药机制也相同。

【体内过程】 林可霉素口服吸收差,生物利用度为20%~35%,且易受食物影响。克林霉素口服吸收完全,生物利用度约为87%,受食物影响小,两药血浆蛋白结合率高达90%以上。能广泛分布到全身组织和体液,并达到有效治疗水平,骨组织可达到更高浓度,能透过胎盘屏障,乳汁中的浓度约与血中浓度相当。两药物均不能透过正常血-脑屏障,但炎症时脑组织可达有效治疗浓度。

两药在肝脏经氧化代谢成无活性的产物或经胆汁排入肠道或经肾小球滤过。仅有10%以原形通过肾脏排泄,停药后,克林霉素在肠道中的抑菌作用一般可持续5天,对敏感菌可持续2周。

【临床应用】 主要用于厌氧菌,包括脆弱类杆菌、产气荚膜梭菌、放线杆菌等引起的口腔、腹腔和妇科感染。还可用于治疗需氧革兰阳性球菌引起的呼吸道、骨及软组织、胆道感染及败血症、心内膜炎等。对金黄色葡萄球菌引起的骨髓炎为首选药。

【不良反应】 常发生胃肠道反应,口服给药比注射给药多见,表现为恶心、呕吐、腹泻,长期用药也可引起二重感染、伪膜性肠炎。偶见皮疹、黄疸及肝损伤。

第三节 万古霉素类

万古霉素是由东方链霉菌产生的一种糖肽类抗生素,包括万古霉素(vancomycin)、去甲万古霉素(norvancomycin)和替考拉宁(teicoplanin)。过去使用较少,现在却因能够杀灭金黄色葡萄球菌(MRSA)和耐甲氧西林表皮葡萄球菌(MRSE)而得到广泛应用。

【体内过程】 口服难吸收,绝大部分经粪便排泄。肌内注射可致局部剧痛和组织坏死,只能静脉给药。可分布到各组织和体液,可透过胎盘,但难透过血-脑屏障和血-眼屏障,炎症时透入增多,可达有效水平。90%以上由肾排泄,万古霉素和去甲万古霉素的半衰期约为 6 小时,替考拉宁长达约 47 小时。

【抗菌作用及机制】 抗菌谱窄,对革兰阳性菌产生强大杀菌作用,尤其是 MRSA 和 MRSE。抗菌作用机制是与细胞壁前体肽聚糖结合,阻断细胞壁合成,造成细胞壁缺损而杀灭细菌,尤其对正在分裂增殖的细菌呈现快速杀菌作用。

【耐药性】 可诱导耐药菌株产生一种能修饰细胞壁前体肽聚糖的酶,使其不能与前体肽聚糖结合而产生耐药性。

【临床应用】 仅用于严重革兰阳性菌感染,特别是 MRSA、MRSE 和肠球菌属所致感染,如败血症、心内膜炎、骨髓炎、呼吸道感染等。可用于对 β-内酰胺类过敏的患者。口服给药用于治疗伪膜性肠炎和消化道感染。

【不良反应】 万古霉素和去甲万古霉素毒性较大,替考拉宁较小。

1. 耳毒性 血药浓度超过 800mg/L 且持续数天即可引起耳鸣、听力减退,甚至耳聋,及早停药可恢复正常,少数患者停药后仍有致聋危险。应避免同服有耳毒性和肾毒性的药物。

2. 肾毒性 主要损伤肾小管,表现为蛋白尿、管型尿、少尿、血尿、氮质血症,甚至肾衰竭。

3. 过敏反应 偶可引起斑块皮疹和过敏性休克。快速静脉注射万古霉素时,出现极度皮肤潮红、红斑、荨麻疹、心动过速和低血压等特征性症状,称为"红人综合征"(red man syndrome)。去甲万古霉素和替考拉宁很少出现。

4. 其他 口服时可引起恶心、呕吐、金属异味感和眩晕,静脉注射时偶发疼痛和血栓性静脉炎。

(闫恩志)

第二十一章 氨基糖苷类抗生素

氨基糖苷类(aminoglycosides)抗生素是临床上常用的一类抗生素,因其化学结构中均含有氨基醇环和一个或多个氨基糖分子,并由配糖键连接成苷而得名。天然的氨基糖苷类抗生素主要由链霉菌和小单胞菌产生,如链霉素(streptomycin)、卡那霉素(kanamycin)、妥布霉素(tobramycin)、巴龙霉素(paromomycin)、大观霉素(spectinomycin)、核糖霉素(ribostamycin)、新霉素(neomycin)、庆大霉素(gentamicin)、小诺米星(micronomicin)、西索米星(sisomicin)、阿司米星(astromicin)等;半合成氨基糖苷类是对某些天然来源的氨基糖苷类进行结构改造而成的,如奈替米星(netilmicin)、依替米星(etilmicin)异帕米星(isepamicin)、卡那霉素B(bekanamycin)、阿米卡星(amikacin)、地贝卡星(dibekacin)、阿贝卡星(arbekacin)等。

本类药物为有机碱,制剂为硫酸盐,除链霉素水溶液性质不稳定外,其他药物水溶液性质均稳定,与β-内酰胺类合用时不能混合于同一容器,否则易使氨基糖苷类失活。

第一节 氨基糖苷类抗生素的共性

氨基糖苷类抗生素结构相似,因而在体内过程、作用机制、抗菌作用、临床应用、不良反应和耐药性等方面有着许多共性。

【体内过程】

1. 吸收 氨基糖苷类的极性和解离度均较大,因此在胃肠道不吸收或很少吸收,可用于肠道感染和手术前胃肠道消毒用。多采用肌内注射,吸收迅速而完全,T_{peak}为0.5~2小时。为避免血药浓度过高而导致不良反应,通常不主张静脉注射给药。新霉素因其严重肾脏毒性,不能采用注射给药。

2. 分布 氨基糖苷类的血浆蛋白结合率均较低,除链霉素约为35%外,多数在10%以下。其穿透力很弱,主要分布于细胞外液,在肾皮质和内耳内、外淋巴液有高浓度聚积,且在内耳外淋巴液中浓度下降很慢,半衰期长,因此其肾毒性和耳毒性明显。氨基糖苷类可透过胎盘屏障并聚积在胎儿血浆和羊水中,但不能渗入机体细胞内,在大多数组织中浓度较低;也不能透过血-脑屏障,甚至脑膜发炎时也难在脑脊液达到有效浓度。

3. 代谢和排泄 氨基糖苷类在体内并不代谢,主要以原形经肾小球滤过,除奈替米星外,在肾小管均无吸收过程,可迅速排泄到尿中,尿药浓度高,为血药峰浓度的30~100倍,即使停药,尿药浓度仍可维持有效水平数天。其肾清除率等于肌酐清除率。$t_{1/2}$为2~3小时。但在肾衰竭患者可延长20~30倍以上而致药物蓄积,此时应减小剂量或延长服药间隔时间。

【抗菌作用及机制】 氨基糖苷类对各种需氧革兰阴性杆菌包括大肠埃希菌、铜绿假单胞菌、变形杆菌属、克雷白菌属、肠杆菌属、志贺菌属和枸橼酸杆菌属具有强大抗菌活性;对沙雷菌属、沙门菌属、产碱杆菌属、不动杆菌属和嗜血杆菌属也有一定抗菌作用;对淋病奈瑟菌、脑膜炎奈瑟菌等革兰阴性球菌作用较差;对MRSA和MRSE也有较好抗菌活性,对各组链球菌作用微弱,对肠球菌和厌氧菌不敏感。氨基糖苷类抗生素对革兰阴性杆菌和阳性球菌均有明显的抗生素后效应;与β-内酰胺类抗生素合用,对肠球菌属、李斯德菌属、草绿色链球菌和铜绿假单胞菌可产生协同抗菌作用。本类药物的抗菌谱基本相同,链霉素、卡那霉素还对结核分枝杆菌有效。

氨基糖苷类的抗菌机制主要是抑制细菌蛋白质合成,还能破坏细菌胞质膜的完整性。细菌蛋白质的合成过程与哺乳动物类似,核蛋白体循环是蛋白质合成的中心环节,主要分为三个阶段,即起始阶段、延长阶段和终止阶段。

1. 起始阶段 首先是氨基酸与 tRNA 在酶的作用下生成氨酰基 tRNA 复合物(aa-tRNA),然后与 mRNA、核糖体 30S 亚基结合形成 30S 起始复合物,后者再与核糖体 50S 亚基结合形成 70S 起始复合物。

2. 延长阶段 50S 亚基上有 A 位和 P 位,分别接受氨基酸和形成肽链。各 aa-tRNA 按照 mRNA 上核苷酸"三联密码"顺序依次接在 A 位上,此时 P 位上形成的肽链移到 A 位,其氨基酸羧基端接到 A 位氨基酸的氨基端。P 位上 tRNA 的释出,再回到胞质中形成新的 aa-tRNA。核糖体在 mRNA 移位,将 A 位上的肽链移到 P 位,A 位继续接受下一个 aa-tRNA。如此循环使肽链延长。

3. 终止阶段 当 mRNA 上出现终止密码时蛋白质合成结束,肽链脱落,tRNA、mRNA 分离,核糖体解体为 30S 和 50S 亚基,重新参与下次合成。

氨基糖苷类对蛋白质合成的影响包括有:①与细菌体内核糖体 70S 亚基形成始动复合物;②选择性地与细菌体内核糖体 30S 亚基上的靶位蛋白(P_{10})结合,使 A 位扭曲,造成 mRNA 的"三联密码"在翻译时出现错误,导致异常或无功能蛋白质合成;③阻滞肽链释放因子进入 A 位,使合成好的肽链不能释放;④抑制核糖体 70S 亚基的解离,使菌体内核糖体循环利用受阻(图 21-1)。另外,氨基糖苷类还通过吸附作用与菌体胞质膜结合,使通透性增加,胞质内大量重要物质外漏。通过上述综合作用机制最终使细菌死亡。氨基糖苷类抗生素是快速杀菌药,对静止期细菌有较强作用。杀菌特点是:①杀菌速率和杀菌持续时间与浓度呈正相关;②仅对需氧菌有效,且抗菌活性显著强于其他类药物,对厌氧菌无效;③PAE 长,且持续时间与浓度呈正相关;④具有初次接触效应,即细菌首次接触氨基糖苷类时,能被迅速杀死;⑤在碱性环境中抗菌活性增强。

【耐药性】 病原菌对氨基糖苷类抗生素耐药性迅速增加,且在不同抗生素之间还存在交叉耐药现象,其耐药机制如下所述。

1. 产生修饰氨基糖苷类化学结构的钝化酶(modifying enzyme) 耐药菌株产生钝化酶的基因由质粒介导合成,包括乙酰化酶、腺苷化酶和磷酸化酶,可分别将乙酰基、腺苷、磷酸连接到氨基糖苷类的氨基或羟基上,使药物不能与核糖体结合,阻断药物对蛋白质合成的抑制作用。此为该类药物产生耐药性的主要机制。这三类灭活酶可根据其作用部位不同分为若干亚型,不同类型的酶可以灭活不同的氨基糖苷类抗生素,有的可灭活多种药物,有的仅灭活少数药物。因此,氨基糖苷类间有的出现交叉耐药性,有的不出现交叉耐药性。

2. 膜通透性的改变 可能是由于菌体细胞外膜孔道蛋白结构发生改变,降低了细胞外膜对氨基糖苷类的通透性,也可能是由于改变了氧依赖性主动转运系统,抑制氨基糖苷类抗生素与细菌体内核蛋白体 30S 亚基结合,减少药物被细菌细胞膜摄取,使菌体内药物浓度下降。

3. 靶位蛋白的修饰 如细菌核糖体 30S 亚基靶蛋白上 S_{12} 蛋白质中一个氨基酸被替

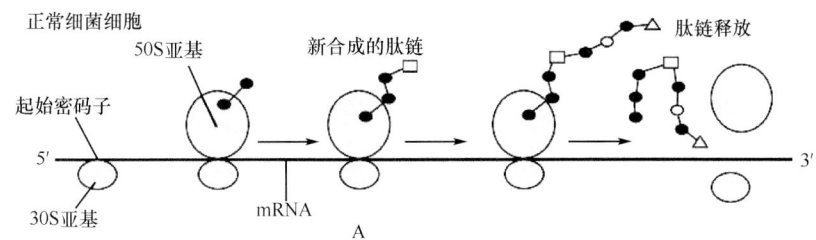
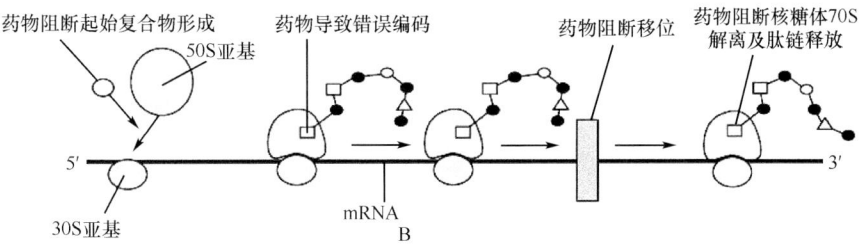

图 21-1 氨基糖苷类抗菌作用机制
A. 细菌正常蛋白质合成示意图；B. 氨基糖苷类药物作用示意图

代,形成一个不能结合氨基糖苷类(为链霉素特有)的靶蛋白,致使 rRNA 对链霉素的亲和力降低而耐药。

【临床应用】 氨基糖苷类抗生素主要用于敏感需氧革兰阴性杆菌所致的全身感染。如脑膜炎、呼吸道感染、泌尿道感染、皮肤软组织感染、胃肠道感染、烧伤或创伤感染及骨关节感染等。卡那霉素、庆大霉素、妥布霉素、阿米卡星和奈替米星对上述感染的疗效并无显著差别,但对于败血症、肺炎、脑膜炎等严重感染,单独应用时可能失败,需联合应用其他抗革兰阴性杆菌的抗菌药,如广谱半合成青霉素、第三代头孢菌素及氟喹诺酮类等。利用该类药物口服不吸收的特点,可以作为治疗消化道感染、肠道术前准备、肝性脑病用药,如新霉素。制成外用软膏、眼膏或冲洗液治疗局部感染。此外,链霉素、卡那霉素可作为结核治疗药物。

【不良反应】 氨基糖苷类抗生素的主要不良反应是耳毒性和肾毒性,尤其在儿童和老人更易引起。毒性的产生与服药剂量和疗程有关,也随药物不同而异,甚至在停药以后,也可出现不可逆的毒性反应。发现毒性反应的早期症状应立即停药,以避免或减少严重毒性的发生。因此用药期间宜同时监测血药浓度,并据此调整剂量。

1. 耳毒性 包括前庭神经损害和耳蜗听神经损伤。前庭神经功能损伤表现为头昏、视力减退、眼球震颤、眩晕、恶心、呕吐和共济失调,其发生率依次为新霉素>卡那霉素>链霉素>西索米星>阿米卡星≥庆大霉素≥妥布霉素>奈替米星。耳蜗听神经功能损伤表现为耳鸣、听力减退和永久性耳聋,该毒性还能影响子宫内胎儿。氨基糖苷类的耳毒性与其在内耳淋巴液中较高药物浓度有关,可损害内耳柯蒂器内、外毛细胞的能量产生及利用,引起细胞膜上 Na^+-K^+-ATP 酶功能障碍,造成毛细胞损伤。

为防止和减少本类药物耳毒性的发生,用药中应经常询问患者是否有眩晕、耳鸣等先兆症状。有些患者自觉症状不明显,应定期频繁做听力仪器检查,有证据表明"亚临床耳毒性"发生率为 10%~20%,表现为先是高频听力受影响,然后波及低频听力。孕妇应尽量不用,以免影响胎儿。对儿童和老人用药更要谨慎,前者多因表述不详,后者多因生理性耳聋易延误和掩盖症状而非常容易导致永久性耳聋。同时应避免与其他有耳毒性的药物合用,如万古霉素、强效利尿药、镇吐药、甘露醇等。镇静催眠药、有镇静作用的其他类药因可抑制患者的反应性,合用时也要慎重。

2. 肾毒性 氨基糖苷类是诱发药源性肾衰竭的最常见因素。肾毒性通常表现为蛋白尿、管型尿、血尿等,严重时可产生氮质血症,肾功能降低。肾功能降低可使氨基糖苷类血浆浓度升高,这又进一步加重肾功能损害和耳毒性。此类药物虽经肾小球滤过,但对肾组织有极高亲和力,通过细胞膜吞饮方式而大量积聚在肾皮质,导致肾小管、尤其是近曲小管上皮细胞溶酶体因肿胀而破裂,使大量的溶酶体酶和聚集的氨基糖苷类释放。前者造成线粒体的损害减少能量的产生,后者与钙离子结合而干扰钙调节转运过程,轻则引起肾小管肿胀,重则产生急性坏死。氨基糖苷类的肾毒性取决于各药在肾皮质中的聚积量和对肾小管的损伤能力,其发生率依次为新霉素>卡那霉素>庆大霉素>妥布霉素>阿米卡星>奈替米星>链霉素。为防止和减少肾毒性的发生,临床用药时应定期进行肾功能检查。氨基糖苷类排泄速率可随年龄的增加而逐渐减慢,如年轻患者的 $t_{1/2}$ 为 2~3 小时,在年龄超过 40 岁的患者则延长至 9 小时,故应根据患者具体情况调整用药剂量。避免合用有肾毒性的药物,如强效利尿药、顺铂、第一代头孢菌素类、万古霉素等药物。

3. 神经肌肉麻痹 与给药剂量和给药途径有关,最常见于大剂量腹膜内或胸膜内给药或静脉滴注速度过快,也偶见于肌内注射后。肾功能减退、血钙过低及重症肌无力患者易发生。可引起心肌抑制、血压下降、肢体瘫痪和呼吸衰竭。其原因可能是由于药物与突触前膜钙结合部位结合,使钙离子水平降低或由于药物与钙离子竞争,抑制节前神经末梢释放乙酰胆碱,并降低突触后膜对乙酰胆碱的敏感性,造成神经肌肉接头处传递阻断而出现上述症状。不同氨基糖苷类引起神经肌肉麻痹的严重程度顺序依次为:新霉素>链霉素>卡那霉素>奈替米星>阿米卡星>庆大霉素>妥布霉素。此毒性反应临床上常误诊为过敏性休克,抢救时应立即静脉注射新斯的明和钙剂。临床用药时避免合用肌肉松弛药、全麻药等。血钙过低、重症肌无力患者禁用或慎用该类药。氨基糖苷类抗生素不主张静脉注射给药,以避免因血药浓度骤然升高,引起呼吸骤停而死亡。

4. 过敏反应 氨基糖苷类抗生素发生变态反应会出现皮疹、发热、血管神经性水肿、口周发麻等常见症状。接触性皮炎是局部应用新霉素最常见的反应。链霉素可引起过敏性休克,其发生率仅次于青霉素,防治措施同青霉素,另应静脉注射钙剂。氨基糖苷类抗生素存在交叉过敏反应,故用药前应询问患者有无其他氨基糖苷类药物过敏史。

5. 其他反应 偶见血清转氨酶升高、面部及口周围发麻、周围神经炎、血小板减少、中性粒细胞下降及贫血。

第二节 常用氨基糖苷类抗生素

链 霉 素

链霉素(streptomycin)是 1944 年从链霉菌培养液中分离获得并用于临床的第一个氨基糖苷类抗生素,也是第一个用于治疗结核病的药物。

【**体内过程**】 链霉素口服吸收极少,肌内注射吸收快,30~45 分钟可达血药峰浓度,血浆蛋白结合率为 35%。其主要分布在细胞外液,容易渗入胸腔、腹腔并达有效浓度,不易透过血-脑屏障,只有在患脑膜炎时才能进入脑脊液。90% 链霉素可经肾小球滤过从尿中排出体外,年老或肾功能不全者排泄减慢,如年轻患者的 $t_{1/2}$ 为 2~3 小时,在年龄超过 40 岁的患者可延长至 9 小时,在肾衰竭的患者则延长至 50~110 小时,故应根据患者具体情况而调整用药剂量。

【抗菌作用】 链霉素的抗菌谱较广,包括结核分枝杆菌、肠杆菌属、克雷白菌属、沙门菌属、志贺菌属、流感嗜血杆菌、布氏杆菌属、巴斯德菌属、奈瑟菌属等。革兰阳性球菌中除少数敏感金黄色葡萄球菌和表皮葡萄球菌外,链霉素与青霉素联合对一般肠球菌感染有较好的协同作用。链霉素对铜绿假单胞菌和其他革兰阴性杆菌的抗菌活性最低。

【临床应用】
(1) 链霉素是治疗土拉菌病(兔热病)和鼠疫的首选药,特别是与四环素联合用药可产生协同作用,是目前治疗鼠疫的最有效手段。
(2) 与青霉素联合可用于治疗溶血性链球菌、草绿色链球菌及肠球菌等引起的心内膜炎或肠球菌感染。
(3) 与其他抗结核药联合应用,治疗多重耐药的结核病。
(4) 也用于其他敏感菌感染性疾病,如与其他抗菌药联合用于治疗布鲁菌病等。

【不良反应】 链霉素常见的不良反应为耳毒性,其前庭反应较耳蜗反应出现早,且发生率较高。其次为神经肌肉阻滞作用;少见肾毒性,其发生率较其他氨基糖苷类抗生素低。链霉素亦易引起眩晕、口周发麻和皮疹、发热、血管神经性水肿等变态反应,严重时可引起过敏性休克,通常于注射链霉素后 10 分钟内突然发作,且死亡率比青霉素 G 引起的过敏更高。

庆 大 霉 素

庆大霉素(gentamicin)是 1969 年从小单胞菌的发酵液中分离获得的,其中含庆大霉素 C_1、C_{1a} 和 C_2 三种成分的混合物,通常用其硫酸盐。

【体内过程】 庆大霉素口服吸收很少,肌内注射吸收迅速而完全,血药浓度在 1 小时内达高峰。其主要分布于细胞外液,可透过胎盘屏障进入胎儿体内。庆大霉素极少在体内代谢,40%~65% 在 24 小时内以原形由肾脏排出。$t_{1/2}$ 为 4 小时,在肾皮质中的药物浓度比血浆浓度高出 10~100 倍,停药 20 天后仍能在尿中检测到本品。

【抗菌作用】 抗菌范围广,对肠杆菌属、变形杆菌(吲哚阳性与阴性杆菌)、摩氏杆菌属、克雷白菌属、沙雷菌属、枸橼酸杆菌属、铜绿假单胞菌、沙门菌属、志贺菌属、金黄色葡萄球菌等抗菌作用强大。氨基糖苷类对链球菌属(包括肺炎链球菌、溶血性链球菌、草绿色链球菌等和肠球菌)天然耐药,因而抗菌作用差。庆大霉素与 β-内酰胺类合用对肠球菌具有协同抗菌作用。

【临床应用】 庆大霉素是治疗各种革兰阴性杆菌感染的主要抗菌药,尤其对沙雷菌属作用更强。由于疗效确实、价格便宜,其在氨基糖苷类中为首选药。也与青霉素或其他抗生素合用治疗严重的肺炎链球菌、铜绿假单胞菌、肠球菌、葡萄球菌或草绿色链球菌感染,亦可用于术前预防和术后感染及局部用于皮肤、黏膜表面感染和眼、耳、鼻部感染。但需注意,由于 β-内酰胺类能使庆大霉素的抗菌活性降低,应避免两药混合滴注。

【不良反应】 主要有耳毒性、肾毒性和神经肌肉阻滞,偶可发生过敏反应。耳毒性是庆大霉素最重要的不良反应,其对前庭功能损伤大于对耳蜗神经的损伤,通常为双侧受累,症状常表现为耳鸣、头昏、眩晕、麻木、共济失调等,多在用药 1~2 周内发生,亦可在停药数周后出现。偶有听力损害,有时也可出现不可逆性耳聋。庆大霉素也易引起肾毒性,表现为多尿和蛋白尿,停药后可恢复;少尿和急性肾衰竭少见,可部分恢复,但极个别患者可导致尿毒症而死亡。该药亦可引起恶心、呕吐、食欲减退等胃肠道反应,局部应用可致光敏性皮炎。

卡 那 霉 素

卡那霉素(kanamycin)是1957年从链霉菌培养液中分离所获得的,含有卡那霉素A、B、C三种成分,以A成分常用,不标明组分的卡那霉素即为卡那霉素A。

【体内过程】 口服吸收极差,肌内注射易吸收,T_{peak}为1小时。在胸腔液和腹腔液中分布浓度较高。主要经肾脏排泄,$t_{1/2}$为2~3小时。

【抗菌作用】 对多数常见革兰阴性菌均有不同程度的抗菌作用,包括大肠埃希菌、克雷白杆菌属、变形杆菌属、沙门菌属、志贺菌属等。对抗酸杆菌和结核杆菌也有一定抗菌作用。

【临床应用】 曾被广泛用于各种肠道革兰阴性杆菌感染,但因不良反应较大,疗效不突出,现已被庆大霉素、妥布霉素等取代。目前仅与其他抗结核病药物合用,以治疗对第一线药物有耐药性的结核患者,也可口服用于肝性脑病或腹部术前准备的患者。

妥 布 霉 素

妥布霉素(tobramycin)是从链霉菌培养液中分离获得的,也可由卡那霉素B脱氧获得,临床制剂为其硫酸盐。

【体内过程】 口服难吸收,肌内注射吸收迅速,T_{peak}为0.5~1小时。可渗入胸腔、腹腔、滑膜腔并达有效治疗浓度。24小时内约有93%以原形由肾脏排出。$t_{1/2}$为1.6小时。可在肾脏中大量积聚,在肾皮质中$t_{1/2}$达74小时。

【抗菌作用】 抗菌作用与庆大霉素相似,对肺炎克雷白菌、肠杆菌属、变形杆菌属的抑菌或杀菌作用分别较庆大霉素强4倍和2倍;对铜绿假单胞菌的作用是庆大霉素的2~5倍,且对耐庆大霉素菌株仍有效。但对沙雷菌属和沙门菌属的作用较差。体外抗菌试验证明,妥布霉素与β-内酰胺类抗生素有协同作用。妥布霉素与青霉素G联合对粪肠球菌有协同作用。

【临床应用】 适用于治疗铜绿假单胞菌所致的各种感染,通常应与能抗铜绿假单胞菌的青霉素类或头孢菌素类药物合用。对其他革兰阴性杆菌的抗菌活性不如庆大霉素。在革兰阳性菌中仅对葡萄球菌有效。

【不良反应】 不良反应较庆大霉素轻,主要表现为耳毒性和肾毒性。亦可引起恶心、呕吐、血清转氨酶升高等,偶见二重感染和神经肌肉接头阻滞。

阿 米 卡 星

阿米卡星(amikacin,丁胺卡那霉素)是卡那霉素的半合成衍生物,临床制剂为其硫酸盐。

【体内过程】 肌内注射吸收迅速,T_{peak}为60分钟,血浆蛋白结合率低于3.5%,主要分布于细胞外液,不易透过血-脑屏障。在给药后24小时内有98.2%的药物以原形经尿排出,$t_{1/2}$为2.2小时,当肾功能减退时可延长至56~150小时。

【抗菌作用】 阿米卡星是抗菌谱最广的氨基糖苷类抗生素,对革兰阴性杆菌和金黄色葡萄球菌均有较强的抗菌活性,对敏感细菌的作用与卡那霉素相似或略强,但较庆大霉素弱。其突出的优点是对肠道革兰阴性杆菌和铜绿假单胞菌所产生的多种氨基糖苷类灭活酶稳定,故对一些氨基糖苷类耐药菌感染仍能有效控制,常作为此类感染的首选药。但对阿米卡星耐药者均对其他氨基糖苷类耐药。本品的另一个优点是它与β-内酰胺类联合应用可获协同作用。当粒细胞缺乏或其他免疫缺陷患者合并严重革兰阴性杆菌感染时,合用药比阿米卡星单独使用效果更好。

【临床应用】 主要用于对庆大霉素等氨基糖苷类耐药的革兰阴性杆菌所致的下呼吸道、腹腔、泌尿系统、生殖系统、骨、关节和软组织等部位的感染及败血症。

【不良反应】 阿米卡星的常见不良反应为耳毒性,主要为耳蜗神经损伤,少数患者可出现前庭功能损伤。其耳毒性强于庆大霉素,肾毒性低于庆大霉素。

奈 替 米 星

奈替米星(netilmicin,乙基西梭霉素)是西索米星的2-脱氧链霉胺1位上的氨基发生甲基取代而生成的半合成衍生物,具有广谱抗菌作用,临床用其硫酸盐制剂。

【体内过程】 奈替米星肌内注射吸收迅速而完全,血药浓度达峰时间为0.5~1小时,血浆蛋白结合率极低,不易透过血-脑屏障,主要分布于细胞外液,可渗入胸腔、腹腔、滑膜腔及胆汁中,极少在体内代谢,主要经肾小球滤过,$t_{1/2}$为2.5小时。由于在肾脏中大量积聚,末次给药后血中的药物可持续1周以上,终末$t_{1/2}$可长达198小时。

【抗菌作用】 奈替米星对肠杆菌科大多数细菌均具有强大的抗菌活性,对葡萄球菌和其他革兰阳性球菌的作用则强于其他氨基糖苷类抗生素。其显著特点是对多种氨基糖苷类钝化酶稳定,因而对MRSA及庆大霉素、西索米星和妥布霉素耐药菌也有较好的抗菌活性。另外,奈替米星与β-内酰胺类联合用药对金黄色葡萄球菌、铜绿假单胞菌、肺炎杆菌和肠球菌属均有协同作用。

【临床应用】 奈替米星在临床主要用于治疗各种敏感菌引起的严重感染,也与β-内酰胺类联合用于儿童及成人粒细胞减少伴发热患者和病因未明发热患者的治疗。

【不良反应】 奈替米星的耳、肾毒性发生率较低,损伤程度较轻。如耳蜗毒性发生率仅为2.4%,在常用氨基糖苷类中最低;肾毒性也仅表现为管型尿、血尿素氮和肌酐值升高等,症状大都轻微而可逆。但仍需注意用药安全,不能任意加大剂量或延长疗程。奈替米星还可偶然引起头痛、视力模糊、恶心、呕吐、皮疹、瘙痒及血清转氨酶、碱性磷酸酶、胆红素增高等变化。

(代春美)

第二十二章 四环素类及氯霉素类抗生素

四环素类(tetracyclines)及氯霉素类(chloramphenicols)属广谱抗生素(broad-spectrum antibiotics)。对革兰阳性菌和阴性菌具有快速抑菌作用,对立克次体、支原体和衣原体也具有较强的抑制作用;四环素类药物尚可抑制某些螺旋体和原虫。但四环素类的不良反应较多,且多数革兰阳性菌已经对其产生了耐药性,加之现有更好的替代抗生素,故现已少用。氯霉素可引起严重的骨髓造血系统毒性,应慎重选用。

第一节 四环素类药物

1948年,Duggar从链霉菌中提取出第一个四环素类药物——金霉素(chlorotetracycline)并应用于临床,后相继发现土霉素(oxytetracycline)、四环素(tetracycline)。1970~1980年,经半合成改造,得到了一系列抗菌活性高、耐药菌株较少的四环素类新药。本类药物的化学结构中均具有菲烷的基本骨架,为酸、碱两性物质,在酸性溶液中较稳定,在碱性溶液中易破坏,临床一般用其盐酸盐。根据药物来源不同,四环素类抗生素可分为天然品和半合成品。天然四环素类包括四环素、土霉素(tetramycin,氧四环素)、金霉素和地美环素(demeclocycline,去甲金霉素)属。半合成四环素类包括美他环素(methacycline,甲烯土霉素)、多西环素(doxycycline,强力霉素,脱氧土霉素)和米诺环素(minocycline,二甲胺四环素)。

一、四环素类抗生素的共性

【体内过程】 四环素类抗生素口服可以吸收,但不完全。口服吸收率以金霉素最低(约30%),四环素居中,多西环素和米诺环素最高。由于四环素类药物能与Mg^{2+}、Ca^{2+}、Al^{3+}及Fe^{3+}等多价阳离子形成络合物而降低吸收,故吸收量受食物、药物、胃酸等因素影响较大。四环素类单剂口服后约2小时达到血药峰浓度。

四环素类药物的血浆蛋白结合率差异较大,组织分布广泛,能沉积于牙、骨骼等钙化组织及含钙量高的肿瘤(胃癌)中,也能较多地渗透到大多数组织和体液中,易进入细胞内。但除了高脂溶性的米诺环素外,其他药物难以在脑脊液中达到有效治疗浓度。四环素类药物能透过胎盘屏障。

四环素类药物部分在肝脏代谢,以原形或其代谢产物分泌到胆汁中,其中绝大多数在小肠被重吸收形成肝肠循环,经肾小球滤过排泄,但多西环素约90%以代谢产物或络合物的形式经胆汁排出,对肠道细菌的影响很小。米诺环素与多西环素可治疗肾功能损害者的肾外感染,无需调整剂量。

【抗菌作用】 本类药物属于广谱抑菌药,对革兰阳性与革兰阴性的需氧和厌氧菌均有抗菌作用,对某些能产生耐药性的微生物如立克次体、肺炎支原体、伯氏柯克斯体、衣原体、军团菌、某些非典型分枝杆菌及疟原虫属等也有效,但对真菌无效。抗菌活性依次为:米诺环素>多西环素>美他环素>地美环素>四环素>土霉素。四环素和土霉素曾长期作为临床抗感染治疗的主要抗生素。近年来,由于耐药菌株日益增多,四环素类药物的不良反应成为突出问题,尤其是四环素,已不再作为本类药物的首选药。土霉素仍可用于治疗肠阿米巴病(对肠外阿米巴病无效),疗效优于其他四环素类药物,对细菌感染临床已很少使用,金霉素的口服和注射制剂均被淘汰,仅保留外用制剂用于治疗结膜炎和沙眼等疾病。半合成四环素类如多西环素、米诺环素等由于抗菌谱广、抗菌活性较强、耐药菌株较少,且对部分耐四环素的菌株有效,已逐渐取代四环素应用于临床。

【抗菌机制】 四环素类药物的抑菌机制主要为抑制细菌蛋白质的合成。对于革兰阴性菌,药物首先以被动扩散方式经细胞壁外膜的亲水性通道转运,再以主动转运方式经胞质膜的能量依赖系统泵入胞质内。药物进入革兰阳性菌的机制尚不十分清楚,但也是一种耗能过程。药物进入细菌胞质后,能与核糖体 30S 亚基的 A 位特异性结合,阻止氨基酰 tRNA(亦称氨酰 tRNA)进入 A 位,抑制肽链延长,最终导致细菌蛋白质合成障碍(图 22-1)。四环素类药物尚可改变细菌细胞膜通透性,导致菌体内核苷酸及其他重要成分外漏,从而抑制细菌 DNA 复制。高浓度时也具有杀菌作用。哺乳动物细胞不存在主动转运四环素类药物的生物机制,同时其核糖体对药物的敏感性低,因此,机体内的药物仅抑制细菌的蛋白质合成。

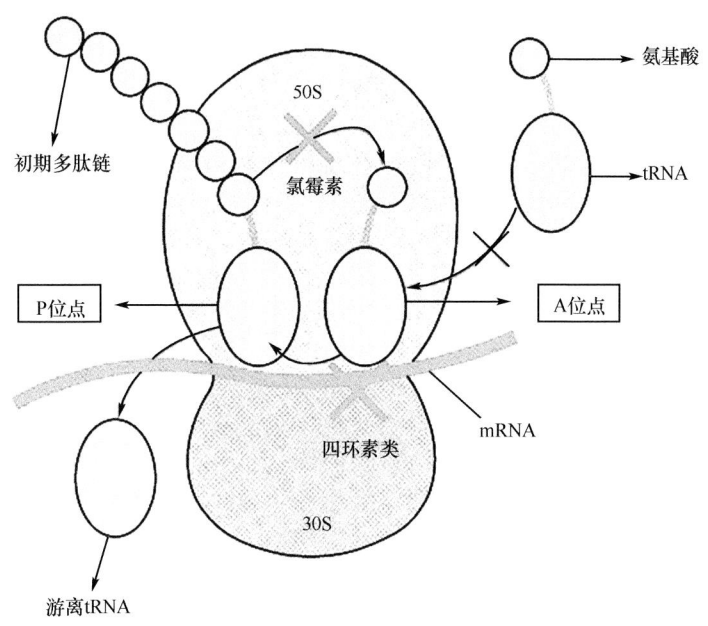

图 22-1 四环素类、氯霉素抑制细菌蛋白质合成示意图

【耐药性】 细菌对四环素类药物耐药性的形成为渐进型,近年来耐药菌株日渐增多,如金黄色葡萄球菌、A 群链球菌、肺炎链球菌、大肠埃希菌、志贺菌属等。四环素、土霉素、金霉素之间为完全交叉耐药,但是对天然四环素耐药的细菌对半合成四环素可能仍敏感。细菌对四环素类药物产生耐药性的机制有四种:①药物促进了细菌对排出因子(泵蛋白)的表达,促使药物排出细胞外,使四环素类难以在细菌体内聚集。②药物促进了细菌核蛋白体保护蛋白的表达,阻碍四环素类与核蛋白体的结合,保护了细菌的蛋白质合成过程。③细菌产生灭活酶,使药物失活。

【临床应用】 四环素类药物可以治疗多种感染性疾病。由于一些疗效好、毒性低、活性高的药物不断出现,其临床应用受限,目前主要用于立克次体、支原体和衣原体引起的感染性疾病。

1. 立克次体感染 四环素类药物首选治疗立克次体感染,包括斑疹伤寒、鼠型斑疹伤寒、落基山斑疹热、Q热和恙虫病等。

2. 衣原体和支原体感染 四环素类对治疗鹦鹉热衣原体引起的鹦鹉热,沙眼衣原体引起的非淋菌性尿道炎、子宫颈炎、性病淋巴肉芽肿、包涵体结膜炎和沙眼等;对溶脲脲原体引起的非特异性尿道炎;对衣原体肺炎无论口服或局部应用均有较好效果。使用本类药物时首选多西环素。

3. 螺旋体感染 四环素类是治疗博氏疏螺旋体引起的慢性游走性红斑和回归热螺旋体引起的回归热最有效的药物,多西环素为首选药。对雅司螺旋体引起的雅司病、梅毒螺旋体引起的梅毒和钩端螺旋体性脑膜炎等也有较好疗效。

4. 细菌性感染 四环素类对治疗肉芽肿鞘杆菌感染引起的膜股沟肉芽肿、霍乱弧菌引起的霍乱及布鲁菌引起的布鲁菌病均有突出疗效,可作为首选药。也可用于牙龈卟啉单胞菌引起的牙周炎。

【不良反应】

1. 局部刺激作用 四环素类药物可引起不同程度的胃肠道刺激症状,口服可引起恶心、呕吐、腹泻等症状;刺激症状严重程度随用药剂量加大而加大,个别患者可导致食管和上消化道溃疡。减少用药量和小量多次服用可缓解症状。

2. 二重感染(superinfection) 正常人口腔、咽喉部、胃肠道存在完整的微生态系统。长期口服或注射使用广谱抗生素时,敏感菌被抑制,不敏感菌乘机大量繁殖,由原来的劣势菌群变为优势菌群,造成新的感染,称作二重感染或菌群交替症。长期大剂量应用四环素类药物可引起二重感染,婴儿、老年人、体弱者、合用糖皮质激素或抗肿瘤药的患者,使用四环素时易发生。较常见的二重感染有两种,其一是真菌感染,多由白假丝酵母菌引起,表现为鹅口疮、肠炎,应立即停药并同时进行抗真菌治疗。其二是对四环素耐药的难辨梭菌感染所致的伪膜性肠炎(pseudomembranous colitis),表现为剧烈的腹泻、发热、肠壁坏死、体液渗出甚至休克死亡,应立即停药并口服万古霉素或甲硝唑。

3. 对骨骼和牙齿发育的影响 四环素类药物能在胚胎和婴幼儿的骨骼和牙齿中与沉积钙结合,造成恒齿永久性棕色色素沉着(俗称牙齿黄染),牙釉质发育不全。四环素类还可抑制骨质生成和婴幼儿骨骼发育,造成短暂性生长障碍。

4. 其他 长期大剂量使用可引起严重肝损伤或加重原有的肾损伤,多见于孕妇特别是肾功能异常的孕妇。偶见过敏反应,并有交叉过敏。也可引起光敏反应和前庭反应如头晕、恶心、呕吐等。

【禁忌证】 除多西环素外,肾脏疾病患者禁用其他任何四环素类药物,以免加重氮质血症发生。孕妇、哺乳期妇女及8岁以下儿童禁用四环素类药物。

二、常用四环素类抗生素

四 环 素

四环素属于天然四环素类药物,最初是从金霉素催化加氢半合成而得,后来从特种链丝菌培养液中提取。

【体内过程】 口服吸收但不完全,空腹吸收较好,2~4小时血药浓度可达峰值。血浆蛋白结合率较低,组织分布广泛,可进入胎儿血循环及乳汁,并可沉积于新形成的牙齿和骨骼中,胆汁中的浓度为血药浓度的10~20倍。20%~55%由肾脏排泄,可用于泌尿系统感染,碱化尿液增加药物排泄。消除$t_{1/2}$为6~9小时。食物或其他药物中的Fe^{2+}、Ca^{2+}、Mg^{2+}、Al^{3+}等金属离子与四环素络合而减少其吸收;碱性药、H_2受体阻断药或抗酸药降低四环素的溶解度,减少其吸收;酸性药物如维生素C则促进四环素吸收;与铁剂或抗酸药并用时,应间隔2~3小时。

【抗菌作用】 对革兰阳性菌的抑制作用强于阴性菌,但是对革兰阳性菌的作用不如青霉素类和头孢菌素类,对革兰阴性菌的作用不如氨基糖苷类及氯霉素类。极高浓度时具有杀菌作用。对伤寒杆菌、副伤寒杆菌、铜绿假单胞菌、结核分枝杆菌、真菌和病毒无效。

【临床应用】 由于耐药菌株日益增多和药物的不良反应,四环素一般不作首选药。在无多西环素时可用于立克次体感染、螺旋体病、支原体肺炎、衣原体感染如性病性淋巴细胞肉芽肿、非淋病性尿道炎、子宫颈炎、输卵管炎等。

【不良反应】 四环素的不良反应较多,口服剂量超过每日1g时,可出现恶心、呕吐、腹胀、腹泻等胃肠道刺激症状。长期应用易发生二重感染,以念珠菌性口腔炎、难辨梭状菌性伪膜性肠炎多见,严重者可威胁生命,应口服万古霉素和甲硝唑治疗。

多 西 环 素

多西环素属长效半合成四环素类,易溶于水,遇光不稳定。

【体内过程】 口服吸收迅速且完全,不易受食物影响。口服2小时血药浓度可达峰值,$t_{1/2}$长达12~22小时,有效治疗浓度可维持24小时以上,但与巴比妥类等肝药酶诱导剂合用时,$t_{1/2}$可缩短至7小时。大部分药物随胆汁进入肠腔排泄,肠道中的药物多以无活性的结合型或络合型存在,很少引起二重感染。少量药物经肾脏排泄,肾功能减退时粪便中药物排泄增多,故肾衰竭时也可使用。

【抗菌作用】 抗菌活性比四环素强2~10倍,具有强效、速效、长效的特点;抗菌谱与四环素相同,对土霉素或四环素耐药的金黄色葡萄球菌对本药仍敏感,但与其他同类药物有交叉耐药。

【临床应用】 多西环素是四环素类药物的首选药;临床适应证见前述四环素,此外特别适合肾外感染伴肾衰竭者(其他多数四环素类药物可能加重肾衰竭)及胆道系统感染。其也用于酒糟鼻、痤疮、前列腺炎和呼吸道感染如慢性气管炎、肺炎。

【不良反应】 常见胃肠道刺激反应,可引起恶心、呕吐、腹泻、舌炎、口腔炎和肛门炎,应饭后服用,并以大量水送服,服药后保持直立体位30分钟以上,以避免引起食管炎。静脉注射时,可能出现舌麻木及口腔异味感。易致光敏反应。其他不良反应少于四环素。

米 诺 环 素

【体内过程】 口服吸收迅速而完全,吸收率接近100%,不易受食物影响,但抗酸药或重金属离子仍可减少米诺环素吸收。其脂溶性高于多西环素,组织穿透力强,分布广泛,脑脊液中的浓度高于其他四环素类。米诺环素长时间滞留于脂肪组织,粪便及尿中的排泄量显著低于其他四环素类,部分药物在体内代谢,消除$t_{1/2}$为11~22小时。肾衰竭患者的$t_{1/2}$略延长,肝衰竭对$t_{1/2}$无明显影响。

【抗菌作用】 抗菌谱与四环素相似,抗菌活性强于其他同类药物。对四环素或青霉素类耐药的 A 群链球菌、B 群链球菌、金黄色葡萄球菌和大肠埃希菌对米诺环素仍敏感,但对耐药的肺炎球菌、变形杆菌、铜绿假单胞菌、克雷白菌属和志贺菌无作用,是四环素类药物中唯一具有抗麻风分枝杆菌活性的药物。

【临床应用】 与多西环素基本相同,用于治疗尿路感染、呼吸道感染如支气管炎、肺炎等,也用于胆道感染、骨髓炎、淋病,以及沙眼衣原体疾病、酒糟鼻、痤疮等。一般不作为首选药。

【不良反应】 除四环素类共有的不良反应外,米诺环素产生独特的前庭反应,出现恶心、呕吐、眩晕、运动失调等症状;首剂服药可迅速出现,女性多于男性。高达12%~52%的患者因严重的前庭反应而停药,停药24~48小时后症状可消失。用药期间不宜从事高空作业、驾驶和机器操作。

第二节 氯霉素类药物

氯霉素

1950年发现氯霉素(chloramphenicol)诱发致命性不良反应(抑制骨髓造血功能),临床应用受到极大限制。氯霉素的右旋体无抗菌活性,但保留毒性,目前,临床使用人工合成的左旋体。

【体内过程】 氯霉素和棕榈氯霉素可供口服。棕榈氯霉素是无活性前体药,口服后在十二指肠经胰脂酶水解,释放出氯霉素供吸收;棕榈氯霉素无苦味,适合儿童服用,但是婴幼儿胰脂酶活性低,且肠道吸收功能较差,血药浓度不宜掌握,有些国家不再使用。氯霉素口服吸收良好,消除 $t_{1/2}$ 约为2.5小时,有效血药浓度可维持6~8小时。氯霉素广泛分布于各组织与体液中,脑脊液中的浓度达血药浓度的45%~99%。体内药物的90%在肝脏与葡萄糖醛酸结合而失活。代谢产物和10%的原形药物由尿中排泄,亦能在泌尿系统达到有效抗菌浓度。仅供静脉注射使用的无活性前体药琥珀氯霉素,在体内水解释放出氯霉素。由于琥珀氯霉素在水解前已有20%~30%由肾脏排泄,降低了药物的生物利用度。

【抗菌作用】 对革兰阴性菌的抗菌作用强于阳性菌,属抑菌药;但是对流感嗜血、脑膜炎奈瑟菌、肺炎链球菌具有杀灭作用;对革兰阳性菌的抗菌活性不如青霉素类和四环素类。氯霉素对结核分枝杆菌,真菌和原虫无效。

【作用机制】 氯霉素与细菌核糖体50S亚基上的肽酰转移酶作用位点可逆性结合,阻止P位肽链的末端羧基与A位氨基酰tRNA的氨基发生反应,从而阻止肽链延伸,使蛋白质合成受阻(见图22-1)。氯霉素的结合位点十分接近克林霉素和大环内酯类的作用位点,这些药物同时应用可能产生竞争性拮抗作用。

【耐药性】 革兰阳性菌和阴性菌均可通过突变、接合或转导机制,获得氯霉素耐药基因,但耐药性产生较慢。耐药菌产生氯霉素乙酰转移酶,使药物转变为一乙酰氯霉素或二乙酰氯霉素而失活。某些革兰阴性菌如流感嗜血杆菌或伤寒沙门菌等,通过染色体突变使外膜特异性蛋白质缺失,造成外膜对氯霉素的通透性降低,药物无法进入胞内发挥抗菌作用。

【临床应用】 氯霉素可能对造血系统产生致命的毒性作用,应严格掌握适应证,一般不作首选药物。用药期间定期检查血象。

1. 耐药菌诱发的严重感染 如无法使用青霉素类药物的脑膜炎、多药耐药的流感嗜血杆菌感染,且病情严重危及生命时可使用本药。

2. 伤寒 由于氯霉素成本低廉,某些国家和地区仍用于伤寒。对于非流行期患者,伤寒杆菌对氯霉素一般较敏感,可选用,疗程 2～3 周;用药后 6 天内退热,肠穿孔等严重并发症减少,病死率下降。对复发病例氯霉素仍可获得满意疗效。目前,伤寒患者首选氟喹诺酮类或第三代头孢菌素,具有速效、低毒、复发少和愈后不带菌等特点,氯霉素作为备选药。

3. 立克次体感染 立克次体重度感染(斑疹伤寒、Q 热和恙虫病等)的孕妇、8 岁以下儿童、四环素类药物过敏者可选用。

4. 其他 与其他抗菌药联合使用,治疗腹腔或盆腔的厌氧菌感染。也可作为眼科的局部用药,安全有效地治疗敏感菌引起的眼内感染、全眼球感染、沙眼和结膜炎。

【不良反应】

1. 血液系统毒性 是氯霉素最严重的不良反应,包括:①可逆性血细胞减少;较常见,发生率和严重程度与剂量大或疗程长有关,表现为贫血、白细胞减少症或血小板减少症。大剂量氯霉素对骨髓造血细胞线粒体中的核糖体 70S 亚单位亦有抑制作用,降低宿主线粒体铁螯合酶(chelatase)的活性,使血红蛋白合成减少;亦可损害其他血细胞,及时停药可以恢复。其中部分患者可能发展成致死性再生障碍性贫血或急性髓细胞性白血病;②再生障碍性贫血:发病率与用药量、疗程无关,一次用药亦可发生。发生率低(1/3 万),但死亡率很高。发病机制不清,女性发生率较男性高 2～3 倍,多在停药数周或数月后发生。幸存者日后发展为白血病的概率很高。患者有药物造血系统毒性既往史或家族史者不宜使用。

2. 灰婴综合征(gray syndrome) 早产儿和新生儿肝脏缺乏葡萄糖醛酸转移酶,肾排泄功能不完善,对氯霉素解毒能力差。应用氯霉素剂量过大可致中毒,表现为循环衰竭、呼吸困难、进行性血压下降、皮肤苍白和发绀,故称灰婴综合征。一般发生于用药后的第 2～9 天,症状出现 2 天内的死亡率可高达 40%。有时大龄儿童甚至成人亦可发生。因此,氯霉素禁用于新生儿及早产儿,妊娠后期及哺乳期妇女也应避免使用。

3. 其他 口服用药时出现恶心、呕吐、腹泻等症状。少数患者有过敏反应(皮疹、药热、血管神经性水肿)、视神经炎、视力障碍等。还可见溶血性贫血(葡萄糖-6-磷酸脱氢酶缺陷者)、二重感染。

【药物相互作用】 氯霉素抑制肝药酶活性,从而减少华法林、甲苯磺丁脲、苯妥英钠等的代谢,使它们的血药浓度增高,甚至造成中毒。合用时应监测凝血酶原时间、血糖。利福平或长期使用苯巴比妥类药物则促进氯霉素代谢,降低后者的疗效。氯霉素和抗肿瘤药物合用可增加抑制骨髓造血系统功能的作用。氯霉素和雌激素类避孕药合用,可能造成避孕失败。

甲砜霉素

以甲砜基取代氯霉素的苯环上的硝基而形成甲砜霉素(thiamphenicol,甲砜氯霉素、硫霉素),后者具有更高的水溶性和稳定性,口服吸收完全。甲砜霉素的抗菌谱、抗菌活性与氯霉素相似,其抗菌机制、主要适应证及主要不良反应与氯霉素相同。与氯霉素之间完全交叉耐药,但是细菌对甲砜霉素的耐药性发展较慢。体内甲砜霉素的 70%～90% 以原形由肾脏排泄,肾功能损伤者应减少药量。药物在肝内不与葡萄糖醛酸结合,血中游离型药物多,故抗菌活力较强。甲砜霉素的免疫抑制作用比氯霉素强 6 倍。其主要用于轻症感染,一般不用于细菌性脑膜炎。甲砜霉素对血液系统毒性主要为可逆性血细胞减少,发生率高于氯霉素。未见本药诱发致死性再生障碍性贫血和灰婴综合征的报道。

(代春美)

第二十三章 人工合成抗菌药

第一节 喹诺酮类抗菌药

一、概 述

自 1962 年研制的第一个喹诺酮类药物萘啶酸问世以来,喹诺酮类药物依据其发展史分为四代:第一代即萘啶酸,对革兰阴性菌有抗菌作用,因口服吸收差,抗菌谱窄,不良反应多,现已很少使用。第二代为吡哌酸,对大多数革兰阴性菌有效,口服易吸收;但因血中游离药物浓度低,而尿中药物浓度高,故仅限于治疗泌尿道和肠道感染。第三代是 20 世纪 80 年代以来研制的氟喹诺酮类(fluroquinolones),常用氟喹诺酮类包括诺氟沙星(norfloxacin)、环丙沙星(ciprofloxacin)、氧氟沙星(ofloxacin)、左氧氟沙星(levofloxacin)、洛美沙星(lomefloxacin)、氟罗沙星(fleroxacin)、司帕沙星(sparfloxacin)等。第四代为 20 世纪 90 年代后期新研制的氟喹诺酮类,包括莫西沙星(moxifloxacin)、加替沙星(gatifloxacin)和加雷沙星(garenoxacin)等,其中前 2 个药物已正式用于临床。第四代喹诺酮类在结构上有较大的改进,安全性也有很大提高。其抗菌谱扩大到革兰阳性菌、衣原体、支原体、厌氧菌及细胞内致病菌,对革兰阳性菌和厌氧菌的活性显著强于第三代,对多重耐药菌株也有较强的抗菌活性。

【构效关系】 喹诺酮类是以 4-喹诺酮(或称吡酮酸)为基本结构的人工合成抗菌药,其化学结构与药理学特性、不良反应密切相关。在 4-喹诺酮母核的 N^1、C^5、C^6、C^7、C^8 引入不同的基团(图 23-1),形成各具特点的喹诺酮类。

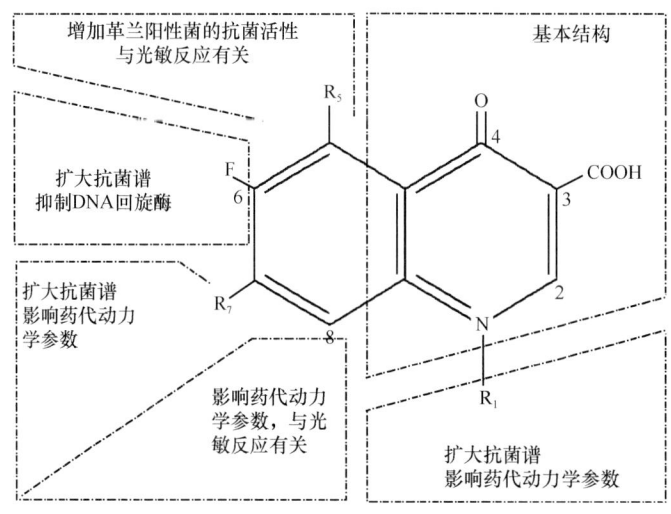

图 23-1 喹诺酮类药物的基本机构及构效关系

1. 抗菌活性 C^6引入氟同时C^7引入哌嗪基(绝大多数氟喹诺酮类)后,药物与DNA回旋酶(DNA gyrase,DNA旋转酐)的亲和力和抗菌活性显著提高,抗菌谱明显扩大,药动学性质显著改善;N^1引入环丙基后,药物对革兰阳性菌、衣原体、支原体的杀灭作用进一步增强,如环丙沙星、莫西沙星、司帕沙星、加替沙星。C^6脱去氟,C^8引入二氟甲基的加雷沙星对革兰阴性菌、革兰阳性菌、厌氧菌、支原体、衣原体均具有与莫西沙星类似的良好活性和药动学特征,同时毒性更低。

2. 光敏反应(photosensitivity reactions) C^8引入氯或氟后,提高了疗效,同时也增强了药物的光敏反应,如司帕沙星、氟罗沙星和洛美沙星。以甲氧基取代C^8的氯或氟时在提高疗效的同时可降低光敏反应,如莫西沙星和加替沙星。

3. 中枢神经系统毒性 喹诺酮类与茶碱或NSAID(非甾体类抗炎药)合用时易产生中枢毒性,该毒性与C^7的取代基团有关。

4. 肝毒性和心脏毒性 N^1引入2,4-二苯氟基的曲伐沙星因肝毒性而在许多国家停止使用,该取代基可能也与替马沙星综合征(表现为低血糖、重度溶血、约半数患者伴肾衰竭和肝功能损害)有密切关系。C^5引入甲基的格帕沙星因心脏毒性而撤出市场。

【体内过程】 多数氟喹诺酮类口服吸收良好,通常口服后1~2小时即达到血药峰浓度,血药浓度相对较高。早期开发的药物血浆$t_{1/2}$一般为3~7小时。近年研发的新药中$t_{1/2}$明显延长。食物一般不影响药物的吸收,但富含Fe^{2+}、Ca^{2+}、Mg^{2+}的食物可降低药物的生物利用度。药物血浆蛋白结合率均较低,很少超过40%;氟喹诺酮类药物组织分布广,可分布于各种组织体液和器官,特别在肺、肾、前列腺、尿液、胆汁、粪便、巨噬细胞和中性粒细胞的药物含量均高于血药浓度。但脑脊液、骨组织和前列腺液中的药物浓度低于血药浓度。药物也可分布于泪腺、唾液腺、泌尿生殖系统和呼吸道黏膜。培氟沙星(pefloxacin)主要由肝脏代谢并通过胆汁排泄;氧氟沙星、左氧氟沙星、洛美沙星和加替沙星,70%以上以原形经肾脏排出;其他多数氟喹诺酮类药物,肝、肾两种消除方式均很重要。

【抗菌作用】 氟喹诺酮类属广谱杀菌药,其杀菌浓度相当于MIC的2~4倍。20世纪90年代后期研制的莫西沙星、加替沙星等,除保留了原有氟喹诺酮类对革兰阴性菌的良好抗菌活性外,对革兰阳性菌、结核分枝杆菌、军团菌、支原体及衣原体的杀灭作用也有了进一步增强;特别是提高了对厌氧菌如脆弱类杆菌、梭杆菌属、消化链球菌属和厌氧芽孢梭菌属等的抗菌活性,并显示出良好的临床效果。但对于铜绿假单胞菌仍以环丙沙星的杀菌作用最强。

【抗菌作用机制】

1. 抑制DNA回旋酶 这是喹诺酮类抗革兰阴性菌的主要机制。通过抑制革兰阴性菌DNA回旋酶,阻碍DNA复制达到杀菌作用。大肠埃希菌的DNA回旋酶是由2个α亚基和2个β亚基构成的四聚体,DNA在转录或复制过程中,其双螺旋结构(二级结构)被部分打开,同时引起解旋附近的双螺旋结构过度缠绕,并进一步影响到超螺旋结构(三级结构)而形成正超螺旋(positive supercoils),阻碍双螺旋结构的进一步打开(复制叉移动),使转录或复制过程难以继续。DNA回旋酶的主要作用是将细菌DNA复制和转录过程中产生的正超螺旋DNA结构恢复为负超螺旋结构。首先DNA回旋酶α亚基能将DNA链打开形成切口,β亚基则结合ATP,催化水解提供能量,然后在α亚基的参与下将切口重新连接形成DNA的负超螺旋结构。喹诺酮类药物通过作用于DNA回旋酶α亚基,形成药物-DNA-酶复合物,抑制DNA链的打开和闭合,阻碍细菌DNA合成,从而起到杀菌作用。哺乳类动物细胞内的拓扑异构酶Ⅱ(topoisomerase Ⅱ)在功能上类似于细菌 DNA 回旋酶,喹诺酮类仅在很高浓度才能影响该酶,故喹诺酮类对细菌的选择性高,临床不良反应少(图 23-2)。

2. 抑制拓扑异构酶Ⅳ(topoisomerase Ⅳ) 这是喹诺酮类药物抗革兰阳性菌的主要机制。革兰阳性菌的拓扑异构酶Ⅳ也为四聚体,其中酶的 C 亚基负责 DNA 链的断裂和重接,E 亚基催化 ATP 水解和前链后移,在 DNA 复制后期姐妹染色体的分离过程中起重要作用。喹诺酮类药物通过抑制拓扑异构酶Ⅳ,阻碍革兰阳性菌的 DNA 复制而达到杀菌作用。

3. 其他 喹诺酮类的抗菌作用可能还存在其他机制,如抑制细菌 RNA 及蛋白质合成、诱导菌体 DNA 错误复制及抗菌后效应等。

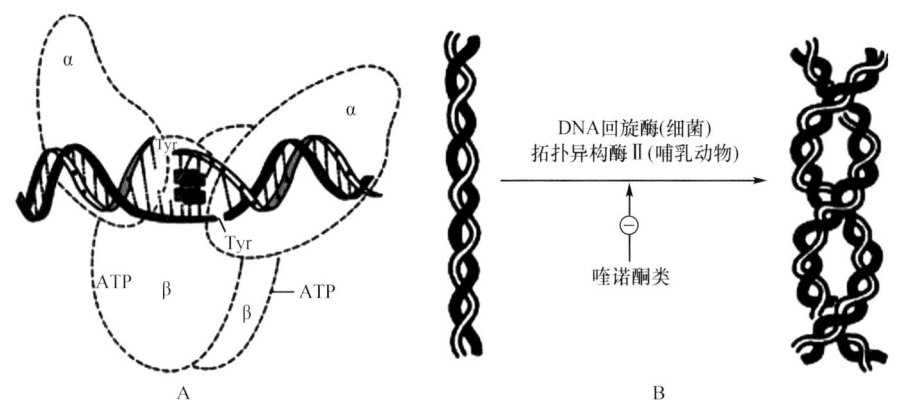

图 23-2 喹诺酮类药物抑制细菌 DNA 回旋酶作用示意图
A. α 和 β 为 DNA 回旋酶的两个亚基,长方形为药物分子;药物嵌入 DNA 双链中并与之配对碱基结合,阻碍 DNA 链的重新封接;B. 喹诺酮类药物抑制 DNA 形成负超螺旋结构

【耐药性】 细菌对喹诺酮类药物先天性耐药频率较低,但后天获得性耐药却发展很快。本类药物间有交叉耐药性。常见耐药菌为金黄色葡萄球菌、肠球菌、肺炎链球菌、大肠埃希菌和铜绿假单胞菌等。细菌耐药性的出现主要有以下机制:耐药细菌可因基因突变导致 GyrA 亚基与药物的亲和力下降;亦可因外膜孔蛋白 OmpF 的基因失活(如大肠埃希菌),导致膜通道关闭,喹诺酮类无法通过膜通道进入菌体。此外,金黄色葡萄球菌含有一种多重药物主动外排的 NorA 蛋白,可在胞质膜上形成特殊的转运通道,将喹诺酮类药物自菌体内泵出;金黄色葡萄球菌耐药时 NorA 蛋白基因表达过量。近年发现,细菌对本类药物的耐药也可由质粒介导。

【临床应用】 氟喹诺酮类具有抗菌谱广、抗菌活性强、口服吸收良好、与其他类别的抗菌药之间无交叉耐药等特点,在临床上得到了较广泛的应用。

1. 泌尿生殖系统感染 环丙沙星、氧氟沙星与 β-内酰胺类同为首选药,用于治疗单纯性淋病奈瑟菌性尿道炎或子宫颈炎,但对非特异性尿道炎或子宫颈炎疗效差。环丙沙星是铜绿假单胞菌性尿道炎的首选药。氟喹诺酮类对敏感菌所致的急、慢性前列腺炎及复杂性前列腺炎均有较好效果。

2. 呼吸系统感染 左氧氟沙星、莫西沙星与万古霉素合用,首选用于治疗青霉素高度耐药的肺炎链球菌感染。氟喹诺酮类(除诺氟沙星)可替代大环内酯类用于支原体肺炎、衣原体肺炎、嗜肺军团菌引起的军团病;还可广泛用于肺结核的预防、治疗和肺结核复发的再治疗。

3. 肠道感染与伤寒 对志贺菌引起的急、慢性菌痢和中毒性菌痢,以及鼠伤寒沙门菌、猪霍乱沙门菌、肠炎沙门菌引起的胃肠炎(食物中毒)首选此类药物。对沙门菌引起的伤寒或副伤寒,应首选氟喹诺酮类或头孢曲松。本类药也可用于旅行性腹泻。

4. 骨骼系统和皮肤软组织系统感染 如革兰阴性杆菌性骨髓炎、关节炎等。

5. 其他 氟喹诺酮类对脑膜炎奈瑟菌具有强大的杀菌作用,其人鼻咽分泌物中浓度高,可用于流行性脑脊髓膜炎鼻咽部带菌者的根除治疗。对其他抗菌药物无效的儿童重症感染可选用氟喹诺酮类;患肺囊性纤维化的儿童感染铜绿假单胞菌时,应选用环丙沙星。

【不良反应】

1. 胃肠道反应 最为常见,可见胃部不适、恶心、呕吐、腹痛、腹泻等症状。一般不严重,患者可耐受,通常与使用剂量或与其他抗菌药物合用有关。

2. 中枢神经系统症状 比较常见,通常与使用剂量过大有关。可出现失眠、头昏、头痛,重症者可出现精神异常、抽搐、惊厥等,发生率为1.5%~9%,临床发生率为氟罗沙星>诺氟沙星>司帕沙星>环丙沙星>依诺沙星>氧氟沙星>培氟沙星>左氧氟沙星。发生机制与药物抑制GABA与$GABA_A$受体结合,激动NMDA受体,导致中枢神经兴奋有关;依诺沙星、诺氟沙星、环丙沙星、培氟沙星与茶碱合用时,可使茶碱血药浓度升高。有精神病或癫痫病史者、合用茶碱或NSAID者易出现中枢毒性。

3. 光敏反应(光毒性) 药物在紫外线的激发下氧化生成活性氧,激活皮肤成纤维细胞中的蛋白激酶C和酪氨酸激酶,引起皮肤炎症,表现为光照部位皮肤出现瘙痒性红斑。严重者出现皮肤糜烂、脱落。司帕沙星、洛美沙星、氟罗沙星诱发的光敏反应最常见,严重者需住院治疗。其他药物光敏反应的发生率依次为依诺沙星>氧氟沙星>环丙沙星>莫西沙星>加替沙星。故用药期间应避免暴露在阳光或人工紫外光源下,晚间服药可降低光敏反应。

4. 心脏毒性(cardiotoxicity) 罕见但后果严重。可见Q—T间期延长、尖端扭转型室性心动过速(TdP)、心室颤动等。TdP临床发生率依次为司帕沙星>加替沙星>左氧氟沙星>氧氟沙星>环丙沙星。

5. 软骨损害 在软骨组织中,药物分子的C^3羧基及C^4羰基与Mg^{2+}形成络合物,并沉积于关节软骨,造成局部Mg^{2+}缺乏而致软骨损伤。多种幼龄动物实验结果证实,药物可损伤负重关节的软骨;临床研究发现儿童用药后可出现关节痛和关节水肿。

6. 其他 少数患者可出现肝肾功能异常,关节痛、关节炎、跟腱炎、肝毒性、替马沙星综合征、过敏反应等。喹诺酮类药物可分泌在乳汁中,故不宜用于儿童、孕妇及哺乳期妇女。

【药物相互作用】 喹诺酮类药物与含金属离子的抗酸药合用可减少自身在肠道的吸收。此外,依诺沙星、环丙沙星可抑制咖啡因、茶碱、华法林的代谢,使这些药物的血药浓度升高,增加不良反应。

二、常用氟喹诺酮类药物

诺 氟 沙 星

诺氟沙星(norfloxacin)是第一个用于临床的氟喹诺酮类药物,口服吸收差,生物利用度偏低(35%~45%),$t_{1/2}$为3.5~5小时,血药浓度低,但在泌尿生殖系统、肠道内浓度高。吸收后约30%以原形经肾排泄。抗菌作用强,对革兰阴性菌如大肠埃希菌、志贺菌、肠杆菌科、弯曲菌、沙门菌和奈瑟菌极为有效。临床主要用于敏感菌所致的胃肠道、泌尿生殖系统感染,也可外用治疗皮肤和眼部的感染。大多数厌氧菌对其耐药。对支原体、衣原体、嗜肺军团菌、分枝杆菌、布鲁菌属感染无效。

环丙沙星

环丙沙星(ciprofloxacin)口服吸收快但不完全,生物利用度约为70%,必要时静脉滴注以提高血药浓度,$t_{1/2}$为3~5小时,体内分布广泛,在胆汁中的浓度可超过血药浓度,用于脑膜炎时脑脊液中浓度可达血药浓度的37%。主要以原形经肾排泄,少量由肝脏代谢。抗菌谱广,对革兰阳性、阴性细菌均有作用,为临床常用喹诺酮类体外抗菌活性最强的药物。其对铜绿假单胞菌、流感嗜血杆菌、大肠埃希菌等革兰阴性菌的抗菌活性高于多数氟喹诺酮类药物。多数厌氧菌对环丙沙星不敏感,但对氨基糖苷类或第三代头孢菌素类耐药的菌株对环丙沙星仍敏感。主要用于革兰阴性杆菌所致的呼吸道、泌尿生殖系统、消化道、骨与关节和皮肤软组织感染。细菌对环丙沙星不易产生耐药性。对于有适应证的感染患儿,国外多采用环丙沙星治疗。因可诱发跟腱炎和跟腱撕裂,老年人和运动员慎用。

氧氟沙星

氧氟沙星(ofloxacin)口服吸收迅速而完全,生物利用度高达95%,$t_{1/2}$为5~7小时。体内分布广泛,在组织中的浓度高于血药浓度,胆汁中药物浓度为血药浓度的7倍。体内代谢少,80%以上的药物以原形由尿液排泄。抗菌作用强,抗菌谱广,除保留了环丙沙星的抗菌特点和良好的抗耐药菌特性外,尚对结核分枝杆菌、沙眼衣原体和部分厌氧菌有效。临床上主要用于敏感菌所致的上、下呼吸道感染,以及泌尿生殖系统感染、胆道感染、皮肤软组织感染及盆腔感染等。亦可作为二线药物与其他抗结核病药合用。偶见转氨酶升高,可诱发跟腱炎和跟腱撕裂,肾功能减退或老年患者应减量。

左氧氟沙星

左氧氟沙星(ievofloxacin)是消旋氧氟沙星的左旋光学异构体,口服生物利用度接近100%,消除$t_{1/2}$为5~7小时,85%的药物以原形由尿液排泄。其水溶性是氧氟沙星的8倍,抗菌活性是氧氟沙星的2倍,而临床用量是氧氟沙星的1/2。左氧氟沙星对表皮葡萄球菌、链球菌、肠球菌、厌氧菌、支原体、衣原体的体外抗菌活性明显强于环丙沙星。临床用于治疗敏感菌引起的各种急慢性感染、难治性感染,获得良好效果。对铜绿假单胞菌的抗菌活性低于环丙沙星,但可用于临床治疗。在第四代以外的喹诺酮类药物中,其不良反应发生率相对较少且轻微,主要为胃肠道反应。

依诺沙星

依诺沙星(enoxacin)抗菌谱和活性与氧氟沙星相似,但对厌氧菌作用较差。口服吸收好,生物利用度为80%~90%,$t_{1/2}$为3.3~5.8小时,临床主要用于呼吸道、泌尿生殖系统、胃肠道、皮肤和骨组织感染。不良反应以胃肠道反应多见,偶见过敏和中枢神经系统毒性反应,孕妇及婴幼儿禁用。

莫西沙星

莫西沙星(moxifloxacin)于1999年批准用于临床,是第四代喹诺酮类中抗菌活性最强的药物之一。口服生物利用度约90%,$t_{1/2}$为12~15小时。粪便和尿液中原形药物的排泄量分别为25%和20%。莫西沙星分布广泛,组织渗透力强,抗菌谱广泛,对大多数革兰阳性菌、厌氧菌、结核分枝杆菌、衣原体和支原体具有很强的抗菌活性,强于环丙沙星、氧氟沙星、左氧氟沙星。对大多数革兰阴性菌的作用与诺氟沙星相近。临床可用于敏感菌所致的慢性支气管炎急性发作、社区获得性肺炎、急性鼻窦炎,也可用于泌尿生殖系统和皮肤软组织感染等。不良反应发生率低,未发现光敏反应和心脏 Q—T 间期延长等严重不良反应,最常见的是一过性轻度呕吐和腹泻。

吉米沙星

吉米沙星(gemifloxacin)对细菌拓扑异构酶Ⅳ有较强的亲和力,因此对革兰阳性菌的杀菌力更为显著,是目前对耐药肺炎链球菌活性最强的喹诺酮类口服药物,其杀菌作用优于莫西沙星。

第二节 磺胺类抗菌药

1935 年,第一个磺胺类药物(百浪多息)用于治疗溶血性链球菌感染。此后,开发出一系列磺胺类药物(sulfonamides)用于防治全身感染性疾病。磺胺类药物属广谱抑菌药,曾广泛用于临床。该类药物不良反应较多,随着耐药菌株的不断产生以及各种高效、低毒抗菌药物的相继出现,临床应用逐渐被其他抗菌药物取代。但磺胺类药物对流行性脑脊髓膜炎、鼠疫等仍有良好的疗效,且性质稳定,价格低廉,服用方便,尤其是甲氧苄啶(TMP)的出现及与磺胺类药物的协同作用,使其抗菌谱扩大,抗菌活性增强,在抗感染治疗中仍占有一定的位置。

一、磺胺类药物的共同特点

【化学结构及分类】 磺胺药是对氨基苯磺酰胺衍生物,分子中含有苯环、对位氨基和磺酰胺基。依据口服吸收的难易和应用不同,磺胺药分为三大类:①用于全身性感染的肠道易吸收类,根据 $t_{1/2}$ 的长短,肠道易吸收类进一步分为短效类($t_{1/2}<10$ 小时)如磺胺异噁唑和磺胺二甲嘧啶,中效类($t_{1/2}$ 为 10~17 小时)如磺胺嘧啶和磺胺甲噁唑,以及长效类($t_{1/2}>24$ 小时)如磺胺多辛和磺胺间甲氧嘧啶。②用于肠道感染的肠道难吸收类如柳氮磺吡啶。③外用磺胺类如磺胺嘧啶银、磺胺醋酰钠。

【体内过程】 肠道易吸收类药物体内分布广泛,血浆蛋白结合率为 25%~95%。可广泛渗入全身组织及胸膜液、腹膜液、房水、汗液、尿液、胆汁等细胞外液,能透过血-脑屏障,脑膜炎时脑脊液中的药物浓度可达血药浓度的 80%~90%。也能进入乳汁和通过胎盘屏障,但不能进入细胞内液。磺胺药主要在肝脏代谢为无活性的乙酰化物,也可与葡萄糖醛酸结合。主要从肾脏以原形药、乙酰化物、葡萄糖醛酸结合物三种形式排泄。磺胺药及其乙酰化物在碱性尿液中溶解度高,在酸性尿液中易结晶析出,乙酰化物的溶解度低于原形药物。肠道难吸收类药物必须在肠腔内水解,使对位氨基游离后才能发挥抗菌作用。

【抗菌作用】 磺胺类药物为广谱抑菌药,对大多数革兰阳性菌和阴性菌有良好的抗菌活性,其中最敏感的是 A 群链球菌、肺炎链球菌、脑膜炎奈瑟菌、淋病奈瑟菌、鼠疫耶菌和诺卡菌属;也对沙眼衣原体、疟原虫、卡氏肺孢子虫和弓形虫滋养体有抑制作用。但对病毒、支原体、立克次体和螺旋体无效,甚至可促进立克次体生长。磺胺嘧啶银尚对铜绿假单胞菌有效。

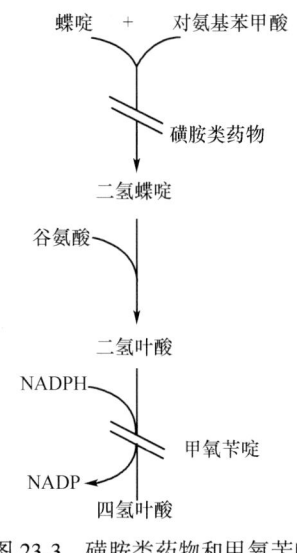

图 23-3 磺胺类药物和甲氧苄啶作用机制示意图

【作用机制】 由于叶酸不能直接透过细菌细胞膜,许多细菌不能直接利用周围环境中的叶酸,只能在二氢叶酸(FH_2)合成酶的催化下,利用对氨基苯甲酸(PABA)和二氢蝶啶合成 FH_2,再经二氢叶酸还原酶作用还原为四氢叶酸(FH_4)。FH_4 的活性型是一碳单位的传递体,在细菌合成嘌呤、嘧啶核苷酸中起重要作用。磺胺类药物和 PABA 化学结构相似,竞争性与 FH_2 合成酶结合,阻碍了 FH_2 的合成,从而影响细菌核酸等的生成,抑制细菌的生长和繁殖(图 23-3)。PABA 与二氢蝶酸合酶的亲和力比磺胺药强数千倍以上,使用磺胺药时,应首剂加倍。脓液或坏死组织中含有大量的 PABA,局麻药普鲁卡因在体内也能水解产生 PABA,它们均可减弱磺胺药的抗菌作用。而人类可直接从食物中摄取叶酸,故磺胺类药物对人体叶酸代谢的影响较小。

【耐药性】 随着磺胺类药物的广泛应用,耐药菌株尤其是耐药的奈瑟菌属和革兰阳性球菌日益增多,现很少单独使用磺胺类药物。耐药性的产生有以下原因:①细菌产生 PABA 的能力增强,PABA 增多,导致磺胺类药物的竞争力下降;② 细菌二氢叶酸合成酶经突变或质粒转导而发生改变,导致细菌对磺胺类药物的亲和力下降;③ 细菌改变叶酸的合成途径,直接利用外源性叶酸;④ 细菌灭活药物的能力增强,如乙酰转移酶活力增强;⑤ 某些细菌胞膜及胞壁对磺胺类药物的通透性降低。各磺胺药之间有交叉耐药。

【不良反应及禁忌证】

1. 泌尿系统损害 尿液中的磺胺药一旦结晶析出,可产生结晶尿、血尿、尿痛和尿闭等症状。服用磺胺嘧啶或磺胺甲噁唑时,应适当增加饮水量并同服等量碳酸氢钠以碱化尿液,服药超过 1 周者,应定期检查尿液。

2. 过敏反应 局部用药或服用长效制剂易发生。皮疹和药热分别多发生于用药后 7~9 天和 5~10 天。偶见多形性红斑、剥脱性皮炎,后者严重者可致死。本类药有交叉过敏反应,有过敏史者禁用。

3. 血液系统反应 长期用药可能抑制骨髓造血功能,导致白细胞减少症、血小板减少症甚至再生障碍性贫血,发生率极低但可致死。用药期间应定期检查血常规。

4. 神经系统反应 少数患者出现头晕、头痛、委靡和失眠等症状,用药期间避免高空作业和驾驶。

5. 其他 口服引起恶心,呕吐,上腹部不适和食欲缺乏;餐后服或同服碳酸氢钠可减轻反应。可致肝损害甚至急性重型肝炎,肝功能受损者避免使用。新生儿、早产儿、孕妇和哺乳妇女不应使用磺胺药,以免药物竞争血浆白蛋白而置换出胆红素,使新生儿或早产儿血中游离胆红素增加导致黄疸,游离胆红素进入中枢神经系统导致胆红素脑病。

【药物相互作用】 与磺酰脲类降血糖药、香豆素类抗凝剂或抗肿瘤药甲氨蝶呤合用时,磺胺药可降低该类药物与血浆蛋白的结合,使游离血药浓度升高,严重者出现低血糖、出血倾向或甲氨蝶呤中毒。

二、常用磺胺类药物

磺胺嘧啶

磺胺嘧啶(sulfadiazine,SD)口服易吸收,3~6小时血药浓度达峰值,$t_{1/2}$为17小时,是磺胺类药物中血浆蛋白结合率最低和血-脑屏障透过率最高的药物。对化脓性链球菌、脑膜炎奈瑟菌、肺炎链球菌及淋病奈瑟菌敏感。临床首选用于预防流行性脑脊髓膜炎;国内也首选治疗普通型流行性脑脊髓膜炎。首选治疗诺卡菌属引起的肺部感染、脑膜炎和脑脓肿。与乙胺嘧啶合用治疗弓形虫病。本药在尿中易结晶析出,用药期间应多饮水,同时服等量碳酸氢钠以碱化尿液。

磺胺甲噁唑

磺胺甲噁唑(sulfamethoxazole,SMZ)(新诺明)$t_{1/2}$为10~12小时,血浆蛋白结合率为60%~80%,组织分布广泛。主要经肝脏代谢而失活,60%以乙酰化物形式,其余以葡萄糖醛酸结合物形式经肾排泄。脑脊液中浓度低于SD,但仍可用于流行性脑脊髓膜炎的预防。也适用于大肠埃希菌等敏感菌诱发的泌尿道感染。主要与甲氧苄啶合用,产生协同抗菌作用,扩大临床适应证范围。

柳氮磺吡啶

柳氮磺吡啶(sulfasalazine,SASP)口服几乎不吸收,生物利用度为10%~20%,药物大部分集中在小肠远端和结肠。本身无抗菌活性,但在肠道细菌作用下分解成磺胺吡啶和5-氨基水杨酸盐;磺胺吡啶有较弱的抗菌作用,5-氨基水杨酸具有抗炎和免疫抑制作用。SASP临床治疗溃疡性结肠炎、强直性脊柱炎、牛皮癣性关节炎、肠道或泌尿生殖道感染所致的反应性关节炎;与甲氨蝶呤合用治疗类风湿关节炎,获得较好疗效,但作用机制不十分清楚。长期服药产生较多不良反应,如恶心、呕吐、厌食、消化不良、皮疹、药热、溶血性贫血和粒细胞减少等,尚可影响精子活力而致可逆性不育症。

磺胺嘧啶银与磺胺醋酰钠

磺胺嘧啶银(sulfadiazine silver,SD-Ag)(烧伤宁)具有磺胺嘧啶的抗菌作用和银盐的收敛作用。SD-Ag抗菌谱广,对多数革兰阳性菌和阴性菌有良好的抗菌活性,抗菌作用不受脓液PABA的影响;对铜绿假单胞菌有效。临床用于预防和治疗Ⅱ度、Ⅲ度烧伤或烫伤的创面感染,并可促进创面干燥、结痂及愈合。

磺胺醋酰(sulfacetamide,SA)的钠盐溶液呈中性,几乎不具有刺激性,穿透力强;适于眼科感染性疾病如沙眼、角膜炎和结膜炎。

第三节 其他合成的抗菌药

甲氧苄啶

甲氧苄啶(trimethoprim,TMP)是细菌二氢叶酸还原酶(dihydrofolate reductase)抑制剂,抗菌谱与磺胺甲噁唑(SMZ)相似,属抑菌药;抗菌活性比SMZ强数十倍,与磺胺药或某些抗生素合用有增效作用。TMP口服吸收迅速、完全,清除$t_{1/2}$为11小时。体内药物分布广泛,脑脊液中药物浓度较高,炎症时接近血药浓度。与哺乳动物二氢叶酸还原酶相比,细菌二氢叶酸还原酶与TMP的亲和力高5万~10万倍,故对人体毒性小。但是,对某些敏感的患者可引起叶酸缺乏症,导致巨幼红细胞性贫血、白细胞减少及血小板减少等。上述反应一般较轻,停药后可恢复。TMP单独用药易引起细菌耐药。

复方磺胺甲噁唑(cotrimoxazole,SMZco,复方新诺明)是SMZ和TMP按5∶1比例制成的复方制剂,两者的主要药代学参数相近。SMZco通过双重阻断机制(SMZ抑制二氢蝶酸合酶,TMP抑制二氢叶酸还原酶),协同阻断细菌四氢叶酸合成(见图23-3)。抗菌活性是两药单独等量应用时的数倍至数十倍,甚至呈现杀菌作用。两药合用抗菌谱扩大,并减少细菌耐药的产生。对磺胺药耐药的细菌如大肠埃希菌、伤寒沙门菌和志贺菌属,对SMZco仍敏感。体外实验中TMP∶SMZ的最佳抗菌浓度为1∶20。由于TMP的脂溶性和V_d均大于SMZ,故TMP和SMZ按1∶5的比例给药时,最终的峰值血药浓度为1∶(20~30)(TMP∶SMZ)。合用后SMZ和TMP各自的$t_{1/2}$不变。目前SMZco仍广泛用于大肠埃希菌、变形杆菌和克雷白菌引起的泌尿道感染;肺炎链球菌、流感嗜血杆菌及大肠埃希菌引起的上呼吸道感染或支气管炎;霍乱弧菌引起的霍乱;肉芽肿荚膜杆菌引起的腹股沟肉芽肿;志贺菌属引起的肠道感染;伤寒沙门菌引起的伤寒;卡氏肺孢子虫引起的肺炎;诺卡菌属引起的诺卡菌病。SMZco的药物相互作用及不良反应与磺胺药及TMP相似。

呋喃妥因

呋喃妥因(nitrofurantoin,呋喃坦啶),口服吸收迅速,药物在血液中被快速破坏,不能用于全身性感染。给药量的40%~50%以原形自肾脏迅速排泄,棕色代谢产物使尿液变色。消除$t_{1/2}$约30分钟。呋喃妥因抗菌谱广,对多数革兰阳性菌和阴性菌(包括大肠埃希菌、肠球菌、腐生葡萄球菌、肺炎克雷白杆菌和淋病奈瑟菌等)有效,耐药菌株形成缓慢,与其他类抗菌药之间无交叉耐药。但对变形杆菌、沙门菌属及铜绿假单胞菌无效。其抗菌作用机制尚不完全清楚,可能是敏感菌在体内将呋喃妥因分子中的硝基还原成活性产物,后者抑制细菌乙酰辅酶A等多种细菌酶,从而干扰细菌糖代谢或损伤DNA等,最终导致细菌死亡。在酸性尿中杀菌作用增强。

临床上主要用于大肠埃希菌、肠球菌和葡萄球菌引起的泌尿道感染如肾盂肾炎、膀胱炎、前列腺炎和尿道炎等。尿液pH为5.5时,抗菌作用最佳。不良反应少,常见不良反应为恶心、呕吐及腹泻,与食物或牛奶同服可缓解这些症状;偶见皮疹、药热等过敏反应。大剂量或长时间使用引起头痛、头晕和嗜睡等;甚至造成周围神经炎,表现为末梢感觉异常、疼痛、乏力、肌肉萎缩和腱反射消失。长期使用也可造成肺损伤,如肺浸润或肺纤维化。对于葡萄糖-6-磷酸脱氢酶缺陷者、新生儿及孕妇服用本药可引起溶血性贫血,故禁用。肾衰者禁用。

呋喃唑酮

呋喃唑酮(furazolidone,痢特灵)口服不易吸收,在肠道内可保持较高浓度。抗菌谱与呋喃妥因相似对沙门菌属、志贺菌属、大肠埃希菌、霍乱弧菌和弯曲菌属均有抗菌作用。临床上主要用于治疗肠炎、痢疾、霍乱等肠道感染性疾病。尚可治疗胃、十二指肠溃疡,作用机制与抗幽门螺杆菌、抑制胃酸分泌和保护胃黏膜有关。栓剂可用于治疗阴道滴虫病。不良反应同呋喃妥因。

甲 硝 唑

甲硝唑(metronidazole,灭滴灵)为人工合成硝基咪唑类药物,其分子中的硝基在细胞内无氧环境中被还原成氨基。

【体内过程】 口服吸收迅速而完全。血药浓度达峰时间为 1~3 小时,生物利用度在 95% 以上,$t_{1/2}$ 为 8~14 小时。在体内分布广泛,药物在胎盘、乳汁及胆汁中的浓度均可达到与血药浓度相近水平。脑膜无炎症时脑脊液药物浓度为同期血药浓度的 43%,脑膜炎症时,脑脊液药物浓度可达血药浓度的 90% 以上。主要在肝脏代谢,其代谢物也有一定的活性,代谢物与原形药主要由肾脏排泄,少量经粪排泄。

【抗菌作用和临床应用】

1. 抗厌氧菌作用 对革兰阳性厌氧芽孢杆菌、革兰阴性厌氧杆菌及其他所有的厌氧球菌(包括脆弱类杆菌、多形类杆菌、难辨梭菌等)均有较好的抗菌作用,较少引起耐药性。主要用于防治厌氧菌引起的全身或局部感染,对败血症、破伤风、心内膜炎、脑膜感染及使用抗生素引起的结膜炎也有效。

2. 抗滴虫作用 为阴道毛滴虫感染治疗的首选药。口服剂量即可杀死精液及尿液中阴道毛滴虫,但不影响阴道内正常菌群的生长,对感染阴道毛滴虫的男女患者均有较高的治愈率。

3. 抗贾第鞭毛虫的作用 甲硝唑是目前治疗贾第鞭毛虫病最有效的药物,治愈率在 90% 以上。

4. 抗阿米巴作用 甲硝唑对阿米巴大滋养体有直接杀灭作用。治疗急性阿米巴痢疾和肠外阿米巴病效果最好。但对肠腔内阿米巴小滋养体和包囊无明显作用。

【作用机制】 甲硝唑的作用机制未明,可能该药的硝基可被厌氧菌还原产生细胞毒物质,抑制了敏感菌的 DNA 合成,使细菌死亡。

【不良反应】 一般较少而轻。最常见的有恶心和口腔的金属味,偶见呕吐、腹泻、腹痛,少数患者出现荨麻疹、红斑、瘙痒、白细胞暂时性减少等。极少数患者出现头昏、眩晕、共济失调、惊厥和肢体感觉异常等神经系统症状,由于严重的感觉障碍恢复慢且不完全,故一旦发生应立即停药。甲硝唑干扰乙醛代谢,故用药期间应禁酒。肝功能不良者应酌情减量。动物实验表明,长期大量口服有致癌和致突变作用,妊娠早期禁用。

(代春美)

第二十四章 抗真菌药及抗病毒药

第一节 抗真菌药

真菌感染分为浅部感染和深部感染两类。浅部感染通常由各种癣菌引起,主要侵犯皮肤、毛发、指(趾)甲、口腔、阴道黏膜等,发病率高,治疗药物主要包括灰黄霉素、制霉菌素、咪康唑和克霉唑等;深部感染常由白色念珠菌和新型隐球菌引起,主要侵犯内脏器官和深部组织,发病率低,但危害性大,死亡率高,治疗药物主要包括两性霉素 B、咪唑类抗真菌药等。

一、抗生素类抗真菌药

两性霉素 B

两性霉素 B(amphotericin B)是多烯类抗深部真菌药,是各种严重真菌感染的首选药物之一。

【药理作用】 两性霉素 B 几乎对所有真菌均有抑制作用,对多种深部真菌如新型隐球菌、白色念珠菌、芽生菌、荚膜组织胞质菌、粗球孢子菌及孢子丝菌等有强大抑制作用,高浓度时有杀菌作用。两性霉素 B 可选择性地与真菌细胞膜的麦角固醇相结合形成孔道,从而改变膜的通透性,导致细胞内重要物质(氨基酸、电解质等)外漏而致真菌死亡。由于细菌的细胞膜不含固醇类物质,故抗细菌无效。本药耐药机制可能与真菌细胞膜中的麦角固醇含量减少有关。

【体内过程】 口服生物利用度仅 5%,肌内注射也难吸收,需静脉滴注。绝大多数药物与血浆蛋白结合,不易透过血-脑屏障、玻璃体液和羊水。本药体内消除缓慢,主要在肝脏代谢,约 5% 以原形药由尿中排出,停药数周后仍可从尿中检出。

【临床应用】 主要用于治疗全身性深部真菌感染。治疗真菌性脑膜炎时,需加用小剂量鞘内注射,疗效良好。口服仅用于肠道真菌感染。局部应用治疗皮肤、指甲及黏膜等浅表部真菌感染。

【不良反应】 两性霉素 B 静脉滴注不良反应较多,最常见的包括寒战、高热、头痛、恶心、呕吐、厌食、贫血、低血钾、低血镁及肝、肾功能损害等。其肾毒性呈剂量依赖性,多数患者易发生氮血症,与氨基糖苷类、环孢素合用肾毒性增加。如事先给予解热镇痛药、抗组织胺药、氢化可的松或地塞米松,可以减轻初期寒战、发热反应。定期做血钾、血尿常规、肝肾功能和心电图检查,及时调整剂量。

制霉菌素

制霉菌素(nystatin)为多烯抗真菌药。其体内过程和抗菌作用基本同两性霉素 B,对念珠菌属抗菌活性较高,且不易产生耐药性。本药口服吸收少,仅适用于防治消化道念珠菌感染,局部用药对口腔、皮肤、阴道念珠菌病有效。注射给药时毒性大,故不宜用作注射。

大剂量口服可致恶心、呕吐、腹泻等不良反应。局部用药刺激性小,不良反应少。

灰 黄 霉 素

灰黄霉素(griseofulvin)为抗浅表真菌抗生素。

【药理作用】 灰黄霉素对各种皮肤癣菌(表皮癣菌属、小孢子菌属和毛癣菌属)均有较强的抑制作用,但对深部真菌和细菌无效。其化学结构类似鸟嘌呤,故能竞争性抑制鸟嘌呤进入 DNA 分子中,从而干扰真菌核酸合成,抑制真菌生长。灰黄霉素可沉积在皮肤、毛发及指(趾)甲的角蛋白前体细胞中,干扰侵入这些部位的敏感真菌的微管蛋白聚合成微管,抑制真菌有丝分裂。

【体内过程】 灰黄霉素口服易吸收,吸收量与其颗粒大小有关,颗粒越小吸收越完全。油脂食物能促进药物吸收。吸收后分布全身,以脂肪、皮肤、毛发等组织含量较高,储存在皮肤角质层和新生的毛发、指(趾)甲角质部分。$t_{1/2}$ 约为 14 小时。大部分在肝代谢为 6-去甲基灰黄霉素而灭活。原形药从尿排泄不足 1%,16%~36% 随粪便排泄。

【临床应用】 主要用于各种皮肤癣菌的治疗,包括上述真菌所致的头癣、体癣、股癣、甲癣等,对甲癣疗效较差。由于该药物毒性较大,临床已少用。

【不良反应】 灰黄霉素常见不良反应有恶心、腹泻、皮疹、头痛、白细胞减少等。

【药物相互作用】 灰黄霉素与巴比妥类药(酶诱导剂)合用可加速灰黄霉素在肝脏的灭活,减弱药效;本药可促进抗凝药代谢,使抗凝药物作用降低,故不宜与抗凝药物合用。

二、唑类抗真菌药

唑类抗真菌药分为咪唑类(imidazoles)和三唑类(triazoles)。咪唑类包括酮康唑、咪康唑、益康唑、克霉唑及联苯苄唑等,可作为治疗浅部真菌感染的首选药物。三唑类包括伊曲康唑、氟康唑及伏立康唑等,可作为治疗深部真菌感染的首选药物。

唑类抗真菌药可干扰真菌细胞中麦角固醇的生物合成,使真菌细胞膜缺损,增加膜通透性,进而抑制真菌生长或使真菌死亡。这是因为唑类抗真菌药选择性抑制真菌细胞色素 P_{450} 依赖性的 14-α-去甲基酶,使 14-α-甲基固醇蓄积,抑制细胞膜麦角固醇合成。本类药物在肝脏代谢,主要经胆汁排出,肾功能不全者不需改变剂量。主要不良反应为贫血、胃肠道反应、皮疹等,毒性较小。

(一) 咪唑类

克 霉 唑

克霉唑(clotrimazole)为广谱抗真菌药,对深部真菌作用不及两性霉素 B。口服吸收差,$t_{1/2}$ 为 3.5~5.5 小时,代谢产物大部分由胆汁排出。由于肝药酶诱导作用,连续给药致使血药浓度降低。本药主要用于治疗浅表真菌感染或皮肤黏膜的念珠菌感染。克霉唑不良反应较多。

咪 康 唑

咪康唑(miconazole)抗菌谱和抗菌力与克霉唑基本相当。口服吸收差,生物利用度低,不易透过血-脑屏障,$t_{1/2}$ 约 24 小时。静脉给药用于治疗多种深部真菌感染。在两性霉素 B 耐受时,作为替代药,但不良反应较多。局部用药治疗阴道、皮肤或指甲的真菌感染,疗效优于克霉唑和制霉菌素。静脉给药可致血栓静脉炎、恶心、呕吐、过敏反应等。

酮康唑

酮康唑(ketoconazole)是广谱抗真菌药。对念珠菌和表浅癣菌有强大的抗菌作用。口服易吸收,血浆蛋白结合率达 80% 以上,不易透过血-脑屏障。口服给药,用于多种浅部真菌感染的治疗,疗效至少相当于或优于灰黄霉素、两性霉素 B 和咪康唑。酮康唑在酸性溶液中溶解吸收,不能与抗酸药、胆碱受体阻断药及 H_2 受体阻断药同时使用。本药主要不良反应包括胃肠道反应、血清转氨酶升高,偶见严重肝毒性及过敏反应等,极少数人发生内分泌异常,表现为男性乳房发育。

联苯苄唑

联苯苄唑(bifonazole)不仅阻碍 24-甲烯二氢羊毛固醇转化为脱甲基固醇,也阻碍羟甲基戊二酰辅酶 A 转化为甲羟戊酸,从而抑制麦角固醇合成。其抗菌活性显著强于其他咪唑类抗真菌药物,具有广谱高效抗真菌作用。联苯苄唑在真皮内活性持续时间长。临床用于治疗皮肤癣菌感染。不良反应包括接触性皮炎、一过性轻度皮肤变红、烧灼感、瘙痒感、脱皮及龟裂等。

(二) 三唑类

氟康唑

氟康唑(fluconazole)为广谱抗真菌药,抗菌谱与酮康唑相近似,体外抗真菌作用不及酮康唑,但其体内抗真菌作用比酮康唑强 10~20 倍。本品可供口服及注射用。口服吸收后,生物利用度达 90%,口服 150mg 于 1.5~2.0 小时达峰浓度 3.8mg/L,蛋白结合率低,体内分布广,可渗入脑脊液,体内代谢甚少,约 63% 以原形由尿排出,血浆 $t_{1/2}$ 约为 30 小时。主要用于念珠菌病与隐球菌病。不良反应在本类药中最少,有轻度消化系统反应、过敏反应、头痛、头晕、失眠。

伊曲康唑

伊曲康唑(itraconazole)的抗真菌谱较酮康唑广,体内外抗真菌活性较酮康唑强,可有效治疗深部、皮下及浅表真菌感染,是治疗罕见真菌感染如组织胞质菌感染与芽生菌感染的首选药物。伊曲康唑口服吸收良好,生物利用度约 55%。不良反应发生率低,主要包括胃肠道反应、头痛、头晕、低血钾、高血压、水肿和皮肤瘙痒等。肝毒性明显低于酮康唑。由于不抑制雄激素合成,故也可避免酮康唑所导致的内分泌异常。

伏立康唑

伏立康唑(voriconazole)为广谱抗真菌药物,对多种条件性真菌和地方流行性真菌均有抗菌活性,其抗菌活性远远高于氟康唑,对多种耐氟康唑、两性霉素 B 的深部真菌感染有显著疗效。可口服和静脉给药,口服后生物利用度达 90%,血浆蛋白结合率为 60%,在肝脏内代谢,主要以代谢产物形式从尿中排出,仅有 1% 以原药形式排出。伏立康唑的不良反应主要为胃肠道反应,其发生率比氟康唑低。

三、丙烯胺类抗真菌药

丙烯胺类抗真菌药包括萘替芬(naftifine)和特比萘芬(terbinafine),为鲨烯环氧酶的非竞争性、可逆性抑制药,鲨烯环氧酶与鲨烯环化酶共同将鲨烯转化为羊毛固醇。在真菌细胞中,如果鲨烯不能转化为羊毛固醇,就不能转化为麦角固醇,继而真菌细胞膜的结构和功能将受影响。

特比萘芬是对萘替芬进行结构改造时发现的活性更高、毒性更低、口服有效的丙烯胺类衍生物。本药对曲霉菌、镰孢和其他丝状真菌具有良好抗菌活性。本药口服吸收好,在毛囊、毛发与皮肤等处长时间维持较高浓度。本药治疗甲癣和其他一些浅表部真菌感染,可外用也可口服。对深部曲霉菌感染、侧孢感染、假丝酵母菌感染和肺隐球酵母菌感染效果一般,但若与唑类药物或两性霉素 B 合用,可获得好的效果。本药不良反应轻微,常见胃肠道反应,较少肝炎和皮疹。

四、嘧啶类抗真菌药

氟胞嘧啶(flurocytosine)是人工合成的广谱抗真菌药物,对隐球菌、念珠菌与拟酵母菌等具有较高的抗菌活性,对着色真菌、少数曲菌也有一定抑制作用,而对其他真菌和细菌作用较差。本药作用机制为药物通过胞嘧啶透性酶进入敏感真菌的细胞内,在胞嘧啶脱氨酶的作用下转化为 5-氟尿嘧啶,5-氟尿嘧啶再由尿苷-5-磷酸焦磷酸化酶转变为 5-氟尿嘧啶脱氧核苷,抑制胸腺嘧啶核苷合成酶,阻断尿嘧啶脱氧核苷转变为胸腺嘧啶核苷,影响 DNA 合成。此外,5-氟尿嘧啶还能掺入真菌的 RNA,影响蛋白质合成。本药口服吸收良好,3~4 小时血浓度达峰值,血中 $t_{1/2}$ 为 8~12 小时,可透过血-脑屏障。临床上用于念珠菌、隐球菌与着色霉菌感染,单用疗效不如两性霉素 B,且易产生耐药性,与两性霉素 B 合用可产生协同作用。本药不良反应包括胃肠道反应、一过性转氨酶升高、碱性磷酸酶升高、白细胞减少及血小板减少等。用药期间注意血象和肝肾功能,如有异常,立即停药。孕妇禁用。

第二节 抗 病 毒 药

一、概 述

抗病毒药物研究始于 20 世纪 50 年代。1959 年发现碘苷(idoxuridine)对某些 DNA 病毒有抑制作用,但由于其严重的骨髓抑制作用而很快被禁止全身使用,1962 年碘苷局部治疗疱疹性角膜炎获得成功,沿用至今。病毒具有严格的胞内寄生特性,而且在复制时需要依赖宿主细胞的许多功能,以及在其不断的复制过程中会因出现的错误而形成新的变异体。病毒的这些分子生物学特点,使得理想抗病毒药物的发展变得相对缓慢。

病毒(virus)是由一个核酸分子(DNA 或 RNA)与蛋白质构成的、非细胞形态的、靠寄生生活的生命体。病毒复制是一个病毒粒入侵宿主细胞到最后细胞释放子代毒粒的过程,包括:吸附(attachment)并穿入(penetration)至宿主细胞内;病毒脱壳(uncoating)后,利用宿主细胞代谢系统进行增殖复制;按病毒基因组提供的遗传信息进行病毒的核酸与蛋白质的生物合成(biosynthesis);病毒颗粒装配(assembly)成熟并从细胞内释放(release)出来。

病毒感染性疾病极其常见,约占临床传染性疾病的 75%。尽管大多数病毒性疾病为自限性疾病,但严重的病毒感染会威胁人类的健康与生命。

抗病毒药的作用机制多种多样,主要通过阻断或抑制病毒繁殖的不同阶段而发挥抗病毒作用(图 24-1),主要包括:①竞争细胞表面的受体,阻止病毒的吸附,如硫酸乙酰肝素可作为多种病毒的受体,与病毒的多个吸附位点结合,阻止病毒的吸附而介导病毒进入细胞特定的部位或促进病毒与其第二受体吸附;②阻碍病毒穿入和脱壳,如金刚烷胺抑制 A 型流感病毒的脱壳和病毒核酸转移到宿主细胞质内;③阻碍病毒生物合成,如碘苷抑制胸腺嘧啶核苷合成酶,影响 DNA 的合成,阿糖腺苷干扰 DNA 聚合酶,也阻碍 DNA 的合成;④增强宿主抗病毒能力,如干扰素激活宿主细胞的某些酶,降解病毒的 mRNA,抑制蛋白的合成、翻译和装配。

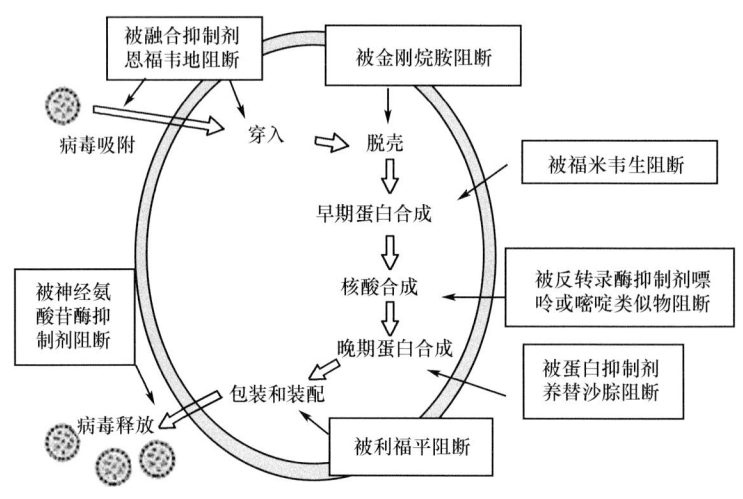

图 24-1 抗病毒药的作用靶点

二、分　　类

1. 广谱抗病毒药物　代表药物有利巴韦林、干扰素、转移因子、胸腺肽 α_1 等。本类药物可抑制多种病毒的生长繁殖,主要为嘌呤或嘧啶核苷类似物和生物制剂类药物。

2. 抗人类免疫缺陷病毒(Human Immunodeficiency Virus, HIV)药物　HIV 是一种反转录病毒(retrovirus),有两种亚型:HIV-1 和 HIV-2。HIV 进入 CD4$^+$ 细胞后,病毒 RNA 即被用作模板,在反转录酶的催化下产生互补双螺旋 DNA,然后病毒 DNA 进入宿主细胞核,并在 HIV 整合酶(integrase)催化下掺入宿主基因组,最后病毒 DNA 被转录和翻译成一种被称为多聚蛋白的大分子非功能多肽,再经 HIV 蛋白酶(protease)裂解成小分子功能蛋白。

艾滋病药物治疗仍处于发展阶段。1995 年以后相继推出"鸡尾酒疗法"(cocktail therapy)、"高效抗反转录病毒疗法"(highly active antiretroviral therapy)。联合用药后可增强持续抑制病毒复制的作用,具有相加或协同作用;同时延缓或阻断 HIV 变异而产生的耐药性,对药物引起同种病毒的变异有相互制约的作用。

目前抗 HIV 药物主要通过抑制反转录酶或 HIV 蛋白酶发挥作用,包括以下多类。

(1) 核苷反转录酶抑制药:代表药物有嘧啶衍生物齐多夫定、拉米夫定、扎西他滨、司他夫定;嘌呤衍生物去羟肌苷,均为天然人工合成品。本类药物主要通过转化为三磷酸代谢物,竞争反转录酶,插入病毒 DNA,导致 DNA 链合成终止;也可抑制宿主细胞 DNA 多聚酶而表现细胞毒作用。

(2) 非核苷反转录酶抑制药:代表药物有地拉韦啶、奈韦拉平、依法韦仑等。本类药物直接结合到反转录酶并破坏催化位点抑制反转录酶活性;也可抑制 RNA 或 DNA 依赖性

DNA 多聚酶活性,但不插入到病毒 RNA 中。

(3) 蛋白酶抑制药:代表药物有沙奎那韦、利托那韦、英地那韦、奈非那韦等。HIV 蛋白酶可把这种大分子多肽水解成小分子功能蛋白,从而使无感染力的不成熟的 HIV 病毒颗粒转变为成熟的有感染力的病毒颗粒。本类药物即是通过抑制 HIV 蛋白酶活性,从而阻止成熟的有感染力的病毒颗粒形成而发挥抗 HIV 作用。

(4) 整合酶抑制药(integrase inhibitor):雷特格韦(raltegravir)是首个被 FDA 批准的整合酶抑制药。它通过抑制病毒复制所需的 HIV 整合酶,防止感染早期 HIV 基因组共价插入或整合到宿主细胞基因组中。

(5) 进入抑制药(entry inhibitor):马拉维若(maraviroc)是新的抗 HIV 药物,它阻断宿主 CD_4 细胞上的 CCR5 蛋白(该蛋白是 R5 嗜性病毒)。它在 R5 病毒进入 T 细胞前将其阻止在细胞膜外。

(6) 融合抑制药:恩夫韦肽(enfuvirtide)为 HIV-1 跨膜融合蛋白 GP41 内高度保守序列衍生而来的一种合成肽类物质,它可与病毒包膜糖蛋白的 GP41 亚单位上的第一个七肽重复结构(HR1)相结合,阻止病毒与细胞膜融合时所必需的构象变化,防止病毒融合进入细胞内。

3. 抗疱疹病毒药物 代表药物有阿昔洛韦、伐昔洛韦、更昔洛韦、泛昔洛韦、膦甲酸钠、碘苷、阿糖腺苷等。本类药物治疗疱疹病毒引起的感染,如单纯疱疹病毒Ⅰ型、单纯疱疹病毒Ⅱ型、水痘-带状疱疹病毒、巨细胞病毒、爱泼斯坦-巴尔病毒等引起的感染。

4. 抗流感病毒药物 代表药物有利巴韦林、金刚烷胺、金刚乙胺等。流感病毒包括人流感病毒和动物流感病毒,人流感病毒分为甲(A)、乙(B)、丙(C)三型,是流行性感冒的病原体。流感病毒传染性强,传播快,易造成大规模流行。接种疫苗可明显降低发病率和减轻症状。目前尚无有效的治疗方法,主要是对症治疗和预防继发性细菌感染。

5. 抗肝炎病毒药物 代表药物有干扰素等。肝炎病毒分为五型:甲、乙、丙、丁、戊,但尚有 10%~20% 的临床表现为病毒性肝炎的患者不能分型。目前对病毒性肝炎尚无特效治疗药物,急性肝炎一般不使用抗病毒药物,尤其是甲型肝炎和戊型肝炎。对重型肝炎一般也不使用抗病毒药物,特别不能使用干扰素,因为它可加重病情。所以抗病毒治疗的主要对象仅为慢性病毒性肝炎和急性丙型肝炎,临床上联合使用干扰素与利巴韦林来治疗。

三、常用抗病毒药物

利巴韦林

利巴韦林(ribavirin)是一种鸟苷类衍生物,为广谱抗病毒药,对多种 RNA 和 DNA 病毒有效,包括甲型肝炎病毒和丙型肝炎病毒,也有抗腺病毒、疱疹病毒及呼吸道合胞病毒的作用。

【抗菌作用】 利巴韦林进入细胞后磷酸化为三氮唑核苷单磷酸利巴韦林,竞争性抑制肌苷 5′-单磷酸脱氢酶,减少细胞中鸟嘌呤核苷(细胞和病毒复制所必需)的含量,从而抑制多种 RNA、DNA 病毒复制,利巴韦林也可抑制病毒 mRNA 的合成,对宿主细胞的核酸合成也有一定的作用,但选择性不强。

【体内过程】 口服吸收迅速,生物利用度约 45%。药物在呼吸道分泌物中的浓度大多高于血药浓度。本药可透过胎盘,也可从乳汁分泌。药物能进入红细胞内,且蓄积量大。其主要在肝内代谢,经肾排泄。

【临床应用】 利巴韦林主要用于治疗幼儿呼吸道合胞病毒肺炎和支气管炎,甲型和乙型流感,副流感病毒感染,小儿腺病毒性肺炎,流行性出血热和拉萨热,甲型及丙型肝炎,皮肤单纯疱病毒感染,麻疹,上呼吸道病毒感染,流行性结膜炎,鼻炎,咽峡炎,带状疱疹及生殖器疱疹等。

【不良反应】 口服或静脉给药时,一些患者出现头痛、腹泻、乏力及血清胆红素升高等不良反应。长期大量应用可致贫血、白细胞减少。动物实验有致畸作用,故妊娠初期妇女应禁用。

阿 昔 洛 韦

阿昔洛韦(aciclovir)是人工合成的嘌呤核苷类衍生物,为核苷类抗 DNA 病毒药。

【抗菌作用】 是目前最有效的抗Ⅰ型和Ⅱ型单纯疱疹病毒药物之一。抗疱疹病毒作用比碘苷强 10 倍,比阿糖腺苷强 160 倍。对乙型肝炎病毒也有一定作用。对正常细胞几乎无影响。它在感染细胞内经病毒胸苷激酶和细胞激酶的催化下,生成三磷酸无环鸟苷,抑制病毒 DNA 多聚酶,阻滞病毒 DNA 合成。

【体内过程】 阿昔洛韦口服生物利用度低,为 15%~20%,血浆蛋白结合率也较低,分布广泛,部分在肝脏代谢,$t_{1/2}$ 为 2~4 小时,主要以原形经肾脏排泄。

【临床应用】 阿昔洛韦是广谱高效的抗病毒药,为单纯疱疹病毒感染首选用药,主要用于单纯疱疹病毒和带状疱疹病毒等所致的皮肤感染、单纯疱疹性角膜炎、单纯疱疹性脑炎及严重免疫缺陷患者单纯疱疹感染的预防等。其可用于治疗水痘带状疱疹病毒、EB 病毒、乙型肝炎病毒等感染。

【不良反应】 阿昔洛韦的不良反应较少,滴眼及外用产生局部轻微疼痛。静脉滴注偶见血尿素氮及肌酐水平升高,静脉滴注外漏会引起溃疡,静脉注射后部分患者发生静脉炎。孕妇及哺乳期女性慎用。

金刚烷胺与金刚乙胺

金刚烷胺(amantadine)是对称的三环癸烷,金刚乙胺(rimantadine)是金刚烷胺的 α 甲基衍生物。

【抗菌作用】 金刚烷胺特异性地抑制甲型流感病毒,干扰 RNA 病毒穿入宿主细胞,抑制病毒脱壳及核酸的释放,对甲型流感有较强的抑制作用,但对乙型流感病毒、麻疹病毒、腮腺炎病毒和单纯疱疹病毒无效。金刚乙胺抗甲型流感病毒的作用优于金刚烷胺,抗病毒谱也较广。

【体内过程】 金刚烷胺和金刚乙胺口服易吸收,生物利用度分别为 75% 和 95%。体内分布广泛,鼻部分泌物及唾液中药物浓度接近于血药浓度。在体内不被代谢,约 90% 以原形经肾排泄,血浆 $t_{1/2}$ 为 12~17 小时。

【临床应用】 金刚烷胺和金刚乙胺主要用于甲型流感的预防和治疗。发病 24~48 小时内服用可减轻症状,缩短病程。对乙型流感病毒无效。

【不良反应】 金刚烷胺和金刚乙胺的常见不良反应有中枢神经系统症状和胃肠道反应,如焦虑、头晕、思维不集中、失眠及恶心等。一般停药后消失。肾功能衰退者慎用。金刚乙胺的脂溶性较低,不能通过血-脑屏障,故中枢神经系统不良反应相对较少。

齐 多 夫 定

齐多夫定(zidovudine)为脱氧胸苷衍生物,是治疗 HIV 感染的首个上市药物。本药口服吸收良好,生物利用度为52%~75%,血浆蛋白结合率约35%,可通过血-脑屏障,在肝脏与葡糖糖醛酸结合代谢后,经肾脏排泄,$t_{1/2}$约1小时。齐多夫定是治疗HIV感染的首选药,降低HIV感染患者的发病率,延长患者的存活时间。齐多夫定常与拉米夫定或去羟肌苷合用,但不与司坦夫定合用,因为两者互相拮抗。齐多夫定最常见的不良反应是骨髓抑制,如贫血、中性粒细胞减少等,也会引起过敏反应、胃肠道反应,以及头痛、焦虑、精神错乱、震颤等中枢症状。肝功能不全者更易发生毒性反应。

去羟肌苷

去羟肌苷(didanosine)为脱氧腺苷衍生物,是治疗HIV感染的第二个上市药物,常与其他药物合用治疗对齐多夫定耐药或晚期HIV感染患者。去羟肌苷高发的不良反应有恶心、腹泻、头痛、皮疹、肝炎、外周神经炎、胰腺炎等。有胰腺炎病史或嗜酒者慎用。

扎西他滨

扎西他滨(zalcitabine)为脱氧胞苷衍生物,是治疗HIV感染的第三个上市药物。扎西他滨单用疗效不及齐多夫定,但对齐多夫定耐药的病毒仍然有效,与其他抗HIV感染的药物有协同作用,可用于治疗艾滋病和艾滋病相关综合征。扎西他滨的主要不良反应有皮疹、口炎、周围神经炎、胰腺炎等。

伐昔洛韦

伐昔洛韦(valacyclovir)为阿昔洛韦的二异酰胺酯,口服后可在体内迅速转化为阿昔洛韦,所达血药浓度为口服阿昔洛韦后的5倍,其抗病毒活性、作用机制、耐药性及不良反应与阿昔洛韦基本相同。伐昔洛韦用于治疗原发性或复发性生殖器疱疹、带状疱疹及频发性生殖器疱疹。

碘苷

碘苷(idoxuridine)竞争性抑制胸苷酸合成酶,阻滞病毒DNA合成,故抑制DNA病毒生长繁殖,如抑制牛痘病毒的生长,但本药对RNA病毒无效。本药全身应用毒性大,临床仅限于局部用药,用于治疗眼部或皮肤疱疹病毒和牛痘病毒的感染,对急性上皮型疱疹性角膜炎疗效最好,对慢性溃疡性实质层疱疹性角膜炎疗效较差,对疱疹性角膜虹膜炎无效。局部应用时可引起瘙痒、疼痛、水肿、结膜炎等。

更昔洛韦

更昔洛韦(ganciclovir)是治疗巨细胞病毒感染的首选药物,对巨细胞病毒有较强的抑制作用,对单纯疱疹病毒和带状疱疹病毒的抑制作用与阿昔洛韦相似。本药毒性大,可抑制骨髓,有潜在的致癌作用,故仅用于危及生命的巨细胞病毒感染。

拉米夫定

拉米夫定(lamivudine)为胞嘧啶衍生物,其抗病毒作用及机制与齐多夫定相似,与其他核苷类反转录酶抑制药有协同作用。拉米夫定常与齐多夫定或司坦夫定合用治疗HIV感染,也是治疗慢性乙型肝炎病毒感染的有效药物之一。它的不良反应主要包括头痛、失眠、疲劳及胃肠不适等。由于本药主要以原形经肾脏排泄,故肾功能不全者应减量服用。

阿糖腺苷

阿糖腺苷(vidarabine)为核苷类抗DNA病毒药物,可抑制DNA复制,对疱疹病毒与痘病毒均有抑制作用。静脉滴注 $t_{1/2}$ 为 3~4 小时,脑脊液中药物浓度约为血药浓度的 35%,主要经肾排泄。本药主要用于治疗单纯疱疹病毒引起的脑炎、角膜炎、新生儿单纯疱疹、艾滋病患者合并带状疱疹等。静脉滴注给药可出现消化道不良反应及血栓静脉炎,偶见血清转氨酶升高。由于毒性大、疗效差,现已少用。

干 扰 素

干扰素(interferon)具有广谱抗病毒作用,可激活宿主细胞的抗病毒蛋白酶,降解病毒的 mRNA,抑制病毒复制。干扰素也有免疫调节、抑制和杀伤肿瘤细胞等作用。干扰素口服无效,需要注射给药。本药主要用于急性病毒感染性疾病,如流感、乙型肝炎、丙型肝炎、病毒性角膜炎、慢性子宫颈炎、流行性腮腺炎、新生儿病毒性脑炎等。干扰素是目前治疗慢性丙型肝炎最有效的抗病毒药物。首次使用干扰素会产生短暂的发热、寒战、全身不适、肌肉疼痛、头痛等"流感样综合征",一般不影响治疗,多次用药后症状减轻或消失。大剂量应用可引起嗜睡、骨髓暂时性抑制、低血压、胃肠道反应等。

司 他 夫 定

司他夫定(stavudine)为脱氧胸苷衍生物,对 HIV-1 和 HIV-2 均有抗病毒活性,常用于难以应用齐多夫定或齐多夫定治疗无效的患者。与去羟肌苷或拉米夫定合用产生协同作用。但不可与齐多夫定合用,因为齐多夫定减少本药的磷酸化。口服给药生物利用度为 80%,且不受食物影响。它的血浆蛋白结合率极小,脑脊液浓度约为血清浓度的 55%。本药主要经肾脏消除,$t_{1/2}$ 为 1.2 小时,细胞内 $t_{1/2}$ 为 3.5 小时。它的主要不良反应为外周神经炎,尤其与扎西他滨或去羟肌苷等药物合用时,此不良反应发生率明显增加;也可出现胰腺炎、关节痛和血清转氨酶升高等。

鳞 甲 酸

鳞甲酸(foscarnet)为焦磷酸衍生物,通过与病毒 DNA 多聚酶焦磷酸盐解离部位结合,防止核苷前体连接到 DNA 上,从而抑制病毒生长。它与核苷类治疗疱疹病毒感染不同,无需激活病毒或宿主疱疹胸苷酸激酶。由于鳞甲酸盐对病毒 DNA 多聚酶选择性高,故对人体细胞毒性小。鳞甲酸主要用于治疗艾滋病患者的巨细胞病毒性视网膜炎和耐阿昔洛韦的单纯性疱疹病毒感染;也可与更昔洛韦合用于对两者单用耐药的患者。本药不良反应包括肾损伤、急性肾衰竭、低血钙、心律失常和心衰、癫痫及胰腺炎等。

曲 氟 尿 苷

曲氟尿苷(trifluridine)为卤代嘧啶类核苷,在细胞内磷酸化成三磷酸曲氟尿苷活化形式,掺入病毒的 DNA 分子中,从而抑制 DNA 的合成。对 HIV-1、HIV-2、牛痘病毒和某些腺病毒(adenovirus)有抑制作用。局部用于治疗眼部感染,是治疗疱疹性角膜炎和上皮角膜炎的有效药物,通常对阿糖腺苷和碘苷治疗无效的感染仍有效。滴眼时可能引起浅表眼部刺激和出血。

(王寒明)

第二十五章 抗结核病药及抗麻风病药

第一节 抗结核病药

一、概 述

结核病是由结核分枝杆菌(mycobacterium tuberculosis)感染引起的慢性传染病。结核分枝杆菌可能侵入人体全身各种器官,但以肺结核(pulmonary tuberculosis)最为常见。人体感染结核杆菌后不一定发病,仅于抵抗力低下时方始发病。本病病理特点是结核结节和干酪样坏死,易形成空洞。除少数可急起发病外,临床上多呈慢性过程。常有低热、乏力等全身症状和咳嗽、咯血等呼吸系统表现。自20世纪50年代以来,不断发现有效的抗结核药物,使结核病流行得到一定的控制。但是,近年来,由于不少国家对结核病的忽视,减少了财政投入,加之人口的增长、流动人口的增加、艾滋病病毒的传播、不规律治疗,对抗结核药物耐药菌株的迅速增多,特别是多重耐药性(multiple-durg resistance,MDR)的出现,结核病又卷土重来,发病率有增高的趋势。

抗结核药(antituberculous drugs)品种较多,主要分为两大类:疗效高、不良反应少、患者较易接受的如异烟肼、利福平、乙胺丁醇、吡嗪酰胺、链霉素等为"一线药";抗菌作用弱、毒性较大的如对氨基水杨酸、丙硫异烟胺、卡那霉素等为"二线药"。结核病的治疗以早期、联合、适量、规律、全程为原则,以一线药为主,二线药仅在结核杆菌对一线药产生耐药性及毒性反应、患者不能耐受或复治时作为替代药使用。

二、一线抗结核病药

异 烟 肼

异烟肼(isoniazid,INH)又名雷米封(rimifon)。该药于1952年开始用于临床,目前仍是抗结核杆菌作用最强、首选用于治疗结核的药物。该药优点叙述如下:①给药途径广:口服、肌内注射、静脉给药和腔内给药均可。②穿透力强,体内分布均匀:$V_d = 0.6L/kg$。可透入细胞内,杀死巨噬细胞内结核杆菌。还可透入肺部空洞病灶(厚壁空洞)及骨组织。药物在脑脊液、胸腔积液中药物浓度与血液浓度相仿。③可产生耐药性,但无交叉耐药;耐药菌对人体毒力降低,治疗仍有效,耐药不持久。若合并用药,显著降低其耐药性。④性质稳定,易溶于水,疗效好,毒性低。

【体内过程】 口服吸收快而完全,1~2小时后血药浓度达高峰。吸收后广泛分布于全身体液和组织中,脑膜炎时,脑脊液中的浓度可与血浆浓度相近。穿透力强,可渗入关节腔积液、胸腔积液、腹水及纤维化或干酪化的结核病灶中,也易透入细胞内,作用于已被吞噬的结核杆菌。异烟肼大部分在肝中被代谢为乙酰异烟肼、异烟酸等,最后与少量原形药一起由肾排出,异烟肼乙酰化的速度有明显的人种和个体差异。分为快代谢和慢代谢型,前者尿中乙酰化异烟肼较多,后者尿中游离异烟肼较多。白色人种慢代谢者占50%~60%,中国人慢代谢者约占25.6%,快代谢者约占49.3%。慢代谢者肝中缺少乙酰化酶,服药后异烟肼血药浓度较高,$t_{1/2}$延长,显效较快。快、慢代谢型的$t_{1/2}$分别为0.5~1.5小时与2~3小时。

【抗菌作用及作用机制】 异烟肼对结核杆菌有高度选择性,抗菌力强,体外实验表明0.025~0.05mg/L的异烟肼即可抑菌,较高浓度对繁殖期细菌有杀菌作用。单用时结核杆菌易产生耐药性,但与其他抗结核药无交叉耐药性,如与其他抗结核药合用,则能延缓耐药性的产生并增强疗效。抗菌机制可能是抑制分枝菌酸(mycolic acid)的合成,使细菌丧失耐酸性、疏水性和增殖力而死亡。此酸是结核杆菌细胞壁所特有的重要成分,因此异烟肼对其他细菌无作用。而过氧化氢酶减少、丢失,异烟肼难以活化。此外,膜通透性降低,药物摄取减少,是其产生耐药的原因。

【临床应用】 适用于各种类型的结核病,对渗出性病灶疗效最佳。除早期轻症肺结核或预防应用外,均宜与其他一线药联合应用。对急性粟粒性结核和结核性脑膜炎应增大剂量,必要时采用静脉滴注。

【不良反应】 发生率与剂量有关,治疗量时不良反应少而轻。

1. 神经系统毒性

(1) 中枢神经系统:使用一般剂量时,偶有失眠、头昏、轻度精神兴奋,可逐渐消失;大剂量(>500mg/d,或慢乙酰化型)可致精神失常,如兴奋、神经错乱、昏迷、惊厥等,偶见中毒性脑病或中毒性精神病。有癫痫、精神病史者及嗜酒者慎用。

(2) 周围神经炎:可出现四肢麻木、肌震颤、痛觉过敏、肌萎缩等症状。原因为维生素B_6缺乏所致,宜补充维生素B_6。因异烟肼结构与维生素B_6相似,可导致维生素B_6利用障碍,且排泄增加。在中枢神经系统,维生素B_6作为辅酶参与抑制性递质γ-氨基丁酸的合成,由于异烟肼使维生素B_6缺乏,故而产生中枢神经系统兴奋症状。

2. 肝毒性 以35岁以上及快代谢型患者较多见,可致暂时性转氨酶升高、黄疸、肝小叶坏死(为乙酰异烟肼所致),故应定期检查肝功能,与利福平、吡嗪酰胺合用时尤应注意,肝病患者慎用。

3. 其他 有轻度胃肠道反应,如食欲缺乏、恶心、呕吐、腹痛及便秘等,孕妇慎用。过敏反应,可出现药物热及皮疹。血液系统症状可有贫血、白细胞减少、嗜酸细胞增多。其他可见内分泌失调、男子女性化乳房、泌乳、月经不调、阳痿等。

【药物相互作用】

(1) 异烟肼具有肝药酶抑制作用,可增加苯妥英钠、双香豆素、交感胺的血药浓度。

(2) 维生素B_6、肾上腺素皮质激素可降低本药疗效。

(3) 乙醇能增加其肝毒性。

利 福 平

利福平(rifampicin)又名甲哌力复霉素(rifampin),简称RFP,是人工半合成的利福霉素类衍生物,为橘红色结晶粉末。具有高效低毒、口服方便等优点,为目前最有效的抗结核药物之一。

【体内过程】 利福平口服吸收迅速而完全,1~2小时血药浓度达峰值,但个体差异很大。食物可减少吸收,故应空腹服药。$t_{1/2}$约为4小时,有效血药浓度可维持8~12小时。吸收后分布于全身各组织,穿透力强,能进入细胞、结核空洞、痰液及胎儿体内。脑膜炎时,脑脊液中浓度可达血浆浓度的20%。其主要在肝内代谢为去乙酰基利福平,其抑菌作用为利福平的 1/10~1/8。利福平可诱导 CYP 酶,加快自身及其他药物的代谢。其主要从胆汁排泄,形成肠肝循环,约 60% 经粪与尿排泄,患者的尿、粪、泪液、痰等均可染成橘红色。

【抗菌作用及作用机制】 利福平有广谱抗菌作用,对结核杆菌、麻风杆菌和革兰阳性球菌特别是耐药性金黄色葡萄球菌都有很强的抗菌作用,对革兰阴性菌、某些病毒和沙眼衣原体也有抑制作用。对结核杆菌的最低抑菌浓度平均为 0.018mg/L,口服后血药浓度为此浓度的 100 倍,故可发挥杀菌作用。抗结核作用与异烟肼相近,而较链霉素强。结核杆菌对利福平易产生耐药性,故不宜单用。与异烟肼、乙胺丁醇等合用有协同作用,并能延缓耐药性的产生。

利福平的抗菌机制是特异性地抑制细菌 DNA 依赖性 RNA 多聚酶,阻碍 mRNA 合成,对动物细胞的 RNA 多聚酶则无影响。耐药机制系 RNA 多聚酶 β 亚基突变,结合减少所致。

【临床应用】 该药为治疗结核病的首选药物,适用于各种类型的结核病,如肺、淋巴、骨、肾、肠等结核,结核性脑膜炎、胸膜炎及腹膜炎等。为了预防和延缓耐药性的产生,应与其他一线抗结核药联合应用。对急性粟粒性结核和结核性脑膜炎应增大剂量,必要时采用静脉滴注。其可用于与活动性肺结核患者接触的人群。对耐药性金黄色葡萄球菌及其他细菌所致的感染也有效,如肺炎、肺脓肿、心内膜炎、败血症、胆道感染、细菌性脑膜炎、沙眼、病毒性角膜炎等。还用于治疗麻风病,作用快速、强大。

【不良反应】 较常见的为胃肠道刺激症状,如恶心、腹泻等,一般不影响治疗。少数患者可见肝损害而出现黄疸、转氨酶增高、肝肿大等,有肝病或与异烟肼合用时较易发生。过敏反应如皮疹、药热、血小板和白细胞减少等多见于间歇疗法,出现过敏反应时应停药。神经系统反应偶有嗜睡、共济失调、精神紊乱等。利福平可激活 CYP 酶,加速皮质激素和雌激素等的代谢,因而降低肾上腺皮质激素、口服避孕药、双香豆素、甲苯磺丁脲、普萘洛尔、地高辛和巴比妥类等的作用。对动物有致畸胎作用;妊娠早期的妇女和肝功能不良者慎用。

【药物相互作用】 本品为肝药酶的强诱导剂,能加速抗凝血药双香豆素、口服避孕药、口服降糖药甲苯磺丁脲、美沙酮、普萘洛尔、奎尼丁、地高辛、洋地黄毒苷、巴比妥类、氟烷和茶碱等药物的代谢,使这些药物的 $t_{1/2}$ 缩短,血药浓度降低,药效下降。

利福喷汀与利福定

利福喷汀(rifapentine)和利福定(rifandine)均为利福霉素衍生物。它们的抗菌谱和利福平相同,抗菌效力分别比利福平强 8 倍与 3 倍以上,与其他抗结核药,如异烟肼、乙胺丁醇等有协同抗菌作用。此外,它们对革兰阳性与革兰阴性菌也有强大的抗菌活性。利福喷汀(微晶)与利福定的 $t_{1/2}$ 分别为 30 小时与 5 小时。利福定的治疗剂量为利福平的 1/3~1/2,利福喷汀剂量与利福平相同,每周用药 1~2 次。

乙 胺 丁 醇

乙胺丁醇(ethambutol)治疗结核疗效高,不良反应发生率低,现作为一线抗结核药应用。

【体内过程】 口服吸收良好,迅速分布于组织与体液中,2 小时血药浓度达峰值,$t_{1/2}$ 为 8 小时,排泄缓慢,24 小时内肾排泄口服量的 50%,肾功能不全时可引起蓄积中毒,应禁用。

【抗菌作用】 乙胺丁醇过去被列为抑菌药,近年发现对细菌内、外结核杆菌有较强杀菌作用。对链霉素或异烟肼等有耐药性的结核杆菌,本药仍有效。主要与利福平或异烟肼等合用。单用也可产生耐药性,但较缓慢。抗菌机制可能是与二价金属离子如 Mg^{2+} 络合,干扰菌体 RNA 的合成。

【不良反应】 视神经炎是最重要的毒性反应,多发生在服药后 2~6 个月内,表现为视力下降、视野缩小,出现中央及周围盲点。不良反应发生率与剂量、疗程有关,及时停药数周至数月可自行消失。此外有胃肠道不适及肝功能损害等。

吡嗪酰胺

吡嗪酰胺(pyrazinamide)口服吸收迅速,分布于各组织与体液中,2 小时血药浓度达峰值,$t_{1/2}$ 为 6 小时,经肝代谢为吡嗪酸,约 70% 经尿排泄。酸性环境中抗菌作用增强,故能在细胞内有效杀灭结核杆菌。其主要用于对异烟肼、链霉素、对氨基水杨酸耐药或不能耐受其他抗结核药的复治患者。吡嗪酰胺与其他抗结核药无交叉耐药现象,现作为一线低剂量、短疗程的三联或四联强化治疗方案中的组合用药。治疗结核病标准的 6 个月治疗方案最初两个月是采用异烟肼、利福平和吡嗪酰胺三个药物联合应用,既可产生明显协同作用,又能延缓耐药性的发生。以往高剂量、长疗程应用常见肝毒性与关节痛等不良反应,现用低剂量、短程疗法,不良反应已明显减少。

链 霉 素

链霉素(streptomycin)1944 年上市,为治疗结核病的第一个药物。体外药物浓度达 0.4 μg/ml 时可抑制结核杆菌生长,高浓度时有杀菌作用。对浸润性、粟粒性结核疗效好。穿透力差,难进入细胞,对纤维化、干酪化厚壁空洞、骨结核疗效差。易产生耐药性,是"一线药"中应用最少的药物。目前,该药多作为联合用药方案中的一种药物使用。

三、二线抗结核病药

对氨基水杨酸

对氨基水杨酸(para-aminosalicylic acid,PAS)的钠盐和钙盐,口服吸收快而完全。其分布于全身组织、体液及干酪样病灶中,但不易透入脑脊液及细胞内。

【抗菌作用及作用机制】 对结核杆菌只有抑菌作用,耐药性产生缓慢,与其他抗结核病药合用,可以延缓耐药性的发生。

对氨基水杨酸化学结构与 PABA 相似,它的抗菌机制可能与其竞争性抑制二氢叶酸合成酶,影响二氢叶酸合成,使结核分枝杆菌不能增殖有关。

【临床应用】 曾与链霉素、异烟肼合用治疗各种类型的结核病。但由于本品抗结核效果差,不良反应较多,目前已被利福平、乙胺丁醇取代,仅作为治疗结核病的二线药物。

【不良反应】 不良反应较多。最常见的不良反应为恶心、呕吐、厌食、腹痛及腹泻。饭后服药或加服抗酸药可减轻反应。

四、其他抗结核病药

氨硫脲(thioacetazone,TB-1)、乙硫异烟胺(ethionamide)、丙硫异烟胺(protionamide)、对氨水杨酸异烟肼(isoniazid aminosalicylate)、卷曲霉素(capreomycin)、环丝氨酸(cycloserine)等也可用于结核病的联合治疗,它们的特点见表 25-1。

表 25-1　其他抗结核病药

药名	作用	用途	不良反应
氨硫脲	作用与 PAS 相当或稍差	对异烟肼耐药患者,也用于麻风病	胃肠道反应、皮疹、剥脱性皮炎等
乙硫异烟胺	作用弱于异烟肼,强于链霉素,易产生耐药	对异烟肼、链霉素耐药患者	胃肠道反应、肝炎
丙硫异烟胺	作用与乙硫异烟胺类似	与乙硫异烟胺相同	胃肠道反应
对氨水杨酸异烟肼	作用与 PAS 和异烟肼相同	同异烟肼、PAS,也用于麻风病	轻
卷曲霉素	抑制结核分枝杆菌	二线抗结核药,用于复治耐药结核患者	肾与第Ⅷ对脑神经损害
环丝氨酸	作用弱于异烟肼、链霉素	复治耐药结核患者	胃肠道反应、头痛、眩晕、嗜睡、震颤等

五、抗结核病药的应用原则

1. 早期用药　早期病灶内结核杆菌生长旺盛,对药物敏感,同时病灶部位血液供应丰富,药物易于渗入病灶内,达到高浓度,可获良好疗效。已经确诊的排菌肺结核,应及早进行治疗,这样除有利于病变修复,同时可减少对周围健康人群的传染。

2. 联合用药　可提高疗效、降低毒性、延缓耐药性,并可交叉消灭对常用药物耐药的菌株,使其不致成为优势菌而造成治疗失败或复发。联合应用两种或两种以上的药物则取决于疾病的严重程度、以往用药情况及结核杆菌对药物的敏感性。

3. 适量　药物剂量过小不能杀灭细菌,且易产生耐药性,但剂量过大则易发生毒性作用而中断治疗。因此,必须遵照医嘱坚持服用规定剂量的药物、完成预定疗程,确保疗效。

4. 规律　在规定疗程内严格按照化疗方案规定的用药次数及间隔时间用药,尽量避免漏服或中断服药。

5. 全程　按要求完成规定疗程。若疗程未满停药,会导致治疗失败或复发。但超过疗程无限期用药,不但不能提高疗效,且易产生毒性作用,并增加不必要的经济负担。短期疗法(6~9个月)是一种强化疗法,疗效好,目前已广泛采用。主要是利福平和异烟肼联合,大多用于单纯性结核的初治。如病灶广泛,病情严重则应采用三联甚至四联。目前常用的方法有:最初两个月每日给予异烟肼、利福平与吡嗪酰胺,以后四个月每日给予异烟肼和利福平(即 2HRZ/4HR 方案)。异烟肼耐药者在上述三联与二联的基础上分别增加链霉素与乙胺丁醇(即 2SHRZ/4HRE 方案)。对营养不良、恶性病而免疫功能低下者,宜用 12 个月为一疗程。对选药不当,不规则治疗或细菌产生耐药,可选用或增加二线药联合。复发而有并发症者,宜用 18~24 个月治疗方案。

通过新的药物治疗方案现已能达到治愈率高、复发率低(约 1%)、耐药菌少、疗程短(6个月)、安全性高的目的,从而使防治工作取得满意成效。

第二节　抗麻风病药

麻风病又称为汉森病(Hensen disease),由麻风分枝杆菌感染所致。麻风分枝杆菌与结核分枝杆菌同属分枝杆菌属。目前治疗麻风病药物中最重要的药物是砜类化合物,最常用的是氨苯砜(diaminodiphenylsulfone, DDS),此外,还有苯丙砜(solasulfone)、醋氨苯砜(acedapsone),他们需在体内转化为氨苯砜或乙酰氨苯砜而显效。

氨 苯 砜

【体内过程】 氨苯砜口服吸收迅速而且完全,吸收率为93%。口服100mg 4~8小时达到峰浓度,血中 $t_{1/2}$ 为28小时,有效抑菌浓度可持续10天左右,蛋白结合率为50%,分布全身,皮肤病变部位的浓度远高于正常部位。经肝乙酰化,并有肠肝循环,消除缓慢,70%~80%经尿排泄,故易蓄积,宜周期性地做短暂停药。苯丙砜较难吸收,用量较大。

【抗菌作用及临床应用】 砜类的抗菌机制和磺胺类相似,但对革兰阳性菌和革兰阴性菌无抗菌活性,对麻风杆菌有较强的直接抑制作用,并能促使细胞内病菌释出而将其杀灭。临床用于治疗各型麻风病,还可用于预防或治疗艾滋病患者卡氏肺孢子虫病感染。

患者服用3~6个月后,症状即可改善,黏膜病变好转,细菌逐渐消失,皮肤及神经损害恢复,瘤型患者细菌消失则需要较长时间。麻风杆菌对砜类可产生耐药性,因而需采用联合疗法以减少或延缓耐药性的发生,减少复发和较快消除其传染性。

对多菌型患者的联合疗法采用WHO推荐的方案:氨苯砜100mg/d口服,利福平及氯法齐明每月一次,分别为600mg与300mg间服,疗程2年或致病菌检查为阴性后,再继续治疗1年并随访观察。少菌型麻风治疗方案为氨苯砜100mg/d口服,利福平600mg每月一次口服,疗程为6个月。

【不良反应】 较常见为贫血,偶可引起急性溶血性贫血,葡萄糖6-磷酸脱氧酶缺乏者尤易发生。可出现胃肠刺激症状、头痛、失眠、中毒性精神病及过敏反应。剂量过大还可引起肝损害及剥脱性皮炎。治疗早期或增量过快,可发生麻风症状加剧的反应(麻风反应),一般认为是机体对菌体裂解产生的磷脂类颗粒的过敏反应,多认为是预后良好的现象。麻风反应可用沙利度胺(thalidomide)(反应停)防治。其他处理方法是减量停药或暂改用另一种抗麻风药,并用肾上腺皮质激素进行治疗。

氯 法 齐 明

氯法齐明(clofazimine)又名氯苯吩嗪,对麻风杆菌有抑制作用,其作用机制为干扰核酸代谢,抑制菌体蛋白合成,作用较氨苯砜缓慢。本品还能抑制麻风结节红斑反应。

口服微粒晶体后吸收率为50%~70%,迅速分布于体内各组织中;组织药物浓度高于血药浓度;其消除半衰期为70天,本品为联合疗法药物之一,或作为抗麻风反应治疗药物。主要不良反应为皮肤色素沉着等。

(任 婕)

第二十六章　抗寄生虫药

第一节　抗阿米巴病药

阿米巴病是由溶组织内阿米巴原虫(entamoeba histolytica)侵入人体组织所形成的疾病,现在在全世界广为流行。人经口感染阿米巴包囊,在肠腔内脱囊而出成为小滋养体,在结肠内与肠道菌丛共生。小滋养体在随宿主肠内容下移过程中,逐渐转变成包囊,此时并无症状,称为排包囊者,是重要的传染源。小滋养体在一定条件下侵入肠壁,成为大滋养体,因破坏肠组织而引起阿米巴痢疾。大滋养体不能形成包囊,但可经血流至肝、肺、脑及肾等其他器官引起阿米巴炎症和脓肿,统称为肠外阿米巴病。

目前临床应用的抗阿米巴病药主要杀灭滋养体,对包囊作用很小。溶组织内阿米巴在肠道生长需肠道菌群共生,某些抗生素可抑制这些菌群,故亦可产生间接抗阿米巴原虫的作用。

常用的抗阿米巴病药,根据药物的疗效,分为肠道内抗阿米巴病药如二氯尼特,肠道外抗阿米巴病药如氯喹和兼有肠道内外抗阿米巴作用药如甲硝唑、依米丁。急性阿米巴痢疾和肠外阿米巴病首选甲硝唑;而依米丁和氯喹只在甲硝唑无效或禁忌时偶可使用(图26-1)。

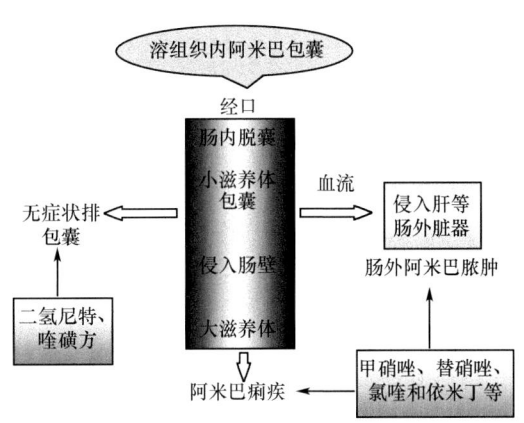

图26-1　阿米巴病及抗阿米巴病药物的作用特点

一、肠道内抗阿米巴病药

肠阿米巴病是溶组织阿米巴寄居于结肠内引起的疾病,受感染的人多数呈病原体携带状态,少数发展为阿米巴痢疾。此类药物主要是杀灭或抑制肠内小滋养体,但可通过杀灭小滋养体达到清除包囊的效果。

二 氯 尼 特

二氯尼特(diloxanide,安特酰胺),通常用其糠酸酯,又称糠酯酰胺,是一种二氯酰胺的衍生物。

【体内过程】　口服吸收迅速,1小时血药浓度达高峰,分布全身。

【药理作用】　对阿米巴原虫有直接杀灭作用,是目前最有效的肃清包囊药。

【临床应用】　对于无症状或仅有轻微症状的排包囊者有良好疗效,单用对急性阿米巴痢疾疗效不佳,用甲硝唑控制症状后再用本品可肃清肠腔内包囊,可有效防止复发。对肠外阿米巴病无效。

【不良反应】 轻微,偶尔出现呕吐和皮疹等。大剂量时可致流产,但无致畸作用。

喹 碘 方

喹碘方(chiniofon,安痢生,药特灵)属卤化喹啉类,本类药物还包括氯碘羟喹(clioquinol)、双碘喹啉(iodoquinol)。

【体内过程】 本药仅一小部分经肠黏膜吸收,绝大部分直接由粪便排出。在肠腔内可达到较高浓度,有较强的抗阿米巴作用。在组织器官中分布较少,达不到有效的抗阿米巴浓度。

【药理作用】 喹碘方只对滋养体有作用,对包囊无杀灭作用。阿米巴原虫在肠道中必须有大肠菌丛的代谢产物才能生存与繁殖,而喹碘方具有广谱抗微生物作用,可通过口服后在肠内释放出碘,抑制大肠杆菌等共生菌群,使阿米巴生长繁殖发生障碍。

【临床应用】 用于治疗无症状或慢性阿米巴痢疾,对前者疗效更佳。对急性阿米巴痢疾及较顽固病例,宜与其他药物合用,可达到根治效果。对肠外阿米巴病无效。

【不良反应】 常见不良反应为腹泻,一般于治疗第2~3日开始,不需停药,数日后自动消失。故在开始治疗的3~4日内应用小剂量。对碘过敏、甲状腺肿大及严重肝肾功能不良者慎用。

巴 龙 霉 素

巴龙霉素(paromomycin)为氨基糖苷类抗生素,口服吸收少,肠道浓度高。

【药理作用】 通过抑制蛋白质合成,直接杀灭阿米巴滋养体;并可通过抑制阿米巴的共生性细菌发挥间接作用。

【临床应用】 用于治疗急性阿米巴痢疾,对慢性阿米巴痢疾无效。

【不良反应】 常见头晕、胃肠道反应和皮疹。长期口服后,也有可能引起肾脏损伤及听力损害。

【禁忌证】 肾功能不良者禁用。

二、肠道外抗阿米巴病药

肠外阿米巴病可见于许多器官,以肝、肺及脑为常见。当肠腔内溶组织阿米巴滋养体通过门静脉到达肝脏,引起肝细胞的溶解和坏死而形成脓肿,通常称为阿米巴肝脓肿。临床表现为肝区持续性钝痛,肝区压痛、叩痛,肝脏肿大,多伴有右侧反应性胸膜炎。慢性病例呈消瘦、衰竭状态。

氯 喹

氯喹(chloroquine)为抗疟药,也有杀灭阿米巴大滋养体的作用,对肠外阿米巴病如阿米巴肝脓肿、肺脓肿有良好的效果。口服后肝中浓度比血浆浓度高数百倍,而肠壁的分布量很少,对肠阿米巴病无效,仅用于甲硝唑无效或禁忌的阿米巴肝炎或肝脓肿患者。

三、兼有肠道内、外抗阿米巴作用的药物

甲 硝 唑

甲硝唑为人工合成的5-硝基咪唑类化合物。

【体内过程】 口服吸收迅速而完全,单次口服500mg约1小时后血药峰浓度达10μg/

ml。$t_{1/2}$为8~10小时,主要在肝中代谢,代谢产物及原形药主要经肾脏排泄,亦可经乳汁排泄。

【药理作用】 能够抑制敏感病原体DNA合成,并可使已合成的DNA变性,从而干扰病原体的生长、繁殖,最终导致细胞死亡。有广谱抗厌氧菌和抗原虫的作用。

【临床应用】

1. 抗阿米巴作用 甲硝唑对组织、肠腔内阿米巴大滋养体有直接杀灭作用。治疗急性阿米巴痢疾和肠外阿米巴病效果最好。但对肠腔内阿米巴原虫则无明显作用。因此,单用甲硝唑治疗阿米巴痢疾时,复发率高,须再用肠腔抗阿米巴药继续治疗。对排包囊者无效。

2. 抗滴虫作用 甲硝唑对阴道毛滴虫有直接杀灭作用。口服后可出现于阴道分泌物、精液和尿中,故对女性和男性泌尿生殖道滴虫感染都有良好疗效。

3. 抗厌氧菌作用 用于厌氧性革兰阳性、阴性杆菌和球菌引起的产后盆腔炎、败血症和骨髓炎等治疗,也可与抗菌药合用防止妇科手术、胃肠外科手术时厌氧菌感染。

4. 抗贾第鞭毛虫作用 治疗贾第鞭毛虫病,治愈率达90%。

【不良反应】 一般较少而轻。最常见者为恶心和口腔金属味,偶见呕吐、腹泻、腹痛、头痛、眩晕、肢体麻木,少数患者可出现白细胞暂时性减少。极少数人可出现脑病、共济失调和惊厥,如发生四肢麻木和感觉异常应立即停药。

【禁忌证】 孕妇禁用;血液疾病和中枢神经疾病者禁用。

【注意事项】 ①甲硝唑干扰乙醛代谢,如服药期间饮酒,可出现急性乙醛中毒,引起腹部不适、恶心、呕吐、头痛和味觉改变等,故用药期间禁酒。②本药可随乳汁排泌,故在服药期间和停药后24小时内暂停哺乳。

替 硝 唑

替硝唑(tinidazole)为近年新开发的第二代5-硝基咪唑类,其抗原虫和抗厌氧菌的作用及作用机制与甲硝唑相同。与甲硝唑相比,具有口服后血药浓度高、$t_{1/2}$较长和有效浓度持续较长的优点。主要用于治疗肠内、外阿米巴病,阴道滴虫病,贾第鞭毛虫病和厌氧菌感染。

依米丁和去氢依米丁

依米丁(emetine,吐根碱)为茜草科吐根属植物提取的异喹啉生物碱。其衍生物去氢依米丁(dehydroemetine)药理作用与其相似,毒性略低。

【体内过程】 口服引起强烈恶心、呕吐,只能深部肌内注射。主要分布于肝、肾、脾和肺,以肝内浓度最高。经肾缓慢排泄,停药1~2个月后仍可在尿中检出,连续用药可引起蓄积中毒。

【药理作用】 对组织中包括肠壁内的阿米巴大滋养体有强大杀灭作用,对包囊无杀灭作用。

【临床应用】 主要用于治疗阿米巴肝脓肿、控制急性阿米巴痢疾及慢性阿米巴痢疾的急性发作。

【不良反应】 毒副作用严重,主要有:①注射局部疼痛、坏死和脓肿。恶心、呕吐、腹泻、头痛、眩晕、减量或停药后可缓解。②心肌损害,表现为心前区疼痛、心动过速、低血压、心律失常、心电图T波倒置和Q—T间期延长,甚至阿-斯综合征、心力衰竭乃至猝死。③若剂量大或疗程长还可产生肝、肾毒性。④肌无力,甚至吞咽、呼吸肌麻痹。

【禁忌证】 ①有心、肾、神经肌肉疾病和低血压者禁用;②严重贫血、孕妇、婴幼儿禁用。

【注意事项】 ①注射前后2小时必须卧床休息,加强观察,在每次注射前应测量血压、检测心脏功能,本品不宜在门诊使用;②不可口服和静脉注射;③为提高疗效,减少复发,最好配用肠腔内杀阿米巴药物或甲硝唑。

第二节 抗滴虫药

抗滴虫药用于治疗阴道毛滴虫所引起的阴道炎、尿道炎和前列腺炎。阴道毛滴虫可通过性直接传播和使用公共浴厕等间接传播,故治疗时应夫妇同时进行,并注意个人卫生。目前治疗的主要药物为甲硝唑。替硝唑也是高效低毒的抗滴虫药。偶有耐甲硝唑滴虫感染时,可考虑改用乙酰砷胺局部给药。

乙酰砷胺

乙酰砷胺(acetarsone)为五价砷剂,具有直接杀灭滴虫的作用,其复方制剂称滴维净。本药有轻度局部刺激作用,可使阴道分泌物增多。

第三节 抗肠蠕虫药

肠道寄生的蠕虫分为肠道线虫、肠道绦虫和肠道吸虫三大类。抗肠蠕虫药是驱除或杀灭肠道蠕虫类药物,不同蠕虫对不同药物的敏感性不同。近几年来,高效、低毒、广谱抗肠蠕虫药的不断问世,使肠道蠕虫病得到有效治疗与控制。

甲苯达唑

甲苯达唑(mebendazole)为苯并咪唑类广谱抗肠蠕虫药。

【体内过程】 甲苯达唑几乎不溶于水,口服很少吸收,故肠腔内药物浓度很高,有利于驱除肠道蠕虫。90%以上的原形药物随胆汁和粪便排出体外,仅2%的原形药及其代谢产物随尿排出。

【药理作用】 甲苯达唑对蛔虫、蛲虫、鞭虫、钩虫、绦虫及粪类圆线虫等肠道蠕虫均有作用,对其幼虫及卵也有杀灭作用,为高效、广谱的抗肠蠕虫药。甲苯达唑不可逆阻断虫体对葡萄糖的摄取和利用,逐渐耗竭内生糖原,使虫体能源断绝而死亡。甲苯达唑也能抑制虫体线粒体延胡索酸还原酶系统,减少ATP生成,干扰虫体生存及繁殖而使其死亡。甲苯达唑对动物和人体血糖没有影响。

【临床应用】 对多种线虫的成虫和幼虫有杀灭作用。对蛔虫、蛲虫、鞭虫、钩虫、绦虫感染的疗效可超过90%,尤其适用于上述多种蠕虫的混合感染。甲苯达唑显效缓慢,给药数日才能排尽虫体。

【不良反应】 一般不产生全身性不良反应。在大量虫体排出时,少数病例可出现暂时性腹泻、腹痛等胃肠道反应。偶有头痛、眩晕及过敏反应。大剂量使用时偶见转氨酶升高、粒细胞减少、肾小球肾炎等。动物实验显示有致畸作用,故孕妇、两岁以内幼儿不宜使用。肝、肾功能不全者应慎用。

【药物相互作用】 甲苯达唑可以增加胰岛素的分泌,与胰岛素和口服降血糖药有协同降糖作用。抗癫痫药卡马西平可降低甲苯达唑的血浆浓度,而 H_2 受体阻断药西咪替丁则可增高甲苯达唑的血浆浓度。

阿苯达唑

阿苯达唑(albendazole,丙硫咪唑)为甲苯达唑同类物,是该类药物中疗效最好的广谱抗肠蠕虫药。

【体内过程】 阿苯达唑口服吸收不稳定,脂肪类食物促进其吸收,吸收后广泛分布于肝、肾、肌肉及脑组织,也可进入胆汁及脑脊液,还可进入棘球蚴的包囊。阿苯达唑主要经肝脏代谢,其主要代谢产物阿苯达唑亚砜也有很强的驱虫活性。代谢产物主要从尿液排出,而未被吸收的原形药及部分代谢产物可随粪便排出。

【药理作用】 阿苯达唑与甲苯达唑有类似的抗蠕虫作用,对蛔虫、蛲虫、鞭虫、钩虫、粪类圆线虫等肠道线虫及绦虫有驱杀作用,作用机制同甲苯达唑。该药对囊尾蚴、棘球蚴也有作用,并能杀灭蛔虫、鞭虫、钩虫的虫卵。

【临床应用】 阿苯达唑用于治疗蛔虫、鞭虫、钩虫及蛲虫感染或混合感染,也可用于治疗棘球蚴病(包虫病)、猪囊尾蚴病(囊虫病),对姜片吸虫病及卫氏并殖吸虫病也有良好疗效。

【不良反应】 短期治疗肠线虫病不良反应少,有 6%～14% 患者出现腹痛、腹泻、恶心、头晕、失眠、无力等症状。较大剂量、长时间治疗棘球蚴病时,可出现血清转氨酶升高,少见的有黄疸。也可出现严重头痛、发热、皮疹、肌肉酸痛、脱发、白细胞减少及血小板减少症。动物实验表明,大剂量阿苯达唑有致畸、致突变作用,故两岁以下幼儿、孕妇及哺乳期妇女禁用。严重肝功能不全者应慎用。

哌 嗪

哌嗪(piperazine)为驱蛔虫及蛲虫药,临床常用其枸橼酸盐(即驱蛔灵)。

【体内过程】 口服后迅速从小肠吸收,2～4小时达血药浓度峰值,在体内很少一部分被代谢,大部分原形药随尿排出。

【药理作用】 哌嗪能改变虫体肌细胞膜对离子的通透性,使膜超极化,阻断神经肌肉传递,导致虫体弛缓性麻痹,进而虫体不能附着在宿主肠壁,随粪便排出体外。哌嗪还能抑制琥珀酸合成,干扰虫体糖代谢,使其能量供应受阻。由于哌嗪麻痹虫体前无兴奋作用,故较安全,主要用于驱除肠道蛔虫,对蛔虫所致的不完全性肠梗阻和早期胆道蛔虫病有较好的疗效。

【不良反应】 哌嗪安全范围较大,不良反应轻。偶见恶心、呕吐、腹痛、腹泻、头痛及荨麻疹等。大剂量时可出现嗜睡、眩晕、肌震颤、共济失调、乏力、健忘,甚至癫痫小发作等神经症状。6-磷酸葡萄糖脱氢酶缺乏者可出现溶血性贫血。动物实验有致畸作用,孕妇、哺乳期妇女慎用。肝肾功能不全者禁用。

左旋咪唑

左旋咪唑(levamizole,驱钩蛔)为咪唑的左旋异构体,对多种肠线虫有作用,其中对蛔虫的作用最好,对钩虫、粪类圆线虫的幼虫和微丝蚴也有效,对蛲虫、鞭虫略有作用,但对虫卵无杀灭作用。左旋咪唑可兴奋神经节,产生去极化型的神经肌肉阻滞作用,故使线虫先兴奋、后麻痹随粪便排出体外。实验证明,左旋咪唑还可抑制虫体琥珀酸脱氢酶活性,阻止延胡索酸还原为琥珀酸,减少能量生成,使虫体肌肉麻痹,失去附着能力而排出体外。左旋咪唑还有增强或调节免疫功能的作用。本药主要用于治疗蛔虫、钩虫、蛲虫感染。此外,对丝虫病和猪囊尾蚴病也有一定的疗效。

噻 嘧 啶

噻嘧啶(pyrantel)为人工合成四氢嘧啶衍生物,属于去极化型神经肌肉阻断药。噻嘧啶通过抑制虫体胆碱酯酶,使神经肌肉接头处乙酰胆碱堆积,神经肌肉兴奋性增强,肌张力增高,虫体产生痉挛性麻痹,失去附着肠壁能力而被排出宿主肠道。本药对蛔虫、蛲虫、钩虫和绦虫等均有抑制作用,主要用于蛔虫、蛲虫、钩虫单独感染或混合感染。噻嘧啶在治疗剂量时不良反应较少,常见有头痛、眩晕、皮疹、发热及胃肠道反应。少数患者出现血清转氨酶升高,故肝功能不全者慎用。孕妇及1岁以下儿童禁用。由于哌嗪与噻嘧啶对肠线虫的神经肌肉作用相互对抗,两药不可同时使用。

氯 硝 柳 胺

氯硝柳胺(niclosamide,灭绦灵,育末生)是水杨酰替苯胺氯化衍生物,曾为杀钉螺药,用于预防血吸虫病。

【体内过程】 口服几乎不吸收,主要以原形药从粪便排出。

【药理作用】 氯硝柳胺对大多数绦虫(如猪肉绦虫、牛肉绦虫、短膜壳绦虫及阔节裂头绦虫等)均有杀灭作用,为高效驱绦虫药。对蛲虫也有作用,但对虫卵无杀灭作用。氯硝柳胺的抗虫作用机制可能与其抑制虫体对葡萄糖的摄取、抑制虫体线粒体的氧化磷酸化过程而使ATP生成减少有关。药物与虫体作用后,杀死其头节和邻近节片,使虫体脱离肠壁,并在肠道内被消化,随粪便排出体外。本药对钉螺和日本血吸虫尾蚴亦有杀灭作用,亦可用于日本血吸虫病的防治。

【不良反应】 可有恶心、腹痛、胃肠道不适,偶见头昏、乏力、发热和皮肤瘙痒等。

吡 喹 酮

吡喹酮(praziquantel)为广谱抗吸虫药和驱绦虫药,对线虫和原虫感染无效。

【药理作用】 吡喹酮对猪肉绦虫、牛肉绦虫、短膜壳绦虫及阔节裂头绦虫有强大杀灭作用,是治疗各种绦虫病的首选药。对各种吸虫也有良好效果,是最有效的血吸虫病治疗药物。吡喹酮作用机制尚未阐明,可能与其增加虫体细胞膜对单价或二价阳离子(尤其是Ca^{2+}离子)通透性而使虫体出现痉挛性麻痹有关。

【不良反应】 用药几小时后可出现头痛、头晕、食欲下降、腹痛、肌肉和关节疼痛。治疗脑型猪囊尾蚴病时,可因虫体死亡后的炎症反应引起脑水肿、颅内压增高,宜同时使用脱水药和糖皮质激素以防意外。

(任 婕)

第二十七章 抗恶性肿瘤药

恶性肿瘤是严重威胁人类健康的常见病、多发病。由于其病因、发病机制等尚未完全阐明,防治效果不甚理想,目前治疗恶性肿瘤的三大主要方法为药物治疗、外科手术和放射治疗。抗恶性肿瘤药(anticancer drugs)在肿瘤的综合治疗中仍占有极为重要的地位,部分恶性肿瘤如绒毛膜上皮癌、恶性淋巴瘤等有可能通过化疗得到治愈。目前,随着肿瘤分子生物学和肿瘤药理学的理论和生物技术的不断发展,抗肿瘤药正从传统的细胞毒作用向针对机制的多环节作用的方向发展,生物反应调节药、单克隆抗体、细胞分化诱导剂、细胞凋亡诱导剂等药物不断进入临床试验后上市。

第一节 抗恶性肿瘤药的药理与基础

一、抗肿瘤药的分类

(一) 根据药物化学结构和来源分类

(1) 烷化剂(氮芥类、乙烯亚胺类、亚硝脲类、甲烷磺酸酯类等)。
(2) 抗代谢物(叶酸、嘧啶、嘌呤类似物等)。
(3) 抗肿瘤抗生素(蒽环类抗生素、丝裂霉素、博来霉素类、放线菌素类等)。
(4) 抗肿瘤植物药(长春碱类、喜树碱类、紫杉醇类、三尖杉生物碱类、鬼臼毒素衍生物等)。
(5) 杂类(铂类配合物和酶等)。

(二) 根据抗肿瘤作用的生化机制分类

(1) 干扰核酸生物合成的药物。
(2) 直接影响 DNA 结构与功能的药物。
(3) 干扰转录过程和阻止 RNA 合成的药物。
(4) 干扰蛋白质合成与功能的药物。
(5) 改变机体激素平衡药物

(三) 根据药物作用的周期或时相特异性分类

1. 细胞周期非特异性药物(cell cycle nonspecific agents, CCNSA) 如烷化剂、抗肿瘤抗生素及铂类配合物等。

2. 细胞周期特异性药物(cell cycle specific agents, CCSA) 如抗代谢药物、长春碱类药物等。

二、抗肿瘤药的药理作用机制

(一) 细胞毒类抗肿瘤药的作用机制

几乎所有的肿瘤细胞都具有一个共同的特点,即与细胞增殖有关的基因被开启或激活,而与细胞分化有关的基因被关闭或抑制,从而使肿瘤细胞表现为不受机体约束的无限增殖状态。从细胞生物学角度来讲,诱导肿瘤细胞分化,抑制肿瘤细胞增殖或肿瘤细胞凋亡的药物均可发挥抗肿瘤作用。

依据药物对各周期或时相肿瘤细胞的敏感性不同,大致将药物分为两大类。

1. 细胞周期非特异性药物 能杀灭处于增殖周期各时相的细胞,甚至包括 G_0 期细胞的药物,如烷化剂、抗肿瘤抗生素及铂类配合物等。此类药物对恶性肿瘤细胞的作用往往较强,能迅速杀死肿瘤细胞,其杀伤作用呈剂量依赖性,在机体能耐受的药物毒性限度内,作用随剂量的增加而成倍增强。

2. 细胞周期特异性药物 仅杀灭增殖周期的某些细胞,而对 G_0 期细胞不敏感,如作用于 S 期细胞的抗代谢药物,作用于 M 期细胞的长春碱类药物等。此类药物对肿瘤细胞的作用往往较弱,其杀伤作用呈时间依赖性。需要一定时间才能发挥作用,达到一定剂量后即使剂量再增加其作用也不再增强。

(二) 非细胞毒类抗肿瘤药的作用机制

这些药物超越了传统的直接细胞毒类抗肿瘤药物,如改变激素平衡失调状态的某些激素或其拮抗药;以细胞信号转导分子为靶点的蛋白酪氨酸激酶抑制剂;针对某些与增殖相关细胞信号转导受体的单克隆抗体;破坏或抑制新生血管生成,有效阻止肿瘤生长和转移的新生血管的抑制药;减少癌细胞脱落、黏附和基膜降解的抗转移药;以端粒酶为靶点的抑制药;促进恶性肿瘤细胞向成熟分化的分化诱导剂等。

三、肿瘤细胞产生耐药性的机制

在化疗过程中,肿瘤细胞对抗恶性肿瘤药产生耐药是化疗失败的重要原因,也是肿瘤化疗需要解决的难题。有些肿瘤细胞对某些抗肿瘤药物具有天然耐药性(natural resistance),如 G_0 期肿瘤细胞一般对多数抗肿瘤药不敏感。也有的肿瘤细胞原来对药物敏感,治疗一段时间后才产生不敏感现象,称为获得性耐药(acquired resistance),其中最常见的是多药耐药性(multi drug resistance,MDR)。多药耐药性是指肿瘤细胞在接触一种抗恶性肿瘤药后,产生了对多种结构不同、作用机制各异的其他抗恶性肿瘤药的耐药性。根据药物的特性和肿瘤类型设计联合化疗方案,不但可以提高疗效,降低毒性,而且可以延缓耐药性的产生。某些肿瘤耐药性逆转剂(如维拉帕米、环孢素)对减缓耐药性的发生可能起到一定的作用。多药耐药性多出现在天然来源的抗恶性肿瘤药,如长春碱类、鬼臼毒素衍生物等,研究表明,多药耐药性的产生除与多药耐药性基因(*mdr-l*) 过度表达 P-糖蛋白有关外,多药抗性相关蛋白(multidrug resistance associated protein)、谷胱甘肽及谷胱甘肽 S-转移酶、蛋白激酶 C(PKC)和拓扑异构酶 II 等也起重要作用。

第二节 常用抗肿瘤药

一、影响核酸生物合成的药物

影响核酸生物合成的药物又称抗代谢药,它们的化学结构和核酸代谢的必需物质如叶酸、嘌呤、嘧啶等相似,可以通过特异性干扰核酸的代谢,阻止细胞的分裂和繁殖。此类药物主要作用于 S 期细胞,属细胞周期特异性药物。

(一) 二氢叶酸还原酶抑制剂

甲 氨 蝶 呤

甲氨蝶呤(methotrexate,MTX)的化学结构与叶酸相似,对二氢叶酸还原酶具有强大而持久的抑制作用,它与该酶的结合力比叶酸大 106 倍,呈竞争性抑制作用。药物与酶结合后,使二氢叶酸不能变成四氢叶酸,从而使脱氧胸苷酸合成受阻,DNA 合成障碍,此外 MTX 也可干扰 RNA 和蛋白质的合成。

MTX 临床上用于治疗儿童急性白血病和绒毛膜上皮癌,鞘内注射可用于中枢神经系统白血病的预防和缓解症状。不良反应包括消化道反应和骨髓抑制,可致白细胞、血小板减少,严重者可有全血下降,长期大量用药可致肝、肾损害,妊娠早期应用可致畸胎、死胎。为了减轻 MTX 的骨髓毒性,可先用 MTX,经过一定时间后再肌内注射亚叶酸钙作为救援剂,以保护骨髓正常细胞。

(二) 胸苷酸合成酶抑制药

氟 尿 嘧 啶

氟尿嘧啶(fluorouracil,5-FU)是尿嘧啶 5 位上的氢被氟取代的衍生物。5-氟尿嘧啶在细胞内转变为 5-氟尿嘧啶脱氧核苷酸,而抑制脱氧胸苷酸合成酶,阻止脱氧尿苷酸甲基化转变为脱氧胸苷酸,从而影响 DNA 的合成。此外还可以伪代谢产物形式掺入 RNA 中干扰蛋白质的合成,故对其他各期细胞也有作用。5-氟尿嘧啶对消化系统癌(食管癌、胃癌、肠癌、胰腺癌、肝癌)和乳腺癌疗效较好,对子宫颈癌、卵巢癌、绒毛膜上皮癌、膀胱癌、头颈部肿瘤也有效。对骨髓和消化道毒性较大,出现血性腹泻应立即停药。可引起脱发、皮肤色素沉着,偶见肝、肾损害。偶见急性小脑综合征。

(三) 嘌呤核苷酸互变抑制药

巯 嘌 呤

巯嘌呤(mercaptopurine,6-MP)为常用的嘌呤核苷酸合成抑制剂,在体内先经过酶的催化变成硫代肌苷酸后,阻止肌苷酸转变为腺核苷酸及鸟核苷酸,干扰嘌呤代谢,阻碍 DNA 合成,对 S 期细胞作用最为显著,对 G_1 期有延缓作用。主要用于急性淋巴细胞白血病的维持治疗,大剂量对绒毛膜上皮癌亦有较好疗效。常见骨髓抑制和消化道黏膜损害,少数患者可出现黄疸和肝功能损害。

(四) 核苷酸还原酶抑制药

羟 基 脲

羟基脲(hydroxycarbamide, HU)能抑制核苷酸还原酶,阻止胞苷酸转变为脱氧胞苷酸,从而抑制 DNA 的合成。对 S 期细胞有选择性杀伤作用。对治疗慢性粒细胞白血病有显著疗效,对黑色素瘤有暂时缓解作用。可使肿瘤细胞集中于 G_1 期,故可用作同步化药物,增加化疗或放疗的敏感性。主要毒性为骨髓抑制,并有轻度消化道反应。肾功能不良者慎用,可致畸胎,故孕妇禁用。肾功能不全、消化道溃疡患者慎用。

(五) DNA 聚合酶抑制药

阿 糖 胞 苷

阿糖胞苷(cytarabine, Ara-C)在体内经脱氧胞苷激酶催化成三磷酸胞苷,进而抑制 DNA 多聚酶的活性而影响 DNA 合成,也可掺入 DNA 中干扰其复制,使细胞死亡。主要作用于 S 期细胞,属于周期特异性药物。与常用抗肿瘤药无交叉耐药性,临床上用于治疗成人急性粒细胞性白血病或单核细胞白血病,单独使用效果差,常与蒽环类或巯嘌呤等药合用。对恶性淋巴瘤、消化道癌也有一定的疗效,对多数实体瘤无效。有严重的骨髓抑制和胃肠道反应,静脉注射可致静脉炎,对肝功能有一定影响。

二、影响 DNA 结构与功能的药物

(一) 烷化剂

烷化剂(alkylating agents)是一类高度活泼的化合物。所含烷基能与细胞的 DNA、RNA 或蛋白质中亲核基团起烷化作用,常可形成交叉联结或引起脱嘌呤,使 DNA 链断裂,或使碱基配对错码,造成 DNA 结构和功能损伤,属于细胞周期非特异性药物。

氮 芥

氮芥(chlormethine)是最早用于恶性肿瘤治疗的药物,为双氯乙胺烷化剂的代表,属双功能基团烷化剂。目前主要用于霍奇金病、非霍奇金淋巴瘤。由于具有高效、速效的特点,尤其适用于纵隔压迫症状明显的恶性淋巴瘤患者。常见的不良反应为恶心、呕吐、骨髓抑制、脱发、耳鸣、听力丧失、眩晕、黄疸、月经失调及男性不育等。

环 磷 酰 胺

环磷酰胺(cyclophosphamide, CTX),为氮芥与磷酸胺基结合而成的化合物。CTX 体外无活性,进入体内后在肝微粒体细胞色素 P_{450} 作用下生成中间产物醛磷酰胺,在肿瘤细胞内分解出磷酰胺氮芥而发挥作用。CTX 抗瘤谱广,为目前广泛应用的烷化剂。对恶性淋巴瘤疗效显著,对多发性骨髓瘤、急性淋巴细胞白血病、肺癌、乳腺癌、卵巢癌、神经母细胞瘤和睾丸肿瘤等均有一定疗效。常见的不良反应有骨髓抑制、恶心、呕吐、脱发等。大剂量环磷酰胺可引起出血性膀胱炎,可能与大量代谢物丙烯醛经泌尿道排泄有关,同时应用美司钠可预防发生。

噻 替 派

噻替派(thiotepa, TSPA)结构中含三个乙撑亚胺基,性质非常活泼,是乙撑亚胺类烷化

剂的代表。抗恶性肿瘤机制类似氮芥,抗瘤谱较广,主要用于治疗乳腺癌、卵巢癌、肝癌、恶性黑色素瘤和膀胱癌等。主要不良反应为骨髓抑制,可引起白细胞和血小板减少。局部刺激性小,可作静脉注射、肌内注射及动脉内注射和腔内给药。

白 消 安

白消安(busulfan,马利兰)属甲烷磺酸酯类,在体内解离后起烷化作用。小剂量即可明显抑制粒细胞生成,可能与药物对粒细胞膜通透性较强有关。对慢性粒细胞性白血病疗效显著,对慢性粒细胞白血病急性病变无效。主要不良反应为消化道反应,骨髓抑制,久用可致闭经或睾丸萎缩。

卡 莫 司 汀

卡莫司汀(carmustine,氯乙亚硝脲,卡氮芥)为亚硝脲类烷化剂。除了烷化 DNA 外,对蛋白质和 RNA 也有烷化作用。卡氮芥具有高度脂溶性,能透过血-脑屏障。主要用于原发或颅内转移瘤,对恶性淋巴瘤、骨髓瘤等有一定疗效。主要不良反应有骨髓抑制、胃肠道反应及肺部毒性等。

(二) 破坏 DNA 的铂类配合物

顺 铂

顺铂(cisplatin,顺氯氨铂)为二价铂与两个氯原子和两个氨基结合成的金属络合物。口服无效,静脉注射后主要分布在肝肾组织,在体内先将所含氯解离,然后与 DNA 链上的碱基形成交叉联结,从而破坏 DNA 的结构和功能。属细胞周期非特异性药物。抗瘤谱广,对非精原细胞性睾丸瘤最有效,对头颈部鳞状细胞癌、卵巢癌、膀胱癌、前列腺癌、淋巴肉瘤及肺癌有较好疗效。主要不良反应有消化道反应、骨髓抑制、周围神经炎、耳毒性。大剂量或连续用药可致严重而持久的肾毒性。

卡 铂

卡铂(carboplatin,碳铂)为第二代铂类配合物,作用机制类似顺铂,但抗恶性肿瘤活性较强,毒性较低。主要用于治疗小细胞肺癌、头颈部鳞癌、卵巢癌及睾丸肿瘤等。主要不良反应为骨髓抑制。

(三) 破坏 DNA 的抗生素类

丝 裂 霉 素

丝裂霉素(mitomycin C,自力霉素)化学结构中有乙撑亚胺及氨甲酰酯基团,具有烷化作用,可抑制 DNA 复制,也能使部分 DNA 链断裂。属细胞周期非特异性药物。用于胃癌、肺癌、乳腺癌、慢性粒细胞性白血病、恶性淋巴瘤等。不良反应主要为明显而持久的骨髓抑制,其次为消化道反应。偶有心、肝、肾毒性及间质性肺炎发生。

博 来 霉 素

博来霉素(bleomycin,BLM)是一类水溶性糖肽,可与 DNA 碱基反应,使 DNA 单链断裂,阻止 DNA 的复制,干扰细胞分裂繁殖。属细胞周期非特异性药物,主要用于鳞状上皮癌(头、颈、口腔、食管、阴茎、外阴、子宫颈等)。也可用于淋巴瘤的联合治疗。不良反应有发热、脱发等。肺毒性最为严重,可引起间质性肺炎或肺纤维化。

(四) 拓扑异构酶抑制剂

喜 树 碱 类

喜树碱(camptothecin, CPT)是从我国特有的植物喜树中提取的一种生物碱。羟喜树碱为喜树碱羟基衍生物。拓扑特肯(topotecan, TPT)和依林特肯(irinotecan, CPT-11)为新型喜树碱的人工合成衍生物。喜树碱类通过抑制 DNA 拓扑异构酶 I 活性，破坏 DNA 结构。属细胞周期非特异性药物，对 S 期作用强，喜树碱类对胃癌、绒毛膜上皮癌、恶性葡萄胎、急性及慢性粒细胞性白血病等有一定疗效。对膀胱癌、大肠癌及肝癌等亦有一定疗效。不良反应较大，主要有泌尿道刺激症状、消化道反应，骨髓抑制及脱发等。

鬼臼毒素衍生物

依托泊苷(etoposide, vepesid, VP-16, 鬼臼乙叉苷)和替尼泊苷(VM-26, teniposide, 鬼臼噻吩苷)为鬼臼毒素(podophyllotoxin)半合成衍生物。鬼臼毒素能与微管蛋白相结合，使有丝分裂停止于中期，抑制肿瘤生长。但其半合成品 VP-16 和 VM-26，两药化学结构、作用和抗肿瘤谱与鬼臼毒素相似，但抗肿瘤作用机制与鬼臼毒素完全不同，在细胞内的靶点不是微管蛋白，而是抑制 DNA 拓扑异构酶 II 活性，从而干扰 DNA 结构和功能，属细胞周期非特异性药物，临床用于治疗肺癌及睾丸肿瘤，有良好效果。也用于恶性淋巴瘤治疗。不良反应有骨髓抑制及消化道反应等。

三、干扰转录过程和阻止 RNA 合成的药物

药物可嵌入 DNA 碱基对之间，干扰转录过程，阻止 mRNA 的合成，属于 DNA 嵌入剂。如多柔比星和放线菌素 D。

放线菌素 D

放线菌素 D(dactinomycin, 更生霉素, DACT)为多肽类抗恶性肿瘤抗生素。放线菌素 D 的发色团能嵌入到 DNA 双螺旋链中相邻的鸟嘌呤和胞嘧啶碱基对之间，与 DNA 结合成复合物，抑制以 DNA 为模板的 RNA 聚合酶功能，阻止 RNA 特别是 mRNA 的合成。属细胞周期非特异性药物，抗瘤谱较窄，对恶性葡萄胎、绒毛膜上皮癌、霍奇金病和恶性淋巴瘤、肾母细胞瘤、骨骼肌肉瘤及神经母细胞瘤疗效较好。与放疗联合应用，可提高肿瘤对放射线的敏感性。常见有消化道反应如恶心、呕吐、口腔炎等。骨髓抑制先出现血小板减少、后出现全血细胞减少，少数患者可出现脱发、皮炎和畸胎等。

多 柔 比 星

多柔比星(doxorubicin, DOX, adriamycin, 阿霉素, ADM)为蒽环类抗生素，能嵌入 DNA 碱基对之间，并紧密结合到 DNA 上，阻止转录过程，抑制 RNA 合成，也能阻止 DNA 复制。属细胞周期非特异性药物，S 期细胞对它更为敏感。ADM 抗瘤谱广，疗效高，主要用于对常用抗肿瘤药耐药的急性淋巴细胞白血病、恶性淋巴肉瘤、乳腺癌、卵巢癌、小细胞肺癌、胃癌、肝癌及膀胱癌等。最严重的毒性反应为可引起心肌退行性病变和心肌间质水肿，此外，还有骨髓抑制、消化道反应、皮肤色素沉着及脱发等不良反应。

柔 红 霉 素

柔红霉素(daunorubicin, DNR, rubidomycin, 红比霉素, 正定霉素)为蒽环类抗生素，抗恶

性肿瘤作用和机制与多柔比星相同,主要用于对常用抗肿瘤药耐药的急性淋巴细胞白血病或粒细胞白血病,但缓解期短。主要毒性反应为骨髓抑制、消化道反应和心脏毒性等。

四、抑制蛋白质合成与功能的药物

(一) 微管蛋白活性抑制药

长春碱类

长春碱(vinblastine,VLB)及长春新碱(vincristin,VCR)为夹竹桃科长春花中的生物碱。长春地辛(vindesine,VDS)和长春瑞滨(vinorelbine,NVB)均为长春碱的半合成衍生物。

长春碱类抗肿瘤作用的靶点是微管,能与微管蛋白特异性结合,使细胞有丝分裂停止于中期,干扰纺锤丝微管蛋白的合成,影响微管蛋白质装配和纺锤丝形成,使细胞在有丝分裂时不能正确地将染色体分开,最终导致细胞死亡。属细胞周期特异性药物,主要作用于M期细胞。VCR还可干扰蛋白质合成和RNA多聚酶,对G_1期细胞也有作用。VLB主要用于治疗急性白血病、恶性淋巴瘤及绒毛膜上皮癌,VCR对儿童急性淋巴细胞白血病疗效好,VDS主要用于治疗肺癌、恶性淋巴瘤、乳腺癌、食管癌、黑色素瘤和白血病等。NVB主要用于治疗肺癌、乳腺癌、卵巢癌和淋巴瘤等。长春碱类毒性反应主要包括骨髓抑制、神经毒性、消化道反应、脱发及注射局部刺激等。

紫杉醇类

紫杉醇(paclitaxel,taxol)是由短叶紫杉或我国红豆杉的树皮中提取的有效成分,紫杉醇类能促进微管聚合,同时抑制微管的解聚,从而使纺锤体失去正常功能,细胞有丝分裂停止。由于紫杉醇类独特的作用机制和对耐药细胞也有效,是近年来受到广泛重视的抗恶性肿瘤新药。对卵巢癌和乳腺癌有独特的疗效,对肺癌、食管癌、大肠癌、黑色素瘤、头颈部癌、淋巴瘤、脑瘤也都有一定疗效。紫杉醇的不良反应主要包括骨髓抑制、神经毒性、心脏毒性和过敏反应。

(二) 干扰核糖体功能的药物

三尖杉生物碱类

三尖杉酯碱(harringtonine)和高三尖杉酯碱(homoharringtonine)是从三尖杉属植物的枝、叶和树皮中提取的生物碱。可抑制蛋白合成的起始阶段,并使核糖体分解,释出新生肽链,但对mRNA或胺基酰tRNA与核糖体的结合无抑制作用。属细胞周期非特异性药物,对S期细胞作用明显。对急性粒细胞白血病疗效较好,也可用于急性单核细胞白血病、慢性粒细胞白血病、恶性淋巴瘤等的治疗。不良反应包括骨髓抑制、消化道反应、脱发等,偶有心脏毒性等。

(三) 影响氨基酸供应的药物

门冬酰胺酶

L-门冬酰胺(L-asparaginase,ASP)是重要的氨基酸,某些肿瘤细胞不能自己合成,需从细胞外摄取。L-门冬酰胺酶可将血清门冬酰胺水解而使肿瘤细胞缺乏门冬酰胺供应,生长受到抑制。而正常细胞能合成门冬酰胺,受影响较少。主要用于急性淋巴细胞白血病。常见的不良反应有消化道反应等,偶见过敏反应,应做皮试。

五、调节激素平衡的药物

某些肿瘤(如乳腺癌、前列腺癌、甲状腺癌、子宫颈癌、卵巢癌、睾丸肿瘤等)的发生与相应的激素失调有关。因此,应用激素或其拮抗药改变激素平衡失调状态,干扰依赖于相应激素的肿瘤细胞生长,可以起到抑制肿瘤生长的作用,且无骨髓抑制等不良反应。但激素作用广泛,应用不当也能对机体产生不良影响。

糖皮质激素类

临床上用于治疗恶性肿瘤的糖皮质激素主要有波尼松(prednisone)、波尼松龙(prednisolone)和地塞米松(dexamethasone)等。糖皮质激素能促使淋巴细胞的脂肪代谢,阻止其再酯化与利用,从而使细胞内脂肪酸堆积,导致核破裂,细胞解体。对急性淋巴细胞白血病及恶性淋巴瘤的疗效较好,作用快,但不持久,易产生耐药性。与细胞毒类药物合用,对急性白血病、慢性淋巴细胞白血病及多发性骨髓瘤有较好的疗效。常与其他抗恶性肿瘤药合用治疗霍奇金病及非霍奇金淋巴瘤,对其他恶性肿瘤无效,而且可能因为抑制机体免疫功能而助长恶性肿瘤的生长。

雌激素类

雌激素抑制下丘脑及垂体,减少促间质细胞激素的分泌,从而使来源于睾丸间质细胞和肾上腺皮质的雄激素分泌减少,尚可直接对抗雄激素对前列腺癌组织生长的促进作用。临床上常用的雌激素类药物为己烯雌酚(diethylstilbestrol),主要用于治疗前列腺癌,也可用于绝经5~10年以上的晚期乳腺癌。主要不良反应为恶心、呕吐、头昏、乳房胀痛、子宫出血等,长期大量应用引起水钠潴留。

雄激素类

临床上用于治疗恶性肿瘤的雄激素类药物有二甲基睾酮(methyl-testosterone)、丙酸睾酮(testosterone propionate)、氟羟甲酮(fluoxymesterone)。此类药物可抑制腺垂体分泌促卵泡激素,使卵巢分泌雌激素减少,并有对抗雌激素的作用。雄激素对未绝经或绝经5年以内的晚期乳腺癌患者,尤其是骨转移者疗效较佳。

甲羟孕酮酯

甲羟孕酮酯(medroxyprogesterone acetate,乙酸羟甲孕酮,甲孕酮,MPA)为人工合成的黄体酮衍生物,作用类似天然黄体酮,主要用于不能进行手术或放疗的晚期子宫内膜癌,对晚期乳腺癌也有一定的疗效。

他莫昔芬

他莫昔芬(tamoxifen,三苯氧胺,TAM)为人工合成的雌激素受体部分激动药,具有雌激素样作用,但强度仅为雌二醇的1/2,有抗雌激素的作用,从而抑制雌激素依赖性肿瘤细胞的生长。主要用于治疗晚期乳腺癌,疗效与肿瘤组织中雌激素受体水平有关,受体阳性者疗效达50%,阴性者疗效仅为10%,对前列腺癌及子宫内膜癌也有一定的疗效。

第三节 抗肿瘤药物的应用原则

目前常用的抗肿瘤药大多数为细胞毒类药物,有对肿瘤细胞选择性差、不良反应多而严重、可产生耐药性等缺点,如果应用不当,不仅不能获得预期的疗效,还可引起严重的毒性作用。因此,科学、合理地应用抗肿瘤药物是获得最佳疗效,最大限度地降低毒性,减少或延缓耐药性产生的重要保障。

一、抗恶性肿瘤药的联合用药原则

联合用药是肿瘤化疗中极为常用的治疗策略之一,其目的是增加疗效、降低毒性、减少或延缓耐药性的产生。联合用药并非是几种药物的简单组合,也不是所有的联合用药都比单药治疗效果好,联合用药应着重以下几点。

(一) 从细胞增殖动力学考虑

对增长缓慢(GF 不高)的实体瘤,可先用细胞周期非特异性药物杀灭增殖期及部分 G_0 期细胞,使瘤体缩小,促使 G_0 期细胞进入增殖周期,继而用细胞周期特异性的药物杀灭之。对增长快(GF 较高)的肿瘤宜先用细胞周期特异性药物,使大量处于增殖周期的恶性肿瘤细胞被杀灭,以后再用细胞周期非特异性药物杀伤其他各时相的细胞,待 G_0 期细胞进入细胞周期时,再重复上述疗法。

(二) 从药物作用机制考虑

联合应用作用不同生化环节的抗肿瘤药物,可以提高疗效,可用两种以上药物同时作用于肿瘤细胞同一代谢途径的前后两个阶段,也可用两种以上药物同时阻断肿瘤细胞同一代谢的不同途径,此外将抑制核酸合成的药物与直接损伤生物大分子的药物配合,既可阻断 DNA 合成,又可阻止 DNA 的修复。

(三) 从药物毒性考虑

选用毒性不同的药物联合应用,如多数抗肿瘤药均可抑制骨髓,而泼尼松、长春新碱、博来霉素的骨髓抑制作用较轻,联合应用可以降低毒性并提高疗效。

(四) 从肿瘤细胞对药物的敏感性考虑

氟尿嘧啶选择性地作用于肠黏膜细胞,对肠癌的疗效比其他药物好。博来霉素对鳞状上皮细胞有较高的亲和力,适用于治疗鳞癌。长春新碱对急性淋巴细胞白血病有显著疗效,而长春碱则对霍奇金病,特别是网状细胞型更为有效。

二、抗恶性肿瘤药的给药方法

(一) 大剂量间歇给药

此给药方法适用于病期较早、健康状况较好的肿瘤患者。多数抗肿瘤药物,尤其是 CC-

NSA,常主张在最大耐受量下采用大剂量间歇给药。采用大剂量间歇疗法比每日连续小剂量给药法好,原因是一次给予大剂量药物所能杀灭的癌细胞数,远远超过分次用药所能杀灭癌细胞数之和,而且一次给予大剂量药物能杀灭较多的增殖期细胞,诱导 G_0 期细胞转入增殖期,提高疗效。此外,大剂量间歇给药还有利于机体造血系统等正常组织的修复与补充,有利于提高机体的抗肿瘤能力及减少耐药性的产生。

(二)短期连续给药

此给药方法适用于快速增长的肿瘤,如绒毛膜上皮癌、霍奇金病等,一般相当于细胞增殖的 1~2 个周期为一疗程,然后间隔 2~3 周重复疗程,可反复 6~7 个疗程。

(三)序贯给药

此给药方法是基于细胞周期增殖动力特点,根据肿瘤细胞群 GF 的高低,采用 CCNSA 与 CCSA 序贯应用的方法。此法可诱导 G_0 期细胞进入增殖期,增加肿瘤细胞对药物的敏感性,重复数个疗程可获得较好的疗效。

(四)同步化后给药

这是一种特殊的序贯给药方法。先使用作用于 S 期的 CCSA 药物,如羟基脲、Ara-C 等,使细胞集中于 G_1 期,一旦药物作用解除,这些细胞同时进入 S 期,然后再使用作用于 G_1 期的药物,可提高疗效。

三、抗恶性肿瘤药的毒性反应

目前临床使用的细胞毒抗肿瘤药物对肿瘤细胞和正常细胞尚缺乏理想的选择作用,即药物在杀伤恶性肿瘤细胞的同时,对某些正常的组织也有一定程度的损害,毒性反应成为化疗时使用剂量受到限制的关键因素,同时亦影响了患者的生命质量。

(一)近期毒性反应

1. 共有的毒性反应

(1)骨髓抑制:大多数抗癌药物均可抑制骨髓及淋巴组织的细胞分裂,成为限制用量的因素。

(2)消化系统反应:肿瘤药物大多数能引起程度不同的恶心、呕吐。对同一药物来说,发生率及严重程度与剂量成正比,金属类(如顺铂)是目前导致呕吐最严重的药物。另外,抗肿瘤药也可引起消化道黏膜损害,表现为口炎、咽喉炎、胃肠黏膜水肿及炎症、腹泻甚至血便,严重者有生命危险。

(3)脱发:多数抗恶性肿瘤的药物都能引起不同程度的脱发。在化疗时给患者带上冰帽,使头皮冷却,局部血管痉挛,可减少药物到达毛囊而减轻脱发,停止化疗后头发仍可再生。

2. 特有的毒性反应

(1)心脏毒性:以多柔比星的心脏毒性为最常见,可引起心肌退行性病变和心肌间质水肿。

(2)呼吸系统毒性:主要表现为间质性肺炎和肺纤维化。

(3) 肝脏毒性：据报道，不少抗癌药物可引起肝静脉堵塞，若肝功能不良应适当减量。

(4) 肾和膀胱毒性：大剂量应用环磷酰胺可引起出血性膀胱炎。顺铂可由肾小管分泌，可损害近曲小管和远曲小管。保持充足的尿量有助于减轻肾和膀胱毒性。

(5) 神经毒性：长春新碱最容易引起外周神经病变。

(6) 过敏反应：凡属于多肽类化合物或蛋白质类的抗肿瘤药容易引起过敏反应。

（二）远期毒性反应

1. 第二原发恶性肿瘤　原因是一些抗恶性肿瘤药物（特别是烷化剂）具有致突变和致癌性及免疫抑制作用。

2. 不育和致畸　这是因为许多抗恶性肿瘤药物（特别是烷化剂）可影响生殖细胞的产生和内分泌功能，产生不育和致畸作用。

（闫恩志）

第二十八章 组胺和抗组胺药

第一节 组 胺

组胺(histamine)是由组氨酸经特异性的组氨酸羧酶脱羧产生,广泛分布于体内的具有多种生理活性的非常重要的自体活性物质之一。外周组胺主要存在于肥大细胞内,在中枢神经系统组胺则由特定的神经细胞合成。天然组胺以无活性形式(结合型)存在,在组织损伤、炎症、神经刺激、某些药物或一些抗原、抗体反应条件下,以活性形式(游离型)释放。

【药理作用与机制】 释放的组胺通过激活组胺受体产生作用,目前已发现组胺受体有 H_1 受体、H_2 受体、H_3 受体和 H_4 受体四种亚型。1966 年 Schild 等将能被传统抗组胺药所阻滞的豚鼠平滑肌上的组胺受体称为 H_1 受体;而不被其阻滞的大鼠子宫和胃泌酸细胞上的组胺受体称为 H_2 受体;1983 年,Arrang 等将存在于突触前膜的组胺受体命名为 H_3 受体。2000 年 Oda 克隆出了一条表达于白细胞且与组胺 H_3 受体有高度同源性的基因,证实其为组胺 H_4 受体。

1. 对心血管系统的作用 组胺对心血管系统的作用有剂量依赖性,而且种属差异性较大。组胺对较细血管产生特征性的扩张作用,结果引起皮肤潮红、血管总外周阻力降低和全身血压下降。此外,组胺有助于增加毛细血管通透性。

(1) 对血管的影响:组胺激动血管平滑肌细胞 H_1 受体和 H_2 受体,均能使血管扩张,回心血量减少。激动 H_1 受体可使毛细血管扩张,通透性增强,引起局部水肿。不同血管对组胺的敏感性、作用持续时间及机制方面存在差别。人类冠脉血管也有 H_1 受体、H_2 受体,两者功能平衡障碍可致冠状动脉痉挛。

(2) 对心肌收缩性的影响:在人体及某些种属动物,组胺通过 H_2 受体直接作用于腺苷酸环化酶,增加心肌 cAMP 水平而产生正性肌力作用。但在豚鼠则表现为 H_1 受体介导的负性肌力作用。近年研究发现豚鼠心脏交感神经末梢上存在 H_3 受体,可能与反馈调节心交感神经末梢去甲肾上腺素的释放有关。

2. 对腺体的作用 组胺作用于胃壁细胞的 H_2 受体,激活腺苷酸环化酶,使细胞内 cAMP 水平增加,经过一系列生化反应最终激活 H^+-K^+-ATP 酶使胃壁细胞分泌胃液显著增加。组胺是强力的胃酸分泌刺激药,在尚不能引起心血管反应的小剂量下,便足以刺激胃腺分泌大量胃酸。同时 H_2 受体的兴奋还可引起唾液、泪液、肠液和支气管腺体等分泌增加,但作用较弱。

3. 对血管以外平滑肌的作用 组胺激动支气管平滑肌细胞 H_1 受体,使平滑肌收缩,引起呼吸困难,支气管哮喘者对此尤为敏感,健康人的支气管敏感性较低。对多种动物胃肠道平滑肌都有兴奋作用,豚鼠回肠最为敏感,可作为组胺生物鉴定的标本。

【临床应用】 磷酸组胺被用于评价哮喘的非特异性支气管过敏性,而在变应性皮肤试验期间用作阳性对照注射。

【不良反应与注意事项】 常见不良反应有头痛、直立性低血压、颜面潮红等。支气管哮喘者禁用。

第二节 抗组胺药

一、H_1 受体阻断药

H_1 受体阻断药具有与组胺的乙基伯胺类似的乙基叔胺结构,因而可与组胺竞争 H_1 受体而发挥阻断作用。已有第一代和第二代药物供临床应用。常用的第一代药物如苯海拉明(diphenhydramine,苯那君)、异丙嗪(promethazine,非那根)、曲吡那敏(pyribenzaminc,扑敏宁)、氯苯那敏(chlorpheniramine,扑尔敏)等,具有较强的中枢作用和抗胆碱作用,表现出"(困)倦、耐(药)、(作用时间)短、(口鼻眼)干"的缺点。第二代药物如西替力嗪(cetirizine,仙特敏)、阿司咪唑(astemizole,息斯敏)、阿伐斯汀(acrivastine,新敏乐)、左卡巴斯汀(levocabastine,立复汀)及咪唑斯汀(mizolastine)等,特点为:①大多长效;②无嗜睡作用;③对喷嚏、清涕和鼻痒疗效好,而对鼻塞效果较差。第一代、第二代 H_1 受体阻断药的药理作用和临床应用基本相似。

【药理作用和作用机制】

1. H_1 受体阻断作用 可有效对抗组胺引起的支气管及胃肠道平滑肌的收缩作用。H_1 受体阻断药的敏感性及其保护作用有种属差异。小剂量的组胺即可引起豚鼠呼吸窒息而死亡,如先给 H_1 受体阻断药,可保护豚鼠耐受数百甚至千倍以上致死量的组胺。对组胺引起的毛细血管扩张和通透性增加,引起局部水肿和分泌增加有很强的抑制作用。对组胺引起的血管扩张和血压降低,仅有部分对抗作用,需同时应用 H_1 和 H_2 受体阻断药才能完全对抗。

2. 中枢抑制作用 第一代组胺受体拮抗剂多数可通过血-脑屏障,有不同程度的中枢抑制作用,表现为镇静、嗜睡,苯海拉明、异丙嗪抑制作用最强。中枢抑制作用的产生,可能是由于中枢 H_1 受体被阻断,拮抗脑内内源性组胺介导的觉醒反应所致。苯海拉明、异丙嗪止吐和防晕作用较强,可能与中枢抗胆碱作用有关。第二代 H_1 受体阻断药与第一代相比有显著的优越性,最重要的特点就是它们无明显的中枢抑制作用及抗胆碱作用等不良反应。

3. 其他作用 第一代组胺受体拮抗剂多数具有抗胆碱作用,苯海拉明、异丙嗪作用较强,有止吐和防晕作用。苯海拉明、异丙嗪还有较弱的局麻作用和对心脏的奎尼丁样作用。

【体内过程】 H_1 受体阻断药口服或注射均易吸收,大部分在肝内代谢,代谢物从肾脏排出,以原形经肾排泄的甚少。口服后多数在 15~30 分钟起效,1~2 小时作用达高峰,大多持续 4~6 小时。

【临床应用】

1. 皮肤黏膜变态反应性疾病 对荨麻疹、过敏性鼻炎及花粉症等疗效较好,H_1 受体阻断药可作为首选药物。通常选用镇静作用弱的第二代 H_1 受体阻断药;对昆虫咬伤所致的皮肤瘙痒和水肿亦有良效;对血清病、药疹和接触性皮炎也有一定疗效;对变态反应性支气管哮喘效果差,对过敏性休克无效。

2. 防晕止吐 用于晕动病、放射病等引起的呕吐。

3. 其他　某些具有明显镇静作用的 H_1 受体阻断药如异丙嗪,可与其他药物如平喘药氨茶碱配伍使用,对抗氨茶碱中枢兴奋的副作用,同时对气道炎症起到一定的治疗作用。

【**不良反应和注意事项**】　中枢抑制作用和抗胆碱作用是第一代组胺 H_1 受体阻断药的常见不良反应,第二代药物则不明显。多见镇静、嗜睡、乏力等中枢抑制现象,驾驶员或高空作业者工作时不宜应用;口干、厌食、便秘或腹泻等消化道反应;偶见粒细胞减少及溶血性贫血。禁用于孕妇及哺乳期妇女。

二、H_3 受体阻断药

H_3 受体是一种新型组胺受体,广泛分布于中枢和外周神经末梢。它是一种突触前受体,在突触后也有分布,既能调节组胺的合成与释放,又能调节其他神经递质的释放,进而调节中枢和外周器官的活动。

H_3 受体激动剂能够损害大鼠的目标认识能力及被动避免反应能力,而 H_3 受体阻断药则能改善大鼠的学习与记忆能力的研究发现,使得 H_3 受体阻断药的应用前景看好。

（刘　卓）

参 考 文 献

陈杰,李甘地.2005.病理学.北京:人民卫生出版社.
陈命家.2005.病理学.北京:人民卫生出版社.
金惠铭.2005.病理生理学.上海:复旦大学出版社.
李桂源.2010.病理生理学.第2版.北京:人民卫生出版社.
李玉林.2003.病理学.第7版.北京:人民卫生出版社.
石增立,张建龙.2010.病理生理学(案例版).第2版.北京:科学出版社.
王恩华.2008.病理学.北京:高等教育出版社.
王建枝,殷莲华.2013.病理生理学.第8版.北京:人民卫生出版社.
吴基良.2010.药理学(案例版).第2版.北京:科学出版社.
吴立玲.2011.病理生理学.北京:北京大学出版社.
杨宝峰.2013.药理学.第8版.北京:人民卫生出版社.